王锦第文录

人民文学出版社

图书在版编目（CIP）数据

王锦第文录/王锦第著；郜元宝编. —北京：人民文学出版社，2023
ISBN 978-7-02-017918-3

Ⅰ.①王… Ⅱ.①王… ②郜… Ⅲ.①社会科学—文集 Ⅳ.①C53

中国国家版本馆 CIP 数据核字(2023)第 053103 号

策划编辑 杨 柳
责任编辑 刘 稚
装帧设计 刘 静
责任印制 张 娜

出版发行 人民文学出版社
社 址 北京市朝内大街 166 号
邮政编码 100705

印 刷 北京建宏印刷有限公司
经 销 全国新华书店等

字 数 500 千字
开 本 890 毫米×1290 毫米 1/32
印 张 19.625 插页 3
版 次 2023 年 12 月北京第 1 版
印 次 2023 年 12 月第 1 次印刷

书 号 978-7-02-017918-3
定 价 128.00 元

王锦第

1911 年 3 月生于河北南皮。1930 年代初先后在北京大学、日本东京帝国大学求学，从日本回国后在北平市立高级商业职业学校任职。1946 年到解放区，在北方大学任研究员。1950 年代在北京大学任教，1960 年代到商务印书馆任职。“文革”期间下放湖北五七干校，因患腿疾并失明，于 1970 年代初回京。1983 年 3 月在北京病逝，享年 72 岁。

1940 年代，王锦第先生在北平寓所

王锦第先生和孩子们（其中男孩为王蒙）

编校说明

《王锦第文录》原稿除个别文章外均复印自一九四九年之前的杂志，编校遵循以下原则：

1. 尽量保留原文用字。不符合现行规范的字，不影响理解文意则不改，只改正明显的错讹之处。

2. 只将同一篇文章中先后不一致的用字统一，不做全书统一。如"黑格儿""黑格尔"等。

3. 尽量保留原文格式。为方便阅读，根据内容对格式做必要的调整。注码改为阿拉伯数字，注文均放篇末；原文多处括号未分级，保留原貌。

4. 原稿中多处外文模糊难以辨认，亦不排除原稿排版错误。外文的校对只与原稿一致，不做正误判断。

5. 原稿中模糊无法辨认的字，用"□"代替；亦有个别"□"为作者所标。

6.《源氏物语》译文三篇，原为分期发表，现整合为一篇。

人民文学出版社编辑部

2023年2月

父亲母亲的罪与罚之后

王　蒙

父亲王锦第，字少峰，一九四七年去解放区的时候还用过王曰生的名字。生于一九一一年春天，似是中华历四月初六，属猪，与民国同岁。去世于一九八三年早春，应该是三月。

我不了解他，整天与我在一起的家人有妈妈、二姨、姥姥、姐姐、妹妹、弟弟，但是没有他。他基本上不像是我的家人。对于我来说，很多时候，他是神出鬼没的。我仍然记得的是，他见到我们孩子的时候现出由衷与慈祥的笑容，他的说话南腔北调，他没完没了地对我们训诫，现在的话叫启蒙：要挺胸，不要罗锅，见到人要打招呼，要经常用礼貌用语说“谢谢”“再见”“对不起”，要锻炼身体，要吃鱼肝油丸，要洗澡和游泳，长大了男孩要服兵役。从他的训诫中，我获益其实很多。但我早就有体会，母亲是为我们操劳，他是对我们意欲有所教导，但我的反应是觉得可疑。

他常常不在家。母亲给他起的代号是“猴儿变”，说他像一只猴子一样，动辄七十二变。

一九四九年以后，在我的帮助下，他完成了他自己前半生的一大心愿，与母亲离了婚。我也与他有了更多的接触，有时是长谈。他的再婚很难说带来了任何人生的起色。这与“五四”后的一批文学名著的提示不同。名著告诉我的是，摆脱了封建婚姻，获得了自由恋爱择偶，就一片幸福；我从他身上体会到的则是幸福的前提比仅仅自由恋爱要全面得多复杂得多吃力得多。

我的结论是，父亲是个理想者、追求者、失败者、空谈者、一事无成者、晦气终生者，我最反感的是他对我的诉苦。在我的父母身上我看到了，我极端热爱的“五四”新文化带来了伟大的希望与前景，同时也带给了另一些人以极端的上下够不着、左右都为难的撕裂与活活绞杀的痛苦。

我母亲董敏的认识有更为深刻之处。她认为她的最大痛苦是知道了“五四”新文化，然而，她不是宋庆龄，不是谢冰心，她只能踩着缠足后释放的两只“解放脚”，无助无路地承担封建主义包办婚姻的一切罪与罚。故而她的一生只有愤怒、冤枉与对父亲的咬牙切齿。

如果说我的小说《活动变人形》的主人公倪吾诚的原型是父亲，我只能为他感到羞愧、怜悯、轻蔑、刻骨铭心的痛惜，还有无奈和对自己这一代的些许骄傲。写他暴露他的儿子的光明底色与前所未有的光明前景与父母的罪与罚，成为过分鲜明的对照。

都写到《活动变人形》里了。那一代人的狼狈尴尬，我认为是历史与社会的造孽，他们这一代人的悲剧是我从少年时代坚决追求革命的一个重要的基点，而我的做人处世，必须以老爷子为反面教员。要脚踏实地、要节制自我、要反求诸己，尤其是，一生不做伤害女性的不负责任的事。当母亲在父亲去世时向我宣称他的离世是“除了一害”时，我更为母亲难过。

问题是，后半生，父亲自己随着年龄的增长，也愈益自惭形秽，同时牢骚满腹。整天宣称自己在大学里与同事们在一起，他的地位是“次小尼姑”——语出《阿Q正传》，不想再做什么解注。他说往后他只能做“家庭主男”。问题是他在庶务上的拙笨与无能，更胜于其他，我完全意识到他做不成主男，只能是神经男、混乱男、饥渴男。我的感觉是他后来完全脱离了生活，也被生活所抛弃。他在“文革”中被宣布无权参加“文革”，我甚至有理由怀疑，他如果参加“文革”，也许会成为一个过激分子……他经常说什么“藏污纳垢”，还有新生活新社会的建立要几代人的时间。

但他仍然有一些知识，他教给我的仍然不少，我见到的第一个共产党人，是他带到家里来的。他给我讲关于老子的“天道”“人道”与农民起义的“替天行道”的口号；针对少作“年轻人”，他提出要理解领导干部“医心如水”的某些心态；关于列宁论唯心主义是“不结果的花”；关于“家大舍小令人家”的称谓——我才做到了从不闹“你家父”的笑话。还有对营养的口头重视，对西餐的正面评价，对游泳的入迷……

而且，一个现象我早已发现：《活动变人形》的读者与观众（已作为话剧立在舞台上了），面对我的无情的对作品主人公的非正面描写，更多的是同情，不是唾弃。

近年来，则是学界的一些人士，渐渐发现了王锦第，发现了他对中德学术交流的贡献，发现了他的某些著述，甚至还有新诗与散文。

我引为知音的上海复旦大学郜元宝教授，甚至找到了他的数量不少的译著文字，将之编辑成书。我读之大惊：一、我怎么不知道？二、他怎么从来没说过？三、他的译著与诗文，竟有一定的质量吗？

童年时期，我记得他失去了高级商业学校的职位之后连夜译书的情景，我翻翻他的译稿，全然不解，只觉得佶屈聱牙，不是人话。而他应范文澜老师之邀去位于邢台（顺德府）的北方大学数年之后，随解放军入城回到北京，他竟然没有入党。这更使十四岁的地下党员王蒙无法不相信，他革命的结果多半是并不入流。

我想起了他与德国汉学家傅吾康（Wolfgang Franke）的友谊，但老爷子年轻时拼过的德国哲学我太外行。我猜测他算是赶上了前所未有的变局、此起彼落的变数。后来，他似乎否定了他翻译海德戈（应是海德格尔）、士榜格（施普朗格——哲学家、教育家，曾被誉为现代教育之父）、胡塞尔（哲学家、散文作家）的著述的价值，他否定了他自己的前半生，他在他的儿子王蒙面前更不想说他还留下过什么文学痕迹，虽然他念念不忘在北大上学时，与他同室的有李长之与何其芳，甚至于，李长之还著文称赞过他的诗作。而王蒙，长期以来听到他的室友同学名字的时候，浅薄势利的反应是："原来，就属你没什么出息。"

为善无近名，为恶无近刑。一九八三年他去世后，我曾多次梦见双目基本失明的晚年的他，在晚间，在胡同里踽踽独行。后来，这样的梦也就消失了。他已渐行渐远。此次从《王锦第文录》清样中，读到他在一篇散文里写到（从日本经韩半岛）留学归来，见到了兰（母亲）和洒（姐姐）蒙（我）的微笑，使他开心。此外，到生命结束时为止，他一无所有，一无所成，不被各方面各亲属所承认，受到了种种抵制。

突然，近几年，先父开始有了一点点咸鱼略翻身的迹象。社科院外国文学研究所研究员叶隽先生发表文章，肯定了王锦第对中德文化交流的贡献，肯定了王锦第作为学人的存在。郜元宝教授也在他的两三篇重读《活动变人形》的论文中，反复对比作为启蒙一代的倪吾诚与作为革命一代的倪藻在现代中国思想文化史上若断若续的关系，因此也免不了为倪吾诚及其原型王锦第之间的某种显差而嗟叹不已。此时，他的与后妻生的小儿子，已经自杀多年。是不是罪与罚仍然余波未了？

近来，在朋友帮助下，我证明了"我父亲是我父亲"，以我的长孙的名义领到了他与后一个妻子的安葬证；忙活了一阵子，在可预见的未来，免去了他们的墓地作为无主坟墓被平掉的可能。

历史和时间,慢慢会使万有各归其位。谢谢郜老师,谢谢我的老东家人民文学出版社。有幸看到老爷子文录的出版,王蒙惭愧了。

2022年8月26日

目　录

第二辑　哲学、教育学论著译介

第三辑　日本文学、历史、制度及政治

第四辑　诗歌、散文、杂撰

第一辑

哲学、教育学论文与随笔

黑赤两派历史哲学述略及其批评

我们的先哲孔子曾经说:“温故而知新”,英国现代哲学之父的培根也说:“历史使人聪明”。可见很多的思想家对于历史都很重视;到底历史是什么?我们要研究的历史哲学又是什么?我想在此将“历史”,“哲学”以及“历史哲学”的含义分别的叙述一下。个人尝想整个的学问界可以大别的分为两类:一为历史的学问,一为逻辑的学问。换言之,前者是事实的学问,后者是说理的学问,所谓历史哲学就是溶化这两种学问而成的一门科学。对于史实的看法便是历史哲学,就字面上看来,黑格儿对于历史哲学的定义颇耐人寻味,他说:“历史哲学是指对历史之思考的观察。”(Philosophy of history is nothing but a thaughtful consideration of it.)不过对历史的看法,有的认为在千变万化的现象中,可以找出一贯的道理,藉以阐明历史的来源与去路,这是历史哲学之肯定的积极的答复。也有人认为历史上的事件,根本没有什么原则可寻,一切一切的史实只是偶然的现象,没有联贯的朝报而已。这是对于历史哲学之否定的消极的答复。然而我们以为这种看法仍不失为一种历史哲学,因为它也是对于历史的一种看法啊!

假如一个人是命定论者,那末,他对时代的变迁,历史的演进,将认为那是“凡事皆有定,万般不由人”的运命,所谓人的努力,奋斗,失败,悲观……等等的遭遇,也不过是某种大力量在后台玩的一幕预定的把戏,人在历史上的出现,只是傀儡罢了!对于历史这样看的人,他的生活容易走到"心如枯木,形如死灰"的无为主义。反过来讲,设若我们是自由论者,便认为历史进化的大担子,需要人的担负,正如盖一所房子,需要各个工人的劳作一样;缺少一个工人,房子完成的时日便受到迟缓的影响。一个人不尽他在历史上应尽的责任,时代的进化便少了一个担担子的人;因而看重了个人的责任,没有虑骚,人权运动或不会发生那样的早,没有达尔文,宗教与绝对论者的哲学,或者在今日还要作威作福,没有马克思,俄国的共产社会或者到此刻还不曾落生,没有孙中山,满清帝国或者还能存在于现在。这是对于历史的两种极不同的看法。

到底决定历史演化的因子是什么呢?是天定胜人呢?是人定胜天呢?是英雄造时势呢?是时势造英雄呢?是天人一体呢或英雄时势不可分呢?对于这些问题作一番有系统的讨论,便是历史哲学的主题。我们的人生观与宇宙观是建立在历史观之上的,所以我们要对于历史探讨一种正确的看法,这是一个必要而迫切的问题;好像一个航海的人到汪汪大洋中心,假如他对于自己的来源与去路,没有一个指南针为他指示应走的方向,那真"不知伊于胡底"了!历史的看法便是立身处世的指南针,不过这个指南针有好有坏,同时还有的人根本没有它,我们所以要研究历史哲学就是要选择一付正确的指南针!

我现在要评述的黑赤两派的历史哲学,黑派就是黑格儿,黑字的联想是沉闷守旧;赤派就是马克思的经济史观,赤字的联想是活跃革新。顾名思义,倒也是很好玩的两个字眼,阅者不要认为是戏论。同时我以为历史哲学的派别虽多,但是重要还不外是所谓唯心与唯物两派。在哲学史这两派的主张是永世的吵咀,在历史的看法上,于是也形成了两付眼镜。我们只要将这重要的两派历史哲学的得失弄清楚后，那末，历史哲学的问题也算“思过半矣”了。黑派是唯心论的重锁，赤派又是唯物论的台柱，所以我们只提出黑格儿与马克思作为探讨的对象。再者，看历史，特别是哲学史，为一种科学，认为有一贯的道理可寻，给历史哲学作下基础的，黑格儿是开往继来的第一人，他的名言如：“真实者就是合理的，合理者就是真实的。”（What is actual is rational, what is rational is actual.）这一句话是黑派逻辑与历史哲学的主旨。马克思在思想方面受黑格儿的影响，特别是所谓辨证法，是家喻户晓的事实，纵然在结论上，二人是分道扬镳。我们拿他们二人相提并论，这又是我们评述黑赤两派历史哲学的第二种原因。

“意念的秩序与联接同于事物的秩序与联接。”（The order and concatenation of ideas is the same as the order and concatenation of things.）这虽然是斯比诺沙的一句话，却可以用来解释黑格儿的历史哲学。这句话的意思是说，客观的世界，至少是我们的行为与文物制度，与人的意念是并行的。意念，或普遍的理，不特在自然中表露，而且在历史上发生作用。不过，在这里我们先要弄清楚所谓“意念”（Idea）在黑格儿用来作什么意谓，他称上帝为 Idea，所指是创造的名理（The Idea is the creative cogos or reason），意念的型式或范畴不是空虚而无生气的东西，却是规定事物的客观思想或精神的力量。而且 Idea 是无所不在，无所不包的；在自然与个人中，以至于发展到人类的制度，历史，正义或法律，道德或良心，风尚或伦理的范围中。在各种的制度与历史上，“理”（Reason）才实现出来或者变为实在，换言之，表露或寄托在外形上。在这样的意义看来，那可以称为“客观的理”objective Reason。产生文物制度的“理”是同于了解它们的“理”：“理”，它是无意的发展为法律，风俗与国家，却是在历史哲学上意识到自身的历程。历史哲学的功用不是告诉我们一个国家“应该如何”（ought to be），而是指出国家“自身如何的存在”（as it is）。换句话说，就是发见潜藏于历史上的道理；而这桩工作的完成有待于矛盾的思考方法,所谓矛盾的思考是怎样讲呢,那就是肯定命题中有否定的因子。譬如初步阶段是个正的方法,第二阶段就转入辨证的漩涡中,虽然相反却是相成。试举墨子为例:“以言为尽悖,悖,说在言。”说“言”是悖的,这是极端的怀疑论,但是表发这种意思的“言”也要“悖”了,所以承认一切命题的“真”或“伪”,全是不通的见解。命题的肯定或否定、正与反,虽然是对立,而最后能统一的,黑氏称之为绝对的统一(Absolute unity)。历史哲学的任务不是别的,只是将历史上发生过的史实找出“理”的背境而已。我们对于文物制度的研究,固然可以用历史的方法,寻出它们产生的条件与环境;但是这样的因果解释仍不是哲学的说明,哲学的看历史是要由文物制度的发展历程上找出正义与理性的线索来。

客观的理实现于自由个人的社会中,其中的法律与风俗是属于人民的(of his people)。在这样的社会里个人要将他的主观道德放在“共理”(Universal Reason)之下发展,只有在他的国家之风尚与伦理的范围内活动,才能将“真我”表现出来:他在法律中找出他自己的意志并且在个体中表现法律的精神。“理”之进化的精神就是将个人的道德意识溶合于国家或人民的共同意见之中。这种共理所表现于外的就是“民族精神”(Valkgeist),最完美的国家要能实现最完全的自由,全部历史的目的就在这里:进化的历程就是意识到的自由之进展(Process means the development of the consciousness of freedom),伟大的人物是推进历史的工具,换句话说,“伟大人物是‘理’的实行者”(Great men are the escentives of Reason),黑格儿的历史哲学的要旨就是阐明“理”如何在文物制度上发生辨证的进化。

关于黑氏的学说,已经挂一漏万的叙述过了,现在我们再提出马克思的历史哲学与黑派的比较一下,谁得谁失,或者不难得一参考的探讨:对于两家的评判,我想在个人对于历史的一种看法一篇中,略作简单的陈述。

赤派的历史哲学称为“唯物史观”，不过这里“唯物”二字没有玄学上的嗅味，所意谓的只是“客观”与“实在”而已（Objective and realistic）。其实为醒目起见，还不如用经济史观（Economic interpretations of history）。所谓经济史观的含义是什么呢？一句话讲出来，那便是：生活环境的条件决定人的意识，而不是意识形态决定生活的环境。如果浪漫一点说，这便是我们的古话所谓的“天定胜人”。试举一可笑的例吧，我们的家乡有一句俗谚说：“家有三斗谷，说话气儿粗。”这便是赤派哲学的公式之注脚，“三斗谷”是生活的经济条件，“气儿粗”便是意识形态。（Causes or determines）

我们进一步，再详细的看看社会现象的因果关系，马克思将社会现象分为若干的因子，例如：

（1）生产的形式：生产的工具与工作的对象………………A

（2）经济的组织：直接生产者与把有生产者的关系…………B

（3）政法的制度……………………………………………C

（4）意识的或社会的形态…………………………………D

就上列各种社会现象，根据马克思的看法，可得如下的关系：

（决定）

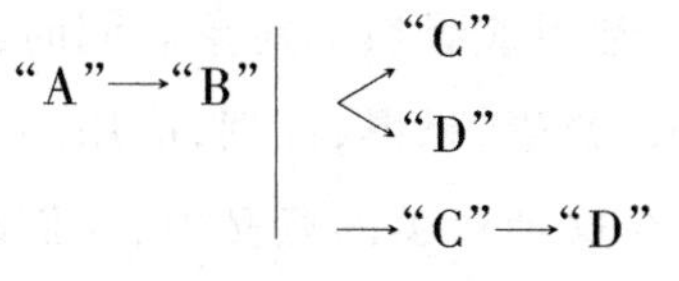

“A”→“B” | ↗“C” ↘“D”
　　　　　| →“C”→“D”

由以上的关系看来，赤派哲学是一种十足的决定论，譬如马克思的信徒考次基在解释历史关系的时候，便有机械论的倾向。他以为，假如宇宙间所存的事物都是合于一定的律例，都是有他所以存在的原因，那末，所谓历史的偶然事变便不存在。凡是历史上的偶然事变，不看他的情形是如何，在事实上，他总是全部的受判于某种条件的。在历史上，有由于许多原因所发生的事变，我们因为只知道其中的一个原因，而不知道其他的原因，所以就给他一个名字，叫做历史

的偶然事变。总之，不论问题是大是小，都是由一定的原因所生出来的，受一定的因果律的支配的，绝对的没有所谓偶然的现象。

到此我们可得一结论：赤派历史哲学，就社会现象的决定因子讲，那是“生产形式”；就现象的关系讲，那是有定论；再就进行的历程讲，那就是辨证法的唯物论。

黑赤两派的历史哲学在结论上虽然不同，但是都有一致的倾向，那就是干脆的一元论。决定历史的“最后因子”（Ultimate background）黑格儿认为是“绝对的意志”，马克思则以为是“生产的样式”，前者看重了人的意态，便以为“人定可以胜天”，因而形成了“作梦的，空想的自由论者”；后者看重人的自然环境，便以为“天定胜人”，因而形成了“机械的，命定的唯物论者”；其实他们所看的历史都失于走了两个极端。那末，我们应该如何看历史呢？

“历史”是一个双关字（Double－barrelled word），正如“经验”，“生活”等字一样。就“经验”来讲，它一方面包含着人所欲作的，所受的，所追求的，所爱的，所信的与所忍受的是什么，同时它又包含着人们如何的动作，欲望，享受，信仰或想像。举例说吧，经验可以指种植的土地，发生的种子，成熟的收获，日夜的嬗变，春秋的来往，润燥的变异，冷热的无常。这些都是观察，希望或恐惧的对象。同时经验也指着种田与收获的人，他工作，快乐，希望，恐惧，计划，应用幻术或化学去帮助他，他可以胜利或失望。在这种双关的意义中，我们晓得完整一体的经验，那是没有行为与材料，主观与客观的分别，而是包容二者于不能分析的整体中。再就“生活”来讲，它所指的是一种功能，很多的行为，有机体与环境都包含在内。只有在反省的分析中才将外界的条件与内在的结构分别出来，前者如呼吸的空气，吃的食物走的路；后者如肺呼吸，胃消化与腿走路。

如果对于“经验”与“生活”二词的含义弄清楚后，那末，与它们同类的“历史”一词也不难触类旁通。历史的范围是人所共知的：它包有扮演过的事业，经过的悲剧，而且它是人类的注释与记录。客观的看来，它包有生活的自然条件，如河山，土地，森林，气候，生产的形式，法律与各种的文物制度；主观的看来，历史又是人类意识形态的叙述，它含有人类的企图与计划，欲望与情态。总而言之，历史同样的包含两种因子，一者是生活的自然条件，一者是有机体的作用。用心理学的名词讲，前者是环境，可以用S代表，后者是有机体，可以用R代表，它们的关系是这样的形式：S→←R。但是二者相互影响的重心是什么呢？在此我觉得达尔文的看法是对的，那便是生存的适应。至于适应的方法可分为两种（见J. Dewey：The Quest for Certainty）：一种是改变有机体以求适应于环境，一种是创造新的环境以适应有机体。就历史的进化历程看来，前一种方法盛行于宗教空气弥漫的时代，后一种方法则为科学昌明后的人生态度。

关于历史的含义，我们已解释过了，现在再将有机体与环境的关系研究一下，这就是自由与必然问题。在前面我们说有机体与环境有互相影响的关系，但是这种关系是自由的呢？还是因果的呢？换句话说，我们的意识——有机体的反应——是自动的或自主的呢？抑或是被动的，因果的？在尚未讨论本题以前，我们要将“自由”的含义弄清楚后，才不至于无的放矢，或“下笔千言，离题万里”。自由有两种主要意义：其一是欲念的心理，意谓着企图，希望，倾向……等类的现象；其二是偶然的感觉（事实上是否有偶然，在此可以不管，我所指的偶然只是心理的），意谓着突如其来，未曾预知。例如忽然一个朋友病死了，再如我们日常生活上常有的现象，偶然起了一个念头，便要成就为诗人，政治家或思想家。我们对于这一类的事件，并没有未卜先知的本事，只觉得是偶然的，自由的发生而已。

假如我对于“自由”的含义说得不错，那末，人在行为上的自由是有的，只要有欲念的心理，偶然的事件，这便有了“自由意志”，纵然在“欲念”与“偶然”背后能找出决定的因子，但是对于“心理上的自由论”并不妨事。不过这种“自由”的获得，一方面要改善自己以适应环境，同时又要创造环境以适应自己。

就以上所讲的看来，“自由”之最理想的境界是主客的合一，偶然与必然的溶会，更浪漫一些的说吧，那也就是“天”“人”的并化。我国的古谚有“天定胜人，人定亦可胜天”之说，我很喜爱的。我尝想所谓历史哲学的主题只有：天与人的问题；不过我这里所说的“天”是广义的，自然的环境、经济的生活、社会的意识……都包含在内。一般论史的人，翻来覆去，也不过在天秤上平“天”与“人”的轻重罢了。我在前面既承认了“自由”，所以“人定亦可胜天”之说更为我们所偏重。同时我以为历史的进化若没有“人定”的成分，正如航海的人遇见狂风暴雨，而失掉了统治力量一样，那真是“盲人骑瞎马夜临深池”，危险到万分的事情呢！现在世界上流行的“经济统治”，“人口限制”……也就是“人定”的应用吧？我们以为社会愈进化则“人定”的程度愈增加，野蛮的民族，以至下等生物简直没有“战胜自然”（The conquer of nature）的本事；教育的可能，历史的演进，聪明伟大人物的产生，只有承认了“人定胜天”这个前题，那些事实才算有了保障，只是听命于天的命定论，那是不安分的偷懒者的解嘲而已。

颜习斋论敬

颜习斋是清朝的一个伟大的哲人，影响一个时代风气的实践学派，便是他领导起来的。习斋以为学者的本务不是谈性说理，辞章文句，而是要“向习行上做功夫，不可向语言文字上著力”。正因为注重“行”与“做”的结果，所以对于宋儒的清谈静坐，就不遗余力的加以攻击。他虽然反对宋儒的理学，但是他也曾受过理学的洗礼，所以在某方面讲，他仍旧承袭了宋儒的思想，“主敬”便是最显明的例子。中国历代的学人，都是看重伦理的修养，特别是宋儒，对于修养的功夫，做得特别认真，所谓“饿死事小，失节事大”，便是在那种严肃的伦理生活下提出来的一种教条。“主敬”是中国学人修养的一种极重要的态度与方法——就其本身的价值看，“主敬”便是一种态度，就其为治学应世的手段看，“主敬”便是一种方法了。譬如宋儒程伊川：涵养须用敬，进学则在致知。又如：入道莫如敬，未有能致知而不敬者。到了颜习斋的手里，“主敬”的运用更扩大了。我们如果不了解习斋如何论敬，那末，他的整个的哲学便不易了解。这篇文字可以作为习斋哲学的引论。

“敬”到底是怎样的一种精神状态呢？现在只将颜习斋对于敬的几种看法，分析的介绍在下面：

第一，敬是一种宗教的敬畏态度。试看习斋说：

习恭，见壁上书小心翼翼，照事上帝，思小心难矣，翼翼更难，事上帝难矣，照事则更难。盖小心只是敬畏焉耳；翼翼则终日乾乾，同乎天矣；事帝明旦若临，仍一敬畏焉耳；照事则为人君臣父子有不止乎仁敬孝慈者，非上帝明我意矣，视鳏寡孤独，一不得所，一或欺残，非上帝降鉴意矣，吾妄从事三十年而一无可自信矣。睹各门上，懔乎上帝，箴可惧也。（颜习斋先生年谱，四存学会本）

就上文所讲，"小心翼翼，照事上帝"包含的意思，好像比"敬畏"还有更进一步的表示。但这不过是程度的差别，我们所要注意的是这种"终日乾乾，事帝明旦若临"的态度。敬畏不是唯一的宗教的特色，然而却是宗教的主要性质之一。詹姆士（W. James）在讲宗教心理的时候，曾经列举了几种宗教的精神，敬畏便是其中之一。习斋讲敬的时候，宗教的气色很浓厚，他个人是孔门的信徒，对于祖先当然是要恭敬的，所以他说：

祭考致齐，思吾之心，先考遗体也，洗心所以格先考，倪有财念，色念，名念，很毒念，一萌，是污先考所遗之心，不孝孰甚焉。吾之身，先考遗体也，修身所以格先考，倪有贪行，淫行，欺世行，暴物行，一条，是污先考所遗之身，不孝孰大焉。又思手为先考遗体，敢不恭乎；目为先考遗体，敢不端乎。不持其志，是不能齐慄以奉亲心也，或暴其气，是敢为威忤，以伤亲气也。（言行录）

因为对于身心的恭敬，所以时时刻刻抱着一种警惕的心情，因此我们的生活在任何情境之中，也要身心收敛。如：

戒慎不睹，恐惧不闻，是静（静在这里似可以训为敬）中真功夫。吾辈必于湛然虚静之中，懔然惕上帝临你之意。

由以上所引的看来，敬的一种性质是要人作到不敢放逸。冥冥中有“祖先”或“上帝”照临我们。

第二,持敬是扫除不良人欲的方法。我们如欲保持精神的清明,不良的欲望必要扫除的。孔子说:清心莫善于寡欲。人的生活离开了欲望固然是不可能的,但是不正当的欲望实在是造成悲剧的源泉。谚云:利令智昏。其实不特利令智昏,一切的欲望都使人智昏的,特别是不良的欲望。那末,我们如何才能扫除不良的人欲呢?依习斋看来,持敬是最善的方法,因为人在持敬的时候,精神集中,心思也就清明起来,杂念污欲自然不会来侵扰。习斋说:

> 一日端坐洗心,思人欲污心之尘垢也,天理洗心之清凉也,而持敬则净拭之润巾也。(言行录)

人若能时时持敬,时时提撕警觉。就能一切行为不离于礼,心思也不至于昏蔽,污念杂欲也不会发生。习斋说:

> 大学明德之道,无时不可学,无日不可时习。如时时敬其心,即孔子所谓齐,习礼于心也;时时提撕警觉,莫令昏蔽,即孔子所谓明,亦习礼于心也;每日正其衣冠,洁净整齐,非法服不服,即孔子所谓盛服,习礼于身也;至目容端,习礼于视也;口容止,声容静,习礼于言也;至于手容恭,立容德,习礼于持行也。凡九容曲礼,无非习礼于身也。礼真斯须不可去者。(言行录)

若能持敬,不特在消极方面能扫除不良的欲望,而且持敬就能使我们的行为合于礼。现在再看习斋论敬的另一种性质。

第三,敬就是礼。习斋说:

> 思敬,则一身之气皆上升。圣人以礼治天下,合乾坤共作一敬,自然淑气上腾,位育可奏,所谓笃恭而天下平欤。(习斋先生年谱)

上列所举的话,随便看来,好像是言简意略,但是细细的想想,就觉得却有至理了。所谓礼，到底是什么呢？简单的讲来，那便是人与人间应有的一种正当的态度或行为。但是这种正当的态度或行为如何才会有呢？那末，必要先有正当的意识与健旺的精神；没有意识荒谬、精神颓废，而行为能合于礼的。持敬是一种聚精会神，意识清明的心理状态；能持敬于内部的心理，才能有合理于外的行为。所以习斋说："圣人以体治天下，合乾坤共作一敬"。

我们不特要持敬于内部的心理，行为也要习敬的，那样才能使行为无往而不合于礼。例如说：

> 行必习恭（就是敬）步步规矩，如神临之。（年谱）

总而言之，无论是内部的心情，或外面的行为，都要保持着持敬的状态。习斋曾对他的高足弟子李塨说：

> 总之，不分已发未发，皆持一敬，孔子所谓修己以，也。（年谱）

我们在前面已说持敬是一种聚精会神，意识清明的心理状态，在这种状态中，自然是行必中节，而且感应也必灵敏，生机也要活泼，尝谓"生生之谓仁"，人在持敬的状态，庶几才能做到仁的境界。

第四，敬就是仁。习斋在柳下坐记中说：

> 思古人，引仆控驝，披棉褐，驮麦里，左仆稌，独坐柳下，仰目青天，和风冷然，白云聚散，朗吟程子"云淡风轻"之句，不觉心泰神怡。覆空载厚，若天地与我外，更无一物事。微闭眸观之，浓叶蔽目，如缘罗裹宝珠，精光隐露，苍蝇绕飞，闻其气不见其形，如跻虞廷听九韶奏也。胸中空焉洞焉，莫可状喻。孔子疏水曲肱，颜子簞瓤陋巷，不知作何心景？今日或庶几矣。所愧学力未纯，一息不敬，即一息不仁，一息不仁，即一息不如圣，不如天。以当前即是者如隔万重矣，吾心本体岂易见也哉。虽然亦可谓

时至焉矣，一时之天，与一日一月一岁之天，有以异乎？密克复之功，如天之于穆不已，岂不当如此时哉。

由习斋看来，心之本体是仁，是敬；但是有时被染污了，必要在克己复礼之后，才为仁，扫除了污欲杂念之后，才是敬；所以仁与敬是相通的。再看习斋说的一段话，这种意思更明了了。他说：

人持身以礼，则能得人之性。如吾庄肃，则人去狎戏而相敬，是与天下相遇以性也。此可悟一月克复天下归仁之义。（言行录）

人人能够相敬，便是天下归仁。别人对于仁如何讲法，我们姑且不管，只有习斋的观点看来，敬与仁简直是二而一的了，至少在某些方面是相通的。

习斋论敬，有时讲得很玄妙。譬如"合乾坤共作一敬"，就很有玄学的味道。但是有时他也说得很平易，现在我们再看看习斋对于敬的几种平易的看法。

第五，敬是一种奋进不息的精神。易经上说："天行健君子以自强不息"。这句话给我们的教训，是说人应奋进不息，能有"不息"的精神，方才合于天的意，合于人性的本然。德国的大哲学家康德也曾说过："天有日月星辰，内有公道良心。"可见人的本性不特是仁、是敬，而且还有一种积极的奋进不息的精神。试看习斋如何的讲法：

养身莫善于习动，夙兴夜寐，振起精神，寻事去作，行之有常，并不困疲，日益精壮。但说静息将养，便日就惰弱，故曰君子庄敬日强，安肆日偷。

所谓"庄敬日强，安肆日偷"，便是持敬的妙用！一个人在能持敬的时候，必定是志高意坚，精神奋发的。所以习斋又说：

志不真则心不热，心不热则功不紧，故多睡之人无远图，立

志之子多苦思。(言行录)

再看他说：

子曰学如不及，是何等敏皇，何等急切，吾人尝把时日潦草过去，何以为学。(言行录)

前面所说的“志真”、“心热”、“苦思”、“敏皇”、“急切”哪一种不是持敬所产生的作用？设若我们的心情常能如此，自然是精神就能奋进不息了。

第六，敬是一种谦虚的态度。敬在积极方面是一种奋进不息的精神，在消极方面是一种谦虚的态度。虽然就是日常起居之间，也要常抱一种肃悚的态度与有条不紊的样子。例如在读书的时候，习斋便主张：

凡读书，即如古人面命，何书不当以敬对之，若不衣冠端坐看书，即是侮慢古人，须深戒之。(言行录)

又如：

人若外面多一番发露，里面便少一番著实，见人如不识字人方好。(言行录)

人在持敬的时候，主观方面固要保持一种严整而谦虚的态度，就是对于应用什物也要收拾得成了有条不紊的样子。所谓整洁也是持敬时缺少不了的条件，试看习斋所讲持敬的样子：

凡冠不正，衣不舒，室不洁，物器不精肃，皆不恭也；有一于此，不得言习恭。由此推之，杏坛之上，剑佩琴书，一物狼藉，孔子不得谓之恭矣。此吾儒之笃恭，所以异于释氏之寂静，而静坐之学，所以入于禅而不自觉也。(言行录)

讲持敬的样子，像这样平易，已经没有什么玄味了。我们在前面说过:持敬是一种聚精会神意识清明的心理状态,它表现于外的便是有条不紊的样子,换句话说,就是整洁。

我们已将习斋对于敬的几种看法,提纲携领的讲完了。现在作者愿意对于敬给以新的评价,也就是看看持敬是否还可以作现代人的身心修养的方法与态度。

现在已经很有人感觉到中国民族缺少一种宗教上的热诚与严肃的态度。多数人都是抱着"作一日和尚撞一日钟"的心理。试看现在青年人放纵浪漫,中年人的贪乐鬼混,真是亡国灭种的现象!一个人如果没有一点的严肃的态度,认真的精神,那末,这个人便不会有成就的。一个国民,一个民族,也是如此。设若我们不藉助于很勉强的宗教生活,如何能提起国人的热诚,严肃,认真的态度呢?我们觉得宋明以来的学人所遵守的"主敬"的生活是最可应用的方法了。在前面我们讲过"持敬是一种聚精会神意识清明的心理状态"。我们在这种心理状态下,自然就有热诚的心情,严肃的态度与认真的精神。孟子讲学,在求其放心,现在教育心理学告诉我们:注意力集中是学习能力的必要条件。关于"放心",我们有一种极平浅的讲法。"放心"的反面便是"心不在焉"时的"视而不见,听而不闻,食而不知其味"。设若我们正在聚精会神的时候,不也就是"放心"与注意力集中吗?由上所讲的看来,持敬一方面是一种宗教上的严肃态度,但是平易的看来,持敬便是一种注意力集中的精神状态,也就是孟子的"放心"。

我们如果觉得中国民族需要一点严肃的精神,持敬是最合适的修养良用了。人若在持敬的时候,用以修养治事固然是可以得事半功倍的效果。由这方面讲,敬是一种工具,一种方法,用伦理学的术语讲,称为"工具的价值"(Instrumental Value)。同时持敬的本身也是精神生活上的最高享受。王阳明曾说人类最可怕,最难驱除的是那扰乱精神的"心贼"。所谓"心贼"是什么呢?不外是不良的污念杂欲，分散不集中的心情。只有把这些心理上毒物扫除净尽，我们才有心理上的或精神上的乐园出现。在能持敬的时候庶几才能得这种境界。试想人在意识清明的状态中，不是天地间最美的享受吗？由这方面看，敬又是一种“自在的价值”（Intrinsic Value）了。

我们觉得在现在这种浮夸放浪的空气中，应该提倡一种严肃的风气。西洋人常说“生命上的严肃意志”，我们现在最缺少的就是这种精神。试看国人那种马虎，不认真的派头，不令人有些不寒而栗吗？所以颜习斋的论敬，在今日还不失为救时的良剂。

东渡后的朱王之学

我们的圣人曾经说:“礼失而求诸野”,中国历史上的文物制度,风俗习惯,如有不可考的地方,倒有许多在日本保存着。在三岛国家见到我们先人给开辟的“文化殖民地”,一方面固然感到“他乡遇故知”的欣慰,同时看到数千人的学生留在东邦求学,实不免不肖的惶惧,历史的演变,民族消长的命运,翻看一下中日交往的历史,我们或可得到些触目惊心的教训吧。

有人说日本之所以有今日的富强,因为实行了“阳明学”的道理,我们姑且不管“阳明学”与日本的兴隆有多少的因果关系,但是我们先哲的思想在日本发生了根深蒂固而且很普遍的作用,那却是一件事实。现任内阁首相的广田弘毅便是阳明之学的信徒。明治维新的豪杰之士,多受学于“水户学”的门下,“水户学”是明末遗民,流亡日本的朱舜水及其门人们建立的。可见日本在未接收西洋文化以前,是中国文化独占的殖民地。我们现在举两个中国哲学家,朱元晦与王阳明,看看他们的学说思想,如何导化岛民,在“温故”中或可得一点新的启发与兴感。

中国正统的儒家思想,受到印度方面佛家的影响后,形成一种新儒教运动,也就是被称为“宋学”的那些道学家们。至于宋学的东渡,自何时开始,有三种说法:一说自日本建久十年朝宋,建历元年回日的僧人俊芿开其端。或说弘安二年入日，至六年入寂的和尚祖元启其蒙。又说正安元年渡日的一由禅师始开了“宋学”之门。现在可考的是一由门下确出了几个名僧，如对于程朱学有攻究形迹的虎关，梦窗，中岩，龙山等人，特别是梦窗的高足义堂，在宋学上的成就最高，由渡日的一由禅师将宋学传给五由僧侣，自此而后，宋学在日本便盛行起来，《四书集注》大约像今日在日本流行的辩证法唯物论一样，风靡一时，不特僧侣学人间努力攻究，就是朝廷公卿也竭诚同教。后醍醐帝曾由玄惠在宫中开讲《四书集注》，朱天子之学成为当代新思想运动的中心，同时北宋名臣司马光的《资治通鉴》，也变为当时从政者的教科书，由此得到政治上成败得失的教训，形成建武中兴的大业，纵然不能说建武中兴完全受宋学的影响，至少是中兴中一个有力的因子。

宋学东渡日本后，所给予他们的影响是正统论的抬头，譬如朱子的《通鉴纲目》是贬魏褒蜀，于是有准言的《神皇正》统出现，对于日本的南北朝，特标出南朝为正统，以励忠臣义士的名节，树立天下经伦的大旨，后醍醐帝的中兴事业，有赖于此者不少。在另一方面，日本人对于历史上的记载，凡对于正统国体上所有不体面的地方，都要修改，黄公度在《日本国志》中曾有一段有趣味的话：

> 梁书言：日本自称为吴泰伯后，相传亦称为徐福后，彼国记载本以此为荣，其后学者渐染宋学，喜言国体，宽文中作日本通鉴，源元国驳议日：谓泰伯后，是以我为附庸国也，遂削之，赖襄作政纪，并秦人徐福来赤屏而不书。(《国统志》一，二页)

我们可以说日本人吃了宋学的“智慧之果”，才发觉国体上的不容混乱，至于日本民族的发源问题，并不是这里的兴趣，只不过举一个例证，看看宋学所给于他们思想界的影响罢了。

宋朝的道学家，有时被看作开玩笑的对象，所谓“袖手无事谈心性，临难一死报君王"，这好像是道学家的本色与幽默，但是在日本，宋学却不那样的寒酸可笑。信仰宋学的尽为一般公卿廷臣，后醍醐天皇死后，经过了二百六十六年，到德国家康的崇尚儒学，新儒教的宋学，尤其是程朱学，得到名盖当世的将军的庇护，于是天下的思想界都闻风景从，程朱学成了当时正统派的思想，所谓名教是振人心肝的教训，而朱夫子等道学家，在扶桑岛国也得享祭酒吃冷猪头的尊敬了。

由于德川幕府的庇护，程朱学得以在思想界南面而王，德川三百年的长期，都努力于维持名教名节，几多的名儒出现于当时，绝非他派学者所能望及，所以有人说程朱学是德川时代思想界的大动脉。出自程朱学的学者，有名的人物，如室鸠巢，中村惕斋，贝原益轩等人，就中贝原益轩在实践方面作了颇大的功绩，益轩在学统上虽尊重朱子，但是在本体观方面，却近于阳明。在学问上的经路，同于益轩，而范围略小的是室鸠巢，他曾著骏台杂话，与当时的新井白石，雨森芳洲，同为大教育家，出自木下顺安的门下，所谓"木门十哲"，室鸠巢是其中之一，在朱子学上造诣尤深。他的友人新井白石脱胎于朱学，用朱子穷理的为学方面，以治史学及语言学，开此学空前的成就。这些人都是朱学在日本收到的信徒，他们的学术思想在日本史上有很光荣的价值。

明末朱舜水流亡日本时带去正统的儒家思想，在国民精神的振作上发生了很大的作用，所谓"崎门三杰"——由崎闻斋的门人：浅见絅斋，佐藤直方及三宅尚斋——都是受了"水户学"的影响而在明治维新事业上卓有建立的。

日本阳明学的鼻祖要推中江藤树（后阳成天皇庆长十三年生—后光明天皇庆安元年殁），他在死前四年才由朱子学转向到阳明学，他的主要著作《有翁问答》，几乎尽为朱子学的气息，此外如伊藤仁斋父子，荻生徂徕如等人也是由朱学转向王学的。大约阳明的"良知良能说”,在没有相当学养的人看来,不免失之有空疏高远,而朱子学却朴素近人,容易使学者摸着下手处,这是先朱后王的逻辑吧。首先介绍阳明学于日本的中江藤树曾批评朱王二子说:“朱子是大儒而兼贤者,王子是文武全才而兼贤者,朱子于文献学有广博的成就,学究气浓而心性之学疏,王子约于仁而以禅学悟道,但二子之相同者皆以存天理,去人欲为务。”这样对于朱王之学的看法,尚属不无所见,不过由他的批评看来,好像认朱学容易流于枝离破碎,不如王学之良知良能,一朝顿悟起来,有“吾性自足”之快,所以中江藤树由朱子学的文献素养加上阳明学的简约精神,成就了他思想上的系统。他以阳明的“良知说”为立脚点,同时对于朱子的“理气二元论”也不肯放松,认理气,与朱子一样,为宇宙万有的根本,最后还元于一元论的太极,而太极的领悟,要由“良知”的作用,这是中江藤树溶会朱王之学的道理。

王阳明的学说,最着重的地方是“知行合一”,在这一点上,中江藤树的门人熊泽蕃山特别致力,对于经世治国之道,天下盛衰之由,学阳明“事上练磨”的功夫,用以自励教人,他的主要著作有《集义和书》,颇见才识,那种满腹经纶的抱负,有豪迈颖悟的阳明学精神。

我们晓得以朱子为代表的宋学,在日本促成建武中兴的大业,阳明学于明治维新事业上也是一种有力的因子。如“阳朱阴王”的佐藤一斋,是名满一世,门人云集的人物,所著《言志录》,集起一些明学语录的片段,出自佐藤一斋门下的有佐久间象山,吉村秋阳,奥宫慥斋,山田方谷,横井小楠,渡边华山等人,其后维新的元勋,吉田松阴,西乡南洲,大久保甲东等都出于这一系的学派。至于阳明学所给于他们的影响是什么呢?我们想有两点可以说明:第一日本的民族性是讲苦干实行的,敢作敢为,信在必行,因此王学的“知行合一说”成了他们最可受用的信条。第二明治维新前,幕府的末期,外患频至,内乱纷扰,由阳明生平讨伐乱贼的书生效命疆场的精神,促成他们倒幕攘夷的革新大业，固然不能说阳明学是维新元勋的唯一经典，但是那种躬践履行的苦斗精神，确是相当的受了王学的兴感。据说明治开国的元勋，他们的“帐中秘籍”有《阳明专习录》，《资治通鉴》，《通鉴纲目》，《日本外史》等书，可见那般志士于事功上的成就，有其学养的根基了。

总而言之，朱王之学在日本都有划时代的贡献，无论是学术思想，以至于事功政治，德川三百年间的历史，朱子学为代表的新儒学是他们学术的渊丛，文教的中心；同时阳明学又是维新时一般元勋精神修养的规范，伦理陶冶的标准。东渡后的朱王之学，可以说颇不寂寞了。

近代德国“政治的教育”之发展[①]

每一个国家立国于世界上,必有它立国精神之所在,这种立国精神要因时间—历史与空间—地理而适应的变异着。一个国家的立国精神虽然可以有变更,但是绝不能一个国家根本没有立国精神,因为没有立国精神就没有国家存在的价值;不仅没有存在的价值,也就没有存在的可能。我们可以说立国精神是一个国家求生存的南针,政治家与教育家所追求的目标,一国国民安身立命的归宿地。在德国称这种为国家生存南针的立国精神为“政治的教育”(Politische Erziehung)。“政治的教育”就是“为国家的教育”(Erziehung für den Staat)。在这篇短文内所要讨论的就是近世来德国政治的教育之发展状况。于中文里“政治的教育”(Politische Erziehung)没有适相的译语,意思是“国民教育”,或“国家教育”,与这种政治的教育相似的在中国一般学校的功课上有所谓“公民”以及其它。

政治的教育之形式基于各时代国家的机构与支配各时代政治的建设“意志”而形成。在此所研究的政治的教育问题只限于近代的德国,但是“近代的国家”又有什么标识呢?简单而扼要的说,“近代国家”的标识有二点:一为“国家的世俗性”(Weltlichkeit des Staates),二为封建制度的克服。主张近代的德国即是“世俗的国家”者,认为国家成立的基础与世界观的背景有密切的关系。从基督教的国家到世俗的国家,其间发展的经过很长。中世纪的神圣罗马帝国(Das Heilige Rümische Reich Deutscher Nation)决不是纯粹祭政一致的国家,而是(一)基督教的国家,(二)与基督教持有同样"世界的倾向",(三)有两个元首的国家,第三点对于了解欧洲历史上有绝大的意义。全中世纪是宗教的势力与世俗的势力竞霸的时代。基督教的"世界帝国"(Universaireich)有法王与皇帝两个元首,自从"宗教改革"(一五一七年)后,基督教的世界帝国才濒于崩坏,十六世纪德国国法上指导的原理便是:在其统治下便信其宗教(Cuius regio, eiusreligio)。经过十七世纪因为破坏的宗教战争而生出"宗教的宽容"(或称信仰自由)原理来,直到十八世纪在合理主义的启蒙时代下,认国家为纯世俗的,不必与宗教混在一起。这是由宗教的国家转化为世俗国家的过程,至于封建制度的克服也是近代国家的标识之一,封建制度的特征是地方分权,宗教改革时的封建制度是所谓"国君对诸侯(地方豪族)的二元制"(fürstlichständischer Dualismus),至君主政体渐次成立后,始趋向于中央集权,就政治的领域说,统帅权,财政权,立法权次第的移入中央君主的手里。更具体一点说:(一)国君在必要时不用从地方贵族手里提供军队,而设置自己的常备军,(二)为召集国会要求通过的困难,而设立新的统一租税制度,(三)废除长期残留的领土裁判权,设置直属于自己的"最高法院"(Kammergericht),以上三者可为中央集权发展的过程,同时也是一个大国家建设不能缺少的先决条件。

在前所说国家的巨人性与封建制度的克服是近代国家主要两种标识,如欲研究德国初期的"政治的教育",必得先要明了这个前提,从这两方面起,也实在是政治的教育最初的形式。关于近代德国政治的教育,我们可以分为两个准备时期与三个主要的时期:(A)准备时期,自十六世纪初叶至十七世纪初叶,可以称为"正统教"时代,从十七世纪初叶后为信仰自由的时代,(B)标准时期,自十六世纪初叶至十七世纪末,可以称为封建贵族屈服的时代,我们现在先把两个准备时期简略的说明一下。

十六七世纪德国政治的教育,一方面与国家“世界观的基础”有关系,他方面又与国家“内的行政机构”有关系,当时的三十年战争——大部分是信仰上的战争——最要紧的政治问题是关于教育政治的争论,当时的神学直接影响政治,神学上的命题即有直接政治上的意义,信仰的形式(宗旨)同时就是国家成立的原理。因此万事都以“正统教”(Reine Lehre)为依规。以至于学校原来也不过是宗教的(教会的)设施,后来才渐渐的变为国家的机关。这种教育上由宗教的工具而成为国家的机关,其经过在政治的教育发展上有重要的意义,同时也反应出宗教的世界观的变迁来,然而这种学校国家化的过程是极缓的,要经过长期才能看出来的,直到今日尚未充分表现出来。学校国家化最显著的征候就是义务教育的实施。一七一七年普鲁士发颁义务教育的命令。陶冶机关向国家移转,一七九四年发布的普鲁士一般国法中,有“诸学校及大学及国家的施设”一条文,直到今天对于大学这种条文还没有例外,一六九六年在哈勒(Halle)设立的大学,一般人公认为最初国家的大学,以至于各学校至少是在国家的监督或管理下。

国家内部的构造与信仰上的战争,教会政治的论争也同时并行。因封建制度的克服,而中央集权的国家中又有新的“阶级”(或阶级的构造)产生出来,原来与中央政府对立的封建贵族(Feudaladel)后来渐渐的变为“廷臣”(Hofadel),“军人”(Militäradel),“官吏”(Beamtenadel),从各自为政的封建贵族变为从属国家的人员。最初原为养成地方贵族的“贵族学校”(Ritterakademie),后来成为教育廷臣政治教养的重要机关。当时受法国的影响最深,教材的设立规定大半取法于法国,如关于外交术(Diplomatie),国家的职务,军事的知识(含有筑城术,炮术)等。而“政治的人”(homo politicus)是陶冶的主要目标，所谓(homo politicus)是意大利文艺复兴时的理想，这比英国的Gentleman还有较长的复杂历史。

以上所讲为政治的教育之两个预备阶段，再简略的讲来，可分为四个原理；在世界观的方面，(一)先为正统派的原理，(二)后为宗教的宽容；在组织的方面是，(三)国立学校原理与(四)为国家服务的贵族(Staatsadel)原理的成立，第一个原理是在国家内要求统一的世界观，或国家统一的信仰。其他三个原理虽然遭遇各方面的反对，而渐渐的也具体的实施出来，中央集权化的胜利就是专制主义的政治体系之建设，十八世纪的专制主义对于人民有很广泛的法律的保护。

现在我们把德国政治的教育之三个主要时期分述如下：

(A)专制主义下政治的教育(十七世纪末叶至十九世纪初叶)

(B)国家活动积极化时代，或国民总动员时代政治的教育(十九世纪初叶至末叶)

(C)政治的教育之危机时代(十九世纪末叶至一九三三)[②]

(A)十八世纪的专制主义又称为“启蒙的专制政治”(Aufgeklärter Absolutismus)，最初的普鲁士国王裴得利克一世(Friedrich I.)(一六八八—一七一三)受了来伯尼(Leibniz)思想的影响。来伯尼的《德国政治论》，是想将各种的信仰联合或结合起来，这并不单是由纯神学的兴味出发，而是从实际的政治的目的为动机。来伯尼本来任外交官的职位，他的统一与普遍的调和哲学对于“强国主义”的贡献很多。第二是裴得利克维廉一世(一七一三—一七四〇)受了敬虔主义的影响。而裴得利克大王又是“自由精神”的保障者。所以专制主义的普鲁士尚未成为统一的国家。当时的普鲁士中央诸官厅与地方厅还是一种并立的关系，国家的势力可分为三派：(一)军国主义，(二)重商主义，(三)官僚主义。以上三种原理反映到政治教育上的可以简略的说明如下：(一)从佣兵制度而渐进的变为国民的军队，(二)为一般臣民而设立经济教育的组织，同时包含着改良土地与增加人口的问题,(三)施行职业官吏专门的知识并养成司法官清廉的教育。对于国家无条件的服务,当时官吏的薪俸很少,而以国家的动位名誉来补足别方面的不足。

十八世纪的专制主义的国家,政治教育上的根本思想是阶级分业的原理。要略的可以分为三种:(一)贵族注重名誉心与义务心,(二)市民贡献国家有用的服务与纳税的义务,(三)农民受国家的保护,耕作土地,必要时服兵役而守国土。

现在回顾专制主义时代德国之政治的教育,当时的状况可分列如下:(一)国王虽然已经有了超逾的地位,但是还没有形成有机的中心。(二)缺少基于爱国精神的国民军队。(三)所谓自由平等的国民不存在,国家在法律上就分出差别的阶级来。自从法兰西革命二十八年后,农民始享有自由,农民与其他阶级同样享受权利。

(B)德国政治的教育发展之第二时期,以自由平等的精神为基础实施国民为国家服务的教育。所以又可以称为国民活动积极化或国民总动员时代,十九世纪初叶,德国还不够统一的国民的国家,古德意志帝国在一八〇六年已经形式的瓦解,实际上早已崩坏了。于是德国由联邦的大小国家组成,其中有两大强国,即普鲁士与奥大利,这两个国家共同打算指导其他国家,而普鲁士与奥大利对立起来,其他小国也只为自身的特殊权利打算,所以称这种状态为德意志联邦的“自国主义”(Partikularismus)。一八七一年由普鲁士的领导又使德国统一起来,但奥大利不在统一国家之内。在这一个时期之内德国受法国革命(一七八九年)的影响很大。法国革命是一般人要求个人的自由,同时也有一种国民运动的义意,由国民的自觉而想建设国家,这恐怕是最初的事。与法国革命一样,德国也是从上部改革起。这种改革的理想便是:“为国家而全国民总动员”。在菲希特(Fichte)与排斯太洛基(Pestalozzi)的思想中可以看出这种理想来,国民在政治上积极活动的方向可分为两方面:(一)为“求心的”,以国民的结合为目标。(二)为“远心的”,为立宪国家的成立,而多数政党产生出来。表面上看,好像是相反,其实正是国民活动不能缺少的两方面。

各政党的意识型态中所含的思想的类型,便是政治教育思想的轮廓,当这一个时期政党的区分有下列五个团体:

(一)自由党(Liberale)

(二)民主党(Demokratische)

(三)保守党(Konservative)

(四)天主教派(Katholische)

(五)社会民主党(Sozialdemokratische)

自一八〇七年至一八九〇年,我们若把这一个时期回顾一下,称之谓国家内部的建设时代比对外的发展时代更适宜。这就是由普鲁士的指导下而成立了小德意志帝国(Klein-Deutschland),而这种伟大事业是由俾斯麦一手造成的。他负着国民的期望,带着政治与外交天才,以“军队”,“官僚”与“经济及财政政策”为台柱而支持他们的国家,当时施行政治的教育之场所是在军队及各大学内。

(C)国民活动积极化开始的时代,以政党的分裂而告终。一八九〇年后,德国政治的教育,为培养德意志精神起见,人人必先治历史,特别关于近世史与最近世史教学的提倡。对于社会民主主义则加以破坏的批判。在各级学校也同样的排击社会民主主义,以敬神与忠诚等宗教的精神为政治的教育上之主要南针。在体育方面,为肉体的健康,人人对体育要特别的注意,把从每周二小时的体操改为三小时。一八九〇年后,次第的产生了奖励体操与运动的团体,这种团体在中央体育协会下统一起来,这类团体中最有名的是“青年德意志同盟”(Jungdeutschlandbund),此外尚有“青年运动”(Jugendbewegung)。就在世界大战时,这样青年运动都是自发的,而不是政治的团体。

直至世界大战爆发,德国国民对祖国的忠诚与热血充分的表现出来。特别是各级学校,虽然在长期抗战中,而德国青年能发挥最高的机能与牺牲精神,以至于社会民主的劳动团体把“工人无国际”的口号放下,而发挥爱祖国的精神。战败后的德国,于一九一九年把德国宪法变更了。一般的说来,从立宪君主国而改为一院制(缺少上院)的共和国。关于政治的教育,在宪法上有明文规定:“公民为各级学校之主要学科”。同时还有专为实施政治的教育机关,如在伯林设有“政治大学”(Hochschule für Politik)。在明兴(München)设有德意志研究院(Akademie zur Erforschung und Pflege des Deutschtums)。一九二四年后,各种高等学校(Höhere Schule)以“德意志科”(Deutschkunde)为中心的科目。

战败后的德国最困难的问题是:如何把受犹太人影响最深的马克思主义的劳动者再变为爱国的国民?关于这一点希特勒有一种方式。在“第三国家”下德国政治的教育是基于国家社会主义的理论。所谓国家社会主义就是“民族”的社会主义,“民族”是最重要的主体。原来德国国家社会主义是国家社会主义的一种。这种国家社会主义是以“民族协同体”(Volksgemeinschaft)为目标。

国家社会主义的发展,从历史上说,是从世界大战中产生的,由于战壕生活的体验,超越了社会的阶级与教养,都一同为祖国而发挥牺牲的精神,“民族”由国家社会主义的立场加以解释,绝不单是国家的国民,而是生物学上的生活体,为“民族”的生命与健康,必得意识的加以保护,国家是“民族”的最高表现形式。而少年是属于国家的,虽然国家社会主义的国家承认健全家庭的价值。所以现在德国十岁至十八岁的少年都要成为希特勒少年团(Hitler-Jugend)。至于曾经在社会演过主要角色的“阶级”问题,在“民族协同体”下是没有义意的,“阶级”在国社党治下变为“职业的”的结构,在这种意义下,政治的教育较以前在机构上大不同了,特别与民主的议会主义时代比较,变化更大。德国人又把古来尊重的民族教育精神,即是国民皆兵的制度,再复活起来,国社党治下政治的教育之特色就是尊重德国古来的传统。

从以上所述德国近代政治的教育之发展,我们可以知道每一个时期政治的教育都是为适应当时民族或国家的生存而规定的指导南针,中国在闭关自守时代,还觉不到政治教育的切迫,就是有,也不过是限于内部的机构,但是自从鸦片战争以来,百年来国家处于风雨飘摇之中,今后为民族国家的生存,能不对于指导国家之政治的教育加以探讨吗?现在所讲德国政治的教育,也不过为中国自身有所借镜而已。

注:

① 这篇小文的取材,大部是采之于士榜格(Eduard Spranger)的讲演集,《教育学讲话》(Pädagogische Vorträge),这部集子是士榜格于一九三六年冬的讲演录,其中一部份是著者曾经听过讲的,这位老学者的白发红颜健旺的精神体魄是我时常忘不掉的,著者最近正预备写一篇文字介绍士榜格的思想。

② 一九三三年是希特勒,也就是国社党,当政的第一年,此后德国政治的教育以及一般国内国外的施政方针便是目前德国的"活政治"(living politics)。

士榜格的教育与文化思想
Eduard Sprangers Gedanken über Pädagogik und Kultur

纲目:(1)士榜格的生平(2)他的心理学(3)他的教育思想(4)他的文化哲学——单元文化与多元文化(Kultur und Kulturen)(5)教育国民性,精神科学,(6)结论

士榜格(Eduard Spranger)在一八八二年六月二十七日生于柏林附近利西特菲德(Lichterfelde),他的父亲是一个商人,名法兰紫·士榜格(Franz Spranger),当他幼年的时候,曾肄业于多罗台恩(Dorotheen)市立的实科中学及灰色修道院(Graues Kloster)附设的文科中学,后来进入柏林大学,当时哲学家底尔堤(Wilhelm Dilthey 1833—1911)[①]正讲学于该大学,士榜格受他的影响最大,一九〇五年得博士学位,至一九〇九年遂被任为柏林大学的讲师,一九一一年来比锡(Leipzig)大学聘他做木伊曼(Ernst Meumann)教授的继承者,遂为教育学副教授,翌年复升为正教授,到一九二〇年哲学大家利尔(Alois Riehl 1844—1924)[②]告老辞职,他又被聘为柏林大学教授,士榜格的专门学问是哲学与教育学,特别是在文化哲学上,他是世界的权威,他的立场是继承底尔泰之精神科学派所谓"生活哲学"(Lebensphilosophie),[③]同时也受新康德派的影响,属于文化教育学派,一九三六年士榜格曾到远东来讲学,这次的讲演收在两部集子内,一为《文化哲学的诸问题》(Probleme der Kulturphilosophie),一为《教育学讲话》(Pädagogische Vorträge),当他在日本以交换教授资格讲学的时候,中国的哲学家与教育家曾计划着请他顺便到我国来讲学与参观,但因事未得如愿,这次的士榜格的讲演当然代表他最成熟的思想,同时著者也曾听过他讲演的一部份,并且因为是讲话体的文章,听起来或读起来也比较着容易,士榜格的著作,有的实在不好读,著者现在只能就他所了解的士榜格作一简略的介绍。

在讲士榜格的教育与文化思想以前,我们先要叙述他的心理学;心理学本身虽然也是一门独立的科学,但是它往往做为其他科学的基础,换句话说,人文科学时常以心理学上的成就或原则为根据,如政治学,经济学,法律学,社会学,教育学都是离不开心理学的前题,特别因为近数十年来心理学的长足进步,简的好像是一切人文科学而没有心理学的坚固基础,便如同建筑在沙漠上一样,士榜格的教育学与文化哲学当然也不是例外,他关于心理学的著作,成本的及散篇的很多,现在我们只把所讲儿童青年心理及成人心理,以及他在心理学上特殊地位与见解,略述如下。

士榜格在《人生的型式》英译本序文上曾经说过,学问中最难能可贵的是对于"人"的研究,关于"人"的研究,若仅依人种(Rasse),民族(Nationalität)与血族(Clan)去分别人类,乃是族系(Genealogie)的分别,而非形态(Morphologie)的研究,而他在心理学上所采取的方法,在区别人类的型式,特别是心灵的型式,在心理学史上在这一方面致力的有希腊哲学家提奥夫刺斯塔(Theophrastus)[④]著的《性格》(Charaktere)一书,乃是根据着人的显著情绪加以区分,这书实在是世界上极重要的文献,士榜格关于"人"的研究与区分,认为人不仅受自然环境的条件所支配，如其他的生物或滞留在原始社会的民族，同时更要受文化环境的影响。他曾说：

> 人不仅生于一个自然环境中，同时还生在一个文化环境中，人在现时业已成就的阶段上，关于生活的组织与保持有赖于文化力方面者，何尝异于他所依恃与所惯于受节制的自然力呢？所以人在现时所表现的各种差异，不仅为生物界的差异，兼为精神界，即文化界，的差异，我于本书首自精神界的见解讨论此问题。（见《人生的型式》英译本序文）

我们由士榜格的这段话中，就可以知道他对于心理学所持的见解，他所以如此，并非士榜格以为生活的生物学基础，无关重要，不过因为科学家对于生物方面的研究已很精密，而至今仍忽视"超生物"（über-biologisch）的阶段，所谓"超生物"的阶段就是在于纯然应付仅维持生活的各情况外，而以诸"意义内容"为注意的标的。在英美与大多数法国科学家，对于这一方面的研究，认为是社会学的问题而在德国则于思想上另辟一途径，称为"文化哲学"（Kulturphilosophie），而士榜格的心理学则着眼于文化环境下所形成的生活形式。

士榜格是底尔堤与波尔森（Paulsen）的高足弟子，他从这两个教育大家得到强烈的鼓励，波尔森的《教育文存》是他编辑的，他受底尔堤的指导才用精神科学的眼光去研究心理学，他的"构造心理学"完全脱胎底尔堤的心理学，他关于文化哲学的讲法则渊源于波尔森。他说心理学应该以文化关系为出发点，一切活动都以这种文化关系为依归，那末，心理学才可以算为教育的辅助科学。

士榜格对于心理学的研究虽然着眼于"超生物"的阶段，但是他也并非忽略生物学的观点，他说心理学不能只以研究内在的精神过程为终始，无宁说心理学是在观察内在的精神过程与环境世界构造的关系。一般的动物与环境世界的关系是建筑在动物的"知觉器官”(Merkorgane)与“动作器官”(Wirkorgane)。人是生物之一,更是动物当中的一种。就生存于自然的世界看来,人与其他动物是一样的;然而人不仅是生存于自然的世界,同时还生活于精神的或文化的世界,中国所谓“人为万物之灵”,士榜格的心理学便好像是为这种讲法找出科学的根据。

士榜格的心理学既着眼于人之所以为人的研究,那末我们在讲他的心理学的时候,也要在这一方面留意,现在把他对于人的研究分两部份来详述,一为士榜格关于发展心理学(Entwicklungspsychologie)的研究,二为他关于普通成年心理的考察,我们由他的发展心理学,可以纵的知道人之精神发展的过程,由他对于普通成年心理的研究可以横的知道人之精神分别的类型。

“年代心理学”(Psychologie der Altersstufe)是发展心理学的一枝,⑤现在我们把士榜格关于儿童及青年心理的年代研究讲出来,因为心理发展的各时期,在过渡期或转换期,当时是生理的与心理的危险时代,所谓“过渡期精神的危险”是教育上最不能忽视的问题,士榜格将心理发展的过程自乳儿期至青年期分为下列六个阶段:

(一)乳儿期(Das Säuglingsalter)诞生——满一岁

(二)步行及发语的时期(Das Alterder Geh-und Sprechfähigkeit)

(第一次发情期)一岁——三岁

三岁——四岁

(三)幼儿期(Das Märchenalter,das Kleinkind)

(过渡期)四岁——八岁

八岁——九岁

(四)儿童期(Das Knabenalter)九岁——十四岁

(五)成熟期(亦可称为“思春期”)(Das Reifungsalter-Pubertätsalter)十四岁——十七岁

(六)青年期(Das Jünglingsalter)十七岁——二十岁

自乳儿期至青年期心理发展的状况,现在简要的叙述一下,人的生活最初的一个危机便是“诞生”,我们要知道“初生”是最冷酷的生活环境的变化,由母体内到“人间到处有危机”的世界上来,乳儿生活环境的唯一对象便是“母亲的胸”,一天的大部份时间是在睡眠状态中,“主观”与“客观”的区别也极不明了,然而“初生”的头一年,因为感觉到什么是“属于自己的身体”,什么是属于“身体外的存在”,而“自我”与“外界”间的重要界限也渐渐的形成起来,乳儿期最大的发见就是“有些是属于自己身体的东西,同时也有许多‘其他’不属于自己的身体”,因为时常感觉周围的事物限制自己的自由,于是就发起“怒”来,与“外界”关系交涉的开始而不能如意,可以说人生最初的“悲剧”。所以在这个时期主要的是不妨碍孩子的自身体运动。

自乳儿期至步行及发语期又是发展过程中的一个危机,那就是“断乳”,断乳是孩子开始离开母亲的身体而自己实际独立。在步行及发语期正如字面所讲的,是步行与发语的学习。这两年期间所得的结果主要的还是关于“自我”方面的,而“欲望”能力的发生虽然极微弱,却是渐渐的展开出来,满了三岁后,称为“强情的时期”(Trotzalter),在这人生第一次强情的时期,有时可以看出最初之“性的兴奋”,有的人认为这一时期,从生物学的观点看来,是人生第一次的“思春期”或“春情发动期”,但是因为儿童间禁止性的交涉的结果,到今日还留有残余的痕迹,固然这种说法不过是一种“系统发生论的假设”(Phylogenetische Hypothese)。

到幼儿时期孩子的心理变化是由“自我”到“世界”的过渡。在这一个时期对于身体外的事物都感有极大的兴趣,以为现实的事物都有灵魂,“自己”与“世界”的交涉,不是我对“物”的关系,而是“我”(Ich)与“你”(Du)的往还。所遇到的事物都被“人格化”(Personifiziert)了。所以这一个时期的儿童与世界的关系,是“我你的关系”(Ich-Du-Verhältnis),或称为“同族体验”(Verwandtschaftserlebnis),也可以称为“同一感情”(Identitätsgefühl),伟大儿童教育家福录贝尔称儿童与环境世界的关系为“生命的结合”(Lebenseinigung)。这一个阶段的经过对于将来发展全体上有决定的重要性。

自幼儿期到儿童期,他的差异仍然是对于“世界关系”的变迁,就欧洲的儿童看来,凡满了十岁的孩子,便有转向现实世界观的趋向。这一个时期儿童心理上的特色便是“现实主义的世界观”(Realistische Weltamffassung)。关于事实或现实的“感觉”(Tatsachensinn)在儿童期就实际的能领略出来,儿童的兴趣与关心也是倾向外面的世界。

我们顾名思义至思春期的变化是“性的成熟”(Reifwerden)。思春期的第一特征是“自我意识”的变化,在这一个时期重要的心理状态是“内省”(Introspektion),与前一个儿童期相反,由现实的注意“向内界的转向”,着眼于自己的“心的世界”。这一个心理阶段,一切都是由“自我志识”出发,这是人生最重大,最长,同时又是最危险的时期。该期的危机是由想像(空想)与现实的摩擦,对照而产生的。这种摩擦对照要几年后才能克服。

自十七岁至二十岁是青年期,这一个时期的人,与思春期不一样,思春期所感觉的世界是一种“梦”的对象,“理想”的对象,也可以说是“空想”的对象,恰当一点说,那是“游戏的想像”,在青年期主要的问题是“理想”与“现实”的互相关系,调和二者的能力渐次生出来,换句话说,最初那种自由彷徨的游戏理想,现在加上了坚实纯重的材料与之结合起来。自我与世界的交涉关系,有了具体而努力实现的目标。在这一个时期还必得为青年留下“幻想与优游的余地”(Raum für Phantasie und Spiel),正如在乳儿期应有“运动”的自由一样,凡各文化民族当在青年期的时候与以最高陶冶的机会,国民的理想与大学教育到此也可以实施了。

以上所叙述的为士榜格所讲的儿童与青年心理学，过了青年期，进入于成人期，到了成人期的时候，则人为生物学的决定因素渐次减少，而与历史的社会的文化的关系逐渐的增加，而精神科学的心理学要根据着“超生物”的阶段，研究人类生活在文化环境的关系，据士榜格的看法，“人生的型式”，在文化环境的决定下，可以分为若干基本的型式，每一型式都有一个确定的“意义的与价值的”方向，为各单独结构中之支配的方向；在每一精神现象中，精神的全体终为内在的全体，其他一切精神活动固然不能缺少，但在每一情形中，这一类的其他精神活动的成就都遭变形而像在某种场合中附属于支配的价值方向一样，自每一型式的中心境界出发，而其他各种型式也都与之相关，每一类型式的活动都为他类活动所限制，但是每类活动都有其独立的机能，不能为其他的机能所替代，而每类活动也仅能成就他“与其特殊意义一致”之物，而不能替代任何其他类型的活动，下列六大类就是士榜格对于“人生的型式”(Lebensformen)用孤立化的方法所分的个性的基本型式：

(1)理论型(Der Theoretische)

(2)经济型(Der Ökonomische)

(3)艺术型(Der Ästhetische)

(4)社会型(Der Soziale Mensch)

(5)政治型(Der Machtmensch)

(6)宗教型(Der Religiöse Mensch)

士榜格根据“生活形式”以分人生的基本类型，而不以“观念”，“感情”，“冲动”，“本能”，“适应”，“遗传”，与“变化”等简单的心理学概念去研究，他自己也知道要有人像克拉帕累德(Claparéde)在国际心理学会议(Internationaler Phychologenkongress)(一九二六年在哥拉尼根(Groningen)举行)席上称“德国人好写各种系统文章”(German passion for writing systematie treaties)，但是士榜格以为由

"生活形式"所讨论的才是真正的生活形式问题,现在德国各心理学家常喜言"全体的研究"(Ganzheitsforschung),在士榜格看来,各种较高的心理成就不能由各单独的心理之素之总合或调整去解释,无宁说这一类的元素是一个有意义的生活全体中的一种依附现象,我们如果想从一个单独心灵作用,去了解它在全体中的作用,必得先要了解这个生活全体的全部。总而言之,士榜格以"结构"(Struktur),"生活组织"(Life-context)或"意义的全体组织"(meaningful total context)对于心理学极端重要,那些构成全体的各基本作用,只有在全体中才有它的意义。就是一个低级生物,也不是各单独生存细胞的总和与堆积,其中每一细胞与各组细胞的作用,都以其对于全体的关系与贡献所决定,同样的关系,在精神界尤其明显。观念,感情,本能与意志等活动,它是属于某一生活类型(如学术的研究,艺术的创造,经济的活动或宗教的玄想等)为我们所不能否认的事实。但是因为这等元素(如观念等)同表现于此全部关系(即学术的研究,艺术的创造等)中,于是此等元素本身的重要,遂不及其在特种相互作上的重要了。由这等相互作构造的一独具意义的全体成就,士榜格名之谓"结构",这是他所讲的"构造心理学"的根据,也是他在心理学所有的根本概念。

设若有人问他所假定的各类型,是否可以包括人生的各种重要形式,例如冒险家,探险家与发明家是不是可以另外成一类型呢?士榜格以为这类"先进者"(Pionier)固然代表一特殊而且极关重要的现象,但是他认这样的人是政治型的一种表现。由于这类"先进者"的态度中心在于"权力威",换句话说,在于征服人类界与自然界的诸种障碍,与政治家的心理一样,以上所列举六类型式并非写实的照片,而是"超时间的理想样式"。

从心理学的观点看人,一方面人生存于自然环境,一方面生活于文化环境,由以上所讲的看来,士榜格在讲儿童与青年心理的时候,人受自然环境的决定成分多,在"生活型式"上人受文化环境的决定成分多,从儿童至成人的过程,我们可以知道自然环境与文化环境对于人类生活的影响都很重要,讲到教育问题,便要根据心理学的命题做起点。士榜格的心理学告诉我们,人生活在自然环境与文化环境,但存在于自然环境并且受自然环境所支配的并不只限于人,没有生命的矿石,桌子,房屋等一类的物质存在于自然界,亦至于植物与动物也是生存于自然环境中,至于生活于道德环境,精神环境与文化环境中的只有"人"。所以教育不是像木匠一样,把一堆没有生命的材料组合在一起便算了事,同时也不像植物的栽培,动物的饲畜一样,教育是对于有精神道德本质的生物所作的工作,这种生物——人——生活于某一特定的文化环境,有其"当为"(sollen)与"不当为"的责任,这样"当为"的责任是不能诉之于木头,米,或牛的。

关于士榜格的教育思想,在开始的时候,我们首要提出两个重要的命题,(1)教育的对象是人,人存在于自然环境与文化环境,所以整个教育的对象是在人与自然环境以及文化环境的关系上,从生物学的观点看,我们必得先要了解自然法则,从社会学的观点看,我们又必得首先要知道关于文化构造及文化发展的活则。(2)人都由于历史的规定,生在一个特定的文化世界,就是出身于独特的文化世界,这种独特的文化世界,地球上各地是或大或小各自不同的。例如中国的文化世界与德国不同,印度的文化世界与土耳其不同,日本的文化世界与美国不同;如果能把不同系统的文化,比出异同而把握起来,实在是极有趣味而且极有意义的工作。

就自然的或生物学的观点讲,人也是一种生物,有出生,发展及死亡诸阶段,个人的存在不过是某一特定期间的事情。然而一个民族是超个人的存在,可以称为"超个人的生活体"。所以教育问题不能不由民族或民族性的研究做出发点。关于民族的研究,特别由教育的观点看,我们定要注意各民族所代表的文化。所以士榜格认为真正的教育学应该是文化的教育。文化教育学的任务在领导青年在文化社会中生活,或反过来设,使各种独特文化价值与本质在青年经验中变为原动力。每个学生应尽量吸收各种文化,如科学,宗教,美术,经济,社会,国家的价值等。

士榜格以为教育问题与日常生活问题不能混为一谈。他说:"教育问题是文化本质与要求之精密的,创造的,分析的结果。"他着眼于整个的文化,并要在党派纷歧的教育界中为教育学树立一巩固的基础。他又说:"科学的教育学的职务在说明现存文化本质,阐明其意义,确立其价值与规律。"所以教育学是社会的,系统的,文化的科学,教育应指出文化与教育的"机能关系"并"分析社会之复杂的构造为特殊的教育元素"。教育学系统的职务在"列举种种标准人格,并阐明其单纯的构造"。因为教育学是文化科学,所以教育学有"估定价值与确立规律"的权利,上述两种教育学的职能(文化的与系统的)足以启发文化的意识,第三种职能(社会的)足以培养活泼的有价值意志的人。士榜格在《文化与教育》(Kultur und Erziehung)里曾从社会的观点说明民族文化对于教育的影响。科学能将其知识和结果灌输于青年经验之中。艺术含有创造的,兴奋的势力,能使人得到深厚的,优美的享乐。经验与技术的目标在维持生活。每种正当的职业都有其"教育的形式"(Erziehung)商业与社会对于教育也有关系。每个阶级在教育上都表现其特殊而维护其价值。因此各阶级在社会上有争平等的运动。

士榜格教育思想的主题是文化与教育的关系。把全文化放在教育的观点下,他把一切教育现象分为四大类:[6]教育理想,教育可能性(智力),教育主体及教育机关。把教育学的主要问题而体系的研究,士榜格将教育学分为下四个部门:

(一)规范的部门

（二）精神论的部门（noolgisch）

（三）心理学部门

（四）社会学部门

以上把教育学分为四个大的问题，由四个部门去研究，其中最困难的问题是关于教育理想的。教育理想是教育哲学的中心问题。国民的教育机关，教育对象以及教育方法之心理的研究，都需要国家的教育理想来支配。教育哲学的理论的构造亦要在此处立下基础。教育理想是由教育的永久的基本形式发生出来的，它要说明历史上种种教育现象，并要估定和确立价值的标准。但是教育理想不能只赖学问的或哲学的思考就可以规定出来的，实际上教育理想是由民族或国民的生活自身产生的。教育理想是由生活上信仰产生一种力量。所以很多的场合教育理想与宗教是结合的。学问的或哲学的思考要对于教育理想加以反省，使理想或信仰得到合理的意识的根据。因此不同时代的教育理想或不同地域（各民族的）的教育理想作为学问问题的研究，然而与一个民族中生动的“教育目标”是不能不加以区别的。虽然士榜格认为教育理想是不能把不同时代或不同民族的教育理想生吞乱咽，但是他也很看重不同民族文化的研究，如我们前面所讲的。同时他与李曼（Lehmann），鲍尔森（Paulsen），卫尔曼（Willmann）一样，极重视教育史的价值。他说：“教育史使人有普遍的，明确的，高尚的文化意识；没有它，教育工作会变成机械的手艺”。由不同民族的教育理想，我们有“教育理想的类型学”（Typologie der Bildungsideale）的研究，从不同时代的教育理想，我们有教育史的探讨。二者对于教育理想都是极关重要的。

我们所说是教育问题中最重要的教育理想。至于其他三个问题，教育可能性的原理（教育心理）是建筑于儿童学上的。从心理研究我们可以演绎教学法，训育法及教育原理等。实验教育学也归入这一类。前面所讲的儿童及青年心理便是教育可能性的根据。教育主体说明教师之特殊的生活样式及“教师对于精神价值的爱，对于自动生长之儿童的爱”。教育机关与制度论是教育社会学的领域。

士榜格从构造心理学建筑他的教育思想。他以为我们估量人格的标准，不在其语言与行为，而在其内心的本质与整个文化环境的关系，即“种种精神关系的集合体”。依他的意思，教育学是“价值学科”或“文化哲学”。在前面已经讲过，士榜格的主要思想是要出教育与文化的机能关系。我们在讲他的教育思想，必得要了解他的文化思想，或称为文化哲学。

士榜格在他的一篇讲演，《一元文化与多元文化》中，曾说在欧洲曾经有一个时期，在未曾与世界上各地方的民族或国家交往以前，以为欧洲文化是唯一的文化，所以文化是单数的，或者称为“一元文化”(Kultur)，后来因为其他大陆的发见，世界交通的发达，这才知道除了欧洲的文化系统外，还有其他自成系统的文化。于是文化这个字才由单数的而变为复数的，或称为“多元文化”(Kulturen)。文化是由一个民族或一群民族的团体手中“价值创造的全体”。拉丁文的 agricultura 就是暗示某一特定地域所生长的文化“基础”。在这种基础上建筑更高的文化，最后达到“人的文化”(Cultura animi)。我们在讨论文化问题的时候，当是以高度文化的民族作对象，所谓高级文化与低级文化的区别，暗中便有一种价值规准的前提。士榜格为定文化高低的标准立下两个命题：

(一)凡是称为真正文化的不能不是民族全般的生活形态。

(二)凡是称为真正文化的不能不有最后的形而上的源泉。

把以上两个命题伸引一下，我们说凡是真正的文化必得是民族全般的(全面的)生活形态。绝不是一面的，部分的。人类生命是由种种机能成立的，这样种种机能相应于各种“生活圈”乃至生活领域，其中任何一种是不能缺少的。每一种机能反其“生活圈”都有其独特的使命。虽然有时是把全精力倾向于文化的某一方面——例如军事的活动或学问的研究——,但那不过是短期间的问题,在长期中,文化总是保持全面生活形态的均整。这种均整,均衡或均齐是很重要的事情,英雄主义的一面性固然有时使人尊敬,然而结果时常不能逃出悲剧的命运。

其次我们要说明第二个命题:优秀的文化不能不有形而上的源泉。士榜格在讲这个命题的时候曾借用歌德的话:

一切无常物
原不过影像

"有限的背后藏有无限,时间的背后藏有永远,现世的背后有神的存在。"以上这样的说法虽然不过是"譬喻",然而要知道这种譬喻告诉我们形而上精神的所在,与神没有深刻结合的民族不是伟大的,这种神的力量在迁化无常的现象界中透出永远不变的"法则"与"秩序"。同时又产生一种"创造力",这种创造力如菲希特所说的,是赌低级的生命去获得高级的生命。生命的背后有真理的信仰,这是形而上的生活,形而上的行为。在这儿士榜格举了一个例子,譬如为国捐躯的军人,他所追求的不是个人的利益或个人的成功,然而在生活上的高贵价值,生命背后所追求的信仰,纵然战败,也不失其为高贵价值的意义,高贵价值常是由形而上根基中产生出来的。

因为士榜格看重形而上的价值,所以他认为美国式的功利主义或实用主义是一种哲学上的谬误。他说外面的成功与实利的结果不能做为价值的标准。有用的不一定是真的,真的在结局上是有用的。有用的也不一定是善,然而善的自身却永远是一种创造的建设的力量。这正如柏拉图所说的,哲学的思辨(形而上的)是文化所不能或缺的东西。它能指示正当的生活方向,能把创造的思想贡献于国民教育。学问也是为健全的国民生活建设而协力。学问——形而上的思辨——追求的是永恒,把国民(凡是属国民的一切)与绝对的世界秩序结合起来,超越了时间的限制而与永久的力量连接在一起。我们在这儿所要注意的是士榜格所说“国民的”或“民族的”的精神。他以为大学的使命即在民族道德精神的保持与发扬。同时从民族与民族,国语与国语及文化与文化的交通,而开了世界上各民族各文化的互相理解。这样重大的使命应该常放在意识中的是大学教授的义务,推进这样使命,负担国家文化及人类文化的将来的是青年学生的义务。

以上我们已经把士榜格对于文化的本质,一元文化与多元文化,以及教育在文化观点下的使命,简略的叙述过了,他在讲教育与文化的时候,时常提到的是“国民教育”或“国民文化”,“国民的”或“民族的”这个说法是士榜格思想中主要的概念,特别是在精神科学方面,所以关于文化与“国民性”(Nationalität)及精神科学,在此我们还要讲述几点重要的概念。

“国民性”由士榜格用来是表示各“国民的个性”,也就是“国民的特质”。与“国民性”对照的是“人类性”(Humanität),到此我们要向“国民性”与“人类性”这两个概念哪一个发生在前呢?“国民性”是一个种族或一个血族与其他不同的种族或血族比较时自夸的独特的特质,“人类性”的发生要在它以后。就欧洲讲,“人类性”是由古罗马帝国产生的,后由基督教的思想而广播于全世界。法国革命后,由于全人类的自由,博爱,平等的口号下,“人类性”更有了政治的意义。

国民独特的生活,民族独有的价值在今日各国成了有特殊意义的研究对象。一个民族文化的特性便是一种文化价值体系的核心。专门研究这种问题的学问称为“民族科学”(Volkswissenschaft)自古来虽然就有“民族学”的科目然而那不过是关于外面的研究,如房屋的构造，服装，祭祀，风俗，习惯，工业等国民生活的外面的表现形式。据士榜格的讲法，如欲理解并批评民族的外面表现形式，必得要先观察并理解“民族道德”（Volksmoral）各国国民都以其独特的原理建设国家，独特的研究学问的样式，独特的信仰心以求其宗教的建立，特别是艺术家所表现“国民性”尤其浓厚，艺术家是民族精神最初的伟大说明者。民族科学是对于国家个性研究的学问，它要把国家个性的财宝发现出来，以便保存并发挥光大。民族科学的研究并非排外的。对于不同的民族文化在今日虽然时常不免一种无理解的态度，甚至于敌对的行动，为谋国家相互间的信任及国际关系的安宁，国际法的正当设立是必要的。学问与艺术能为国与国间架设桥梁，所以全世界精神指导者的结合也是全人类合作非常有效的步骤。“国民性”这个概念在士榜格的教育思想上与文化哲学上虽然是极关重要，但是他并不是极端“国粹主义者”。

上面所讲我们可以看出“国民性”在文化上的地位，研究现代文化当然脱离不开学问，学问的有两大支；那就是自然科学与人文科学（Geisteswissenschaft），自然科学如物理学，化学与生物学所表现的“国民性”如果有，也是比较的少，但是精神科学如伦理学，社会学，政治学就不然了，精神科学受历史的传统，地方的限制，所以它所表现的“国民性”特别显著。精神科学的研究者是生于某一特定的地方，某一特定的民族，用某一特定的语言，他要受某一特定民族中的特性所给与他的概念与价值判断，他带有某一“世代”（Generation）的特色，他有他自己的个性，这都是我们不能否认的事实。

士榜格一方面他承认精神科学的“国民性”，同时他又要求学问的客观性。学问的研究者，特别是精神科学的研究者，与一般政客，政治家或煽动者是不同的。研究者要追求“客观的法则”。他说：“我们不但要宣传自己的生活样式，还要着眼于他种有相当地位的生活样式，我们要认识种种生活样式，要明了其机体的多样性，如同动植物的种类一样。”他承认公民教育不能完全超越党派,但一切政党应该互相遵重而承认“他党也是从社会的文化的背境所产生的精神势力”。他以为这样的客观性是把精神科学升入“学问殿堂”的道路或方法。

在以上把士榜格的心理学,教育思想,文化哲学,精神科学都要略的讲过了,现在让我们总括起来,做为本文的结论。

士榜格的教育理想建筑他的构造心理学上,他在心理学上看“人”,不用一般生物学的观点或自然环境,而把“人”生长在文化环境中形成的诸种“生活样式”为出发点,教育的需要与可能就在于文化的“传递”与“发展”,设若人只生存于自然环境,那末生物的遗传就够了,但是人生还有“超生物”的成分,换句话说,就是人一方面生存于自然环境,一方生活于文化环境,正因为生活于文化环境,所以有“传递”文化与“发展”文化之教育的必要,文化之“国民性”的成分是不能忽视的,同样教育之“民族的”或“国民性的”决定力量也是绝对必要。就士榜格的整个思想看来,他不是一个“国粹主义者”,但是他看重历史的传统,民族的文化,所以能为流行的国家思想加上了体系的哲学基础。德国人,无论在文化思想上或现行的国家政治上,是最能了解“文化传统”的民族,而我们所讲的这位代表当代德国哲学家的士榜格便是最德国人的德国人。

士榜格的主要著作:

(一)《青年心理学》(Psychologie des Jugendalters),一九二四年初版,一九三二年第十六版。

(二)《人生之型式》(Lebensformen)一九二一年初版,一九三〇年第七版。本书有董兆孚君之中译本,系由英文重译,民国二十七年商务印书馆出版。

(三)《人文主义与青年心理》(Humanismus und Jugendpsychologie,1922)。

（四）《文化与教育》（Kultur und Erziehung），一九一九年初版，一九二八年第四版。

（五）《关于教师养成的意见》（Gedanken über Lehrerbildung），一九二〇年初版，一九三〇年第三版。

（六）《学校与教职》（Schule und Lehrerschaft，1913）。

（七）《精神科学的现状与学校》（Der gegenwärtige Stand der Geisteswissenschaften und die Schule）一九二二年初版，一九二五年再版。

（八）《学校制第及学校政策的科学基础》（Die wissenschaitlichen Grundlagen der Schulverfassungslehre und Schulpolitik），一九二八年初版。

（九）《洪保特与人文主义的理想》（W. v. Humboldt und die Humanitätsidee）一九〇九年初版，一九二九年再版。

（十）《从历史哲学看现代德国的陶冶理想》（Das dentsche Bildungsideal der Gegenwartin geschichtsphilosophischer Beleuchtung），一九二八年初版，一九二九年再版。

（十一）《底尔堤》（W. Dilthoy），一九一二年初版。

（十二）《民族》，《国家》，《教育》（Volk，Staat，Erziehung）一九三二年初版。

（十三）《歌德的世界观》（Goethes Weltaschauung）

（十四）《现代的女青年》（Weibliche Jugend in unserer Zeit）与思梅颖（Dr. H. Siemering）合作。

（十五）《教育学讲话》（Pädagogische Vorträge）一九三八年东京初版。

（十六）《文化哲学问题》（Probleme der Kulturphiosophie）一九三七年东京初版。

（十七）《文化循环论与文化没落之问题》（Die Kulturzyklentheorie und das Problem des Kulturverfalls），见《普鲁士学术研究院报告》（Sitzungsberichte der Preussischen Akademie der Wissenschaiton）一九二六年。

（十八）《追求心理学的单一化之问题》（Die Frage nach der Einheit der Psychologie）见《普鲁士学术研究院报告》，一九二六年。

（十九）《人文科学中无前题之意义》（Der Sinn der Voranssetzungslosigkeit in den Geisteswissenschaften）见《普鲁士学术研究院报告》，一九二九年。

(二十)《反理想主义之争》(Der Kampf gegen den Idealismus)见《普鲁士学术研究院报告》,一九三一年。

(二十一)裴斯塔洛齐的"《追加研究》"。《一个分析》(Pestalozzis"Nachforschungen. Eine Analyse.")见《普鲁士学术研究院报告》,一九三五年。

注:

① 底尔堤曾任巴思路(Basel),珂耳(Kiel),波来思鲁(Breslau),柏林(Berlin)等大学教授,为黑格儿后最伟大的精神史研究者,他的主要著作有《人文科学导言》(Einleitung in die Geisteswissenschaften,1883),《关于描述与分析心理学的意见》(Ideen über eine beschreibende und zergliedernde Psychologie,1894),《精神科学之史的建立》(Der Aufbau der geschichtlicheu Welt in den Geisteswissenschaften,1910),等书。他的弟子除了士榜格外,有李特(Theodor Litt),诺尔(Hermann Nohl),米世(Georg Misch),夫仁克雷(Max Frischeiseu-Köhler)等人,都是当今世纪人文科学的权威。

② 利尔生于鲍森(Bozen),任哥拉兹(Graz),富来保(Freiburg),珂耳,哈路(Hulle),柏林等大学教授。他的哲学是批评主义的,实证主义并且一元主义的。主要著作有《哲学的批评主义及其在实证科学上的意义》(Der philosophische Kritizismus und seine Bedeutung für die positive Wissenschaft, 1876—1887),尼采(Friedrich Nietzsche,1897),《现代哲学叙论》(Einführung in die Philosophie der Gegenwart,1903)。

③ "生活哲学"是一种哲学上方法,它不轻视用逻辑的思考,而着重于"感觉"(Gefühl)与本能,与主知派相反,是浪漫的(Romantik),神秘的(Mystik),而不是古典的(Klassik)与合理主义(Rationalismus),是"观感的"(Anschanung)而不是"概念的"(Begriff),是自由的而不是运定的,是"造化的"(Schöpferisch),而不是"机械的"(Mechanisch),是"全体的"(Totalität)而不是"分子的"(Atomismus),属于这一派的有哈曼(Hamann),赫德儿(Herder),歌德,菲希特,叔本华,尼采,柏格森,叔雷尔(Scheler),施彭勒(Spengler),克斯林(Keyserling),觉路(Joël)及底尔堤等人。哥德曾经说过:"感情是一切"(Gefühl ist alles),这就是"生活哲学"很典型的一个例子。

④ 提奥夫剌斯塔（Theophrastus372—287v. Chr.）为希腊哲学家。先后学于柏拉图与亚里斯多德，晚年为“逍遥学派”（Peripatetische Schule）的领袖。

⑤ 参考士榜格著《儿童及青年心理研究的新方针》（Neue Wege der Kinder-und Jugendpsychologie）一文，收在教育学讲话内。

⑥ 见《教育学的哲学基础》（Der Philosophische Aufbau der Wissenschaftlichen Pädagogik），一篇讲稿。

士榜格论欧洲文化[①]

Eduard Spranger und die abendländische Kultur

纲目：（1）文化哲学的发生与任务。（2）施彭格与士榜格。（3）施彭格思想的要旨——“文化有机体说”（Die Kulturen sind Organismen）。（4）欧洲衰落“豫言”的三个来源：（a）宗教的，（b）政治的，（c）历史哲学的。（5）“衰落”能有三种不同解释：（a）生物学的衰亡，（b）文化的退化，（c）欧洲完全的灭亡。（6）“衰落”之价值的标准：（a）尼采的“超人”（Übermensch）说。（b）施彭格的三种不同的标准：甲. 猛兽的人类（Raubtier Mensch）。乙. 宗教的信仰心，形而上学的沈潜，艺术的，思想创造。丙. 权力的组织，权力的扩张——技术的，政治的，征服者的。（7）士榜格论断欧洲文化的标准：（a）生物学的基础构造与文化的上部构造之间的关系，（b）欧洲近代文化的根本精神，（c）欧洲文化的宗教精神。（8）结论及批评。

地球上的各民族与各国家在历史上曾经有一个时期是互相隔绝的，各以为自己的生活样式是唯一无二的中心，到了现代世界各地因为交通的发达。以及其他条件，把地理的限制渐渐的打破了，于是地球上各种不同的生活样式互相接触，因为互相接触的结果，而各种不同生活样式间的消长，竞争，玩固的排斥，盲目的崇拜等现象便相继而生；这样问题的发生在历史上看来是晚近的事情，研究这样现象，这样问题的学问自然也是晚近才有的一门学问，这门学问我们称为“文化哲学”。英美人与大多数法国学者的常认为这样问题属于社会学的范围，而在德国另外在思想上发展为一特殊的学问，这就是“文化哲学”（Kulturphilosophie）。文化哲学是要把各民族文化的类型与发展的根本而特殊精神分别出来，因为各民族文化并非杂乱无章的，每一种能独立的民族文化都有一定的构造，各民族文化都有一个一定不易的中心，然而各民族文化不仅有不同的类型，同时也有发展，类型与发展是相关的。②

就“变”的方面讲，文化有发展，就“常”的方面讲，文化有类型，发展是不能完全脱离类型的，正如人在体格与心理上的发展一样，无论体格与心理怎样的变化或发展，各人总有各人的个性，所以文化的民族性是由各民族文化的类型中产生出来的；例如一张画，一件土器，我们看后说是希腊的或是印度的，这是因为整个的希腊文化与印度文化在类型上有根本不同的所在。文化哲学的第一目标或任务便是把握各民族文化的特殊类型。

在文化哲学上最有贡献的要首推德国，该国文化哲学的权威者有伯克赫特（Jacob Burekhardt 1818—1897），尼采，温德班（Wilhelm Windelband 1848—1915），底尔泰，西门路（Georg Simmel 1858—1918）等人，此外还有我们现在所要提到的施彭格（Oswald Spengler）与所要讲的士榜格（Eduard Spranger）。士榜格是当今德国代表的教育学家，哲学家，特别因为他在文化哲学上的贡献，士榜格是世界上文化哲学界的权威，而欧洲文化是世界文化的一大支，从近世的趋向看来，欧洲文化简直有成为世界文化的征兆，自历史上看，文化的源泉主要的有希腊文化，印度文化，基督教文化，中国文化等，而现代的欧洲文化便建立在希腊文化与基督教文化二者之上，从第一次欧洲大战发生以后，欧洲文化破产的呼声骤然高涨起来，而施彭格著了一本书名为《欧洲的衰落》(Der Untergang des Abendlandes)在欧战终结以前出版,更惹起了极大的冲动,这本书的内容,我们可以由它的题名看出来,施彭格立论的根据是他把文化看为一种生物,凡是生物都有生,长,成熟,衰微死亡各阶段,文化既然也是"生物"(Organismen),自然也脱不出这种生物的命运,不仅欧洲文化是必然的要经过这样的阶段而趋于死亡,即其他各种文化亦莫不如此,所以《欧洲的衰落》一书,另外题名为《世界史形态学的轮廓》(Umrisse einer Morphologie der Weltgeschichte)。

士榜格在讲欧洲文化的将来时,对于施彭格所说的"欧洲衰落说"并不认为奇怪新鲜,本来欧洲早就有衰亡的"豫言"。这样衰亡的"豫言"有三个来源:

第一是宗教的来源。刚才我们讲过基督教是欧洲文化的主要成分,据基督教的解释,把上帝与世界的关系看为一个过程,换句话说,人类的历史是救度的过程或救度的历史,世界历史,最重要的阶段是创造,人类的堕落,旧约与新约,基督的再来,最后的审判,浮士德悲剧也是同样的自天国始而至天国终。所以现世的历史,现世的事情,用戏剧的讲法,正是在中幕,并且是一阴惨的中幕,基督教的理想世界是天国,只等待现世的灭亡,例如说一千年后现世的世界便要终了,但是过一千年后世界还是存在着,于是基督教的"世界末日"说无限制的延期,然而基督教的意识中认为在现世的世界决不能产出善来,伟大的基督教思想家奥哥斯丁(Aurelius Augustinus)。[③]

在解释历史便含着这种意思,这样消极的"世界末日"思想在欧洲文化中是常存在着的。

欧洲衰落思想的第二个来源是政治方面的,因为神圣罗马帝国的强盛,当时一般欧洲人绝不相信这样的国家会灭亡,然而曾几何时,最后还是不免灭亡,一般国家学者们对于罗马兴隆与罗马灭亡的原因都在苦心的探究着,以神圣罗马的强盛后来都不免灭亡,所以人人都恐怕自己国家的衰落。

衰落的第三个来源，除了宗教的与政治的之外，即是历史哲学的，也就是科学理论的根据，关于这种理论施彭格算是最大的代表人物，这种学说以为文化是一大的生物，与许多其他的生物一样，有幼年时代，经过开花结实，而至于衰老死亡，这是不能避免的运命。施彭格便是由文化生物学的前题出发。

以上是欧洲衰落说的三个来源。士榜格个人认为除了宗教的，政治的与文化生物学的说法之外，欧洲文化的衰落有三种可能的解释：（一）现代创造欧洲文化的各民族因为战争，疾病或其他的原因而死灭，但是纵然这样的事情会发生，不能就断定他们所创造的文化也跟着灭亡，例如希腊罗马的文化到今日还是很多存在着，不过担负文化的种族变迁而已，但是文化却有更进一步的发展。（二）因为大地震而把欧洲文化的上部构造破坏了，如大学，图书馆，教会等都没有了，就算是欧洲民族能残留生命，但是文化生活要低落下去。（三）前述二者同时并起，民族与文化都死亡完了，到那时候另有生物学的强健民族从别处迁移过来，再由原始人的文化重新建立。以上所讲，第一种我们称为生物学的衰亡，第二种文化的退化，第三种全欧洲的灭亡。

欧洲衰落说的来源与解释既如以上所述，现在我们要问文化价值的标准是什么，他们拿什么标准去判断欧洲文化。

第一是尼采的“超人”（Übermensch）说。尼采认为人生最大的要为“求权利的意志”（Wille zur Macht）。但是欧洲的宗教思想——基督教——却教人无敌抗，“打你左脸的时候，连右脸也给他打”，由尼采看来，这是弱者的自卫哲学，也是末期文化的信号，他看到自然的，肉体的势力衰弱下来，原始的猛兽的本能退步起来，尼采以为这是欧洲衰落的象征，他为医治这种末期文化开了一付药方，那便是“超人”。超人要超出一般通俗的所谓善恶，对于一切价值要重新估定，恢复自然的原始的本能，才能逃出欧洲末期文化的运命。

第二是施彭格的文化哲学。施彭格为文化立下三个不同的标准。因为他是著作家，说的固然动听，但是思想体系是不完密的。一方面他与尼采一样，颇重视“猛兽的人类”（Raubtier Mensch），主张强烈的本能与情欲，同时他又赞美宗教的信仰心，形而上学的思辨，艺术的，思想的创造，但是施彭格又认为这是末期文化，烂熟期的文化，到了“文明”时代这种文化是要死亡的。至于文化与文明的不同，我们用施彭格自己的话来说：“文化人把他的力量用在‘内的世界’，文明人把他的力量用到‘外的世界’。”烂熟期的文化虽将终了，而现代文明还有施展身手的余地，所以施彭格对于德国青年的说教，还承认人生的价值，虽然他以为欧洲衰落是不能避免的运命，但是权力的组织，权力的扩张，特别是欧洲文化仍有活动的余地。现代的文明是技术的，现实的，政治的，征服者的，不是过去的文化所代表的诗的，形而上的，宗教的，因为“向内”的文化已经过去了。

关于文化的兴隆与衰落立一价值的标准，本来是很困难的哲学问题，以上所讲的尼采与施彭格，都看到欧洲文化有了障害，于是他们便都出了一剂药方。现在让我们把士榜格对于欧洲文化的看法讲一讲。士榜格讲欧洲文化分为三方面：第一是生物学的基础构造与文化的上部构造之间的关系，第二是现代欧洲文化根本精神的研究，第三是欧洲文化中的宗教精神，在下面我们分条的叙述。

士榜格认为担当高度文化的民族必得是生物学上强有力者，然而现在担当极发达文化的人在肉体上及精神上都衰弱起来，例如产生今日高度文化的分业制度，它所要求的是各人的特殊技能，人的各种能力不能调和的发展，并且一天作工的时间太多，不能像自然的原始人一样，只在自己必需的范围内劳动；人的器官与机能不能适应这种人为的生活条件，所谓“文化人”与“自然人”比较起来，就是前者因为反自然的生活条件使得大多数人都有了“文化病”，例如神经质或神经衰弱,我们知道现代文明的特色是大工厂,而工业的集中地是大都会,所以现代的文化就都会化了,农村渐渐荒芜,多数的人跑到都会来求职或享乐,而工业的集中地有成为人类共同坟墓的趋向。大都会的文化条件下所产生的儿童大都是衰弱的,不仅在身上,精神方面也是不健康。西班牙人葛色特(Ortegay Gasset)曾著书论大都会型的生活,低级的本能支配着都会生活的人们,他们不只要求面包,他们还要求各种刺激,如酒与烟,他们时常在寻求刺激,时常期待着动人听闻的事件,他们常把自己的神经弄得很紧张,很兴奋,最喜爱的是一种陶醉状态,陶醉于多数人的集合与群众所产生的力量,他们的意志与感情都不安定,正确的思考在这样的情况下简直是不可能,我们可以说这是群众的慢性"西斯提利"。心理分析学派的对象也是那种病态的色情的都会人。大都会的文化病使得人人在身心都衰弱起来,这种生物学的退化与颓废不能不令人起一种恐怖,救济这种文化病的方法,照士榜格看来,一方面要奖励有组织的国民体育与国民卫生,更重要的是遗传学与优生学的请求,农民生长在农村,多数是健康的,所以农民阶级是健康国民的储水池,有了健康的生物学的基础,文化的上部构造才能稳固。

现在进一步我们要讨论欧洲文化的根本精神,换句话说,要对于欧洲文化的内部构造研究一下,士榜格以为这是文化形态学(文化构造学)的问题,虽然它是一门新学问,将来必定能成为极重要的部门,在这一方面看来,文化形态学必得要用发生学(genetisch)的方法,把一种文化的成立过程探本溯源的找出来,欧洲的文化建立在希腊文化的基础上,而希腊思想所尊重的是节制,整齐,与自制各种精神,现代的欧洲文化便建筑在这种合理化与数学化的基础上。最能代表数学精神的是几何学。所以我们可以说欧洲文化是几何学的文化。这种合理的几何学精神不仅用在没有生命的自然界,同时更要支配生物世界。士榜格认为欧洲文化的恩物或源泉固然是合理化的数学精神，而这种原理的过度应用，也是今日欧洲文化危机的大原因所在。

从历史上我们可以发见某一民族在精神上发展为高一阶段的时候，这一个民族便在那儿遇到危险的信号，因为朴素的传统被破坏了，宗教的，道德的，政治的信仰失掉了，维持自然的民族力量没有的时候，便是一个民族危机的由来，像这样的时期，在历史上我们称为启蒙时代，例如德国的启蒙时代普通指为十八世纪，但是“理性”(Ratio)支配德国人的生命与生活却远在十八世纪之前，譬如来勃尼兹(Leibniz)之把上帝看为伟大的数学家，这种合理化的运动便是数学的自然科学的凯歌，对于宇宙人生都用数学或因果关系来解释，在今日时常有人非难十九世纪的发明所带来的罪恶，我们要知道十九世纪的发明都基于数学的物理学与化学；现代的技术文明，如蒸汽机关，发电机，铁路，汽车，电话，电灯，飞行机，潜水艇，无线电……，都是数学精神的产物，技术文明为人类固然造福不少，同时它也带来各种罪恶，如失业，战争的残酷，文化病的广播……这种数学的精神不仅要支配自然界，就是人事界的政治，经济或道德方面也要受它的支配。在社会或人事上经过合理主义的洗礼固然有它的好处，把传统的混乱状态整理起来，但是据士榜格的看法，文化机构因为太复杂，人为的，不自然的，合理手段在这一方面是要失掉神通力的，所以近世的思想对于主知主义或合理主义起了一种反动，反对人类理性的专制或计算精神(即数学精神)的独裁如卢骚，疾风怒涛时代的浪漫运动(诗人与哲学家)，叔本华，尼采以及近来法西斯所主张的“直接行动”(action directe)，他们要求感情的权利，心的权利，本能的权利，天才的权利，直观的权利，泼剌的行动的权利。士榜格个人也认为欧洲思想把主观世界与客观世界极端的分离是错误的，他把这个罪状放在迪加尔身上。今后的思想，据士榜格看来，需要那种“悟性以前”，“知性以前”之健全的本能。但是他并不是完全反对“理性”

(Vernunft),真正的"理性"不只是概念的计算,而是精神力的全体,"理性"该是生产的思想,直接领导行动的指南针。这样才能救济自希腊传来的那种"魔术的思想形式"(Magische Denkformen)。

第三,也就是最后一点,我们要讨论的是欧洲文化中的宗教精神。士榜格用"宗教"一词在这所指的意义很广,凡是各人的世界观与道德的,积极的生活上的信仰都属宗教范围内。与此相反的是怀疑,不安,没有信心,行动麻痹。士榜格说:"担当每一种文化的人们,必得对于那种文化的价值有信心才能使它发展与繁荣。"至于欧洲的宗教当然是基督教,基督教的范围包括的很广,基督教的神秘主义,基督教的世界观及它的形而上学的体系等都算在内,甚至自康德至黑格儿的德国理想主义也算在基督教内,士榜格认为基督教史简直可以算作欧洲宗教意识史。他以为设若作为欧洲文化前提的基督教信仰有了动摇,那末欧洲文化最后的根据便失掉了保障。基督教的各种宗派虽然都是否定现实,而期待天国,然而所谓"救世福音"对于现世的使命也并不放弃,现世是达到天国的历程,地上的世界是上帝创造的,设若我们欲进入天国,与永恒的世界接合,那末在现世就不能不"好自为之",不能不在现世就满足上帝的意志,望天国的意志就成就了现世的力量,例如十字军便是人类史上的伟大行动,恐怕是欧洲最强有力的共同行动,这不仅单是政治的或经济的目的,而是望天国的信仰产生的。再如资本主义的产生也有它的宗教源泉,人人努力的聚集资本,要在现世作出伟大的事业来,都是为了上帝的光荣。由此我们知道基督教的信仰对于文化作了强有力的根据,给文化立下了形而上学的基础。

欧洲人的信仰,据士榜格的看法,自近世马克斯以经济的观点解释世界史,十九世纪的终了又有托尔斯泰对文化的意义提出了疑问,所以此后全欧洲的精神生活失去了中心,人生的终极目标也就不能统一,一般大众倾向于唯物的思想,至于有教养的智识阶级不是自由思想者，便是怀疑主义者，到第一次世界大战这种崩坏的过程就达到了极点，而施彭格的欧洲衰落说便应运而生。今后救济欧洲衰落的第三剂药方，据士榜格的意思，便是以宗教的信心作文化的护符。换句话说，基督教的兴衰便是欧洲整个文化的兴衰。

以上所讲，士榜格告诉我们欧洲衰落说的来源，以及他个人对于欧洲文化病症所开的药方，他承认欧洲文化遇到了危险的信号，但并不是不可救药，他的第一个药方，健全生物的基础，我们没有问题，素日被称为"老大帝国"的病夫国家——中国——更需要这种基础，第二个药方，用"生活"去更换欧洲文化根本精神所在的主知主义——数学的精神——，而第三个药方，则在维持基督教的信仰，作为欧洲文化的保护者。士榜格的思想是很正统的，他一方面非难文艺复兴后的合理主义的运动，一方面在信仰，伦理等生活上却主张传统的继续。本来欧洲的现代文明，"人"与"物"不相适应，产生了许多现代人特有的痛苦与悲剧，但是这种苦痛与悲剧，以数学为基础的现代科学与技术是不能负责任的，科学与技术的本身不负伦理上的责任，负伦理责任的还是人自己，于其说"理性"，主知主义，数学的精神用得太过而产生今日世界的痛苦，无宁说人类生活——思想，感情，伦理，宗教……——还太欠缺科学的洗礼。在人事方面，社会方面，我们需要更多的科学，正如科学与技术用到自然界一样，这个问题很大，且与我们所讲的题目无直接关系，不便多讲。现在介绍这篇短文的意思只是告诉我们欧洲衰落说并不自施彭格始，及士榜格个人对于欧洲文化的看法。

注：

① 本文取材大部份是根据士榜格一篇讲演稿，题目是《西方是衰落还是复兴？》(Untergang oder Renaissance des Abendlandes?)

② 参看高山岩男著的《文化类型学》，第一章《文化类型学的概念》。日本东

京弘文堂书房出版。

③ 奥哥斯丁于西历纪元三五三年生于北非洲的他哥斯(Tagaste),父亲是异教徒,母亲是基督教徒。最初在他的故乡,后来到米兰(Mailand,384—386)做修词学员,并且致力于哲学与神学的研究。到三八六年开始读柏拉图与新柏拉图学派的著作,思想上便有了中心的见解。后来在天主教义的发展与传播上有绝大的贡献,死于四三〇年。

评《现代德国教育思想概观》

普天编译。二十八年十月商务印书馆发行。

平装一册，一八九页。价壹元捌角。

作专题研究固然是难，写“概观”或通论又何尝容易？所以在欧美大学里担任专题研究的可以是后进的青年学者，而教授“通论”或“入门”一类功课的则往往是博学的通儒，原因是“概观”方面的著述必得要把各种问题先作个别的研究，而后将个别的问题或材料组织起来，这种工作绝不是一知半解的人所能胜任的，在中国学术界中，无论是讲学或著作，能作这种“概观”工作的人往往不肯干这样“通俗”的玩艺，而“入门”，“通论”，“概观”的能手又往往仅只是“概论”的“专家”，例如黑格儿哲学，在中国不能说没有“黑学”的专家，但是“专家”并没有深入浅出的给中国通俗的介绍一下黑格儿，而满口辨证法或下笔千言的辨证法“通论”作者，多数是对黑格儿哲学捕风捉影，没有下过什么功夫的，这不能不说是中国学术界坏风气的一种。

本书，《现代德国教育思想概观》，是属于概论一方面的著作。全书共分三篇，每篇分为四章，共十二章。自康德讲起至一九三三年国家社会党执掌政权后的教育。但是著重点在于讲述“新教育”与“学校改革”运动，所指的不是国社党的“新教育”，而是十九世纪末叶，一八九〇年前后的德国教育界，就编译的人在绪言中所说，“当时在教育理想上，有艺术教育，人格主义教育，儿童中心主义，社会主义，乡村教育，国家公民教育的提倡，在教育方法上，有劳作主义，行动主义，生产教学，机会教学，自发活动，体验教学，综合教学的要求。打破了旧教育的甲壳，在教育界划了一百八十度的转向……”直至国社党执政后德国的教育界政变了指导的原则，而十九世纪末叶的“新教育”运动也成了历史，著者所介绍的便是这段“新教育”的历史。

本书所讲的虽然是十九世纪末叶的“新教育”，而溯源于康德，费希特以及温特所代表的近世社会思想的发展与什来厄马赫（Schleiermacher），拉加德（Lagarde）尼采，兰格朋（Langbehn）所代表的近世个人思想的发展，就伦理思想看来，个人与社会的关系是很重要的问题，个人主义与社会主义都是近代的产物，在人类思想史上发现了“个人”是进化中极可珍重的业迹，同时社会加于“个人”的影响更是与日俱进，“个人的”与“社会的”好像是背道而驰，其实是相反相成，本书开首便把社会思想与个人思想的发展提出来，这是很能把握近世思想核心的讲法。

现代德国新教育运动最显著的特色是反对旧教育的只以理知与记忆力的陶冶为主，无论是艺术教育（Künstlerische Erziehung），人格主义教育（Persönlich-keitspädagogik），儿童中心主义的教育（Vom Kinde aus），劳作教育（Arbeits-pädagogik）等都是反对旧教育的先锋而提出了新的积极的学说与实施的方案。在本书第二篇《儿童教育》的总题目下各有专章叙述，似乎篇名不如冠以《反对旧教育的几个学派及其他理论》。“第二篇的叙述，主要的就是从个人之动的发展方面，检讨那新教育思想的展开。”（一二五页）这是编译者自己的话。

第三篇讲的是社会共同教育（Gemeinschaft），所举社会的教育思想家有威尔曼(Willmann),李斯曼(Rissmann),百格曼(Bergemann),纳脱尔普(Natorp),伯特(Barth),克力克(Ernst Krieck)等。社会的教育,到底它的主张是些什么?“社会就是教育的主体,也就是教育的目的,同时亦是它的手段。目的的社会有两种,即教育的客体就是社会本身,和那由社会规定教育活动的目的,而引导儿童向此目的前进。”(一二六页)这几句话有些难懂,也算是编译者为“社会的教育”(Soziale Pädagogik)所下的定义。“共同社会”(Gemeinschaft)在德国现在的思想上有它的特殊意义,一方面它是政治的目标,同时也是教育的理想,国家社会主义的政纲“在(1)统一同血统的全德意志,雅利安民族,(2)超越政党派别,融和阶级对立,图一大共同命运社会的德国政治的统一,社会的统一,(3)排除宗派的斗争,实现德意志基督教徒的共同信仰社会,将整个民族打成一片,而迈进于国民理想主义的实践。国社党的教育使命,即站在民族斗争的第一线,而谋这目的之实现。”(一六六页)编译者所介绍的虽然是国社党执政后的“新教育”运动,但是最后一章《从“新教育”到国社党的国家主义教育中》,引用的德国教育负责人所发表的德国教育理想与实施方案,我们感到特别趣味,所以愿意详细的介绍一下。书中引用滕尼滋大学的教授斯滕拉(Martin Stemler)在《种族的拥护与学校》(Rassenpflege und Schule)中的话,为“种族”(Rasse)立下了理论的根据,斯滕拉说:

> 种族(Rasse)这个名词,是最近一年一年地重要的概念,这个概念及其信仰,即是国家社会主义的核心。其他政党——假使会有其他政党——和国社党的区别,便在于此。原来所谓国民(Volk),并非各个人的散漫的结合,数目的力量,或使经济生活圆滑,个人的生活安全的外部结合体,而是同一血统的同胞,使一国民变成确乎不可分离的统一体者,就是种族和血统的共同社会。

> “种族”这个名词，原来是生物学上的术语，以表示一群生物互相一致的，肉体精神的一定的特质。但是，使种族所以为种族的，并非这些特质，而是这些特质底下横着一定的素质(Anlage)。特质是从这种素质所发展的。生物愈是高等，这天性的素质便愈是复杂，在相互作用的关系上，把它们加以调和统一的工作，愈是重要。
>
> 性质是从素质所发展出来的，我们只消一看它和环境的相互作用便不难一目了然。一定的素质，受一定环境的影响，于是变为一定的性质而表现于外部。

以上像斯滕拉所说的话，一方面是现在德国政治上的前题，同时也是教育的目的所在。本来现在支配世界政治的思想，若把自由主义或民主政治除外，有两个大的集团，一个是以经济为前题的社会主义，如苏维埃联邦，一个是以民族为前题的国家主义，如意大利与德意志，关于“民族”或“国家”的讲法，据笔者所了解的，德国在这一方面的理论——实际政治上的设施我们在这儿不谈——最精透，贡献也最大。德国的教育是“民族的教育”或“国民的教育”。

关于所评的本书，约略的作以上的介绍。现在让我们再对于本书读后的感想，讲几点意见出来：

第一，本书写着是编译，但是并没有指出用那本书作蓝本，据文字的难读与生硬看来，大概是“译”的多而“编”的少，而且所根据的蓝本恐怕是日文的，因为所用的名词如“文化财”(一四四页，第三行)，“意味”(中文的“意义”，九五页，第九行)，“青少年”(九四页，第十三行)，“素人教育者”(一六二页，第二行)……等都是日本的名词，我们认为生硬的创名词或不思索的借用外国各名词而不加解释在一本“概论”书中，是特别不合适的。编译一本书可以是“译”的多，而编者的意见少，然而必得把根据的原本写出来，而且“译文”要让人不至感觉太生硬。我们推测这本书是由日文编译的，除了词句的借用以外,还有一段话可以作根据,如:“德国在政治,宗教,社会,生活的分立抗争,是很不统一的。同时在学校制度上,也显明的有分立的,不统一的现象……各州有各州独立的规程,各有各的特殊教育,和日本那样一目瞭然的统一学制,真有天渊之别。”编译者并不是讲日本教育,无论在前或在后也并没有介绍日本的学制如何的统一,忽然说了这末一句话,是什么意思?

第二,本书的文字太生硬难读,我们随便翻出一页看,例如一二六页上说:“然而所谓社会的教育,究竟是什么意思?简单的说来,‘似乎是由社会的教育和种种不能概括的契机造成’……”既然为一个名词下定义,就不能马马虎虎说什么“似乎”,“契机”一词“似乎”也是不太好解的字眼。用白话写概论,明白清楚是第一个条件。

第三,每章末后所举的参考书很多,这实在是治学问或学术著作中应该有的素养或习惯,但是参考书的人名与书名似乎应该翻译出来,以便不懂该国文字的方便。

以上是我们把本书读后一点粗略意见。本来中国关于德国的学术与思思缺少系统的介绍,现在有这末一本书,翻开看一看,总也可以多少了解一些德国现代教育思想的概况,纵然不一定得到清楚的,系统的概念。

写“概论”不是件轻而易举的工作,文字通顺该算最低的起码!

评《德意志大联邦教育之主动者与统制者》

本则与葛拉飞(R. Benze—G. Gräfer)原著

出版时期:一九四〇年　出版地方:Quelle & Meyer in Leipzig

我们有两句常说的谚语:"种瓜得瓜,种豆得豆",有怎样的努力,便有怎样的收获,教育与国家的关系就是这样,有什么样的教育,就有什么样的国家。今日的德国距第一次世界大战不过二十余年的期间,以一个败北后各种经济的,政治的,军事的束缚着的国家,竟于这样不足一世的短期间又获得了对于世界举足轻重的地位,实在使我们惊奇之余,更表示十分的钦佩。不过我们要知道一个国家的兴衰并非偶然的事情,正如一个个人的成功或失败不是偶然的事情一样,都是因为努力的结果,而努力的出发点不能不算是教育。所以普法战争之后,普鲁士得了胜利,当时的首相毕斯麦归战功于小学教育;现代的德国哲学家亚斯波(Karl Jaspers)对于教育的神圣使命曾经说过一句话:"每一个人都知道凡是造就儿童的人就是造就将来的人。"(Jeder weiss, dass, wer die Jugend gewinnt, die Zukunft hat.)

我们很高兴,现在有一本最近出版讲德国教育的书,这就是本则与葛拉飞合编的《德意志大联邦教育之主动者与统制者》(Erziehungsm ächte und Erziehungshoheit im Grossdentschen Reich)。本书为三百四十九页的大著;除了叙言,共分十九篇,每篇都是由于对那种团体或工作负责人中高级领袖所著的。为了略窥内容所在,仅将篇名列左:

《德国的教育及其负责者》。《双亲之家庭》(前学校期)。《德国学校》。《希特勒青年团》。《德国少女联合会》。《德国青年男子的劳作服务》。《德国少女劳作服务》。《军营》。《德国大学》。《德国国社党下的大学生联合会》。《国家社会党的教育任务》。《国社党的野色团》(S. A.)。《国家社会党汽车司机与飞行机士团》。《卫队团》(S. S.)。《德国的劳作总工会》。《德国平民教养的工作及"乐生力团"》(是一种组织,其目的为由愉乐中得精力,从事鼓励各部分人利用暇时作各种娱乐)。《国家社会党的妇女团及德国妇女业余工作团》。《新闻,无线电与电影》。《民族政治教育》。《参考书》。

在这部《德意志大联邦教育之主动者与统制者》一书中,自父母家庭至大学教育,由希特勒青年团到防卫力量与民族政治教育,都有详明而生动的叙述,且执笔者尽为当代德国知名之士,是教育学家兼为社会领袖;在本书中所讲的教育问题虽然分为许多方面,但是中心思想却只有一个,这一个中心思想是什么呢?就是"国家社会主义的世界观"(nationalsozialistische Weltanschaug),而国家社会主义世界观的中心目标是"民族"(Das Volk),一切教育理论与制度都由民族意识中产生出来,教育是实现中心思想的方法或手段。在普遍的人类思想没有形成之前,民族或国家就是每个人生存所寄托的最高团体。这与马克思主义的唯物史观——更简明说就是阶级斗争——正相反对,唯物史观否定了国家的价值,而国社党的思想,不仅肯定了国家的价值,并且把国家提为最高的价值,所以最近德国教育思想上的口号是:"儿童教育,国家与运动"(Elternhaus, Staat und Bewegung)(见本书叙言)。

在《德国学校》一篇中，著者葛拉飞引用德国教育部长鲁斯特(Bernhard Rust)的话讲德国教育的任务是："德国学校的目的在于建立国家社会主义的教育秩序。由民族的教育力量出发，藉此以造成国家社会的人员"。换句话说，国家社会主义世界观的理想——"永久的德意志联邦"(Das ewige Reich der Dentschen)——必赖教育的力量始能完成他的崇高使命，在本书中对于德国教育的各方面都有扼要的讲述，诚为研究当代德国教育者不能不读的一部书。我们都知道德国是创造现代世界史的一个主角，而他的教育便是根本的力量。

本书最末一篇列出许多关于德国教育的参考书，现在我们把重要而感觉有趣味的介绍出一部分给中国的教育家与读者。同时因为参考书的目录是按类排列的，我们也照例列出如下：

一般的

希特勒：《我的奋斗》(Mein Kampf)(有中文译本)。

希特勒：《讲演集》(Redon)一九三三 München 出版。

欧森白 Rosenberg，Alfred：《二十世纪稗史》(Der Mythus des 20. Jahrbunderts)一九三九 München 出版。

陈柏林(Chan berlain，Houston Stewart)《十九世纪基础》(Die Grundlagen des19. Jahrbunderts.)一九三八 München 出版。

巩特(Günther，Hans F. K.)：《德国国民种族学》(Rassenkunde des dentschen Volkes)一九三七 München 出版。

葛鲁士(Gross，Walter)：《民族政治教育》(Rassenpolitische Erziehung)一九三四柏林出版。

笛特瑞西(Dietrich，Otto)：《国家社会主义的哲学基础》(Die Philosophischen Grundlagen des Nationalsozialismns)一九三五 Breslau 出版。

傅艾可斯(Frereks，Rudolf)：《德国人口政策》(Germian Population Policy)一九三八柏林 Terramare Office 出版。

司库拉(Scurla,Herbert):《国家社会主义的根本思想与外国》(Die Grundgedanken des Nationalsozialismns und das Ansland)一九三八柏林出版。

教育目的方面的

鲁斯特(Rust,Bernhard):《第三联邦的教育》(Education in the third Reich)在 Germany Speaks 书中,一九三八年伦敦出版。

蒲法勒(Pfahler,Gerhard):种族与教育(Rasse und Erziehung)一九三九 Leipzig 出版。

嫩兹(Lenz,Fritz):《教育之生物学的基础》(Über die biologischen Grundlagen der Erziehung)一九三七 Munchen 出版。

柯利可(Krieck,Ernst)。《国民政治教育》(Nationalpolitische Erziehung)一九三二出版。

柯利可(Krieck,Ernst):《用"血与土"造成的一个国家的教育》(The Education of a nation from"Blut und Boden")《见国际教育志》(International Eduention Review)第三册。

包木勒(Baoumler,Alfred):《政治与教育》(Politik und Erziehung)一九三七柏林出版。

本则:《第三联邦的国民政治教育》(Nationalpolitische Erziehung im Dritten Reich)一九三六柏林出版。

本则:《德意志大联邦的教育:关于目的,方法及制度一览》(Erziehung im Grossdentschen Reich,Eine Überschau über ihre Ziele,Wego und Einrichtungen.)一九三九 Frankfurt 出版。

希勒(Hiller,Friedrich):《新国家的德国教育》(Deutsche Erziehung im neuen Staat)一九三六 Langensalza 出版。

柯拉格斯(Klagges,Dietrich):《以历史做国民政治教育》(Gesechichte als nationalpolitische Erziehung)一九三九 Frankfurt 出版。

维连亨模与葛拉飞合著(Wilhelm, Theoder und Graefe, Gerhard):《今日德国教育》(German Education Today),有王锦第中文译本,民国二十七年中德学会出版。

各种期刊:

《德国学艺,教育与国民教养》(Dentsche Wissenschaft, Erziehung und Volksbildung)。

《德国民教育》(Deutsche Volkserziehung)。

《德国教育家》(Der Deutsche Erzieher)。

《世界观与学校》(Weltanschauung und Schule)。

《国家社会主义的教化本质》(Nationalsozialistisches Bildungswesen)。

《国家社会主义的女子教育》(Nationalsozinlistische Mädehenerziehung)。

《国际教育志》(Internationale Zeitschrift für Erziehung)。

《教育》(Die Erziehung)。

《体育与体格教育》(Leibesübungon und Körperliche Erziehung)。

《德国运动界》(Das Reichssportblutt)。

关于教育本质(Das Erziehungswesen)方面的

(一)国家(Der Staat)

(1)学校(Die Schule)

《德国学校教育》(Deutsche Schulerziehung)本书为德国教育总会年鉴。柏林出版。

本则:《种族与学校》(Rasse und Schule)一九三五 Braunschweig 出版。

(A)关于幼稚园的:

德佩:《当做教育处所的乡村幼稚园》(Der Dorfkindergarten als Erziehungsstätte. Walter Döpel 编辑)。

刊物：

《幼稚园教育》(Der Kindergarten)München，出版。

《小孩》(Kleine Kinder.)Leipzig，发行。

(B)关于民众学校的(Die Volksschule)：

佛登沓哈(Freudenthal，Herbert)：《德国民众学校》(Die deutsche Volksschule)一九三八 Langensalza 出版。

柯利不斯(Krebs，Albert)：《国家社会主义的民众学校》(Die nationalsozialistische Volksschule)一九三七 Frankfurt 出版。

艾克哈特(Eckhart，Karl)：《小学学校教育》(Die Grundschulbildung)一九三八 Dortmund 出版。

梅色(Maesse，Hermann)：《小学教育工作》(Die Grundschularbeit)一九三八 Frankfurt 出版。

刊物：

《新德国学校》(Die neue deutsche Schule)。

《德国民众学校》(Die Deutsche Volksschule)。

《民众学校》(Die Volksschule)。

《德国民众教育家》(Der Deutsche Volkserzieher)。

《德国学校》(Die Deutsche Schule)

(C)特种学校(Sonderschulen)：

坎普夫(Krampf，Alfred)：《新国家变态学童的补助学校》(Hilfsschule im neuen Staat.)一九三六 Leipzig 出版。

刊物：

《德国特种学校》(Die Deutsche Sonderschule)明兴，德国教育出版所发行。

(D)关于职业教育，职业专门教育(Berufs，Berufsfach，und Fachschulen)：

絮得夫(Südhof，Hermaun)：《德国职业学校与专门学校的制度》

(Das Berufs und Fachschulwesen in Deutschland)一九三六 Frankfurt 出版。

田非力(Feld, Friedrich):《职业团体与教育》(Betriebsgemeinschaft und Erziehung)一九三六 Langensalza 出版。

田非力:《职业教育》(Berufserziehung)一九三八 München 出版。

刊物:

《职业教育杂志》(Zeitschrift für Bernfsbildung)。

(E)关于中等学校的(Gehobene Wahlschulen):

马森(Maassen, Nicolaus):《国民教育改革中的中等学校教育》(Die Mittelschulbildung in der Völkischen Schulreform)一九三五 Halle 出版。

(F)关于高等学校的刊物:

《德国高等学校》(Die Deutsche Höhere Schule)

(G)关于私立学校的刊物:

《私立学校与私人教师》(Privatschule und Privatlehrer)。

(H)德国在外国设立的学校:

刊物:

《德侨学校》(Die deutsche Schule im Ausland)。

《在外国的德国教师》(Der deutsche Erzieher im Ausland)。

(2)农作训练年与德国劳作服务方面(Landjahr und Reichsarbeitsdienst)

(A)农作训练年

施来特-宝敦斯特(Schmidt-Bodenstedt, Adolf):《农作训练年的计划与构成》(Landjahr. Plan und Gestaltung)。一九三七 Leipzig 出版。

刊物:

《农作训练年》(Das Landjahr)。

（B）德国劳作服务

底克（Decker, Will）：《德国劳作服务》（Der deutsche Arbeitsdienst）一九三七柏林出版。

瞿波瑞斯（Zypries, Gertrud）：《女青年的劳作服务》（Der Arbeitsdienst für die weibliche Jugend）一九三八柏林出版。

《德国劳作服务年鉴》（Jahrbuch des Reichsarbeitsdienstes）柏林出版。

（3）大学

柯利可：《学术，世界观，大学改革》（Wissenschaft, Weltanschanung, Hochschulreform）一九三四 Leipzig 出版。

胡勃尔（Huber, Hans）：《德国大学性质的新基础》（Der Neuaufban des deutschen Hochschulwesens）一九三九柏林出版。

刊物：

《改变中的民族》（Volk im Werden）柯利可博士主编。

《德国大学领袖》（Deutscher Hochschulführer）。

（4）军营服务

海色（Hesse, Kurt）：《军士的传统》（Die soldatische Tradition）一九三六 Frankfurt 出版。

阿特瑞西得（Altrichter, Friedrich）：《军事教育的本质》（Das Westen der Soldatischen Erzichung）一九三八 Oldenburg 出版。

洪呆克（Hundeiker, Egon）：《种族，国民，军队》（Rasse, Volk, Soldatentum）一九三七 München 出版。

师对瑞西特（Stellrecht, Helmnt）：《军事与青年才干》（Soldatentum und Jugendertüchtigung）一九三五柏林出版。

师对瑞西特：《德国青年的军事教育》（Die Wehrerziehung der deutschen Jugend）一九三八柏林出版。

冯维德（Von Wedel, Hasso）：《军事教育与国民教育》（Wehrerziehung und Volkserziehung)一九三八 Hamburg 出版。

刊物:

《知识与防御》(Wissen und Wehr)本志为月刊,柏林发行。

《军事》(Soldatentum)。

《军事专门学校》(Die Wehrmacht-Fachschule)。

(二)德国国家社会党的教育工作(Die Erziehungsarbeit der N. S. D. A. P.)

刊物:

《种族政治的外国通讯》(Rassenpolitische Anslandskorrespondenz. 或简称 R. A. K. 在英文版称 Racio-Political Foreign Correspondence 或简称 R. F. C.)。

拜亚(Bayer, Ernst):《野色团(历史,工作,目的与组织)》(Die S. A. Geschichte, Arbeit, Zweek und Organisation)一九三八柏林出版。

《野色团年鉴》(Handbuch der S. A.)一九三九柏林出版。

席呵或(Schirach, Baldur):《希特勒青年团(理想与构成)》Die Hitler-Jugend. (Idee und Gestalt)一九三四柏林出版。

席呵或:《教育的革命》(Revolution der Erziehung)本书为讲演集,一九三八 München 出版。

《泊克诺,穆儿》(Bürkuer(=Mohr)):《希特勒青年团中的少女团》(Der BDM(Buud Deutscher Mädel) in der Hitler-Jugend)一九三七柏林出版。

乌沙得(Usadel, Georg):《国家社会主义青年运动的发端与意义》(Entwicklung und Bedeutung der nationalsezialistischen Jugendbewegung)一九三四 Bielefeld 出版。

《德国青年的意志与目的》(Wille und Ziel deutscher Jugend)一九三六柏林发行。

本书为《民族与德国》(Volk und Reich)杂志的单行本,一九三六年柏林出版。

刊物:

《青年德国》(Das Junge Deutschland)。

《意志与力量》(Wille und Macht),本志为国家社会主义青年的领导中心刊物。

《德国少女》(Das Deutsche Mädel)。

《青年与故乡》(Jugend und Heimat)。

《青年世界》(Die Junge Welt)。

关于国家社会主义下的妇女团

剥哥·爱希勒(Boge-Eichler, Elsa):《勇敢,爽快而有教养的主妇》(Von tapferen, Heiteren und gelehrten Hausfrauen)一九三六München出版。

灼露慈科林克(Scholtz-Klink):《国家社会主义的国家内妇女责任及职务》(Verpflichtung und Aufgabe der Fran im nationalsozialistischen Staat)一九三六柏林出版。

派姆(Palm, Gabriele):《妇女的教养与教育》(Kultur und Erziehung der Frau)一九三六 Leipzig 出版。

刊物:

《国家社会主义妇女读本》(Schulungshefte der NS-Frauenschaft)。

《国家社会主义妇女鉴》(NS-Frauenwarte)。

《德国妇女工作中的妇女教养》(Frauenknltur im Deutschen Frauenwerk)。

《民族妇女时报》(Völkische Frauenzeitng)。

《德国家事经济》(Deutsche Hauswirtschaft)。

《母亲与儿童》(Mutter und Kind)。

《母亲与民族》(Mutter und Volk)。

关于国家社会主义下国民福利方面的

黑路根菲尔特(Hilgenfeldt,Erich):《国家社会主义福利教育的理想》(Idee der nationalsozialistischen Wohlfahrts-Pflege。一九三七München出版。

黑路根菲尔特:《国家社会主义福利教育的问题》(Aufgaben der nationalsozialistischen Wohlfahrtspflege)。一九三七München出版。

阿路特好斯(Althaus,Hermann):《国家社会党下的国民福利》(Nationalsozialistische Volkswohlfahrt)一九三六柏林出版。

关于德国劳作总工会方面的

赖柔伯(Ley,Robert):《德国是好了》(Deutschland ist schöuer geworden)一九三九München出版。

赖柔伯:《工作队伍的本质与教训》(Wesen und Aufgaben der Werkscharen)一九三七柏林出版。

赖柔伯:《德国劳作总工会·它的长成与职务》(Die Deutsche Arbeitsfront,ihr Werden und ihre Aufgaben)一九三四München出版。

赖柔伯:《估领欢乐的一个民族》(Ein Volk erobert die Freude)一九三七柏林出版。

水路慈诺(Selzner,Claus):《德国劳作总工会·理想与构成》(Die Deutsche Arbeitsfront,Idee und Gestalt)。一九三五柏林出版。

刊物:

《德国工作通讯》(Deutsche Arbeits-Correspondenz)。

《劳工》(Arbeitertam)。

《工作的美感》(Schönheit der Arbeit)。

《快乐与工作》(Frende und Arbeit)。

《妇女工作》(Frau am Werk)。

关于四年计划(Der Vierjahresplan)方面的

吉斯维特(Kiesewetter,Bruno):《四年计划第一年的经济成绩》

（Die wirtschaftlichen erfolge des ersten Vierjahresplanes）。一九三七柏林出版。

卞恩特（Berndt，Alfred Ingeman）《给我们四年的时间》（Gebt mir Vier Jahre Zeit）一九三七 München 出版。

雷本若波（Ribbentrop，Joachim）:《四年计划与世界商业》（Vierjahresplan und Welthandel）一九三七柏林出版。

阿路特（Alt，Hans）:《学校与四年计划》（Schule und Vierjahresplan）一九三八年 Frankfurt 出版。

道曼与斯克瑞维合著（Daumann，Otto，und Skriewe，Paul）:《为了德国奋斗》（Die Schlacht für Deutschland）一九三八 Halle 出版。

刊物：

《四年计划》（Der Vierjahresplan）。

关于国家社会主义下的教员团体（Der NS. -Lehrerbund）的

韩森（Hansen，Henrich）:《国家社会主义下教员团体新闻》（Die Presse des NS. -Lehrerbundes）一九三七 Frunkfurt 出版。

刊物：

《国家社会主义的教养制度》（Nationalsozialistisches Bildungswesen）。

《国家社会主义的女子教育》（Nationalsozialistische Mädchenerziehung）。

关于教育家的

鲁斯特:《在劳恩堡的讲演集》（Rede in Lauenburg）收在《世界观与学校》（Weltanschauung und Schule）一九三八年。

李耳与韩森各著（Leers，Johann，und Hansen，Henrich）:《看做文化创造者的德国教师》（Der Deutsche Lehrer als Kulturschöpfer）一九三九 Frankfurt 出版。

富呵格斯泰（Fragstein，Paul）:《师范大学中的学术》（Die Wissenchaft an der Hochschule für Lehrerbildung)一九三八 Leipzig 出版。

皮特斯-维特(Peters-Witt):《第三德意志联邦的民众学校与师资》(Volksschule und Lehrerbildung im Dritten Reich)。一九三七 Frankfurt 出版。

以上关于德国教育的参考书已经大要的介绍出来,我们本来只是介绍《德意志大联邦教育之主动者与统制者》,但是结果是介绍德国近年来教育方面的出版物,我们由这种出版物中,也可以窥见德国在教育方面对于建国所有的注意与努力;德国的建国有一个领导的中心思想,一切国家的设施,都本着这个目标做去,所以这种建国的程序是有计划的,有组织的。一个现代的国家,无论是以“经济”为本位的国家,或是以“民族”为本位的国家,有一点是共同的,这一点可是什么呢? 就是“计划的”,所谓“计划的”意思就是一条中心思想与实现中心思想的“统计数字”。德国做法就是一个例子。

略述雅斯波的哲学[1]

Grundzüge der Philosophie Karl Jaspers'

我们如果说希腊哲学是西洋哲学的鼻祖,那末现代德国哲学就可以说是现代西洋哲学的重镇,因为世界上没有别的民族像日耳曼民族那样喜欢讲“知”的,所以有人说日耳曼是百分之百的讲“知”民族——目前状况,是否如此,我们不管,至少在某一时期确是如此的——。但是很可惜,国人研究西洋哲学者对于德国哲学很少有力的介绍与深刻的研究,尤其是当代的德国哲学对于我们好像都很生疏,例如现在我们所要介绍的雅斯波(Karl Jaspers)就是中国哲学界的一位生朋友,然而他是当代德国的第一流哲学家。

雅斯波在一八八三年二月二十三日生于俄尔登堡,至一九一三年,任海岱倍(Heidelberg)大学私讲师,一九一六年任该校额外教授,直到一九二一年始任该校的正教授。雅斯波本来是研究自然科学与医学的,他是从精神病学家进而为哲学家,他关于精神病理学有一本主要著作题为:《一般精神病理学》(Allgemeine Psychopathologie)在一九一三年发表的。对于这一方面雅斯波有很重要的贡献。在哲学上他特别注意的是康德,黑格儿,海德戈(Heidegger)及希腊的哲学传统,从巴门尼底斯(Parmenides)到亚里斯多德。此外影响雅斯波最大的要算冀柯戛(Kierkegaard),再其次是未柏(Weber)。

雅斯波的哲学工作有两种特色:第一是他有一种深刻的要求,对于他的行动甚至他的思想要负绝对责任的感觉;并且要求清楚。第二因为他要求清楚的意志使得他不能满足于个别精密的研究,仅能做概括的与根本的探讨,从一个简单的事实到整个一门科学,到普遍的原则,最后到哲学自身。在一九一九年他有一本《世界观的心理学》(Psychologie der Weltanschauungen)问世,在这儿他受了尼采与冀柯戛心理学的暗示,但是采取一种极端科学的方法,他分析人类对于世界可能的态度。最后他认为根本决定的因子乃是:个人在世界中有其不能逃避的命运,例如死亡,斗争机会与过失是人生不能避免的,他对于这种情况称谓"无可逃避的情境"(Grenzsituation)。十二年之后,在一九三一年雅斯波又有三巨册著作出版,名为《哲学》(Philosophie)。他的哲学观点完全建筑于"经体全体"上。因为他知道哲学不与科学一样,哲学没有显著的进步,他主张每一个哲学家要客观的看经验全体,用一种新而根本的方法。在这部体系的主著《哲学》中,他把哲学思想分为三个方面来观察,这也就是他的哲学方法,即是:"客体存在",(Objektsein),"自我存在"(Ichsein),与"自体存在"(Ansichsein)。关于各种存在形式略述如下:

(一)客体存在——普通科学上所研究的是"时""空"客观的多样性及对象的多样性。特殊科学使得"存在原质"不完全,科学家对于世界一部份的现象得到有限的与相对的认识,并且他们对于这些现象的坐标限于科学的研究没有完结而在继续进步中。各种科学结合在一起,组成"探讨世界坐标"(Forschende Weltorientierung)。造做的完成这种科学知识有两条路:即实证主义与观念主义。前者试着去构成的世界图形把客体存在就等于一般存在,换句话说,误认存在就是用自然科学方法在"时""空"所认识的特殊存在。后者把存在认为就是他自己的主观意识。实证主义想得到实在,观念主义想得到真理。

与科学的坐标法不同的雅斯波提出了"哲学世界坐标"(Philosophische Weltorientierung)。他指出科学的成绩需要意识到它的不完整,哲学家由他的世界坐标法所认识的世界同样的不完整。他指出主观的存在与客观的实在都不能使我们得到世界的统一知识。同时他分析思想界的相对冲突律,例如给与的与造做的,宇宙与世界的解释,实在与存在的阐明。于是他说明世界坐标的限度,在科学的研究上,强迫证明是不能避免的;于数学与论理学中,强迫思想的形式;于自然科学与人文科学上,强迫经验客观性上的实在;总而言之,科学所得的知识是容易僵固化了的,而哲学到此便有了问题。真正的哲学对于知识提出问题才是哲学家的本色,最出色的当然要算康德的《纯粹理性评批》。哲学上第一种方法的任务就是指出合理知识的限度。

(二)自我存在——哲学思想的第二种形式与第一种不同,它出发于人类生活的行为;由于对日常生存的不满意,而想如何满足人性最深刻的要求,换句话说,如何实现“存生”(Existenz)的本义。雅斯波称这种态度为“存生说疏解”(Existenzerhellung)。他的这种“存生的阐明”与冀柯戛的“选择论”(Entweder-Oder)[②]一样,并不是每个人都有同样的要求,但是每一个有识见的哲学家在他的一生中,至少是曾经有过要求实现生存的经验,而一切他的哲学思想在这种阐明的要求上才能被了解。然而没有一个人能完全离开社会而独立生活的,哲学家明知道这种要求是严重而不能避免的,所以他也让别人知道这种要求他们自身也能经验到。每一个人都有这种显然的权利去拒绝或接受这种要求。在个人之上没有权威能决定,劝告,或命令生活态度的绝对内在要求,知识或理性也不是例外。一个人自身必得自由的并且绝对负责的选择或决定他的生活态度。引导个人注意这种可能的自由,并且唤醒他的绝对责任的感觉,这就是雅斯波的第二种哲学思考的方法——存生说疏解。至于“存生”是什么意思呢?这一个词在雅斯波的思想上占有重要意义,容我们另加解释,在这儿只把他所举“存生意识”的形式列出：爱，自我存在，与他人共同存在(Mit-dem-Andern-Sein)(交涉)，不安，孤独，历史性的内知(Geschichtlichkeit-Innewerden)，神化自己游戏，羞耻等。

在哲学思考上，雅斯波的第一种方法是对于固定知识唤起问题，只在消极意思上，告诉我世界留的事物是不能在那种知识范围中可以了解的。但是在第二种哲学思考方法上，我们的哲学家就积极起来，主张自由论，正如柏拉图，禁欲派，斯宾挪莎，康德，菲希特，及冀柯戛等人所讲过的自由论一样。

不过这种自由的获得并非由于理性或精神的支持，而是“追求真理”的态度，恰如康德对于理性的概念，他认为是对于固定知识提出问题的综合结果与本性命令式的要求表示。对于固定知识提出问题与要求自由是不同的，举例来说，正如看到面部的表情用因果律的解释知道是某种心病的表象与直觉的观察出心理的状态而由于面部表情一样。

(三)自体存在——雅斯波的第三种哲学思考的方法是形而上学的。这是由于在客观存在的纷杂中个人追求真理是不能满足的，同时既不会实现自己的生存，也不能实现别人的生存。纵然一个人在最高兴会的刹那能体验他能够“选择他自己”，向善，并且坚决的做为，但是总有时候他不能从心所欲。因为经验到自己的限度，由于个人与他人的连带关系，并且有了为什么是“有”而非“无”的问题，于是个人意识起了与个人之外的什么东西“相关”的念头，而这种什么东西是绝对的，“唯一的存在”(das eine Sein)。我们这哲学家的“唯一的存在”不是宗教者的上帝，也不是哲学上的客观存在。“唯一存在”的经验与实现生存的良心命令经验也不相同。“唯一存在”的要求是起于个人想像的冥想游戏。

在形而上学上，雅斯波又把它分为三种不同的方法：第一种是形式的超越，提高思想从决定论到自由论，类如载之于《对话集》上者

（如柏拉图的巴门尼底斯（Parmenides），及黑格儿的哲学中），把各种相反思想综合起来，例如有无问题，一多问题等。在此利用客观知识与积极用实在的相反性质，在形式上有了“唯一存在”的可能。第二种是由于去实现生存而引起“唯一存在”的积极要求。每当我们觉得置身于矛盾趋向中的时候，譬如轻视与热心，高升与坠落，服从法律或秩序与革命的本能，由于喜爱世界“多”样价值而意识到“唯一存在”。第三种方法是“读唯一存在的无字碑”。雅斯波与十八世纪德国人本主义一样有同一的看法。这个无字碑有不同的意义，它并没有什么一定的意思。在历史的过程中，各个人对于“唯一存在”有各异的看法，看做自然的也有，历史的也有，一般意识的也有，人类的也有。“唯一存在”隐藏在无字碑中，表现出来成为伟大的艺术或解释成为思辩哲学。这便是，用雅斯波的话讲，“满足自己的存在欲”（Sichselbstgenugsein-Wollen）。雅斯波说过：“我不愿意摔倒，但在不得不摔倒的时候，便开始在永恒化的符号里又得到‘柳暗花明’的境界。”

从这些不同的方法，过去形而上学的符号重新又有了新的意义，并且在方法论上也清楚起来。但是这种情况的可能建筑在个人要求实现生存的良心命令与一个人的生活自由得到满足的时候。因为只有一个人明白了现实的冲突与纷杂后才有他本性的绝对内在要求，此后他才意识到一般存在与“唯一存在”的相关，于是产生了形而上学的问题。

雅斯波所列举的三种哲学思考方法，他认为是过去与现在一切哲学思想的方法。

雅斯波以为哲学的任务，并非在于综合各特殊科学所得到的智识，如费希诺（Fechner），罗兹（Lotze），爱德哈特曼（Eduard v. Hartmann），翁特（Wundt）所主张的；恰恰相反，他排斥实证主义与观念主义所企图的那种做作的与纸面上的全体结构。并且雅斯波与柯罕

(Cohen),文德班(Windelband),黎凯特(Rickert)也不同,他不限制哲学仅是对于科学原则的理解。同时他也不同于狄尔泰(Dilthey),认为哲学是在历史生活上对于各种"世界观"(Weltanschauungen)关系的思考。我们的哲学家总认为哲学思考的方法与科学方法不同。

雅斯波以为哲学是在知识界,人生的行为与"唯一的存在"中永无满足的真理研究。现代的哲学与希腊哲学一样,永久是起源于感觉短促生命限制的个人而勇敢的踏入"求全"的智慧斗争。在这种追求真理的态度中,他们找到我们自己,对于生存也有了一个清楚明白的意识。在过去,现在至于将来,哲学的历史与任务便是克服非理性变为理性的存在。

在《理性与存生》中雅斯波说:

> 我们再把对于人类生存最后界限与根源的状况意识加以哲学的思考。(二十六页)

换句更简洁的话说,把现代人类思想所能到达的境界,加以思考就是哲学的任务。这种工作的尝试就在雅斯波著的《现代的精神状况》一书。雅斯波的哲学思想起源他所说的"存生说疏解",而"存生阐明"的动机是伦理学的;所以雅斯波的"存生哲学"(Existenzphilosophie)与中国的传统哲学思想是相近的,因为他看重了"生存",所以他的思想有血有肉,在现代哲学上建立了权威的地位。

(一)雅斯波的主要著书

(1)《一般精神病理学》(Allgemeine Psychopathologie)一九一三年出版。

(2)《世界观的心理学》(Psychologie der Weltanschauung)一九一九年出版。

(3)《马克思·未柏·纪念讲演》(Max Weber, Gedächtnisrede)

一九二一年出版。

(4)《斯特林泊克与凡·哥夫》(Strindberg und van Gogh)一九二二年出版。

(5)《大学的理想》(Die Idee der Universität)一九二三年出版。

(6)《现代的精神状况》(Die geistige Situation der Zeit)一九三一年出版。

(7)《哲学》(Philosophie)一九三二年出版。

第一册《哲学世界坐标》(Philosophische Weltorientierung)

第二册《存生说疏解》(Existenzerhellung)

第三册《形而上学》(Metaphysik)

(8)《马克思·未柏,在研究与哲学上德国政治思想的本质》(Max Weber, Deutsches Wesen im politischen Denken, im Forschen und im Philosophieren)一九三二年出版。

(9)《理性与存生》(Vernunft und Existenz)一九三五年出版。

(10)《尼采·理解其哲学的导言》(Nietzsche, Einführung in das Verständnis seines Philosophierens)一九三六年意且。

(11)《笛卡尔与哲学》(Descartes und die Philosophie)一九三九年出版。

(12)《存生哲学》(Existenzphilosophie)一九三八年出版。

(二)其他关于雅斯波的参考书

(1)鲁德维喜·雅斯波著:《存生哲学中人类状况的概念》(Ludwig Jaspers, Der Begriff der menschlichen Situation in der Existenzphilosophie)一九三六年出版。

(2)约函尼斯·泛非尔著:《存生哲学,海得戈与雅斯波哲学的导言》(Johannes Pfeiffer, Existenzphilosophie. Eine Einführung in Heidegger und Jaspers)一九三四年出版。

(3)阿尔诺德·哥嫩著:《雅斯波的哲学》(Arnold Gehlen, Jaspers' Philosophie）一九三二年出版。

（三）附言

雅斯波著的《现代的精神状况》一书已由笔者着手翻译，不久便可杀青；因为这部书所讨论的问题是现代文化，大而至于国家，教育及人类的归宿，小而至于家庭生活，运动竞技及新闻事业，问题看来好像是很通俗的，而见解却是极深刻而远大的；这部书可以看做雅斯波思想的入门导言。雅斯波的《存生哲学》一书，笔者也计划着翻译。我们最希望雅斯波的巨著《哲学》能够介绍到中国来，因为这部书已经成为现代哲学的经典。

注：

① 关于雅氏哲学：在本杂志二卷二期《德国现代哲学之特性》一文中也曾论及，可参阅。

② “选择论”——这是冀柯戛哲学思想中很重要的意思，在一篇对话里他假设有 AB 二人，一个是浪漫的伤感的，在思想与生活上没有前进与趣味的把握；另外一个在结婚与职业上都感到生趣勃勃，有自信与决断。这是两种生活态度的型式，每一个人的生活必得在这种歧路中加以“选择”，但是如何“选择”呢？最好一个人曾经有一度与世界隔离起来，经过了隔离期间再重新入到世界上来，这样的讲法颇类似佛家休养技术的“闭关，也像我们平常称赞一个人踏入新生活阶段前的韬光养晦”。世界上的宗教家，哲学家以及大政治家等往往是要经过这种历程的。又，“选择论”或译“非此即彼”，见本志二卷二期，二二二页，注（二二）。

评《人生之型式》
Lebensformen

著者:士榜格(Eduard Spranger),

英文译者:皮格斯(Paul I. W. Pigors Ph. D.),

中文译者:董兆孚君。

中译本由长沙商务印书馆出版,中华民国二十七年七月初版。

《人生之型式》原名为:Lebensformen,英文译本为:Types of Men,董兆孚君的中文译本,所根据的蓝本是皮格斯(Paul I. W. Pigors)的英译本。著者为士榜格教授(Eduard Spranger 董兆孚君译为斯普兰格,笔者在过去介绍 Spranger 的时候都用士榜格,现仍从敝译名),他是柏林大学哲学系主任,在教育学上是世界的权威,关于士榜格的生平,我们曾有几篇文字介绍过,[①] 现在就着《人生之型式》这本书介绍给大家,因为这本书如果不是士榜格的顶基础的一本著作,也是他著作中极重要的一部。

现在我们先把本书的目次列出,看看他讲的是一些什么问题:

第一卷　哲学的基础

　　第一章　两种心理学

　　第二章　精神科学之分析法与综合法

第三章　个人的精神活动

第四章　社会的精神活动

第五章　基本的精神法则

第六章　自我圈与对象层

第七章　提要

第二卷　个性之理想上的基本型式

第一章　理论之型

第二章　经济之型

第三章　艺术之型

第四章　社会之型

第五章　政治之型

第六章　宗教之型

第三卷　道德学之推论

第一章　道德问题

第二章　片面之道德学系统

第三章　公共道德与个人道德

第四章　价值之阶层组织

第五章　个人理想

第四卷　精神结构之理解

第一章　复合型式

第二章　历史的决定的型式

第三章　理解

第四章　生之律动

士榜格的这部巨著是心理学方面的撰述，在某届国际心理学会曾以这部书为讨论的中心问题，心理学是研究人的科学；虽然心理学的产生在历史上很久远，不过它的进步却是在晚近的几十年。从科学的发展史看来，天文学的产生最早，而进步最迟缓而有限制。关于

“人”的科学如心理学产生虽较晚，而近数十年的进步最快。但是心理学究竟是晚近才惹起普遍兴趣的科学，所以心理学的方法与成果不像物理学一样，能有严密而统一的见解与范围，对此罗素有一个趣味的说法，他说现代的物理学愈离开了“物”，而接近于“心”，心理学愈来愈离开了“心”而接近于“物”，罗素所说的心理学是指美国行为派的心理学而言，至于士榜格的《人生之型式》这部书所代表的观点便是心理学依然是研究“心”的，换句话说，就是人类的精神，本书就是从人的“心灵”结构与型式为出发点，进而探讨全部文化的机构，特别在教育思想方面特有卓见。

本书第一章至六章为文化哲学或精神科学的普遍性质的研究，士榜格将这种研究应用在精神方面的个性问题上，因而形成人生的各种不同的型式，这由于个人生活在文化环境或精神环境中，所以我们不研究社会环境是不会明白个性的精神状态的，所以士榜格说：

> 个人为“共同”之二重性的成员，彼经反省之后，知彼之属于该“共同”为“一部分”，并为“一雏形”，彼所以为一部分者，因彼对于该“共同”接受一切精神效果并赋与一切精神效果（用此等效果即可与一切政治活动相混合）。因而与该“共同”发生一效果的相互关系。……个人之所以为一雏形者，因彼可在其全部精神创作或至少在此等创作之一面，被视为全种类之一特殊情形，此特殊情形可型式地循环于该“共同”之一切成员中。（中译《人生之型式》一一六页）

个人的精神活动与社会的精神活动是分离不开的，人只要还是人的时候，人就要生活在人的社会，他自社会“授受”一切精神效果，并且从个人向社会“赋与”一切精神效果，所以一切精神现象，即人文现象，都是个性的理想上的基本型式建立起来的。士榜格于本书所企图的是建立一种人文（精神）科学的心理学。所有人文科学，如政治学，社会学，宗教学，伦理学等都是以人为出发点的学问，所以关于人文或精神现象的研究，必得由心理学为之解释才算有了根基。董君于中译本的序言中有一段文字介绍本书的专有名词，说得很简要：

> 吾人创造一超个人意义以上之“精神成就”底活动，曰“精神活动”，客观价值之实现曰“成就”，一切成就之组织曰“结构”，自成一系统之结构曰“型式”，一切型式交互融贯推荡复合之总体曰“文化”。
>
> 已成文化曰“客观精神”；文化之道德向导（Cultural ethical directive）曰“规范精神”。任何精神之全体皆表现一特殊之“意义关系”或“价值关系”（意义常涉及价值），领会此意义关系或价值关系曰“理解”，理解之基础曰“精神体验”（“知”相通曰理解，“情”相通曰同情，“意”相通曰通感，而皆基于体验）。
>
> 精神活动自内而外（创造），精神体验自外而内（“吸纳”，笔者按即“接受”），内外相生（精神活动有需于精神体验，而精神体验引起新精神活动），表里相辅（前者创造价值或意义，后者采纳价值或意义以资创造），而精神备焉，文化成焉。

以上所说精神活动与精神体验的交互关系，说得再浅显一点，就是个人的精神与文化环境的关系，更说穿了来讲，便是个人与环境的关系，不过士榜格于本书中所专心致意讲的是人类心理中的精神作用与文化环境的关系，换句话说，士榜格就看人之所为人的各种型式为基础，而构成他的文化心理学或文化哲学。在文化环境生活的人，有其自成一系统之结构曰“型式”，士榜格发现这等型式中的每一类型式都有一确定的“意义的与价值的”方向，成为各类单独结构中的一个支配的方向。（见中译本一一八页）

从心理学的立场区别人性的并不是一件稀奇的事情，正如士榜格在英译本的序文所说,远自希腊的颓欧夫拉斯图(Theophrastus)于他所著的《品性》(Characters)一书中,便依照人的显著情绪加以区分。我国学校制度未兴之前,所谓"私塾"时代儿童启蒙书的《三字经》开头便是"人之初,性本善",性善与性恶问题是中国思想上所时常道及的;再如现代有人把人分为两类,一类是内倾性的,如诗人,哲学家,一类是外倾性的,如政治家,实业家;也有人把人分为什么神经质,等等;还有从道德的观点分为君子与小人之别,更有从政治观点把人分为先知先觉,后知后觉,不知不觉等;我们由这儿看来,古今中外对于人的分类学的研究("人的分类学"一词是笔者自撰的)是很普遍的,但是像士榜格于《人生之型式》一书中这样的系统的研究,并由人生的型式为出发点为教育学,社会学,文化等……整个的人文科学建立了基础工作,简直可以说是空前的成就!

士榜格把人生的型式分为六种类别,就是我们在本书目次中所已列出的理论型,经济型,艺术型,社会型,政治型,宗教型,现在我们把每一型式的特质简要的叙述一下,因为这正像本书的名称所告诉我们的是士榜格的中心问题,同时又是其他问题的基础与出发点。

第一我们看属于理论型的人,这样的人抱着"同一化,差别化,普遍化,个别化,分析与结合,条理统察"的态度,他所要求的是客观,所以无论在什么时候,客观成为这样人的态度,而一切主观关系如情感与欲望,爱憎,恐惧与希望,都要后退而居其次。理论家在思维上是高超的,但是时常无力对付实际的生活问题,如瓦西斯克(Wasianski)在他所著的《康特的晚年》(Immanuel Kant in Seinen letzten Lebensjahren)中说:"大理论家康特与小机械家朗普(Lampe),前者的头脑,后者的两手,都常为一切没有意义的物难住",因为"哲学的研究并不就是实际生活必要的"。如赫尔曼黎琪(Hermann Reich)说保罗·温德斐特(Paul von Winterfeidt)一天坐于书城中,甚至于没有睡眠的榻铺,柏拉图素来轻视人在经济上的计算，斯宾诺沙（Spinoza）的谋生之道是磨眼镜。

理论家有时误解自己的本质，但是一入政界，他的界限立刻便显出来。这样的人好把教育当作唯一进化的途径，各实证主义者自康多塞（Condorcet）至巴克尔（Buckle）以及现代各家都有这种理知独断的趋向。因为理论家忘掉人不仅为纯粹的理性动物，就算我们原谅“所有人类的理知都属平等，因一切正确思想都同样”的错误，我们也必得主张：人的非理性的结构对于这等结果的平等仍为一个永久的障碍。通常的理知主义者与急进主义者有一种政治上的同调，因为他们将多方面的真实建立于一切概念的普遍的基础上。理论家容易是大同主义者，因为民族的差异在理知结构中所包含的并不如在“想像”，“一切社会见地”，与“宗教”中那末多。

第二是属于经济型的人。人与自然时常是密切的互相作用着。一切自然产物满足一切需要是这样人的伦理学，“利”与“害”二范畴为“经济人”的支配的中心态度。从经济的立场看，认识，艺术品，与宗教上的仪礼都是奢侈品，这种奢侈品在经济繁荣时代虽被重视，但是到了饥馑的时候便毫无所用。

“经济人”可以表现为两种极不同的形式，这就是生产者与消费者，然而这不过是一种经济上的命名。因为每一个人必然同时为生产者与消费者。一个人的“经济环境”与他的“需要”将决定生产与消费将孰占优势。我们不能忘记的是：倘若一个人不为经济力量所限制，人类欲望将不止于一个确定的适度，而在满足之点外，常继续增进。

士榜格未曾把理论型仅限于各学者，同样他也没有把经济型限于那每日寻面包吃的人。总而言之，经济人为“在一切生活关系，将效用提高于其他一切价值之上”的人。从他看来，每一种东西是自我保存的一种资料，是天然生存竞争的一种凭藉，并且为达到舒适生活的一种潜能，他使一切财产，能力，时间与空间经济化，以便自身获得最大的效果。所以经济型也可以称为“实际型”,功利主义者便属于这一类。依着这样人解释歌德的话:“任何无用之物都是一种累赘”(Was man nicht nützt,ist eine schwere last),凡未经应用的知识纯为又不必需的顽石,经济型仅寻求能加以利用的智慧,不顾及纯粹的客观认识,与理论家的为真理而求真理绝不相同。这种态度引起实用主义的发生,实用主义不承认任何特殊的认识法则,而只以为任何在生物界有用或有害之物为真实式错误。

为经济动机所支配的人物与“现实”的关系,显然比理论家的关系密切。经济型在原始时代,功利的计较,常依着本能的确定性而活动,而在一切较高阶段中,则常有一种热望:其倾向必有一无限的目的。一般大资本家的活动常不是从纯粹的经济动机出发,而发自社会动机与政治动机。抽象的经济倾向在多数情形中,实在超出纯粹追求私人利益之上。我们可以说有利的观念与生产的观念成为恶魔式的热望。

属于经济型的人还有两种过度的歧误,一种是非生产的消费,我们称之谓浪费者;另一种是不为生活享用的获得与储蓄,我们称之为守财虏,这两种经济型上的邪道,在努力了解每一事物时,失去了真正的生活意义,但也有刹那间的欢乐感觉。

第三是艺术型。人类生活包含着各种不同的价值境界,依着美的型式说,一切不同的价值都为美的标准所标明。因此这种型于任何处所都注意那足以使他的自身的内部形成力扩大。知识对此虽然并非没有贡献,但是很少,因为知识破坏直观的事物,并且依着普遍真实的一切概念,将一切事物加以分类,由此可以说明真正美的型式对于概念事物的厌恶。概念的事物好像有一特定的缺欠,就是缺乏“可塑性”与“色彩”而成为几无生气的死壳。

由上所述我们知道艺术型与理论型是不同的。同样艺术与经济型也是针锋相对。任何人将美的对象加以应用的性质,这个对象便立刻成为“技术的”或“道德的”对象。艺术家对于实际生活的一切需要是冷淡而无能的，恰与理论一样。

艺术家并不是一个反社会的型式，但是个性是艺术家的财宝，创造的源泉，所以艺术家在一切社会关系中倾向于孤芳自赏。换句话说，个人主义与“不自菲薄”为艺术型的特性。不过艺术家的意识中也含有权力的感情，正如理论家在知识中有这样感情相同。美的型式从自己所有的范围中寻求外部的权力手段，换句话说，就是寻求美术创造的一切效果。其手段就是语言，他用语言以期影响大众。他也用装饰的外貌，服饰及居住的华美，及与善于修词的手段。但是每当“名誉心”一占优势时，那便成为政治型的人物了。艺术家常为贵族主义者与个人主义者，他的见地一被他人威胁时，便与世界相绝，如我们的诗人屈原便是这样一个很好的例证，也就是所说：“余既厌世恶俗兮，宁不远之乎？”

成为艺术家致命伤的没有甚于“服从超个人的一切社会势力”。他纯自美的观点看国家，在有利的情况下，他把国看为一个形式，在不利的情况下，他把国家看为桎梏。由于这个理由，艺术家是自由主义者而欲限制国家的作用于一最低限度。如洪保德（Humboldt）与魏色雷欧波德（Leopold v. Wiese）便作这种主张。

现在把艺术型与宗教的关系叙述一点。从艺术型看来，在美上重要之物便有最高价值，所以他的信念是一美的宗教。因此人间与天堂的严格二元论为艺术型所不能接受。依照美的泛神论看来，世界之“美的宗教”的概念，为万有灵活论（Animismus），如世莱尔玛哈（Schleiermacher）对于宗教的分析，在他所著《宗教讲演录》（Reden über die Religion）中便显出极显著的美的宗教型式。他如何德林（Hölderlin）于著作中曾说过：“最美者既最神圣者。”

第四是属于社会型的人。社会的性质于最高的发展中是“爱”，由爱可以产生一个确定的信念：一切生活皆相关联，并且在本质上也许全为一体。这种爱可以施于单独的个人或一有限的团体;仍不失为支配社会型生命的基本动力。人之所以爱一个人,或因真美圣的价值都表现于这个人的生命与努力上,或因三者的联合使这个人表现为优越的人格。爱根本看别人(无论是一人或多人)为价值之可能的附托者。社会型的人不是直接独立而立于他人,我们可以说社会型式把他自有价值纯为反映于他人中的价值。

在完全之爱中,个性的一切范围都消灭了。自我感情与相互感情,自我保全与自我牺牲,自由与断念,都能全然合一。施爱之我与一多欲而自私之我绝不相同,前者为一"超己之我",这种超己之我在"他人之我"愈加充实起来。

任何人不能否认这种"重视他人的生活为一价值之可能的附托者"的态度包含有宗教要素,不过这种宗教特性仅在任何人受这种眼光观察时才显著起来。社会型式也可以表现在较狭的形式中:妻可为夫而生,母可为子女而生,仆可为主而生。虽然在这样较低的阶段,就是仅施于一人或少数人之爱,这样的爱也必定表现为生活中的中心动力,并且完全有与被爱之人结合的愿望。

就社会型式看来,科学好像是包含物象过多,而包含心灵过少,知识使人矜持,而爱却使人谦逊。基督教的箴言有:"爱基督教胜于具有广博的知识"。科学的客观性与爱的精神相反,特别当着人在客观的现实中受公正的研究与观察时相反尤甚。我们在"同情"或"倾服"时,或在"宽恕"的状态下,才感觉我们本身在社会境界中。如果愿意把"爱"也成为"正义"实在是一难事,因为在正义中,常有一客观理解的元素,与一切普遍法则的适用。没有较高教养的偏爱者,很难同时是一个公正人,所谓"爱之欲其生,恶之欲其死"便是这种样子。这可以称为片面的社会型,片面的社会态度占优势到什么时候,爱就将真理逼入暗室到什么时候。所以在一方面是诚实与正义,一方面是爱的时候,便易于产生悲剧式的矛盾。

社会型与经济型也是相反的，凡是为了自己而追求任何事物的人，不能为他人而生，因此博爱足以毁灭经济原理。例如梅尔·孔斐(C. F. Meyer)曾经说过："任何施爱的人常为一浪费者。"

此外社会型与艺术型，宗教型，政治型等也无相类而自成一独立的型式。简约说吧，社会型式的活动从一扩大的自我出发，至少在社会型的人施爱之处，个性束缚全被突破。

第五是属于政治型的人物。纯粹的政治型式，使一切生活的价值境界，都效力于他的权力意志。政治型以为认识不过是支配的一种手段。在实际论的社会学中把政治型描写的最显明："观察为的是求知，求知为的是预见未来，预见未来为的是制御一切"(voir pour savoir, savoir pour prévoir, prévoir pour régler)，政治型人物的中心是权力，他对于人的观察自如何始能加以统治的见地出发。

政治型的人有一特质，在他与下阶人员相接触时，极力不使别人窥透自己的底蕴，如一小说中所说："别把自己完全让别人知道，而永远保持一种神秘，这就是一种艺术。"每一个权力人——即政治型的人物——必须培养这种使人"莫测高深"的性情。但是政治家必为人类性质的实在主义的学者，一个教育家所注意的是"人可以作什么样的人"，而一个政治家所注意的是人"究竟是什么样的人"，这是教育家与政治家对于人看法的不同。

不过权力倾向的过度要求，有时陷于"协识脱离"(Hysterie)的状态，晚近精神病理学对此已有证明。居上而不居下的态度是一切昏狂的出发点及支配的动力，一般精神病患者就有许多是权力意志的产物。并且在若干特定的条件下，他们将这种昏狂造成癫狂的生活计划，我们只有从权力意志的见地，才了解这种根深蒂固的"自欺"，关于这一个问题，变态心理学家阿德勒(Alfred Adler)受了魏兴革(Vaihinger)的"或然哲学"(Als-ob Philosophie)的影响而提倡这种说法。所以我们可以说"虚伪造作"是政治型的根本特质。

政治型与经济型有关联，然而终不相同。金钱常为一种政治手段，不仅因为金钱使人摆脱物质压迫，并且供给一种影响他人的工具，由于大多数属于经济型，但是政治型获得财富的态度，常不是经济的态度而是政治的态度，用外交与条约的手段，用征服或势力，任何人都能获得财富而不必遵守经济学的法则——即储蓄与劳动的法则。

政治型的人显出一种特有的两面性：政治家的意志与为人之故在精神上助人的欲望。一个纯粹有权力意志者为自重与自决的人，因此他不是一个温和的朋友，而是愤世嫉俗者。任何人如果想治人的时候，就不喜为他人而生，尼采的“求权力的意志”（Wille zur Macht）便卑视博爱的精神与社会态度。权力意志使一个人自觉高于他人，并且需要认识与名誉及追求自由；而爱使我们包含于一切义务中。

政治型的威严跟着势力范围的扩大而增大，一个人在有两人相从与一大队人相从，便有截然不同的表现。我们在支配愈广并所从属的范围也随之增加的事实中，发现追求权力的特有辩证法。不逊之神（Hybris）是内心的危险物，这种危险物与追求权力的心理相伴，由此我们了解斯多亚派及其前辈犬儒学派的聪明人在“他已经完全独立而无求于人”的状态中，体验他的最高权力的意识。

打算支配多数人者如果发现自己的权力不足时，他便建立团体为自身的后盾，这样才能产生超个人的精神力，权力心理学只有加上超个人的主体时才能完成。

还有一个问题也是我们要注意的，就是任何人在什么样的情况下用什么方法治人的问题。有的个人主义者不择任何手段与任何代价追求势力，如中国的“过官瘾”便是一个极好的例证。如果一个人想凭他的知识治人，这成为现代的技术政治，凭他兴趣化的人身显身便成为美的贵族主义或教育的贵族主义，凭他的财富求名则为富人政治家，凭他的宗教活动就为僧侣政治或神权政治。总而言之，在一切权力关系的社会结构中，都表现着“从属”与“领导”的关系。

中国古典中有两句话：“穷则独善其身，达则兼善天下”，这便是追求权力意志“无入而不自得”的办法，权力意志能否得着施展的机会，一半是靠人力，一半还要靠天命，但是“权力人”是永远有野心的，傲视一切的，有自信的，就在现实中“不得意”，他会在庄严的孤独中欣赏“自己的伟大”，“世人不够理解自己”与“个人的独立”等陶醉的感情，这种型式易与一美的想像的自我相结合，屈原在这种型式中又是一个典型的例子。尼采的内在权力的理想不过是“过屠门而大嚼”的未满足的意识，还有那与人类绝交的赛斯马利亚（Sils-Maria）的隐士也曾作过权力意志宣言。

第六是属于宗教型的人。人类的体验能相对的孤立，无论在情感方面或反省皆可不与全体生活相关联。但是在另一方面，如果一个孤立的价值体验（不拘如何主观）在其对于全体生活意义的重要中被了解时，便有了宗教的意义，而这种宗教意义的价值，必然为个人所能体验的最高价值。最高价值体验可为一个完全主观的心灵产物，可为心灵内部的极顶或中心，不过常有与心灵相对抗的事物，就是影响心灵体验结构的世界与命运。世界本身就是一个宗教概念，科学想在理论上了解全体终属无效。

宗教意义为“价值全体”的关系。这种价值全体关系在最高价值中达其极点。所以世界的意义，就是全体的意义，只可以用宗教的态度去体验。宗教性的本质，必在寻求精神生活最高价值见到，寻求的条件为无止与不满，“余心迄无安息，或当安息于汝乎？”（cor meum irrequietum est，donee requiescat，Domine，in Te.）一个人对于他的体验中的最高价值辨主只不明，就是没有归宿的人，只有彷徨失望。但是如果一个人于自身发现了最高价值而安息其中，他便体验到超度与幸福。

一切宗教人物在他们确定的活动中,既不为一切效用的观察与一堆实践格言所决定,也不为道德的时尚所决定。宗教型的人认为心灵的超度高于心灵完全的与和谐的发展。因此宗教型式必须泯灭一切肉体的本能,并完全克服他的一切低级冲动。属于宗教型的人可以分为三种基本宗教型式:第一种型式根据下列的情感,"好人在冥冥中的冲动出于正当的意识"(Ein guter Mensch in seinem dunklen Drange ist sich des rechten Weges wohl bewusst)。第二种型式为"不信一切有限的生活价值"与"坚决不信自己"的结果,便形成绝对克己主义。最后,在第三种型式中发展一"对于自己的各种动机加以详细省察,以辨此等动机是否起源于较高的或较低的心灵境界"的倾向。

用宗教的术语说,最高世界价值,表现于个人的意识中而为上帝的恩惠。命运能被一极强的反抗意志在精神上摧毁,或者在神性的定命口实之下艰忍支持,所以命运在宗教的态度中,愈不在理论上被了解为一切环境间的纯粹因果连系,而被认为世界最高价值秩序的结果,就宗教家说来,命运愈变成定命。在原始阶段上,"定命"经过"神""人"同形说的想像,可以加以理解,在一较高阶段上,"定命"不是别的,就是人对于一切自身的成就必须有内心指导的真正有价值的事物。祈祷也是这样:在原始阶段上,祈祷不过是对于价值能力的一种恳求。因为主观的幻想不能在世界进程中改变什么事物,所以祈祷的效果只是给于任何人厌弃自己的生活而接受一确定的命运,或主张一最高价值的信仰。

人在现实生活上不易达到最高价值的境界,但是未达最高价值境界之前,不能算宗教态度,而祈祷便是补足这种缺欠的好办法,这用佛教的术语说,称为"发心"。最后我们还有一个问题,假如一个人缺乏每一价值的确信时,将有什么表现呢?缺乏了对于价值的确信,便等于完全放弃宗教态度,放弃了宗教态度的结果是虚无主义的产生,虚无思想认为生活无意义,无价值。所谓“世纪末”的思想便属于这种型式。雅斯波(Karl Jaspers)在他所著的《现代的精神状况》(Die geistige Situation der Zeit)一书中对于现代的虚无思想有很深刻的研究与见解。

以上是士榜格所分的人生六种基本型式,我们根据着原著简略的把每一种型式的特色叙述了出来,在本书第三卷他讲的是道德学的推论,不过《人生之型式》这本书是心理学——建立神精(人文)科学的心理——的著作,士榜格自己也说心理学的研究既无权力,又无能力作各种道德的价值判断,但是因为道德也有它的心理学,并且自柏拉图发现“真”,“美”,“善”等三分法而善为最高,有人加上宗教上“圣”的观念为一第四观念,在这三个或四个观念间的关系,不拘怎样的差异,而我们已经假定道德学构成一特殊的价值阶段。

道德问题的发生起源于价值的冲突。以上六种人生的型式,也可以说是人生的六种基本价值,在讲心理学的时候,我们只问“是什么”,但是在讲道德心理学时我们要问“应该如何”,假如生活没有冲突,便没有道德问题的发生,所以士榜格说:

> 人固非仅生活于一种价值之中者,一切不同的价值体验皆会集于彼之意识中,且在此种会集中,不仅同一种类之各种价值之等级有冲突,即各种不同种类之各种价值之等级有冲突,即各种不同种类之各种价值亦有之,属于一切认识成就之价,在生活发展中可与政治成就之价值相冲突,私人之经济价值可与社会之经济价值相冲突,而宗教之价值则与美之价值冲突,其他类推。(中译本二八八页)

各种人生价值虽免不了冲突,但人生“求全”的要求是道德生活的出发点,同时也是归宿点,我们设想一个人物,这个人包括一切价值方向,他的态度与行为,都同等同时为此等价值方向全部所决定,这样的人虽然仍为一个人,我们可以称他为"小宇宙先生",这种浮士德式的人物生活于他的一切价值方向的"完全"中,并且只有同时满足他的倾向于最高阶段的一切精神冲动时,始能完全实现了他的使命,不过人的心力与体力的限制,不容他同时极度生活于此等方向全部之中,因为他的一切价值倾向互相限制,也许更属于一切不同的阶段。

> 以上的讨论可得如下的结果:第一,特殊的道德体验源于冲突,一切冲突在道德生活结构中非特殊的现象,而为一切道德体验的先在条件。第二,一切主观价值参加自我决定至若何时,在一种冲突中"服从最高者"的决意就有主观价值至若何时,倘于此有一客观的道德标准,那末客观的价值必须为决定的价值,不仅体验者的天才与环境是决定的。道德学常以一切客观的(真实的)价值的比较为根据。第三,吾人自始已将他与主观价值对照下的客观价值归元为一种规范的评价法则。客观价值在体验结构中不常被视为易加肯定的一种本能的价值。但在意识中所表现的特殊形式,实在是义务的体验。一切客观价值都是如此,特别是一切道德价值更是这样。因为这些价值被认识于冲突中。(中译本二八九页)

我们以上所述的六种人生的型式,各有他的不同的价值体验,这种价值体验在日常生活中就可以观察到,例如一个经济型的人把吃饭,穿衣,住房看得比艺术型的人要根本,一个政治型的人可以牺牲一切,甚至身家性命,为了他的呼风唤雨,"大风起兮云飞扬"的权力意志,一个宗教型的人宁愿挨饿,受难,杀身去殉道,我们所谓"道不同不相为谋"在士榜格的人生之型式中才有更能深刻的了解。不过"道不同"不仅"不相为谋",并且有时互相冲突,道德问题的发生就在这儿作起点。

士榜格于《片面之道德学系统》一章中所讲的便将由各自不同的价值体验中产生的与之相应的道德学系。他设有若干生活态度就有若干片面的道德学系统！（1）如与经济型式相应的有功利主义的道德学系统，这种系统将一切价值归元为效用价，换句话说，就是使每一种事物根本效力于生活的维持与环境的适应（见中译本二九四页）。（2）与理论型式相应者，不是真理的道德学（此实为社会道德学一分支）而为普遍法则性的道德学。所谓道德就是依据箴规而生活的意思（见中译本二九五页）。（3）与艺术型式相应的第三片面道德形式，为内部形式的道德学系统。这种道德学的本质是体验的“个性”与“普遍性”联合而为一“全体性”，在这种全体性中，每一种生活冲动，都依照他对于人格的重要程度而受正确的评价（见中译本二九六页）。（4）与社会型式相应者为基督教的“非以役人，乃役于人”的道德学系统，这种道学的本质是“为他人而生”佛教的慈悲也属于社会型（中译本二九七页）。（5）与政治型式相应的为“自我肯定”的道德学系统，如尼采的超人哲学便是最典型的例，他在原始生物基础上建立超人与权力意志，达尔文的《物种原始》（Origin of Species）为这种道德学树立下科学的基础（见中译本二九八页与二九九页）。（6）因为宗教性的本质为一切价值体验对于最高价值的关系，与宗教型式相应者为神福，被神所爱，或邀神眷顾的道德学。同时在宗教范围中有两种道德学的形式：就是生活最高扩张的道德学与生活最大限制的道德学（见中译本三〇〇页）。

人生有各种不同的型式，每一种型式有不同的价值体验，价值体验的冲突而有道德问题的发生，因为道德问题而有与各样型式对应的片面道德学的系统，现在继续以上的问题所要讨论是各种价值是否有阶层组织？换句话说，就是价值是否有等级？因为一个人不仅生活于一种价值之中，各种价值——就是经济价值，艺术价值，社会价值，政治价值，及宗教价值——中什么是重要的？次要的？它们的阶层组织怎样？于本书第三卷第四章中便是讨论这个问题的。这个问题对于个人生活或社会生活，特别在教育上，是极重要的关键，同时也是文化类型的所以有成立的可能；价值的不同与冲突，我们已经根据原著者略加叙述过了，现在讨论的是价值是否有层级？其层级组织又是什么样式？

任何人最初认为一切经济价值为最高的价值（见中译本三二二页），诚然是一个人活着的必要条件是经济的生活，一个人过日子就必得吃饭，穿衣，住房，不过必要的价值并不就是最高的价值，同时更不是充分的价值或条件，在某种特定的时间中，一切经济价值，皆为最迫切的价值，但是除了经济的迫切价值，还有社会的，政治的，或宗教的……各方面的价值，例如一个作母亲的人为了儿女的利益而牺牲自己的迫切需要，自己不吃让孩子吃，自己不穿让孩子穿？这是社会的价值超过经济的价值。伯夷叔齐采食首阳山上，不食周粟，最后甚至饿死，这是政治的价值超过经济价值的又一例。

关于价值层级的组织，士榜格说：

> 一切价值之真正定义恒有两种事实：一切经济价值皆为最低之价值，而一切宗教价值则为最高之价值（见中译三二二页）。

同时他又说过：

> 故于此，仅余吾人应如何排列其他一切价值于功利价值与宗教价值两极端之问题（见中译本三二三页）。

在文化的创造上作有价值的贡献者，依士榜格讲来分为三个等级：其最大而极有影响的是宗教人物，第二型式，为美术的创造力，最后为哲学，黑格儿说哲学像是“密涅发的枭”（Minerva's owl）。以上三种型式便是宗教型，艺术型及理论型。

我们于此不能详细介绍士榜格层级组织的论据，但是他说过几句话是我们所同意的：

> 任何仅在黑暗中观望绝顶之人，实不能得绝顶之真象。在吾人所见之物事以上，常有一较高的方面与有可塑性之一切价值判定，此等判定，皆发生于道德生活之争斗。（见中译本三四六页）

一切价值的层级组织好像一座高山一样，我们“能知所先后”，便有发峰造极的一天。

现在我们用本书最末的几句话结束这篇介绍文字，这是士榜格在作科学的研究后所唱的美丽而悲壮的一首诗一样：

> 世固有“思想之翼不能负吾人超出其外”而“唯一寓言能暗示正义于不朽之本质”之地矣。倘吾人果将演奏生之律动于此强有力之究极的赞美诗中，必自彼“互相错综，互相斗争于人心之迷宫中”并“英雄的自苦恼之黑暗，跻于镇定宁谟之精神状态”之一切斗奇竞胜的主调中，咏出此表象的合唱曲：
>
> 快乐为至美之神之火花
>
> 为埃里西姆（Elysium 为乐土之意）之女儿……
>
> 但日耳曼人之心灵已深刻地体验不幸之地狱，因此，在此心灵中，此种“虽然”之胜利，独能为极真实之胜利焉。

关于《人生之型式》一书，以上好像是“读书报告”（Reading Report）似的介绍过了。最后让我们对于中文译本再讲几句话。第一我们有一个主张——就算是一个偏见也好——反对用文言文翻译外国现代的著作，至于外国的古典诗歌有时也须能用点文言表示古雅，简洁，现代的著作最好别用文言翻译。第二直译固然有时可以用，但是总得尽量使读者能懂，例如把 Ocean of beauty 译作“美海”，虽然尽了直译的能事，但是不懂德文或英文的读者谁能知道是什么意思呢？其他例子尚多，不胜枚举。第三是译者采用日文所译各词的不当，例如把“上帝”译作“神”,在我们中文中“上帝”与“神”的观念大不相同,至少是在现代的口语中“上帝”成为西洋文上 Gott 或 God 的专用语,而“神”还是有种混杂的用法。我们并非说日文的专门汉字的外国译语不能用,有的我国已经普遍的采用了,例如“哲学”一词便是日人所先撰造的,但是不能任意的采用。

我自己也翻译外国书,知道译书的困难麻烦,所以在介绍的工作上不肯“吹毛求疵”,但是善意的“求全责备”不能没有,但是我对于那些自己不动手去作,而又好说风凉话,打击别人勇气努力的人,我却说:“只要做比不做好! 只要有就比没有好!”歌德说人在努力前进的时候,错误是免不了的,我希望青年人都有这种精神,对于董兆孚君的译这本士榜格教授的大著《人生之型式》同样致给这种意思。

注:

① 关于士榜格教授的著作翻译的也有,介绍的也有,见《中德学志》第一卷(《研究与进步》时期),第二卷的各期,以及第三卷第一期。最主要的有三篇论文请读者参阅:1.《士榜格的教育及文化思想》(第二卷第一期),2.《文化与国民性》(第二卷第三期),3.《文化形态学》(第三卷第一期)。

胡塞尔及他的现象学
Edmund Husserl und Seine Phänomenologie

胡塞尔(Edmund Husserl)是现代德国自成一家的哲学家,我们提起"现象学"(Phänomenologie)①,"现象学派"(Phänomenologische Schule),或"现象哲学"(Phänomenologische Philosophie),就饮水思源的想到胡塞尔。因为他是现象学派的创始者。于一八五九年四月八日生于麦轮(Mähren)底普罗斯尼茨(Prossnitz),一八八七年在哈勒(Halle)大学任讲师,一九〇一年为格廷恩(Göttingen)大学教授。至一九一六年任福来堡(Freiburg)大学教授;一九二八年退职。胡塞尔起初学数学,后来才专治哲学,当他在维也纳大学的时候,曾经听过本他诺凡兹(Franz Brentano)②的讲义,受了极大的影响;但是不久他又在白章诺(Bernhard Bolzano)③罗兹(Lotze)④的影响下面,转向论理主义,激烈的论难论理学上的心理主义。他自己企图着建立一切学问的基础学,换句话说,胡塞尔想建立学问的学问,科学的科学,他自己称为"现象学",也就是胡塞尔学派的哲学。他的影响很大,加上他的学生对于现象学的发扬光大,于是在论理学,心理学,伦理学,宗教哲学,社会学,法理学,美学等各方面都产生了极丰富的成绩。

胡塞尔在他的一本主要著作《论理的研究》(Logische Untersuchungen)中说明他自己论理主义的立场,而对于德国实验主义(Pragmatismus)[⑤]的代表耶路撒冷(Jerusalem)加以反对。原因是耶路撒冷在他所著的《纯粹论理学及批评的观念论》中对于胡塞尔加以批评,并且攻击,说胡塞尔的学说是中世纪经院哲学的再生,所以胡塞尔在《论理的研究》第一卷中,主要的是对心理主义叙述反对的意见;在第二卷中试把心理的事实作哲学的分析。然而只作破坏的批评是不够的,于是进一步提出一种哲学的立场——现象学。因为胡塞尔开始住在格廷恩(Göttingen)并且任过格廷恩大学的教授,又由于门人的聚集而成一派哲学上势力,所以也有人称胡塞尔学派为格廷恩学派,正如有人称黎凯特(Heinrich Rickert 1863 年生)[⑥]为福来堡学派一样。胡塞尔学派与黎凯特学派的思想虽然不同,但是同为今日德国哲学界最有势力的两大学派,所谓现象学派的机关杂志有《哲学年刊》的发行,已经出有多期,在第一卷中有一篇重要论文名为《论纯粹现象学及现象学之学》(Ideen zu einer reinen Phänomenologie und Phänomenologischen Wissenschaft),这篇论文说明现象学是什么样的一种学说。

胡塞尔在德国哲学上的地位,主要的是他由数理哲学出发,在《论理的研究》一书建立了论理学的自主性,特别在于他反对密勒(J. S. Mill)[⑦]影响下的流行的心理主义的论理学,他在《论理的研究》第二卷中先对于语言表现的意义问题提出来,于是他发见了一种新方法,也称为现象学的分析,这种新方法的特点在《论纯粹现象学及现象学之学》中讲得很详细,现在我们把胡塞尔的现象学简约的讲一讲。

在日常生活及经验科学中,我们的知识是从事实的经验得来。在这种经验行为中,我们所察觉的真实事物都是个体的,而我们描述它们也是用个体的特质。举例说吧,譬如在我写《胡塞尔及他的现象学》的这一张桌子在我的面前,它有某种特别的高度及宽度,是这种长方形的样式,用某种特殊的木材做成,四周是黄色,中心是红色的,放在坐北向南的一间书房,窗外有一架美丽的藤萝,某种特有的情境,在这一个时刻……等等。所有这些详细的具体的事物都能实际的察觉到,并且肯定关于这一个写字桌的一切。因为任何单独实在的对象,如一个写字桌有它的特有的性质,并且一些主要的属性属于它,同时因为我们所察觉的这些特殊性质,如高度,宽度,及形式等属于一个个体对象的(本质)(Wesen),这就是说:我们所看到的不仅是这个桌子特有的性质,并且我们能直觉的察觉到某种一般及主要情状,例如它的存在是一个物理体,或者一个构成的工具。从这种个体对象如写字桌就能表示对象的“本质”——不仅它的特性。按照胡塞尔的见解看来,这样一般不主要的情状不仅是直觉的在一切个体现象中能经验到,并且在记忆及想像中也能察觉,从察觉中产生出空间的形式,节奏,社会历程,及经验的行为,如满意及失意等等。更有进者,在几何学中,胡塞尔以为这门科学完全不从经验的事实出发,而自直觉的理念组成,如点,线,三角等几何学上的基本观念。因此胡塞尔及其他现象学者,认为哲学与几何学一样,是对于“本质”直觉的领悟及严格叙述。所以胡塞尔称现象学派的哲学为“本质学”(Wesenswissenschaft)。但是现象学究与其它特殊科学不同,普通一门科学所研究的是某种限定范围之内的“本质”,而现象学所要问的是一切基本的本质,而这些基本的本质或“元素的观念”就在日常语言及科学研究上所常用的,但是没有把这些“元素”弄清楚。

我们要知道胡塞尔的哲学开始先区别“事实”与“本质”,同时其他的现象学者如芬德尔(Pfänder)⑧,谢勒(Scheler)⑨,应用胡塞尔的方法在各种现象及问题上作分析及叙述。胡塞尔自己在现象学上有一种“纯粹意识”的说法,因为“纯粹意识”的讲法是胡塞尔哲学的重要思想,与海德戈(Heidegger)⑩有特别的关系。

胡塞尔所讲“纯粹意识”的特性可以举出四种来:(1)反省(Reflexion)，(2)纯粹自我(Reines Ich)，(3)现象学的时间(Phänomenologische Zeit)，(4)指向性(Intentionaütät)。

首先我们论反省，反省是属于纯粹意识，对于体验的可能。各别的体验未必经过反省的作用，但是在本质上有经过反省作用的可能。因为反省作用也是一种体验，所以反省的反省也有可能，于是进于无限，而反省也成为直观，内在的直观。原与的内在的直观有十全的明证。这样的反省为现象学记述方法的基础，现象学的记述完全由反省出发。

胡塞尔以为根本的真理存在于纯粹直观，但是所谓"反省"与"直观"是怎样一回事呢？这就是把对象在自己的面前能看出来的作用，但是单纯的直观是不够的，例如我们发见了威胁，而有一种恐怖的感觉，这要经过内在的反省才能把这种体验看出来。并且直观与了解又不同。所谓直观与思维不过是从了解产生的作用，而不是根本的。现象学的本质直观也是以觉存的了解为基础。我们从胡塞尔的重看反省——了解的作用——看来，不能说他是直觉论者，而是主知主义者。

第二是纯粹自我，这种作用可以称为自我的作用。但是纯粹自我并非自身能独立，假如没有体验的关系，便成了全无内容的状态。所以纯粹自我的自身是全然不能描述的东西。纯粹自我的自身虽然不能描述，但是把他看作作用的主体，与作用共同记述的时候是可能的。例如现在我的自我想像某一件事情，继之把这一件事情作为意志，后来又把这一件事情实行出来，在这种情况下反省的看来，体验的内容虽然有种种不同的变化，而作为有主体作用的自我并没有变化，这便是自我的同一性，也就是所谓"纯粹自我"，不过这个"纯粹自我"离了体验的内容，纵然可以假想，而事实上是不能存在的。

第三是现象学的时间。胡塞尔于现象学上的时间以为是体验的一般特性，在体验之流中成为体验的统一形式，现象学的时间与客观的时间,宇宙的时间,超越的时间都有区别。胡塞尔认为构成个别体验的体验之流是无始无终的无限之流,为什么体验之流是无限的呢?因为个别的体验是没有终了的,这就是体验流的时间性乃是无限的时间性。与海德戈的有限的时间性是相反的。不过海德戈的"有限"并非时间自身的有限,而是人对于时间有限的感觉,换句话说,人有死的限制;我们各个人虽然都有死,但是时间并不能就没有,我们死后世界是否继续下去的问题,时间性的有限并不能作为反证。在思考我们死后存续的时候,所用的是通俗的时间概念的时间,并不是根源的时间。只有在通俗的时间概念才有无限性时间的可能。所以胡塞尔对于体验流的无限看法,是受了通俗的时间概念支配的证据。又海德戈在时间上看重的是"将来",而胡塞尔看重"现在"。这也表示出胡塞尔的时间概念是通俗的时间概念。

第四我们要讲指向性。从胡塞尔看来,意识在本质上是某种的意识,例如知觉是某种事物的知觉,判断是某种事态的判断,愿望是某种愿望事态的愿望,这一些对象,如知觉的,判断的,愿望的某一种事物或事态,都是意识的指向性构成的。意识的指向性并不仅在于"现势的"(Aktuell)的作用,而且属于背境的"潜势的"(Potentiell)作用。例如我走入一间屋子,我们知觉有一个人站在那里,而在他的背后墙壁上有一幅肖像画,我们对于这幅肖像画并不特别的注意,因为在这个时候,这个知觉者的知觉注意在"现势的"作用,而肖像画不过是"潜势的"作用,不过无论如何,意识的指向性所指的对象,不仅是"现势的"人,肖像画也是"潜势的"指向的对象。胡塞尔在他所著的《论理的研究》中认为指向的作用有一种"客观化作用"(Objektivierender Akt)的性质,在根本上不能不包含客观化的作用。只有在客观化作用中,才包含有与对象的关系,例如非客观化作用的愿意与意志,其自身与对象没有关系;只有含有客观化作用的时候,才有与对象的关系。在别的地方胡塞尔又说判断的作用与情意的作用都是客观化的，不过有点区别，前者如判断作用是“现势的”客观化，后者如情意是“潜势的”客观化，二者都构成了对象。但是在主知主义者的胡塞尔的立场，论理的作用是情意作用的基础。

我们从以上所讲“纯粹意识”的四种特性看来，它所属的领域有“纯粹意识”的作用及“纯粹意识”的指向性的对象。由胡塞尔起，惹起德国在认识论问题上的运动，胡塞尔自己要求对于真实世界的自然态度彻底的改变，这就是说不要把我们意识的经验与判断加在实在的性质上。在这种根本的现象学的态度上，胡塞尔有一些像笛卡尔(Descartes)⑪一样，对于任何事物都持一种怀疑的态度。但是对于这种态度，胡塞尔不像一般怀疑论者一样也对之加以怀疑，这种态度只是一种方法论的，它的目的是要对于“纯粹意识”加以精确的描述。

胡塞尔的哲学思想有两点值得我们特别注意：一是他的现象学方法，二是他对于“纯粹意识”彻底的分析；不过二者没有得到同样的注意。现象学方法的特色与意义很快的为一般人所欣赏，并且对于近代德国哲学有了很大的影响。但是对于“纯粹意识”的分析，虽然得到旧认识论学派的敬意，特别是麻堡(Marburg)⑫的新康德派，而对于其他现象学家没有太大的影响。后来只有海德戈用了这种彻底分析的型式，代替了“纯粹意识”的分析，而作人生存在的分析。所以我们在此关于现象学的方法论对于现代哲学的影响及它的意义检查一下，因为关于“纯粹意识”的分析部分已经简略的讲述过了。

现象学与“世界观”(Weltanschauung)的综合是完全不同的，在这儿所说的“世界观”是指翁特(Wundt)⑬的哲学思想；同时现象学与实证主义及主知主义的系统结构也不一样。二现象学教给我们集中注意在一个单纯的现象上，以便直观它们完全的概念的意义，并且分析这种意义的真实复杂性，而不止于简单的武断解决便算满意。所以现象学的方法对于各种独立的科学，在它的直观，观察，分析，辨析，描述上，比较包含着最根本并且无所不包的原理的哲学结构，更要恰当合适一些。

同时胡塞尔对于现代的哲学家贡献了一种分析的方法，鼓励着并且训练他们作统系的研究，但是最近三十多年以来，从现象学的发展看来，胡塞尔的方法论有他的困难处。仅有少数的学者应用胡塞尔的方法作出成绩来，老一辈的现象学家有谢勒（Scheler），他《伦理学中的形式主义与物质的价值论理》（Der Formalismus in der Ethik und die materiale Wertethik 一九一三年出版），盖葛（Moritz Geiger）著有散篇的《没意识的心》等。因为现象学的方法在各方面的研究上，有时只能限于很有限制的现象上，所以对于各别独立科学上的贡献比对于哲学上的贡献还要大。现象学方法的特色及其危机，就在关于问题的选择，任凭个人研究者的自取，而没有普遍的妥当性。

不过海德戈是由胡塞尔的思想出发而完成了他自己的哲学。他们二人虽然都在现象学的学派中，然而所用的方法并不相同，他们有一条指导的原理相同，这条原理是“向事象自身”（Zu den Sachen Selbst）。

胡塞尔的著作：

（1）Philosophie der Arithmetik，Halle，1891.《算术哲学》。

（2）Logische Untersuchungen，2 Bände，Halle，1900.《论理的研究》，两卷。

（3）Philosophie als strenge Wissenschaft《当作严格科学的哲学》见于 Logos 杂志。

（4）Ideen zu einer reinen Phänomenologie und Phänomenologischen Philosophie.《论纯粹现象学及现象学之后》，本文初发表于《哲学及现象学研究年鉴》（Jahrbuch für Philosophie und Phänomenologische Forschung），有英文译本名：Ideas：GeneralIntroduction to Pure Phenomenology. 由 W. R. Boyco Gibson 译，伦敦的 Allen and Unwin 书店发行，一九三一年出版。

(5) Vorlesungen zur Phänomenologie des Innern Zeitbewusstseins.《内在时间感觉存在论》发表于《哲学及现象学研究年鉴》第九卷。

(6) Formale und transzendentale Logik 一九二九年出版见《哲学及现象研究年鉴》。

对于胡塞尔的哲学研究，最主要的是他自己著的：《论理的研究》，《论纯粹现象学及现象学之学》，与《当作严格科学的哲学》，《论理的研究》第二卷中的六篇文章是关于现象学探讨的，应当特别精读。在《意义与语法》(Bedeutung und Ausdruck) 一卷中的第一章可以当作导言读，其五及第六两章：Über intentionale Erlelmisse und ihre"Inhalte"Elemente einer phämenologischen Aniklärung der Erkenntnis. 更特别重要。《当作严格科学的哲学》一文是胡塞尔建立严格科学的，分析及批评性质的现象学，它与当时兴起的一种哲学趋势，为狄尔泰 (Dilthey) 及来世 (Georg Misch) 等人所领导的世界观及生命哲学对立。

此外关于现象学的参考文献尚多，我们可以举出两本主要的著作来：

(1) 伊雷曼 (Illemann)：《胡塞尔在现象学以前的哲学》(Die Vorphänomenologische Philosophie E. Husserls, 1932.)

(2) 芬克 (E. Fink)：《胡塞尔现象学在现代的批评》(Die Phänomenologische Philosophie E. Husserl s in der cegenwärtigen Kritik, 1934.)

注：

① 编者注：可参阅《中德学志》二卷二期"《德国现代哲学之特性》"自第二一八页至二二〇页。

② 本他诺凡兹(1838—1917)为天主教的神学家,曾任维兹堡(Warzburg)及维也纳(Wien)大学的哲学教授。对心理学建立了新的基础,但并不是实验心理学,著作有《哲学的四个方面》(Die Vier Phasen der Philosophle 第二版 1926 年)等。代表本他诺凡兹的哲学家有马泰(A. Marty),克劳斯(O. Kraus),开斯第儿(A. Kastil)等,他们对于胡塞尔,梅浓(Alexius Meinong 1853—1920),司徒姆夫(Carl Stumpf 1848—)等人都有很大的影响。

③ 白章诺(1781—1848)是德国的哲学家,数学家,并为天主教的神父。有人称他为"柏门的莱勃尼兹"(Der böhmischo Leibniz),曾任普拉哥(Prag)大学的哲学及宗教学教授。主著有:《论学》(Wissenschaftslehre),一九三七年问世。

④ 罗兹为德国生理学家及哲学家,一八一七生,一八八一故去。原为医生,后为来比锡格廷恩柏林各大学之哲学教授。

⑤ 实验主义有时称为实用主义,杜威博士是这种思想的代表者,他称他自己的哲学为工具主义(Instrumentalismus),这一派的哲学在美国最为一般思想家与教育家,以及一般人所接受,在中国也于五四运动时在思想及社会上发生过很大的影响;他们的思想大都建立在心理学,生物学及社会学的基础上,与所谓"论理主义"者不同。实验主义的首唱者是美国的柏尔斯(C. S. Peirce 1839—1914),经过詹姆士(William James)而奠定了心理学的基础,有杜威(John Dewey,一八五九年十月二十日生)而集其大成,英国的人本主义者西雷尔(F. C. S. Schiller)也属这一派。在德国则有尼采,马赫(Mach),魏兴革(Vaihinger),葛路晒德(Goldscheid),席枚(Georg Simmel),及耶路撒冷(W. Jerusalem)等。

⑥ 黎凯特为德国第一流哲学家。一八六三年生于但泽。西南学派的代表者。他以康德的哲学作基础,更采用文德班(W. Windelband)的规范意识,把菲希特目的观的方法及历史哲学来消化采用,树立了文化科学。又因为在某种意义上承认实践理性的优越性,与菲希特相同,所以也有人称为新菲希特学派,著作甚多,主著有:《文化科学与自然科学》,《价值体系》,《哲学的基础》,《认识的对象》,《生命哲学》,《哲学体系》等书。其学说与雅斯波(Karl Jas pers)的"实存哲学"对立。本学志二卷三期刊有"《黎凯特的哲学》"一文,可参阅。

⑦ 密勒(John Stuart Mill)生于一八〇六年,卒于一八七三年,是詹姆士·密勒(James Mill)的儿子,任东印度公司(East India Company)的秘书,并为经济,政

治,社会,哲学各方面的作家。老密勒当着他儿子年幼的时候,便施以知慧的训练,引导小密勒研究十八世纪的哲学;哈特利(Hartley)的心理学及边沁(Bentham)的伦理学对于他有极深的印象。哈特利的意象联想论后来成小密勒的心理学上指导的原理,而边沁的功利论也成为他的中心思想。在不多几年的旅行及研究法律之后,至一八二三年入了东印度公司,直至一八五八年该公司被议会解散他才去职。在一八六五年被选为自由党议员出席议会,任职三年。他对于他祖国——英国——在政治上的影响,主要的由于他的文章。密勒的著作有:(1)《论理学》(Logic,1843),(2)《政治经济学原理》(Principles of Political Economy,1848),(3)《自由论》(Liberty,1859),(4)《议会改革的意见》(Thoughts on Parlamentary Reform,1859),(5)《代议制的政府》(Representative Government,1860),(6)《妇女解放》(The Subjection of Woman,1861),(7)《功利主义》(Utilitarianism,1861),(8)《孔德与实证主义》(Auguste Comte and Pesitivism,1865),(9)《哈密尔顿哲学的考察》(Examination of Sir William Hamilton's Philosophy,1865),(10)编译他父亲著的《人类精神的分析》(James Mill's Analysis of Human Mind,1869),(11)《论说及讨论》(Dissertations and Discussions,1859—1874),此外还有三部书是他死后才出版的;(12)自传(Autobiography),(13)《宗教论文:自然,宗教的效用观》(Essays on Religion:Nature,The Utility of Religion),(14)《有神论》(Theism)。

⑧ 芬德尔(Alexander Pfänder,1870—1941),任明兴大学教授,把现象学的方法应用到"性格学的研究"(Charaktorologische Studien)上。著作有:《情感心理学》(Zur Psychologie der Gesinuungen),一九一三年出版。《论理学》(Logik),《灵魂》(Die Seele),一九三三年出版。

⑨ 谢勒(Max Scheler)生于一八七四年,卒于一九二八年。任明兴,可仑(Köln),佛兰克府(Frankfurt)诸大学教授,他是来自胡塞尔的现象学者的一人,但是他反对胡塞尔的主知主义,在他晚年的时期对于"哲学的人类学"(Philosophische Anthropologie)特别致力研究,谢勒以为哲学的人类学是研究人类本质及本质构造的根本学问,介乎自然的各种领域(无机物,植物,动物)与作为万物基础的上帝中间有人类,对于人类形而上学的起源与生理的心理的且精神的起源等的研究,就是哲学的人类学,这门学问所研究的问题,自人类存在的根本构造

起,以及人类一切特殊的专有物,行为及事业等例如把言语,良心,工具,国家,艺术,神话,宗教,科学等如何的生起,探究出来。只有这样哲学的人类学把人作为对象加以研究,而对于一切学问与以哲学的根本基础。其次谢勒对于形而上学区别为第一次形而上学与第二次形而上学两种。第一次形而上学是实证科学界限问题的形而上学,第二次形而上学是绝对者的形而上学。然而在各种科学界限问题的形而上学与绝对者的形而上学之间,还有一门学问存在:这门学问便是哲学的人类学,所以哲学的人类学自身也是形而上学。

谢勒的著作有:(1)《论超越性及心理学的方法》(Die transzendentale und psychologische Methode),一九〇〇年出版。(2)《伦理学及物质价值的形式主义》,一九一三年出版。(3)《战争的天才与德国的战争》(Des Genins, des Krieges und der deutsche Krieg),一九一五年出版。(4)《仇恨德国的原因》(Die Ursachen des Dentschenhasses),一九一七年出版。(5)《价值的改革》(Vom Umsturz der Werte),一九一九年出版。(6)《人的永恒》(Vom Ewigen im Menschen),一九二一年出版。(7)《关于社会学及世界观学的论文》(Schriften zur Soziologie und Weltanschauungslehre),共三册,一九二三年出版。(8)《同情的本质及形式》(Wesen und Formen der Symosthio),一九二六年出版。(9)《知识社会学的研究》(Versnche zu einer Soziologie des Wissens),一九二四年出版。(10)《知识形式与社会》(Die Wissensformen und die Gesellschaft),一九二六年出版。(11)《在宇宙中人的位置》(Die Stellung des Menschen im Kosmos),一九二八年出版。(12)《伦理学与认识论》(Zur Ethik und Erkonutnis lehre),一九三三年出版。

⑩ 海德戈(Martin Heldegger)于一八八九年生,任福来堡(Freiburg)大学教授,他是胡塞尔的学生及后继者,他认为真正的哲学问题只有一个,这一个问题也是哲学史上的问题,自从希腊哲学家,由巴门尼底斯(Parmenides)到亚理斯多德,经过基督教的思想直至现代哲学,都以这个问题作中心,这个问题是:探求存在的意义。关于存在的问题对于我们好像是看惯了而反成被忘掉的样子,海德戈又重新提起这个问题来,不过他的路术与希腊哲学家完全不同,他应用了胡塞尔现象学的方法。

海德戈自胡塞尔的现象学出发,而能自成一家,名其学说为“存在学”(Ontologie)所谓存在学就是存在者(Seiendes)的存在(Sein)学,存在者是什么呢?如我们所见的，所思考的，我们所交涉的，所使用的，乃至于我们自身都是存在者。例如我们看见的梅花，使用的毛笔，我们自身都是“有”或存在者。不过存在学与形而上学有什么关系呢？形而上学自传统的观点看来，分为一般的形而上学（Metaphysiea Generalis）及特殊的形而上学（Metaphysica）两类，前者以一般存在者为对象，也可以称为存在学，后者以特殊的存在者为对象，存在者的种类有神，自然及人类三种，于特殊的形而上学有神学，宇宙论及心理学三种。当作一般的形而上学一部分的存在学，便形成了形而上学的一部门。

海德戈的著作，最主要的是《存在与时间》（Sein und Zeit），一九二七年问世，此外还有《康德与形而上学的问题》（Kant und das Problem der Metaphysik），一九二九年出书，《根据的本质》（Vom Wesen des Grundes），也在一九二九年出版，《什么是形而上学》（Was ist Metaphysik），一九三〇年出版，及《德国大学的自己主张》（Die Selbstbehauptung der dentschen Universitat），一九三三年出版。

我们从他的主著《存在与时间》第一章中，可以知道他对于哲学问题独创的见解。在《康德与形而上学的问题》及《根据的本质》二书，第一看出他超过希腊哲学而达到一种新形而上学，第二他探究根本逻辑问题与形而上学的关系。此外他的两个知名的讲演，《什么是形而上学》及《德国大学的自己主张》是容易为读者误解的，假如对于他的根本思想没有适当的了解，后者一篇文章是海德戈作福来堡大学校长的就任讲演，被认有转向的批评。

⑪ 笛卡尔（René Descartes 1598—1650）是法国哲学家：近代哲学之父。他反对无条件的接受传统的见解，卑视读书，他说哲学家应该读天书，笛卡尔说过：“假如我们对于任何事物不能下一个坚决的判断，就算读尽了柏拉图及亚里斯多得的著作，我们也不能成为哲学家。”知道别人的意见不是科学，而是历史，一个人应该有他自己的理想。所以为了获得清楚明白的思想与知识，他怀疑一切，他说过下列一段话：“我简直以为一切我所见的都是虚妄；我认为没有一件事物为我的欺伪记忆显现出来的是真实的；我设为我没有感觉：我信以为所有物礼，形状，外延，运动，及地位都不过是我心上的幻像，那末有什么可以认为真实的呢？恐怕在世界没有确实的事物。”但是有一件事情是确实的，就是“我在怀疑或思考”，对于这一个命题是不能怀疑的。所以笛卡尔说：“我思故我在。”

⑫ 麻堡学派（Marburger Schule）是以麻堡为中心的新康德派的一支，柯罕

(Hermann Cohen 1842—1918)与纳脱尔普(Paul Natorp 1854—1924)为这一个学派的创始者,其他如卡锡勒(Ernst Cassirer),佛尔兰得(Karl Vorländer),哈特曼(Nieolai Hartmann)等是麻堡学派的后继者。

⑬ 翁特(Wilhelm Wundt)生于一八三二年,卒于一九二〇年。德国的心理学家及哲学家。他是第一个创立实验心理学的人,著作甚多,主要的有:(1)《人类及动物心灵讲义》(Vorlesungen über die Menschen und Tierse le),一八六三年出版。(2)《生理心理学要义》(Grundzüge der Physiologischen Psychologie),一八七三年出版。(3)《论理学》(Logik)。(4)《伦理学》(Ethik)。(5)《哲学体系》(Systern der Philosophie),一八八九年出版。(6)《心理学摘要》(Grundriss de Psychologie),一八九六年出版。(7)《民族心理学》(Völkerpsychologie),一九〇〇年出版。(8)《哲学导言》(Einleitung in die Philosophie),一九〇一年出版。(9)《感官世界及超感官世界》(Sinnliche und übersinnliche Welt),一九一四年出版。

赫尔巴特的生平及教育思想

Leben und Werk Friedrich Herbarts

——纪念大教育家赫尔巴特逝世百年忌——

赫尔巴特(Johann Friedrich Herbart)是德国的哲学家,伦理学家,心理学家,尤其是有名的是教育学家的赫尔巴特,他是教育学的建立者,实在是承前启后的人物。直到一八九〇年时德国所谓"新教育"[①]运动开始以前,支配德国教育界的思想者,便是赫尔巴特学派的学说。不仅限于德国,并且赫尔巴特的教育思想有国际的影响,例如英国在一八九〇年时几乎没有人知道赫尔巴特的为人与他的思想者,但是到一八九六年时,便几乎任何英国的教育学界的人都知道了这位教育学家,并且讲授他的教育学说;北美合众国更易于接收新风气,赫尔巴特的教育思想也曾在北美发生过极大的影响,[②]直到最近杜威[③]教授的教育学说树立之后,美国才与"定于一尊的赫尔巴特派"(Orthodox Herbartian)分了家。不过无论是赫尔巴特的祖国——德意志,甚至于西欧与北美各国,在现代的教育改进运动上,便首先研究并且批评这个"旧教育"的中心人物——赫尔巴特,作为"新教育"学的开始。因为在他死后二十年——一八六〇年——开始风靡一时,赫尔巴特的教育思想成了德国教育界的主潮,甚至于德国教育界的有名权威,如裴斯太洛齐(Joh. Heinrich Pestalozzi),菲希特(Johann Gottlieb Fichte),世莱玛哈(Friedrich Schleiermacher)等人也有望尘莫及的样子。

赫尔巴特不仅在教育学上有极大的贡献,而且在其他学术领域也有很大的影响。在心理学上,在伦理学或美学上都有他的继承者,就哲学史上看来,也有赫尔巴特的地位,不过在教育界方面,他的势力特别显著,所以我们现在的这篇论文注重在赫尔巴特的教育学说,同时也要述及其他的领域。

赫尔巴特生于一七七六年,卒于一八四一年。今年——一九四一年!——正是他逝世的百年忌,我们以治教育学的资格,为了纪念这位“科学的教育学”建立者,写这篇文字纪念他的百年忌。

赫尔巴特的生平

一个人的生活是一个人的思想或学说的根源,所以在讲一种思想或学说的时候,要对于这个发生的时代背境及思想家的生活认识清楚,才能了解他“何所据而云然”,教育家的赫尔巴特当然也不是例外。

赫尔巴特在一七七六年五月四日生于德国西北部之俄尔登堡(Oldenburg),这一年裴斯太洛齐正在三十岁,同时最受赫尔巴特的哲学学说经生后十四年了。赫尔巴特的祖父是一个贫穷纺织业者的孩子,但是因为他祖父极有才干,后来作了他的故乡俄尔登堡文科中学(Gymnasium)的校长,在职前后有三四年之久。赫尔巴特的父亲是律师④,并任故乡的议事员。至于他的母亲更是一位少有的著名女子,⑤他母亲的父亲是一个医师,这个医师的姑娘——赫尔巴特的母亲——极富于泼刺的想像力,敏捷的判断力,坚强的意志,并且有不屈不挠的精神,她虽然是生有男性各种美德的女杰,同时她又有优雅丰厚的情趣,也是贤妻良母的最好典型。她对于爱儿赫尔巴特的幼年教育极为认真，像她那样的家庭教育实在够得上家教的模范。赫尔巴特自身的天分极好，再加上遗传及教育的环境，实在使他适于成就为一个伟大的教育哲学家，由于他的境遇也使他有余暇组成教育学的体系。从这一点看来，赫尔巴特比宿命的遭遇不幸的卢梭(Rousseau)幸福多多，就与幼年丧父的，仅由母亲一手养育成人的裴斯太洛齐也较为好多了。

赫尔巴特虽然有一个得天独厚的家庭，但是他的身体却极虚弱，这一点与他的两个先进，卢梭及裴斯太洛齐是相近的，据传记家所说赫尔巴特的身体并不是先天的虚弱，主要的原因是在他年幼的时候，不慎误落在沸水中被烫坏了。因为这种后天的灾害，所以赫尔巴特从小就身体不健康，特别利害的就是他的眼病，因此他不能同别的孩子一样进入公立的学校受教育，他的父母为了补偿爱儿失学的痛苦，便为赫尔巴特请了一位家庭教师⑥，他的这位启蒙老师对于吴尔夫·基当(Christian Wolff)⑦的哲学造诣极深，赫尔巴特在少年先受了吴尔夫·基当的哲学洗礼，这件事使赫尔巴特从小便对于哲学发生了兴趣，当他十一二岁的时候，天才就颇显露出来，后来他在哲学及教育学上能有精密完整的理论体系，原是在早年就有了准备的功夫。赫尔巴特在哲学上的天才既然表现在他的早年，同时他又有音乐的天才，他的父母让他学提琴，手提弦琴(Cello)，竖琴，及钢琴四种乐器。对于钢琴他的进步特别快，据说在他十一岁的时候在一个奏演会出演，博得满场的喝采。赫尔巴特幼时对于音乐的爱好与理解，对于他的思想与生活有极大的影响，特别在他晚年的著作中，关于心理学及美学的论文，他最爱在和声中找出实例，这确是他在音乐上的启发而产生的结果。

赫尔巴特的母亲自身教给她爱儿希腊文及算学。自一七八五年至八六年，他又在一位大学教授的私塾入学，主修的是自然科学方面的功课，这样使他有了科学的兴趣。到一七八八年他入了故乡的拉丁学校二年级，入学后的第二年该校升格为文科中学，赫尔巴特被编入第一年级。这个时候他在哲学上的天才更加表现出来，十四岁的时候就写过关于意志自由问题的论文。在该校高年级的时候，赫尔巴特已经对康特哲学有了接触，所以在一七九三年举行毕业式的时候，赫尔巴特有一篇庆贺演说，论国家中道德向上及坠落的一般原因，使显然受了康特著的《道德形而上学引论》(Grundlegung zur Metaphysik der Sitten)的影响，他的演说不仅当时博得好评，并且还在新闻纸上发表出来。在赫尔巴特幼年时代的思想中，已经可以看出他成熟后的哲学及教育学的萌芽。在一七九四年赫尔巴特毕业文科中学的时候，他用拉丁文作了一篇卒业演说，论戚策罗(Cicero)⑧及康特的思想中至善与实践哲学的原理，这与往年的庆贺演说一样，得到很好的声名。他的哲学天才在文科中学的时代，已经很表现出来，但是赫尔巴特并不因此自满，对于古典的修养功夫更加倍的努力，这样他算修完了文科中学的学程。

后来成为大思想家的赫尔巴特，在毕业文科中学之后，他的健康还没有恢复，并且在眼病之外，又害起牙齿病来。他的父亲本来想教他的儿子继承父业，去作法律家，不过在他毕业文科中学的那一年，跟随着他母亲到耶拿(Jena)去，就在当年的秋季正式入了耶拿大学。耶拿是当时德国的哲学，艺术的中心，也是所有文化的集中地，特别是当初便有“康特哲学殿堂”的称呼，康特哲学在耶拿发展的最为显著。

赫尔巴特在大学求学的时候，正是鼎鼎大名的菲希特在耶拿大学主讲《知识学的基础》(Die Grundlagen der Wissenschaftslehre)，菲希特的思想是深刻的，性格是有诱惑力的，学生对他都极崇拜，我们的教育家赫尔巴特也对于菲希特的哲学思想受了极大的影响。不过当着他过大学生活的时代，也有一些个人的问题发生，他的父母正当他对于哲学有兴趣，并且与大哲学家菲希特的思想接近的时候，总以为哲学不供给生计上必需的面包吃，所以让他学法律，但是当时他的主要兴趣在哲学，不过因为他父母的功利计算，他不能不暂时牺牲自己的爱好，然而这不过表面的事情，他对他父母说哲学，文学及数学是研究法学的基本学科，实际上他依然继续着研究哲学。但是他本心的欲望是不能长久束缚的，法学到底不是他根本兴趣的所在，所以后来反客为主，还是治他兴趣集中的哲学。我们要知道一个有天分的人，对于有兴趣的事情，在他做来，固然可以事半功倍，就是对于没有兴趣的事情，他干起来也能有些正面或反面的成就，所以赫尔巴特的学习法律也不是徒劳无功的，他在晚年的大作《实践哲学》(Die Praktische Philosophie)与《自然法及道德的分析说明》(Analytische Beleuchtung des Naturrechts und der Moral)，便有不少法学研究所供给的成分。

赫尔巴特从幼年受了吴尔夫·基当的洗礼，在文科中学的时代又接触了康特哲学，到了大学生时代有菲希特的知识学影响他，在这个时候赫尔巴特的本来的看法完全被破坏了，于一七九五年八月他有一封信给别人，叙述他受了菲希特的影响："因为在知识学中容许了无限自我的存在，使得我的头脑无限的空虚起来。"不过他们二者的性格总不相同，菲希特是热情的思想家，赫尔巴特是理论体系的天才，虽然赫尔巴特对菲希特曾经一时倾倒，但是终于他们分了家，赫尔巴特自己的哲学体系逐次形成，对于菲希特的知识学发生了疑问，在一七九六年他给人的一封信中，曾说他自己正在建立一个新的知识学，至于他们二人根本不同的所在，虽然二者都是康特哲学培育出来的，但是菲希特始终固执观念论的立场，而赫尔巴特渐次有了浓厚的倾向。在一七九五年，赫尔巴特有两篇论文发表，一篇是：批评施陵(Kurt Schilling)著的《哲学一般形式的可能性论》(über die Möglichkeit einer Form der Philosophie überhaupt)，另一篇是：《施陵的著作：我或人类知识上的无限制论》(über Schillings Schrift vom Ich oder dem Unbedingten im menschlichen Wissen)，在这两篇批评的论文中，赫尔巴特最初表示他自己独创的见解。他在思想上所以与菲希特分家，一方面固然是生活及性格的不同，同时他当时所研究的学问对他也有不小的影响，那个时期他接触了希腊哲学及英国伦理学，如沙夫兹巴利(Shaftesbury)及哈彻松(Hutcheson)的道德思想[9]，特别是希腊的哲学家巴门尼得(Parmenides)[10]对他的影响都很显明的看得出来。

赫尔巴特在耶拿时代的生活，不特与菲希特有人格的及思想的交涉，同时与歌德，释勒，赫德(Herder)等人形成的文学艺术运动也有了关联，赫尔巴特曾到他们的住处访问过，受过当时德国艺术运动中心地雰围气的浸润，特别与释勒还有个人的交情。但是这个时期最使他感觉兴趣的是希腊思想及文艺，尤其是荷马的史诗鄂地色(Odyssee)使他受到莫大的感动，所以他曾经关于荷马史诗作过音乐的研究，并有论文发表，同时鄂地色成为赫尔巴特后来认为最标准的教材或读物。此外赫尔巴特在这个时期对于数学也作过埋头研究的功夫，像赫尔巴特这样“多方面”而不浅薄的研究功夫，在他的教育学上都有了用处，“多方面的兴趣”这个概念在他的教育学中是一个中心原则，赫尔巴特个人也实在是多方面的天才家，哲学，音乐，数学，美学(伦理学在内)对他都有兴趣，都有研究，而且都有成就。

当赫尔巴特刚要毕业大学的时候，他就离校去做瑞士(Interlaken)的一个总督石台哥男爵(Von Steiger-Reggisberg)的家庭教师，这一家有三个孩子，由于他的友人及母亲的劝告，在一七九七年三月他去就这个贵族的家馆。赫尔巴特的家庭教师生活前后有三年之久，这是他一生绝无仅有的教育经验。他的东家要他每两个月写一个报告，讲他的教法与学生功课及品行上进步的状况。其中有五篇现在还保存着，这便是赫尔巴特式教育的胚胎。他在东家的优遇及绝对信赖下，根据他的教育思想施教，从他的报告看来，这位青年教师用心理学的方法教学，对于学生的个性及年龄有个别的教法，他最重视个性，他的三个学生有八岁十岁十四岁的不同，他的教法也个别的施以年龄相当的教育。赫尔巴特把荷马的鄂地色作为教材，培养儿童的道德基础，并且运用他在教育学上的中心概念，努力唤起学生多方面的兴趣。这段家庭教师的生活对于赫尔巴特的终身事业——教育学——有决定的影响。

赫尔巴特在瑞士的时候，会过近代教育史上的一位伟人，就是献身孤儿教育的裴斯太洛齐，他对于裴氏的教育基本原则"基础教养"(Elementarbildung)[11]很注意。当时赫尔巴特不过是一个青年的家庭教师，而裴氏已经是大名鼎鼎的教育家，在一七九九年赫尔巴特访他的时候，裴氏已经五十三岁了，但是因为志同道合的缘故，他们二人作了忘年之交，裴斯太洛齐屡次访问赫尔巴特，当后者离开瑞士的时候，他对于这位慈祥和善，年逾耳顺的老友，极端赞美裴氏的人格。后来他又到布雷门(Bremen)专门研究哲学教育的时候，想把裴斯太洛齐的教育学说更加以科学化，他写了一篇批评的文章叫：《裴斯太洛齐的近著：格特鲁德教子法论》(über Pestalozzis neueste Schriften：Wie Gertrud ihre Kinder lehrt)，还有一篇解释裴氏教育学说的文章叫：《裴斯太洛齐的直观教学法入门》(Pestalozzis Idee eines ABC der Anschauung)。前一篇文章里讲裴斯太洛齐的目的及方法，然后叙说从裴氏的学说如何发展出他自己的思想，同时反驳别人对裴氏的著作及思想不当的非难，而把裴氏的真思想讲出来，后一篇文章讲观察法的价值，养成，及用途，想把这个方法的数学原理找出来，他把三角形的研究作为附录而附加在上面。赫尔巴特对于裴斯太洛齐的教育思想要作正确的了解，简直成为他一生的问题，尤其是因为赫尔巴特在数学上素养很好，所以对于裴氏的教育学说能探本索源的了解，他曾经说过："为了德国人要用德国话讲述裴斯太洛齐的事业。"从这可以知道他对裴氏崇敬之深了。

以上我们已经讲过赫尔巴特的父母，为了他儿子的生活问题，让他学法律，但是赫尔巴特阳奉阴违的依然治他兴趣所在的哲学；不过上天好像有点嫉恨哲学家在精神的上享受过于富足，于是在物质上的享受要给他一些威胁，荷兰的犹太人，大哲学家斯宾挪莎（Spinoza）拿磨镜片自活，而不愿意到大学作"教坛哲学家"，他怕的是鬼头鬼脑的"办事员社会"妨碍了独立而自由的思想；至于赫尔巴特的境遇虽然比较的好得多，不过他在生活上也受到过威胁，又因为他违背父母的主意来弄哲学，所以有苦也不好向他父亲说，曾经有一个时期赫尔巴特仗着一个朋友的资助过日子。到一八〇二年他在格廷恩大学（Göttingen）得到一个位置，讲授教育学。从此之后赫尔巴特踏入兴趣，生活，职业合一的"康庄大道"。起初他只讲教育学后来加上伦理学及实践哲学等课。赫尔巴特的观点与当时风行的观念论派是不相容的，但是因为他那样庄严的学者态度，加上纵横的才气，于是"不鸣则已，一鸣惊人"，他的声名便与日俱增起来，因此海岱倍大学在一八〇五年聘他为正教授，不过他没有应聘，仍然留在格廷恩。

在格廷恩的时代，赫尔巴特写了一些文章，值得注意的有两篇，一篇是：《对于裴斯太洛齐教授法的批判》（über den Standpunkt der Beurteilung der Pestalozzischen Unterrichtsmethode），另一篇是：《世界美的》（道德的意思在内——笔者志）《表现是教育的重要功用》（über die aesthetische Darstellung der Welt als das Hauptgeschäft der Erziehung），这篇论文放在《裴斯太洛齐直观法入门》中作为附录，在一八〇四年出第二版时公布的。这个时候赫尔巴特提出自己的立场，对于裴斯太洛齐晚年著述上的错误，也本着"吾更爱真理"的态度，加以批评，赫尔巴特自己的思想体系到此渐渐的完成起来。在这两本书里赫尔巴特主张"教育的教授"就是真正伦理训练。他赞同裴斯太洛齐以感觉为学习初步，但是学校功课排列次序，必须与教育目的相符合，这个目的就是"道德的自觉"。

到一八〇六年他著成《普通教育学》(Allgemeine Pädagogik),力言教育上道德教育的地位;一八〇七年又完成了《一般实践哲学》(Allgemeine Praktische Philosophie)。当赫尔巴特著作这些书的时候,正是德国不安定的时代,普法战争的余波侵袭到大学的讲坛,但是黑格儿在炮声隆隆中忙着写他的《精神现象论》(Phänomenologie des Geistes),热情的爱国哲人菲希特做起狮子吼来,激奋德国国民的祖国爱,我们的教育哲学家赫尔巴特由于身体素弱,依然决然的干他分内的工作,不过据说在他收入低微的薪金中,被征收过一千五百佛郎的献金。

赫尔巴特在格廷恩由讲师进为副教授,当时的学生因为战争的威胁与经济的恐惶,多数舍弃了哲学的研究,而从事实利的学问。但是赫尔巴特的声望渐渐高起来,在一八〇九年科尼斯倍(Königsberg)大学聘他继续著名哲学家康特(Immanuel Kant)的讲座做哲学教授,当他接到聘约的时候,非常高兴,他说:"我接受了这个聘约感到最大的快乐,从小孩子的时候就研究科尼斯倍的哲人著作,这是理想中最著名的哲学讲座。"所以他就任之后,努力工作,在这里他完成了他关于教育理论及实用的大工作。并且不久他便首创历史上有名的"教育学研究室"(Pädagogisches Seminar)及"实习学校"(Versuchsschule),在大学里附设教育实习学校,这是第一个,也可以说这是首次用科学方法研究及试验教育的机关,现在世界各国都有附属实习学校了,而实习学校的始祖是赫尔巴特。在这个实习学校最大限度只收二十个学生,凡是想作校长及视学的学生都受教授的监督在附属学校里练习,后来这些人发生了大影响,使德国各邦的教育助进了很多。不过当时这些附属学校的学生入学的时候,他们的父母至少要有一年的时期把孩子完全委托学校,一切都不能干涉或过问,修完了教育实习课程的学生,然后分散各地从事实际的教育活动。赫尔巴特自己的工作中最重要的是关于心理学的著作,可惜当时普鲁士很保守而且专制，所以赫尔巴特不能尽量的自由发表。此外还要提一笔的，就是赫尔巴特与当时普鲁士的教育委员洪保德·威廉（Wilhelm von Humboldt）相识，由洪保德的推荐赫尔巴特任为学务委员中的一人，主管高等教育事业。

到一八一一年，赫尔巴特已是三十五岁的壮年了，与一个英国商人的女儿德累克·玛丽（Marie Drake）结婚。一八一七年建立学生寄宿舍，他自己任舍监，并且讲授数学，夫妇俩人共任监督的责任。

赫尔巴特在这个时期正热心研究心理学，因为他感到教育学的基础有确立的必要。关于心理学的著作主要的有：《心理学体系》（System der Psychologie），《心理学读本》（Lesebuch der Psychologie），《当作科学的心理学》（Psychologie als Wissenschaft）。关于哲学的著作有：《一般形而上学》（Allgemeine Metaphysik），《哲学辞书》（Kurze Enzyklopädie der Philosophie），此外还有许多教育学上的短篇论文。

赫尔巴特在科尼斯倍（Königsberg）过着大学教授的学者生活，因为他的努力与成就，极负校内及校外的众望，不过他的进步思想与普鲁士那般顽固的官僚渐次发生了"意见"——"这真是西洋也有嗅虫了！"——同时据说当地的气候不适于赫尔巴特的健康状况，于是他不得不离开此地。恰巧一八三一年黑格儿在柏林大学逝世，正在物色继任的人选，赫尔巴特希望能继任大哲人黑格儿的讲座，他的朋友们也希望能实现，但是因为一些错综复杂的原因，没有成功。黑格儿的讲座与康特的讲座一样，都是当时欧洲最有名誉的地位，可惜我们的哲学家与教育家的赫尔巴特，没有继任黑格儿的方便，未免美中不足。但是一八三三年格廷恩大学有一位教授病故，赫尔巴特在全校惜别的空气中，离开了他住过二十五年的科尼斯倍去格廷恩就任正教授。到此之后过着安静的学者生活，主要的是担任教育学的功课，学生们对着这位教授很崇拜，他的课堂永久是挤得满满的。这一个时期，他的大部分时间都是准备讲义，没有大量的著述，他的思想到现在更加成熟了，到一八三五年，他著的《教育学讲义纲要》（Umriss der Pädagogischen Vorlesungen）出版，这是《普通教育学》的姊妹篇，也是补充篇，一八三六年改题为《普通教育学纲要》（Umriss der allgemeinen Pädagogik）问世。这部书是赫尔巴特对于教育学体系的主著，其中虽然不少论及形而上学及心理学的篇幅，大体都是很实际的教育学问题，到一八四一年这部书的新版刚刚问世，他的声望更高起来的时候，在八月十一日他还是精神很健的上课，就在当日夜间他害了窒息性“卡他儿”，至同月十四日便与世长辞。

赫尔巴特的性格及在教育史上的地位

赫尔巴特一生六十五年的时间，除了到瑞士柏恩（Bern）作家庭教师以外，其余的时间都是治学生活及教育生活，特别自一八〇二年得了格廷恩大学讲师的地位之后，直到临终四十年的长期间，从格廷恩到科尼斯倍，晚年的八年间又从科尼斯倍回到格廷恩送了终。始终他的生活是没有大波澜的大学生活。由这一点与卢骚及裴斯太洛齐比较起来，赫尔巴特的两个先进是波澜万状，“轗轲常苦辛”的“苦命人”，因为他们的生活不同，所以性格也就各异其趣，我们在前已经讲过，一个人的生活是一个人思想的根源，他们这三个教育思想家的生活状况不同，性格及学说也不同，换句话说，他们生活上的境遇及他们的性格，规定他们在教育史上的地位。卢梭在教育上有热情及幻想，裴斯太洛齐有博爱的胸襟，能实践，教育学史上正缺少一个冷静透彻的理论家，赫尔巴特出来之后，恰好补了这一个教育学史上的缺欠，而他的那种宁静淡泊的学者生活，也适于成就他在教育史上的成就。赫尔巴特在教育学史的地位在于他创立“科学的教育学”。虽然在赫尔巴特以前，未尝没有略有组织的教育学书出现，例如科密尼阿斯（J. A. Comenius）[12]著的《大教授法》（The Great Didactie），康特著的《教育论》(über Pädagogik),虽然都在教育学史上有相当的价值,不过《大教授法》只是一种教学法上的开山之作,《教育论》虽然比较的有组织,但是还不能认为严密"科学的教育",直到赫尔巴特的教育学出世之后,以伦理学及心理学为基础的科学,用伦理学规定教育的目的,心理学指示教育的方法,才开始建立了独立的教育科学,这一点是赫尔巴特在教育史上值得大书特书的功绩!教育的活动在人类史上看来,恐怕是很久远的,但是把教育的活动自身当作学问来看,我们不能不归功于到今年逝世正百年的赫尔巴特!

近代西洋教育思想史的发展,按时代先后看来,卢梭是第一个值得我们重视的教育思想家,从卢梭到裴斯太洛齐,更由裴氏影响到赫尔巴特,福勒贝尔(Friedrich Fröbel)⑬,他们这几个教育思想家,在关系上看来是承前启后的有机的发展,他们在教育上的贡献也各自不同,像卢梭那样的热情与幻想,是一种豫言者似的教育思想家,因为他只有高超的理想,并没有实践的证实,不过无论如何,这位天才的思想家,虽然他的思想只止于思想,而现代教育的精神却由他指示出来。裴斯太洛齐在思想上看来是卢梭的承继者,同时也是热情的思想家,不过裴氏对于现实的国家及社会有一种极度的愤懑,而抱着改造的热情,卢梭有些病态的诗人情调,对于人生——就是坠落的所谓"文明社会"的生活!——有些厌恶,所以有逃避现实的倾向,最后他主张"返回自然",而裴斯太洛齐始终抱着人类爱的博爱精神,他要"进入人间",虽然这不是他自己说的话。卢梭与裴斯太洛齐的性格,共同的一点都有幻想的热情,缺少冷静的理论体系,所以他们二人的教育思想里,充满了格言式的及故事式的成分。他们二人所缺少的论理体系,特别是卢梭所缺少的,也正是西洋教育思想史上所要求的理论的教育家,我们的这位终身过着大学生活的典型学者,赫尔巴特出来了,恰好他补了卢梭及裴斯太洛齐的缺陷,建立了有理论体系的"科学的教育学"。

赫尔巴特的哲学，心理学，及伦理学

我们以上所讲的是赫尔巴特的生平及他在教育学史上的地位。现在要讲他整个的思想体系，我们最着重的一点是教育家的赫尔巴特，不过我们知道他的教育学建立于心理学及伦理学之上，所以要了解他的教育思想，不能不先了解他在心理学及伦理学上的见解，而他在心理学及伦理学上的见解，特别是心理学，又建立在他的哲学思想之上，因此我们先讲赫尔巴特的哲学，尤其是他的形而上学。

从西洋哲学史看来，有一段是观念论(Idealismus)称霸哲学界的时期，自康特经过菲希特而到黑格儿，黑格儿是集观念论大成的人物，他的信徒固然很多，他的反对者也不少，从社会学的观点反对黑格儿的马克思是一般人都知道的，但是从哲学或教育学的观点反对黑格儿的两个思想家，叔本华及赫尔巴特用什么道理反对黑格儿，我们就比较的生疏，他们二人都自认为康特的忠实信徒，二人都对于自然科学有趣味，并且他们都想为他们的思想找出经验的事实作基础。同时二人都提出形而上学的体系：叔本华的体系可以称为"泛神的观念论"，赫尔巴特的体系可以称为"多元的实在论"。赫尔巴特实在是一个富于批评精神的独立思想家，他对于康特以后德国发展的观念论学派，整个的加以反对，不过在一八二八年他却自认是康特学派中人。

从赫尔巴特看来，我们不能从一个原则推演出实在来，原则在思想之后才有，并不能在思想之前。同时也不能用一个简单原因便说明了一切的存在，所以一元论与泛神论都在排斥之列。实在的说来，所谓"物自体"(Ding an sich)的知识是不可能的，黑格儿所认为的形而上学简直是一个梦。但是"物自体"是有的，不是"一"而是"多"，并且世界不仅是我们的观念。赫尔巴特反对理性主义的方法，先验主义，一元论，泛神论，主观的观念论，以及自由意志；代替这些看法的是经验主义，多元论，实在论，及决定论。赫尔巴特认为除了经验，在知识上便没有进步的希望。哲学的职责要从经验及科学的一般概念作出发点，用一个民族无意识中演化出来的思想作根干。这种概念要用形式逻辑使之清楚而明显，并且假如有不调和的概念，便要指示出来。所以一般的哲学就建立于考定概念，分析概念，比较概念，并且使概念调和起来。论理的任务在于发见概念上的困难，不调协，及矛盾；有些概念我们往往认为没有问题的，其实却是矛盾的窝巢，例如物，动，变等。譬如说，一物在普通思想上讲来，是许多性质的堆集体，金是重的，并且是可熔化的，"一个"物便是"许多"性。

赫尔巴特认为凡是矛盾的便不是实在的，所以他把古代的那条逻辑上的矛盾律又特别推崇起来。只有看做绝对的自体圆满的体系，实在才能想像。从这一点讲，哲学家的赫尔巴特依然不失为十足的理性论者，因为他认为：真正的知识是一个自体圆满概念的体系。假如我们的经验供给我们的世界观是矛盾的这个世界观便不能成立，而形而上学的问题便从此开始；矛盾必得要去掉；我们必得要整理我们普通的及科学上的概念，使这些概念调和起来形成实在的真像。赫尔巴特在形而上学上，接受了康特所说的：经验所显示的只是现象；但是他坚持着认为表象（就是现象）必得是什么东西的表象，这个什么东西便是实在，本体，"物自体"。他曾说过（so viel Schein, so viel Hindeutung auf Sein）：（有什么样的外表就暗示什么样的实在）。所以把我们的感觉看做心的产物是不能解释的；无论感觉是如何的主观，总暗示它们之外还有什么"存在"，换句话说，总有一个"物自体"的世界。问题是：这个真正实在的世界是如何构成的？

我们的表面的，现象的世界是一个矛盾的世界，是一个许多性质与变化的世界。例如一物有许多性质，并且一物变化它的性质。如何的"一"中有"多"？一物如何是白的，硬的，甜的，并且是香的？如何此时为一物，彼时又另为一物？每一个存在都是同一的，而且是绝对的同一，每一个感觉都是有一个“实在”在背后，每一物都是单纯的不变的，永恒的存在，绝对的，不可分的，并且不因空间与时间而变化的。从此看来，同一律在赫尔巴特的本体论中是一个基本律。

但是假如一个存在就是一个简纯的，不变的本体，那末我们如何有杂多的幻像与变化呢？为什么我们所经验的存在“好像”——注意“好像”一词所表示的意思！——有许多性质与变化呢？形而上学对此解释的时候只有先承认一个假设：赫尔巴特以为有“许多”单纯的原则，或本体，他称为“实在者”（das Reale）。每一个特殊的与表面的存在并不是一个存在有许多性质，而是许多单纯的“实在者”的集合体，并且多少是永久的结合。多数“实在者”因为互相间的关系有不同的变化，所以便有某种现象跟着发生。所谓“变”就是“实在者”的来或者去，我们说一个存在有变化，就等于说：组成存在的“实在者”或“单子”（Monaden）在关系上有了变化，至于组成存在的“实在者”自体毫无变化，赫尔巴特所谓“单子”是受了莱勃尼兹（Leibniz）影响的用语。我们在经验上所以有变及现象的发生，只是由于“实在者”间的关系变了，“实在者”增加或减少的缘故。因此我们称现象为存在的“偶然观点”。同一条线可以看为半径或切线，同样的一个“实在者”也可以与其他“实在者”发生不同的关系，而不变化它自身的本质。所以互相间的关系并不影响存在的自身。

“实在者”的世界是绝对的；本身没有变化，生长，与表象，一切是如此就是如此。所有一切冲突与变化都是我们经验的现象；一切性质都是属性的，实在的世界是绝对静止的状态，不会发生什么事情，一切变化都是意识中的现象。

然而好像实在者自身也有变化，这么该怎样解释呢？这是因为每一个实在者都尽力保持自身的同一性，而反对其他实在者的扰乱，所以同一的实在者能有不同的表现而反对其他的实在者。实在的说，“实在者”自身依然没有变化。

赫尔巴特的心理学：赫氏的心理学是形而上学的一部门，称为“理性的心理学”。他认为经验的心理学不能作为哲学的基础；心理学要以形而上学为前提。没有形而上学基础的心理学对于理性评判问题是不能回答的，甚至于讨论也不可能。灵魂是一个单纯的，绝对的，无时间性，无空间性的实在者。这是科学上迫我们首先承认的第一个本体。所以灵魂不能有各种不同的功能或力量，像赫尔巴特时代的心理学家所说的。他之所以攻击“功能心理学”⑭乃是基于形而上学的前提。因为灵魂是一个单纯的本体，所以除了自身保存之外，没有别的活动。灵魂与一堆“实在者”聚集的肉体是关联的，灵魂的存在乃在脑筋。一切灵魂大体相同，灵魂及其发展所以不同乃是由于外界的条件，例如肉体的组织。灵魂本来没有什么活动与力量，也没有感觉与冲动，灵魂对于自身也不知道什么，更没有形式，直觉，与范畴，并且也无意志及行动的先验律。灵魂上所以有知觉乃是在反抗其他实在者时所起的自身保存的功用。在发展的状态中，灵魂的全体内容乃是知觉的产生与联合，所以心理学成为一种“精神物理学”（Physik des Geistes），赫尔巴特的意思是想创立一种与物理学上的力学平行的学问，他认为旧物理学用“力”解释一切事物，新物理学把一切事物看做“动”；旧心理学用“功能”解释一切心理现象，新心理学必得要把一切心理现象看做“观念的运动”。赫尔巴特用数学的计算处理意象运动的关系。心理生活是观念的交错与反对；无论是感觉，渴望，或冲动，都是意象的交互作用。意识界内并不尽包精神生活的全部，意识与潜意识中间还有一个历程。在心理生活上没有所谓自由意志，精神上的一切现象都是有固定法则的，并且心理上的历程是可以用数学决定的。从这一点看来，赫尔巴特对于心理学的贡献是不能轻视的，他以为心理学有三层基础：除了形而上学之外，还有数学与经验。

赫尔巴特认为心理学经验的基础就是他的“统觉”(Apperzeption)说,这是赫尔巴特在教育学中的中心概念。所谓“统觉”就是心的同化作用,从已有的观念同化新观念的作用,他说:“每一观念或留或变或去要看它与以前所已具的观念能调和与否而定。”新观念的解释以自觉中原有的观念而定,这就是赫尔巴特的统觉原则。教师按照统觉原则就学生已有的观念引起学生的兴趣与注意,于是教师在教育上便有了办法。

赫尔巴特的伦理学:赫氏的教育学有两门基础科学,一个是我们已经讲过的心理学,其次便是伦理学。赫尔巴特认为形而上学是讲本体的,另外有一门学问是讲价值的,这门学问就是美学。形而上学与美学是绝对分立的,换句话说,纯理哲学与实践哲学各有不同的领域,所以他反对一切想把这两门学问结合的企图。除了理论判断之外,还有一种赞赏与不赞赏的判断,譬如我们说美与丑,善与恶,就是属于美学的范围,美学的问题在于检定判断的对象要发见对象中什么是使我们高兴与不高兴的。赫尔巴特认为我们赞赏与不赞赏的感觉起于对象的“形式”,而无关于“内容”。

“实践哲学”(Praktische Philosophie),也就是伦理学,是美学中的一分枝,专讲道德上的美丑问题。美的判断以表现美的颜色与形状等为对象,伦理的判断以表现意志的行为为对象。换句话说,美的判断以音,线,色的关系性为对象,伦理的判断以意志的关系性为对象。赫尔巴特发见我们对于某种意志的关系加以赞赏,反之对于某种意志的关系则加以憎恶。他在伦理学上有一个中心思想,就是所谓“五种观念”(Fünf Ideen)的说法,这是赫尔巴特在道德思想史上为学者所注意的伦理学说。这“五种观念”是人类意志基本的关系,对此有一种“无意志的赞同”(Willenlose Billigung),所谓“无意志的赞同”,就是离开一切利害关系,用公平无私的态度观察行为时,自然生出一种满足或不满足来。赫尔巴特所说的“无意志的赞同”与康特所说的“不关心的趣味”,我们认为是一个意思的两种说法。

经验告诉我们这五种观念是道德价值的最基本的标准:(1)内心自由的观念(die Idee der inneren Freiheit),就是说个人的意志与道德上的确信相调和了的关系(一个人所“要”的与所“应该”的合一)。(2)完整性的观念(die Idee der Vollkommenheit),就是说意志在各种活中而有和协的统一关系;以上这两个观念可以说是一个人的“私德”,若是二人或二人以上发生关系时,还有三个“公德”的观念。(3)好意的观念(die Idee des Wohlwollens),就是说自己与他人间意志调和的关系,(4)法理的观念(die Idee des Rechts),就是说两个意志互相不侵犯的关系。(5)公正的观念(die Idee der Billigkeit),就是说一个人对于他人所做了的事与以报酬的关系。

赫尔巴特从以上五种道德基本标准的观念,更导演出五种与之相当的“社会观念”(Gesellschaftliche Ideen),不过这五种社会的观念并不是以上五种基本观念的继续,在排列的次序上是要变更的,由多数的(社会的)意志关系出发,而至内心的(个人的)意志关系,这五种社会的观念是:(1)法理社会的观念(die Idee der Rechtsgesellschaft),(2)报酬制度的观念(die Idee des Lohnsystems),(3)行政制度的观念(die Idee des Verwaltungssystems),(4)文化制度的观念(die Idee des Kultursystems),(5)生动社会的观念(die Idee der Beseelten Gesellschaft)。以上五种社会的观念,在内心自由的观念实现出来而应用到社会的时候,便都能调和起来。最高的理想社会是“意志”与“理性”统一起来,社会中的各个份子互相间没有冲突。这便是赫尔巴特的中心道德思想的“观念论”(Ideenlehre),也就是他的实践哲学上的要旨(见赫尔巴特的《一般实践哲学》(Allgemeine praktische Philosophie)第一篇)。在《实践哲学》第二篇,题为《观念与人生》,论“德”(Tugend),“义务”(Pflicht),“社会”(Gesellschaft),“国家”(Staat)问题,不过以“观念论”为主干,讨论现实的道德问题。赫尔巴特以伦理学为指示教育学目的的基础科学,所以以上所述的道德学上五种理念,就是教育学的目的,他曾经说过,无论儿童的思想及行为上,教育的一般目的,就在于以道德静五种观念为中心。

赫尔巴特的教育学

赫氏最大的贡献及影响实在是他的教育思想;形而上学,心理学,美学,论理学都是他建立教育学说的基础。教育学被认为实用心理学,而教育学的目的由伦理学解答或决定。赫尔巴特在教育学说上的思想,有人用以下的口号总括起来(见雷通群著《西洋教育通史》,商务印书馆出版的大学丛书,二六四页—二六五页):

(一)一个目的(道德的生活),

(二)两个基础学科(伦理学与心理学),

(三)三个方法(管理,教学,训育),

(四)四个阶段(明了,联合,系统,方法),

(五)五个道念(我们以上称为“五种观念”:自由,完全,好意,正义,报偿),

(六)六个兴味(经验的,推究的,审美的,同情的,社会的,宗教的)。

我们现在为了兴趣及易于了解起见,就照着以上所列的这个图表讲来。赫尔巴特以道德为教育的唯一目的,他说:“教育的唯一问题,教育的全部问题可以用一个概念——道德(Tugend)——包括起来”。又说:“道德一字足以表明教育的全部目的”。诸如此类的话在他的著作中是屡见不鲜。

教育的目的是道德,在讲赫尔巴特的伦理学时,我们已经知道他有五个观念说,但是如何才能达到这个教育的目的呢?这要根据他的心理学来施教,从这点看,他实在是近代教育心理学的始祖。赫尔巴特认为要达到上述的教育目的,须用“三个方法”,这就是他的教育方法论,这三个方法是:

(1)管理(Regierung)

(2)训练(Zucht)

(3)教学(Unterricht)

在赫尔巴特作家庭教师时《第三报告书中》,为管理下过一次定义:“学校的儿童在教师讲话以前,必得要肃静的坐好。儿童不能任意攀登邻家的房屋,因为邻人保有他的花木或果实。这样渐次养成儿童的权利感觉。我把这种事情总名为‘儿童的管理’(Regierung der Kinder)。”因为在儿童期任性的行动,常带一种粗野的“暴躁性”(Ein Wildes Ungestüm),所以要用管理的方法制服这种不遵守秩序的野性,正由于管理的目的是在儿童暴躁性的“制服”(Unterwerfung),所以“强力”(Gewalt)成了唯一的手段,这就是说父母或教师要用“压迫”(Drücken)对待孩子。但这不过是管理方法的原则,应用这个原则的时候,还有种种不同的“手段”(Massregeln),这些手段可以分为消极的及积极的两种:消极的如监视(Aufsicht),威吓(Drohung),惩罚(Strafe);积极的是作业(Beschäftigung),使儿童专心作业,不好的野性自然无从发作。在作业的时候,纵然没有积极上“精神教养的收获”(Gewinn für Geistesbildung),至少消极上也可以防避儿童的“暴乱”(Unfug)。在用“强力”制服儿童狂暴的时候,甚至于“体罚”(Die körperliche Züchtigung)也在所不免,且并他举出体罚的例来,如饥饿,监举,放逐等。但是无论如何,当使用这些手段时,要“爱”“威”并用才行,就是“爱”(Liebe)与“权威”(Autorität)都是必要的。总而言之,管理的目的在于使儿童不至于发作不良的活动,所以是属于消极方面的。

第二个教育方法是“训练”,原文为 Zucht,就是等于德文上 Ziehen("栽培"的意思,例如说"栽培植物"Pflanzen ziehen),从 Ziehen 演变而为 Erziehung(教育)。"训练"与"管理"不同,训练是积极的教育方法,赫尔巴特曾经说:"训练是直接影响儿童的'心情'(Gemüt),以陶冶道德性格的方法。"训练的目的,一言以蔽之,在于养成"坚固的道德性格"(Charakterstärke der Sittlichkeit)。

关于训练的手段,赫尔巴特举出命令,赏罚,教训,实例(模范)等等的方法,其中尤其重要的是教师及朋友的模范与实例。至于实施这种陶冶的手续,最初要藉他人的指导,就是所谓客观的训练,等到年龄渐长的时候,就入于自主的训练。赫尔巴特把训练分成四个阶段:(1)意志的记忆(Gedächtnis des Willens),就是以前在某种"道德情境"(Moral-Situation)中作过的,再应用到目前。(2)选择(Wahl),人的各种倾向在价值与强度看来,有优劣强弱的不同,我们要选择其中适合我们欲望的。其次便达到了主观的品性,所以(3)是行为的一般原理(Grundsätze),这种原理在一切情况中能规定意志的方向。但是意志在某种情况下要遇到障碍,在遭遇障碍的时候,便是品性陶冶的第四段,所以(4)是斗争(Kampf)。至于训练的目标,仍然是教育的目标,也就是前述的五种观念。

第三种是赫尔巴特的"教学"(Unterricht),这是他的教育学中最富于独创性的一部分,也是最精彩的一部分,同时又是引起许多现代教育学专门问题的原源。赫尔巴特把教学分为两种:(1)教育的教学(Der erziehende Unterricht),(2)非教育的教学(Nicht Erziehungs-Unterricht),前者或称为训育的教学,就是所教授的观念,具有活泼的生气,长留在儿童的观念界,能发生有益于道德性格构成的结果,从心理学上看,指观念——智的作用——达到彻底的深化,而成为心情的(Herz),意志的状态。非教育的教学乃是指观念仅作观念授与,对于道德的性格,并没有什么直接观念。例如专门学校的知识技能就属于这一种。赫尔巴特认为普通教育上的教学,不许仅如后者的样子，必需达到训育的教学才行。他的这种思想，一方面由于道德中心的教育理想，一方面由于他的心理学观点而来。

现在我们要问训育的教学如何进行呢？赫尔巴特告诉我们有“四个阶段”：

(1)明了(Klarheit)

(2)联合(Assoziation)

(3)系统(System)

(4)方法(Methode)

明了就是把新观念弄清楚；联合是就新观念与旧观念互相结合；系统就是使新旧结合的观念成为体系——根据赫尔巴特心理学上的根本概念“统觉”而来；方法就是使系统的观念能自由应用在各种活动的情况。赫尔巴特的“四段论法”是后来赫尔巴特学派中著名的“五段教学法”⑮的张本。

赫尔巴特的四段教学法有两种根据：(一)由“直观”而进于“概念”是知识成立的心理过程。(二)为对知识作论理方面的考察。但是怎样才能使观念明了呢？赫尔巴特说需要“专心”(Vertiefung)，在对于事物集中注意力的时候，便能把事物的全部及各部分都看出来，至于使新旧观念结合就需要“审思”(Besinnung)，把新旧观念比较辨别出来，认识了二者的正当关系。“专心”与“审思”更可分为静动两作用。

以上是赫尔巴特的“形式主义”(Formalismus)的四段教学法。到此还有一个根本问题，“专心”与“审思”要怎样才能引起呢？赫尔巴特的答复是要先引起“兴趣”(Interesse)，兴趣是“对于某种事物引起快感的注意力集中状态”，所以“兴趣”是教学的前提，现在我们可以列出一个图表如下：

兴趣　(一)专心　(1)静的………明了

(2)动的………联合

（二）审思　（3）静的………系统

（4）动的………方法

以上已经讲过教育的“最后目的”（der Letzte Endzweck）是道德生活的陶冶，教育的“近前目的”（das Nähere Ziel）也可以说是实现最后目的的手段，就是兴趣，所以我们认为赫尔巴特的教育目的是“整齐严肃”的道德系统，而他的教育出发点又是“轻松爽快”的趣味横生。赫尔巴特在《普通教育学》第二卷全部讲“多方面的兴趣”（Vielseitigkeit）这个概念。至于为什么要求“多方面的”兴趣，他并没有明显的说明，大约是因为人的生活是多方面的，世界也是多元的（与他形而上学有关），在“塞翁失马”的人生命运中，有了“多方面”的兴趣，才可以不至于“一蹶不振”。

赫尔巴特把兴趣分为六种：

（1）经验的兴趣（das empirische Interesse）

（2）思辨的兴趣（das spekulative Interesse）

（3）审美的兴趣（das aesthetische Interesse）

（4）同情的兴趣（das sympathische Interesse）

（5）社会的兴趣（das gesellschaftliche Interesse）

（6）宗教的兴趣（das religiöse Interesse）

赫尔巴特的“六个兴趣”不是任意列举的，而是从他整个的哲学系统组成的。在他的一本著作中曾经讲过：“客观的对象”与“我们的意识”交涉时，只有两种“心的状态”发生，这就是“认识”（Erkenntnis）与“同感”（Teilnahme），这就是唯二无三的关系，这恐怕可以说是赫尔巴特的认识论。凡是不通过这两个关门的任何事物，绝不能成为意识内容。一切认识又可分三类（包括全部认识）：（一）多样性的认识，（二）合法则性的认识，（三）审美性的认识；与这三种认识对应的有三种兴趣，就是经验的兴趣，思辨的兴趣与审美的兴趣。一切同感也可分为三类，（一）对人类的同感，（二）对社会的同感,(三)对最高实在的同感,与这三种同感相应的也有三种兴趣,他是同情的兴趣,社会的兴趣,及宗教的兴趣。从赫尔巴特的说法看来,人与世界的全部关系就不外这“六个兴趣”了!在下我们可以列一简明的图表:

(一)认识　(一)多样性的认识………(1)经验的兴趣
　　　　　(二)合法则性的认识……(2)思辨的兴趣
　　　　　(三)审美关系的认识……(3)审美的兴趣
(二)同感　(一)对人的同感…………(4)同情的兴趣
　　　　　(二)对社会的同感………(5)社会的兴趣
　　　　　(三)对最高实在的同感…(6)宗教的兴趣

客观的对象与意识的内容

人与世界交涉时所发生的认识与同感两类“心的状态”(Gemütszustände),又可以名为理论的与实践的。教学的目的要调和这些兴趣,不得偏于一方。以上所说的“多方面的兴趣”这个概念是赫尔巴特教育学的中心概念,所以教育史家认为这是最能代表赫尔巴特教育学的中心思想。而从他提出“兴趣”的讲法之后,对于“兴趣问题”的讨论,近三十多年来实在成为世界教育界最感“兴趣”的问题。[16]从“多方面的兴趣”这个中心概念出发,现在要讲到教学的具体问题,这个问题可分为三方面讲:

(1)材料(Materien)

(2)方法(Manieren)

(3)过程(Gang)

赫尔巴特以为教材就是“学术”(Wissenschaften),教材的选择当以兴趣为标准,他曾经说:

教学的材料,不能不从学术中择之,但此种教材必须与儿童心中自然兴趣相适合。

他又说书的阅读也当以兴趣为中心：

> 凡书籍若是现在没有什么兴趣，并且将来也可以引起新兴趣的，现在就没有阅读的价值。

教学的近前目的是兴趣，而教学的最后目的是道德，所以科学只有在达到道德目的作手段时，才有意义，他把科学的共同要素分为以下三种：(1)记号(Zeichen)，(2)形式(Form)，(3)事物(Sache)，例如语言是记号；数学的图形，形而上学的概念等是形式；事物是自然及艺术二者的产物，唯一能唤起直接趣味的。对此赫尔巴特说过："儿童初见事物，只认识于感官上特征(Merkmale)的复合体(Komplexion)，从这种特征或形式上而进于事物者，叫做'综合的教学'(Synthetischer Unterricht)，若将事物分为各种特征而去认识，叫做'分析的教学'(analytischer Unterricht)。"

教学的方法主要的是要提高青年的自觉人格，引导青年自动的活动，所以教学的"技巧"(Kunstgriff)与态度是重要的。

教学的过程，赫尔巴特于分析的教学与综合的教学之前又加上"叙述的教学"(darstellender Unterricht)，所谓叙述的教学是教学过程中最简单的，就是利用儿童已有的观念作出发点，加入新材料以扩大旧有的观念，在实行的时候有两件事要注意：(一)新材料的内容必与已有的观念有关系，(二)教师把新材料的内容与儿童既有观念作结合的说明。这种讲法是根据心理学来的。

此外赫尔巴特在教育学上还提出一个重要问题，这就是适应年龄的教学，他把教学分为四期：

第一期：初生到满三岁，专教以语言。

第二期：四岁至八岁，教学以分析为主，本期末教以读书，写字，算术……道德方面当先养成完整的观念，其次养成好意的观念。

第三期：儿童期，本期当养成正义与公正两个观念，教学上当教以历史，算术，诗歌及理科方面的课程。

第四期：青年期，本期当引导青年趋向自己发展，道德上的陶冶，该教青年自己充分了解。

赫尔巴特的教育学大略如以上所述，这是历史的讲法，至于我们的批评及赫尔巴特学派的兴衰，另外再作文讲。

今年是赫尔巴特大师逝世百年的纪念，我们就用这位大教育家纪念他的前辈康特的话，用来纪念他自己：

> 许多世纪过去了，并且在流逝的时候，把它带给我们的伟大人物，也一个不留的携走，这些世纪的一切鸿迹，设若不牢固的保存在神圣纪念中，也要消灭，少数人的思想能发生什么影响，要看多数人在生活上怎样的回忆，发展与应用来决定。……因为坟墓自身是阴冷而寂寞的，只有把它当作热爱的心灵，发表关于它的语言时，才能够发出声音来。

大教育家赫尔巴特逝世已经一百年了！

整个人类正在切迫的需要着“教育”，不是吗？

参考文献：

关于赫尔巴特的参考文献，真够上汗牛塞栋的样子，不过重要的还是他自己“第一道手”的工作：

(1)Einleitung in die Philosophie. 1813(《哲学导论》)

(2)Psychologie als Wissenschaft. 1824—1825(《当做科学的心理学》)

(3)Allgemeine Metaphysik. 1828—1829(《一般形而上学》)

(4)Allgemeine Pädagogik. 1806(《普通教育学》，本书有前北京大学教授尚仲衣先生的译本，商务印书馆发行，不过他是根据英译本 The Science of Education，译者为 Henry M. and Emmil Felkin 夫妇的重译。)

(5)Allgemeine Praktische Philosophie. 1808(《一般实践哲学》)

赫尔巴特的全集有两种：

(1)K. Kehrbach:Johann Friedrich Herbarts Sämtliche Werke. 1887年刊行。

(2)G. Hartenstein:Johann Friedrich Herbarts Sämtliche Werke. 1890年刊行。

仅把赫尔巴特讲教育的著作，集为教育学论著的有下列两种：

(1)E. von Sallwürck:Johann Friedrich Herbarts Pädagogische Schriften. 1922

(2)H. Felkin:Letters and Lectures on Education by J. F. Herbart. 1901

此外“第二道手”（就是间接史料）的参考文献太多，只能举若干重要的著述如下：

(1)G. Weiss:Herbart und seine Schule. 1928(《赫尔巴特及他的学派》)

(2)W. Kinkel:Johann Friedrich Herbart, sein Leben und Seine Philosophie. 1903(《赫尔巴特：他的生平及他的哲学》)

(3)De Garmo:Herbart and Herbartians. 1895(《赫尔巴特与赫尔巴特派》)

(4)E. Felkin:Introduction to Herbarts Education. 1921(《赫尔巴特的教育引论》)

(5)T. Ziller:Allgemeine Pädagogik. 1892(《普通教育学》)

(6)W. Rein:Erziehung und Leben. 1917(《教育与生活》)

(7)W. J. Eckoff:Herbart's ABC of sense perception. 1903(《赫尔巴特的观察法入门》)

(8)A. Böhm:Die Beziehungen zwischen Platos und Herbarts Pädagogik. 1915(《柏拉图及赫尔巴特的教育学》)

(9)W. Rein:Outlines of Education.（英译者为 von Liew）1899(《教育学大纲》)

(10)K. A. Schmied:Geschichte der Erziehung. 4. Band2. Abteilung. 1898(《教育史》)

(11)T. Ziegler:Geschichte der Erziehung. 1909(《教育史》)

(12)R. Kynast:Problemgeschichte der Pädagogik. 1932(《以问题为中心的教育学史》)

(13)P. Monroe:Text Book in the History of Education. 1932(《教育史课本》)

(14)Windelband:Geschichte der neueren Philosophie. 2. Bd. 1919(《近世哲

学史》)

(15) W. Rein: Enzyklopädisches Handbuch der Pädagogik. 1903(《教育学辞典》)

赫尔巴特的教育学在日本教育界发生过影响,关于这方面的参考书有:

(1)谷本富:《实用教育学及教授法》,明治二十七年

(2)谷本富:《科学的教育学讲义》,明治二十八年

(附注:谷本富是日本明治时代宣传赫尔巴特学说最力的一人,当明治二十年时东京帝国大学有赫尔巴特的教育讲座,日本教育界曾为赫尔巴特的教育学独霸一时。)

(3)稻富荣次郎:ヘルバルト(《赫尔巴特》)昭和十一年

关于赫尔巴特的中文参考书:

(1)《普通教育学》(赫尔巴特的原著)尚仲衣译,商务发行

(2)《西洋教育通史》,雷通群著,商务发行

(3)《西洋教育思想史》,瞿世英编,商务发行

(4)《近三世纪西洋大教育家》(F. P. Graves 原著)庄泽宣译,商务发行

(5)《现代德国教育思想概观》,普天编译,商务发行(书评一期,《评现代德国教育思想概观》,见《中德学志》第二卷第二期,三七一页)

(6)《德国教育》,钟鲁斋著,商务发行(书评一则,《评德国教育》,见《中德学志》第二卷第三期,三七六页)

(7)《今日德国教育》,王锦第译,商务代售

(8)《西洋伦理学史》,谢晋青译,商务发行

(9)《教育大辞书》,唐钺,朱经农,高觉敷主编。商务发行(其中有关于《赫尔巴特》的一段)

注:

① "新教育"或称为"学校改革",这是士榜格(Eduard Spranger)在《五十年来的德国学术》(中德学会出版的中德文化丛书之一,士榜格的文章为童德禧先生译)里,认为十九世纪末叶德国教育界的变更很大,在教育各方面都有新现象发生,所以用"新教育"或"学校改革"的名称包括这一个时期的教育。同时"新

教育”是对着赫尔巴特教育学支配下的“旧教育”而说的。这些“新教育家”，如李斯曼(Rissmann)，卫尔曼(Willmann)，抵提斯(Dittes)，林德(Ernst Linds)，纳脱普(Natorp)，士榜格等人，都对于赫尔巴特的教育学说加以批评；并且他们曾在一八九七年创办批评“旧教育”的杂志，叫做《德国学校》(Dentsche Schule)，一八九九年赛弗特(Seyfert)等人刊行裴斯太洛齐的全集，此外还有许多复兴裴斯太洛齐的著作，这也是不满意于赫尔巴特的“旧教育”而产生的新运动。在“新教育”运动的促进中，德国教育界转了一百八十度的方向，如奥透(Otto)在柏林等处创立的学校，李滋(Lietz)在各地提倡田园学塾；此外还有很“典型的”新教育理想与制度下的学校，如雨后春草的生长起来，例如手艺学校，劳作学校，制造教学，庭园劳作学校，行动学校，自由精神劳作学校，生产学校，无学校的学校等。综观赫尔巴特逝世以来百年间的德国教育，大要可分为三个时期：“旧教育”时期(以赫尔巴特的学校为中心)，影响所及约有半世纪左右；“新教育”时期，约自一八九〇至一九三三；第三，就是现在的德国“纳粹”教育时期，从希特勒一九三三年一月率领的国社党掌握政权以来，“新教育”也成为过去的历史了。

② 一八九二年美国成立了全国赫尔巴特学会，以提倡赫尔巴特的教育学说并使适用于美国情形为宗旨。这个学会成立后，就着手翻译赫尔巴特同他门人的著作。自一八九五年每年出一本年报。康奈尔大学教育学教授狄哥莫(Charles de Garmo)是第一位会长及年报编辑，很提倡赫尔巴特的学说，并拿他的学说做基础，写了些教科书。除了德国而外，赫尔巴特的教育学说在美国要算最盛行了，这个运动的提倡者大都是留学德国的而得了博士学位的美国人，赫尔巴特的学说在十九世纪末叶的美国简直成了一种风气，虽然到了一九〇一年这个宣传赫尔巴特学说的机关停止活动，把这个学会改称全国科学的教育研究会，但是在美国教育界及一般教师思想及实行中，更没有生再大影响的学说。

③ 杜威(John Dewey，一八五九年八月廿日生)对于赫尔巴特的学说批评很利害，他说：“由我看来赫尔巴特主义简直是一个教师的心理学，不是一个儿童的心理学 。”(见《教育论文集》Educational Essays，By John Dewey)杜威认为赫尔巴特的学说是一个尊重权威主义的国家最好的代表者，把个人性格的形成要按照国家伦理的需要。

④ 赫尔巴特的父亲名为徒玛斯赫尔巴特(Thomas Gerhard Herbart)，这个人

因为每日刻板生活的缘故，他的思想范围没有开扩的欲望。

⑤ 母名为路易色·学特（Louise Schütte），赫尔巴特的成人完全是母爱与母教的力量。

⑥ 名乌尔尊（Ülzen），后来成为牧师。他对于赫尔巴特的教育设施的目标就在培养思想的清晰性，确定性与联续性。使本来富有哲学秉赋的儿童，从启蒙教育中得到强有力的刺激。

⑦ 吴尔夫·基当（Christian Wolff 一六七九至一七五四年）是德国第一个用德文著述的哲学家。为理性论者并独断论者（Dogmatiker）。曾任哈雷（Halle）大学教授，在思想上承继莱勃尼兹的哲学，不过莱勃尼兹的著作，甚至书信及简篇，都是用法文及拉丁文写的，并且有使一般人不易接近的形而上学体系，到了吴尔夫才把他在各处发表的文章收集起来，并且用通俗的文字穿上德国语言的化装与世人相见，所以学者认为莱勃尼兹的承继者为“常识哲学派”，正如“苏格兰常识哲学派”的莱德（Thomas Reid 一七一〇至一七九六年）一样。吴尔夫接受了笛卡尔，斯宾挪莎（Spinoza）及莱勃尼兹的理性主义，并以哲学的方法相等的数学的方法。同时他认为经验的事实与理性的演绎能吻合：理性与感官知觉都是认识上的合理官能。他采取了笛卡尔的心物二元论，而灵魂与肉体的交互关系，他又应用莱勃尼兹的和调说。

吴尔夫把科学分为理论的及实用的，前者有本体学，宇宙论学，心理学，及神学；后者有伦理学，政治学，及经济学，同时他以为科学也可以分为“理性的”及“经验的”，这要看组成的命题是来自理性，还是来自经验，例如理性的宇宙共经验的物理学，理性的心理学与经验的心理学等。而逻辑（论理学）是一切科学的基础。

吴尔夫用德文及拉丁文写过关于当时各门学问的教科书，这些教科书在德国大学通用过好些年，并且当时他首创的许多德国哲学名词到现在还应用着。虽然吴尔夫缺少独创性，但是他对于当时轻视他们国语的德国人，供给从德文研究哲学的机会，并且对于“启蒙运动”（Aufklärung）也有极可注意的贡献。

关于吴尔夫的参考书有：Baumann：Wolffsche Begriffsbestimmungen。

⑧ 戚策罗（Marcus Tullius Cicero，纪元前一〇六至四三年）是罗马共和国最后的大政治家，也是罗马第一的雄辩家，曾因预防政治阴谋的暴发，而得了国父

的称号。第一回三头政治成立时,他因为加以攻击而被放逐,后来虽被赦免,第二回三头政治成立时他又攻击,便被杀了。他在晚年曾从事著述,又因为他向来学过希腊文,所以与希腊哲学有接触的机会,特别对伊壁鸠鲁学派,新学园派,及斯多亚学派的思想接受的颇多,不过他在哲学上的功夫是为了道德上的实践,目的不在于“书生”式的咬文嚼字与观念论的游戏,这是政治家的精神与本色。

⑨ 沙夫兹巴利(Shaftesbury 一六一七至一七一三年)与哈彻松(Hutcheson 一六九一至一七四六年)在道德思想上属于同一学派,有人称他们为“情感的直觉论”——见张东荪先生著的《道德哲学》,中华书局印行,他们二人学说的大旨在于认为人对于道德自有一种分别善恶的感觉,正如有分别图画的美丑感觉一样,前者把这种感觉叫做“道德的感觉”(Moral sense),他以为人不仅把具体事物作感觉的对象,并且道德行为也是感觉的对象;后者把这种感觉叫做“内的感觉”(Internal sense),因为哈彻松把五官感觉称为“外的感觉”(external sense)。

他们二人各有一部伦理学上的代表著作:Shaftesbury: Characteristies of Men, Manners, Opinions, Times,一七一一年刊行。(《人,风俗,舆论,及时势的特质》)。Hutcheson: A System of Moral Philosophy,一七七五年刊行。(《一个道德哲学的系统》)。关于沙夫兹巴利的文献在本杂志三卷四期五五一页文中亦论及。

⑩ 巴门尼得(Parmenides)大约在纪元前五一五年生于意大利南部的爱勒亚(Elea),出身于一个富足的家庭,他是爱勒亚学派(Eleatische Schule)的形而上学家,并且是这个学派的主要建立者。巴门尼得是以“有”的观念为他的本体论上的出发点。“只有‘有’,没个‘非有’,或不能思论”这句话就是他的根本思想。“有”是恒常不变的实体,是无始无终的现在。“有”不是发生的东西,倘若“有”是发生的东西,那就不能没有生这个东西的东西了。从“非有”生“有”是不合理的。所以生“有”的就是“有”,“有”又是不灭的,凡是灭的就是“非有”了。“有”是“有”,不是“非有”;“有”又是分割不得的,若是能分割,那末就不能没有分割它的东西了。“有”又是不能变动的,没有厚薄的。“有”又是绝对独立而自足的。巴门尼得对于理知有坚定的信心,他以为凡在思想上矛盾的就不是真实的。以上这种形而上学的讲法,简直是赫尔巴特形而上学的主干。

⑪ “基础教养”的意思就是儿童欲学习有得,必须自身不断的活动。从教师方面说,教授须适合学生的能力。生机体的发育是继续不断生长,在教育上我们

教养学生也要逐渐的进展。一棵树的长成从生根发芽到开花结果，是不断的生长，看不见的逐"渐"生长是很自然的。教导学生使他获得知识，也应该如此。加一新观念就是已有的知识上加上极细微的一点，逐步上进——颇似佛教语的"渐修"——凡是原来没有根芽的，不能教他生长，儿童的心既不是一张白纸可以随便涂写，也不是一个盒子可以随便装什么东西，而是一个正在发展中的能力。教师的责任是使儿童的个性得着发展，而这种发展是一个出发点或"基础"前进的。一切知识的教学，也要找出知识的出发点来，依自然秩序教授学生。这种方法也可以说是"发生学的"方法，在知识教育方面就是从直观出发的主张。

⑫ 科密尼阿斯（Johaun Amos Comenius，1562—1620）为柏门（Böhmen）的大教育家，集实学主义——与文雅主义对立——的大成者。本来他是研究神学与哲学的，在荷兰住的时期专攻倍根（Francis Bacon）的哲学，他在教育界的功绩是把倍根哲学应用到教育上，把"直观"看做教育上的第一原则，观察自然法则是教育的基本精神。

⑬ 福勒贝尔（F. Fröbel，一七八二至一八五二年）也是研究裴斯太洛齐教育思想的大教育家，就是他首创的幼稚园——凡拙译《百年来的幼稚园》，士榜格著，《中德学志》第三卷第三期，他与赫尔巴特都是士榜格的信徒，但是所见不同，赫尔巴特注重方法及教师的工作，福勒贝尔着眼在儿童的发育及活动。福勒贝尔或者更可算为士榜格的信徒，因为他做过裴氏的学生与同事，但他也把他先生的学说扩充而拿当时哲学及科学眼光去解释。

⑭ "功能心理学"在德文称做 Vermögens - Psychologie，英文称做 Faculty - Psychology，这种心理学的主张者以吴尔夫为代表，在赫尔巴特之前流行于学界，把精神的各种作用看做心中各种独立功能的活动。例如吴尔夫把认识能力分为上等下等两级，前者如感觉，想像，记忆等，后者如注意，反省，悟性等，把以上这些能力，都认为独立的固定的能力，而不单认为一种作用。

⑮ "五段教学法"是赫尔巴特的门人齐勒（Tuiskon Ziller，一八一七至一八八二年）把赫尔巴特的四段教学法中的"明了"一段，更分为"分析"（Analyse）与"综合"（Synthese）二段，合起来就成为分析，综合，联合，系统，与方法五段了。分析是把事实的观念分解为要素，好了解各部要素的特性，综合是把已经分明的各要素，再综合为全体，以明全体整个的特性，其余的三段与赫尔巴特相同。齐勒

(Ziller)认为这五段教学法在教育上是不能不遵照的,他称之谓"教学上形式的阶段"(Die formalen Stufen des Unterrichts)。赫尔巴特的再传弟子赖鄂威廉(Wilhelm Rein 一八四七年生),也就是齐勒的高足,认为他的先生所用的名称不适于实际,所以又改为以下的名称:(1)豫备(Vorbereitung),(2)提示(Darbietung),(3)联合或比较(Verknüpfung),(4)总括(Zusammenfassung),(5)应用(Anwendung)。五段教学法到赖鄂威廉才算确立起来。不过除了修正赫尔巴特四段教学法的五段教学法之外,还有主张三段或四段说的,例如唱(1)直觉,(2)思考,(3)应用三段;或说(1)吸收,(2)理会,(3)应用三段;更有讲(1)指导,(2)提示,(3)整理三段的。

⑯ 现代讲"兴趣"问题最好的一本著作是杜威先生的《兴趣与努力》(Interest and Effort)。

赫尔巴特学派与他的反对者

Die Herbartsche Schule und ihre Gegner

我们现在的这篇文字是继续《赫尔巴特的生平及其教育思想》而写的,那篇文字所讲的是赫尔巴特自己的思想,这篇文字所要谈的是赫尔巴特在学问各部门的影响,尤其是在教育界的影响。我们知道赫尔巴特自身实际办教育的经验,除了做过三年的家庭教师及创立附属实验学校之外,便都是讲学及从事著作的生活,所以他的成就是教育学系统的建立,至于他所以能在教育上发生极大,很久,而且世界主要国家几乎都受他影响的缘故,这是他的门人及接受他学说的人在理论及实践上,为他尽力宣传普及的力量而来。因为赫尔巴特的哲学思想与当时为德国哲学界主流的观念论派不相容,所以赫尔巴特的学说不能立刻引起多大的反应,但是观念论派的大师黑格儿与谢林①死去之后,赫尔巴特的学说便扩大起来,于是有赫尔巴特学派(Herbartschule)的产生。赫尔巴特的教育学一方面是科学的教育第一个创立者,同时也可以说是"旧教育"的集大成者。有人把旧教育的特征举出下列十条:

(一)旧学校大都以"耳"为教育的媒介,"目"在其次,动作与行为一点也没有做到。

(二)教师在学生面前指示及说明教材,提出及听取问题而加以批判。

（三）质问是教师的任务，学生惟有受质问时才回答，学生的质问或提议，至少是不很欢迎的。

（四）因此学生的立场始终是被动的，所以自发活动，生产及创造的能力，都因被忽视而薄弱起来。

（五）教师是根据已定的过程与形式，而执行教学的工作或“支配者”，学生对于教师只是“服从者”，所以“新教育”的学者把旧学校叫做：“教师的学校”。

（六）学生几乎尝不到作业的快乐。

（七）陷于偏重教材，和“教授的唯物论”（Didaktischer Materialismus）。

（八）虽然有“学级”或“班级”这样错误的团体存在，但是真正的共同社会精神并不存在，因此有共同社会精神的共同社会教育，完全希望不到。学级的组织与经营，全凭教师去设施，对于学生的自治活动，并没有留下丝毫余地。

（九）旧教育把孩子们看作不完全的成人，不是为了他们的现在，而是为了他们的将来而施以教育。

（十）只根据暗记，模仿，复习等机械的学习方法。

我们知道赫尔巴特及赫尔巴特学派的教育学，也就是后来被称“旧教育”的这一派，支配教育思想有半世纪左右，而后起的“新教育”又以批评赫尔巴特的教育学为建立“新教育”的出发点，所以我们对于赫尔巴特及其学派的反对者也要简约的叙述一下，这样便使我们对于到今日为止的过去一世纪的教育学，得着一个鸟瞰的巡礼，本文所讲的便是赫尔巴特学派与他的反对者。

赫尔巴特是在多方面的学问上都有成就的学者，同时他又是自成一家系统的哲学家。在心理学，伦理学，美学，宗教学，哲学，教育学等各部门都有独创的思想，并且在一贯的基础之上建立了严整的体系，所以赫尔巴特的继承者在各学问的部门都有人在，不过他的最大影响在于教育学方面，现在我们先讲赫尔巴特在教育学上的继承者。赖恩（Wilhelm Rein，1847—1929）曾经把教育学上所谓赫尔巴特学派分为下列三派：

（1）旧派或保守派（die ältere Richtung），

（2）新派或补充派（die Fortbildung），

（3）专门于实行者派（Verbindung und Vermittelung mit der beherrschenden Praxis）。

属于旧派的有外滋（Theodor Waitz，1821—1884），司特篮佩（Ludwig Strümpell，1812—1879），凯恩（Hermann Kern，1823—1891），石推（Karl Volkmar Stoy，1815—1885），弗立克（Otto Frick，1832—1892），萨伟尔克（Ernst von Sallwürck，1839—1926），及蓝格（F. A. Lange，1827—1875）等人。属于新派的有齐勒（Tuiskon Ziller，1817—1883），福格特（Vogt），朱斯特（K. Just），及赖恩自己等人。属于专门活跃于实行派的有德尔浦培（Fr. W. Dörpfeld，1824—1893）以及各国的教育家等人。由这些学者所代表的赫尔巴特学派称霸于十九世纪后期的德国教育界。在这些赫尔巴特学派的继承者中，石推，齐勒，及赖恩自身三人尤为著名，可称鼎足而立的三位赫派大将。这三人中的石推及齐勒二人开始把赫尔巴特的教育学说实际实用到学校教育上，但是因为他们二人的态度不同，于是赫尔巴特学派从此分为两个方面，正如黑格儿的学说在黑格儿死后分为保守派与革新派一样。这就是石推始终忠实的祖述赫尔巴特自己的学说，把赫氏的学说应用在中小学的实际教育，特别是在小学校方面，石推的后继者更把赫尔巴特的教育学应用在中学的实际教学上，所以被称为赫尔巴特学派中的保守派。至于齐勒并不固守赫尔巴特的立场，他有自己的立场，对于赫尔巴特的教育学说自由的加以解释，继承着这种自由的立场最彻底的要算赖恩，所以这一派被称为赫尔巴特学派中的革新派或补充派,也可以叫做进步派。现在我们就这新旧两派中的几个重要的代表人物,就是进步的赫尔巴特学派中的齐勒及赖恩,保守的赫尔巴特学派中的石推及弗立克,把他们的生活,思想,及事业简约的叙述一下,因为齐勒及赖恩在学问上成就上最高,所以我们的讲述先从这个教育家说起。

进步的赫尔巴特学派:齐勒及赖恩

齐勒 (Tuiskon Ziller) 生于一八一七年,卒于一八八三年。他的故乡是在德国图林根(Thüringen)一个小市。他父亲是神学家,母亲很贤明。当他十三岁时入了乡里的文科中学,毕业后在一八三七年入来比锡大学,主修哲学及语言学,兼习赫尔巴特的教育学。大学卒业后曾经一时任故乡文科中学的教师。但是齐勒是一个“爱智者”,在一八五三年再入来比锡大学,继续他的治学生活,这一次他研究法律,并且任为这个大学的讲师。但是他对于教育学的趣味很浓厚,所以从一八五三年以后,兼任教育学的功课。在一八五六年著了一部:《普通教育学入门》(Einlei ung in die allgemeine Pädagogik),就在同年还有一本《儿童的管理》(Die Regierung der Kinder)出版,在这两部著述中表明他是继承赫尔巴特主义的。后来得到巴特安斯(Erust Barth)博士的助力,效法赫尔巴特在科尼斯倍(Königsberg)大学的办法,齐勒在来比锡大学设立教育研究所,并且附设实习学校(Obungsschule)。一八六四年升为副教授,在一八六五年刊行了齐勒在教育史上划期的大著:《教育的教学基础论》(Grundlegung zur Lehre vom erziehenden Unterricht)。到一八六八年又创设了科学的教育学联盟(Verein für Wissenschaftliche Pädagogik),齐勒自己便做了“盟主”。在这个时期他治学依然很勤,一八七六年著成《普通教育学讲义》(Vorlesungen über allgemeine Pädagogik),一八八一年又写成《一般哲学的伦理学》(Allgemeine Philosophische Ethik)。一八八三年去世,享年六十六岁。

齐勒的教育学:齐勒在教育学上的出发点是赫尔巴特主义,但是他的目的是想把赫尔巴特的教育学说自由的加以解释与补充,使赫尔巴特主义更进于完善。他对于赫尔巴特主张教育归宿点是道德(相当于大学之道,在明明德……在止于至善),教育出发点是兴趣等论,很信奉的祖述着,但是对于方法问题,颇发表了几点青出于蓝而胜于蓝的见解,在教育史上齐勒有三个为人注意的说法,就是:(1)文化史的阶段说,(2)集中法,及(3)五段教学法。

(1)"文化史的阶段"(Kulturstufen)说是认为人类文化的发展阶段与儿童心理的发展阶段相当,就是说教材的排列要照"生物发生的原理"(biogene ischer Grundsatz),从时间上看来,人类由野蛮而渐渐的进入文明,儿童心理的发展也是这样,这就是所谓"重演说"(Rekapitulationstheorie),不过"重演说"并不是齐勒的首创,以前便有这种说法,但是从他开始实际的把"重演说"应用在教学上,齐勒根据生物发生的原理,把教材按照时间的排列出来,他把小学八年的教材分列如下:

(第一学年)童话——格利姆(Grimm)[②]的十二个童话。因为这一期的儿童相当于人类发展的第一阶段,所以着重在想像的生活。

(第二学年)鲁滨孙(Robinson)故事——当儿童正在发展的第二阶段,所以要教儿童了解如何征服最切身的自然界,而得到社会生活上的价值。

(第三学年)家长的历史——图林根(Thüringen)故事——这是儿童发展的第三阶段,要使儿童对于最简单的社会养成服从的美德。

(第四学年)裁判官的历史——尼贝伦根(Nibelungen)的故事。这是发展的第四阶段,要使儿童对于社会组织,能有参与个人志趣的能力。

（第五学年）犹太王——德意志帝国的建设者。这是发展的第五阶段，要使儿童领了伦理的秩序。

（第六学年）基督的传记——宗教改革史，这是发展的第六阶段，要使儿童保持最高权威的律规。

（第七学年）祖师的历史——德意志自由战争。这是发展的第七阶段，要对于儿童的观念界加以陶冶，使儿童养成"完全"及"好意"的两观念。

（第八学年）路德的宗教问答——德意志帝国的复兴，这是发展的第八阶段，要使儿童个人与他人调和，达到最高的完全状态。

以上是齐勒把教材按照文化史的阶段排列出来，因为他的排列是按照时间的先后划分的，所以可以称为时间的排列。齐勒的这种文化史阶段说很显明的是受了赫尔巴特的影响，赫尔巴特在他的一本著作（Ideen zu einem pädagogischen Lehrplan für höhere Studien, 1801）中就明白的表示过这个意思，在他论拉丁文与希腊文那一种应该先教的问题，赫尔巴特以为照儿童的理解力看来，要先教希腊文。齐勒在思想上得了赫尔巴特的暗示，把这种想法彻底的应用在教育学上。

（2）其次"集中法"（Konzentration）也是齐勒对于教育学上提出的一个重要问题。这就是凡所教的教材要在一个中心点集中起来，不使彼此散漫无章。这种说法与文化史的阶段说有密切的关系，同时也是在赫尔巴特的教育学说提到过，据赫尔巴特看来，教学的目的是人格多方面的陶冶，但是多方面性与散漫性必得要严格的加以区别，在客观的对象虽然是多方面的，如赫尔巴特所说把客观世界无所不包的六种兴趣，但是一个受教者的人格上依然需要统一性，这是赫尔巴特对于集中法这个原理的暗示，齐勒便从这个讲法出发而构成他的集中法。齐勒认为一个人的自我并不是人格上空虚的，而是不断的生长与发展，在生长与发展的过程中，要把经验与知识统一起来，才能构成人格的统一。除去精神生活的内容——经验与知识等——便没有所谓自我，所以精神生活的内容或要素要保持统一的状态。儿童的教育并不是只要接受一堆杂然无章的教材，而是要求教科的内容时常保持联系的关系；我们可以说齐勒的集中法是对于教材要求"化学的变化"，而不是物理的变化，也似乎相当于中国治学上所谓"我田引水"。

各种教材在儿童的精神生活上既然需要统一，那末我们必得要有一个中心点，做为各种教科集中的所在，齐勒把这个中心点叫做"意中材料"(Gesinnungsstoff)，这种材料是所有教材的集中点，从这个集中点吸收一切教材，伸张各方面或多方面的结合，把这个集中点做为核心而把儿童的各种经验范围都渐渐的统一起来，结合起来。但是我们在那里去找这个集中点呢？换句话说，就是我们拿什么标准规定这个集中点呢？集中点的选择与发展，一方面要根据儿童的精神发展与统觉过程，一方面又要与人类文化的发展阶段相当，这便是齐勒的集中法与文化史阶段说发生密切关系的所在。

齐勒根据以上的看法，把"历史"与"文学"认为教科集中点的核心。这就是历史为人类现实的发展姿态，文学是把人生的伦理斗争想像的表示出来；更进一步，他对于所谓"意中材料"特别着重于宗教的与伦理的基础，所以他的集中法带有显明的宗教色彩。对于小学各年级的课程排列，便是从集中法出发的，他的这个"教科课程表"并不是任意规定的，而是从他的教育原则推引出来的，在教育史上所以很有名。

(3)第三我们要讲齐勒的五段教学法。五段教学法是齐勒把赫尔巴特的四段教学法中的"明了"一段，更分为"分析"与"综合"两段。分析(Analyse)是在教学的时候，先从学生已有的思想圈出发，把新观念加以分析，使与已有观念发生密切的关系，这便是分析的阶段。在教师提示了新教材之后，学生对之加以接受，便是综合的阶段;其余的三段与赫尔巴特相同,合起来成为下列五段教学法:(1)分析,(2)综合,(3)联合,(4)系统,(5)方法。齐勒以为这五段教学法在教育上是不能不遵照的,他把这种教学法叫做“形式的阶段”(Die formalen Stufen des Unterrichts),并且他认为这五段教学法是“方法的单元”(Methodische Einheit),所谓“方法的单元”是指一种教材中的一小结束的教材,也就是教材能构成一个概念的单元,这一点是齐勒自己的创见。此外在分析之前,齐勒认为有指示目的的必要,目的指示(Zielangabe)就是对于所学习的教材,在学习之前要告诉儿童为什么要学这种教科,好引起儿童的兴趣与动机。

赖恩(Wilhelm Rein),赫尔巴特学派中主张进步革新的齐勒的学说已经约略讲过了,现在我们讲齐勒的高足弟子赖恩,赖恩也是属于进步的赫尔巴特学派,生于一八四七年,曾任他的故乡爱森纳河(Eisenach)的师范学校校长,在一八八五年石推(Stoy)逝世之后,赖恩继承了石推的讲座就任耶拿大学教授。他在耶拿大学创设教育学研究所,这个教育研究所在欧洲是极有名的,各国派遣有许多学者及留学生到这儿来研究。赖恩对于赫尔巴特学派的功献,与其说他在学育学上有什么新思想的发见,无宁说他把赫尔巴特的学说——尚未证实的学理——应用在实际的教育上。他在教育学上的思想,承继着赫尔巴特及他的先生齐勒的学说,对于文化史的阶段说,集中法等祖述齐勒,对于教育的目的论及兴趣论祖述赫尔巴特,不过在实际的应用上他对于前说有更进一步的发展。这就是他得着两个同事的帮忙做了一本书,名为:《国民学校教学的理论与实行》(Theorie und Praxis des Volksschulunterrichts),在这部书中赖恩讲到国民学校八学年的课程,在应用齐勒的教科课程表得到如何的结果,并且对于“教学的形式阶段说”在实际的应用上是否可能。赖恩在选择教材时所用的根本原则依然是文化史的发展阶段说,不过在国民文化的发展与个人精神的发展上,除了平行关系之外,教材要从古代单纯的事物而至新鲜复杂的事物,他特别主张时间的发展。对于作为教材基础的《格林童话集》及《鲁滨逊飘流记》,赖恩与齐勒是相同的,并且把“伦理的科目”作为核心而“我田引水”的吸收其他的教科也就是集中法原理的运用,赖恩也首肯齐勒的“意中材料”说,他对于集中法原理有下列的话来补充:“教科因为散漫的危险,所以各个部份不能不更要结合起来。在所有多样性与变化性中,要求意识的统一性与人格同一性,尤其是对于道德性格的发展,更是不能缺少的根本条件。”从以上几点看来,赖恩与他的先驱并没有什么大出入,不过在应用时更修正前辈的学说,使它们进于完善。

关于教学的形式阶段,赖恩与齐勒一样也采用五段教学法,不过他把各阶段的名称改换如下列的样子:(1)预备(Vorbereitung),(2)提示(Darbietung),(3)比较(Verknüpfung),(4)总括(Zusammenfassung),(5)应用(Anwendung)。

现在让我们把赖恩的五段教学法略为说一说,因为赫尔巴特学派的教学形式阶段在教育学史上是极有名的,而教学形式阶段到赖恩才完成起来,他在教育学上最大的功绩也就在这一点上,所以值得特别注意。

在教学的程序上,第一是“预备”,用个比喻说,例如农夫在下种之前,必得先要把土地耕好,同样的是教师在儿童的心里播种新知识的种子以前,也必得先要把儿童的心地耕好。这就是说新观念的获得以前,要先有十分丰富的旧观念,并且这种旧观念群需要明了而有秩序,这是教学的第一阶段。其次是“提示”,新教材在向学生教授的时候,要因学生的年龄与教科的性质而有不同,例如对于幼小的儿童要把一种话化为故事式的,但是对于高年级的学生可以教他们读关于历史科目的一种选文,或者把自然物,地形让他们看,使他们注意观察。在第一阶段的预备做完之后,新教材便容易正确的接受,教师在第一阶段对于儿童关于新教材的问题,尽可以不必说明,在提示的阶段,学生对于新教材得了认识,这是教学的第二阶段。不过到此为止只达到教学目的的一半。我们还得要进一步,要把新得的观念比较一下,并且更要与旧观念比较一下,必得要把新旧两观念结合起来,这是“比较的阶段”,也就是教学的第三阶段。教学到了第三阶段所得到的仍然是关于具体事物的知识,换句话说,新旧两种观念虽然结合在一起,但是还没有组成统一的系统。在“总括的阶段”,把新得的观念与旧观念在体系的组织中要统一起来,这是教学的第四阶段。但是在得到了有系统的知识之后,对于人生及社会还没有什么价值,我们必得要把这样系统的知识适用在具体的事实上,这是“实用的阶段”,也就是教学的第五阶段。教学的形式阶段说由赫尔巴特首创之后,经过齐勒而到赖恩才完成起来,在十九世纪的教学法上成为一种重要的思潮。

保守的赫尔巴特学派:石推与弗立克

石推(Karl Volkmar Stoy)生于一八一五年,曾入来比锡大学(Leipzig)及格廷恩大学求学,在格廷恩听讲赫尔巴特的功课,因此对于哲学及教育学引起兴趣。卒业大学之后在威哈木作教师,在一八四二年赴耶拿大学,第二年——一八四三——成为副教授。当这个时候他接办一个地方的私立学校,因为办理成绩优良,博得很好的名誉。在一八四五年石推做了正教授。到一八六五年一度转职于海岱倍(Heidelberg),到一八七四年再回耶拿,至一八八五年在耶拿逝世。石推在教育上最值得大书特书的是在耶拿创设教育学研究所及附设实习学校,这个教育事业在他去世之后,赖恩继承石推创设的规模而更加以发展,这个研究所是耶拿大学有机的一部分,并且从国家得到年金,所以发展上比较的方便,而且极有成绩。

石推的著作很多,主著为:《教育学的纲要,方法,及参考文献》

(Enzyklopädie, Methodologie und Literatur der Fädagogik)。他的教育思想在根本的立场上是忠实的祖述赫尔巴特的学说，石推曾经说明他与齐勒的态度不同，他反对齐勒的教育学形式阶段说，同时他对于集中法也不完全同意，他认为教材是一种互相间规定的结合关系，所以反对把一种教材做为“意中材料”而把其他的教材做为从属关系的集中法。关于小学学年的课程排列，他也不同意把格林童话及《鲁滨逊飘流记》作为初年级的教材，对于文化史的发展阶段说，石推只承认把这种看法作为指导原理则可，作为呆板的固定步骤则不可；在石推的晚年与齐勒在思想路术上相离很远，在他给他的一个朋友的信中曾有这样的话：

> 我与齐勒的教育改革绝无任何与最细微的关系，我对于他的学说不能完全同意。我的结论是凡是齐勒的学说中新加入的成分（就是不是赫尔巴特的学说中本来有的——笔者志）都是错误的，本来已有的都是对的，这一点我与你完全同意。

由以上这一节信看来，石推对于赫尔巴特的教育思想完全承继着，而对于进步派的改革不能同意。

其次属于保守的赫尔巴特学派，与石推同调的是弗立克（Otto Frick）。他生于一八三二年，卒于一八九二年。曾在柏林大学等处求学，毕业之后，作过文科中学的校长。在一八八〇年更任福兰克慈善学团（Fränkische Stiftungen）的校长，这个学团在二百几十年以前，本来是特别为贫民及孤儿建立的，后来逐渐的发展，变成学系繁多的学校，所有各阶级的学生都进入这个学团，因此这个学校的校长也定要是在教育界中知名有地位的人物，弗立克于是就任了慈善学团的负责人。

弗立克在教育思想上几乎与石推没有不同的地方。正如进步派的赖恩与齐勒一样，他们这新旧两派还一点不同的所在：进步的赫尔巴特学派把教育理论应用在国民学校在经营上，石推与弗立克这两个保守的赫尔巴特派学者把教育理论放在文科中学上实践出来。

赫尔巴特学派中的进步派与保守派在教育上的理论与实践，以上大略的讲过了；因为赫尔巴特自己把他的教育学说仅只打了一个基础，他自身教学的经验很少，没有机会把他的学说应用。但是他的信徒与继承者宣传他的学说，替他扩充教育学上的工作。他们把赫尔巴特的理想在德国的中小学里教材及教法方面都去实行，然而他的承继者差不多从最初就分为像以上所讲的进步与保守的两派。

至于赫尔巴特学派中专门实行派更是十九世纪中叶前后简直成了世界教育界的主潮，在他的祖国德意志占了唯我独尊的地位，有许多德国校长及教师在办理教育上采用了赫尔巴特主义，虽然主张或许不同，也或者没有显明的提出赫尔巴特主义，却都是赫尔巴特主义的宣传者。除了德国而外，赫尔巴特主义在西洋的法国，英国，美国……等国家都有很大的影响，尤其是美国曾经盛极一时的流行赫尔巴特主义，这个教育思潮在美国大概是美国人在德国留学得博士学位的人们所提倡的，到了十九世纪的末年差不多成了一种风气，赫尔巴特学派中专门实行者最主要的一个人就是康奈尔大学教育学教授德·哥木（Charles De Garmo），他是美国赫尔巴特学会的会长及该会出版的年报编辑，极力提倡赫尔巴特的教育思想，并且拿他做基础，写了些教科书。此外哥伦比亚大学师范学院的 Frank M. MeMurry 及他的兄弟意利诺爱大学的 Charles A. McMurry 也写了许多讲赫尔巴特教育学说的书。

赫尔巴特的教育学说在美国所以发生极大的影响，一方面固然是因为美国教师的特性易于接受新颖的学说，同时赫尔巴特的教育学自身也实在有惹人注意的价值。我们知道英国人是从来不大注意别人的事情，但是对于赫尔巴特的教育学却也曾一时像讲他们的快乐主义[③]与生意经一样的起劲，曾经跟着赖恩做过教育工作的一个英国学者芬德雷(J. J. Findlay)在一本书[④]中说:“在一八九〇年几乎没有英国教师知道赫尔巴特这个人的存在;但是到了一八九六年便几乎每一个师资学院(Training College)的人都在讲论并且教授这个新教育学(就是赫尔巴特的教育学——笔者志)。”此外在法国也有教育家专门实行赫尔巴特的教育学,在东洋的中国与日本在教育思想上及实施上也直接间接的受着赫尔巴特的教育学影响,中国自从废科学,兴学堂以来,教育制度是参照各现代国家而制订的,我们虽然还没有见到明显的赫尔巴特学派的教育家在中国宣传赫尔巴特主义,但是至少可以说受着赫尔巴特的影响,也或者是因为间接的影响而不自知。中国自从民国改元以后各大学,专门学校附设实习学校,这是没有问题的赫尔巴特给与我们的影响,这也是我们应该知道的一个教育史上的常识;此外中国师范大学的各学系——教育系不用说,文理各系都在内——都把伦理学,道德思想史——东洋的及西洋的——当做必修科,在中等学校有修身或公民一类的科目,着重的德育的陶冶,并且一般学校大都有校训,校训是设教的最高目标,而这个最高目标都是属于德性的,我们虽然不敢据此便说这种情形就是受了赫尔巴特道德一语为教育目的所在的根据,至少我们可以假定这是间接的受了赫尔巴特的教育学影响,也或者是偶然的暗合。无论如何说,中国自从兴学校以来,教育制度上的作法是仿造西洋的,而日本的现代化比较中国早了几十年,中国初期施行新政,许多是由日本间接学来的,正如日本间接的从中国学去印度佛教一样,教育上也不是例外,我们知道清末民初的时期,中国学堂的博物或声光化雷的教师有许多是日本人,同时又有留东的学生在明治维新以后的日本求学,于是带回了维新的思想;而赫尔巴特的教育学说当明治二十年至三十年左右在日本也曾风行一时,当时有一个德国教授在日本帝国大学讲赫尔巴特的教育学,在日本最热心宣传赫尔巴特主义的叫做谷本富,他是一位博士,著有《实用教育学及教授法》(一八九四年出版)与《科学的教育学讲义》(一八九五年出版),谷本富在他著的《实用教育学及教授法》开卷第一页便用中国古文一唱三叹的笔调写着:“呜呼!赫尔巴特!赫尔巴特其名实为我辈梦寐中所不得忘怀者哉,其学说我辈理应日夜唱导之不怠,不幸其名其学于我国何其传播之迟耶!更有进者,其名其学于欧美各国教育界亦尚未大行其道也,然我辈尽力唱导,功不唐损,其名其学,而今而后其将风靡我教育界乎?”日本维新初期的教育学基础是赫尔巴特学派的,换句话说是德国式的,直到目前为止,日本的教育界以及一般的学术界对于德国文化的各方面都热心的介绍与研究着,也或者赫尔巴特的教育学就是一个引线。

关于赫尔巴特学派在教育上的承继者与影响,我们已经约略的讲过了。我们屡次说过赫尔巴特不仅是一个教育思想家,并且他还是一个有体系的自成一家言的哲学家,所以在哲学上,心理学上,美学上各方面都有他的承继者,在赫尔巴特死后,他的学说先在奥国踏上发展的第一步,维也纳大学的教授彭尼次与哲学家而兼教育学家的艾克斯那等人,可以说是承继赫尔巴特主义,祖述赫尔巴特思想的先驱者。在德国来比锡大学是赫尔巴特的哲学及教育学的大本营,赫尔巴特的承继者都把这个地方做为他们活动的根据地。最先有杜路毕修继承赫尔巴特的哲学,这个人是来比锡大学的正教授,本来是讲教育学的,后来转向哲学。还有一个人司特蓝佩(Ludwig Strümpell,1812—1879)对于赫尔巴特的哲学是最初用批判的立场而且有一本著作叫做《赫尔巴特的形而上学要旨批判的解释》(Der Hauptpunkt der Herbartschen Metaphysik Kritisch Beleuchtet)。此外对于赫尔巴特的哲学继承的人有哈太修塔,著有《一般形而上学的问题及基础论》(Probleme und Grundlehre der allgemeinen Metsphysik),这部书直到现在为止还是赫尔巴特的哲学入门书中有价值的著作。在心理学方面承继赫尔巴特的有《心理学基础论》(Grundlegung der

Psychologie)的著者维衣次及《用自然科学方法的经验心理学》(Empirische Psychologie nach naturwissen chaftlicher Methode)的著者杜路毕修。在美学方面的承继者有《美学教本》(Lehcbuch der Aesthetik)的著者固林白可及《当做形式科学的一般美学》(Allgemeine Aesthetik ais Formwissenschaft)的著者秦姆尔曼,在宗教哲学的领域承继赫尔巴特的有《宗教哲学》(Religionsphilosophie)的著者房·杜台斯,《宗教哲学基础论》(Grundleh en der religionsphilosophie)的著者杜路毕修,《赫尔巴特关于宗教哲学上的论说》(J. F. Herbarts Philosophische Lehre von Religion)的著者萧尔路,与《宗教及宗教问题论》(Gedanken über Religion und religiose Probleme)的著者司特蓝佩。以上所说的各家都是承继赫尔巴特主义而加以发展的,在赫尔巴特的学问领域,各方面都有继承的人物,不过在教育界的影响特别大,所以其他部门的承继者,我们不再详细的讲述了。

赫尔巴特的教育思想及他的教育方面的承继者,我们已经讲过了,他这一派的教育学说在教育史上被称为旧教育,我们不知道旧教育是什么,便不好了解新教育的由来,同时不讲新教育的理论与作法,也不好理解旧教育的价值与错误,我们知道新教育的建立是由批评赫尔巴特的教育学出发,现在把新教育的思想简约的介绍在下面,换句话说,就是赫尔巴特主义的反对者在教育上对于赫尔巴特所代表的旧教育有什么样的批评。

有人提出新教育的精神与旧教育的不同,例如笛斯特魏哥(Diesterweg)在他的《选集》(Ausgewählte Schriften. 2 Bde)里,把新旧教育作着如下的对照:

(1)用"生长"来代替"培养"。

(2)用"自由发展"来代替"驯服"。

(3)用"有机的方法"来代替"机械的方法"。

(4)反对记忆的原理,而重视直观,认为洞察比较言语的概念,更为重要。

(5)认为力量比较知识更为重要。

(6)认为自由的意志与能力,比较机械的熟练,更为重要。

(7)认为"个别的"比较"一般的"更为重要。

(8)认为内部的自己决定,比较外部的决定,更为重要,这就是所谓新教育。

新教育也并不是突然发生的,而是渐渐形成的,在赫尔巴特活着的时期,已经有眼光锐利的学者指出赫尔巴特主义的缺点,这个人就是百匿克(Friedrich Edward Beneke,1798—1820),百匿克相信人可以从自由意识去获得关于自己的确实认识,但是对于外界,就只能从感觉器官去获得不完全的知识,而建设以内部作用为主的心理学。在这一点上,他对于那种把精神当做不可知的实体。把精神作用的本质当做表象,想从力学的关系,来说明各种精神现象的赫尔巴特的观念论的主知心理学,是抱着反对态度的。

赫尔巴特从主知上解释意志,倡说意志就是知,这就是所谓心理学的主知主义,百匿克认为赫尔巴特式的心理学用在教育学上,便把教育与教学混淆起来,对此百匿克说过这样的话:"教育大都以养成人格为目的,与冲动,倾向,感情和努力有关系,反之,教学则关系于观念世界,就是知觉,表现,构成,及论理的考察等作用。"这几句话的意思是说赫尔巴特主知主义的心理学不能成立。

其次关于理论的陶冶或道德的陶冶,当选择教材的时候,必须以儿童的能力与兴趣,年龄,性别,家庭等生活状态,个人的特性,及教材的性质这四个为条件。详细的检查这些条件以后,便必须施以"适应"各儿童特性的教育。赫尔巴特在教育学有名的所谓"形式阶段说",实在是忽视儿童个性及实际生活条件的讲法。不过当着赫尔巴特的教育学风靡一世的时候,百匿克的思想完全没有惹起任何人的注意,不但道不得行,而且世界还强迫他过着极悲惨的生活。争千秋的人往往是一时不遇的,但是时代上总有一天会认识他,始终不能不承认他的价值。百匿克的思想,经过他的一个门人德提斯(Friedrich Dittes,1829—1896)的传扬,便有许多优秀的学者继承他,著名的有韦尔曼(Otto Willmann,1839—1920),林德(Ernst Linde,1864—),李斯曼(Robert Rissmann,1851—1913),纳脱尔普(Paul Natorp,1854—1913)等人,由这些百匿克后继者的努力而把赫尔巴特所代表的根本蒂固的旧教育推翻,而促成新教育的黎明,所以百匿克在教育史上可以说是值得永久纪念的先觉者,他是反对赫尔巴特主义的第一人。

百匿克的门人德提斯承继他老师的路术,重新提出裴斯太洛齐及笛斯特魏哥两大教育家的思想,对于赫尔巴特式的主知的,机械的,学习的教育学加以反对,在赫尔巴特派的势力最盛行的时代,他就像裴斯太洛齐一样,主张正当的教育目的在于人类素质有圆满调和的发展,而教育的方法,应该以儿童的自发活动为主,在一八七八年他创办攻击赫尔巴特派的刊物,叫做《教育学杂志》(Pädagogium),这个刊物成了攻击赫尔巴特的大本营。

继续着德提斯反对赫尔巴特主义的是韦尔曼,韦尔曼本来是赫尔巴特派出身的人,并且曾经师事过齐勒,从一八六三年起,他有几年的功夫用在齐勒所办的实习学校里,而且从韦尔曼的著作中可以看出他受着赫尔巴特很深的影响。但是后来他的思想转变了,对于赫尔巴特的学说因为不满意而脱离了,这件事在教育史上是有重要意义。

韦尔曼认为教育在于正确地把握文化价值的整个意义,并且把它当做精神营养的要素,使全文化蒸蒸发展,至于他批评赫尔巴特的思想,说他是个人主义的,主知主义的,心理学上是机械主义的。依照韦尔曼的意思,人生是自然是一个混沌的"大宇宙"(Cosmos),而不能苟且加以分析与分割的东西,提高这个全体,使它向上的,就是教育的使命，这是韦尔曼的根本思想。他对于赫尔巴特的教育学加以意识的攻击，表现出一种新教育的思想来，所以有人如默斯那(Messner)说韦尔曼是最初在人类活动的全体上，考究教育的人。沙吴尔克(Sallwürk)说新教育的转向是由韦尔曼开其端的。

到了一八九〇年左右赫尔巴特的教育学被批评得更利害起来，如林德站在人格主义的立场，反对赫尔巴特的理知主义与机械主义。林德的根本立场是人格主义，成为人格核心的并不是理知的思维作用，而是所谓心情与意志，什么是心情？心情就是“把事物在它们对我们所有根本关系上来把握的一种灵魂的力量”；什么是意志？意志就是“在外面来发现这个关系的一种努力”。以这两个概念为中心的人格，就是发展及创造自我的一种内面的力量。因为这个缘故，教育必须扶助人格创造的发展。而赫尔巴特的教育学着重在理知主义，把教育的对象置于记忆抽象的知识，把机械的主知方法当做手段，在这一点上赫尔巴特乃犯了根本的谬误。

其次关于教学方法方面，林德认为赫尔巴特派的形式阶段说，乃是教学第一主义，是凭着机械的合法则性，来束缚人格的特性，根据冰冷的理知铁则，来把感情方面的人类活泼泼的生活，当做没有意义的东西，这便是林德认为现代教育，乃至文化萎靡不振的原因，在教育上诚然需要相当的教育技术，但是正如歌德所说：“只注意技术的末端是缺乏生产力时代的特征，囿于技术的末端是缺乏生产力的人类的象征。”

林德对于赫尔巴特的学说，特别是齐勒的学说，虽然像以上所说的加以反对，但是在赫尔巴特自身的学说中，对于“兴趣中心主义”及“直观的教学阶段”等思想方面，林德认为在教育学依然是有价值的讲法，特别是赫尔巴特把“兴趣”的概念作为教学的出发点，就是赫尔巴特在教育学上最大而且最重要的贡献。林德曾经引用过赫尔巴特的话，而表示赞同，他认为教育的方法，应该由体验出发，他说：

“生活的内容是最优良的教育对象,实际上的见闻,思考,体验,与我们人格上最接近的东西,使人的心情快乐的或烦恼的,就是最优良的教材。”

林德站在人格主义的立场,批评赫尔巴特的学说,还有人由社会的见地,而且自身提出“新教育”的学说,对于赫尔巴特的教育学说,加以全面批评的有李斯曼及纳脱尔普这两个人。李斯曼在一九〇三年搜集他二十年间的论著,题名为《我为什么排斥赫尔巴特的教育学》?(Warum ich die Herbartische Pädagogik ablehne)。依照赫尔巴特学派,特别是齐勒的看法,教育是关于个人的,只有在个人的范围内,社会的要素才可以加到教育里去。李斯曼以为教育不是个人的陶冶问题,而是一种应该首先使社会接近更高阶段的手段,他曾说过:“教育是加诸个人的一种力量,然而教育的目的在于完成共同社会本身的理想。”这几句话的意思是说实现“社会全体”的理想为目的,应该按着这个目的来教育个人。李斯曼认为齐勒所说个人在未踏入社会以前,应该先使他完成为一“个人”完全没有意志。李斯曼以为向来的教育学者,都认为教育是一个教师与一个儿童间的事情。但是所谓“个人”与“社会”都只是抽象的区别,实际上两者就是同一的存在,离开了社会的个人便等于无,教育本身就是社会的活动。就个人看来,使自己成为社会有机的优秀分子,去参加社会的活动;就社会看来。是社会自身把文化传给后代,所以“个人”与“社会”是分不开的。

但是社会教育并不只知制造“服从”的家畜,就算达到了目的,而忽视个人道德上的责任及人格的活动,教育的目的,无宁说是自觉的基于“自由意志”,来造就能够贡献及协力全体社会与其文化的“个人”;个人的利益与社会的利益是密切的结合着,而且互相连带的东西。从这种讲法看来,李斯曼的思想也是个人主义的,可是与赫尔巴特式的个人主义,便有显著的差异了。在一九〇六年李斯曼在

叫做《德国的学校杂志》(六三〇页)上,曾经说过赫尔巴特的个人主义与他的个人主义有什么样的区别:

> 个人主义这个名词,有宿命的两重意义:第一是指对立于全体(社会)的个人,第二是表示个别性。赫尔巴特的教育学,在第一种意义上(就是在与社会对立的意义上)是个人主义,“新教育”的个人主义乃是第二种意义的个人主义。

李斯曼不只在个人主义的问题上,反对赫尔巴特主义,对于赫尔巴特的主知主义与道德主义,他也有许多批评,李斯曼认为人格核心的要素,不在于知识或思想,而在于非合理的要素,如“情意”与“冲动”等,在这一点上,他是承继裴斯太洛齐等人,把陶冶意志做为教育的根本,同时这也是他主张劳作教育的渊源。至于教育的目的,赫尔巴特把“德”当做教育活动的最高目标,在李斯曼看来,这是教育的一面观,教育目的在道德之外,必须加上“真”与“美”,至于他对此主张的论证,现在不详细讲了。

赫尔巴特教育学的称盛,“新教育”的兴起与对于“旧教育”加以体无完肤批评的,就是马尔堡学派的大将纳脱尔普(Paul Natorp)⑤,他在一八九七年及一八九八年间举行题为《赫尔巴特,裴斯太洛齐,与现在的教育学问题》(Herbart, Pestalozzi und heutige Aufgaben der Erziehungslehre)的讲演,在这个讲演中,纳脱尔普对于赫尔巴特的教育学攻击很利害,在一般教育学界惹起异常的冲动来,赫尔巴特学派受了这样的刺激,也不肯默然无言,赖恩等赫尔巴特学派的人便起而应战,于是弄成一场热烈的论战,因为立场的不同,胜负虽然不好讲,但是新康特派勃兴之后,赫尔巴特式的哲学与伦理学便渐渐衰微下去,是不能否认的事实。在十九世纪末年,赫尔巴特的教育逐渐失去过去的威风,替代赫尔巴特的教育学,而继之兴起的是批判的教育学,文化教育学,或生命教育学。

现在我们把纳脱尔普对于赫尔巴特的批评,可以分为下列三点来说:

(一)以论理的,美的价值为伦理价值的手段,不承认他有极高的独立意义——这是反对赫尔巴特的道德主义。

(二)意志活动不是基于表象的力学关系,它本身就是独立的精神活动,因此,需要独立的具体陶冶与训练——反对赫尔巴特的知主义。

(三)精神的活动不是由外面的刺激而起的被动东西,而是能够自己发生作用的自动东西,精神本质的根源就在于此——反对赫尔巴特的机械主义。

以上所讲的几个学者,都是反对"旧教育"的,批评赫尔巴特学派教育学说的错误,而促成"新教育"的产生,虽然赫尔巴特派的教育学已经成为过去的历史,但是他在教育史上的地位是永远不会使人忘记的!没有赫尔巴特派的旧教育不会有新教育,而新教育从一九三三年一月以后,又不新了,所以赫尔巴特逝世百年来的德国教育可以分为三个时期:

(一)旧教育时期(约自一八四一——一八九〇)

(二)新教育时期(约自一八九〇——一九三三)

(三)国社党教育时期(自一九三三—)⑥

我们在本文所讲的限于旧教育的代表者赫尔巴特学派及新教育兴起的初期,至现行的国社党教育也是反对赫尔巴特的教育学,特别是不取赫尔巴特的主知主义,关于现在的德国教育,请读者参阅拙译《今日德国教育》,在此不再详述了。

注:

① 谢林(Friedrich Wilhelm Joseph Schelling 1775—1854)是与黑格儿,菲希特等哲人一样,同为德国观念论派的大师。从一七九〇年至一七九五年,谢林在

Tübingen 大学神学院研究哲学与神学。后来在来比锡做过两个青年学生的私人教师，并且在这个时期他自己研究教学，物理学，与医学。一七九八年在耶拿做了哲学教授。在这里他接触了浪漫派的风气，而产生了他最拿手得意的工作。此后，他又变换了好几次的位置，做过艺术专门学校的校长等职。他曾被聘到柏林大学去与当时流行的黑格儿哲学争一席的地位，但是没有什么成功。谢林的思想可以分为三个时期！第一期是祖述菲希特的哲学，在这个时期他著有：《一个自然哲学的观念》（Ideen zu einer Philosophie der Natur，1797），《从世界灵魂》（Von der Weltseele，1748）及《超验的唯心主义体系》（System des transeendentalen Idealismus，1800）。第二期表示他受了卜鲁诺（Bruno）及斯比诺沙（Spinoza）的影响，他把自然与精神看为一个比高原则的两方面，在这个时期他著有：《卜鲁诺》（Bruno，1802）及《学问派的研究方法》（Methode des akademischen Studiums，1802）。第三期完成了他自己的思想体系，直到他死，他的第三期著作，尚未出版，后来由他的儿子编成全集，在一八五六年。

② 格利姆的童话有中文的译本，彭兆良译述的《格林童话集》，世界书局出版，全二册，编为《世界少年文库》（4）。

③ 这是著者跟尼采学来的一句俏皮话，尼采是最德国人的德国人，尼采曾经说过一句话开英国的玩笑："并不是一般人都寻快乐，只有英国人爱找乐子！"

④ 见杜威《教育论文集》（Educational Essays Edited by J. J. Findlay，M. A.，Ph. D.），六页至七页。

⑤ 纳脱尔普（Paul Natorp）是本世纪的哲学家，也是所谓马尔堡学派代表的哲学家，同时又是把康特主义左翼化的思想家，主张社会的理想主义，可以称为理想主义的或人格主义的社会主义。著作极多，最著名的为《社会教育学》。

⑥ 关于现行的国社党教育，最近出版了一部书，叫做：Eraiehangsmächte und Erziehungshoheit im Grossdentschen Reich. R. Benze G. Gräfer 编，一九四〇年出版。读者如欲知最近德国教育的状况，这本书便有极详细的叙和述，不只限于学校教育，凡与教育有关的社会上各方面的活动，都讲到了，并且书末附有详细的书目，可供教育学者的参考。该书有书评一篇载于《中德学志》第三卷第一期第一五六页，可参阅。

宇宙观学与精神史

Weltanschauungslehre und Geistesgeschichte

纲目：(1)“宇宙观”一词的起源(2)宇宙观学的成立(3)宇宙观与精神史的关系(4)精神史的研究方法(5)精神史的方法与经济史,经济政治史,美术史,及宗教史的研究(6)精神史为什么受非难(7)结论

从历史上看来,学术思想——文化的根基——能有贡献予人类,并且“自成一家”的系统,有中国文化,印度文化,以及希腊文化。就现代的学术思想——工业革命之后——看来,德国人的成就,不能不说是独树一帜而且来得别致一点,文化类型学者如何为现代文化分类,我们不在这儿讨论,无论如何,德国系的学术思想,或扩大来说“文化”,总要占一个相当的地位,所以我们需要加以虚心的研究。同时我们要知道对于一种文化的研究,先要注意文化根基的学术思想,尤其是最有特色的学术思想,现在我们所介绍的宇宙观学与精神史,便是最地道的德国思想,本文只是一篇“述而不作”的东西,用意很简单,不过为对于治学有趣味的人,知道德国如何有两门新的研究:宇宙观学与精神史。

(1)“宇宙观”一词的起源

“宇宙观”(Weltanschauung)这一个词的起源,据一般学者认为康特(I. Kant,1724—1804)最初在他所著的三大批判中《判断力批判》(Kritik der Urteilskraft)里使用的。从这个词的字面看来,它是由于Welt(由世界)及Anschauung(就是“见”或“直观”的意思)两个字拼成的;若用清楚明白的白话说来,宇宙观就是对于世界的看法。后于康特的其他德国人,如大诗人歌德(J. W. Goethe,1749—1832)及学者而兼政治家的洪保德·亚历(Alexander von Humboldt,1769—1859)也有用宇宙观一词的语例。后来在德国之外的其他国家常有用相当于宇宙观的语例,在日文上与中文相同叫做世界观,或宇宙观。我们可以知道相当于Weltanschauung的文字,例如世界观,宇宙观,都是直接或间接从德文译出来的。所以我们认为“宇宙观”一词的产地或“老家”是德国。所谓“宇宙观学”(Weltanschauungslehre)也是德国人创立的一门学问。

在讲“宇宙观学”之前,我们必得先要知道“宇宙观”的含义,而在讲“宇宙观”之前,我们又要先知道“世界”(Welt)的含义。德文上的Welt在中文是“世界”,无论是中文或德文,这个字有狭义与广义两个意思:狭义的意思如“世界历史”,“世界地理”,“世界大战”,“世界主义”等语例中的“世界”;广义的意思便等于“宇宙”,宇宙又是什么呢?宇宙就是一切事物的总名,①事与物又是什么呢?我们现在不下定义,此处所谓事与物乃是就这两个字的最广义讲,石子,树枝,昆虫,微尘,桌椅,房屋……都是物,人也是物。石子从山下滚下来,树枝被风吹动,昆虫交尾,微尘飞扬起来,桌椅的破坏,房屋的倒塌……都是事,人的呼吸,吃饭,睡眠,结婚,生孩子,交朋友,以及筑万里长城,造金字塔,发明科学,自相残杀等等的行为,也是事。自无始以来就有物有事,把这"上下四方","往古来今"的一切事物,总合起来,名之曰"宇宙"。我们在这里所用的"世界"(Welt)就是一切事物总名的意思,它的含义不止限于我们所住的地球,天文学上的太阳系也包含在内,但是"宇宙观"的"宇宙"不就是物理科学中天文学知识上的宇宙(世界),因为天文学上的宇宙是纯粹的科学概念,而宇宙观的宇宙,于其说是从理智的,无宁就是感情的,信仰的,或直觉的;但是这也并不就包含着反理智的意思。

世界的含义是像我们以上所说的,至于世界观或宇宙观的"观"(Anschauung)就是中文白话上的看法或想法,文言上的"见",所谓"仁者见仁,智者见智"的"见",也就是荀子批评别家哲学时所说:"慎子有见于后,无见于先。老子有见于诎,无见于信(同伸)。墨子有见于畸,无见于齐,守子有见于少,无见于多"(《荀子》中《天论篇》)中的"见"。哲学家固然是各有所"见",普通人又何尝无"见",不过哲学家如孔子能够做到"吾道一以贯之";普通人不能做到"一以贯之"的程度而已。无论哲学家或普通人既然活在世界上,对于世界就有一种看法或想法,纵然愚夫愚妇的"见"时常矛盾或冲突,但是矛盾或冲突的"见"依然不失为"见"。所以我们可以说"世界观"的"观"是一般人都有的,中国人有他的世界观,外国人也有他的世界观,现代有现代的世界观,譬如说科学的世界观;原始时代也有原始时代的世界观,譬如说神话上的世界观。世界观用在学问上或为专门术语,虽然是由于德国,但是世界观却可是任何国家以及任何时代都有的。

在德国"宇宙观"(Weltanschauung)这一个词在语义上,因为时代的不同,用法也有变更,到了西历一八三〇年特别是在浪漫派的影响下语义转化了,例如谢林(F. W. Schelling,1775—1854)在《自然哲学体系》[②]的序论上说:"知觉有两种方式,一种是盲目的而且无意识的作用,一种是自由的而且有意识的作用。从无意识的作用所产生的便是‘宇宙观’(Weltanschauung),从有意识的作用所产生的,便是观念世界的造成。”谢林所说的世界观与康特所说对于感觉世界的把握不能做等量齐观,因为谢林所谓世界观,虽然说是无意识的,但是仍为知觉的产物:并且不仅为被动的,而且是生产的与自发的。“世界观”一词在浪漫派的影响下,所谓“观”(Anschauung)要解为生产的,能动的,知觉的意思,现在我们所谓“世界观”的语义就是从浪漫派的用法得来的,世界观就是对于世界主体上的把握,评价,并且与以意义,虽然这样说,但是这种世界观并不限于学问上的世界观,无宁说带有感情的与意志的特色。黑格儿(G. W. F. Hegel,1770—1831)在《精神现象学》上有所谓“道德的世界观”(die moraliche Weltanschauung),葛列思(J. von Görres,1776—1848)有所谓“诗的世界观”(die Poetische Weltanschauung),兰克(L. von Ranke,1795—1886)有所谓“宗教的与基督教的世界观”(die religiöse und Christliche Weltanschauung)。关于世界观,除了以上所举的语例以外,也有人用什么“厌世的世界观”,“乐天派的世界观”,“中世纪的世界观”,“进步的世界观”等等的用法。总而言之,从以上世界观的用法看来,世界观绝不仅是对于世界做一种理知的把握,而包含着对于人生的评价,世界观与“人生观”(Lebensanschauung)有密切的关联。例如狄尔泰(Dilthey)所说:“世界观最后的根本问题是‘生’”(Gesammelte Schriften. VIII,S. 78)。同时世界观也不仅为个人的产物,无宁说是集团的,由于环境与种族,职业与阶级,文化与历史的阶段而产生的。人在创立他的世界观之前,必定要生在一定的世界观中,并且在某种环境——自然环境与文化环境(就是社会环境)——中受着调适于某种世界观的教育或薰染,甚至于政治上用强力要你采取某种人生观与世界观(人生观与世界观是不能分离的,我们可以把“人生”看做“主观的”(Subjektivismus),“世界”看做“客观的”(Objektivismus)但是“主观的”与“客观的”不是截然不同的,所以最近杜威(John Dewey)有一本新著问世,名为:《主观·客观》(Subjectivism-Objectivism),所以世界观可以说是一种历史的,社会的产物,在现实的生活中为了现实的生活而产生出来的;世界观是一种历史的产物,也是社会的产物。不过在这里有一点值得我们注意:在现实的生活中,不知不觉的状态下直接得到的世界观,我们称为“自然的世界观”,因为这种世界观是无自觉的,无反省的。例如神话上或初民社会中的人,对于世界万有都做一种拟人式的看法,认为万有不是神就是鬼。至于有反省的与有自觉的世界观,我们可以称为“哲学的世界观”(Philosophische Weltanschauung),自然的世界观是说不出道理来的世界观,哲学的世界观是说出道理来的世界观,说不出道理来的,在结论上不一定就是错误的,说出道理来的,在结论上也不定就是正确的。

无论自然的世界观或哲学的世界观,都是对于世界的主体做一种整个的解释与评价。亚斯波(K. Jaspers)在他所著《世界观的心理学》(Psychologie der Weltanschauung)中说:“我们讲到世界观的时候,我们就用思考对于我们的力量与观念加以审查,至少对于吾人根本的而且全体的主体加以思考。”席枚尔(G. Simmel,1858—1918)也曾说过,世界观实在是人对于世界的触觉器官,一个动物如果失了触觉器官,它的行动便盲然不知所为,一个人如果没有世界观,那末他的生活也就要无所适从。人是“大宇宙”(Makrokosmos)中的小宇宙(Mikrokosmos),小宇宙离不开大宇宙,人生离不开宇宙,所以人必有世界观,叔本华(A. Schopenhauer,1788—1860)说:“人是形而上的动物”(animal metaphysicum),我们也可以援例来说:“人是有世界观的动物”,正如人必定生在历史与社会中一样,人也必定在世界观中生活。世界观并不只是一种观念形态,而且是现实生活上每个人行为直接的而且实际的指导原则。人生在这个大千世界中,有生,老,病,死等生物学上必然的现象,有离,合,悲,欢等情感上的遭遇,有饥饿的呼喊，有流血的斗争，有幸福者的微笑……总而言之，对于这个形形色色的世界，人既然逃不出这个世界，那末对于这个世界便不能不有所“观”，佛家的出世，又何尝出了“世”呢？至多不过是出“家”而已，世界这个家是任何人根本脱离不开的，不管你生在世界的家中是幸福，还是苦恼，人力造作的家可以“出”，也可以“住”，世界根本不能出，所谓“出世”，其实也不过出了“红尘之世”，“红尘之世”是世界的一部。在这形形色色的世界中，人是形形色色中的一个，正如庄子说：“号物之数谓之万，人处一焉。”（《秋水篇》）人虽然是万物当中的一物，但是人究竟是万物之灵，人对世界的反应比其它的动物来得别致一点，至于别致的这一点是什么，说来话长，为人所下定义的数目也不是一言两语能说出的。我们从世界观的立场看来，人是有世界观的动物。从心理学看来，每人都有性格，每人的性格背后便是他的世界观。世界观是每个人都有的必然现象，不论这是自然的世界观，还是哲学的世界观。老人有老人的世界观，青年人有青年人的世界观，中国人有中国人的世界观，德国人有德国人的世界观，初民社会的人有初民社会人的世界观，中世纪的人有中世纪的人世界观，现代人有现代人的世界观；每个人都有他的世界观。但是并不是每个人的世界观都是正当的，所以各种不同的世界观并不是有同等的价值与权威。所谓自然的世界观便是动摇的，一时的，相对的，自己矛盾的；而哲学的世界观便需要“持之有故，言之成理”的基础，不特要有历史的根据，而且需要理论的圆满，不仅要满足知识上的要求，而且要满足情感与道德上的要求，这样便由日常生活上的世界观，进而为宗教的，艺术的，道德的世界观，再进一步便有“世界观学”的出现了。

(2)世界观学的成立

把世界观做为“学问”来研究，而成立“世界观学”（Weltanschauungslehre）的是德国哲学家狄尔泰（W. Dilthey，1833—1911），他把形成世界观的法则分为三个阶段：

(1)现实的把握（Wirklichkeitsauffassung），

(2)人生的评价（Lebenswürdigung），

(3)目的的建立（Zweeksetzung）。

以上是狄尔泰对于世界观学所提出的三个步骤，就是首先要把“现实”认识清楚，进一步便是以把握现实为基础，对于人生的意义加以评价，最后对于人生的目的或理想建立起来。从以上所说狄尔泰的三阶段看，造成世界观的基础，一方面要有人生的体验，一方面更要有对于人生的关心。我们可以从此知道宇宙观与人生观的关系，也就是以上所提过的“主观·客观”，“宇宙”由人去“观”才成其为“宇宙观”，“人生”在宇宙中去“观”，才成其为“人生观”，宇宙观虽然由人去“观”才有宇宙观，但是“宇宙”离开人依然在那里存在——这只是朴素实在论的根据，宇宙本来不是为人而设，所以宇宙并不关心“人”，所谓“不为尧存，不为纣亡”，就是这个意思，但是“人”却不能不关心“宇宙”，因为人离不开宇宙，人的所以关心宇宙，推到根本，还是关心人自己，也就是所谓对于人生的关心。所以我们可以说人生观是缩小的宇宙观，而宇宙观是放大的人生观。从哲学史上看来，宇宙论与人生论是哲学中的两大部门，而宇宙论与人生论的密切关联，从哲学史上的实例证或现实上的实例中，都可以证实“人生”与“宇宙”相提并论，绝不是偶然的事情。所以狄尔泰说宇宙观的基础是人生的体验与对于人生的关心。

狄尔泰把宇宙观分为三种类型：

(1)自然主义(Naturalismus),

(2)自由的观念论(Idealismus der Freiheit),

(3)客观的观念论(objektiver Idealismus)。

所谓自然主义的类型,就是在根本上把人认为自然的。例如希腊时代的哲学家德谋克利脱(Demoeritus)[3],艾辟苦洛(Epikur)[4],及现代霍布士(T. Hobbes)[5],费尔巴哈·路德维(Feuerbach)[6]等人都属于这个类型。与自然主义相对的,有自由的观念论这个类型,属于这个类型的哲学家,认为人的本质不单是自由的,而是有"自由人格"者,例如苏格拉底,伯拉图,康特,菲希特都属这个类型。至于狄尔泰所举的第三类,所谓客观的观念论这个类型,在这一个类型中的哲学体系,把"自然"与"自由人格"的对立消除了,认为"人"与"自然"(就是"天然",中文的文言只用"天",约略相当于中国思想上所谓"天人之际"或"天人合一"的说法)不是对立的,而是调和的,最能代表这个类型的思想家便是大诗人歌德,及大哲学家黑格儿,此外如希腊时代的黑拉克里特(Heraklit)[7]及巴门尼得(Parmenides)[8],以及近代德国的谢林[9]都属于这一个类型。我们从人类思想史看来,这三个类型确是代表思想上的三大派别。不过狄尔泰不把世界观与形而上学相混,他把世界观保持着广泛的含义,他曾经说:"不能把世界观弄得太过,弄得太过的时候,便是形而上学了。"以上是狄尔泰建立世界观学的企图,受了他的影响者有黎凯特(H. Rickert,1863—1936),黎凯特曾经说哲学并不想树立自己的世界观,而是以系统的理解各种世界观为目的,把"世界观学"(Weltanschauungslehre)建立起来就是哲学的任务,这样世界观学岂不是把哲学的地盘取而代之了吗?关于这个问题在此不加详论。

(3)精神史是什么及其与世界观的关系

以上我们把世界观及世界观学简略的讲过了,现在我们讲"精神史"(Geistesgeschichte),及其与世界观的关系。"精神史"这种研究也是德国首先创立的,正如德国建立世界观学一样。"精神史"这一个名称是从黑格儿的哲学著作中才有的,我们知道这位真正伟大哲学家黑格儿有一句最能代表他中心思想的话,就是:"万有都是精神。"从这一句话可以引伸出下列的意思:所有的历史都是精神的历史,并且不能不是精神史,因为从黑格儿的哲学看来,不是精神的便不得为历史的。

不过在现代德国学术界所用的"精神史",与黑格儿所谓精神史是不相同的,至少是有区别。第一在现在德国人并不把万有都看做"精神",只是对于某种特殊的对象才称为"精神的",第二在现在德国用精神史的时候,只看做关于研究历史对象的一种方法。因为同一的对象,可以用种种不同的方法加以研究。例如今日德国从精神史的观点治文学史,美术史,音乐史等,便有"看做精神史的文学史","看做精神史的美术史","看做精神史的音乐史"等等语例表现的方法。以上的这种用法与黑格儿的"精神史"是不尽同的。

前面所说关于精神史的用法,只是介绍现今在德国精神史的语例,不过这种语例的用法并不是根据精神史的定义出发的;因为"精神史"正如"世界观学"一样,与其说是一种已经"成人的"学问,无宁说是正在促成为一种学问的运动过程中,这种促成为一种学问的运动要由客观的兴趣及研究态度出发。我们在文学史中举出几个例来,说明精神史的研究方法及态度,同时要知道精神史的研究态度不限于文学史,最后要说明精神史的界限。

我们研究文学史的时候可以用各样的方法,而且各样的方法可以用在各国的文学史研究上，无论中国文学史，印度文学史，或德国文学史都同样的妥当。不过最简单而且原始的方法，就是按作家分类的方法，把文学的作品从创作的诗人文人出发，把诗人文人的生平及作品按着活动的时代记述一下。例如德国文学史上自雷兴到赫德，从赫德到歌德，从歌德到释勒，如此类推下去。就是对于一个作家的作品，也是按着创作的时代顺序排列起来，这一种文学史可以称为“作家的历史”(Autorengeschichte)。

文学史上的另外一种方法，便是以诗人与文人的取材为中心，作为研究的出发点。例如以浮士德(Faust)的传说为中心，看看十五六世纪欧洲通俗文学书中如何说法，到了雷兴如何说法，进一步到了以浮士德传千秋的歌德又是如何的说法，甚至于最近斐特森(Julius Petersen)又是如何的说法。或者以诗的“母题”(Motiv)为研究的出发点，例如以《对于君主的反叛》这个“母题”为本，看看在诗中有怎样不同的表现法。

第三种研究的方法，便是以文学作品的种类，及其发生与变化的状态为中心。例如希腊时代的悲剧与文艺复兴之后欧洲的悲剧有怎样的不同，譬如在德国有关于所谓“教育小说”(Bildungsroman)发展史的论著，也有关于从希腊到现在叙事诗的历史论著。以上所说关于文学史的两种研究方法，前者称为“材料的历史”(Stoffgeschichte)，后者称为“形式的历史”(Formengeschichte)或“种类的历史”(Gattungsgeschichte)。此外关于文学史的研究，还有种种的方法，以上所说只是当做例证就是了。

文学史以外，其他部门历史的研究，也都有特有的方法与观点，例如宗教史与哲学史，但是这些部门的历史并不能称为精神史。例如以教义史为中心的宗教史，就是按着教会或宗派所采用的教义作历史的研究，只记述教义间对立抗争的历史，而不问为什么“这一派”的教义如何打败了“那一派”的教义。

哲学史的一般形式就是“哲学家的历史”(Autorengeschichte),但是以“哲学问题为中心的哲学史”(Geschichte der Philosophie als Problemgeschichte)近年来也颇有成就,德国在这一方面最知名的有哈特曼·尼古(N. Hartmann)著的《哲学思想及其历史》(Der Philosophische Gedanke und Seine Geschichte, Berlin1936),文德班在哲学史上的成就也在这一方面,中国青年学者张季同以哲学问题为中心写了一部中国哲学史,我们可以说以问题为中心写哲学史是近来的一个新趋势。

以上所举的研究态度与方法,还不能称为精神史,到底精神史的本质在哪儿呢?精神史的特有观点是怎样呢?精神史与世界观的关系又是如何呢?关于以上这些问题,我们根据士榜格(E. Spranger)在他所著《什么叫做精神史?》(Was heisst Geistesgeschichte?)一文中的说法,分为三个项目,把精神史的含义及其世界观的关系,叙述如下:

(一)精神史以各时代不同的人的意识状况及“意识的方向”(Bewusstseinsverfassung)为研究的对象。有意识能力的人在精神的构造上,各国与各时代是有很大变化的,所以精神史就是人的精神(精神状况)变迁的历史(Geistesgeschichte ist Geschichte der Wechselnden Geistesart des Menschen)。

(二)人对于外界的认识有“主体”与“客体”的区别,主体是认识者,客体是世界,我们称“世界”的时候,就等于对象的“全体”或“总体”,我们根据第一项的说法,人的意识状况与意识方向既然由于时代与地理的变化而有变化,那么“世界状况”——对“意识状况”说——当然也是跟着变化的,所以我们可以称为:“历史上形形色色的世界样子”(Eine Fülle historisch wandelbarer Weltaspekte)。因此洪保德·威廉(W. v. Humboldt)说精神史常是世界观的历史。

(三)不仅主观的意识与客观的世界随着历史有变化,就是主观与客观，人与世界的关系也随着时代有变迁，这种主客的交涉关系所以变迁，一方面由于被动的体验如何受世界的影响，另一方面由于主体的主动形成作用如何看世界，主动的作用可以表现为种种方面；例如宗教的或宗派的，审美的，理论的，道德的，技术的，及政治的等；以上各方面的单独研究，在这里不讲，我们所要研究的是精神史，精神史所讨论的是人与世界从历史上看来是怎样的交涉关系。

我们以上所提出的三个精神史的概念，是根据士榜格的讲法。若把这三个概念综合起来，我们可以说精神史是要问人的精神状况如何变迁，世界又如何跟着变迁，进一步便要问人与世界的交涉关系又是如何的变迁，所以我们可以由此得一结论，就是精神史是世界观的“历史的研究”，世界观学是世界观的“学理的研究”，也可以说一个是“纵”的研究，一个是“横”的研究。

人是一种生物，所以人与其他生物中的动物与植物一样，也有形形色色的种类，人的精神状况也有形形色色的不同表现，所谓：“人心不同如其面焉”，人心就是精神状况。精神史就是要说明人的精神状况变化的历史。但是有一点我们必需放在心上的，就是人的精神状况所以变化决不是偶然的事情，我们必得要问为什么因为“时代”与“地方”的不同而有不同的精神状况，有人把人的精神状况所以变化从历史的及地理的背境加以解释，所以每一个“世界的历史”(Generationsgeschichte)常就是精神史。精神史有它特殊的方法，讲精神史的人如士榜格(E. Spranger)不同于实证主义的见解，更与唯物史观的说法相左，例如实证主义者认为：“文化完全按照有机的发展法则所变化的，所以各种文化都同样的经过一定的形式”，譬如孔德的人类知识进化三阶段说就是最典型的例子。唯物史观认为生产方式决定经济生活的状态，而经济生活的状态又决定各种意识形态，所谓精神史当然不外是一种反映。

(4)精神史的研究方法

现在我们把德国关于精神史研究方法的发展,在这里叙述一下,看看精神史的研究如何在德国滋育生长起来,精神史的方法及其研究的对象是什么,并且如何的变化,对于精神史促成为一种专门学问研究的是哪些学人们。我们可以说赫德(J. G. Herder)是精神史上最伟大的创立者,他从地理的及历史的复杂背境对于人加以细微的观察,德国"浪漫时代"(romantische Generation)所受赫德的影响是有历史常识的人都知道的。此外黑格儿在他最有名的《精神现象学》(Phaenomenologie des Geistes,1807)一书中,是用高深的哲学及丰富的概念写成的,在这部大著中,他一方面很有系统的构成人类意识的阶段,另一方面他把世界意识的发展从历史的观点建筑起来,黑格儿的精神哲学对于精神史的建立是极关重要的事情,特别是他从历史的观点研究人对于宇宙的看法,简直可以说世界观学与精神史的研究,在他的精神哲学中都有了萌芽。自从十九世纪中叶以来,黑格儿学派的学者,从种种方面为精神史奠定了基础的工作,不过因为思辨哲学看重体系的研究,所以有时反而成为具体方面历史观察上的障碍。从以上这种观点看来布尔卡特(Jacob Burckhardt)所著《在意大利的文艺复兴时代文化》(Kultur der Renaissance in Italien,1860)一书,实在值得我们大书特书的,在这部书中把"文艺复兴时代的人"(Renaissancemenschon)活生生的表现出来,用极巧妙的笔调,把当时的生活样式,就是现世的个人主义,描写得活现纸上。所以《在意大利的文艺复兴时代文化》一书虽然没有用精神史标名,但是实在是一部精神史上最好的书。近代人中对于精神史的研究可以称代表的学者是海木(Rudolf Haym)[10]及狄尔泰,特别是狄尔泰正如他是世界观学的建立者一样,他也是近代精神史的主要权威者,他对于文学史及哲学史的研究，是由于一个根本思想（从另外一种观点看，也可以说他的研究是一面的）出发，这个根本思想就是把文学作品或思想作品，都从创作者的体验中，就是从创作者的“中心体验”（Zentralerlebnis）找出它的“源源本本”来。所谓“体验”在狄尔泰用来的意思，就是人自己独有的精神构造，更明显一点说，就是历史的环境及个人的遗传交互影响下，所形成的一个人独有的精神状况。因为狄尔泰看重历史的时代对于人的精神状况影响的重大，所以便有他所唱导的“时代说”（Generationentheorie），并且由时代说进而有构造心理学（Strukturpsychologie），这种构造心理学就是提出一种有组织的方法，叙述并且了解历史上的各种精神形式的由来。狄尔泰的弟子士榜格受了这种影响，于是士榜格企图着创立精神科学的心理学，他所著的《人生的型式》（Lebensformen）就是这个企图的产物。我们尝想中国的精神史在各时代常有显明的区分，如魏晋人的谈玄，宋明人的论道，清人的讲义理之学等，假如用现代精神史的方法加以叙述与解释，一定有不少新发现出来。

在狄尔泰之后，来比锡大学的著名史学家兰培西特（Karl Lamprecht，1856—1915）⑪从时代的不同而来的人的精神状况的变化这个观点，试著德国民族的历史，特别是对于国民精神发展的历史，他的著述计划有许多是创见的。此外有鼎鼎大名的《西洋的没落》著者施彭勒（Oswald Spengler）对于精神史的大瞻而新颖的说法，更惹起世人的注意，他对于所谓“文化精神”（Kulturseele）的概念，包含着两种意义：一方面是某一文化的“形而上的原型”（Metaphysische Urform eines Kulturprinzips），另一方面是受了一定的环境条件影响而形成的“地域的精神”（Landschaftsseele）。

实在的说来，精神史上的主要问题就是精神的形态（geistige Gestalten），精神的形式（geistige Formen），精神的形式类型（geistige Formtypen），不过在这里所谓“精神的形态”是把人的精神形态，各时代的精神形态,以及各国民的精神形态都看做一样的。但是自从人文科学的心理学——如士榜格著的《人生的形式》——发展以来,对于精神史的研究,多从一面的静的(statisch)方面去观察,努力去叙述人的类型,从个个的人去认识各时代的精神形式。同时我们要知道对于精神史的研究,从力学的及动的观点去观察,也是极重要的。我们从精神史上看来,人在历史的条件下为什么采取"这一种"精神的形态,而不采取"那一种"精神的形态?对于这样的问题不能不加以了解,不过这种研究非常的困难,简直是有理论上不能说明的秘密(Geheimnisse der Freiheit),但是这种"发生学的了解"(genetisch-verstehende),就是探本溯源的了解,又是研究上不能缺少的功夫,这种"发生学的了解",在"人文科学"(Geisteswissenschaft)及"精神史"(Geistgeschichte)的研究,都是非常重要的方法。

以上所说"发生学的了解"这种方法,本来是自然科学中生物科学的方法,但是这种方法用在"历史科学"(Geschichtswissenschaft)上,以及社会科学(Sozialwissenschaft)上或道德学(Ethik)上,便收了极大的效果,特别是用在与信仰与感情等成分有密切关系的精神史上,更有许多的方便,我们知道人在研究文化现象或社会现象的时候,最容易为已有的信仰,固执的成见所囿,换句话说,就是难得客观的研究态度。近三百多年来自然科学的进步,已经使人对于自然现象不固执成见了,不至于再有像中世纪教会把唱地动说的天文学家囚起来或焚烧的悲剧发生了,但是对于文化现象——如思想,道德,精神……——的态度,正如某一社会科学家所说,人还停留在石器时代。我们如何用科学的客观态度研究文化现象,正如三百年以前科学家研究自然现象一样,实在是现在人类最切迫的问题,"发生的了解"这种方法就是帮助我们研究文化现象——精神史当然包含在内——时,最有效的一种方法,它的好处至少有下列四种:

第一:材料简单,容易研究;

第二：鉴别来源，探本溯源；

第三：材料客观，不动成见；

第四：知道文化现象是进化或演化的，不致为目前的现象所惑，因为“文化”(Kultur)与“自然”(Natur)不同，文化的变化大，而自然的变化小。

现在我们可以举一个例，说明发生学的方法如何应用在精神史的研究上，譬如我们研究欧洲“文艺复兴期的人”(Renaissancemenschen)在本质上的特征，便是“个人主义”，(个人主义是现在最重要的道德问题，参阅士榜格著：《国民道德与个人的伦理》。Volksmoral und Persönliche Sittlichkeit)不过只讲出个人主义是不够的，我们必得进一步要问，个人主义是怎样产生的？在如何的主观状况及客观状况下产生的？对于这样的问题，我们必得用探本溯源的发生的方法才能解答，例如要知道当时宗教的态度怎样变化，就是说当时的人不囿于教会的信条，而想直接与上帝接触，以及当时神秘主义的倾向如何助长个人主义；此外如商业的繁荣与货币经济的扩张，以及当时的都会生活，都与个人主义的兴起有关系。再详细一点说，在主观方面，当时的人在理性上有一种自觉，并且由于与东方有了国际交通的往来，对于传统的文化有了怀疑与破坏，这样的情况最适于个人主义的生长。更从艺术方面看来，当时的造形美术非常发展，所以发展固然由于个性的强韧，而美术的发展又助长了个人主义。从以上这些条件看来，欧洲文艺复兴期的个人主义，并非是偶然的，突如其来的，而有源源本本的来源。因为在精神史上看来，任何的一种思想，在表面上忽然看去，纵然也须觉得如何抽象得难懂，或神秘得使人莫明其妙，但是只要它能占精神史的一个篇幅，它必定能在当时吸引观众或信徒，除非我们对于当时的社会有相当的了解，并且这种思想所以能应当时的要求有一种认识，那么我们对于这种思想的意义便不能根本的了解。至于说一种思想在产生时能吸引观众，就是说这种思想能应当时的全部或一部的要求,至于价值的评论是另外一个问题。就是在精神史上,我们也不要忘记一个生物学的根本观念,人类的行为是对于"一种"环境的反应,在精神史上人对于环境的反应是一种反复思考而且组成理论体系的反应,假如我们不对于当时周围的环境有一种认识,那末只讲一种思想的本身是不会清楚的,所以现在各部门的精神史,特别是哲学史,所以很难使人满意,就是这个缘故,要想为精神史建立可靠的科学基础,"发生学的了解"(Genetisches Verstehen)是极端重要的一个方法。应用这种方法而有好成绩的,狄尔泰所著《青年时代的黑格儿》(Jugendgeschichte Hegels)[12]便是一本最值得我们注意的好书。这本书出版的时候,正是德国学者要把精神史促成专门研究运动正热烈的时期,这部书可以说是很好传记,但是他与普通的传记有些不同,它是一本精神史的代表作品,狄尔泰在这本书的序文上说他由于努力于"人文科学"[13]——有人译为"精神科学",是直译的,日本学术界普通也译为精神科学——的历史,使他研究起黑格儿来,所以这部书既不是普通形式的传记,也不是传统形式的哲学著作,而是别具一格的发生学的方法写成的创作。

我们以上曾经说,人的活动都是对于环境的反应,各时代的环境不同,人的活动也随之各异,我们把各时代自然及文化的环境,称为"世界的素材"(Weltstoff),人不能离开世界的素材,人与世界是交互作用的,所谓交互作用,就是说人对于世界不只是被动的,而且是主动的反应,反应有种种的形式,肉体的与精神的,精神的形式也有许多方面,在精神史的研究上,对于各时代的环境固然不能不作探本溯源的研究,同时在主观方面,对于精神形式又不能不作"全体的把握",用这种态度或方法研究精神史,称为"了解的精神史"(Verstehende Geistesgeschichte)。未柏(Max Weber)[14]对于社会学的研究,也称为"了解的社会学"(Verstehende Soziologie)。以上是精神史的方法,以下我们再讲各部门的精神史。

(5)精神史的方法与经济史,政治史,美术史,及宗教史的研究——一般精神史与各部门的精神史

精神史可以分为一般精神史与各部门的精神史,不分文化领域及至精神领域,而做整个研究的,称为一般精神史,这种广泛范围的研究,可以说到今日为止,还没有开始。我们现在所能讲的只限于各部门的精神史,例如从精神史看的经济史,或从精神史看的政治史,美术史等。不过在叙述人的精神状况如何变迁之前,要知道主观的精神状况与客观的世界构造是分离不开的,换句话说,人的精神状况相应于“体验世界的构造”(Erlebniswcltstruktur),不把人的“精神状况”(Seelenart)与环境世界的关系观察清楚,只讲主观精神状况的变迁是不行的,如果可能也不过是没有内容的空架子而已。

从精神史的观点看来,可以分为各种不同精神的领域,在心理学上把人观察的时候,例如有教育家,政治家,艺术家,僧侣,商人等,他们精神的形式各自不同,这是常识上都有的认识。人的活动既然如以上所说,都是对于周围世界的反应,而人所活动与体验的领域又各自不同,如教育的领域,政治的领域,美术的领域,经济的领域,宗教的领域等,这也是我们周知的事实。现在把精神史的方法用在经济史,政治史,美术史及宗教史上,看看所谓精神史的根本方法及特质在什么地方,不过以上分这四项只是常例看,并不是说精神史只包含这四项,譬如精神史的方法适用于文学史,更是比较的容易看出来,如我们以前已经谈及的。

(一)用精神史的方法研究经济史,第一要知道人是经济活动的主体,所以先要从经济的观点,把人在“精神构造的变迁”作为中心问题。

这种意义的经济史,要从一个民族或集团所有的“经济上的思想”(Wirtschaftsethos)出发,用“经济心理学”(Wirtschaftspsychologie)的观点加以研究,在这儿所谓“经济心理学”是人文科学的心理学⑮。

因为处理这种意义的经济史上的问题,要从三方面入手:(1)对于经济的主观看法,(2)从经济的主观把握客观上经济的条件,(3)从两者的关系生出经济活动的各种形式——如生产与消费,需要与供给,交易关系,货币,以及信用制度等重要问题。例如古典经济学上把所谓“经济人”(Homo Oeconomicus)看做永恒不变的本质,但是这种新经济史——精神史的——把“经济人”认为有许多种类,例如纯农业地域的“经济人”与高度工业化地域的“经济人”不同,德国对于经济的看法与美国对于经济的看法不同。与这个问题有关联而另有特殊意义的,例如未柏(Max Weber)研究宗教(Die grossen Weltreligionen)对于经济生活的影响,他从这种观点说明东洋及西洋的经济组织如何不同;此外还有学者把宗教的态度认为西欧资本主义的一个来源,例如宋巴特(Werner Sombart,1863—1941)在经济史上及社会学上著作中,时常提到这一点。

(二)政治史用精神史的方法来研究,与从来所谓:“划期的行动及国家行动的历史”(Geschichte der“Haupt und Staatsaktionen”)一样,不能不以政治世界的事实为基础。要以伟大的领袖,伟大的政治家,以及战争与和平时期重要事件,作为政治史的中心问题。不过用精神史的方法研究政治史,着重点略有几分不同,精神史的政治史所研究的主要对象,有下列三方面:(1)政治支配者,以君主或政治家精神的状况(精神的构造)为问题,(2)与政治支配者最有关系的客观权力体的构造问题,(3)各时特有的“政治样式”(“Stil”der Politik)。

在今日用精神史的方法研究以政治家为中心的问题,不仅注意考察他的行动,并且要对于他的人格或性格加以分析的研究,以前把政治上的伟人,在德国有两种说法,一个是“不能比拟的人”,另一个是“不能度量的人”,到了歌德更用了一个词,他称政治上的大人物为“魔力的东西”(Das Dämonische),例如成吉思汗,拿破仑,菲得利二世(Friedrich Ⅱ. von Hohenstaufen)[16],菲得利大王等人,像以上这些伟大的政治家,固然在主观方面,各有独自的精神,所以对于他们个人需要心理的研究;同样在客观方面也有各时代独自的精神,中国谚语所说:“英雄造时势,时势造英雄”,就是这个意思。关于时势的研究,我们可以依精神史的方法,提出类似下列的问题来:(1)《关于封建制度精神的研究》,(2)《东洋专制政治与西洋专制政治比较的研究》,(3)《北美合众国民主主义的研究》……等都是对于一个时代或时势,要抓住“时代的精神”(Geist der Zeit),德国现在有一个刊物,就叫做《时代精神》。从除了人以外的客观环境看来,各时代固有各时代的精神,同样地理的条件也很重要,例如欧洲大陆诸国建国的过程,与大英帝国发展的过程,根本上就不同,这种异点只在宪法的形式与各别制度组织的研究,是不能充明解释出来的。

最后我们讲到政治的方法(样式)也是随时代而有变化的,例如意大利人马基阿未利(Nicolo Machiavelli,1469—1527)[17]所倡导的“国家理性”(Staatsraison)是特别适于君主政治色彩的政治形态,近世是国民的国家时代,在政治的方法与形式上都变化了。到了国际联盟出现的时候,虽然实际是少数国家过于看重自身的“霸权”(Hegemonie),不配称为“国际”,但是政治的样式却又有了变化,而“国际的”政治思想却不能不推康特的《永久和平论》(Zum ewigen Frieden)为一个主要的理论基础。以上所说是欧洲文艺复兴后政治样式的三变,至于东洋的政治样式与西洋的政治样式,是更比较容易看得出的。

(三)从精神史的观点治美术史,在音乐史上更容易建立明显的计划,在美术史的研究上有三个方面要注意:(1)主观的方面,(2)客观的方面,(3)从主客交互的作用而产生的审美的或艺术的生活,属于主观方面的研究如对于创造的艺术家,加以心理学的分析及各时代艺术上的趋向或“艺术的意欲”(Kunstwollen),(例如宗教的艺术,合体主义的艺术,唯物论的艺术等)并且要对于当时一般观众的艺术上趣味,加以分析,也是必要的。关于客观方面的研究,最主要的是造形美术,如雕刻与建筑,就是从这种美术看与各方面的生活有如何的关系,有如何的作用。其次以及国民的美术,宗教艺术等。并且在艺术的创作中,所取材的生活内容也有种种的不同,例如就有不知道肖像画艺术存在的时代,也有不把风景画认为一个独立美术部门的时代,我们在艺术史上遇到这样的问题,便要问为什么是这种样子呢?在发这样问题的时候,就是引导我们不能不对于精神史的背境加以深入的研究。

关于主客二者交互作用(交互的发展,克服,完成的过程)的各种形式是美术史的第三个问题。普通在德国就称为“样式”(Stil)的问题。不过“样式”一词不能表示什么具体的内容;此外还有一些传统的名称,如印象派与表现派,自然主义与理想主义,象征主义与写实主义等,不过这些空名词不能引导我们深入作积极的研究。据士榜格说来,对于这个问题,只有用人文科学——“精神科学”——的方法,把“艺术精神的构造”加以深刻的分析,才能有结果。就在建立精神史的老家德国,用精神史的方法研究美术史还在提倡时期,提倡最力的一个就是士榜格。

(四)据德国精神史及人文科学(精神科学)的学者看来,精神史中最主要的部份是“世界观的历史”(Geschichte der Weltanschauungslehre)及宗教史,这是我们所以把“世界观学”及“精神史”放在一块介绍的缘故。因为在世界观的历史及宗教史上,所注意的问题不是人的某一方面的生活,而是(1)与人格的全体有关系的对于整个世界体验的主体,(2)及人的精神与世界的“最后的”问题,

(3)把全体世界作为研究的对象。只有在这种根本的世界观史及宗教史的研究中,才可以找出主观的精神及客观的世界之间战斗的统一来,像黑格儿那样的哲学天才所谓"绝对的精神"便近于这种境界,也就是所谓"绝对的生命源泉"(der"absolute"Lebensgrund)。不过精神的各种形式在表现的时候,不能不借助于"语言"(Sprachen),所以又不能借助于"美的具象,理论的思考活动,以及宗教的与宗教的信条"(die ästhetische Versinnlichung, die theoretische Gedankenbildung, die Symbolik kultischer Handlungen)等力量,不过在这样的情况仍有表现不尽的东西,于是就现出所谓"神秘的意识态度"(Mystische Bewusstseinshaltunsen)。把宗教史作为学问的研究,据精神史的学者研究,只有精神史的方法可能,只把宗教的表现及宗教的仪式,作一种记述只是对于宗教表面的观察,不能了解宗教的真髓,至于精神史的研究能否把对象能充分的了解,也是一个疑问。

以上我们把精神史的方法在政治史,经济史,美术史,及宗教史上如何应用,已经简略的说过了,现在我们再把精神史在学术界的信用及它的前途简单的叙述一下。

(6)精神史为什么受非难?

在德国对于精神史的研究,定出一个计划并且促成为学问的运动,努力加以唱导,乃是公元一九〇〇年以来的事,而关于精神史的工作在一八六〇年已经开始研究,精神史研究上的代表学者,最有的名是布尔卡特(J. Burckhardt),海木(R. Haym),狄尔泰(Dilthey)等人。不过我们要知道在德国精神史"研究热"的绝顶已经过去了,反而精神史在今日的德国受到各方面的攻击与非难,精神史所以受非难有种种理由,现在我们只举出两个理由,使我们知道精神史在学术界还没有得到普遍的承认,它的前途还有待于今后精神史家的努力。

第一,精神史的许多代表学者,例举了太多的“精神”,而他们却怠于以资料为基础的研究,他们对于历史的对象尽有许多的议论,而对于史料自身的轮廓缺少精确的认识,但是海木与狄尔泰却是例外,他们二人在精神史上的工作,都以可靠的资料为基础,记述的慎重与立论的小心,远非其他一般精神史家所能望及的。

第二,精神史所以受攻击的理由,因为精神史的许多代表者太缺乏哲学的或方法论的素养,结果是在精神史上的成绩,便缺少学问上的正确性与严密性,所以不能从这些精神史家学得了什么可靠的知识,因之精神史失掉了学术界的信用。

除了以上所举的两个理由之外,精神史所以不能得到普遍的信任,还有另外的误解,总有人觉得“精神”是捉摸不定的东西,不免有人要说:“精神不受制于任何其他的力量,而是精神自身发展的进行”,或是有人又这样说:“精神是头中的观念(Idea),乃是推动历史的唯一力量”,像以上这样的说法,恐怕是很普遍的对于精神史的误解,不过据权威的德国精神史家看来,精神史绝不是这样的主张,精神史绝不是从“自然”脱离而成为游离的精神,脱离自然或违反自然的精神是不存在的,以自然为基础与材料而产生的精神活动,才是精神史的真正对象。

(7)结论

我们以上所介绍德国的世界观学与精神史,初看来使一般人不免有难以捉摸的感觉,特别是对于精神史中的所谓精神,在唯物论与实证论流行过的中国学术界对于这样的字眼不免有敬而远之的态度,其实若把精神史也像“精神科学”改为人文科学一样,称为“人文史”就容易了解多了,我们知道人文科学(精神科学)是研究“人”的环境作用(心理学)及精神所产的“文化”,而精神史所研究的对象也是“人”如何在文化环境中互相间影响的历史，所谓“人”生在文化环境正如“人”生在自然环境中一样，人的环境总逃不出这两种环境，精神史所特别看重的是人与文化环境的交涉史，所以我们也可以称精神史为人文史。

本文的参考书：

(1) Dilthey: Weltanschauungslehre.（《世界观学》），见《全集》(Gesammelte Schriften VIII)

(2) Dilthey: Des Wesen der Philosophie.（《哲学的本质》），见《全集》

(3) Jaspers: Psychologie der Weltanschauung.（《世界观的心理学》）

(4) Litt: Wissenschaft, Bildung, Weltanschauung.（《科学》，《教养》，《世界观》）

(5) Scheler: Die Wissensformen und die Gesellschaft; Philosophische Weltanschauung.（《知识的形式与社会；哲学的世界观》）

(6) Dilthey: Jugendgeschichte Hegets.（《青年时代的黑格儿》）

(7) Spranger: Lebensformen.（《人生的型式》）

(8) Spranger: Was heisst Geistesgeschichte?（《何谓精神史?》）这是士榜格的一篇讲演录，本文大部份的材料是取于这篇讲演，并且有的地方简直就是翻译，特别声明一下！

(9) Burckhardt: Kultur der Renaissance in Italien.（在《意大利的文艺复兴时代文化》）

(10) 鬼头英一译：《精神科学序说》(Dilthey 著)。

注：

① 见冯友兰先生著：《人生哲学》，二百七十六页。

② Ideen zu einer Philosophie der Natur, 1798。

③ Demokritus 大约生于公元前四六〇年，他是希腊哲学中原子论派的创立者，关于物理学，形而上学，道德学及历史的著作很多，并且是造诣很深的数学家；同时旅行的地方极多。德文著作的参考书有：Brieger, Die Urbewegung der Atome; Lortzing, Die ethischen Fragmente des Demokrit; Natorp: Die Ethika des Demokritus;Dryoff:Demokrit-Studien.

④ Epikur(341—270 B. C.)是希腊哲学家,快乐主义的创立者,他认宇宙为物质的,盲目的,机械的,所以人生无他希望,只可追求目前快乐。

⑤ Thomas Hobbes(1589—1679)是英国哲学家,他的道德思想与政治思想实开近代思想的先河。

⑥ Ludwig Feuerbach(1804—1872)是德国唯物主义的哲学家,著名的著作有《宗教的本质》(Das Wesen der Religion),有中文译本。

⑦ Heraklit 是公元前五三五年至四七五年的希腊哲学家,生在艾菲索地方(Ephesos),他是一个高贵家庭的孩子,终生保持着贵族的脾气,极端反对平民政治。他很严肃而善于批评,同时又是悲观的,并且独断而骄傲,更有找别人"错"的倾向,对于他以前或同时的哲学家或文人,他都有些看不起,他自称他的思想是自己创见的,并不是受了任何人的影响。他的学说可以用一句讲出来:"一切是流动的"(allos fliesst)。此外他还有一名言:"战争是一切的父亲!"(Der Krieg ist der Vater aller Dinge)所以唯物辩证法的社会主义者,在讲辩证法的历史时,便把他认为开山祖。

⑧ Parmenides 大约生于公元前五一五年,伊利亚学派的发扬光大者。(柯诺芬尼(Xenophanes 570—480 B. C.)为这个学派的创立者,见:Frendenthal:über die Theologie des Xenophanes)

⑨ 谢林(Friedrich Wihelm Joseph Schelling 1775—1854)的生平与著作见《德学志》第四卷第一期拙文《赫尔巴特的生平与教育思想》中的小注。

谢林受新观念论及文艺上的浪漫派影响最深,当他在屠冰根(Tübingen)神学院作学生的时候,已经得到菲希特哲学的最好解说者的荣誉,后来不久他用自然哲学补充菲希特的思想,这样一来,不仅使浪漫派(Die romantische Schule)与诗人歌德十分高兴,并且因此得到他国内自然科学家的许多朋友。在本文中我们说过世界观受了浪漫派的影响很大,谢林的哲学最足以代表文艺上的浪漫派如何影响哲学(世界观学照狄尔泰说是"哲学的哲学"(Philosophie der Philosophie))。

关于文艺上浪漫派与哲学的关系,参阅下列诸书:(1)Haym:Die romantische Schule(《浪漫学派》),(2)Walzel:Deutsche Romantik(《德国浪漫派》),(3)K. Fischer：Schelling（《谢林》），（4）Noack：Schelling und die Philosophie der Romantik（《谢林与哲学上的浪漫派》），（5）T. Ziegler：Die Geistigen und Sozialen Strömungen des XIX. Jahrhunderts（《十八世纪的精神上与社会上的狂飙运动》），（6）Windelband：Die Philosophie im Deutschen Geistesleben des XIX. Jahrhunderts（《十八世纪德国的精神生活的哲学》）。

⑩ R. Haym（1821—1901）是德国的政治家与文学史家，并且是哲学家，曾任大学教授。不满于唯物主义与从来的形而上学，而唱导复归康特，他可以说是新康特学派运动的一个先驱者。

⑪ K. Lamprecht 是德国心理主义的历史哲学家，来比锡大学的教授，他把史学的对象作为社会心理学的现象，从这样现象的法则，可以看出文化阶段的发展来。

⑫《青年时代的黑格儿》在一九〇六年四月出版，书分两卷，第一卷讲黑格儿的思想最初的发展与神学的研究，第二卷讲黑格儿如何从研究神学而产生了黑格儿的世界观，这本书的研究对象正如书名一样，乃是黑格儿的青年期，黑格儿在青年期把大部分的时间与精力用在古代史，启蒙思想家，康特哲学，及菲希特以后他同时代的哲学思想上：黑格儿的兴趣不仅限于纯粹的学理，同时他对于法国，瑞士，英国及德国变动期的政治与法制，都埋头研究过，在青年黑格儿研究中，最为他集中精神的是以原始基督教为中心的宗教史与神学史。所以本书关于黑格儿对于神学与宗教史的研究占去页数最多，叙述的也最详细。至于黑格儿哲学的方法在本书中也有体系的叙述，所以本书不仅对于有宗教史兴趣的人及传记家供给一种别开生面的著作，尤其是对于黑格儿哲学及辩证法关心的人，更应当读读这本书，并且本书以黑格儿为中心，把当时德国思想界叙述出一个鸟瞰图来。我们希望这本书在不久的将来，能有中文的译本，使中国人不仅知道有《少年歌德》，并且还有《青年黑格儿》也是一个伟大的人物。

⑬“人文科学”这一个词是德文 Geisteswissenschaften 的译语。在法文为 Sciences morales，在英文为 Mental sciences。在科学系统的分类上，“人文科学”的对象与“自然科学”（Naturwissenschaften）的对象不同，二者是整个科学中的两大主枝，狄尔泰的终身事业便是建立在人文科学及人文科学的历史。我们知道自然科学分许多独立的科学，同样人文科学也分许多独立的科学，人文（精神）科学

分精神过程的科学与精神所产的科学，如心理学属于前者，后者以精神所产生的结果为研究的对象，又可分为组织的科学及发生论(genetische)的科学，前者如文献学，社会学，经济学，法律学，宗教学，艺术学等，后者如历史学便是，政治学没有放在人文科学中，因为德国学术界普通不把政治学看为科学。而认为艺术，这是应该注意的一点。

⑭ 末柏(Max Weber，1864—1920)是德国现代最特出的经济学家与社会学家，他把社会科学(Sozialwissenschaften)与社会政策(Sozialpolitik)严格的划分清楚，这样一来，对于社会科学的贡献甚大。主著有《经济与社会》(Wirtschaft und Gesellschaft)及《宗教社会学》(Aufsätze zur Religionssoziologie)等书。

⑮ 人文科学的心理学是德文 Geisteswissenschafliche Psychologie 的译语，与所谓“记述的分析的心理学”及“了解心理学”相同，阅：E. Spranger，Lebensformen。有中文译本，不过译文不好懂。

⑯ Friedrich Ⅱ. von Hohenstaufen，1194—1250。

⑰ 马基阿未利是近代政治思想史初期最值得注意的一个人物，当文艺复兴与新教改革时期，反对天主教的空气渐渐高涨起来，推反宗教的独尊要用政治的力量，加强政治的力量便要有新的政治学说，这种加强政治力量的新学说，对于“近代国家”(Der Moderno Staat)的产生有极密切的关系。马基阿未利的时代，正当罗马教廷(与政府内政相似)与意大利政府在政治上破产的时期，他便对于天主教施以极端的攻击，主张统治权归于君主，他的学说见于他所著的《君王论》(1515)。

海德戈与他的哲学

前　言

现在把一篇讲哲学的文章,放在社会科学的刊物上发表,或者有人感觉着奇怪,认为社会科学之所以为科学,说在它脱离了哲学的纠缠而才独立起来的,正如自然科学中的天文学,物理学,心理学等科学一样,从十七世纪以来,先后脱离了哲学的范围,才有突飞猛进日新月异的进步,所以有些科学家——自然科学与社会科学家——唯恐与哲学分离得不清楚,怕“玄学鬼”(地质学家已故丁文江先生的用语,见科学与人生观)附了身就不能“实实在在”的研究科学,客气一点的对于哲学也持一种“敬而远之”的态度。另外还有些科学家,如物理学家马吓(Mach),生物学家杜里舒(Hans Driesch),看做社会学家的斯宾赛尔(Spencer)等人,便好像为他们专门的科学,建立了一个哲学基础之后,才能心安理得。以上这些“公说婆说”的理由,不是一言两语能道破的,我们在这里不谈。

从历史上看来,哲学是学问的母亲,退一步说,至少是产婆。单就希腊时代举例说吧,初期是讲“自然”问题的原始哲学家或幼稚的自然科学家,第二期便是讲“人事”或“社会”问题的哲人派或启蒙的与社会科学家;来集希腊哲学大成的柏拉图的哲学,更是他研究社会问题的出发点与归着点,他的共和国便是以哲学为基础,建立起来的理想国。哲学与社会问题的研究从历史上看,固然有密切的关系,现在更有一种趋势,简直把哲学认为社会科学,或半社会科学。例如一九二九美国出一本书叫《社会科学的探究》(Research in the Social Sciences,Wilson Gee 编),除了叙言之外,内容共分九章如下:

(1)社会学,(2)经济学,(3)人类学,(4)统计学,(5)心理学,(6)法学,(7)史学,(8)哲学,(9)政治学。

这部书执笔的人都是第一流的学者,哲学一章为杜威(John Dowey)所写,甚多独创而有价值的见解。以上是把哲学与诸社会科学认为有密切关系的一例。

此外如《社会科学百科全书》(Encyclopaedia of the Social Sciences)的编者塞里曼(Edwin R. Seligman)在这《全书》中叙论上《什么是社会科学》一文中,曾为社会科学分类,他把哲学放在"半社会科学"(the Semi-social Sciences)一类中。

还有单论社会科学中某一门与哲学关系的,例如包诺尔(Bonar)所著的:《哲学与经济学在历史上的几种关系》(Philosophy and Political Economy in Some of their Historical Relations),本多谦三著的:《哲学与经济》,便是讲哲学与经济学的关系。

我们从以上这些"持之有故"的理由,所以在社会科学的园地谈哲学。

本　文

海德戈(Martin Heidegger)是德国现在健在的哲学家,他生于西历一八八九年九月二十六日,他的故乡是德国南部的巴典州巴典湖近傍的一个小村,叫做梅斯克西(Messkirch)。一九一五年作福来堡(Freiburg in Brersgau)大学的"私讲师",一九二三年就任马尔堡

(Marburg)大学的正教授;到一九二八年又回到福来堡大学,继承他的受业师胡塞尔(Edmund Husserl)的去后位置,而成为该大学的教授。在一九三三年曾一度就任福来堡大学的校长,并且海德戈的大学校长就职讲演为:德国大学的《自己主张》(Die Selbstbehauptung der Deutschen Uninerstät),主要的意思在于讲大学的使命,论德国大学的本质与德国国家的本质有密切的关联,有人认为海德戈看重教育上的民族精神,是为了迎合政治上的要求,而批评纯粹学者的海德戈转向的,不过他作大学校长的时期不过半年就辞职去了,有人说这是因为学者的生活与教育行政职务不甚相容,也有人说是由于另外的缘故。现在海德戈仍然在福来堡大学过教授的生活。

海德戈早年跟着德国西南学派的大师黎凯特(Heinrich Rickert)①学哲学,后来又师事现象学的创立者胡塞尔②,在深刻的研究之后,他发觉了现象学的困难与限制,同时他又受了狄尔泰(Wilhelm Dilthey)③及柏格森(Henri Bergson)④的影响,于是渐渐形成了海德戈自己的哲学系统。

海德戈最初得博士学位的论文是:《在心理主义上的判断论》(Die Lehre Vom Urteil im Psychologismus ,1914),这篇论文是站在黎凯特的立场对于心理主义的批评。后来海德戈在福来堡大学就私讲师的一篇就职论文为:《东斯·史考士司⑤的范畴及意义论》(Die Kategorien-und Bedeutungslehre des Duns Scotus,1916),这篇论文可以表示海德戈的思想从黎凯特过渡到胡塞尔的时期,他在两个哲学家的影响之下,特别对于经院学派的东斯,史考士司再加以彻底的认识。同时就在一九一六这一年,他有一篇叫做《历史科学上的时间概念》(Der Zeitbbegriff in der Geschichtswissenschaft)的论文发表,这是海德戈在黎凯特及柏格森的影响之下写的。以上是海德戈的思想从各家所受的影响,可以说是他的接受时期。

从一九一四年到一九一八年的第一次世界大战,前后约有十年的时期是海德戈的潜修期，努力于治学的功夫，于是创造了自成一家言的系统，一九二七年他著的《存在与时间前编》(Sein und Zeit. Erste Hälfte)出版，这就是海德戈的主著。《存在与时间》一书不特在德国哲学界发生了极大的影响，而且一般思想上也受到了影响；不特在海德戈的祖国德意志惹起深刻的注意，而且得到了世界的荣誉，所以《存在与时间》实在是划期的一部著作，本来不过是一个青年治哲学的学者海德戈一跃而为世界哲学界的有名人物。一九二九年他又出版了《康特与形而上学的问题》(Kant und das Problem der Metaphysik)，就这本书的序文看来，知道它是属于《存在与时间》的第二部，在思想上海德戈一方面对于现象学提出疑难来，一方面建立他的存在学，原来《康特与形而上学的问题》一书，海德戈本来想叫做《康特的纯粹理性批判与基础存在学的观念》(Kants Kritik der reinen Vernunft und die Idee einer Fundamentalantologie)，在一九二九年这本书在《现象学年鉴》(Jahrbuch für Philosophie und Phänomenologie Forschung)做为《补编》放在胡塞尔七十寿辰纪念论文中，并且这本书的内容在一九二七年十二月海德戈在《康特学会题为康特图式论》讲演过一次，又于一九二八年在马尔堡大学作为"纯粹理性批判底现象学的解释"的讲义。

就在一九二九年海德戈还有两篇论文发表，一篇是《什么是形而上学?》(Was ist Metaphysik?)，一篇是《关于根据的本质》(Vom Wesen des Grundes)。前一篇论文是海德戈在福来堡大学的就任讲演，他有两篇著名的讲演，就是《德国大学的自己主张》与《什么是形而上学?》，这两篇讲演是海德戈为了"时势"的要求而说的话，所以在对于海德戈的真正哲学没有适当的了解以前，这两篇讲演是容易惹人误解的。后一范论文《关于根据的本质》是海德戈讲根本的逻辑问题与形而上学的关系。最近海德戈又讲起艺术问题，一九三七年他发表《何德林[6]与诗的本质》(Hälderlin und das Wesen der Dichtung),这是海德戈在一九三六年在罗马的讲演作底稿而成的,他称何德林是"诗人的诗人"。除了海德戈自己的著作如以上所述者外,他还编纂胡塞尔的著作,一九二八年集成《胡塞尔:内的时间意识的现象学讲义》(Edmund Husserl:Vorlesungen für Phänomenologie)。

以上是海德戈的略历及著作的简单介绍,现在我们讲一讲海德戈的哲学,换句话说,就是海德戈的"存在学"(Ontologie)所讲的是一些什么问题,并且怎样的解答。

我们讲海德戈的存在学,主要的根据是他的代表哲学主著《存在与时间》,从这部海德戈教授的著作中,可以看出他对于哲学上特有独创的见解,但是他对于哲学上所讲的问题,却是哲学史上的一个"老"问题。这个问题自从希腊的哲学家巴门尼得(Parmenides)⑦直到亚里斯多德,继续有中世纪的基督教思想,直到现代哲学,向来都在一贯的研究着这个问题,这个问题是什么呢?就是探究"存在的意义"。关于存在的问题在今日对于我们好像是太显而易见了,显然得甚至于使我们忘掉这个问题还成为问题,海德戈重新再提出这个"老"问题来,不过他在思想上的路术,完全与希腊的哲学家不同。

我们从哲学史上看来,古今的哲学家,凡是卓然有所建立的人,在他的整个思想中都有个根本概念,统摄整个的思想体系,柏拉图,亚里斯多德,黑格儿……都是这样,我们的这个现存的哲学家海德戈当然不是例外;海德戈在哲学上有三个根本概念,就是:

(1)存在

(2)时间

(3)人

本来这三个概念并不限于海德戈的哲学,从希腊以来,自某种意义看来,哲学的问题就集中在这三个概念上。我们从海德戈这部主著《存在与时间》的命名看来,就可以知道他把"存在"与"时间"的问题,看得如何的重要。海德戈的问题从"存在问题"出发,这就是

“存在论”，也是海德戈的哲学所以称为“存在学”的来由，对于存在的意义从时间上加以探求，这就是“时间论”，把“存在”与“时间”统一起来的就是“人学”[⑧]。海德戈对于人生用一种现象学的分析，特别着重在时间性及历史的性质，想对于存在问题开辟一条新路径。

为了海德戈的新路径，有些先驱者的哲学家为他探过路，主要的有康特的超验哲学，奥古斯丁(Augustine)[⑨]与冀柯戛特(Kierkegaard)[⑩]等基督教思想家的思考，以及在德国提醒历史意识的赫德(Herder)[⑪]的思想，这种历史意识经过狄尔泰(Dilthey)的手而系统的组成了学问，更加上人生哲学家的超人尼采承认了它对于人类生活的意义，最后还有胡塞尔(Husserl)的现象学方法，海德戈承受了这些先驱哲学家的遗产，加上他自己独创的见识，于是成功了他在哲学上独占一席的“存在学”。

在我们讲海德戈的存在学之前，我们必得先要知道他与哲学史及一般历史的特殊密切关系，因为在一个学者的成就完全没有历史上的凭借，是不容易白手起家的，西洋哲学史上第一个有博大系统的哲学家柏拉图，就是把他以前各家各派的思想都我田引水似的接受过来，而加以融会贯通，组成柏拉图自己的哲学体系。海德戈的思想像前面说过的，特别看重历史的成分——换句话说，就是特别看重时间性——，所以他与哲学史与一般历史的关系也特别值得我们注意。海德戈开始他的哲学家生涯，就从事于天主教的理论方面研究及中世纪哲学的思考，并且对于过去的大思想家，用一种非常深刻而精细的态度，加以研究：虽然他接近了各家各派的思想，但是他对于十九世纪以来的黑格儿派[⑫]不能表示满意；海德戈对于哲学史的大哲学家作一种锲而不舍的努力研究，特别以下这些第一流的哲人：笛卡儿，莱布尼兹，康特，菲希特，释陵，黑格儿(Descartes, Leibniz, Kant, Fichte, Schelling, Hegel)，以及阿奎诺斯[⑬]，冀柯戛特(Aquino Kierkegaard)，最重要的还是亚里斯多德，柏拉图，与苏格拉底之前的一些思想家，如巴门尼得等人。

海德戈对于哲学史做过非常努力的研究，他在哲学史上的研究，使他得了一个重要的收获，这就是使得海德戈发觉那能左右我们生活的“传统”(Tradition)太不清楚，德国人是最“传统的”爱讲“传统”的民族，我们这个“存在学”的大师也不是例外。从海德戈看来，无论在哲学上，宗教上，以及一个国民生活上的传统，都是人与他们历史的过去在紧密关系中产生出来的，并且“传统”能唤醒人的“历史意识”。但是从现在的实际情况看来，“传统”那儿有这样的功用呢？如果有，也是“不清楚”得使人不能察觉的程度，真能串透生硬的“传统”，而发掘含蕴在“传统”里面的真正值得纪念的人，又是怎样的稀少呢？按照海德戈的说法，“传统”，特别是正在有左右生活力量的传统，最易于使我们忘掉“前事”的真正路径与意义；并且压制个人自决的力量，使一个人对于传统不能发生疑问，在这样的情况下，人便没有为自己“选择”的机会，这是所谓“传统主义”，也是“权威主义”的一种表现。因此使我们认为一切生活上，哲学上，以及文化上的传统，都是自然的，没有问题的，生活在这种传统中的人，都把自己的怀疑，自动的或被动的压制下去，并且他不得探本索源的寻清这个传统形成的历史。

海德戈的这种说法很重要，他个人是最努力于研究哲学史的人，但是同时他又把哲学史上没有生命与意义的传统，想完全清除而破坏了它，原因是他对于哲学史，以及一般历史的态度，乃是“发生学的”(Genetisch)，而不是权威主义的。海德戈有一种看法，他认为至少在哲学上，最伟大与最有影响的思想，已经产生过了，但是我们现在的思想，却很少能体验或抓住这种伟大思想所以产生的真正来源。举个中国的例说吧，孔子是怎样的人，有什么样的人格，他的思想与行为又是如何，一般坠落的冬烘所谓读书人，读了儒家的书，只会柔弱得秀才造反，三年不成，只会三日无君，则惶惶如也的去寡廉鲜耻，只会吃冷猪肉，只会作乡愿，只会四体不勤，五谷不分；但是忘掉了孔子的勇能戳少正卯，气节表现在微管仲吾岂披发左衽矣的精神，尊重历史意识的温故而知新。我们举一个中国的例，为得是容易使中国人易于了解海德戈思想。海德戈以为我们对于伟大思想，往往因为一些生硬而习惯的传统，而使我们忘掉真理发现的源头活水，结果是我们很难超过历史上的伟大思想家，所能达到的境界，并且对于切身的思想问题缺少亲切而严肃的意味，像过去曾经实现过的，这是教坛哲学家所以贫困，而哲学所以使人觉得难而不敢领教了。

因为以上的理由，所以海德戈要求把哲学史上所遗留给我们的东西，都一扫而清，而且他自己也确是本着这种态度，完成他独创的存在学，这样做并不是就让一个人完全逃脱历史的关联，而是好教一个人避免生硬的独断及不亲切的第二道手的哲学问题，在亲身独自的哲学经验中创立自己的思想，从这种哲学的经验中，才有哲学上最基本概念的产生，才能做哲学家，而不是哲学史家。海德戈的希望与目的，就在于重新把失迷了途径的哲学思想，再探本索源的还给它本来的样子，不至于使我们如坠五里云雾中似的摸不着头绪，把真正的哲学思想提出来，但是现代的哲学好像只讲哲学家的问题，而忘掉了根本的哲学问题，这一点是海德戈在哲学上成就的出发点，似乎我们可以说这是义理之学与记诵之学不同的所在。

海德戈从哲学史的埋首研究看来，他认为希腊的思想家，从安那克斯曼得尔⑭(Anaximander)，巴门尼得(parmenides)，赫瑞克里特斯(Heraclitus)⑮，到柏拉图与亚里斯多德，在哲学上抓住问题的核心，远非后来的哲学家所能比较的，这些西洋初期的哲学家，对于思想上的基本原则，也就是形而上学，都探究得很彻底。海德戈在哲学上的基本问题就是“存在”问题，存在问题是苏格拉底前期的哲学家提出讨论的，海德戈认为特别是巴门尼得最为重要，有巴门尼得才引起柏拉图及亚里斯多德的追究，但是从亚里斯多德以后的哲学，把存在问题认为一个显然问题,而在做哲学思辨时疏忽了。柏拉图与亚里斯多德承继他们二人先驱者的思考,在形而上学上所得的收获;直到黑格儿的"论理学"出现,是无人能超过他们二人的。希腊哲学家对于"存在"问题的研究诚然有很高的成就,但是后来关于"存在"的探求,却被认为是多余的了,甚至于公认为有没有这个问题无关重要。

海德戈是现代哲学家中,第一个重新抓住形而上学根本任务的人,并且他在形而上学上的贡献或成就,超过希腊哲学家所达到的境界,与柏拉图,亚里斯多德,以及康特相比而无逊色,不过康特在"存在"问题上的见解,依然受独断的传统影响,而海德戈超脱了一切传统的束缚,所以有"一针见血","快刀斩乱麻"的爽快意味。

希腊的哲学思想,诚然达到了极高的境界,希腊的形而上学,就是关于"存在的意义",也实在是哲学思想的黄金时代,但是海德戈认为希腊人的思想有一个重要的限制,就是:希腊人认为最典型的"存在"是显然可见与能感觉到的个体存在的东西。因为希腊人把个体存在的东西认为存在最模范的类型,所以希腊哲学对于生活,甚至于人的解释,也作如是观,世界就是一切存在的关联,而时间也是个体存在的表现。

世界既然如希腊人所见是个体存在的东西,那末在个体可见的东西之外,是不是有一条路可以克服这样死板板的限制?我们是否能寻出新的而且更基本的现象,使我们对于存在问题有一个新的看法?这就是海德戈的问题。

关于这个形而上学的中心问题:"存在的意义",在希腊哲学之后,有几个独立的思想家为海德戈探过路。

第一个人就是奥古斯丁(Augnstine)在他的《忏悔》(Confessiones)中讲过的,他的思想是很哲学的,他觉得没有停止的"不安"[16],使一个人在现世生活中迷妄起来,一个人有记忆,罪恶的感觉,决断,及希望等,这便是人生有时间性的一切不同的性质;而这种没有停止的不安对于真理的发见,比古典哲学家的“至理”更为重要。

第二个人是笛卡尔,他虽然对于一切都怀疑,但是他不能怀疑他自己存在于他的思想与怀疑中,换句话说,他在怀疑主义之后,有了肯定的积极主义,“我思故我在”(Cogito ergo sum)是他在怀疑之后,不怀疑的第一个可靠的真理。

第三个人是康特,康特把哲学分为三个大问题:(一)我能知道什么?(二)我应该做什么?(三)我可以希望什么?把三个问题放在一起,就是:“人是什么?”

狄尔泰(Dilthey)认为哲学家最大的任务,在于解释“存在”的哲学上的意义,采取完全与希腊人不同的态度,希腊人从世界看人生,我们必得从人生看世界。

最后是冀柯戛特(Kierkegaard),这个丹麦的哲学家对于现代德国哲学界的影响很大,特别是对于海德戈的影响。冀柯戛特认为黑格尔的思想没有人生的基础作根据,所以是一些“纸上谈兵”的空论。

以上各家都是海德戈的先驱者,海德戈从这些前人探过的路,而深入进去,他解决存在问题的方法,第一步要问的是:人是什么?说得明白一些,我们说海德戈的哲学方法是:分析人生做为解释存在问题的准备阶段。海德戈正如希腊人分析能察觉的东西一样,用一种更根本的严密态度,对于人生的结构加以分析。我们对于海德戈的存在学要特别值得注意的,就是在他的分析中抓住人生的一个重要因子,这个因子是希腊哲学没有充分讨论过的,而且直到黑格儿的存在学,也没有特别着重过的,这就是“时间性”与“历史性”,从海德戈看来,人生的“时间性”或“历史性”特别重要,正如海德戈的先驱者狄尔泰把历史性看得特别重要,因为“时间性”或“历史性”形成一切人类关于存在问题的范围,换句话说,一切哲学思想都由此产生。

我们在海德戈的存在学中要留心的:他如何分析世界的现象,如何讨论人生的根本样子,例如人生对于世界有各种的关联,譬如一个人对人对己与对于环境的关系等……,只有把这些基本的分析了解之后,才能进一步明白海德戈更复杂的说法,例如一个人如何有死的冲动,并且把他自己看做有限的全体性,由此得到决断的意识与力量;同时由于这种分析的结果,一个人可以解释人在日常生活及历史上的地位,最后便达到了"存在与时间"的根本问题。海德戈对于哲学抓住了哲学所以为哲学的所在,想重新再把哲学恢复以往的崇高地位,因为十九世纪是可以称为科学时代的,十九世纪末期支配德国思想界的是实证主义,只认经验的事实为唯一可靠的根据,对于形而上学都加以排击[17],海德戈为了"哲学家的吃饭问题"吧(?),于是再把哲学的崇高使命提起来。

以上所讲的,除了海德戈的生平之外,我们把他的历史背境,简约的谈过了。海德戈从哲学史上所受到的启示是什么,他在哲学上的中心问题是什么,但是关于海德戈自己对于这个中心问题的讲法如何,我们还没有讲,现在要把海德戈的存在学,简单而平易的说一说,为了了解起见,我们只讲存在学的初步,并且把这个初步分为三个题目:

(1)存在学的概念如何?

(2)存在学的方法怎样?

(3)存在学的出发点?

存在学的概念 海德戈的存在学就是存在者(Seiendes)的存在(Sein)之学。什么是"存在者"呢?例如我们所见的,我们所思考的,我们所使用的,我们所交涉的,乃至于我们自身都是存在者。所有的存在者,无论是什么样式,总是"有"。譬如我们看见的梅花,这是"有",我们使用的水笔,也是"有",乃至于我们自身也无不是"有",我们把所有东西(就如梅花,水笔,乃至我们自身)的"有"称为“存在者的存在”。没有不存在的存在者,也没有不存在者的存在。存在由于存在者的存在,有各色各样的存在者,也有各色各样的存在,梅花是梅花,水笔是水笔,各有各的存在样式。存在者的存在并不就是存在者的性质,梅花有美的性质,但是美的性质并不就是梅花的存在;水笔有好用或难书的性质,但是好用或难书的性质并不就是水笔的存在,因为存在者的存在不是偶然的性质,如梅花的美,或水笔的好用与难书等,都是偶然的性质。

存在乃是属于存在者本质的东西,存在与存在者是分离不开的,但是同时存在与存在者却有严格的区别。这一棵梅花与一般梅花的存在不同,这一只水笔与一般水笔不同,前者是偶然的,后者是本质的,海德戈称前者为存在的规定(ontisch),后者为存在学的规定(Ontologisch),存在者与存在的区别,称为“存在学的差异”(ontologische Differeng)。

存在学是存在者的存在之学,那末存在学与哲学,形而上学,及实证科学的关系,便成了问题,从海德戈看来,就哲学的对象说,哲学就是存在者的存在之学,也就是存在学,就哲学的方法说,哲学乃是“现象学”(Phänomenologie),哲学从“生存的解释学”[18](Hermeneutik des Daseins)出发而为“普遍的现象学的存在学”。存在学不是哲学的一个部门,哲学不外存在学,哲学就是把存在者的存在作为问题的,所以我们讲海德戈的存在学,并不是只讲海德戈的哲学中一个部门,而是全部海德戈的哲学思想。

其次我们要问存在学与形而上学有什么样的关系呢?形而上学在传统上分为“一般的形而上学”(Metaphysica generalis)及“特殊的形而上学”(Metaphysica specialis),前者把一般存在者做对象,存在学也包含在内,后者把特殊的存在做对象,如神学,宇宙学,心理学,把神,自然及人做对象。一般形而上学是存在学,但是特殊的形而上学是不是存在学呢?从广义的讲来,存在学既是存在者的存在之学,特殊的形而上学也可以说是存在学。并且存在学是形而上学的基础,因为存在学是形而上学的可能基础,所以称为“基础的存在学”(Fundamentalontologie)。至于特殊的形而上学以基础的存在学为基础才有可能,基础的存在学是把一般存在的意义做为问题学的问,关于一般存在者,研究这种存在的意义,海德戈的主著《存在与时间》中所讨论的问题,便是基础的存在学问题。

其次我们要问存在学与实证科学的关系是如何呢?实证科学所讲的只是存在者的问题,不讲存在者的存在问题,这种讲法是“存在的”(Ontisch),而不是“存在学的”(Ontologisch)。实证科学只问存在者是如何的样子,就是只把 Sosein 确定而不问 Sein 的意义。实证科学只把存在者做为问题,此外都不问,把存在者的全体分为种种的领域,每一门学科专研究各种独自的范围,例如关于自然及历史等学问的领域,都独自成为科学的对象。在这许多学问的领域中,不是这一个领域比另外一个领域优越,例如自然科学并不比历史科学优越,历史科学也不比自然科学优越,至于研究的方法,就是关于对象的处理方法,也不是这一个就比另外一个高,就如数学的认识并不比历史的认识“严密”(Streng),数学的认识与历史的认识不同的所在,乃是数学的“精确”(exakt),我们要知道“严密”与“精确”不同,历史学而要求精确性(论证的确实性)是违反“人文科学”固有严密性的特性。所以实证的各种科学并不比其他科学超越,但是存在学比实证的科学超越。实证科学以种种根本的各概念为基础,但是对于根本概念不了解,实证的研究是不能正确的进行,而根本概念的研究,乃是对于存在者的存在加以研究,也就是海德戈所谓存在学的任务,对于自然的存在者的存在研究之后,才能了解自然的根本概念,这种“存在者的存在”的研究,要在实证科学之前,研究“存在者的存在”不外存在学,所以存在学在实证科学之前,对于实证科学有一种指导的地位。海德戈的存在学是十足“形而上学的”,也就是“玄学的”,他是地质学家丁在君所认为的“玄学鬼”！

存在学的方法 我们在以上这一章讲存在学的概念与意义，及存在学与哲学，形而上学，实证科学的关系，现在我们讲存在学的方法。

以上我们说过哲学就对象看来，就是存在学，就方法讲来，就是现象学，那末存在学的方法就是现象学的方法，我们要问现象学的方法是怎样的方法呢？

现象学有一个中心的看法，简单的说，就是：“向事象自身”！现象学在德语上是 Phänomenologie，这个字包含两个成分，就是“现象”（Phänomen）与“理”（Logos），我们把“现象”与“理”弄清楚。对于现象学的意义自然也就明白了，所以我们先讲“现象”与“理”。

现象（Phänomen）是由希腊语转来的，这一个字的意思，就是“显现”的意思，所以 Phänomen（现象）的本来意思，从语源学看来，就是自身显现的意思。存在者有种种表现的式样，甚至于存在者所表现的与其本来的样子不同，在这种场合下，存在者便“看做什么一种样子”，这种现出的样子称为“假现”（Scheinen），因此“现象”这个字的意思，除了“显现”的意思之外，也有“假现”的意思。而且“假现”也不能不看做显现的东西，“假现”也是基于存在者的本然样子，才有可能，所以存在者的本然样子是与“假现”比较，是更根本的。“现象”在现象学上的看法与通俗的概念对于“现象”的讲法不同，至于“现象”在现象学上是如何的看法，我们必得先把 Phänomenologie（现象学）的另一个成分 Logos 的意义弄清楚。

在希腊语上的 Logos，柏拉图与亚里斯多德对于这个字有种种的用法，而最根本的意思是“说”，也就是“说明白”的意思。所以“现象”（Phänomen）与“逻克斯”（Logos）合成的“现象学”（Phänomenologie），从希腊语的意思讲来，就是：

就事物自身所现出的样子去看！

所以现象学的中心观点是“向事象自身”，这句话的意思就是对于一切的看法，都要直接的就事物自身所现出的样子去看，而加以“叙述”(Deskription)，所以现象学又称为叙述的现象学。但是现象学的叙述与植物形态学的叙述不同，因为现象学的叙述对于一切非直接现示的东西，都不加过问，这是现象学上的现象与通俗概念不同的所在，也是现象学上的叙述与实证科学的叙述不同的地方。

现象学的现象背后，没有任何别的“东西”存在，所以现象学的现象，也就是存在者的存在，才称得上“本体”，但是这种“本体”——现象学的现象——可以隐蔽起来，而使人不得见，因为“现象”通常并不显露，所以才有现象学的必要。

所谓“现象”的隐而不现有三方面可说：第一是到现在为止没有发见的意思，在这样的场合，对于这个没有发见的东西，既无知识，又无认识，这是一种隐而不现的方式；第二是现象被埋藏起来，就是说以前虽然被发见过，但是后来却又隐而不现了，这是另一种隐而不现的方式；第三是从前一度发见过的，但是隐而不“显”，我们眼上所见的只是一种“假象”，这是最常有的事，同时也是最危险的所在。从这种隐蔽的状态把“存在”—存在者的存在—取出来，就是现象学的任务。

“现象”在现象学上意义看来，不外是“存在”，因为“存在”常是存在者的存在，所以要明白“存在的意义”，对于存在者不得不正确的加以理解。“存在者”的理解是存在学出发点，但是从怎样的存在者要做为存在学的出发点呢？

存在学的出发点　我们在以上提过存在学是讲存在一般意义的基础存在学，也可以称为一般存在学，与论特殊存在者的存在，如神学，宇宙学，心理学等诸存在学有区别，这就是说，对于存在一般的意义不了解，那末个个存在者的存在是不能了解的，这是形而上学所以为形而上学的所在，也是“最哲学底哲学”所以为“最哲学底哲学”的精神,但是把存在“一般的”Das Sein überhaupt意义做为对象的存在学,也就是形而上学,或“最哲学底哲学”,从如何的存在者做为出发点呢?“最哲学底哲学”从那儿下手呢?

提出存在一般的意义这个问题者,乃是我们“人”,所以“人”在本性上就是形而上学的存在者。所以了解或分析“人”是了解存在一般意义的前提,我们对于人的存在及其意义,不能不先有了解,海德戈的存在学方法是现象学的,而存在学的出发点是“人学”的,这一点是海德戈受狄尔泰及Marx Scheller的影响最深的地方。

到此有一疑问不免要发生,上面说了解或分析“人”是了解存在一般意义的前题,但是我们以前讲过特殊存在的存在学,在把一般存在做为对象或问题的基础存在学为根据才有可能,而对于人的存在意义加以了解,不过是特殊的存在学,也就是不外人的存在学,那末对于“人”的了解或分析就不建筑于了解一般存在意义的基础存在学吗?如果说了解或分析“人”的存在不能不先了解一般存在的意义,而了解一般存在的意义,又不能不先了解“人”的存在,这不就明白的成为循环论了吗?不也就成为“鸡生蛋,蛋生鸡”的问题了吗?

虽然是特殊存在的存在学,建立于基础的存在学之上才有可能,但是对于特殊存在加以存在学的认识,并不是在基础的存在学以前,就全不可能。事实上这种认识是任何人都不怀疑的。所以追究一般存在意义的基础存在学之前,先了解人这个存在者的存在,决不是不可能的。基础的存在学,先由人的分析做出发点,其次对于一般存在加以了解,这并不是循环论的,而是回归关系的。

“哲学的人学”(Philosophisiche Anthropologre)也是基于人的存在学才有可能,而人的存在学又基于基础的存在学才有可能。基础的存在学有三个阶段:

第一阶段是把看做人生根本概念的“关心”(Sorge)取出来,

第二阶段是把“关心”的意义当做时间性而表示出来。

第三阶段是对于一般存在意义的解释。

海德戈的主著《存在与时间》只出了第一卷，对于这三个阶段只讲了第一与第二阶段，第三阶段还没有讲到。我们这篇小文所讲的，只是海德戈的简略生平及他对于哲学所要解答的问题，与存在学的概念，方法及出发点，不过是一篇通俗的介绍文字，虽然笔者曾经“发心”在写文——特别是译述或介绍德国哲学——的时候，宁失之于浅薄，不愿失之于“使人莫明其妙”，但是这篇文字依然有不尽惬意的地方，既然写成了，暂且任它去，好在为了一般读者起见，我加了不少的注解，读时也须可以得一些帮助。

最后还有两句话：海德戈与雅斯波（K. Jaspers）是第一次世界大战以来德国代表的两个哲学家，他们二人的思想，都有些“东洋的”味道，他们所讲的是“人”的问题，特别是海德戈的“无”，更有点印度的兴味。这是我们容易接近的缘故。（完）

注：

① 黎凯特生于一八六三年五月二十五日，德国的哲学家，也是西南德国学派的代表人物。他是一个十足而典型的唯“理”主主义者，反对唯“生”哲学（Lebensphilosophie），著述甚多，有《文化科学》与《自然科学》（Kulturwissenschaft und Naturwissenschaft，1899）等。

② 胡塞尔（Edmund Husserl，8. 4. 1859.）见拙文《胡塞尔及他的现象学》，载《中德学志》第三卷第四期。

③ 狄尔泰生于一八三三年十一月十九日，卒于一九一一年十月三日，德国唯“生”哲学的理论建立者，他的研究可以分为三方面：第一是科学论的研究，第二是精神史或科学史的研究，第三是“解释学”（Hermeneutik）的研究，狄尔泰最根本的问题或研究却可归纳为一个：就是对于“生”（Leben）试做哲学的理解，对于海德戈的思想关系甚大，著者将写一短文讲“解释学”，主要的是介绍狄尔泰。

④ 柏格森（Henri Bergson）生于一八五九年，卒于一九四一年。法国现代最大的哲学家，他是反唯理主义的直观论者，与实验主义有些相同，认为智慧是服

侍求生意志的工具,不过他比实验主义者更进一步,柏格森以为“生”与“意识”根本不能用数学,科学,或逻辑解释,形而上学家不能告诉我们对于“生”或“意识”的“科学的”知识;哲学是对于存在或本体的直接看法,而且必得要如此才成其为哲学,这是世界观(Weltanschung),只有“直观”才能达到这种境界,所以“直观”是哲学的方法。但是我们要问什么是“直观”呢?据柏格森看来,“直观”是有些类似本能,不过是一种意识的,选炼的,有心的本能,本能是比智慧或科学接近生活的。柏格森在形而上学的这种“单刀直入”的精神,对于海德戈的影响极大。

请参考张东荪先生译的柏格森著《创化论》(商务印书馆出版)。

⑤ 东斯,史考士司(Duns Scotus)的名字全名为约翰·东斯·史考士司(John Duns Scotus),大约是生于一二六五年,他的生地也不详,有人说是英格兰或爱尔兰(Ireland),他是法兰西斯派(Fanciscan order)的一个会员,开始他在牛津(Oxford)求学,对于数学显出他的天分,后来在牛津,巴黎,及克路哥尼(Cologne)做教师,在一三〇八年死于克路哥尼,史考士司的得名,并不是由于他创造的能力及批评家的技巧,而是从他的诨号“阴谋博士”(the subtle doctor)得来的。他在思想上受影响最大的是罗治·培根(Rogor Bacon)及阿来克山大(Alexander of Hales),他把奥古斯丁(Augustine)及安斯尔木(Anselm)认为最高的“权威”。

史考士司的著作有:(1)Opus Oxoniense,(2)Opus Parisiense(史考士司的讲义,由他的学生在巴黎出版),(3)Questiones Quodlibetales。

关于史考士司的研究,德文方面有下列各书可以参阅:魏尔诺(Werner)著:东斯·史考士司(J. Duns Scotus),色堡(Seeberg)著:《史考士司的神学》(Die Theologie des Duns Scotus),开尔(Kabl)著:《奥古斯丁》,《史考士司及笛卡尔的意志原论》(Die Lebre Vom Primat des Willensbei Augustinus, Duns Scotus und Descartes)。

史考士司是中世纪的基督教时代末期最大的神学思想家,他的思想是根据下列的前提出发的:教条是不能辨论的,信仰是最高真理的基础,爱是根本的德性,信心与爱建立于意志的上面,并且是上帝存在的条件,所以意志是比智慧优越的,我们只有信心才能有至当不移的正确。

⑥ 何德林(Friedrich Hölderlin)是德国的诗人,生于一七七〇年三月二十日,

卒于一八四三年六月七日。著有小说“Hyperion”等,富有“先知者”的气味。

⑦ 巴门尼得(Parmenides)是苏格拉底前期的希腊哲学家,大约生于西历纪文前五一五年,他是伊利亚学派的创立者。

⑧ “人学”就是德文的 Anthropologie,不过普通这个词翻译为“人类学”,但是这儿所说的人学是“哲学的人学”(Philosophische Antbropologie),与普通所讲的人类学不尽相同,所以特译为“人学”。

⑨ 奥古斯丁(Aurelius Augustine)是初期基督教建立的最大思想家,也是极有影响的说教者。他在纪元三五三年生于北非的塔哥斯堤(Tagaste),父亲是一个异教徒,母亲是一个基督徒,她对于她的儿子有很大的影响。起初他在故乡做修辞学的教师,后来到米兰(Milan),同时埋首于神学及哲学问题的研究,这样使他从一个信阳阴教(Manicheism)的教徒变为怀疑主义者,但是他不是能安于怀疑主义或虚无主义的人,自三八六年,他开始读柏拉图及新柏拉图主义的著作,他的思想才得到了归宿与安定。这个时候他又得了善于说辞的神父安卜柔斯(Ambrose)的感化,使他心悦诚服的信仰了基督教,到三九六年他做了非洲西包(Hippo)的神父,死于四三〇年,在天主教教养的发展及宣传上,他的功绩是直大的。

奥古斯丁的著作有:(1) De Libero artitrio,(2) De Vera religione,(3) De Praedestinatione et gratia,(4) De trinitate,(5) De Cinitate Dei,(6) Confessiones,(7) Retractiones。

⑩ 冀柯戛特(Sören Kierkegaard)是十九世纪初叶丹麦的哲学家,对于德国哲学界的影响极大,特别是雅斯波(Karl Jaspers)与海德戈的思想受他影响最深,所以治最近德国的哲学,不能不懂开戛哥的思想及他的生活。

冀柯戛特的一生最受影响的有两个人,一个是他的父亲,再一个是与他订婚的奥露森姑娘(Regine Olsen),从这两个与我们这位哲学家有亲近关系的人,使这个忧愁的哲学家开始尝到人生的忧愁,对于人生做哲学的研究,也是从此得到了机缘。他的父亲叫做 Mikael Pedersen Kier Kegaard,出身于一个贫寒的家庭,在一七八〇年做织袜商人而独立的过着富裕的日子。一七九六年他的夫人逝世之后,就在一七九七年与一个下女叫做 Anne Sörensdatter Lund(1768—1834)的结了婚,前妻没有子女,续弦之后生了七个孩子,七个孩子中最小的一个,就是这个丹麦最大的哲学家Sören Aabye Kierkegaard。我们的哲学家在一八一三年五月五日生，这时他的父亲已经五十七岁，母亲四十五岁，父子相差有五十六岁。他父亲是热烈的基督教徒，所以开戛哥从家庭便受了宗教教育，但是从□亲方面的影响几乎没有。从小他便有忧郁的气质，入学校之后也是孤独的，不得教师的爱护。一八二八年由他的父亲最信服的牧师Mynster受了基督教的洗礼，在一八三〇年入考佩哈根(Copenhagen)大学，他父亲让他学神学，但是他不喜欢。在大学对于他有影响的是哲学教授Sibbern与Paul Martin Möller的讲义。不过他并不是努力用功的学生，过着放恣的生活，就是读书也是为趣味。在一八三五年他父亲让他到一个地方做暑期旅行，在七月某日的晚上，当他在丘上眺海的时刻，突然他有了“顿悟”而要信仰基督教，于是立刻改变了生活态度，抱着这种坚定的决心回家，结束了以前放恣的生活，但是这个“顿悟”从何而起呢？就是他发见了他最崇仰的父亲有意外的弱点，至于弱点在那儿，并没有从他口中讲出，我们推测着是由于他父亲与一个做下女的结婚，而结婚才五个月便生了第一个孩子，使他有一种罪的感觉，因为罪的意识而使他忧愁，烦闷。其次使他做为终生忧愁主因的是订婚的奥露森姑娘，这个姑娘是一个实业家的女儿，生于一八二三年一月二十三日，与我们的哲学家相差十岁，一八三七年五月九日他们初次会面，当时这个姑娘还是一个没有受洗礼的十四岁女孩子，此后三年内他努力向奥露森求爱，但同时又感到不安，到她在十七岁的时候，他向她求婚，结果是她“应许”了，他这时候也觉得幸福，然而不久幸福又破灭了，破灭的原因，不是他不爱她，也不是她不爱他，而是哲学家对于婚约有一种罪恶的感觉，所以在一八四一年八月十一日，他把订婚的戒指退还了奥露森姑娘，这时候奥姑娘还想他有心回意转的可能，但是到了十月十一日，他把婚约完全放弃了。奥露森姑娘家对于这件事，甚为愤慨，没有正当的理由，而与良家女子任意放弃婚约，不只奥家愤慨，全地方的人对此都有些不平，所以我们的哲学家在放弃婚约两周之后，就在十月二十五日去柏林旅行。至于他放弃婚约的原因，始终是一个谜，恐怕只有他自己知道，据一般的推测有下列七个原因：一是他父亲的生活如上面所说的弱点，二是他的忧郁气质，三是他自忏悔的犯罪意识，四是性本能的缺陷，五是把性生活认为是犯罪的强迫观念，六是逃避现实而保持唯美的立场，七是宗教生活与结婚生活的“不能两立”，“或此或彼”(Entweder oder)，不能不“割爱”，大约因为以上的原因，开戛哥于是毅然决然的放弃了结婚生活，而潜心于哲学的研究，对于生活认真的思想家，他算是一个典型的例子。所以知道他的生涯，便是对于他的哲学思想的了解，因为像他这样生活与哲学有如此密切关系的是少有的，从他看来，生活就是“自觉存在”(Existenz)与哲学不能分离的一体，因为他的生活是忧愁苦恼的，所以愈容易感觉“自觉存在”，生理学家说一个健康的人便不知道或忘掉自己有身体，同时我们也可以说，在生活上没有痛苦感觉的人，也不容易感觉自己的存在，因为开戛哥是一个忧愁的哲学家，所以对于 Existenz 的意义了解得最深刻，古代有释迦，近代恐怕就是开戛哥了。他的生平就几乎是他的哲学在具体方面的表现，我们讲他的传记，也就等于讲他的思想。

冀柯戛特的问题都是从生活上的“真情实感”出发的，影响到海德戈的“存在学”，便是使海德戈对于哲学“单刀直入”的抓住了根本而亲切的问题。

⑪ 赫德(J. G. Herder)生于一七四四年八月二十五日，卒于一八〇三年十二月十八日。他是“血与土”思想的创见者，也是历史主义的前驱，要了解德国近百年来的思想，尤其是近年来德国对于民族国家的理论，非要探本索源的了解赫德不可。关于赫德请参阅《中德学志》三卷一期张贵永君著的《历史主义》的前驱。

⑫ 从一八二〇年到一八四〇年是黑格儿的哲学体系在德国称盛的时期，并且普鲁士政府对于黑格儿的思想加以推崇，他的承继者几乎在每一个德国大学都有代表者，于是形成了黑格儿学派，不过黑格儿学派又分为两派，一是保守派，一是革新派，前者就讲有神论，不朽论等宗教方面的问题，如李西特(Richter)，儒葛(Ruge)便是这一派的代表人物；后者就讲社会及经济方面的问题，最后进于自然主义，如费尔巴哈(Feuerhach)，保尔(B. Bauer)等人，早期的社会主义者，如马克斯及拉沙路(Lassale)的经济史观。便是革新派中的积进派了。关于黑格儿之后的哲学，参阅塞贝尔特(Siebert)著的《黑格儿后的新德国哲学史》(Geschichte der Neuern Deutschen Philosophie Nach Hegel.)。

⑬ 阿奎诺斯(Thomas Aquinas)生于一二二五年或一二二七年，卒于一二七四年。他是支配西洋思想与生活一千多年中世纪的基督教思想家中，最重要的一个人，当时他的同代人都称他为“天使博士”(doctor angelicus)从阿奎诺斯看来，哲学的任务是自事实推到上帝，神学的任务是自上帝推到事实，而他的最终目的是从天启推出宇宙的合理性来。

⑭ 安那克斯曼得尔(Anaximander)大约生于纪元前六一一年,死于五四七年。他是西洋第一个哲学家泰理斯(Thales)的学生。据说他对于天文学与地理学都有兴趣,并且制过地球图及天体图,由他把日晷仪(日规)介绍到希腊。他的著作有《关于自然》,不过仅有散篇遗留后世,这是用希腊文写的第一部哲学书,并且是第一部希腊文的散文著作。安氏实在是一个有创见而大胆的思想家,他认有宇宙万有的本质或原则,不是他的"老师"所说的"水",而是"无限"。

⑮ 赫瑞克里特斯(Heraclitus)大约生于纪元前五三五年,卒于四七五年,出身于一个高贵的家庭,终身保持贵族的脾气,极端轻视民主政政治。他的性格是利害的,善于批评,悲观而骄傲,独断,天性使他倾向找别人的毛病,思想确是有独创性。他有一句名言是人所常讲的,就是:"一个人不能两次站在同一的河流中",因为河流是没有停止的流,正如孔子所说"逝者如斯夫,不舍昼夜",从□氏看来,宇宙万有都是"变动"的,所以"变"是万有的根本原理,"战争是一切的父亲"。

⑯ 海德戈在《存在与时间》第一卷(Sein und Zeit, Erste Hälfte.)中屡次讲到"不安"(Angst)的问题,主要的有一八二页,一八六页,二六六页,其次一八七,一八九,一九〇,二三五,二五一,二五四,二九六,三四二,三四四,三四五等各页也都提到。关于"不安"的讨论简直自奥古斯丁以来,成了极严重的问题,于是有所谓"不安的哲学"(Angst Philosophie)产生,"不安的哲学"是现代哲学主要的性格之一,从第一次世界战争以后,知识阶级及一般有心人在生活上或思想上感觉苦痛及危机,于是把战后文学称为"不安的文学",战后哲学称为"不安的哲学"。开戛哥及海德戈的哲学便由"不安"这个根本概念做出发点。就是那个法国哲学家,有世界荣誉的柏格森,也是对于战后的"不安"状态,加以哲学的解释。至于"不安的哲学"大约有以下几种特征:(1)不安的哲学是时间的,海德戈的哲学有一个根本概念,就是"时间",一个人对于时间有特殊的感觉及热情;雅斯波(Jaspers)也是从历史上看人的本质,他的"实存哲学"也是从"不安"问题出发。(2)不安的哲学在某一方面看来是"病态的"(Pathologie),雅斯波本来是精神病学家,后来转为一个哲学家,这不是偶然的事情。富洛伊德(Sigmund Freud, 1856—1939)的心理分析学有广泛的影响,也是现代生活的特征之一,对于理性或理知失掉了信赖,而把情感的生活认做人的本性。海德戈认为根本规定或左右人生

的是"关心"(Sorge),再进一步直截了当的说,便是恐怖与不安,在不安上显现出来的便是"无"(Nàchts),"无"是海德戈的思想中一个主要的概念。虚无主义是所谓"世纪末病"的征候。(3)不安的哲学是主观性的哲学,开戛哥便是最典型的主观哲学家。

⑰ 关于形而上学与实证科学的问题,在民国十二年,我国也有过一次论战,发端的是张尹□先生与丁文江先生,前者代表形而上学家,后者代表实证科学家,他们论战的文章收集在一起,叫做《科学与人生观》(上海亚东图书馆出版),共有两册,参阅一下,也可以知道实证科学与形而上学有什么吵嘴的地方。

⑱ "解释学"(Hermeneutik)是二十世纪左右德国产生的一门学问,解释学的定义,简单的说,就是关于解释上有组织的理论。解释学的建立者是泊克(August Boeckh,1785—1867),他把解释学分为以下四个部门:(1)文法的解释(genmatische Interpretation),(2)历史的解释(historische Interpretation),(3)个性的解释(individuelle Interdretation),(4)全体的解释(generische Interpretation)。

泊克把文法的及历史的解释称为客观的条件,个性的及历史的称为主观的条件,这样便为解释学立下了体系的基础。解释学不特为历史学的补助科学,并且从笛尔泰(W. Dilthey,1833—1911)以来,解释学简直成为哲学的基础学科了,而且海德戈的哲学被称为"解释学的现象学"(hermeneutische Phänomenologie)。关于解释学请参阅:Dilthey: Die Entstehung der Hermeneutik 1900(G. S. Bd. 5)。

本文的参考书及海德戈的主要著作:

(1)Sein und Zeit, erste Halfte, Halle, 1927.

(2)Kant und das Problem der Metaphysiks, Cohen, Bonn, 1929.

(3)Vom Wesen des Grundes, Halle, 1929.

(4)Was ist Metaphysils? Cohen, Bonn, 1929.

(5)Die Selbstbehauptung des deutschen Universität, Breslan, 1933.

(6)Die Kategorien—und Bedeutungslehre des Duns Seotus, Tülungen, 1916.

(7)An Introcluction to Contemporary German Philosophy. By Werner Brock, 1935.

(8)ハイデッガーの存在学,鬼头英一著。昭和十年,东洋出版社出版。

黑格尔的《精神现象学》

最近，商务印书馆出版了《精神现象学》一书（上卷中文译本），这是黑格尔在1806年写成、1807年出版的第一部生前发表的巨著，也是黑格尔的主要著作之一。在《精神现象学》之前，黑格尔固然也曾有过一些著作（有的当时还没有发表，也有一些已经出版了），然而只有《精神现象学》发表之后，才算真正奠定了黑格尔哲学的基础。黑格尔哲学包含着两个基本内容，或者说两个方面：一个是客观唯心主义的体系，另一个便是辩证方法。组成黑格尔哲学的这样两个基本内容在《精神现象学》中已经初步形成了。在这本著作的开头，黑格尔就提出了个别与一般的关系这样一个最普通、最常见的哲学问题。他说："当我说：这一个、这里、这时或者一个个别的东西时，我说的是一切的这一个、一切的这里、这时、个别的东西；同样当我说我这一个个别的我时，我是一般的说的，一切的我。每一个我所说的我，都是我，这一个个别的我。"①又说："当我说：这是一个个别的东西时，则我毋宁不是说它是一个完全一般的东西，因为一切的事物都是个别的东西；同样这一个东西也就是我所设想的一切东西。更严密讲来，就这张纸说来，则一切的纸和每一张纸都是这一张纸，因此我所说出的，永远仅仅是一般的东西或共相。"②

列宁曾经说过，黑格尔天才地指出了从任何一个命题出发，在个别与一般的关系问题上就已经可以看出辩证方法的萌芽。[3]同样，也正是在这个问题上，由于黑格尔把“一般的东西或共相”片面地夸大为“永远仅仅是一般的东西或共相”，就是说，一般的东西（概念）成了单个独自存在的物体，这就使他不知不觉地陷入了客观唯心主义的第一步。在黑格尔那里，共相（所谓“绝对观念”）成了生天、生地、生人的神（上帝）了。

这个个别与一般的关系正是理解《精神现象学》以及整个黑格尔哲学的一个关键性的问题。它不仅是历来哲学史上唯物主义和唯心主义两个营垒划分界限的重要哲学问题之一，同时也是辩证法和形而上学两种不同思想方法针锋相对展开论战的一个问题，也就是哲学史上经常碰到的那个所谓“一”与“多”的问题。黑格尔对于这个问题的处理是唯心主义的，然而他在方法上却是继承了并发展了历来哲学史上辩证法的优良传统，特别是康德以来德国古典哲学反对形而上学的优良传统，就是对于康德的那个含有辩证法因素而又很蹩脚的“二律背反说”也给予应有的批判和估价。黑格尔的辩证法就是在这个传统的基础上形成而又大为发展了的。他一反历来形而上学的思想方法，而天才地指出了在这样简单、初级的认识问题，即个别与一般的关系问题上就已经有了辩证法，即对立面的统一和差异。这个辩证法最根本的原则在这里就已经奠定了基础，或者确切些说，露出了苗头。

如果说绝对观念（或者简称之为绝对）是黑格尔哲学体系的中心概念，那末，对立统一的原则便是黑格尔哲学方法上最根本的东西。黑格尔哲学的基本内容，简单说来，就是这样两个方面。他的这个体系和方法贯串在他的一切主要哲学著作中，而首先是在他的《精神现象学》一书中发表出来的。我们正是从这个角度出发来体会马克思的论断：“‘精神现象学’是黑格尔哲学的真正诞生地和秘密。”[4]或者说，《精神现象学》是“黑格尔的圣经”。[5]

黑格尔在《精神现象学》中第一次论述了的体系和方法乃是黑格尔哲学中一以贯之的共同的东西。至于《精神现象学》,到底是一部什么样的书呢?

恩格斯曾经指出:"精神现象学也可以叫做精神胚胎学和精神古生物学相类似的学问,是对个人意识各个发展阶段的描写,这些阶段可视为人类的意识在历史上所经过的诸阶段的缩影。……"⑥《精神现象学》的任务就是从发展观点一个阶段、一个阶段地把漫长而艰苦的意识成长过程揭示出来。大体说来,意识发展史有三个阶段,即:意识、自我意识和理性。如果说意识发展过程的第一个阶段是个别或殊相(这一张纸,那一张纸),那末第二个阶段便是一般或共相(所有的纸,每一张纸),到这里"多"与"一",也就是个别与一般或殊相与共相成为对立面了,二者矛盾起来了,而意识发展的第三个阶段则是个别与一般,殊相与共相的关系问题上对立统一原则的达成。所以发展观点的最基本的内容就是对立统一原则。黑格尔在《精神现象学》上对于意识发展的三个阶段的分法,就是他的那个有名的发展的三段式(正、反、合)在意识发展史上的运用。用列宁的话说,三段式只是辩证法的外部的表面的方面。然而它也包含着发展是从低级向高级过渡这样"合理的内核"。

在《精神现象学》里第一次较完整地提出,以及其后在黑格尔的劳作中(特别是他的逻辑学里)更充分发挥了的这个发展原则,乃是辩证唯物主义和历史唯物主义诞生之前辩证法史上最伟大的贡献。

黑格尔把发展原则运用在《精神现象学》上,一方面这是意识发展史的研究,另一方面,意识发展史又绝不是没有规律可寻的一堆个别、偶然现象的堆集,而是有一个辩证法的根本原则,即对立统一原则贯彻其中的;从这个角度看来,《精神现象学》所研究的对象既是历史的东西,又是逻辑的东西。黑格尔在《精神现象学》最末一页着重地论证了他第一次提出的这个著名的辩证法原则之一,即历史的东西和逻辑的东西的统一原则。这个原则的提出对于促成哲学史成为一门科学具有重大的意义。黑格尔在《精神现象学》上有两个特别值得重视的积极的成果:一个运用发展原则,即对立统一原则来考察意识的运动过程,另一个便是历史的东西和逻辑的东西的统一原则。

当然,还必须指出,黑格尔的客观唯心主义体系和他的辩证方法是矛盾的,这种矛盾表现在整个黑格尔哲学中,而首先是在《精神现象学》这一部第一次阐述了黑格尔的体系和方法的著作中就出现了的。纵然黑格尔的哲学体系是一个严重的消极因素,然而他的辩证方法却是哲学史上一个巨大的积极成果。所以,当恩格斯对黑格尔哲学的各个领域——其中首先提到的是黑格尔的《精神现象学》——评价时依然是很高的,恩格斯说:"谁只要不是很久地停留在它们跟前,而是深入到大厦里面去,那他在那里就可以发现无数的宝藏,这些宝藏直到现在还保存着自己十足的价值。"⑦

附注:

① 黑格尔:《精神现象学》,1962 年商务印书馆版,第 68 页。

② 同上,第 78 页。

③ 参阅列宁:《谈谈辩证法问题》,《列宁全集》第 38 卷,1959 年人民出版社版,第 409 页。

④ 马克思:《黑格尔辩证法和哲学一般的批判》,1955 年人民出版社版,第 10 页。

⑤ 马克思:《德意志意识形态》,《马克思恩格斯全集》第三卷,1960 年人民出版社版,第 163 页。

⑥⑦ 恩格斯:《费尔巴哈和德国古典哲学的终结》,1959 年人民出版社版,第 8 页。

第 二 辑

哲学、教育学论著译介

今日德国教育

GERMAN EDUCATION TODAY

by Theodor Wilhelm and Gerhard Graefe

DEUTSCHLAND-INSTITUT

Peiping

Sonderreihe Band 2

1938

著者自序

才过了一年多以后，这本小册子就有再版的必要。这使著者相信它遇到真实的需要，因此他们在第二版中就毫不苟且的加了许多多修正，并且按照一九三七年春季的新环境，使这本书完全合于时间性。“德国教育制度的结构”一章是完全重新写作的。

世界各国对于第一版的意见，有各种的说法，有的很轻易的斥为这是“那其(Nazi)宣传的最新把戏”，但是也有的认为这是一种真诚而善意的工作，使说英文的国家了解德国在教育方面是怎样的做法。并且“为什么”，同时这实在是作者本着这种精神完成他们的工作。

Th. W. 与 G. G.

译者序言

译者同几个喜欢治德国学术的朋友,时常打算着把德国的学术与文化系统的介绍到中国来,而教育是学术与文化的源泉,现在把这本小册子译出来以供国人参考,心中感到一点慰快。

这本小册子,《今日德国教育》,是维连模与哥拉飞(Theodor Wilhelm and Gerhard Graefe)用英文写著的,为用英文的国家了解德国教育情况而作,尤其是关于国社党执政后对于教育的改革,讲述的特别详细,例如"希特勒少年团","田舍年"及"劳作服务"是今日德国教育上的三大特色,本书便有生动的阐明。

译书期间是译者遭母丧的百日忌内,更加上其他使心情悲哀的事情,心绪不好,精神不安,不免有疏忽的地方,这是求读者原谅的。

最后要感谢谢礼士博士(Dr. E. Schierlitz),他给译者为中德学会翻译这本书的机会,同时杨丙辰,福吾康(Dr. W. Franke),王熙庸三位先生也帮我许多的忙,就此致谢!

中华民国二十七年六月十日
王锦第识于北平什刹海新寓

德国教育理想

自从一九一八年,跟随世界大战可怕的结局,目前世界上对于教育问题——不仅是少年的教育而是全民族的教育——在举棋不定的计划,讨论与集议着。有些国家已经用一种极端方法在实行着他们的理想。世界大战对于教育政策的影响可分两个纲领来讲:第一,有的人,他们说:"设若我们在学校多学点东西;例如我们多学些地理学，公民训练，国际关系等，那末就不会有战争发生，总而言之，我们所需要的是更多的'智识'。"同时由于这种好意的企图，而且为了世界的和平，他们更将一些新教材挤进本来已经过量的课程表中。第二，有的人他们亲眼目睹的经验过战争，他们整个的灵魂就是在战场上习练出来的，在战壕里可怕的炮火中，他们发觉人的正确的估价不是他的知识，而是他的性格，但是性格不是知识的产物，却是心与意的训练。因此他们所以想用一种"全人的教育"（education of the whole man）替代以前的那种"智力的教育"（education of the mind）。德国就属于全人教育的想法。

由于近百年的时间，史学家看当前的时代便可能的指出德国国家社会主义的显明结果，便是回归于人生的基本法则，特别是在教育方面。这不仅是单纯的卢骚所倡"回到自然"（back to nature）的运动。国家社会党的理想生活绝不是浪漫的梦想而且与一切伤感派绝缘。他只是将遵重自然生活的律则恢复起来，因为这些律则在过去几世纪中叶已由三种原因破坏了。第一，不将世界上的人类看为各种不同民族系的表样，而我们却让一种纯粹理论来欺哄，以为人类是一个模型造出来的，各个民族都带有相等的能力。第二，不把个人看为一个自然集团（a natural community）的一个自然分子（a natural member），在这种情况下，个人正如植物在土壤茁根似的，而将个人从他所隶属的民族集团中隔离出来，好像化学家分析一种物品，把他放在试验管中似的。第三，我们对于这个隔离的人否认他的心灵，意志与感情的存在，而只认为智慧是重要而有价值的。就是这种智慧——而且只有智慧——使一切教育家与教员注意了几乎两个世纪之久。

整个有文化的世界对于这三种误谬的看法都是一样的。这也没有什么用处去发现那些国家好一点或坏一点像德国这样的拜倒于个人主义与主知主义的偶像下。差别也不过很少。至于过于偏重主知的坏结果在德国比较其他各国特别显著是有目皆睹的。这一方面由于国家的社会机构，另一方面便是因为唯心主义哲学的发达在国家生命上占了重要的地位。在英国有其他的力量可以对消这种对“个人”与“智慧”的至高无上的信仰，例如“公立学校”（the Public Schools）——无论在英国国家生活上公共学校占多大小的力量——在知育之前，他们先要陶冶性格，并且鼓励公平与运动家的精神（Sportmanship），至于讲到法国，我们不要忘记他们在讲智慧的时候，永久伴随着智慧的老大哥，他们称这种性质为“妙趣”（esprit）。在拉丁国家（the Latin nations）时常留心防止“智慧”之孤立与过分的崇拜。

在德国便没有这种保障。德国素日轻视不彻底的办法，因此变成“百分之分”的主知主义者。

就历史上看来，德国变成了“知识之乡”（a land of Knowledge）的典型例子。而英国，用哈德恩爵士（Lord Haldane）的话说，是“一个特别适于将生活看做运动比赛的民族”（a race peculiarly adapted to identify life with sport）。近来的德国最好援例来说为“一个特别适于将生活看做知识的民族”（a race peculiarly adapted to identify life with knowledge）。因为智慧愈来愈被认为对人的唯一有价值，有切实关系的东西，于是人的其他部分的潜势力便愈来愈不重要，甚至于做哲学冥想的对象也无足轻重。唯一有哲学价值的是智慧；真理的获得不是由于心灵，决断，意志，而只得之于智慧；仅由它使人看出事物的本来面目。这好像忘掉了歌德，我们敬仰的大师，他的教训我们时常在探寻，所说的一句话：“我卑视那一切仅属教导而不能在我的行为上发生效用的东西。”（I detest everything which I am merely taught and which does not bear fruit in my actions.）

在此我们必得快承认对德国学校的一切适当的赞扬。德国学校的美誉广受之于世界各国，并且在任何其他国家很难找到像德国那样的尊敬学校校长与对学校那样的热烈赞助。万不要忘记德国学校自身就是对个人主义与主知主义最先而且有力的反对者。克慎思台诺的“工作学校”(Kerschensteiner's Arbeitsschule),奥透的“有机化”的教导(Berthold Otto's organic instruction),哥底西的“学童独立活动之原则”(Gaudig's principle of the independent activity of the pupil),李兹的集团学校(Hermann Lietz's community school),乃至斯波兰格(Eduard Spranger)的努力在青年心理有所发明,这在德国教育史上都有不可磨灭的价值。但是德国学校不顾惜这些学者的宝贵贡献,并没有将他们的理想实行出来。这是什么缘故呢?就是因为对于人的“裁成”(make-up)与教育的最终目的根本都看错了。

将哈尔巴特(Herbart)的教育理论拿来作为解释。哈尔巴特的教学意见流行欧洲教育界许多年,他的错误有两方面:第一,他以为教育只限于智力的发达,第二,教育赖教授的媒介,知识的灌输,才算发生了效力。意志,灵魂与感情都是一些扰乱的因素,所以在学校内没有地位。哈尔巴特曾经说:“所教的都是实实在在的东西”(The thing taught,is what really matters),教员不过是传输知识的工具,他以为只要如此学生便能自在的发展与长成了。

德国青年后来对于这种教学理论与由这种理论而产生的学校加以反对乃是当然的事。像这种理论使一个人误信堆集一些“不确定的”(provisional)的思想与成绩便可令青年满意,此外更无所求。但是青年人要求“定限”(finite)的价值。他们除了教授之外还有另外的需要;他们需要领导,他们希望教员吐他的心声讲给他们,并且伸出他的指导的手来。这就是比斯太乐齐(Pestalozzi)所以反对哈尔巴特的最大理由:教育的真髓是由一个人物的热情伸展出来影响别人。

但是仅止如此不会使德国青年热狂的想改变现存的教育制度。尚有较深的理由做为改革的根据。一种外加的主知主义永没有真正消灭了每个德国人心中燃烧着的那种原本的民族本能。从德国史几次演变的过程看来，这种深入人心的力量带着新精力燃烧着。主知主义与中世纪时代教皇及牧师们所拥护的至高绝对真理的独断思想最有关系。我们看，自从博尼非斯(Boniface)时代而下，对于罗马教的独断思想时常有一种革新的力量存在着。中世纪德国皇帝与教皇的冲突，阿克哈特(Ekkehart)对安昆那斯(Thomas Aquinas)教条的暗暗的反对，路得(Luther)反对罗马僧侣而有宗教改革，康德的《纯粹理性批判》，尼采的察拉图斯托(Zarathustra)都是世界皆知的好例子。由这种对主知主义反对的空气中，德国便又恢复对于他们自身天才的本性的信念。

这便是现在德国教育革新运动的由来。而且是由青年领导。用他们坚定无疑的直觉，德国青年担负了保存德国人民的重任。菲希特(Fichte)已经主张国民教育应该放在这种基本原则之上。自然的，像菲希特这样的人物应该被德国青年拥为他们的领袖之一去与主知学派宣战。还有另外的人，例如黑德儿(Herder)就曾经说过每个国家“有他自己的幸福中心，正如每个球体有它的中心重力一样”(has its own centre of happiness, just as every sphere has its own centre of gravity)。还有雅恩(Jahn)与尼采，两人都是对于崇拜知识与迷信书本知识(cult of book-learning)的极端反对者。

直到德国青年痛苦的领悟到学校是教育他们的，而在他们真正需要教育的时候，那就是当他们离开学校后，却使他们陷于困难中。因为这种缘故，在离开学校后，他们便时常另外找发表意见的地方。

欧战前的青年运动结果只是限于几种没有成功的改革计划。但是世界大战就画了一个重要的分歧点。目前外国的视察者在德国看到青年自身在那里办教育，一定感觉惊奇。像希特勒青年团(Hitler Youth Groups)，劲军班(the Storm Troops)，劳作服务队(the Labour Service Corps)中，青年所得到的教育恐怕是学校永没有供给过的，并且是十九世纪的学校所没有的准备。凡是这些试验的主要目的就是一种性格，团体与公民教育，本来在世界其他各国几世纪以来已经建树起来的教育，虽然成功的程度是不齐的。

若把今日德国教育的几多理想归纳一下便可得到几个共同的纲目，我们就立刻选用身体，心灵，精神三位一体的古老学说（we might aptly choose that ancient principle of the trinity of body, mind, and spirit），因为将来的德国教育有三个显然划分的方面——身体的，心灵的与精神的。由于希特勒认为身体的锻炼比较智力的锻炼更为重要，有人甚至于以为这是现在德国教育制度是野蛮的，其实这不过把一种自然道理实行出来而已。

每个青年德国人谁都自然的想对他的国家服务，但是第一在身体上要能担当这种服役。这需要很注意身体的锻炼才行，然而这不是现在流行的打破记录的意思，而是要把身体的各部分都使之精力饱满起来。虽然如此，服务国家的要求还不仅是身体的锻炼，更要意志之铁的训练，勇气并全部的性格，这是希特勒认为教育的最后目的。智力的陶冶很显明的也绝不能疏忽，这是对一个德国人用不着提醒的"一个事实"。但必得使他记着的是：除非人的整个生命机体和谐的发展外，不只是对于他的身体，而且要顾及到他的心情与意志。因为仅仅他的心灵是没有用处的。

荣誉，忠诚，甘愿的责任心，小我牺牲精神，勇敢，决断，自信，礼让，服从与关于本身职业的完备知识；凡此一切都为未来的德国少男与少女所需要的修养。用希特勒的话说吧，在他希望获得这些德性之前必得"精细而坚强，像灵□似的敏捷，像皮革似的坚韧，像克虏伯钢似的强烈。"

克利苦（Ernst Krieck）与伯莫雷（Alfred Baeumler）在他们的教育哲学中力说群众团体与国民集体信念的重要，这种学说一定逐渐的在将来德国教育上发生很大的影响，无论在教室内外。于是学校在教授法上虽然有了根本的变更,但是把学校看做教导的地方,那末它对整个教育上的效用也就有限了。例如劳作服务几年来训练德国青年的成绩比学校还要显著。至于德国学校到底取怎样的一种固定的方式是有很剧烈的争辩要发生的。我们的目的并非取消学校,而是把它在德国儿童的心目中安放一个适当的地位。因此教师的训练成为今日一个切迫的问题。除非学校教员变为青年领袖,或青年领袖变为学校教员,德国学校是不会有什么重要变更发生的。

德国教育制度的结构

本章所要叙述的乃是德国教育制度的要点。不想将那已经实施了的各种改革法规分别的详细提及,并且各种个别式形的学校也没有谈到。

先学校期的教育(Pre-School Education)

有时候家庭的状况没有适当的看护与教育。那末只有将儿童送到幼稚园(Kindergarten)去,自两岁半起直到入初级小学为止。幼稚园的保姆要在学校经过训练并且必得经过"国家委托试验"(State Leaving Examination)的考试,证明对她们的工作有了必需的资格才行。

I 民众学校(The Elementary School[Volksschule])

(A)初级小学(The Primary School[Grundschule])

凡德国儿童皆在初级小学受到初级教育的一般课程。这是为儿童预备的一种必不可缺少的"根基"(Grounding),无论他是入民众学校的高级班(Oberstufe)或既从事于职业,亦至再进一步的深造,入预备进大学而设的学校。

六岁以后是强迫入学的年龄。初级小学包含四年的期间,但是特别聪明的儿童只修满三年后便有入中学的机会。小学校施散的目的是要把儿童的自然趋势逐渐的发展为对工作的道德的欲望，在这一个阶段上，只是应用到在学校功课范围之内的活动上。儿童的心理在这段时期是不喜欢抽象的，一切活动多由于本能——这就是安排课程要注意的。第一要留心儿童的自然世界，特别是表示他的意思时儿童期的“自然语言”（natural language）。第二，用实际工作之有方法的历程去教儿童用他的手与眼，并且到田地与工场直接观察工作。第三，用游嬉，体操，散步等方法以发育体格。

小学校的基本课程逐渐分为下列各种：地方区域的研究（Study of the Local District），德文，算学，唱歌，绘画，体操与手艺课。小学校的目的是发展儿童的一切智力，同时供给他一种知识与能力，没有这种知识与能力，他是不能更进而受任何高级训练的。

（B）小学校的高级班（The Upper Grade of the Elementary School）

小学校的高级班是为学生预备的一种实际职业训练，当他们受过了义务教育之后。这种高级班有两件任务：一注意每个学生的个人发展，二在学生群中促进国家团结的历程，课程就本着这两个目标做的。但在这一段时期，实际教导的时候要计算学生能容受多少东西，同时也必得关心使他能有各方面的发展机会，并且更要留心青年人特有的欲望与感觉。智力或记忆之一方面的训练要尽力避免，学生教育的基础要建立于他自己的独立活动上。在教员的引导下，知识不仅是灌输，而是由观察，实验与自求结论的方法去发现。由于体育的锻炼，身体与性格都坚固起来；服从，自制与活力也发展出来。凡是德国学校的主要任务不是一方面的，自我中心的智慧训练，而是思想，欲望与行为的平衡发展。

小学校高级班的课程有：宗教，德文，历史，公民，普通与地方地理，生物学，算学，几何学，绘画，唱歌，体操，而对于女子，还有缝纫。生物学，地理与历史等课程的目的是使学生领悟人种学，遗传学，种族卫生，谱系学与人口论的基本问题。设若环境容许，课程可为男生补充手艺课，为女生补充家事经济。学校内的许多功课普通只限于主要的指导原则与轮廓的纲领。并且按照根本原则讲，小学校本来就是一种地方制度，相当范围内就应区域的特殊需要加以适应。教员在每种机会要唤醒学生的精神的与身体的力量；但这并非那种无意义的“儿童的解放”（Emancipation of the Child），而要把他们做成德国的健全公民为目标。

就原则讲，男生与女生应该各别教育，但是在小乡村地方，环境不容许这样做，于是他们也只得在一起教了。

小学校的高级班在德国是一种义务教育，除非初级小学毕业后还有为儿童更进一步深造说施的教育——例如送他到一处国立中央学校或中学。

对于残废，缺陷与精神薄弱的儿童另有一种各别制度的设施。为救济迟钝儿童便有“补助班”（Hilfsschulklassen），在大都会内就副设在“补助学校”（Hilfsschulen）内。为缺陷与残废儿童也有特殊班级与学校的设立。例如像那为聋，瞎，哑的儿童所设的补助学校等。

II 职业学校（The Vocational School[Berufsschule]）

职业学校为小学校学生预备一种职业训练的教程，他们要变成了学徒，三年之后有工匠人资格的检验，到二十四岁时还得经过精通工匠的考试。国家社会党治下认为非熟练工人，乃是不完善教育的结果，将来是熟练工人替代的。因此职业学校形成一种职业教育制度的基础，使一般学生心中有一清楚的目标。除了教导青年做好公民外，同时还要满足实际生活与实业职位的要求。其对于初等学校要作的工作便是授与补充的教材，直到十八岁时，为预备各种职业的两性青年，并且为着大多数的青年工人。当此受实际训练的时期，青年工人必需每星期在学校受六小时到八小时的课，并且他们的□主在法理上必要答应这种必需的时间。

由于职业教育的复杂性质，所以职业学校分为很多的部门。特别是都会学校,课程主要的要偏于多数学生都有关系的商业,并且其中还要分为建筑商,木金工业等。小职业学校,就其可能的范围内,为各种职业兴趣的学生设备专门课程,因此,一些地方时常把这种学校当作合作的基础。

职业学校的工作必得与职工的手艺训练相辅而行。这样除了供给技术训练之外,要用经济学与商学以扩张学生职业的知识与能力,同时以国家社会党的理想为基础,培养他们对于生活的态度。

因为忽略的结果,欧战后有一些地方的农村职业学校便很低落下来。教育当局的意思是为离开了乡村学校的各地区的青年人,尽最完善的努力谋他们文化上与精神上的福利。由于他的训令,农村补习学校就勃兴起来,于是德国农人便受到教育的显明利益,他们的文化福利在国家社会主义未兴起前是很少有人注意的。

就已经规定了的章程,男子农村职业学校与女子家政经济学校,都定有两年期间的强制入学,每年的学程有一百六十点钟分配在夏季与冬季。这种学校"有为青年乡村人的日常工作安置根基的任务,并且使他们对其本身的工作有所领悟。农村职业学校的教程必以农地的工作为根基,如周而复始的季节变化的程序。"他们必得使青年人了解,由于他的职业作媒介,他对于社会服务已经尽了很大的努力。后来在农业学校虽然备有实际技术训练,但要先完成农村职业学校的强制入学。教员以在乡村学校确有成绩的初等学校教员来添补,因为他们已经成功的完成了一段特殊训练的补充课程。

III 中等学校(The Central School[Mittelschule])

中等学校所担当的任务是为天才而优秀的学生预备的一种超过小学校功课之外的教育,这要使他们将来任贸易,工业,商业,行政,农业与森林方面的中坚地位。这种学校建立在四年初等小学之上,普通包含六个班级。

三个初级班为一般学生供给一种简单入门的课程,但三个高级班为地方上与时间上的需要,可以将商业或工业各别划出训练。为女生更要有特别的功课,好使他们从事于家政与社会公益事业。成功的结束了中等学校功课之后,能使这般学生——但要他具有一定其他条件——入普通中学,入分科中学学商业,工程,建筑,入高级农业学校,或入国家森林部与警察的训练所。

在小学校听讲一概都无费用,学费是由中央学校支付的,只要能得到学校委员会的赞许,在适当的时候,可以减费或无费。

IV　高级中学(The Secondary School[Hoehere Schule])

"高级中学的目的是为在精神,身体与性格各方面都完善的德国儿童所设施的教育,使他们在国家政治上,文化上,与经济生活上占有显要的领导地位。所以高级中学在选拔学生的时候要特别慎重,排出那些不适于受高级中学教育的,但对于那考拔适合的学生更要特别注意他们的发展。在选拔的时候,健康,性格与对于集团的一般益处都要注意。"这是德国教育部长训令中的一段节引,他认为高级中学这种制度的标准不仅为智力问题,而要个人适于领袖的风度。

中学课程分为八个节段,每年占一段。这要为青年供应一种深刻而多方面的教育,好使他能克服困难,由勇气与自信使他在通常的集体生活中站立起来。中学毕业后的学生能得升入大学或技术训练高级学校,在集团生活中两性各有其相当各别的差异,女子高级中学与男子高级中学有主要的差别,并且组织必得建立在完全不同的原则之上。

由于国社党教育改革正在进行,国家公立学校(State Public Schools,德文原名 Nationalpolitische Erziehungsanstalt 国民政治教练所)是极关重要的一种制度,这种学校直隶于教育部长。因为是改革规模的一种模范制度,所以没有固定的功课,而用有组织的训练以发展性格与竞技精神,使学生在体格方面得到最高的成就。用德国教育部长路斯提(Rust)的话说,这种训练"远超过普通学校的运动与体操课程,然而绝不得妨碍正常智力的发展。”

时间到了一九三七年四月二十日,教育部为整个的改革高级中等教育,便训令将一切平行的中学结束。将现在的不好管理的多种男子与女子中学(教外国语的方法几有八十种之多)代以划一的形式,即高等学校(Oberschule),将来这种高等学校便形成德国高级中学制度的基础。

男子高等学校的最主要的特质略举如下:

(1)将来这种学生只需要学两种文字,但是优良的学校可增设第三种,并且按照普通规定这是必修的,然而可让学生自己去选择。

(2)优良的高等学校可分设语文部与科学与算学部。这便将教授法分为两种不同的方向——对于各别才能的学生发展上有所顾及。

高等学校之外,还保有一种特殊形式的优级学校(Aufbauschule),这种学校建立在六年小学校的功课之上,为有资质的小学校学生得受中学教育的机会。就原则看,因为特殊任务的关系,这是一种供膳宿的学校。由于这种原因,整个学程限为六年,所以在高级班也不便于分科。

古典学校(Classical Secondary School,德文原名 Gymnasium,亦可译作“文科中学”)是别具一格的中学,每一个城市只要有中学教育的设施,那末至少要有一处高等学校标准的学校。古典学校继续被认为与将来德国文化极有关系的制度。课程中的外国语在第一年起有拉丁文,第三年起有希腊文,第七年起有英文。古典学校有保持并传接过去时代文化遗产的特殊任务,所以不能像高等学校那样在高年级可以分两科教授。

在男生高等学校与男生优级学校(Aufbauschule)必修的第一外国语为英文。第一学年(Sexta)就开始。第三学年(Quarta)增添第二外国语拉丁文。所以选择拉丁文的缘故,因为是一切罗马系语言的基本根源,放在稍后研究比较容易些。但是学习拉丁文的最大原因是因为它有启发清楚而逻辑思考的价值。多数这种学校的第三外国语在高级班增设法文,但是按照地方的需要也可选择其他的近代语言。语文方面的课程如果加多,就可以减少算学与科学的时间,然而学科学的学生不需要再治第三种语言。

女子中等学校都为高等学校,并且女子优级学校(Aufbauschule)也与高等学校极相似。妇女对于国家担任一种特殊任务,于是这种学校的功课与男子中等学校不同,要按照妇女职业的需要而安排各种课程。所以在低级与中级班只教一种外国语,那就是英文。

因为这样缘故,高级班的分科制度也必得与男生高级中学不同。照国社党对于女子教育的显明目的讲,高级班课程标准的组织要以家政科为基本,一切课程得与妇女的家庭与艺术活动有关。英文是唯一必修的语言。也有定课程着重在语言的研究的,于是就把法文作为第二必修语言,或有可能将作为补充教材的拉丁文定为三年的课程。分为两种科目的制度并不存于女生优级学校(Aufbauschule),其高级班的课程只是偏于家政科方面的。

中等学校的改革案从一九三七年复活节实行,各自第一,第三与第六学年开始。为改造的自然发展规章定有宽大的范围,最后的目的是把现存的学校形式改为唯一标准形的高等学校。

普鲁士在一九三三年四月二十四日有一条训令,为德文,历史与地理应占有更多的时间,使学生得有进修他自己国家的文学,历史与地理的机会。另外在学程终了时,每个学生所学过的功课都得受考验:如人种学,遗传学,种族卫生,谱系学与人口论。

在原则上男女同学是不行的。然而设若在相当距离内没有女子学校,女子是可以入男子学校的,只要在不至于妨碍男生的入学。

中学是要交费的,费用由学校委员会决定。对于相当儿童可以减费或不收学费。

按照目前的需要，新高等学校课程中所安排的外国语解决了百年之久的一个冲突，这个冲突就是人文学派与德国国粹学派在教育上的消长。现在决定的结果为主的是国社党的国粹主义，这种形态根据于德国人民的集团，同时在课程方面，以人文学派的古典学校所不注意的德国历史，现代语言学，生物学，地理与体操为主干。

在现在中等学校制度正在改造演化历程中，最重要的一个特色是将超过水平线能力的儿童学年缩短为由十三年至十二年，或十一年。同时在过去学校毕业证书至十九岁或二十岁前才可以领得，现在学生到十八或十七岁时就能离开学校，就如此学生便能完成了他的职业训练并且在早年就可以自谋生活，同时较过去更早的得一个安家的位置。

V 技术学校（The Technical School，德文原名 Fachschule 专门学校）

好像职业学校一样，技术学校供给商业的，技术的与工业职业的一种训练。但是技术学校与职业学校不同的地方是入技术学校的学生必得获有在他的职业上实际训练的证明才行。再者，学程是要全时间的，除非有特别的情形，不准一方面在学校上学而又要干他的职业。这种形式的学校为学生在理论上与实际上立下充分的基础，使其在他的职业上能有进益。这样训练出来的人员后来安置在领袖与负责任的地位，做一种与有关联的独立业务或做雇员与官吏，这类学校并没有造就良好技术与商业工人的任务。

技术学校可分为两类；初级技术学校（Junior Technical Schools，德文原名 Vorbereitende Fachschulen）与技术学院（Technical Institutes，德文原名 Weiterführende Fachschulen）

初级技术学校

（1）商业专门学校（Technical Schools for Commerce）商业学校收留在小学校毕业的学生，但按规章他必得经过入学试验的考核。商业高级中学(The Commercial Secondary School,德文原名 Hoehere Handelsschule)收容由中间或高级中等学校出身已经对他们的学程"中等考试"(Intermediate Leaving Certificate Examination,德文原名 Mittlere Reife)及格的学生。两种形式的商业学校都是为那些志在商界的青年人预备的一种充实训练,课程含有商学(Commercial Science),贸易尺牍作法,会计与簿记等。另外商业高级中学还设有外国语课程。

(2)做冶金工业的技术学校(Technical Schools for the Metallurgical Industry)大部分的课程是学校工场内的实习工作,并且由学徒时期而进为工场的工头。学程长短不一。这种学校训练技术家与技术工人。

(3)工程学校(Engineering Schools)入这种学校的学生必得在小学校毕业并且有四年的实习工作。这种学校训练工场经理,小商店店主与制图的专门人员。

(4)农业学校(The Agricultural Schools)在乡村职业学校的义务入学期修满的学生才得入学。没有学费。农业学校为下一代的农民准备一种充分的技术训练。

(5)另外有许多为都会与乡村的各种妇女工作而设的女工训练学校。功课与学期都不一样,为学生后来在家庭生活或各种实业位置的预备。农业学校特设一部专为在农田作工妇女而设的技术训练。

技术学院

(1)工程技术学院(Technical Institutes for Engineering)这种学校的目的是为从事于制图与工程方面的独立营业而设的技术训练,因为只由工程专门学校所学的功课是不够的。只有那些已经毕业于高级中学之第五年级,而领有证书(Obersecundareife,即英文 Leaving Certificate of the Obersecunda, or highest form but two of a Secondary

School)与完成两年工场实习的学生才可入学。那些没有得到高级中学第五年级毕业证书的学生必得经过特别入学试验并且证明他们完成了三年所学的实习工作。这种组织的学程至少是五年半。教职员主要的是受过大学训练的工程师。再者,一些这一类的学院设有的功课为器械制作,电机工程,机械装置与冶金学。

(2)建筑技术学院(The Technical Institutes for Building)训练私人建筑工业的主要建筑师与技师,并且也为国家与一个区域或地方政府组织建筑部训练技术行政人员。学程是五年半,入这种学校的学生必得学完高级中学到第五年级(Obersecunda)的功课,或者经过特别入学试验。在先就有建筑公司的实习训练也很重要。开头半年使已经在小学校毕业并且完成一段手艺训练的学生渐次升入正规学程。许多学院为地上及地下建筑设有专门学部。

(3)对于入“织物工业技术学院”(Technical Institutes for the Textile Industries)的学生要有良好的学校教育与先有的实际经验甚属重要。在这里训练的为将来织物方面的工场主,经理,与技师,以及工头与工场行政人员。所设的课程要看一个地方的织物工业特有的环境而定。

(4)工艺学院(Arts and Crafts Institutes)为工艺业上营独立职业的工人与助手供给一种踏实的技术与商业训练,功课与教学纲要极有变化,常因当地的需要而有变动。

(5)德国农业的教育中心是“农业学院”(Agricultural Institute,德文原名 Hoehere Landbauschule)学程有一年,为田间工人与农夫给他们一种深造并扩张他们已经有的对于实际并理论的机会。最重要的目的是加强农民与乡土的关系并发展对团体服务的精神。入这类学校的学生必得受过优良标准的普通教育,相当于“中等学校毕业证书”的程度。还要学生到了二十岁的年龄并且对农事工作有三年半的实际经验。农业学院的学生数目必不得超过五十名。

“国家食粮生产部的农业专门学校”(Agricultural College of the State Food Production Board,德文原名 Bauernhochschule des Reichsnährstandes)于一九三五年十二月一日在哥士朗(Goslar)设立的。其目的是对于由农业学校选拔出来的学生继续加以训练,并且为这类学校作育将来的教职员。如此对于德国农业振兴上有很大的贡献。其显明的任务是根据“德国继承田产法规”规定田产继承人(Erbhofbauer,英译 owner of a hereditary farm)的各种义务。准许入学的是二十岁到三十岁中间的青年农业工人,但他要是从一个有好名誉家庭出身的,有一种对田间工作的自然适应并一张“洁净的健康表”(a clean bill of health)。这类学校形成德国田庄内的一种寄宿舍。课程的体裁与四周区域的日常生活维系着紧密的联络。功课含有历史(政治史与乡土史)农业政策的原理,目的与立法,遗传学与人种学,并对农村工人文化与体格训练的原则。除掉上面已经讲过的技术学校之外,还有些其他供应各种职业上教育需要的设施,例如手工学校,海员学校,造船工程与机械学校,陆海军技术学校以及其他。在此只能把德国技术教育的各部门提纲携领的叙述一下,还有许多重要类别的学校并未提及。

学校与希特勒少年

自从二十世纪以来,德国少年教育总想基于少年自身的意志与希望而定一种制度。关于希特勒少年的教育工作不是在教室外强加一种学课,乃是基于为国家下一代国社党少年的创造意志而担负国家将来的责任,与领袖及国民结合起来共同努力。早先少年运动所以没有结果乃是那种领导的浪漫精神,后来要进化为一种广大的国家少年运动,由领袖下的中央制度组织。

所以在国家社会党治下,学校,希特勒少年与家庭要分担少年教育的责任。德国教育部长与德国少年领袖,用适当的办法,已经把这三方面促成有效的合作。希特勒少年团辅助学校的工作,锻炼德国少年的性格,促进自治并锻炼体格。对学校当局持一种敬意,并且鼓励他们尽学校中的全责。学校与希特勒少年团固然要占用少年相当的时间,但也充分的留出一部分让家庭尽责教育。家庭是新国家的基本单位,要用一切方法鼓励并保持家庭生活。

希特勒少年团分为下列几种组织:

1. 希特勒少年(Hitler-Jugend),十四岁至十八岁的男子。

2. 少年国民(Jungvolk),十岁至十四岁的男子。

3. 德意志少女团(Bund Deutscher Mädel),十五岁至二十一岁的女子。

4. 幼女团(Jungmädel),十岁至十五岁的少女。

全德国少年教育在希特勒少年团中属德国少年领袖的管理,对职务他有国家最高官吏的权限,而且他直接对领袖负责。未来的德国国民就是这些少年——明日的公民。为担当他们将来的任务,全德意志联邦的少年结合在一个组织中,这个组织便是希特勒少年团,在家庭及学校之外,少年在这里可以受到身体,智力及道德各方面的教训,以备他们国家及德国人民的集团之用。德国少年领袖的许多责任中含有少年的社会与国族教育,体格福利的保护,以及德国少年旅舍制度的管理。

德国少年"旅舍组织"(The Hostel Organisation,德文原名 Herbergswerk)在现在有二千少年旅舍,帮助年青的旅行者去明了他本国的情况。这种旅舍的寄留客曾有记录保存着,在一九三六年就有七百万人。少年旅舍也成了一种训练少年的中心,这是真正培养社会上伴侣之谊的学校,并且是培养爱护地方与国家的机会,同时这不仅是为德国少年而设的,其他各国少年旅行德国者亦有享用的机会。

在一九三七年正月十二日,首领(即希特勒——译者注),德国少年领袖,与德国劳工队领袖李博士(Dr. Ley)合作,授权设立“国社党希特勒学校”。这是希特勒少年团的基本单位并且在他的管理下。每一处这类的学校包含六个班级,由“少年国民”中拔选确有资能而年满十二岁的少年,不收学费。

与“德国劳工队”合作,希特勒少年团办有“国家职工竞技会”(The Reich Apprentices' Competition,德文原名 Reichsberufswettkampf),凡年龄在十四岁至二十一岁的各种职业上的人,无论是劳力的或“劳心”的(manual or the sedentary type)。这种竞技,鼓励德国青年劳作的进展,达到任何国家都还没有赶上的程度。根据各种同业而组织团体,同时实际的与理论的作业分为各种标准的等级,雇主与雇员结合起来在一定的日期要完成一定的工作。竞技者不是为金钱或其他物质的好处,而是为个人发展的光荣与他所属某一队的胜利。在国家劳动节五月一日,竞技的胜利者与各劳工阶级的代表为首领召见,并由他个人致贺意。在这种情况下,青年劳力者(the young manual worker)与“劳心者”(the young brain-worker)是站在同样地位的。认识了最光荣的劳工的庄严与高贵将信“那是工人,而不是资本家,在领导着国家底运命,那创造的胜利,而不是财富,是国家生活的决定因子。”

田舍年与国家政治教练
(Land Year and National Political Courses)

国社党对于教育改革有两种特别重要案件:就是“田舍年”(Landjahr)与“国家政治教练”(Nationalpolitische Lehrgänge)。两者有一同样的目的——为都市儿童供给些乡村生活的经验,并且因为这两种新施设已经引起国外人士底注意,故不能在此予以详细之叙述。

在普鲁士一九三四年由路斯特部长把田舍年做为离开小学校的儿童而设的,其目的为“发展都市儿童对于本国及其国民的爱护心,并且使他们了解健全的乡村工人对于国家的价值。”国社党政权的产生很显明的表示了对于现在德国教育的态度,尤其是在反对一面的智力训练上,要在帐幕露营中供给儿童集团生活上体格与道德的福利,与乡土及田间工人发生紧密的接触。把儿童由窄狭的都会学校中而直接投入活泼的乡村生活。这样学校超逾了有限度的学校范围,并且来自种族上与体格上康健家庭的青年人,经过农业工作与真正集团生活的介媒,可以过一种立脚于田间的纯洁生活。这样的教育弃掉关于乡村生活与工作课程的那种迂曲方法,而代以乡村歌谣与田间工艺的实际工作与直接知识供给儿童。再者,由真实生活的例子,儿童可以多学习一些关于本国及国民,历史,人种学,及遗传律的知识。所以田舍年既不是延长一个学年,也不是奇妙的提高了毕业年龄。恰恰相反,这是为离开了学校的少年开始一种生活上的新方法。这个时常使儿童,他自己也并没有意识到,陷于困难而完全不适应的境地,赖有他们的资质而得到完善的解决法门。田舍年可以转移他们没有一点兴趣的都会呆板生活与“劳心”职务。

在一九三六年,有三万三千五百男女儿童移开德国的工业城镇与大都会到六百个这样方式的帐幕来。据普鲁士的统计,在一九三四年,有二万一千男孩享受了田舍年的好处,到一九三五年更增加了一千五百女孩,合计有三万一千五百之多,至一九三六年仍然保有这种数目。每一个帐幕共宿六十人至一百儿童,他们在那里停留八个月,这是有兴趣的一种注意,这些儿童是由各种社会阶级的家庭出身的,家长有二千九百八十人是国家官吏,有三千八百人是书记生,有三千一百零四人是商人,有一万一千五百人是熟练与非熟练的手艺与工场工人。

帐幕的组织由帐幕领袖负责,以及各部队的领袖帮助。帐幕在

"地方政府的主席"(Regierungspräsident)管理下,并由田舍年区域的领袖监督。帐幕的管理章程由教育部长颁布。

田舍年的领袖,教员与助手都要谨慎选择,并且有八星期的特别训练。对于田舍年领袖的高级训练还有特别的帐幕与课程,增加教授乡村的游戏与运动,手工与音乐,使他们于已得的教育经验之上更进一步。

田舍年限于刚从小学校毕业的学生,同时还有一种把中等学校的学生带到乡间,与田舍年目的相同,使他们得有接触乡村生活与乡民的机会,这种组织叫做"国家政治教练"。学程期间虽较短,但是要产生同样的教育效果。中等学校高级班(十六岁至十九岁)的学生都要参加,每一年级只有三个星期。因为这是与田舍平行的一种组织,这种教练的开始在一九三五年于最好的六十五个莱因兰得(Rhineland)的少年旅舍,这样把学校与少年旅舍促成一种新的连系。在每一种教练中把各学校同等学力的学生,以至于莱因省(Rhine Province)各地方的学生集合一起。除了做少年旅舍的普通工作之外,男生于严格的训导下在田地上工作,女生就在农人的家庭从事于家事与园艺的工作。学生与教员在息息相通的情况下完成一种伟大的任务。用这种方法有许多教员由实例更足影响他的学生,从他的非自私的工作与不顾及个人安适的精神,比他在教室只作武断的空话更有效力。

劳作服务(Labour Service)

在叙言中已经提到今日德国教育的特色是不限于学校中,它很超过这种范围。因为如此,所以除掉希特勒少年团与田舍年之外,还有"德国劳作服务"(the German Labour Service[Arbeitsdienst])

在一九三五年六月二十六日,劳作服务是凡从十八岁至二十五岁的德国人都得尽的义务，德国是第一个把义务劳作服务加在义务教育与义务兵役之上的。

这三重制度惹起误解来。若把德国劳作服务看作兵役的化装形态就是很大的错误。没有人真正看见过劳作帐幕而且同在那里工作的人认识的还会继续这样想法的。同时若把德国劳作服务看做像美国的“市民保持团”(Civilian Conservation Corps)也是同样的错误，因为“市民保持团”本是一种失业的经济补救办法。关于这一点希特勒与德国劳作服务的创始者希尔(Constantin Hierl)在开初就明白陈说劳作服务是德国少年的一种荣誉的义务，把这种服务贡献到德国。正如在战时一样，每一个德国青年要用武器保卫他的国家，在平时也要用锄头为他的国家服务。姑且承认劳作服务有经济的意义，但那不是这里的问题。劳作服务的主要目标是使人直接用“锄头与铲子”享受教育的利益，同时领悟了各种功课，尽其全力为全国的利益而工作。

关于经济方面的意义先简略的研究一下。由于远见与聪明的计划，劳作服务是把荒地辟成耕地，并且对田地加以改良。在德国有八千五百万方米特(占可耕地总数的三分之一)没有充分水道的，有一千九百万方米特是湿地，有一千二百万方米特是荒地。五百万方米特以上的土地正在清理，并且为农业的方便修理路径与车道，散在各处的土地同时在进行。设若德国每年用二十万人在这种工作上，二三十年之间就可以完成。负此全责的是德国劳作领袖(Reich Labour Leader[Reichsarbeitsführer])，并由一般有训练的人辅助。有一千帐幕之上，每一个包含有一百五十人，都从事于这种工作，在荒地上，在海滨，以及沼湿之地，其唯一目的是使德国人民得到可耕而繁殖的土地，由他们的本土得着面包吃。据一九三六年中的统计，劳作服务者的百分六十从事于土壤的改良，百分之十做森林的工作，百分之五从事于土地的清理，百分十五修筑道路。还有百分之十做与人造湖，水利，港湾有关联的特别工作，并且建立他们自己的帀幕。在这种整个方式下所包含的经济原则，劳作服务只从事于高度经济与文化价值的工作，而这种工作不是普通给资工人所能做的。因此劳作服务与普通的工人市场并没有竞争。

德国的劳作服务原来与其说是经济的意义，无宁说其教育的价值。对于这种说法有一个很多的证明，便是在一九三四年的春季，“德国大学生团体”（Deutsche Studentenschaft，英译 the gereral organisation of German Students）自动的决议了一条方案，没有任何当道者的压力，在入大学之前每个学生必得从事于劳作服务。欧战后俄特门（Artamanen）及其他团体的少年运动也是劳作服务理想的首创者。在一九二〇年与一九三〇年之间，工人，农夫与大学生时常在工幕中一起作工，这并非为解决失业问题，只是使人们肩挨肩的感到工作满意的机会，与他们同伴的乡人过各方面的生活。维系他们在一块的力量是工作的道德价值。在德国轻视手工的风气渐渐要消灭了——并且对于劳作服务的信心好像对希特勒少年团与田舍年一样。

在一九三一年夏季博鲁宁政府（Bruening Government）顺从舆论的指导，对自动作服务（Voluntary Labour Service）给以法律上的默许，更于一九三二年由明令发表承认这种制度。此政府取了一种果敢的步骤，然而尚缺少自由精神，劳作服务如果保持着本来的主要理想，便要对官厅独立。同时国社党取消“强追劳作服务”（Compulsory Labour Service）也有决心。希特勒得势之后，国社党用永无倦怠的精神在背后布置一种局面，立刻把德国劳作服务的全职责负起组织坚固团体的责任。义务工役的目的决定逐渐的实施出来。就是在一九三五年六月二十六日法令公布之前，已经有漂亮的劳作服务制服在各帐幕中兴起来，并且有一种清楚的领袖制度实行。

学校教育对于男生与女生都是强迫的，劳作服务尚只限于男人，也须若干年后制定出一种适于女人的劳作服务规章，对他们都变为强制的劳作服务。

若说劳作服务是国社党运动最显著的成就并不算夸张。大概没有别的国民像德国人那样需要团体生活的。然而仅用训导与教授是不足教导国民得社会团结性的;只有用其精力在普通工作的完成上才能实现出来。还有最要注意的是帐幕领袖的精神与人格——德国工役领袖希俄(Hierl)首先认清这个问题,他说:“劳作服务领袖要得到部下的绝对服从并且施行着严格的训练与命令。但是他们必得把这种性质加在公正心与对部下同情心之上;老实说,他们必得不仅是讲师,而要是真正的教育家。”

师资的训练

在各文明国家师资训练问题都到了一种切迫阶段。这是显明的由于国际会议屡次关心这个问题,同时也是因为世界各地正在进行着教育实际的改革。至于德国关于师资训练也成为数年来争论的目标。

争论的中心几乎都遍于小学校教员训练的改革,因为中等学校教员的训练全部受之于大学,而小学校教员的训练方法则很纷歧。问题并不太看重职业的陶冶,无宁说着眼小学校教员的社会地位——换句话说,如何架一座桥把他与高级公务员的社会界线连接起来。

本世纪的开始,全德国对于小学校教员的训练有一种特别的学院,其实这种学院就是为将来那些做教师职业的高级中学。所以在十八九岁的时候,学生已经完成了他的学业,但是对于高深学问方面没有任何的接触。类似这样的学院在牛大波哥(Württemberg)与贝沃利亚(Bavaria)存在最久,直到一九三四年还没有故为“高级误导学院”(Training Colleges)。

在德国其他的地方,已经对于小学教员训练水准低的制度增高程度,做这件事就有三种不同的办法追随着。第一种方法,为适应汉堡(Hamburg),沙口尼(Saxony),博兰维克(Brunswick),哈森(Hessen)及其他各邦的情况,只是把小学教员训练嘱托于大学。他们的训练所不同于中学教员的是在大学的时期不同。小学教员在大学只要三年就够,而高级中学教员非四五年不可。第二种办法,主要的是在耶拿(Jena)位于沙利济(Thuringia),试办的,让小学教员到大学仅受高深部门的训练,而其他的课程在一处完全独立的教育学院学习。

第三种办法是普鲁士及德国其他各邦所采用的。这种办法要变为师资训练问题的定案,在一九二六年普鲁士首先设立八处"教育学院"(Pedagogic Academies),至一九二九年更增设七处。其中有几处虽然在一九三二年一时停办,但是终久这类"教育学院"将来要成为师资训练学院的模范,不仅是在德国,并且几个外国。

教育学院创立时就受到严格的批评。他们不是大学,也不是师资训练学院。他们虽然供给某种高深训练,但是缺少大学那种性质而完整的程度。他们也有做专门研究的野心,但是因为缺少时间与毅力的结果,并不能有成功的收获。学生离开他的"小规模大学"(Small Scale University)并没有得到做校长或学者的相当陶冶。他成了一种高不成低不就的状态。

到这里国家社会主义就有了办法。在起初国社党认为将来少年教育家的训练,尤其是那些小学教员,必得与学者的训练不同;实在的讲来,大学或教育学院的空气并不适于教育少年的未来教员。一九三三年四月二十日在仑白克(Lauenburg),波米兰尼(Pomerania)境内的一个小城镇,教育部设立一个新的"师资训练学院"(Hochschule für Lehrerbildung,英译 Training College for Teachers),为将来师资训练立了根基。这实际上表明一种信仰,以为训导学生最合适的环境不是都市而是乡村,在那里使将来的教员与田间与乡村的日常生活相接触。

这种学院的理想不仅制作“知识贩子”(Knowledge-mongers)的教员,只会把智力供给他们的学生,而要影响嘱托给他们的男女学生的性格。他们是少年的领袖,不仅是教职员,他们所负的责任要逾过教室的门墙。在工作时间外的行为没有别的更比教师职业重要的。所以在德国对于师资训练的现在计划特别对于将要嘱托给他们德国少年的那些人慎重选择。

设若对于教师职业有一种高远的看法,那末小学教员与中学教员的界线可立刻取消。两者都是德国的仆役。对二者同样的嘱托国家的儿童。送去时代那种陈腐的阶级分别是没有道理的,应该有一种划一的训练方法,对于两方面的教员都适当的。这种法令由一九三五年十月十二日实行。凡是将来的教员,没有例外,都得以“师资训练学院”(Hochschule für Lehrerbildung)为他们训练的第一阶段。我们不把小学教员送到大学去,而让高级中学教员先在“训练学院”(Training College)学习一年,只有经过这一步他才能进入大学。

如此到将来的制度如下,凡是志愿做教员的德国人都要先入德国高级中等学校。毕业之后,他得有半年的劳作服务,再其次就要服军役,更后他在“训练学院”住一年。第一年的课程一方面包含有教授法,儿童心理学,人种学,德国民谣与历史,另一方面还有基本的实际训练。由于观察别的教员所讲的功课,并且自己也尝试着教学,虽然在第一年,他可看出教师职业的希望有什么,并且感到教学是不是真正他的“职业”(Vocation)。在满了这一年之后,这是一切教员必得经过的阶段,学生可以从两条路中选择一条。或者他在训练学院多住一年,他便得着考小学教员的资格,或者他离开训练学院而进入大学,更深造三年,为取得考试高级中学教员的资格。

在这种新规定中有两种大的方便。第一,小学教员受于先期所受的实际训练之外,更加上一些高深的研究。第二,高级中学教员可以发觉他是否适合于他的职业,在他起初的训练中经过一个学校的亲身经验。在旧制度下开始就有四年的功夫从事于专门的研究,这样等到第五年或第六年才能得着教学的直接经验。

同时对于这种制度就有强烈的反对者。据说现在的德国训练学院破坏了学者的素养;学术的工作被社会与政治教育与体育挤出去了。其实并不是这样。学术工作是一件事,学术的教育制度是另一件事。诚然未来的德国教员,当他初入学院时,被安置在一种与后来同学生相处的情境类似,这种情况是严格择选的,团结的,社交的,并且帐幕式的陶冶。当此个人发展最紧要的关头,若说他的自然趋势遍于探讨与研究的,强制他不做学术方面有价值的智力陶冶便是不聪明而且不正当的。所以将来学术训练在改新方案中也是德国教员的重要因素。但是教师的学术工作要以将来职业的要求为依归,少数教师后来能进而有高深的学术成就。但是欲在学术界有所成就,必得使学生了解只有那自身能学习并研究之后,试看学问是否适于他的终身职业并且鼓励别人学样。

将来对于教师的训练与其他各种职业的训练要严格的区别。教师与木匠,音乐家或者大学教授绝不是一回事,他只需要在他们的本行上有其尽可能的高深专长,而教师最要紧的必是一个优良性格与人品的人,证明他有做儿童的坚定而热心的领袖资格。

德国与其他各国的少年

一九三六年十月一日德国少年团领袖斯拉哈(Baldur von Schirach)曾对全国少年有一次广播,让全德国的少年加入希特勒少年团(Hitler Youth Organisation),在结尾时有如下的一段话:“各国少年必得互相认识,必得学习着互相了解。我们愿意在此看到其他各国的少年领袖,同时愿意送我们的少年领袖到外国。这样结成了友谊可以维持一辈子，并且可以扫除双方的误谬印象。无论如何，青年德国人不可做一个坏大使，他到国外不为别的，只是为结合友谊与引起敬慕。送他出去不是为宣传他自己生活上的某一特色，那并非他的任务。少年不能谈高深的政治，他的唯一目的是把友情与善意传达到世界各地的少年人。”

看了下面的记载便可以了解上面一段话的意义。自从一九三三年后由于学校间与家庭间的交换，德国学校的男生与女生探访外国的年有增加。在一九三二年有一千人，一九三四年有一千五百人，一九三五年有三千人，到了去年（即一九三六年——译者注）便几乎到了七千人之多。虽然汇兑上有许多困难，而德国少年男女依然奔赴瑞典，英国，法国，巴尔干，美洲联邦及其他各国，总计有欧洲及海外二十二国之多，去会那些不同语言与血统的少年男女。同样大学学生与教授的交换也在举办。由于这种方式所以德国与英法两国交换青年的学校教员，有时候是一整年，这种交换数目在过去四年是加倍的。

许久以来国社党治下的德国就被责为固执着对于其他国民不接触的“自生”（inbreeding）与隔离政策。以上列的统计看来，德国青年绝对不承认这种罪状的。在国家社会主义下这种“交换”（exchanges）是显然的增加。但是这样增加又足引起另外的误会，以为德国少年是被政治领袖强迫的，事实上这又是国社党宣传的一个新花样。这是一种幻想。世界上没有一个地方像德国青年那样反对做无聊宣传工具的。青年德国人知道只有一个十分有理性的人才足让外国取法他宣称的对于人生的看法。

德国少年访问外国所以日有增加的真正理由只是他们最后学习着如何爱护他们自己的国民，并且在他们自己的国土，看出他们的根本而真实的优点所在。所以对于外国来访的同人同样的有一种诚恳的敬意。德国少年到外国去乃是基于健全的好奇心去认识其他民族的理想与风俗。同时这实在是一种深刻的经验,去发见什么力量维系英国与法国少年那样忠诚热烈的爱护祖国并不弱于德国少年的强度。

这样对于旅行外国的目的根本改变了态度。欧战后数年间交换学生与旅行外国的风气虽然很盛行,但是都不过一般为学习现代语的学生或教员。他们认为语言是唯一国家间的真正区别。只要让儿童克服了语言的难关,那末再没有妨碍国家间互相了解的东西,他们以为学生的“交换”是最方便的语言方法;而且这是对学生唯一的引诱。

他们是错误的。青年人很知道语言并不是什么随意变换的东西,因为它是一个人的国家与个人的一部分或连系物。当他们到外国去的时候所学的不仅是外国语。他们要生活或活动于别个国民之间,去认他们的真面目。我们并不想“改变”(convert)任何人,因为我们知道转别人的天性正如改变我们自己的同样不容易。但是我们相信各民族间的个人接触可以唤起互敬来,没有互敬便没有真正有价值的国际合作。

很多时候由“学校通讯”(School Correspondence)互相交换消息。最近几年来德国与外国学生间或班级间的交换信件也是很显然的增多。一九三六年“德国国际学校通讯中央局”(The German Central Office for International School Correspondence,德文原名 Deutsch-ausländischer Schülerbriefwechsel, Kronprinzenufer 13, Berlin NW 40)负责代为交换的信件就有二万五千封之多,而在一九三〇年时不过八千件。最常往还的国家有法国,美洲联邦,挪威,英国,瑞典,意大利,芬兰,匈加利,丹麦,波兰与日本。像这样儿童间的通讯也没有什么宣传意味。儿童心理学的最简单的知识便很足令任何人相信德国教育部长所说的下列官方的训示:“由于这种通讯便可增进对于他们本国人民的爱护与了解,并且扩张对于其他国家与人民的知识,同时使他们的通讯对方也得有同样的好处。与别国的真实接触更足引起对于本国的深刻了解。”

对于德国今日的学校，国际交换与通讯不仅是语言方法的工具。第一点，在国外的深刻视察除对现代语言有用处外；还有地理，国民性的研究，生物学，历史与体格的训练都可因此而有进益。在外国生活过的学生，正如获得知识一样，所得的经验能对于他今后的生活发生极大的影响。再者，在国外旅程中可以看到——比帐幕或田舍年中还要显著——那使儿童增进机敏，礼貌，谦逊，勇敢，与果断的机会。并且一个教员在这里正如在学校时同样的重要，应该做出一种领袖的风度，设若他能保持学生对他的爱戴。

我们觉得在此没有比德国少年领袖所说更合适的结论，当他对于帐幕与国际交换制度发表高远的企画时，他曾概略的说："我相信欧洲少年必得认识以'去相互了解！'(Get to know each other)为口号的根基下共同合作，要相信只这样做便能使世界变好些就是妄想。世界可能变好些，但是人必得变公正些。"

(杨丙辰校)

图书目录(Bibliography)

I. 参考书与一览(Handbooks and Surveys)

Löffler, Eugen: Das öffentliche Bildungswcsen in Deutschland. Berlin 1931(洛富拉:《德国公共教育》制度。伯林一九三一年出版。)

Südhoff, Hermann: Das Berufs - und Fachschulwesen in Deutschland. Frankfurt 1936(逊得考夫:《德国的职业与专门学校制度》。富兰克夫城内一九三六年出版。)

Wegweiser durch das höhere Schulwesen des Deutschen Reiches. (Statistical Yearbook) Berlin(《德国全国中学制度指南》。(统计年报)伯林出版。)

II. 一九三三年前德国教育著作精选

Dilthey, Wilhelm: Pädagogik, Leipzig 1934(底尔泰:《教育学》，莱布兹西一九三四年出版。)

Natorp, Paul: Sozialpädagogik(4). Stuttgart 1920(那托仆:《社会教育学》四版。

斯图哥特一九二〇年刊印。)

Spranger, Eduard: Volk, Staat, Erziehung. Gesammelte Aufsaätze. Leipzig 1932(斯波兰格:《民族,国家,教育》。散篇论文集,莱布兹西一九三二年出版。)

Litt, Theodor: Führen oder Wachsenlassen? Eine Erörterung des Pädagogischen Grundproblems. Leipzig 1931(李特:《指导呢还是听其自生自长呢? 一个教育基本问题的讨论》。莱布兹西一九三一年出版。)

Kerschensteiner, Georg: Begriff der Arbeitsschule. Leipzig 1930(开深太诺:《工作学校的概念》。莱布兹西一九三〇年出版。)

Otto, Berthold: Volksorganisches Denken. Berlin 1925—1926(奥土:《民族机体的思想》。伯林一九二五年——九二六年出版。)

Lietz, Hermann: Lebenserinnerungen. Von Leben und Arbeit eines deutschen Erziehers. Veckenstedt(Harz)1925(利册:《生活回忆录——关于一个德国教育家的生活与工作》。富克斯特提(在哈尔兹)一九二五年出版。)

Petersen, Peter: Der Ursprung der Pädagogik. Berlin 1931(皮特森:《教育学的源始》。伯林一九三一年出版。)

Paulsen, Friedrich: Geschichte des Gelehrten Unterrichts auf den deutschen Schulen und Universitäten Vom Ausgang des Mittelalters bis zur Gegenwart. Leipzig und Berlin 1919—1921(包尔森:《德意志中学与大学自中古时代末叶直至近代学识教育之沿变》。莱布兹西与伯林,一九一九至一九二一年出版完竣。)

Nohl und Pallat: Handbuch der Pädagogik. 5 Bände. Langensalza 1927 ff.(诺尔与巴乐特:《教育学参考书》。五部,兰根沙则。一九二七年及以次各年份出版。)

Pädagogisches Lexikon. 3 Bände. Bielefeld und Leipzig 1930(斯沃兹:《教育学词典》。三部。比里非得与莱布兹西一九三〇年出版。)

III. 希特勒及他属下的教育部长关于教育的言论

Adolf Hitler: Mein Kampf(My Struggle)Edition in one volume. 1933. Verlag Franz Eher, Munich.(希特勒:《我的奋斗》。一本版。一九三三年木兴城内,富兰次。艾儿印书馆出版。)

内容:教育。少年与时代,二十一页——欧战前的德国教育。二五八页至二六二页——教育的目的。二九页——人格的发展与价值。四二一页,四九二至五〇二页——领袖式的原则与权威。四九二至四九三页，五二〇，五七九，六六一页——理想的力量。四八七，五九七页——自信。四五六至四五七页——藏潜，忠诚，自我牺牲。四六〇至四六二——负责健强的意志，果敢与欲望。四六二至四六四页——服从。四五九，五九三页——体格的锻炼。四四一至四五六页，四五八至四五九页——国家的光荣。三十一至三十二页，三十四至三十五页，一二四页，四七〇至四七五页——性教育。二七六至二七九页——女子教育。四五九至四六〇页——军事训练与教育。

教授：心身的平衡，二七六至二七七页，四五一至四五六页。读书的艺术，三十六至三十八页。演说术及其重要，三二至五三四页。历史的教授，四六六至四六八，七三二至七三六页。言语的教授，四六四至四六六页。古典教育与现代教材，四六九至四七〇页。人种学，四二八至四三五，四七五至四七六页。按能力选撰，四七七至四八五页。

Adolf Hitler, Speech in the Berlin Sportpalast Feb. 10, 1933(希特勒：《伯林体育馆之演说》，于一九三三年二月十日。Die Reden Hitlers als Kanzler 录自《希特勒宰相任内之演说集》。Verlag Franz Eher Munich 木兴城内，富兰次。艾儿印书馆出版。)

Adolf Hitler, Speech in the Cultural Session of the National Socia-list Party, Nürnberg 1933(Die Reden Hitlers am Reichsparteitag 1933, Verlag Franz Eher Munich)(《对国社党文化会议的讲演》录自希特勒宰相任内之演说集，依白克一九三三年出版。)

Reich Minister Dr. Frick: Discussion at the Ministerial Conference, May 9, 1933. Reproduced in Hiller, Deutsche Erziehung, See below.(德国教育部长福利克博士：《教育部会议席上的讨论》，一九三三年五月九日。转载于西勒尔氏所著《新国家的德国教育》，见下！)

Reich Minister Bernhard Rust: Speech at the tinauguration of the Training College in Lauenburg on the 24th June 1933. Reproduced in Hiller, Deutsche Erziehung, see below.(德国教育部长路斯特：一九三三年六月二十四日在洛白克训练学院开幕时的讲演。转载于西勒尔氏所著《新国家的德国教育》，见下！)

Reich Minster Bernhard Rust: The Basic Questions of National Socialist Education. "Hochschule und Ausland", Berlin, Jan. 1935(德国教育部长路斯特:《国社党教育的根本问题》。见"大学与国际"月刊。一九三五年一月号柏林出版。)

Reich Minister Bernhard Rust: Does National Socialism betray the objectivity of science? (Speech in the occasion of the 550 th anniversary of the University of Heidelberg) English Version in "News in Brief", Berlin, July31, 1936(德国教育部长路斯特:《国家社会主义破坏了科学的客观性吗?》,见一九三六年七月卅一号柏林简报。)

IV. 国社党教育的参考书

(A)普通类

Krieck, Ernst: National politische Erziehung, Leipzig 1932(哥利克:《国家政治教育》。莱布兹西一九三二年出版。)

Krieck, Ernst: Völkisch-politische Anthropologie. Leipzig 1936/7(哥利克:《民族政治人类学》。莱布兹西一九三六及三七年出版。)

Hoerdt, Philipp: Grund for men Volkhafter Bildung. Frankfurt 1932(哈得提:《民族教育之基础形式》。富兰克夫一九三二年出版。)

Baeumler, Alfred: Männerbund und Wissenschaft. Berlin 1932(伯木雷尔:《男子结盟与科学》。柏林一九三二年出版。)

Baeumler, Alfred: Politik und Erziehung. Berlin 1932(伯木电尔:《政治与教育》。柏林一九三七年出版。)

Tiling, Magdalene: Grundfragen des Pädagogischen Handelns. Stuttgart 1935(第铃女士:《教育行为之基础问题》。斯图加得一九三五年版。)

Sturm, Karl: Deutsche Erziehung im Werden. Osterwieck 1935(斯笃穆:《演变中的德国教育》。奥斯特维克一九三五年出版。)

Winfried: Sinnwandel der for Malen Bildung. Leipzig 1935(文福利得:《形式教育义意之转变》。莱布兹西,一九三五年出版。)

Hiller, Friedrich: Deutsche Erziehung im Neuen Staat. Langensalza 1934(西勒尔:《新国家的德国教育》。兰根沙则一九三四年出版。)

Schumann, Hans-Joachim: Die Nationalsozialistische Erziehung im Rahmen amtlicher Bestimmungen. Langensalza 1935(舒曼:《官方规制范围内的国社党教

育》。兰根沙则一九三五年出版。)

(B)教育各部门的参考书

Krieck, Ernst: Musische Erziehung. Leipzig 1933(哥利克:《艺术音乐教育》。莱布兹西一九三三年出版。)

Momsen, Max: Leibeserziehung mit Einschluss des Geländesports. Osterwieck 1935(木森:《论躯体教育兼论操场体育》。奥斯特维克一九三五年出版。)

Graf, J.: Vererbungslehre und Erbgesundheitspflege. München 1930(哥拉弗:《遗传学与遗传卫生》。木兴一九三〇年出版。)

Voigtländer, Walter: Geschichte und Erziehung Langensalza 1934(沃兰得:《历史与教育》。兰根沙则一九三四年出版。)

Klagges, Dietrich: Geschichtsunterricht als nationalpolitische Erziehung. Frankfurt 1937(克来哥:《当作国家政治教育的历史教学》。富兰克夫一九三七年出版。)

Müller, Theodor: Erdkunde, Heimatkunde und Geopolitik als völkisches Bildungsgut. Leipzig 1935(木勒:《当作民族的教育宝藏的地理学》,《故乡志》,《与地政学》。)

Dietz: Das Dorf als Erziehungsgemeinschaft. Weimar 1931(底兹:《以乡村试作为教育的共公团体》。维木尔一九三一年出版。)

Gentz, Erwin: Das Landjahr. Die gesetzlichen Grundlagen und wichtigsten Bestimmungen. Eberswalde 1936(金兹:《田舍年——法令的基础与至重要的各项规定》。亚伯沃得,一九三六年出版。)

Der Oberpräsident der Rheinprovinz: Nationalpolitische Lehrgänge für Schüler. Frankfurt 1935(莱因省省长:《为学生用的国家政治教程》。富兰克夫一九三五年出版。)

Krotschmann und Edel: Der Reichsarbeitsdienst, Berlin 1936(克来式曼与阿得尔:《德国劳作服务》。柏林一九三六年出版。)

Internationale Zeitschrift für Erziehung: Arbeitsdienst und Erziehung—Labour Service and Education. Berlin 1937(《国际教育时报:劳作服务与教育》。柏林一九三七年出版。)

Schirach, Baldur Von: Die Hitler-Jugend, Idee und Gestalt. Berlin 1935(谢里哈:《希特勒少年团》,《理想与组织》。柏林一九三五年出版。)

(C)各种时报

Weltanschaung und Schule. Herausgegeben von Alfred Baeumler. (Monthly) Zentralverlag der NSDAP. ,Berlin. (《宇宙观与教育》,由包木雷尔出版。月刊。柏林国社党中央印刷所出版。)

Volk im Werden. Herausgegeben Von Ernst Krieck. (Monthly) Hanseatische Verlagsanstalt, Hamburg(《演变中的民族》。由克里开出版。出版亚:汉堡,亨赛印书馆。)

Internationale Zeitschriftt für Erzichung (Internationale Education Review-Revue Internationale de Pédagogie) Herausgegeben Von Alfred Baeumler und Paul Monroe. (Bi-monthly) Weidmannsche Verlagsbuchhandlung Berlin(《国际教育时刊》。柏林,维得曼印书馆出版,半月刊。)

Nationalsozialistisches Bildungswesen. Herausgegeben vom N. S.—Lehrerbund (Monthly.) Deutscher Volksverlag, München(No. 4/5)(《国社党教育制度》。国社党教员联合团出版。德意志人民印刷所丛书第四至第五号。)

Deutsche Volkserziehung, Herausgeben vom Deutschen Zentralinstitut für Erziehung und Unterricht. (Bi-monthly.) Verlag Diesterweg, Frankfurt(《德意志国民教育》。德国教育与教程中央研究所出版。半月刊。)

V. 用英文写的德国教育著作

Alexander, Thomas: The Prussian Elementary Schools (Before the War). Macmillan, New York 1918 (亚来克山大:《普鲁士小学校(欧战前)》纽约,默克米兰一九一八年出版。)

Alexander, Thomas: Training Elementary Teachers in Germany (Since the War). Bureau of Publication, Teachers College, New York 1929(亚来克山大:《德国小学师资的训练》。)

Alexander and Parker: The New Education in the German Republic. John Day Co. New York 1929(亚来克山大与博克:《德意志共和国的新教育》。)

Fletcher, A. W.: Education in Germany. Cambridge 1934. (富来雪尔:《德国的

教育》。)

Kandel,I. L. : Educational Yearbooks of the International Institute of Teachers College,Columbia University. Yearly since 1924(Section on Germany-Critical since 1933). Bureau of Publications,Teachers College,New York(堪得尔:《国际师资学院教育年报》。)

Kandel and Alexander: Reorganisation of Education in Prussia. Bureau of Publications,Teachers College, New-York(堪得尔与亚来克山大:《普鲁士教育的改革》。)

Kellermann: Effect of World War on German Education(Republican Period). Harvard University Press 1928(开拉曼:《世界大战对德国教育的影响》。哈佛大学出版。一九二八年。)

Haupt,Joachim: The Educational Ideals of the German National Socialist Movement. The Yearbook of Education 1935. London,p. 923—930(《德国国社党运动的教育理想》。)

Krieck,Ernst:The Education of a Nation from "Blut und Boden". International Education Review,Berlin,Vol. III. Number 3.(开里克:《以"血与土"为基础的国民教育》。)

Mc Murry, Müller and Alexander: Training of Modern Foreign Language Teachers in France and Germany(Republican Period). Bureau of Publications,Teachers College,New-York 1930(木克莫瑞,纽勒与亚来克山大:《法国与德国对于外国语教师的训练》。)

Reports of the German delegation,International Conferences on Public Instruction,Geneva: The development of German Education 1934/1935 International Education Review, Berlin, Vol. IV, p. 297—300; The development of German Education 1935/1936. International Education Review,Berlin,Vol. VI,p. 211.(国际会议德国代表的报告,日内瓦:《一九三四至一九三五年的德国教育》。《一九三五至一九三六年的德国教育》。)

Robinson,Tate,Sidgwick: The German Nationalpolitische Erziehungsanstalt and the English Public School. International Education Review,Berlin,Vol VI,p. 161—

173.(路宾孙,太提与沙得维克:《德国国家政治教育与英国公立学校》。)

Schairer Rheinhold: Methods of Student Selection in Germany. The Yearbook of Education 1936, London(谢利尔:《德国选拔学生的方法》。伦敦,一九三六《教育年鉴》。)

Survey Associates: Survey issue on "New-Germany". 61; 535-6401, February 1, 1929. Survey Magazine, New-York.

Taylor, Horace: German Education in the Republic and in the Third Reich. Redirecting Education, Vol. II, 1935, Columbia University Press, New York(泰勒:《德意志共和国与第三帝国的教育》,《再造的教育》第二卷,一九三五年出版,哥仑比亚大学版。)

Taylor, John W.: Education in the New Germany——accumulative account of the steps towards educational reform since the coming into power of the National Socialists. International Education Review, Berlin Vo lV, p. 254—275 and 326—344(约翰,泰勒:《新德国的教育——国社党得政权后对于教育改革的步骤》,见《国际教育评论》。)

Thorburn, Adam: Psychological and other Aspects of Recent Tendencies in German Education. British Journal of Educational Psychology, London, Vol V. Part II, June 1935(沙博恩:《德国教育之心理的及其他方面的近来趋势》。见英国《教育心理杂志》。)

Twing, C. F.: American and German Universities(Republican period). Macmillan, New York, 1928(推恩:《美国的与德国的大学(共和时代)》。)

Wilhelm, Theodor: Social Education in Germany. International Education Review, Berlin, Vol. IV. Number 1(维连模:《德国的社会教育》,见《国际教育评论》。)

VI. 用中文写的德国教育

《德国工商补习学校》　陆振邦译　商务出版

《德国职业补习学校概况》　沈木强译　中华出版

《德国大学指导入门》　广州中山大学出版部

《德国青年运动》　赵邦铄编　上海民智书局出版

《德国新兴教育》　张安国译　商务出版

《中德文化丛书之三:工作学校要义》 刘钧译 商务出版

《德国工役制度》 王光祈译 中华出版

《教育家的精神》 余光远著 商务出版

VII. 各中文杂志上的德国教育

《施勃郎格(Eduard Spranger)的教育思想》 大年译 十九年北平女师大学术季刊一卷一期

《英法德美义俄的国民性与教育》 罗廷光译 廿三年十二月十日教育杂志廿四卷四期

《国社党势力下之德国大学教育》 叶祥法译 廿三年五月廿三日国际译报八卷二期

《德国的生产学校》 李允谔 廿三年十二月一日江教月刊第二期

《德国革命后之教育》 张怀 廿三年一月十五日明日教育二卷三期

《德国希德拉与教育》 张怀 廿三年一月十五明日教育二卷三期

《德法英美四国女子中等教育之发展及其趋势》 迺彬译 廿四年一月一日政衡月刊二卷一期

《德国教育最近的动向》 王馨一 廿四年一月十日教育杂志廿五卷一期

《德意志教育之精神》 王馨一译 廿四年二月九日中大月刊第一期

《希德拉统治下之德国新教育》 吴家镇译 廿四年二月一日民族杂志三卷二期

《国社党统治下的德国教育》 缪庆邦译 廿四年三月三日励志三卷九期

《国社主义下底德意志教育》 季韬译 廿四年三月一日北强月刊二卷三期

《德国教育的新精神》 孙邦正译 廿四年十月一日中华教育廿三卷四期

《德国法西斯蒂的小学教育》 韦伦 廿四年十月一日中华教育廿三卷四期

《德国教育的新趋势》 孙邦正译 廿四年五月四日中大日刊一四五三期

《德国教育之改革》 廿四年七月中华教育二十三卷一期

《德国复兴与教育建设》 毅之 廿四年六月十五政衡月刊二卷六期

《德国劳动服务业之概况》 廿四年九月七日中大日刊一五〇六期

《国社党统治下之教育》 崔宗埙译 廿五年五月十六日时事类编四卷十期

《德意志法西斯的青年教育》 遂之 廿五年十二月一日中学生七十期

《德国新教育的原则及其实施》 正之 廿五年十二月一日教与学二卷六期

《德意志军国民教育的今昔观》 吴烈 廿五年十月十日教育杂志二十六卷十期

《德意志国防教育的阵容》 王馨一 廿五年十月一日教与学二卷四期

《德国厉行青年义务劳动》 罗廷光 廿五年五月一日中国新论二卷三期

《最近德国教育的改造》 陈剑恒 廿五年七月一日中华教育二十四卷一期

《德国教育的新趋势》 王馨一译 廿五年二月中大日刊第一六一〇期

《最近德国教育的改革》 廿五年四月一日中华教育二十三卷十期

《德国大学教育》 陶德曼 廿五年二月二十九学术咨询二卷二期

《德国的实利教育》 张忠 廿五年五月一日中华月报四卷五期

《国社党统治下之德国教育》 仲宣 廿五年五月廿五日中央时事五卷十九期

《德国教育新趋势》 章益 廿五年一月十日教育杂志二十六卷一期

《新德意志之公民训练》 栋澄 廿五年二月七日中大校风第三五九期

《德国教育之最近情势》 廿五年三月一日教与学一卷九期

《德国国社党教育之研究》 刘秉崧 廿六年五月一日教育改造一卷三期

《国社党执政下之德国教育及其文化概况》 周子亚 廿六年五月十日教育杂志廿七卷五期

《国社党统治下的德国教育改革运动》 李祖伟译 廿六年三月三十日师大月刊三十二期

《德国教育的新姿态》 朱炳千 廿六年三月十八日中大校风第五〇〇期

《德国体育教育之新趋势》 吴澂 廿六年一月一日教与学二卷七期

物理科学与世界观

普兰克(Max Planck)[①] 著

物理科学对于一个世界观的争论有什么贡献呢?普通以为物理科学只是研究无生物界的物体与历程,而一个世界观(Weltanschauung)设若能成立的时候,必得把一切物质与精神生活网罗在内,同时对于一切精神问题必得取一种确定的态度,就是那些伦理学上最高级的问题也不是化外。

初看来好像这种说法很合理,然而往深刻处一想我们就发现出不对来,我们必得记着无生物也是组成世界的主要部分,所以任何一种世界观如果要求在各方面都能站立得住,必得也把无生物界的定律包含在内,假如它含有与这些定律冲突的所在,它便不能持久。在此我用不着指出那些为物理科学所不能拥护的许多宗教上的独断论。

然而对于世界观所发生的影响物理科学不仅有这种消极与破坏的批评作用,它在积极与建设方面的贡献更是十分重要。第一让我们考究一下在形式方面的贡献,普通我们都知道科学历程的方法最先为物理科学所采用,因为物理科学的正确性,所以所产生的效果是异常之大,它们的方法在相当范围内已为人文科学(Geisteswissenschaften)所效步,所谓人文科学就是指人事探讨的科学,例如史学、心理学等。于此我们要注意到物理学由其科学内容——即其发现等方面——所发生的影响,正如每一种科学必得开始由于某一活人来研究。同样物理科学也不能完全脱离与研究人的关系。最后,每一个研究者都有他自己的人格,与其知慧上与伦理上的偏见。因此科学家自身的世界观必是时常在决定科学工作的方向上发生影响。反过来说,这也是很自然的,科学家的发现结果不能对于他的人生观没有几分影响。

但就全体看来还有更普遍的效用,它要超出物理科学的范围,因为自然科学与人文科学(Geisteswissenschaften,英语称为 Humanist Sciences)没有一点可以显然互相分别。二者无宁说代表一种互相交织的单位组织。抓住了一端或一点而其他各部都同样的紧强起来,所谓牵一发而动全身的意思,同时这要牵联到因果问题。在物理科学自身的范围内并不想对自然的秩序推演一种绝对牢固的因果律,除非它同样的可以由生物学与心理学上也能推演出来。

但是关于人类意志自由要如何的讲法呢?它只有经过我们自己的意识才能了解其根原,同时又是知识的最根本来源,人类意志是不是也为因果律所约束,抑或是自由的?正如我以前时常讲到的,假如我们用那样的方法讲这种问题,便成为我称为似是而非的问题,仔细的思考起来,这样的解说这种问题便没有什么固定的意义。这里疑难的发生由于没有十分理解问题核心之所在。这个问题的核心可以简略的叙述如下:

站在一个理想的全知全能的神的立场看来,人类意志是紧密的连接在因果圈之内。正如其他每一种物理的与精神的动作。但是反过来说,假设站在单独自我的立场看去,指示未来的我的意志不是因果律所能决定的;因为观察一个人自己意志的这种动作便是影响人类意志的。所以在此我们实在不能讲出它的决然而固定的因果关系来。我们可以从另一方面来讲这件事情,设若从外面或客观的看来,人类意志是由因果决定的，但是从内面或主观的看来，人类意志是自由的。这两种说法并不是互相冲突的，正如讲左与讲右一样。如果有人不同意这看法，那不是忽略了便是忘记了这种事实，一个人自己的意志行为永不能完全为一个人自己的知觉所范围。但是一个人自己的意志对其自身却有最后的命令。

所以在此事实告诉我们必得在原则上反对只以因果论为立脚点的那种企图着预决我们意志行为的动机，那就是说纯粹科学的立场。换句话说，没有一种纯粹知识，也没有科学够资格对于那个统辖我们整个人生的最主要的问题能给一个答案。那一个问题就是："我应该如何作为呢？"（Wie soll ich handeln？）

到此是不是必得要说当着伦理问题发生的时候，科学就要完全不能置物呢？一个简单的看法便证明这样的安排问题是没有意义的。每一种科学在起首的时候便有一个问题需要切实决定其知识的基准或价值的基准；在此有一个不能解决的相互关系存在着；同时我们也看出来一种科学永不能完全与科学家的人格脱离关系。最近物理学的进步更明显的指示出这种方向，它告诉我们物理系统的本质不能把它分为更小的分子来研究而能有所发现，只提出一部分本身来加以研究，我们便知道就要将这系统部分的主要性质丢失了。一个人必要把系统看为整个的，同时观察各部的内在关系，同样道理可以用到精神方面去。科学与宗教及艺术永不能完全各自分离的，全部分是永久较各部份之和多出一些东西来的，这用在我们称为人类的全体上也是对的。假如要想明了"人性"（Menschliche Natur）而只研究个人便无疑的是愚妄。首先要注意的便是每一个个人必要附属于某一集团——他的家族、他的亲属与他的国家，他把他自己渗透在集团内并且他要附属在内，同时在集团内他永不能将他自己与集团脱离瓜葛。因为那种原故，每一种科学，正如每种艺术与每种宗教一样，产生在国土上。我们的国民曾有一段时期忽略了这种道理，所以痛感到这种轻忽的不当。

现在你可以说这都是明显的道理,所以用不着物理科学的间接方法去说明它,实在是对了。我很承认物理科学自身对于这样的道理没有什么特别关系。在这一点上物理科学的经验与概况与任何其他科学并无二致,无论它们的出发点是如何的不同,但是假如照我们思想路线再走远一点,我们就看出物理科学对于这种问题的重要远超出我们起初想像之外了。因为物理科学的趋向显示了一种极清楚而确定的态度,由它自身的出发点而向各方面发展与说明,正如一棵茂盛的树一样,在树梢上发芽,在空中大起来而伸出其枝干到各方滋长繁育,然而它的树干依然坚固的生在土里。一种科学而不能或不愿伸展出其育成的国土范围是不配称为科学的。现在我们知道物理科学由其特性更较任何其他科学有这种普遍性的特色。因为没有人以为自然律在地球的不同地方而有不同的定律。然而物理科学起初并不就要求有其国际性与普遍性,正如历史科学一样。就后者说,所说的那种理想的客观历史著作是否有意义是很成问题的。

讲到伦理学也正如科学一样,伦理原则必得也要伸张与应用超出国境之外的。不然,不同国家的国民间便没有文明交往的可能。在此,物理科学的地位很强有力而确定的。物理科学不允许在科学内容上有任何内在的冲突,它要求在各国土各时代有其正确性与合理性。这就是科学贡献上的最高荣誉与严正性。我不想这是牵涉得太远,我以为一个弄科学的人获罪道德律在物理科学较任何其他科学更容易显示出来,并且也极易受诋毁。

在严格的对照中,一方面科学毫不苟且的需要它的完整性,而在日常生活我们却有不加思索与任意放纵的习惯。举例来说,譬如我们说公认的谎话(Höflichkeitslüge)根本说来这也是无妨碍的,并且在某种范围内对于日常谈话它们也不能完全取消的。只是因为它们是公认的,所以没有人被公认的谎欺骗的。这种坏习惯起于说话人想使听话人接受一种不正确不实在的事情，负社会生活领导地位的人，最大的职责便是要绝对反这种行为，并且想尽方法去制止它，主要的要从他们的好榜样作出发点。

正义（Gerechtigkeit）是不能与真理分离的：因为正义是专为涉及舆论与行为问题而下一种系统与实际实用的道德判断的。正如自然律一样，在因果上对于无论巨细的行为，人类社会生活上同样要求正义的，不论高低与贵贱，对于集团是危险的，设若关于正义的安全信心而有动摇，假如阶级与地位在正义争论上插上了嘴，那么正义的行施更困难了。如果弱者即刻感觉到他们对于他们强邻的压迫而没有保障，若是离开了正义的约束而公然的非行为功利打算所掩藏，这就是普通公民对于权利与正义也有关切的兴趣。

山斯苏则的磨房故事（Müller von Sanssouci）[2]能使腓特利克大帝有名起来恐怕较任何的助力为多。正因为这种精神使普鲁士与德意志伟大了。并且我希望我们的国民永不要在这一方面退步，每一个爱护他的国家的人有一种神圣的责任担在他的身上，使是支持并发挥一视同仁的正义精神。

但是我们必得要明白一件事情：我们的努力想完成一种十分圆满的人生境界是永远不会完全实现的。因为最好与最完美的世界观不能把我们带到所要求的理想标准。它只能指示我们目标所在的方向与我们努力的路线，忽略了这一点便易于使一个人陷于无勇气或关于伦理价值的怀疑，并且无心的小看各种高级伦理理想的追求。伦理哲学便可以供给很多这样的例子。在伦理上正如在科学上一样，主要的事情不是此时此地坚固的抓着一些什么，无宁说是向理想目标的不住的奋斗，生活的日日新，又时时新，由内在的奋斗趋向于改进与完成，这种奋斗是永无止境的，而是永远开始了又开始的。

但是在此可以问：这样继续不断的努力而十全满足还没有任何的希望，能不灰心丧气么？是否可以这样说一个世界观一定依然是有价值有结果的，虽然它不能供给那些只坚固的抓住世界观有某几点的人们什么东西，但就抓住的几点来说，已经可以使他们在变动不安的生活中而得到心安理得的世界？

我们很幸运的对于那一个问题可以给一个坚决肯定的答案。诚然这里有一个坚决固定的一点，一个安全的占有，那是每一个人，就算最平庸与微贱的人也在内，能说算为他的，这是一种永不能拿走或失掉的宝藏。它能使心灵上中到最大的满足。因为它是内心平安永远的源泉，所以能称为“永恒”(ewig)这样的恩物可以从“良心”(Gutes Gewissen)与“好意”(Guter Wille)中寻找出来。这两占有能为生命上的暴风雨供给安定的停泊所。也是一切使人快乐的与满足的行为的前题，并且同时又是避免悔恨的鞭策与嘲弄的最有效的保障。它们是一切真正科学活动的首要条件，而且同时又是每一个人道德价值上不会错误的标准。

注：

① 普兰克(Max Planck)教授是德国第一流的物理学家，对于哲学问题他也有独到的见识，现在所翻译的这篇文章本是他在德国科学社(Kaiser-Wilhelm-Gesellschaft zur Förderung der Wissenschaften)讲演的节录。

② 山斯苏则的磨房故事：山斯苏则是腓特利克大帝柏林郊的别墅，在那里磨房的风车发出的声音使大帝不耐烦了，于是他想向磨房主人收买，但是房主说那是他先人给他遗留的东西，不肯出卖，大帝说以国王的地位即便没收也不是不行，房主说如果没有最高法庭的时候当然可以没收；结果是大帝无可奈，只有听之而已。

文化形态学的问题[①]

士榜格(Eduard Spranger)[②] 著

除了施彭勒(Oswald Spengler)[③]之外,对于人类文化的发展与衰微阐明有一种类型与形式的定律在其背后作用者,富本纽(Leo Frobenius)[④]要算其中最重要的一个人。富本纽从他研究非洲人类学而得出的结论,“文化形态学”(Kulturmorphologie,英文是 Morphology of Culture)这一个名词产生于科学时代,当着一般思想认为应用在生物科学上的根本概念也可以用在人类精神为主要形成力量的历史范围。自从他的著作(Paideuma)[⑤]发表以后,富本纽超出了这种浮浅的类比看法。也从理性与哲学的观点他从事于各种文化兴起与发展的研究,并且对于各别的结构作深入的探讨。

第一:对于各种文化作结构的分析是很有价值的企图,虽然它只能为我们了解历史事项的单位性质有一种准备的知识,例如伟大人物的行动,新兴民族结合而成为大的集团,无数的命运在外面作用着交织而成为组成的因子。历史本身便能直接给一种方便与供一种很可能的机会去研究各种文化之内在的结构,当各种不同根源,不同水准,不同类型的文化互相接触与作用的时候。这种互相接触与交互作用的形式可以略分为四种:第一,因移民而产生的接触(Einwanderungstypus),第二,因殖民而得的结果(Kolonisationstypus),第三,则为接受的接触(Receptionstypus),第四,便是因复兴现象而有的接触与互相作用(Renaissancetypus),前两种不同文化互相接触发生在同一的地方,有许多种样式产生……如相互了解与不了解,好意的估价与拒绝,谨慎的接受与从容的同化,第三类的接触是经过一个距离,由于经济的政治的或纯粹智慧的交往而不同的文化互相作用。第四类的接触是由于时间的距离而发生的文化影响,或者把属于某一外国民族的过去文化结果复兴起来,或者把早期的模范的某一段本国文化再建起来。

现在我们精细的研究这种现象如何发生有三层意义:在今日德国到处流行着兴奋的自己检查(Selbstbesinnung)历程中,使我们至少在我们心里知道什么样的外国影响变为我们命运的一部分,设若我们能源源本本的这样研究一下,便能教我们认识在性质上与本源上什么是纯正的德国的,当着一个国家开辟殖民地的时候,而当地文化尚未开化,那末便发生了土住人民如何用文化去教化他们的问题。这样我们便遇到了殖民地教育的一般问题。关于这样的问题,在过去没有通盘计划的思考过或讨论过,还有很快的过去欧化的一节段以后,世界政治上产生了最新的局面,这就是各种不同民族本源的各种伟大有独立性的文化与不同的精神现象遇到而互相排击,所起的这种接触与冲突最后将要决定地球上人类的未来命运。

于是哲学的探讨便很要扩大它的范围,因为它遇到了一个问题,就是要为在发展上与性质上极不一样的各种文化树立一种外在效力与内在价值的标准,同时教育科学也必得像以上所说的对于这种最大的教育现象有所关心,那就是:移殖整个的一种文明到一个外国文明的历程与由此而起的教育全民族与全国民的问题。

第二:在这种探讨中,研究的所谓文学形态学不能只认为文化是“超个体的有机体”(Überindividneller Organismus)恰恰相反,这种研究必得阐明并着重结构上的各种不同。因为就没有文明体系那样东西可以有它自己解剖上的结构与显明的界线。一种文化的结构虽然没有这种生物学上的基础,而是在一国民内历代相传形成的,决定文化的因子是生物的与遗传的力量,还有土地环境的关系,这是就广义的看来,二者同时受文化自身的理智所影响与塑模。文化结构的复杂性质主要的是不仅文化没有具体的形状,而且文化亦不能意识到它自身,所以一切精神的因子超过个体以后分散为多数不同的意识单位(Geistige Subjekte 即精神的主体)。而它们时常是时显时隐的。“传统”(Tradition)与“教育”(Erziehung)对于任何一种文化都是最重要的。文化上精神的多样性有它独自性质的方面。这些可以分为下列数种:“物象化了的精神”(Objektivierter Geist),表现出来的称“文化产品”(Sogenannte Kulturgüter)“公共精神”(Gemeingeist),它在活动与强度的范围上有各种不同的;最后称为“规范精神”(Normativer Geist),它构成社会秩序,风俗道德,法律与体制——这后这一种是规范精神最高的阶段——在规范的性质,深度与强度各自不同的。属于一种文化的宗教信仰与生命观集中于指导形成未来的规范制度,执着并且顺导那些将来形成未来的当前诸因子。每一种文化以它的宗教观与世界观为中心时常成为生活上的重要部分,并且供给生命上一种生活的能力,虽然这种结合也会发生反对的力量。

由于血统与风土决定了文化,直至最后形成了一种力量,同时有信仰的力量支持它,文化的各方面形成一种复杂的类型。就是在理论上也很难发现什么是文化的“组织中心”(Organisationsmittelpunkt),它能使我们互相比较各种不同的文化。所以时常不得析从一个抽象的或一方面的观点出发去研究文化。根据这种各别生物的与理智的类型而做分析是一种普通的趋向;但是这种心理的方法是证明不合理的。对于客观文化成绩的内容加以注意也是同样重要的,我们要向普通的公共精神对于客观文化活动的各方面有什么影响,同时去研究那些冲突的道德的,法律的,宗教的与政治制度。

第三:关于文化现象的互相遇合与渗透,我们在理论上正如其他每一个具体例子一样,牵连到文化形态问题,要问什么是一种结合的,什么是一种分离的结果,要问经济的与技术的因子或宗教的因子,(教会!)什么是最先转换或接收的,同时要问最强的主动力量在什么地方,并且在什么样的方式下一种文化的接受最容易容纳。

但是这一些问题也包含着一种文化的内部层构问题:(一)文化的基本因素是什么?(nach tragenden Sachgebieten)(就是问文化因素是基础或仅是上层结构? Z. B. Theorien Vom Kulturellen Unterbau und Überbau)(二)什么社会层是决定文化的?(Nach kulturell massgebenden Sozialschichten)(三)现在文化所代表的是历史的那一个阶段?(Nach den historischen Epochalschichten, die im Gegenwartsrelief einer Kultur noch sichtbar sind.)

最后我们要研究这种理论,就是关于文化有生长,壮年与老死的问题。换句话说,在规律的进程中,文化有幼年时期,成年时期,老年时期与衰退时期。我们必得要特别指出并且要注意的,就是生命上的生物律有不能运用到超个体的生命上的时候,那就是我们称为文化的。因为这必得要记得文化可以在伦理上复活起来,虽然它们已经达到它们的老年时期。

哲学还没有产生一种一定的绳准可以决定什么是文化的主力,这种主力可以使文化克服了重大的物质上的困难,更困难的是决定一种文化的内在精神价值。哲学现在才开始处理这个问题。然而第一必得先放弃自启蒙时代所传下来的西方惯用的进步思想。但是那些每一种文化自身所用的标准虽然在各时代有很大的创造力量,现在在世界各种文化互相竞争的时代却遇到它的内在价值与生命力量的严格试验。到今天已经很清楚的是仅只技术的与物质的力量在决定文化上也不过如一个民族的数量一样,但是能生产持久力量的信仰力却是极重要的。因为这种信仰力不仅积极的可以支持生命自身体同时它们给与各人或国家的奋斗与力量一种意义,使得认为这是值得拼全命来维护的。具体一点说罢,我们可以说凡是在这一个世界上的真正力量的根源是在另一世界的超验信仰中但而这种超难事信仰才是我们真正的归宿。

译自:Forschungen und Fortschritte 12. Jahrg. 1936, Nr. 10, S. 133—134.

注:

① 这篇文章《文化形态学问题》(Probleme der Kulturmorphologie)是在《普鲁士学术研究院报告》(Sitzungsberichte der Phil. -Hist. Klasse der Preuss. Akademie der Wiss. ,Berlin 1936)中所发表的简篇。

② 士榜格(Eduard Spranger)是德国的哲学家与教育家。一八八二年生。一九〇九年任柏林大学讲师。一九一一年任来比锡大学额外教授。一九二〇年转任柏林大学,直到现在担任哲学及教育学,兼任教育学练习所所长。他的立场是继承底尔提(Dilthey)之精神科学派的所谓"生之哲学"(Lehensphilosophie);又受新康德学派影响,属于"文化教育学派"。主要著作有《人生之型式》(Lebensformen)(董兆孚译,民国二十七年,商务印书馆发行),及《青年心理学》(Psychologie des Jugendalters)等,于一九三六年冬译者曾听士氏讲文化哲学,当时最感觉兴趣的是他讲的《文化与各种文化》(Kultur und Kulturen),觉得他所提出的问题确是现在一般有思想的人共同感觉切迫的问题。现在所译的这篇短文可以当作士氏讲文化哲学的叙论看。

③ 施彭勒(Oswald Spengler)是德国思想家。一八八〇年,生于哈兹(Harz)山脉的不兰根堡(Blankenburg)。初从事于矿山业,后以在野之思想家而活动。欧战后德国一时危机万状,而他的著作《西欧的没落》(Der Untergang des Abendlandes)也与世相见,当时发生了异常的冲动,一时以他的思想为中心,卷起了许多的争论。他的哲学是大规模的文化哲学论,阐明各文化形态之特质,并且认为各文化各各像一个生体一样,必然由生成而进于繁荣以至没落的过程。施氏现

已归道山。

④ 富本纽(Leo Frobenius)是德国人种学家与探险家。一八七三年生,最近,一九三八年才死去。他在非洲住的年数很多,关于文化上的见解,大概取之于非洲人种的研究。

⑤ 全名为:《文化与精神学通论》。(Paideuma. Umrisse einer Kultur-und Seelenlehre)

黑格儿的政治伦理学

拉润次(Karl Larenz)[①] 著

关于黑格儿的政治伦理学——也就是他的法理与国家哲学——的现代看法,大部份还是承袭着过去一个世纪一般自由主义的批评家对他的意见。其中的领袖人物是韩鲁道(Rudolf Haym)。据韩氏的讲法,黑格儿是过分的主张国家的权威,而没有其他较深之民族的或宗教的根基,一个"强国理想"(Machtstaatsgedanke)而没有伦理的内容与限制。他要求个人无条件的屈伏于国家权力的下面,因为这种极端的主张,或者说得更粗略一点,他简直是歌讴"权威的国家"(Obrigkeitsstaat)。但是关于这种说明要明白黑格儿对普鲁斯邦的复兴[②]有关系。这位哲学家认为"真实就是合理的",所以都以为这条原则也不能超逾了当时的政治现实,而当时的普鲁斯邦就是国家绝对主义最高的表现。因此他的法理哲学必得要达到对国家的一种无条件的崇拜。这还没有被注意过——大概因为对于黑格儿的了解愈来愈少——关于真实的概念一般以为是这哲学家的,其实黑格儿自身在他的伦理学以及其他地方所讲的"真实"(Wirklichkeit)与此一般批评家也没有注意到黑格儿关于国家的看法,例如我们时常观察到的,有许多的性质是当时的普鲁斯所完全缺少的。虽然当着诺尔(Nohl)一九〇七年把黑格儿青年时"神学的"著述发表,并且因为黑格儿的早期发展更换了的观点,那是很清楚的告诉我们黑格儿的《法理哲学》从他的早年政治伦理学的著作中修正出来的,然而对黑格儿的想法——流行而方便的,以他为“复兴哲学家”(Restaurations-philosoph)的说法仍然没有改变。鲁森卫(Franz Rosenzweig),在他所著讲黑格儿与国家的书中[3],又重新复活了自由主义的偏见,继续着由外来的影响去找关于黑格儿《法理哲学》的解释,而不从哲学家的本心中出发。他这样解释假定黑格儿的观念发展有两个破痕:一为拿破仑的兴起,再则为拿破仑的瓦解。他以为黑格儿的《精神现象论》(Phänomenologie des Geistes)是这种发展最大的明证。鲁森卫的假设已经被伯塞门(M. Busse)很详细的驳倒,[4]同时达开特(G. Dulckeit)近来很明晰的论述一般黑格儿自由主义的评论的不能成立。[5]事实上是很少任何的德国思想家像黑格儿的政治伦理学一样,被这样完全曲解,或者他的主要思想被解为反对方面。只有对于黑格儿的《法理哲学》下一番没有偏见的研究功夫才能防止这样大的误解,假如对于那种哲学整个的研究一下,换句话说,就是把注意力放在主要观念上——自由于道德(Sittlichkeit)的概念——而不死板的集中在论国家的几种公式。那末,讲到黑格儿认国家为“道德观念的实在”,我们便有一问题要发生:这在黑格儿自己的语言上是什么意思?那就要发现“道德观念”(Sittlichkeitsidee)在黑格儿看来,只不过是个人与他所属于的专有集团“统一”(Eins-sein),黑格儿认为有两种这样的集团:家庭与国家。我们要看出来黑格儿所说的“统一”,他所认为最关紧要的,这种关系是“亲切的,比信仰与信托还要同一”(§147)。这种理论与普通“合理主义”(Rationalismus)绝不相容。设若关于黑格儿的批评家由这种观点去研究他,他们后来将要知道黑格儿的“国家”(Staat),人民与国家统一就成为完整的实在,并非权威的国家,同时也不限于复兴时期的普鲁斯。

但是对于黑格儿法理哲学以及他的政治伦理学要真正的了解,

只有对于他的全部哲学重新下一番研究的功夫。这便是本得尔(Binder)的著作及他的学派之由来。[6]他们把黑格儿的法理哲学看为整个体系的一部份去研究,在全体中那不过是一个份子,而且这个份子要从方法论的前题下推演出来。从这里他们得了一点结果,认为黑格儿的通俗看法不过像漫画一样。[7]我们还有许非特(W. Schönfelds)的工作,他对黑格儿的专有思想有新颖的讲法,并且应用它到法理学上去。[8]

除此而外,对于黑格儿的早年著作作一番彻底的研究已是目前切迫的工作。除了"自然法"(Naturrecht)与道德体系外,讲菲希特(Fichte)与洗令(Schelling)的异同体系的论著也得特别的注意,这些论著极关重要,而在过去却很少有人注意,原因是《法理哲学》的主要观点都导源于那些著作,并且他们都认为《法理哲学》是一种自然的结果。所以他们阐明黑格儿的真意义比《法理哲学》本身讲得还要清楚,同时也告诉我们《法理哲学》的要旨与一些外来的影响如拿破仑或普鲁斯国家,没有关系,而是黑格儿自己对世界的看法,从他自己的心中逻辑的发展出来。只有彻底研究这些早期的著作才能完全把黑格儿的政治伦理学的本来面目告诉我们,关于这一方面我也曾写过一本《德国理想主义的政治与国家哲学》(Rechts und Staatsphilosophie des deulschen Idealismus)[9]。

在他的早期著作中,黑格儿的伦理学基于两个观念:生活的观念与格式(Gestalt)的观念。与全都仅是形式与说理的"一体"相对照,黑格儿要求"生命的一体"(Lebendige Einheit),一个"活的关系成立的纯正自由团体"(Echtfreie Gemeinschaft lebendiger Beziehungen)只有"把我们自己放在一个民族中"(Selbstgestaltung zu einem Volk)才有可能。他说明菲希特把国家仅认为"一个原子式的,缺少生命的堆积"(Eine atomistische lebensarme Vielheit)"菲希特的自然法"而不是"共同而丰富的生命机体"(der organische Körper eines gemeinsamen und reichen Lebens)。关于自然法的论文,说明了黑格儿伦理学的永久的基础:道德的完整是一个民族。从这儿出发,黑格儿知道一个政治并且还有宗教团体,一个集体而成的团体有同样的决定,在任何情况下,属于某一团体并不由于一个人的选择,而是运命按排在那一个集团内。忠心于这个集团便是最高的道德责任。但是因为民族要生存着像一永久的单位,所以要自身组成一种形式,并且要成为许多民族中的一个民族,就是一个国家。为保持一个国家的要素,应该维持着对抗他国的力量;所以黑格儿"不肯赞同世界主义的空虚物与个人权利的空洞名词,超民族的国家或者世界共和国,这种形式主义与抽象说法与道德的生动性是绝对相反的"。从此可以知道黑格儿的国家概念的根本是指那种专有的集团,只有这种样子他才认为是国家,既不是一个"世界国"(Weltstaat),也不是表面的"强国理想"。[10]

从这种观点看来,后来的《法理哲学》的真义便十分清楚了。我们了解整个《法理哲学》,特别关于讲国家的那一部份,它的基础与关键说道德的观念是要把生命放在集团内,并且为集团而生活,在《法理哲学》中一四二节至一五六节,黑格儿有很清楚的说明。在这个阶段的黑格儿以道德的完整仍然是民族;但是一个民族同时也是一个能有意志与行动的个体,维持它自己在历史上:"把民族认为国家。"(das Volk als Staat)黑格儿并不是将这样高尚的价值诿诸如此的"这个"国家,而是属于集团的意志已经变为实在的国家,民族自身无条件的统一并且排整此外的世界。黑格儿以为只有这种观念实现之后(但是仍然不完备)(noch unvollkommene)才把当时的普鲁斯当作一个国家。个人应该把他的人格放在民族的国家集团内,才能再发现出一个集团内自由的同意份子,这种自由同意并非任意的事情,他要经验到并且履行他的道德义务。所以黑格儿说国家的独立是"一个民族的第一种自由与最高的荣誉",同时他又说:"把民族认为国家是精神要表现在具体的理性与切近的现实中。”(331)在这里所表示的并非对于国家“本身”(an sich)的一种推崇,而是一种新的伦理学超出道德的要求而至道德的现实。并且这种道德的现实就在专有的集团中发现出来,特别在民族生活中,它在国家的样式下,为自身颁给秩序与形式,以及此后历史行动的可能。黑格儿的法理学与政治伦理学的学说导源于他的哲学中最精彩最代表的那一部份,对于“专有”(das Konkrete)与“全有”(das Ganze)的两种倾向,把“具体的普遍”(das Konkret-Allgemeine)看为“个体的全体”(das individuelle Ganze)。有一个地方黑格儿曾把民族称成为世界的个“体”(das Individuum, das eine Welt ist)。⑪海尔宁(Theoder Haering)在他讲黑格儿的精深著作⑫中,曾指出黑格儿最注意的问题是如何真正的集团生活可能。我们这个时代再从这种观点研究黑格儿也绝不是偶然的事情。本文开始所说的那种漫画式的黑格儿的国家哲学将要完全很快的没有了,因为那是一些自由主义批评家的偏见结合一起而产生的结果。我们对于他必得要态度谨慎,因为他的历史年代与我们现代是不同的,设若我们懂得了他的真正的意义这才能产生有用的效果。有一世纪之久的完全误解,现在我们正开始研究黑格儿的理论,无论是切近的或遥远的问题都需要探讨的。⑬

译自:Forschungen und Fortschritte 12. Jahrg. 1936, Nr. 9, S. 115-117

注:

① 拉润次博士(Dr. Karl Larenz)是珂耳大学(Universität Kiel)的教授(自一九三三年),他是法学博士。珂耳地方是德国两大海军军港之一。

② 复兴时期指西历一八一五至一八三〇。或一八一五至一八四八。代表维也纳会议后欧洲的政治局面。

③ 鲁森卫,《黑格儿与国家》(Hegel und der Staat)两册,一九二〇年。

④ 伯塞门,《黑格儿的精神现象学与国家》(Hegels Phänomenologie des Geistes und der Staat)一九三一年。(原注)

⑤《黑格儿与普鲁斯国家》,见《德国文化哲学时报》(Logos)的新编,(Hegel und der Preussische Stant, Zeitschrift für deutsche Kulturphilosophie Nene Folge des "Logos")第二卷第一期。(原注)

⑥ 本得尔,《如法律的自由》,一九三〇年黑格儿会议的记录。本得尔,伯塞门拉阔次,《黑格儿法理哲学导言》(Einführung in Hegels Rechtsphilosophie)一九三一年。达开特,《法律的概念与形式》,《黑格儿法理哲学的探究》(Rechtsbegriff und Rechtsgestalt, Untersuchungen zu Hegels Rechtsphilosophie)一九三六年。(原注)

⑦ 漫画总不是逼真的肖像。

⑧《一个对话法理学的观念》(Über den Begriff einer dialektischen Jurisprudenz)一九二九年;《普希特与黑格儿》,见《法律观念与国家思想》(Puchta und Hegel, in Rechtsidee und Staatsgedanke);本得尔纪念论文(Festschrift für Binder)一九三〇年。(原注)

⑨《哲学导言》(Handbuch der Philosophie)第四册,等于好斯太,拉润次,《国家哲学》(Holstein-Larenz, Staatsphilosophie)一九三三年。(原注)

⑩ 见我等的《德国理想主义的政治与国家哲学》(Rechts-und Staatsphilosophie des dentschen Idealimus)一五六页。(原注)

⑪ 也见于《德国文化哲学时报》(Zeitschrift für deutsche Kulturphilosophie)哥老克诺(H. Glockner)著《德国哲学》,第一卷,二十页。(原注)

⑫《黑格儿,他的计划与工作》,一卷,一九二九年。(Hegel, Sein Wollen und sein Werk)(原注)

⑬ 中国人关于黑格儿伦理学的著作,有前国立北京大学哲学教授张真如先生写的英文本《黑格儿的伦理论》(Hegel's Ethical Teaching)。这是张先生的博士论文,也是译者初治"黑学"的先生,读者可以参阅。

国民性与文化[①]

Nationalität und Kultur

士榜格(Eduard Spranger) 著

“国民主义与国际主义”这个名词成了今日合用的言语,凡是合用的词语如成了标语性质的时候,一般人用得愈多,愈是对于这个名词的思考减少。但是有学问教养的人绝不能作语言的奴隶,甚至如同勇敢的武人遇到敌人一样,要把他的真面目发现出来,真面目一经道破其真象往往不值半文钱。

但是“国民性”这个名词的含义很深,又包含着种种的意义,要去把这种意义弄明了了在研究上是非常的重要,我们先用下列一句话把这个名词的意思说清楚。“国民性是个性的一种表现形式”,我们每一个人都有一个人的个性,这种个性在文字翻译出来就是不可分的统一体,或者“再也不能分割的要素”,我们说有个性的人的时候,就是说他有不可分的本质,此外我们说他本质的特性,独自性,在别人身上见不到的特性,譬如一个人没有什么特别优美的性质,于是我们对于这种平凡的人们称为“大众”,有个性的人是超出大众的,他惹起我们的注意,他有好的特征性质,也有坏的特征性质,无论如何,总能惹起我们的关心。

把每一个人的个性概念应用到国民上就是国民的个性,也就是国民自己独自的性质与其他国民不同的意思，我们说“国民性”(Nationalität)的时候，它的含义就是作国民的特质讲。

然而在这里有两个问题发生，第一所谓“国民性”与人类的概念，那一个起源最早呢？国民性当然是一个种族或者血族，把自己独有的特色与其他比较起来，向别的种族夸耀的自己特质，所谓一般人类的思想是后来的，在东洋各国这种思想的发生，我们没有充分的材料下判断，然而在欧洲所谓“一般的人”“人类”或“人性”(Humanität)的思想从古罗马帝国才开始有。后来这种思想由基督教而传布世界，到最后在法国革命的时候，全人类的自由，平等，博爱(人类皆为同胞)的说法更有了政治的意义。

第二个问题有更深的意义，这个要关联到世界观的问题。“个性”这种说法，不仅限于个人，国民的个性，国民性也包含在内，它有没有积极的价值？还是只有消极的意义？关于这个问题先要就自然上讨论一下。

自然界很明显的(而且是最重要的)是要求“个性”的，人也是自然中的一部分，人类的存在既然可以分为男性与女性，男女两性不仅有肉体的差异，精神的以及道德的也是不同，我们由自然把目标转到文化的世界，我们先就言语问题就能很明白的说明了这件事，各国国民不仅体格上互相有区别，言语方面也各自差异，只以言语当作交际的手段，互相了解的手段，国语的不同便是相互间一个大的障碍，例如一个外国人讲演必得要有翻译者才好，我们知道自古来就有世界语的创造，但是因此而放弃国语，在想像上便要受到十分威胁。若非用人为的第三种不同的言语，我们便感到非常的不耐烦，我们在个性中感到积极的价值，然而这种价值不是按着理性造做出来，而是自然的，有机的生长出来的，我们的精神本质与我们的国语是共同长成的，这两者的关系好像有一种神秘的存在，现在再一跳，让我们把最深奥问题讨论一下，甚至于我们的宗教信仰也是与我们的国语共同生成的,但是人与上帝的结合都有他个人的表现法。我们祈祷上帝的时候要用本国的语言,绝不用世界语去祈祷。

设若有人提议世界要车同轨,书同文,我们大概是赞成的。但是同时我们也要保持祖国的及乡土的个性,假如我们把文化的个性都失掉,文化就成了平板无奇的了。

现在我们所讨论的问题在哲学的伦理学中反映得也很显明。许多的伦理学者在道德的价值上要求普遍的法则,无条件的服从态度行为,例如康德便是最好的例了,然而同时也有如世莱玛哈(Schleiermacher)[②],洪保德(W. v. Humboldt)者,他们在道德的价值上,要求人的独自本质与个性,在个性中有取之不尽的高贵价值,有无限性的存在。

然而比我们的个人问题更重要的就是国民的个性问题,到底应该取什么态度呢?我们必得把国民性承认了,但承认之后,有什么用意呢?是不是把国民性肯定了后再加以克服呢?还是我们站在尊重个性的方面呢?又或者我们是在赞成划一性的方面?我们要做有个性的国民呢?还是要做大同主义的世界人或国际人呢?关于这种问题的回答,最主要的答复却可是极简单的。我们考虑答复这些问题便是错误的,实际上我们研究这些问题的时候(在反省的开始起)便等于下了判断。我们每一个人从最初就完全代表的是国民的性质,我们所担当的是国民的个性;在做世界人,国际人之前,我们先是一个国民;现在我们要把国民的与超国民的问题彻底的研究一下。

(一)我们自从精神生活开始的时候,我们就规定为国民的,在德语上所谓“民族与国民”(Volk und Nation)是两个不同意义的词放在一块儿用的。其意义上的差别有历史的根源,不是简单的可以说明的,用语上的问题当作别论,就“国民”一词在事实上也有种种不同的意义,这对于欧洲各国间的对立,抗争有很大的关系,关于这个问题要在此讨论一下，由于这个问题欧洲的各民族分出种种不同的国家与国民来。

(1)血族国民

国民(Nation)这名词是由拉丁语脱化的，在拉丁文上所暗示的第一个意义是“血统”(natio)本来就是血族团体的意思。那么我们在讨论“文化国民”(Kulturnation)与“国家的国民”(Staatsnation)之前要先对于“血族的国民”(Geburtsnation)研究一下才行，国民“肉体的”是由同一祖先而产生的种族集团，这是一种自然的形态，在这种场合的时候，国民是一种“血的联系”(Blutsband)。因此组成国民的互相间有一种同志的感觉，广义说来便是兄弟同胞的团体，这样的血族团体时常要讲他们共同的祖先，由他们祖先出发定规他们国民的名称，从血统的关系组成国民的团体是任何人不能否认的事实。自古以来人人就有这种意识，在近代的遗传学上，对于这种不可避免的遗传的素质问题在植物与动物上的实验有很详细的研究，好像只有素质是遗传的，而素质的遗传本着极正确的法则，又有一种很惊人的顽强性遗传下来，与此相反，各人生涯上新获得的性质则很少遗传的，若把个人新获得的性质而看作为素质，是不是遗传后代呢？设若遗传的时候又怎样的遗传呢？这样的问题便有许多的疑问，我们所注意的不仅是体格上的肉素质的遗传，我们认为最重要的问题是精神特质的遗传，我们称之为“精神的——道德的性质遗传”，道德的国民性(国民的性格)在某种方面确是遗传的，在这儿有一种神秘性存在，现在不能详细讲它。

(2)文化国民

以下我们要讲“血族国民”与“文化国民”的区别，同属于一类国民而互相间没有任何血族的关系(设若证明一种国民不是起源于同一祖先的时候也是如此)的场合，同一国民间的联系乃是一种精神的东西，最主要的便是言语，言语本来是根深蒂固的从自然中发生的，当于互相间说祖国话的时候，便有一种同胞兄弟的感觉，不仅如此，不仅感觉是同胞兄弟而且是规定了的，言语之外不能不以长期间的共同历史之运命作为国民的结合力，这种意义的国民是一种历史形成的，例如美利坚合众国的国民便有很强的国民意识，从“血族国民”（Geburtsnation）的观点看来，美国是许多种不同的国民组成，然而他们在共同的言语与共同的历史之外，他们还有共同的精神文化（精神文化的财宝）作他们的联系，这种精神文化的财宝在习惯，风俗的形式，或艺术的样式，学问的特质，宗教的信仰中表现出来，因为宗教的信仰在过去不知演过多少战争，所以国民共同的信仰便是国民共同的文化财宝，例如自十四世纪至十六世纪的基督教改革运动就促成了各国国民意识的昂进。

（3）国家的国民

与上述的血族国民，文化国民并立的有“国家的国民”（Staatsnation）。在同一国家的人，而有不同的血缘关系与不同的精神特质，这样的种族集团组成的国民可称它为国家的国民。这样的实例如美利坚合众国与瑞士便是。譬如瑞士国用德，法，意三种不同的语言，而且从生物学的观点看来，他们又不属于同一的种族，然而瑞士国民却是存在的，德国国民是一种文化国民，但不能纯粹的就称为血族国民，算作文化国民的德国国民若是从国家的国民观点看去，便可以分为不同的国家，如奥国与普鲁士虽然说完全一样的语言，有共同的精神文化，而由国家的国民看来，却属于完全不同的国民。

以上所讲三种意义的国民绝不单是一种概念的说法，由我们所举的实例看来，那是根据事实的国民的三种形式，而这三种不同类的国民形式并不互相一致，但是东方的国家如日本对于这种观念恐怕不容易明了，因为日本是血族国民，文化国民，国家的国民三者一致，这当然是一种幸福的状态，日本自从合并朝鲜以后是新入于国家的国民之过渡，日本今日的国家的国民比较古来日本的血族国民，文化国民占着较广的范围，德国的状况是混杂的，若以纯粹血族国民的观点看德国国民，就在德国本国也不存在，因为在德国本国至少日耳曼人与斯拉夫人种是混合的，这两种国民的要素从很早在历史上就形式一个文化国民，共同说祖国话的德语，而这些有德国精神特质的几百万人，离开称为德国的这个政治团体而生存于德国以外各处，历史造成这种样子，使文化国民与国家的国民不一致，实在是德国悲剧原因的根源。

一个人（不管你愿意与否）的属于某一国民的个性，个人是不能选择的。前述的三种国民对于我们这种讲法都是妥当的，血族国民当然表示的最明白，同时人也是文化国民的一员，从某一文化中生长出来的，譬如任何伟大的人物，伟大的精神创造者，他不能随意选择他的国语或创造他的国语，就是直到现在也是如此，每人都是国家的国民的一员，他生在那一个国家，便对于那个国家有当兵的义务。

以上我们的主张还需要以下的补充：（一）我们每个人生来便带有国民性，纵然一个人愿意把国民性消失，也是消失不了的事，但是一个人对于自己的国民性意识到什么样的程度，或者自己如何有意志的肯定国民性，这是有种种差别的。以血统当做人与人间的联系是坚固的，从国民的神话所传说的国民祖先，由史实传下来的历史上伟大的人物在心理上对于国民都有同样的影响，基于这种事实而形成国民性的感觉。（二）语言以及文化的财宝经过教育而把它的价值输入国民意识中，其力量亦甚强，这种文化的财宝最值得保存，而能表现出强有力的意志来。（三）因为国家的核心有一种超个人的意力，所以国家可以意识的用强力的手段方法去创造国民性，例如一个国家有新的政治的统一意识必要时，在新的领土地方的住民以国家的权力禁止用本国语，便是极有效的方法。意大利对于南提惹路地方的德国住民便用这种方法。国语死亡以后，国民的传统以及历史的精神的财宝不出数代便要随之灭亡，国家的基础便可以确立在统一的文化国民之上，与此相反，“少数民族”对于国家的向心力往往是减低的，多数国家接境的地方，一国内有许多不同国籍的人居住，所以容易养成浮动的国民性，而这等地方的选择，如何选择他们的祖国呢？以什么语言做他们的国语呢？问题大致是一样的。

以上所举的几个实例，血统，精神文化的财宝与国家，那一种有最强的统一力呢？那是不容易决定的事情。就国家直接能造做之点说，它有外面上的大力量，但经过长期间之后，由内部所产生的东西才是强有力的，这种意义所指的是“生来的东西”，存在于血统中，语言中，又长久的历史中，不是今日明天可以随意制造的。

由内面生来的（不是意识的要求）个性，在文化领域中成为生生之流，这不是能由国民的神话，国民的文学，国民的美术所能造作的，它是一种无意识的形成力。我们极端主张去区别这种生来成就的东西与人为的东西之间的异点，这无论就个人讲，或就国民全体讲，都是重要的事情，每一个国民的说话正如各人有独自身体的特征一样，都有各自的特色，国民全体之精神的产物亦各有其独自精神的特色，现代人相学用的范围很广，我们所讲的是一种“文化人相学”（Kulturphysiognomik），谈各人的相难，谈一国民文化的相更难，我们要知道研究国民的性格现在只是才开始，探讨每一国民性格必得要对于该国的历史，“国民的传记”深深研究一番。民族的性格固然由民族的历史中表现出来，我们从历史中可以探求民族的性格，但是民族的背后有什么特质为基础呢？如何民族性格经过数百年的长期间而没有变化呢？在什么地方那种性格不变化而存着呢？像这类问题到现在大部份还是秘密着，每一个人的性格从他的生活中或是生活态度中表现出来，国民的性格就在它的历史中，显现出来。

（二）从以上所讲的几点，我们要具体的将它们应用到问题上，来研究一下，就是由国民主义与国际主义观点来看现代的问题。过去的历史上，所谓国际原理，或国粹思想，并不是同样的盛行在同一时间，为什么一个时代流行国粹思想，又一个时代流行国际思想？对于这个问题的原因研究一下实在是极有趣味的事情，然而作这种研究是需要极正确历史的分析的。现在是国家思想与国民的要求均甚强盛的时代，这是任何人都不能否认的国民的个性，或国民的自己肯定是任何时代都存在的事情。因此我们称某一时代特名之曰国粹主义或国民主义，是因为这一个时代国民思想特别发扬的缘故，国民主义的立场（以国民的立场为中心与目的）比起单是国民生活态度来是更尖锐化的。

今日国民的倾向所以强化的第一个原因是对于个性的感觉更强烈的缘故，在欧洲几个世纪以来以人格的自律或独立极力提倡，并不是到了所谓文艺复兴才有这样的觉悟，远在以前，中世纪的神秘主义已有这样的胚胎，对于个性倾向我们在风俗史，肖像画的历史中可以看得出来，但是个人人格意识的觉醒常与国民意识的强化是并行携手的，这是一种很自然的道理。为什么呢？因为在个人的根本特性中必得先发见国民的个性，在国民的特性未发见时（在自己的特性发见之前），自己的特性是发见不出来的，人是不能独自肯定自己的存在——不自国民性中找到肯定自己存在的根据，个人自身是不能肯定的存在的。

“个人意识”（Persönlichkeitsbewusstsein）与文化国民的意识是同时长成的，因此一个国民自己的文化个性要委之国家权力的支配——这种权力的支配委之于代表这种文化类型的国家是很当然的事情，个人是一个单位，各民族也是一个单位，从这儿所发生的现代政治问题的归趋也就可以明白了。要想造成为一个单位的国民必须以其文化意志作指导的南针，要想造成为一个单位的各国国民，都必须有自己的国语，自己的学校，自己的法律——一言以蔽之，都要求着去保持并发展自己的特性。由于这种自然的结论，在现在把不同的文化国民做成为一国,较之以前是更困难的。在文化上进步的人,对于国家要求自己文化特性有发挥的地盘,这种问题在欧洲所谓“少数民族”问题是到处可见的。由不同民族而成立的国家,其中常有少数民族(人口上看来)在文化上,政治上要求自主,这实在是不能不加考虑的问题。例如在捷克斯拉夫有百分之二十三是说德国话的,而捷克人也不是斯拉夫人。

如果在一个帝国中包含着种种不同民族,在此情形之下,对于这个问题更麻烦,我们看一看英国,俄罗斯,意大利对于这种问题的处理办法实在是有趣味的事情。所谓宗教信仰相同这件事,在欧洲的宗教战争时是非常重要的。政治问题与今日宗教的信仰比较起来看,从历史上渐渐长成的国民性在建国的基础,国家的条件上是更为重要的。

然以上所述以“文化国民为一单位缘故”的理由,还不足以说明现在尖锐化的国民主义的倾向,至少十九世纪以来,各方面国际化的尝试,惹起人人很大的期待,因为这种期待,同时惹起希望实现所谓“世界的文化”之错觉。这种希望到二十世纪很显明的是失败了,而生出现在的反动时代,人人都以国民的个性为目标,恐怕以这种国民的个性为前题,将来要有一种焕然一新的局面产生出来。

在十九世纪文化的国际化,也是限于人类生活外面方面的,也就是所谓“文明”方面,譬如现在自纽约到巴黎,从巴黎到东京,我们不感觉任何不方便,以至电灯,电话,无线电收音机,“《泰晤时报》”(外国报纸)各地都有。国际化的饭店中有英文或法文的菜单,爵士乐,旅行社等设备,在这样的地方我们看不出什么特别的东西,从这种意义看来所谓“外国人”是不存在的,这类的旅行者在船上都是在同样的“无色”环境中,这种国际化的事情如何可能呢?

现代的高度文化把国民的特质减去了,这种文化的平均作用以三种文化的结果做基础,这三者都是启蒙时代的产物,就是指生命与生活的合理化,三者是数学的自然科学,技术的工业与资本主义的经济组织,这三者都是很容易从这一国民移植到那一国。三者的教育的历程也是一类的,这种清一色的教育方法是接触不到民族核心的。自然科学能使工业的技术有发展,工业的技术的发展能使工业有大量的生产,于是国际的资本为了这种大量生产必得提出资本。另一方面高度资本主义与高度合理组织的结果乃产生出来了。而这种高度资本主义以其资本在国内外自由移动,于是资本乃成了国与国间的决定的国际力量。

若把以上的经过情形更深一层观察的时候,其因果关系还有不同的形状现示出来。古文明诸国,在人口与国土失掉均衡的时候,国土不足养育增加的人口,工业化是救济这种穷状的极有效的手段,也不用把国民送到殖民地去,以输出的制造品的获利使能充分的养活了在本国内过剩的人口。然而因此人人仅制造他国所不能生产的物品,人人对于消费者时常唤起新的需要,而制造者又常有鼓舞着的发见发明的精神,这样对于化学的,物理的研究是一种好刺激,其研究的结果即能变为生产的技术,总而言之,技术的最进步的工业国能有最多的输出,同时对于世界经济也有最大的影响。

世界经济在自由贸易的资本流通原理下的时代是加速度的繁荣。自由贸易的原理,与原料国比较起来,制造国是有利益的。农业国自由的与工业国交易,这样可以产生许多效果,例如英国,及略迟一点的德国国民等在某一时间都非常的繁荣过的,但是高度工业化的国民所持有的好景气,只限于其他的工业国尚未发展到同样程度的时代,这个时代过去便算完了,所以进步的国家都急紧的完成本国的工业化。

发展本国技术与工业的最根本动机是从"第一次"世界大战开始的,因为在战争的时候,本国内的军需工业不充分是不行的,人人都认识了这一点,德国特别在战争感到国民食粮威胁的教训,于是此后不能任私人随意的处置自己的资本，而把资本置于国家的管理之下，即是国家必得团结一起。

这种演化变迁的结果而有世界经济崩坏的到来，忽然以国民主义的经济而到处成为对立的状态，各人在所有方面都立在锁国的国民经济上，在国际的交易，国际的交换中而激起“国民化”的倾向，今日我们的经济生活又回到国家的自给自足主义时代（innerstaatliche Autarkie）了。除以上所说者之外，我们叙述一下第二种国际思想的退落，第一次世界大战后，理想主义者想用国际法去保障世界和平。这种要求在当时是当然的，美国大总统威尔逊就是这种意见的理想主义者，基于他的提案——其实他的思想源于德国的哲学家康德与菲希特——乃有国际联盟的设立。国际联盟的思想基础，其口号为民族自决主义，然而因为对于民族间缺乏实际关系的认识，所以这种原理的实行结果是失败了，加之日内瓦的国际联盟成了欧洲主要国家英法两国的工具，变为新的征服世界的方法，把超国家的思想误用为权势欲望的手段，这种国组织近年来已经使我们感觉到无力了。

设若国际联盟以“维持现状”解为国际的“正义”，这不能不把偶然的（基于欧洲不公正的和平条约）势力关系继续维持下去。这样对于特别有文化贡献的国民生存权便与以威胁了，因为民族或国家的自主权利的先决条件是国家与国民经济条件的保证，美利坚合众国所以退脱国际联盟绝不是偶然的。

国际联盟这样大的计划所以失败的原因大约如此，像这种超国家的大组织，必得先由第一流国民的国家——在经济的，政治的，道德的各方面——对内充分的坚固起来，再以国民的国家作栋梁，才能把超国家的屋顶建设起来，然而这种条件（对内充分强固的国家）在欧洲文化进步的国家还没有完成，从这一些极端对立的国民的个性组成的国际联盟，结果产生了今天这种状态。

国家主义在各地又举起了火把，意大利，德国，日本以及诸小国都同样的有了这种强硬的国家倾向。就是俄国的国际共产主义也是以强化本国并为了锁国的目的。今日如果形成超国家的集团,恐怕是国家主义或法西斯主义对似是而非的国际共产主义对抗的新战线,两者中间尚有中立集团的民主主义的列强,这种中间的集团尚有许多困难存在,因为民主主义的政府在直接政治行动上没有充分的力量。

世界经济的破绽与国家之国际的结合的失败,于是引起各地国民意识的革新,十九世纪西欧各国的国家意识在本质上是基于法国革命以来自由主义与民主主义的理想,自由,平等,博爱三种思想成了国民生活的基础。然而担当文化活动主要角色的"市民阶级"到现在予各方面以不好的影响。新的国民意识,特别在德国的国民意识,已经不以自由的,平等的个人出发,而以"全体"的民族为出发点。在今日人人都认为民族是生物学上规定的单位,换句话说,民族从自然的观点看来便是"全体"的。以"血族国民"(Geburtsnation)为一切的出发点,国民形成的次序是由血族国民(国民形成的要素)而进为国家,而历史上长成的有文化特性的国民,至今还没有得到明白的承认,"全体国家"的理论是法西斯的,对此所谓民族独自的生活,民族独自的价值之说法,用严格的口吻说,可以说是国家社会主义。

因此对于民族独自的生活,民族独自的价值有觉悟的国家,特别成为应该研究的对象,对于各种有独自特性的文化,我们信仰的文化价值体系的核心(中心点),应有说明的必要。各种的文化都以信仰力与创造价值的意志为基础,这种"信仰"与"价值"在国民生活的各个人中如何表现出来呢?说明这种问题的有一门新学问为"民族科学"(Volkswissenschaft)。古来的民族学大多是从外面理解而做综合的研究,譬如房屋的构造,服装,祭礼,风俗,工业品等,这是在国民生活的基础上民族精神的外面表现形式,但是了解背后创造的根本思想与深奥的文化精神是更重要的问题，例如我们要正确的批评或理解某一民族形式的外面的习惯（传统的形式），必得先对于“民族的道理”（Volksmoral）正确的加以观察与理解才行。各国国民都有她独自永远的原理以建设国家，国民有自己的普遍妥当学问，用本国独自的样式去研究，各国国民有自己独自的经济观念，国民的信仰有自己独自的宗教与信仰的形式。最后至于艺术更能表现民族的灵魂，民族独自的世界观，而这一方面的努力也是民族的或国民的制约所产生的，因此伟大的艺术家就是民族精神的伟大说明者。国民的民族学对于这样个性的财宝要深刻的理解，并加以保存，用诚实的心情时常去形成一种新的生命，而国民教育更不能不以这种财宝为设施的基础。

最后简单的结论起来，现在到处是文化的，国民的个性与超国家的关系或结合对抗的时代，这种状态正如不同性质的人一样，互相间有一种不理解的态度，乃至敌对的行动，因为有民族间的个性，所以至今不免有排他的存在，对于这种状况我们要如何处理呢？

在这样的情形下，我们要把利害关系相同，互相间本质近似的国家与国家结为友好的关系，要保持着列强间文化秩序的联盟，将来并扩大这种范围。但是把全世界毫无遗漏的结合在一起便是一种错觉，因为反对或对立无宁说是一种理想的状态，若是把反对或对立消灭的时候恐怕就是生命的完结。原因是生命到达高一级的生命时，“紧张”常常是必要的，然而根据上述的思想，就说今日国际的结合分解后，将来再不能期待结合作用，那也不是这样意思，但是我们所谓“国际的”结合是不是就是“超国家的”结合呢？在这儿的意思是各民族独自的个性上面，以各民族生物学的，文化的，政治的特性为基础，开始正确的民族结合，共同生存，共同发展。

既然今日的文化生活的低级中有了国际性的存在，例如经济的要求(有组织的)或交通网的联络,互相间必得要有一种国际的了解。然而饭店的茶房说着半通不通的英语,他对于英国文化是不了解的吧。最深最内面的文化理想,就是共同祖先的国民(例如英国与美国)也是很难互相了解的。只有国民与国民,民族与民族间有了高远共同的文化观存在的时候,才能有超国家的,超民族的问题发生。由此看来,所谓"全人类的世界"或"人类性"(Humanität)的建设,比起前世纪人们单做梦想来,还有加倍的困难。然而这种理想就算在国民的自己意识昂扬的时代也不能放弃的,不过最重要的要先把国家互相间的不信任及国际关系的不安除去,而国际法的正当发达与完成更是必要。学问与艺术为各国间的桥梁,全世界精神指导者互相结合也是非常有效的办法。我们对于宗教的分离对立都要尊重的,因为立在虔敬原理上的宗教,只有这样才有互相的信赖与高贵道德结合的可能。

注:

① 《国民性与文化》(Nationalität und Kultur)是士榜格的一篇讲演,载在《文化哲学的诸问题》中,虽稍嫌牵联当前的实际问题,但仍不失为一篇极可珍贵的论文;可以做为国家哲学来读,富有大同思想而缺乏民族意识的中国人对于士榜格的说法更应有特别的警醒。

② 世莱玛哈(Schleiermacher)生于一七六八年,殁于一八三四年,为德国神学家。

百年来之幼稚园[①]

100 Jahre Kindergarten

士榜格(Eduard Spranger) 著

一八四零年六月二十八日,在图林根(Thüringen)的布兰肯堡(Blankenburg),福勒贝尔(Friedrich Fröbel)为了四种用意建立了一个节期。它第一个用意是作为庆祝中夏节,第二是纪念古滕泊(Gutenberg)发明印刷术的四百年纪念日,第三是布兰肯堡与开尔好(Keilhau)的学生一般生日节;最后是纪念“儿童幸福的普通制度,或德国幼稚园”的设立。节期创立的程序上附注着“由德国妇人和青年妇女们的协助”。这一天必得算为幼稚园实际创立的纪念日,但是这种思想很早就存在于福勒贝尔的意念中。

从那个时候起,福勒贝尔幼稚园制度不仅普遍于德国,而且扩张到全世界;带着创立者的名义与其德国式的原则。但是在此之前,并非就没有为了儿童学校期前年龄的一切设备。例如在德国有保姆学校,小儿童学校,游戏学校,稚婴学校,编物团等(Kleinkinderbewahranstalten, Kleinkinderschulen, Spielschulen, Warteschulen und Strickstuben)。在一七七九年俄柏林(Oberlin)的忠实帮助者,佘波勒(Luise Scheppler)在挨尔萨斯的石太因塔(Steintal im Elsass)便建立了一个模范保姆学校。在这学校内不缺少游艺,活动,有教诲的刺激及宗教的训练。同样的学校在法国用 salles d'hospitalité（略译为"医院"）与 salles d'asile（略译为"疯人病院"）的名称设立起来。在一八一九年苏格兰人，步卡南（Buchanan）、卫德斯品（Wilderspin），在伦敦建立所谓"稚婴学校"（infant schools），后者写了一本书唤起对于普鲁士政府（一八二七年，同政府于二十四年后用幼稚园发生了政治作用）的注意。卫德斯品的作品传到维也纳，在一八二八年步伦斯维克（Gräfin Therese Brunszvik）（也或许是贝多芬的"不朽的爱"）用"天使园"（Engelsgarten）②的名称代替稚婴学校，在匈牙利建立起来。——但是德国幼稚园超过这些先驱而由自己的内在力量发生长起来。不过要完全理解其中详情，一个人必得要对于福勒贝尔的人格与生平事业加以深刻的认识。就算在德国可惜这种认识也是缺少的。虽然有一本可喜的传记，哈福特（Fritz Halfter）（Halle，1931 年出版）所著的《一个人类教育家的演变——福勒贝尔》（Friedrich Fröbel，der Werdegang eines Menschheitserziehers），但是还不够了解他的。

福勒贝尔的意思是创造的，极德国式的，并且天才的。他最得意的口号，"生活的统一"（Lebenseinigung）就是他的全部哲学的关键。幼稚园就是完全发生于与上帝交织的生活统一（从家庭精神，儿童的积极自动及妇女善理解的灵魂结合在一起）上。照这样的讲法，"学校"与"组织"的意念便要大大的改变了。一个人必得要有清析的观念才能够对于幼稚园真正意思的那种活动精神加以了解，正因为这样，所以幼稚园的理想很少实现出来。

本来幼稚园的理想并不牵涉到困苦或社会问题（与裴斯太洛齐相对照）。福勒贝尔以常态康健的家庭做出发点，利用这种精神团体养成深刻的良知。他的第一个意思是为家庭团体的制度。家庭对于他是"培养并维持纯洁人类生活的寺院或圣堂"。一八三七年后布兰肯堡学院曾经表明过这种组织的名称："自动教学的组织"

(Autodidaklische Anstalt)与“儿童与青年职业教养会”(Anstalt zur Pflege des Beschäftigungatriebes der Kindheit und Jugend)。一八四零年五月一日过后,现用的名称被应用了。福勒贝尔在写给他第二夫人的信中曾有关于这个名称的话:在一八四零年春天,我自布兰肯堡到珂尔胡散步的时候,好像有一种神启的缘故,我便发见了这个名称。“幼稚园”的名称;一个乐园的天堂,一个幼稚园所以是:为儿童供给的天堂。为了表明这种企图的内容,所以要把德国妇人与女郎组织起来,因为“有思想的”妇女合作对于幼稚园是绝对必需的。做母亲的或青年妇女在这种场合,做生活的解释者比做老师还较重要;但是他们自己的生活必先加以解释与清理。这就是幼稚园学科产生的胚胎。最后,为了把福勒贝尔制度的“游玩与活动箱”的思想实施出来,所以需要有一特别工厂。在财政上福勒贝尔希望全德国各别捐助,但是很苦痛的失望了。不过精神的种子渐渐分布出去——在美国比在德国还快[③]。

有四种用意的布兰肯堡节,有个口号是:“来,让我们为孩子们活着!”(Kommt,lasst uns unsern Kindern leben!)像菲希特一样,用着菲希特的热情,福勒贝尔声明他的“生命的更新”(Lebenserneuerung)。我们只有理解了生命的机密然后才能理解他的工作的意义。使我们理解的仅有用符号的思想表明的一种哲学的形式。事实上,福勒贝尔幼稚园的背后哲学,甚至思想也不是一般都了解的[④]。

设若我只把表面的构造列举出来,当然会是言不尽意的。因为它是一种优美的象征主义,我们要加以了解非对于它的深厚感情与感觉了解之后不可。对此福勒贝尔的表示是任意的,并且极简略,正像一般神秘主义者一样,他有自己独到的识见。虽有明显的字句,但因别的章目而使我们难以捉摸。他的主要著作《人的教育》(Die Menschenerziehung)在一八二六年出版,但是并没有完成。(英文译本名为 The Education of man)还有《母亲与抚慰》(Mutter-und Koselieder)包含着深奥的哲学意义,在艺术观点看,这件工作并不算完全。

福勒贝尔(一七八二至一八五二)属于现代的浪漫主义时代,当时基督教的信仰表现在冥想与独断思想上。“吕卓未猎者”(Lützower Jäger)就完全生活在他的宗教的世界观中,即如最近的首期大学生之政治结社(Burschenschaft)⑤的情形一般,对于他们,三位一体说的神秘接触到哲学思想上完成了他本身一种新的意义。一切都存在于上帝,来自上帝,并且到达上帝。但是那来自上帝的不仅上帝的儿子,并且有永恒的“自然”。每个人必得要学习这本用天文写成的书。一切都是上帝的工作,上帝的譬喻。人生也是自然;而且经过自然而一切与上帝直接联接起来。福勒贝尔自幼年就听了自然中上帝的话;没有别的事启发他能与这个作比较的,他认为儿童是自然的开花,或“无意识的,快乐的智慧”。妇女的生活与妇女的命运是从自然中流露出来的,男人是女人精神上的补助者。二者的结合就是回归上帝。男人是光明,女人是爱;他们创造的结晶,第三者,儿童才使生活有了意义。

“自然”在各处都“表现着”。它有外面形式,但每一种外面的表示都有它相当的内面形式。每一种东西不仅只是生活,还有灵魂的意义,所表示出来的形式都有似上帝般的灵魂。使内面的到外面便是创造的流露,使外面的到内面是一种解释的意义。在这样节奏里,一切生命,人生也在内,都要参与的。世界上的一切形式都有其隐藏而显明的有形成可能的定律中。歌德对于自然的理解很与此相似:

> Und so deutet das Chor auf ein geheimes Gesetz.
>
> (并且如此和唱指出一个秘密的律例来。)

福勒贝尔也持着自然有等级的老看法,神力所表现的始于凝固的形式如水晶；进而至于稍有移动的植物世界，继而有动物世界，终于人类。人之有形的部份与各等级相同的。但是人还有他的内在性质，这就是人的灵魂，人的灵魂自身可以类推其他各等级，同时又能使人过精神生活，在这种"生命的统一"(unio mystico)上，上帝是典型的例子，各种纯洁精神包含的理想基督就因此是指导心灵的探寻者，同时也就是自然的探寻者。

使人作如此了解，并且认为各阶段的自然最表面的再变为精神的。只有对自然有深刻的统一感觉，并且知道有神圣律则在各自然阶段中表现出来，才能有这种结果。

福勒贝尔与歌德一样，从事于认识各阶段自然形式的形成与变化，从花岗石到植物与动物，高至于人类灵魂，按照定律被形成的或能形成的，但是歌德以为石类一般的东西只是历史性的，因为算计不是他的本性，而福勒贝尔是属于建筑型的。他从早年便是一个数学家，被注定的适于测量与计算，他的精神活动的原形，裴斯太洛齐也包含在他的基本方法中。懂得了这些，我们才能知道这个自然解释家像孩子一样的去讲解植物世界的语言。并且他认为莲花是纯洁与童期的最完善的符号，最后在一八一一年把结晶学做为他的职业的研究。在柏林他的先生是外斯(Christian Samuel Weiss)，这个人以结晶中的轴形为本而建立了结晶学。福勒贝尔在外斯教授下做柏林矿学博物馆的馆长。至一八一六年他从事于教育职业，他在结晶形体中清楚的看出数理来，数学对于他并不是形式科学，他看数学是动力学的，在数学中可以看出上帝对全部自然所按排的基本定律。一个人用欣赏与理解而认识这些定律，就是了解神圣创造力的第一步。

以上所说很容易使我们明了福勒贝尔的艺作训练(Beschäftigungsgabe)及儿童建筑要求的意义，因为那是神圣建筑力的缩影。还有一种思想要说明的，像歌德寻求许多种植物形式中第一种做为植物最简单基本的定律一样，福勒贝尔在结晶体的许多种形式中寻求根本的样式。于一八一一年在格廷恩(Göttingen)他发现了第一基本定律:就是球体上的全美情形。球体律就是他整个哲学的中心。一切结晶体对于他不过是球体的变形。从这种最简单的上帝自身创造力中,一切形式都产生出来,其中有三种中心形式互相变化——时而是角,时而是边,时而是平面。然而同时它们能还原到最简单的形式,因为有规律的体形把最大多数的平面接联在一起便近于那种纯正的神圣型。每一种表现形式也有它的一种独立的性质,那就是一个定律跟着存在而有;甚至于好像沉静的石头也有它的语言;最坚硬的结晶体也有它简单的精神活动。这种哲学是把地球与天体结合在一起。福勒贝尔想使人把他的脚坚固的站在地上面,而把头扬起伸入上帝的天宫。

结晶体的数学与自然物解释的哲学在表面上是毫无生机的,但是仍然为福勒贝尔幼稚园有名的游戏与艺作训练基础。带着基本色调的六个毛织的球体是第一阶段。这两种基本形体,一个球体与一个木立方体,做成了圆柱体,完成这一套,此外还有四种训练是木头立方体做成的,起头把这立方体分为八块,有平面形,垂直形与对角形各部份。这样就把一套建筑木板做成了,不过建筑木板在福勒贝尔时代也并不新奇。

所新奇的是福勒贝尔对于这种训练所加上的意义。恐怕表示这种意义最简单的方法就是:"由木板自身来教授"(der über sich selbst lehrende Würfel)。举例来说,舞蹈,跳跃,滚球等都必得由母亲对于幼儿随机加以解释;稍大的孩子能够独立的而且从内在的冲动出来游玩,无论在球类上,在木板上或者其他简单的形式,都能从数学,静力学或动力学中得到教训。当着他变为其中一部份的时候,他发见了它们的存在与定律,那是不能任意改变的。同时这些木板在其限度内是听他任意按排的。这种创造的冲动,在小生物中像上帝似的那一部份,可以自由的把这些木板及其附属部份做成各种极不同的形式。成年人解释这些形式为知识的形式(有规律的数学形),美的形式,与功利形式,或人生形式。但是在某一阶段的游戏儿童,一切对于他都是经验与生活的不能分离的单位。游戏是意义的第一种结合,从此渐渐分出歧异来。游戏是自由,也是约束。游戏是在神圣注定了的自然律限度中的创造。因为这种原故,所以福勒贝尔认为儿童的游戏有宗教性质的,他热狂的献身于这种运动。他希望妇女也献身于这种工作,就是她们培养儿童的行动并帮助他们生活。她们不用勉强做什么;只是与他们在一块生活并且游戏。这些“训练”并不是“功课”,这种“艺作的课程”并非系统的研究计划。大凡对于福勒贝尔的主要观念有所得的而不能忘掉这一点。还有一点值得警告的,设若取消了基础的数学演绎而为鼓励极自由的表现冲动,那末就失掉了对福勒贝尔的联系。他并不反对儿童的表现才能。理性训练与关于思想问题,福勒贝尔与蒙台梭利(Fran Montessori)不同的所在,便是实证主义与富于解释意义有机的理想主义之间的不同。

福勒贝尔的艺作游戏超出这六种或八种的主要训练。它们无论在组织上或分析上都是关联的:从形体到平面,从平面到线条,从线条到点(就如小板,小门闩,小豆一样);并且在综合上也是关联的;从点到线条,从线条到平面,从平面到形体(串珠子与缝有孔的千层纸,折纸边为细长片,并且可以把纸做成各种不同的形式),游戏的传统形式在这儿仅是被安置与排列一下。并且设若一个人除了其中的“原理”之外看不出别的意义,那么它就要变成没有灵魂没有生命的东西。做为生存奇迹的一部份的儿童精神,能增加这种引导路线的价值。假如这些练习不为儿童自身用全付精力去领略,那末它们比计算器还没有价值。

有些人把裴斯太洛齐的工作归纳为著名的三种原素:“数目,形式,字”,那是绝对错误的;同样的我们若把福勒贝尔的全部训练认为就等于他的玩具也是错误的。最重要的绝不是全部的。喜欢色彩,音调,音乐,舞蹈,讲故事,园艺,爱动物,安静,唱歌,沉默与对集体的感觉都是幼稚园的一部门。幼稚园不是结晶学的哲学,而是生活的哲学。儿童,妇女精神与争取自由图士化身的福勒贝尔所希望的就在这儿。一切都是符号的,一切都是要把儿童的知觉官能发现出来,一切都是神圣生命的寄托。形成了他的儿童世界概念之后,用了全付的生命力,解释家的福勒贝尔没有别的事可作了,除了告诉妇女们:“用无限的爱来接受我的意思,当你向你的内部灵魂求救的时候,用它做你所能做的,来,让我们为我们的孩子们活着!”

假如我们以为福勒贝尔的聪明只是限于应用进化论于幼稚园,那是对他不公平的。他的系统远超过这个。家庭教育从幼稚园的集团精神接受它的思想刺激。家庭训练是社会教育的胎胚,同时——在德国思想上——也是训练为国家一份子的基础,菲希特的思想也是这样。但是民族与国家是人类“不可分的全体”(Gliedganze)。从幼儿变为儿童,由儿童成为少年,经过各种真实的发展过程而变为成人。同时站在他旁边监护着的有妇女,应用着她自己形而上的意念与适应社会的方法。

写这篇文章的动机并不是立意要说福勒贝尔是裴斯太洛齐后最伟大的德国教育家。不过在这决定德国运命的一九四零年中间,我们首先要对在一八四零年幼稚园的创立者致敬。并且我们希望把他对于人类的供献做为德国宗教与创作精神的表现,对于整个人类的供献是不能限于这个小范围的。在儿童期种下为了将来的种子才是有价值的生活。

注:

① 译自:Forschungen und Fortschritte 16 Jahrgang 1940, Nr. 15, S. 164—166.

② 见必内斯(Piroska Benes)著的《哥路芬及其时代的幼儿教育》(Gräfin Therese Brunszvik und die Kleinkindererziehung ihrer Zeit)。

③ 见豪夫曼(Erika Hoffmann)发表于期刊《幼稚园》(Der Kindergarten)一九三八年上的《福勒贝尔创办幼稚园考》(Die Gründung des Kindergartens Durch Frobel,nach don Quellen dargestellt)。

④ 见1938年我发表于柏林普鲁士科学院的论文:《关于福勒贝尔的理想界》(Aus Friedrich Fröbels Gedankenwelt)。

⑤ 编者注:德国大学生之政治结社系于一八一五年首由耶那大学创立,渐渐其他学校亦相继有仿效。其目的及理想乃为倡行基督教的国家主义。从事激烈的革命运动,以振兴国家为己任。一八一九年被联邦政府所封禁,但其组织尚秘密存在。一八四八年解禁,各大学乃可自由设立。至十九世纪末,此种团体风气转变,以剑斗锻炼身体意志,尚豪饮啤酒,挥霍金钱,结党用事,完全失去其激进色彩,成为一种特殊风气之保守者。至一九三三年德国大学新制度施行后,此种结社乃完全消灭。

文化形态学的研究①

Kulturmorphologische Betrachtungen

士榜格(Eduard Spranger) 著

哲学是人类用思想去把握“永远”的探求,哲学不满足于只是事实的真理,而常追求永远的真理。然而所谓永远的真理不单是“时常妥当的真理”,它的意义不仅如此,因为妥当云者常是一般真理所共有的本质。无宁说永远的真理是关于贯流宇宙之永远本质(或者永远本质的构造)的认识或识见。哲学的最后目的是要深深的探入上帝的秘密,自己也要参与永远的上帝的思维。用柏拉图的话说,我们要分有上帝的认识。这样最高的目标在欧洲哲学显示出来的还要首推柏拉图。这样高大的目标是否达到了呢? 并且将来是否能够达到呢? 固然到现在还是疑问,但是这种目标常为哲学的核心。

然而我们人类还是从地上生长的,所以便用人类的方法去接近这种目标,我们从人的状况出发以从事哲学,所谓人的状况云者就是说哲学家也是一个人,所以他便要受地理的与历史的环境影响。因此哲学家先要对于地理的,历史的限制约束加以反省。若是仅只对于过去伟大思想的产物加以新立场的解释是不充分的。人人不能不有以从事哲学的勇气作为自己责任的感觉。我们不仅要把过去传下来的问题加以研究,同时又不能不从自己的,本国的问题出发。从如此的勇气与决断出发,那末在生活中便能生长出有意义的哲学。由自己被限定的具体状况出发,其含义便是“认识你自己”。因为“认识你自己”这件事与认识上帝,认识宇宙一样,可以说同样重要的第三种认识。

因此最近的德国哲学置重点于人类学上,从那儿作哲学的出发点。人类受两个主要方面的制约:人是自然的一片,同时又是文化的一片。所以缺少自然哲学与文化哲学基础的人类学是不可能的,这二者(可以称为神智学的目的地)是到达最后目的地的道路或前提。然而本文所讲仅限于文化哲学方面的问题。

人人都认识有许多种文化(不仅唯一的文化)的存在,从历史的生成过程看来,在这儿有两方面产生在每人的意识中。第一是统一的一般人类文化思想(或者仅为一种豫想),第二是关于各特殊文化的思想。现实的各种文化是某一地方,某一民族,或某一特定的历史阶段上长成的。文化哲学便要阐明一般文化的问题与各特殊文化的问题,一方面的问题必得与他方面的问题获得联络才能解决。文化哲学的第一个问题就是“一般文化是什么呢?”文化哲学的第二个问题就是“自己所生活的现实中,从哲学的观点看,那种文化的状况有如何的特质呢?”我们以上所述“认识你自己”是关于第二问题的。

关于这两个问题在文化哲学上主要的一个部门称为文化形态学,即是关于文化形态,文化构造的学问。文化形态学的程序(人人都很知道的)是遵照古来的研究方法。几世纪以来既然有人研究植物(植物的有机体)的构造与机能关系,这就是植物形态学。同样的几世纪以来有人研究动物的构造与机能关系便成为动物形态学,从此再进一步我们便达到了文化形态学的问题。我们所谓的文化在人类的精神世界中也有一种组织,机构,一种被认为有机的构造以至有机的机能关系。固然这种有机的机能关系并不是理论的有计划的按排出来的,而是经过长期的生长或生成过程而至今日才成为有机的形态乃至机能关系。设若我们要理解活在超个人的复合体文化中的人类,或认识自已活泼泼的个性,那么必得先要对于那文化的超个人的形态加以理解方可。这就是哲学上所谓“认识你自己”——这是达到哲学的认识自己的不能不由的道路。

然如上面的类推不免含有错误的危险。若是把文化形态学(看为第三种)与植物形态学,动物形态学并列,我们便有把文化形态学单纯的看为生物学一部的可能。事实上是十九世纪后半叶(十九世纪的三分之一)人人对于文化的研究都借用了生物学的概念与方法。不过情形总不是完全一样的。设若我们把文化认为一个有机体,那末对于有机体的特质便不能不了解。文化的有机体在统一的“机能关系”——行动机构——一点看来,与自然的有机体是一致的。这就是个别的机能与全体机能有不能分离的关系,从全体决定各部份的功用。在这一方面,文化与自然的有机体,自然的生物是一致的。但是文化在下列各点与自然的有机体是相异的:(一)文化没有统一的如生物学上的担当者,例如身体,(二)在文化上不能证明统一的意识,统一的自我,或民族魂,文化魂的存在(不是思想而为事实的)。无宁说文化现象是无数个人的身体或个人的灵魂担当起来的。一言以蔽之,文化是一种统一的,但是超个人的意义关连,或机能关连。因此不能不用特别的方法研究文化的特别性质。生物学上既成的概念用到文化的研究上是不充分的。

将生物学上最重要的一个概念,用以说明文化也是不充分的,自然的有机体可以把单独的一个看做一个复合体。我们可以用解剖学去分解部份的器官,用生理学去研究部份的机能。然而文化(文化的复合体)是精神现象,人的评价作用与意志力对之都有积极的干与关系。我们对于精神现象的文化(几乎是无意识的)要想判断其价值是非常困难的。例如我们在不知不觉里肯定了或否定了文化价值，那么相异的文化便不能比较了。譬如实证主义把认识的对象都同样的中立的放在水平线上，而确定对象间的因果关系，但是在文化上就不可能。无宁说人类自身非站在证人台作证人不可。认识主体的人自身关于对象所有的价值必得有对应的理解能力。自己有高远的立场与广博理解能力的人才能真正理解文化的价值，所以那样的人自身不能不有坚固的，独特的与强有力的识见。设若不然，则精神存在的世界，精神创造的世界对于他是漠不相关的。然而由此可得一暗示——即是从某一高度文化理解其他文化而能把文化构造看透，是非常困难的。原因是每个人与他生活的文化结合着生长起来的，正确的理解别种文化不经过极大内在的变化是不可能的。

无论如何，在目前的人类世界，文化形态学的研究是必要的。我在序论上要说明何以文化形态学的研究在实际上必要，并想就着两三个问题直观的加以说明。不过所提出的问题仅是选来做为两三个实例。

因为对于一个国民文化的组织，构造必得理解，所以文化形态学的研究是重要的。同时在现代世界不同文化相接触的时候，文化形态学的研究更为重要，两种文化是由经济的关系上相接呢？或是有计划的殖民政策上相接呢？还是在战场上相见呢？反正这样的研究是必要的。

我们讨论各别国民文化的构造，便有一个问题发生："何谓国民文化呢？"创造国民文化的国民也有纯粹的血族团体。这样的情形我们称这样国民为"血族国民"(Geburtsnation)或"人类学的国民"(ethnische Nation)。还有国民经过长期间共同精神生活的结果，特别是生出共同言语的结果(例如血统上虽然不属于同一民族，而长期间共同的精神生活，共同的言语也能产生同一国民的感觉)，这样的情形我们称为“文化国民”(Kulturnation),特别情况下又可称为“言语国民”(Sprachnation)。国民因政治的意志也能形成统一的国家,这样的时候我们称为“国家的国民”(Staatsnation)或“政治的国民”(Politische Nation)。德国的文化世界在这三种意义下没有一个是一致的。

进一步我们要问近代的文化国民与政治及经济间有如何的关系,现在是不是经济比政治更占有主动的中心的地位?例如在算为文化形态学理论之一的马克思主义,经济也能占有主动的地位吗?或者我们认为目前是一种转机,政治再建立指导的立场,而经济将要从属于政治呢?更进一层我们要问:一般文化中的强有力的原动力是什么呢?这种原动力是土地的土质或资源等物力呢?还是思想力呢?这种所谓思想力者是从人类的头脑中浮出的观念呢?还是一种道德的精神的力量(或称为潮流),我们可以称之为“理想”呢?又如什么是文化的最高目的呢?文化中的最高价值是什么呢?文化的目的是权力呢?幸福呢?正义呢?还是指服从上帝的意志呢?

两种文化在现实的关系上相接触的时候,也有大约相同的问题发生,两种文化的比较对照绝非仅为学问的问题,而要从实际的关系交涉上去评价。此处便是“民族教育学”(Völkerpädagogik)的问题所在的地方。我们试举一例说明以下的问题:属于那一种类文化的创造,文化的成绩可以从这一国移植到另外一国呢?经过如何长期的教育课程才能吸收一种新文化呢?日本对于这个问题能提供许多例证。又如欧洲诸民族,虽然希腊国民离散后,罗马没落后,而希腊·罗马文化为欧洲各国所学习。在古代欧洲,希腊与罗马相接触的时候,罗马在政治上是胜利的,而希腊(用严密的意义)在精神文化上得着胜利,其经过可认为是很大的哲学问题。对于国民文化说,外面的胜利机会是怎么一回事呢?在政治的斗争上得了胜利,是否便常为高贵的内面权利与道德价值的所有者呢?

（一）

在分析一般文化的时候，第一个重要问题就是先区别文化为存在层（Seinsschicht）与意识层（Bewusstseinsschicht）两面。试用下列形式将这个问题说明："文化自体的形状并非赤裸裸的从文化担当者（人类）的意识中表露出来"。"存在"与"意识"并不是一个完全牟合一致的说法，在近代哲学的他方面也表示过；例如精神分析的各学派的讲法便是，个人的意识内容对于他的实际存在状况并不能忠实的写出。又如关于文化全体的问题，马克思分为经济的根本基础与观念的上部构造两层直到今日两层不能牟合一致，据说到将来的完全社会中始能实现。我们对于这种思想没有特别依着马克思主义的形式说明的必要。一个个人如同单子一样，被包含在文化中是不容易全部意识到的，在文化全体中我们的"文化意识"如何发挥独自的机能或独自的使命，以后我们是要说明的。

虽然在文化上我们分为存在层与意识层两种，在此还有一个问题要发生，就是我们对于存在层如何能够"了解"。对于这个问题有如下的简单答复：文化的基础构造（文化构造的轮廓）正如自然的轮廓一样，是由范畴的体系构成的，不过其构成的范畴体系是较特别而已。文化是人类精神的产物。人类精神是由范畴组织而成的。基于这种思想我们的研究要取康德的先验方法。固然把"自然"与"文化"分为两个范畴体系，各自分化发展，不无争论的余地。

文化存在层（构造）的最重要的基本范畴有两方面：生物学的担当者（biologische Träger）与本来的精神层（eigentlich geistige Schicht）。

一种文化之生物学的担当者，最单纯的场合就是一个民族的世代（Generatin）连锁。（无论若干代民族的连锁都成了生物学的担当者)这种担当者与各文化的“自然”基础结为一片,或与一片土地结合起来。文化存续的第一条件是由所谓的人类这种精神物理的生物所渐次产生出来的,这种精神物理的生物接受“创造的文化”而负担起来,第二条件是生物学的遗传,其后继是健全的,至少与前代的才能或能力有同样的程度。然而文化的成绩自身并不像生物学的遗传一样。高级的文化不是直接传到下一代的,无宁说各代都要从头学起,文化有独自生物学的运命。一种文化中新出生的人虽有精神的素质,然而并非生后就有充分发展与完成了的精神。在此我们看出教育的作用对于文化的重要性来。从这种立场我们为教育下一定义:教育是对于青年人的发展上加以意识的作用,为适合于文化的目的给青年人的发展上所加的作用。若是教育充分实行出来的时候,那么文化的传代与继承也不是难事情了。只有受教育的人才能真正理解文化的真义,才能承继真正的文化。

关于文化之生物学的担当者,以上所得的结论,直至今日还有种种的议论。我们普通把一个民族做为文化的担当者——由共同祖先发展的纯粹民族,即是血族的团体,然而血统的关系绝决后,就是创造文化的种族灭亡之后,其文化是否尚能生存而能移植到别的种族呢?没有血统的基础,单只教育与传统能否维持一种文化而不坠落呢?在此便有如下民族学的问题发生——文化是不是依赖血统的关系而存在呢?或者单只是精神层的存在呢?例如欧洲的所谓新兴民族,其中特别是日耳曼民族尽量吸收了希腊·罗马文化,比与希腊人,罗马人同一地方杂居的人以及后来的文艺复兴还更能多量吸取希腊·罗马文化,设若文化的摄取融合,“血统”是绝对的条件,那末文化在摄取融合时,文化的根本样式便不能不有所改变,关于这个问题到今日尚无科学的解答,然而这种研究却非常的重要,例如佛教自印度传到中国,经过朝鲜而传至日本,其间的变化怎样?因为经过不同的民族性格(自然上相异的民族)而起如何的变化?这类问题是非常有趣味的事情。

由文化之生物学的担当者问题更进而研究文化的意识层问题，不论各文化的内容特质如何，每一种文化都可分为四个方面（四种范畴）：（一）客观化的精神（Objektivierter Geist），（二）共同精神（Gemeingeist），（三）规范的精神（Normativer Geist），（四）与前三者相对而属于独自一方面的，称为主观的或个人的精神（subjektiver oder personaler Geist）。我们在下面试把在德国哲学演变主要角色的这四种名称加以简单的说明。这种名称与黑格儿的《精神哲学》有密切的关系；然而个别的研究起来，意义便不同了。

（一）客观化的精神，是有精神意义之物的实质的复合体的事物。但是客观化的精神自体并不带有意识。例如一个器具是客观化的精神，一本书是客观化的精神，一张绘画也是客观化的精神。在这三种情境的时候，精神是离不开自然的，精神从物质的手段与物质的担当者才能存在，无论是器具，书，绘画都有自然一方面的基础；虽然三者的情境，物质的作用是不同的。例如器具的情境，精神的意义与材料有非常密接的关系。但是绘画的情境，不过单借材料为手段把美的意义表现出来，而这种情境的素材（面，色彩，光）所表现的感觉现象对于美的效果还有积极的意义。至于学术的书籍，从精神的内容上讲，无论用那一种言语，用任何的印刷法，其所表现的精神是一样。

在这三种情境下，客观的精神内容都由材料表现出来，而成为一种永恒的形式，然而这种固定化了的精神，再由主观的精神去体验或理解，假如客观化的精神不能活泼的还元到意识中便如同死物一样。在这里固定了的客观化的精神被意识到了的时候，有什么样的变化呢？是不是不能不有变化呢？文化形态学的中心问题便从此发生。譬如西洋人如何能欣赏日本的音乐？如何理解中国古代的哲学？西洋人如何在食物时用东方人所常用的筷子？

客观化的精神中时常流入主观的精神的个性,最好的例便是言语,言语的一个音发出后便固定了一个明确的意义,然而这种事每个国民都有独特的方法(国民的个性的方法),甚至有时用个人的方法。言语一方面有普遍妥当的论理关系,同时又能表现内面性的心魂。每一个人都因自然的或教育的关系而加入一个言语的世界,从言语中可以理解客观的精神。关于言语的实例,我们在"共同精神"的问题上再加以探讨。

(二)共同精神是把许多人结合在一起,而使之有共同的精神内容,或共同精神的意思。由共同精神的内容,精神的意思而成为结合状态。国民,家庭,职业,阶级都有共同精神存在,而这种共同精神经过长期历史的过程才生成的。言语就是共同精神中特别强固的基础,言语是共同精神的世界最简单的表示,每一种言语便表现一种世界观。然而共通精神还得要在个人中或主观精神中才能意识得到。共通精神在个人或主观的精神中现出一种结合意识或共同意识。例如一个人在用"我们"的时候,把自己结合在超个人的共通生活圈上,这种超个人的共通生活圈或客观化的精神属于共通环境的要素。例如共通的事业世界,共通美的表现形式,共通的思维形式,共通认识的世界等。

共通精神中所含有最重要的结合精神,在共同生活上取一种规则或法律的形式,这种形式我们称为"规范的精神"。

(三)规范的精神是一个精神的共同体,例如属于一个"国民"的个人,他个人的行为被团体的态度所规定,我们可称这个为强制的制度或规则的全体系。如习惯,道德,法律,政治的权力组织(国家)都算做规范的精神。以上的次序也表示强制性质的程度,但不是内面的重要性的次序。因为最内面的核心是国民道德。在国民的长成发展时代,国民道德常有宗教的基础。因此国民道德为一个国民文化属下的人们信仰的"价值体系"中最具体,最实际的表现。信仰中含有与形而上的结合的意思，“religio”在拉丁文上就是“结合”的意思。

规范的精神也可以分为“存在层”与“意识层”两方面。我们试把二者种种意义上的区别作简单的说明。在一民族中妥当的道德法则，就是那种民族能有的共通精神，在这种共通精神没有规范之前，只有一种无意识的实体。国民道德存立在并作用在言语不能解说的地方。国民道德在发生疑难的时候才惹起人注意。而这种疑难多发生于集团的意志与个人意志间的冲突。其冲突的结果对于道德是生产的，建设的。能导入一种新的高的集团道德。然而开始时则是一种危险的解放运动，若是行之过度的时候，能使整个民族衰亡；黑格儿对于苏格拉底的伟大生涯在深刻的观察下，认为他是民族道德的解放者，但是起初要受民族的非难而成为犯罪者，结果不能不牺牲了生命。然而道德的解放者使民族进入高一阶段的道德，一般的讲来，开始是启蒙运动加以意识化与反省，而把看做神圣的传统破坏。并且在启蒙运动的时候，必得要发生解放运动与个人主义，这二者不可避免的浸润于广大的国民范围。把一民族导入一较高的道德水准，启蒙运动是必要的。然而我们不能不认识启蒙运动对于共通精神及规范的精神是有危险性的。现在我们立在文化的转换点上，我们可以看出这类现象是极其复杂的。

关于法律的制度也可以分为“存在层”与“意识层”两方面；德国的历史法律学派认为法律的“存在”是对应着每一民族的某一段的文化时期，有了法律才使法律学者“意识”到法律。条文化的法律或成文法在民族生活的核心中用言语表现出来。

以上是我们就文化超个人的方面（文化为超个人的组织物）讲的——换句话说，各个人在文化下均“凝结”成为精神的各种力量。然而精神生活还有第四种要素，即是由意识能力与体验能力组成的主观精神。设若客观化的精神，共通精神与规范的精神没有受个人意识洗礼时，那末这三种超个人的精神便如同哑子死物一样。这等强有力的精神内容,从历史上产生的物质财宝,知识,艺术,使生命有了归宿,这都需要个人的努力。不过个人在民族的精神界很快的像旅客一样就过去了,人生也不过数十年的短期,生活在民族的精神界中,为精神界创造活力,为精神界有所贡献,然而最后他还要走向不能知,不能说的沉闷世界去。伟大的人物,创造的天才也逃不了运命的安排。伟大的天才在珍贵的世界史的事业上所造出一的页光荣历史,也不过是个人的偶然性。黑格儿对于这种偶然性,一面性曾下过深刻的考察。

这种流动的一时的个性与超个人的精神内容,其关系是横在精神生活的机构中秘密而不可思议的思问题。关于人类生前或死后运命问题的思索便发源于此。这种不可思议的关系是悲剧的与"望救"的源泉。然而我们在精神生活的机构自体中是有承认个人主义的倾向,因为没有意识体验的个人文化便同死物一样,当然在这种情形时并不是指定某一特定的个人问题,而是现在生存的全部人类,在他们的肩上担负将来的文化责任;因此生存的人对于文化便有无限的价值,现在与将来的交替,决断与责任都由他们来负担。

(二)

如以上所述主观的精神,即各个文化担当者,虽然像一个"单子"一样,但是对于文化全体有很大的意义,下面我们特别以主观的精神为研究的对象。

第一部所讲的文化意识,不过给一般文化的构造以范畴的基础,因此文化意识在康德哲学相当于"一般意识"或"先验的主观"。这种先验的主观是普遍妥当的,然而单是形式的,反之有具体内容的文化意识占有数学的空间与历史的时间中某一特定的所在,这种先验的主观与经验的心理的主观如何结合的问题,是哲学上最根本的一个谜,康德以“先验的”用做公式的表现,而菲希特与黑格儿在那儿产生出深奥的精神哲学来,特别黑格儿的精神哲学是由此导演出来。

以下所说主观的精神是与时间空间结合起来的“个人”(Einzelperson),同时这种个人是体验文化内容的中心。从文化形态学的课题中完成文化心理或精神科学的心理学的使命。

体验的主观与自然的环境(环境的内容)间的关系,有的学说称为 Perspektivismus der Weltbilder,凡是动物都是生物学的被决定生存于自己独有的环境中(按照生物学的特性而生存于各自独有的环境)。人也是动物的一种,同别的生物一样有自己的知觉器官(Merkorgane)与动作器官(Wirkorgane),生活于特别的“人类环境”中,文化的人亦生存于独有的文化世界中。从特殊的观点看来,一般世界对我们是不可知的,每一个“精神的个人”(Geistige Person)属于他的民族而为其民族历史的精神界所产生,我们第一要横的从文化的环境去观察人,第二要纵的从精神史的环境去理解人。

(一)人与文化的环境间的境界是互相密切的结合着的。主观与客观的境界线比一般所想像还要流动不定。

(甲)我们要举出文化人的环境,那就是他身旁“客观化的精神”,从那种客观化的精神中,他把握着,理解着,而变为他自身“精神的财产”。经过读书或研究而教育自己精神的财产,扩张自己精神的内容。他不断的去行“客观化”,换句话说,他把自己的内部财产变为别人也能了解的外面符号(即是文字——译者注)。为了读文字,所以每个人不能不懂文字。某种文化所创造的文字,无论好坏都是那种文化宿命的问题。充分学了汉字的人与单只读罗马字的人比较起来,精神的特价恐怕是完全不同的,罗马字单就实用上讲,比汉字是便利的,然而若把汉字费掉,恐怕东方精神的重要内容也破坏了。客观化的形式与主观的内容是密切的结合着的,人生的类型与其所从事的职业世界也有甚深的关系。

（乙）精神的个人及其民族的共通精神更是互相交织的有关系。共通精神在个人意识中流露，个人意识中生长。个人的精神如何接受共通精神，又在那一点上可以看出个人特有的精神，这是很难辨别的事情。例如言语是个人精神中所存在的“共通的东西”，“一般的东西”，因此对于伟大诗人的作品，我们不能即刻就说诗人是用自己的言语作诗，或言语使诗人创造作品。个人主义在近代文化恐怕是不可缺的元素，但是个人主义对民族生存上是好是坏的问题，就是现在世界观的重大问题。若是对于这个问题深加研究，我们不能不先对于个人主义的意义弄清楚。个人主义本有许多种类，在这里我们便遇到文化形态学的大问题。佛教与基督教都是一种很深的形而上的个人主义。二者都因为人类运命上的不安而产生的。然而佛教的个人主义与基督教的个人主义便有很大的不同，对于“灵魂”的解释方法也相异。但是相异点那一个地方，到现在还没有人深加追究过。这样问题将来能否解决，要看文化民族对于“认识你自己”的要求如何。

在这种情形下的中心问题是规范从那儿产生的。认为共同生活的规范是由于社会自身的保存而产生，那是很浅薄的看法，因为把道德与法律只看为是对于生存条件的生物学的“适应作用”，然而人类的主要事情不仅是生存，而且要高贵的生活与良善的生活。换句话说，各文化都努力去实现高贵的价值。我们于此要问规定民族生活高贵价值的规范用如何的形式表现出来呢？对于这个问题有以下的答案：由这种高贵的价值由领袖人物以“对全体的责任”而“结合民族全体”中启示出来。这种“结合”有一种宗教的意义；宗教的结合使人体验到个人运命的深奥处。在这一点看，我们认识了神秘主义对于文化有极大的意义。神秘主义有时是个人主义的，也有的对于文化是有害的。隐遁者全然舍弃了或否定了世界。同时很深的神秘主义意识中也有“人要与上帝结合起来”，“人类的工作还是上帝的使命”的讲法，这样便成了非常大的一种精神建设力。这种意义的神秘主义不是仅存于寺院中，而是建立在全文化上。解剖的（分析的）启蒙运动破坏了上帝与人的结合，而肯定世界意义的神秘主义却深刻化了或强化了这种结合，一个被规定了的个人及其民族认识了“天理”更能得天独厚。但是这种深奥的经验只有一个人在深思瞑想的时候才能得到，这种高贵经验由个人出发而再在共同生活上发生作用。如此深奥的经验在“规范”诞生时与以可贵的内容，能把道德，法律与政治的秩序丰满起来。道德，法律与政治的秩序本来是互相结合的，不过在国民的价值体系上因技术的处理而有不同。在欧洲时常忘掉这种事实，黑格儿的法理哲学对于这个深奥的真理，即道德，法律与国家的内面统一，很注意的看透了。

主观的精神或个人对于文化的影响乃至传统文化的活动不仅是占一通过点的地位。我们个人中还有超个人或凌驾个人的存在。对此称为“人格”（Person）。persona 这个字是 personare 转化来的，即是渡过的意思，persona 原来是假面的意思。持假面是魔术的象征的意思，这又是文化形态学上的大问题。个人的人格是生动的精神战场。在这战场上有责任决断的存在。在这里克服了困难与危险的精神而开拓建设的大道。

现在我们大约可以由形而上学的立场解释文化“存在层”与“意识层”的不一致。意识像一个舞台一样，这个舞台上有许多现实的交涉，意识的舞台上有悲剧，也有感人的跳舞也有时这个舞台是欢欣与凯旋的场所。每个人在世界中走向自己精神创造的道路，“意识之光”照耀着道路两侧。他要与光亮所照耀不着的昏暗战斗。若是他能把意识的苦恼通过，而达到更高的阶段，便是他的胜利。

（二）然而那需要长期历史的道路。我们不问这个道走向那里去，并且这个道路有什么明白的意义，只是说生动的人用明敏的意识在体验人生的时候，为实行自己生活的使命，奋斗与努力是不能或缺的条件,不能不从自己的生活中看出精神的使命与天职来。

然而经过数千年之久,地球上各民族有各自独有的文化方面;近百年来东洋文化与西洋文化才开始相会,自此而后,人类共通的文化使命也成了讨论的中心问题。人人都与这个问题有关系,也可以说都因为文化的使命而共同努力。然而文化上的精神类型很多的接触在一起,这种精神类型的相异,非由精神史的研究不能理解。理解一个个人不能不知道他的经历(生活的历史),同时也必要观察他的环境。这就是说,他所受遗传的素质及环境的要素。更进一步要知道内部精神发展的方向及外部所遭遇的命运。描述一个文化人的类型,有四个要素必得知道:

第一东方人的精神类型与西洋人的精神类型是不同的,其相异是极关重要的事。从来欧洲的生活传到别处去的在表面上好像很容易了解,但是根本上是各自不同的,两方都有独自创造的东西。只有加以深刻的研究才有理解的可能。这是文化形态学上实际的使命。我们把关系于现在存在的"文化的人间类型"问题姑且不谈,只做精神史的分析,这并不是把东西两文化埋没在中立的世界,而要把两文化的独特个性发现出来。

设若艺术的使命是把艺术家的灵魂与世界内容融合在一起而再表现出来,那么艺术中(艺术的表现形式中)最能把国民的精神型客观化的,这是很当然的事情。这种事实在艺术史上看来,纵然在受异国影响最强的时代也是不能否认的。例如中国与德国便有许多关于这个问题的实例。中国的音乐与西洋的音乐本质是建立在不同基础上。西洋音乐从远古起就以彼塔古拉斯的数学形式为基础。一个欧洲人如欲理解中国的音乐,恐怕必得要先有一个时期在中国的国土,空气及精神的雰围中生活一段才可能。所谓唯一绝对的音乐恐怕是不存在的。对于眼所起的美感觉比较耳朵所起美感觉是一般的,普遍妥当的。中国的绘画对于欧洲的赏鉴者也能直接受用,但是欧洲人的眼是否像中国人的眼那样微妙，纤细而捉摸到美的对象，到底还是一个疑问。

“论理的”思维形式，即是方法论上所要完成的思维形式，也是基于精神史上的状况而有其特性的，所谓完全自由是没有的。“思维形式”乃至各种论理体系的相异，不过从现在才开始在研究，这种研究对于解决文化问题是个重要关键。

精神史的目的是把人类精神构造的变迁从历史的演变上加以研究。因为地理，时代的不同而有人类的“变像”(Metamorphose)，同时世界观的变迁也要伴着来的。换句话说，世界观的变迁与人类精神的演变是相对应的。人类精神与世界之间的二者关系与变迁(主动的与被动的)，生出历史的变迁来。

我们以文化心理学或文化形态学去理解这种变化或变迁，开首便有一大前提横在我们面前。这就是变化的全体，从上往下看来，其变迁并无偶然性，而要预想有一种精神的统一点。这个大胆的前提是否正确，现在还不能断定。我们虽然没有权利说文化现象与自然现象一样，都根据着严密的法则这个大胆的前提，但是所谓“能理解的前提”(Voraussetzung der Verstehbarkeit)是说精神的动机与精神的机构可以是永远的，普遍的意思。实在的讲，精神构造非常相异的人类能否互相了解诚属疑问。不过我们如欲深刻的了解自身或人类，恐怕“只有上帝”(in Gott)才能明白。

事实上要了解文化的“先验性”(a priori)不得不先理解文化的特性，而理解文化的特性又必得有宗教的基础(religiöses Fundament)。在宗教的意识(宗教的意识态度)中才能看出价值的根源。指导现世文化活动的各种价值以超时空世界的各种价值为基础。从宗教的价值中我们才能提到文化的中心点。由这个中心点出发，才分化出各别的文化活动来，各别的文化领域本来是一种材料，用宗教的立场才赋之于意义。精神史的极顶大概是“宗教的意识历史”或

"宗教意识的分析",我们所谓学问,所谓知识尚未能达到这种境界。"认识你自己"(erkenne dich selbst)的这种努力,文化形态学就是认识自己的一种方法。不过在上帝面前,我们只能持那种"莫测高深"的虔敬与沉默态度。

文化形态学所研究的各种问题,以上并未道尽。一种文化与创造该文化之生物学的担当者分离后,移植到其他生物学担当者的问题,就是关于文化的接触,融合,及摄取问题,我们简单的叙述一下,同样的这是民族教育学的问题,即是从异民族吸收高级文化而实施国民教育或本国借他国复兴的文化内容而陶冶自己的国民问题。对于这个问题拙著中曾有一篇论文于去年在普鲁士学士院发表。现在我们所讲的只限于区别文化中的"存在层"与"意识层"。文化是一种非常复杂的组织物或意识形态,不能一语道破乃是当然的事情。单由表现形式上注目,用象征(凝结了的)表现一种文化在文化形态学上是极重要的办法。这种象征不能脱离共通精神,因为这种"象征"被一般人所信仰而视之为神圣的。许多文化民族有共同宗教的确信时,一般的都有一个"圣地"为其信仰象征的中心点。例如回教文化的麦加,天主教文化的罗马都是重要的圣地或中心点。

同时其他方面,也有纯政治的象征。做为政治象征的如国民的祖先,伟大的统治者,历史上的英雄,以至城堡,战场或纪念碑等物。然而最具体又最坚固的凝结政治的民族精神者要算国旗。

国民对于自己的文化意志及对于自身将来的希望所表现的形式或象征,其自身便是一种"精神的力量"(Geistige Mächte)。这样的力量恰好像伟大人物在现实政治上的活动一样。其背后类似一种神话的力量,但是这绝不是原始时代的神话,从这种神话中可以反映出民族自身的姿态,也可以看出民族力量的统一点来。

与以上我们的研究方法不同,用历史家取回顾的立场,把世界各种文化以象征表示出根本的特色,例如施彭勒(Spengler)在《世界史的形态学》中所试用的。他以“道路”象征埃及文化,以雕刻象征希腊文化,以巨人浮士德象征现代的欧洲文化。这固然不过是一种有趣的说法,若是能把文化特色的根本现象讲出来,实在是对于学问的大贡献。像这样概括的认识到现在还是不充分的。不过现在我们可以作如下的结论:作为欧洲精神运命的是数学的合理主义的思想。东方的精神在深奥的“存在层”沉潜处产生的,从瞑想与直观才能把握这种深奥的“存在层”。

我要大胆的进一步作如下的主张:欧洲人是结合合理性与神秘思索的一种民族。德国的理想主义就是对于这种看法的一个伟大的尝试。东方人沈潜在上帝的世界(Götterwelt),很早以来在生活与艺术中发见出法则与可宝贵的“理”来。

注:

①《文化形态学的研究》(Kulturmorphologische Betrachungen)发表在一九三七年九月号的《教育》(Die Erziehung)杂志上,是士榜格在日本东京帝国大学的一篇讲稿,其中有不关大旨的地方被删去了。

政治与教育

雅斯波 著

前言：雅斯波(Karl Jaspers)是德国当代有世界荣誉的哲学家，现在这篇《政治与教育》乃是雅斯波所著《现代精神状况》(Die Geistige Situation der Zeit)一书中的第二章，在原书名为《在全体中的意志》，因为内容是讲政治与教育的活动，所以改为今名，雅斯波的书本来不大容易懂，尤其是他有时固意写得灰色一点，所以有"秘电号码"之称，现在我虽然把这部书翻译完了，但是需要修改的地方还很多，现在这篇译文内明知有不少需要更正的字句，只好等全书出版时再一同更正好了，这是向读本文者抱歉的！同时向读者介绍的是《现代精神状况》一书有日文译本，名为《现代の哲学的考察》，也有英文译本，名为：Man in Modern age。据说也有法文译本。

在全体中的意志

当着人类拒绝完全只作一个机械的时候，生存秩序不能避免的就遇到它的界限；并且进一步，没有一个唯一的终极的生存秩序是可能的。人类需要比仅只生活更多一点的东西，人类自身要决断，要选择什么，并且要什么保障；设若人只退到单只过生活的时候，毫无决断或选择的主动力,那末一切事物对他都是已经决定的了。

一个人所努力进取的,为了他自己的存在,是他自己存在的不可侵犯的权威。但是人类在世界的组织状况与自我保持的全体力量的聪明中得到统一的意志,而后现实才能存在于一个世界。人真正所依赖于这种力量的意志就是决定全体生活的历史具体性者。这种力量无论在什么时候政治的属于国家,作为历史的人类生存的传承者属于教育。

只要有意识的意志对于此事能容喙的时候,我们的将来完全依靠着政治的与教育的活动。虽然对于事物的进行感觉无能为力,但是紧张意志的活动就是政治行动的人类自己存在的勇气。虽然在形成人类时感觉无力,但是教育者的力量就是用最善的努力,使人用传统最深的内容为媒介,令人得到最高的可能性。

然而全体并非纯粹的全体。例如人临到世界的最后审判时向那里去呢?在决断的根本点上,他反对那超越国家与教育的事物。

一　国家

到了作为最后决断地位的全体实现已经意识的被理解时,那末向国家的意志或国家的意思就是时时作决断的。向国家的意志或国家的意思就是人形成自己运命的意志,个人不是单独他自己的存在,而是生存于时代延续所形成的团体。但是国家意志表显假它自己在互相斗争的各国家的多样性中,并且努力为国家给与一个一定的历史形态,国家意志要服从这种国家内部的紧强状况。

从国家意志看来,生存秩序不仅是全人类合理计划的对象,而是对于国家意志的权力干涉成为排他的决断对象。国家意志用经济存在秩序的方法提高普遍的福利,但是超过并且在此之上的是引向各人的自身。

因为国家意志不能用有计划的行动把人造做出来，但是至少在理想的境地创造最完全的可能性来。国家意志必得在不能解决的纠纷中找出它自己的路径；例如在国家意志的世界（看作世界历史的状况）于特殊情况下能牺牲人类生存的发展，而把国家意志的权力强化起来。然而人类生存与此相反，设若现实了人类最高可能的形成就要消灭国家意志的权力发展，那末国家意志便要加强权力发展的限制。

到了一个时期，由政治家与军人暂时的把紧强局面解决之后，因此把某些特殊的人物提高，而这些人变成国家的权力。但是时间一久，没有方法可以避免紧强的延续，一方面是一时的要求，一方面是人类向上发展的主要目标。结果是国家意志能得一时的或局部的成功；并且在精神理想的指导下，也能飞越了一时的现实而诉之于空想的未来，而对于现生活加以欺瞒。

国家的具体内容供给人们在他们职业理想的杂多性中得到自由满足的机会。一个人只作一个机械的机能是不能满足理想的；并且国家运用的本体包含着人类，人类经过教育得到参加历史传统的能力。国家有两个方面，一方面要保证集团秩序，因为只有这样才能使国家存在，一方面又要建立反对集团秩序的保护。

国家意识——由于国家意识的兴起，在我们这个时代人已经了解权威的力量继续的决定事物的存在与运动。国家要求合法强力制行的独占（马克思·维泊 Max Weber）。

因此有两个结果发生：第一是排除强力使用到日常生活的秩序上，因为那是能和平的按照规律与法则实现的。第二是强力集中在没有强力人类生活便不能支持的地方，无论是实际的或潜伏的。强力的使用在从前是分散的，现在是集中的。同时现代的个人不能再继续的保护或伸张他自己的生活而自身带武器了，他现在变成了属于国家的强力的技术使用的工具。仅有少数人作职业的警察。战时所有的人都隶属于军队的权力。于是国家包括的权力不是一种强力的潜伏着威胁,便是决定事情时的实际使用强力。由于状况的变化,强力的使用能高至最大限,也能缩小到最小限度。

对于个人,精神状况要求他适应自己在权力的现实中,因为他只有生存于那种权力的存在,并且从一个意义说,这也是他自己的权力。假如国家只会盲目的使用强力,那末国家也就不成其为国家了;只有经过精神活动的成功运用国家才能成立,自由的精神活动知道他自身与存在于此地此时的现实有关联。国家也能降落到粗暴强力的混乱,同时国家也能促进或产生一个理想,这个理想能提高人类生存的聪明,并且也能有抓得权力的意志。所以国家可以或者从粗暴与空虚的强力中失去它的路径,这只有说辩的知性能加合理的解释,而从我看来,认为是自然(那能够并且将要消灭我,但是我不能作任何事去反对它,那依然是与我没有实在关系的),或者从另一方面看,设若现实的模糊要求在精神的有意识的意志中明了的时候,它可以是一个历史的互相联贯的本质的权力。在今日国家精神的现实是日趋没落了,但是还没有完全消灭净尽。

如果国家接受了神性给与的一种意志权力,那末人类大众要屈服于少数统治者,并且认国家为执行上帝所颁布的一切酷命。但是在今日一般的感觉是国家行动并非一种神圣意志的表现,这种神权说已经不能使人尊从了,现在有支配力的概念是国家乃为一种人类意志的表现,每一个人都要参加的普遍意志。人生活于集团秩序中,一方面是供给生活需要的和平工具,一方面是时时看得到的权力,他愿意知道这个权力的方向与内容,好使他能尽力去影响他们。

人不能再隐蔽权力的事实性,认为他们不过是过去怪物的遗物,以为消灭之后就能完结的。对于那些公正看事实的人们可以明了,只有经过权力一种秩序才能存在,因为凡是秩序就与无止境的意欲界限冲突的。至于权力是否对于不好的事物加以抑制,或者国家绝对化之后自身是否是善的，我们都不管，不过独占的强力形式的国家对于人类的团体生活是一种漠然的根据。假如权力自体是恶的，那末所有的行动是要与非理性的，非人性的东西妥协的。由此可以发生从这种漠然的根据，坚决的意志能建设历史可能性的继续；同时不坚决的活动只能追求分散的与一时的利益，只有为促进这种利益而用强力。

国家自体既不是合法的，也不是非合法的，同时又不是从别的事物推演出来的，而是自我建立生活的意志，在这种意志上把权力分配出来并且附与自身权力。到此便有结果发生，为了国家的斗争与各国家间互相的斗争。因为国家不是地球上全人类的一个专断的权力，它是永久与其他权力并立的一个权力，有时与其他的权力协力，也有时与其他的权力冲突。实际上常是努力去建立一个法律的秩序，但是每一个存在的法律秩序总不免借助于强力，用斗争与战争加以维持，从强力才能决断什么样的依赖形式与什么样的法律秩序原则始能存在。然而终极的安定是得不到的。状况变化之后，那末形成的集注权力的力量便跟着衰亡或勃兴。人类国家的建立企图所产生的结果使人陷于不安，把自己的历史状况看作普遍的统一。

以上的意想不是想把国家神圣化，也不是想把国家恶魔化。感情的饶舌对于真理的认识是盲目的，不能使他们了解生活是如何规定的。人与人间根本的差异是或者他们内心的认为生活的历史变迁决定我们的命运，或者落着于一个博爱与不平的幻想世界，甘于单只生活的享乐与苦恼，直到豫料不及的破坏显示他们的欺瞒的虚无来。

现代世界的本质曝露了，当初把国家经过正当的考问与知识欲的洗礼之后，现代的精神状况使每一个人都能参加人类团体的生活。对于所有的人在人类行为所统治的国家现实上都感觉出极度不安来。然而对于那些在惊惶中不萎靡的人，他们忘不掉并且不转动的把他们的眼睛钉在现实上，他们这样的人能强进到某一点，在这一点上他们能够参与人类行动与人类自我决定的计划。在那一点上他便真正明白了什么是他所要求的,不是一般或普遍的意义,而是历史的并且有联带关系的出现在他面前的那些真正的人。

能做政治的思想是属于高等阶级的事情,我们简直不能希望每一个人都能达到这样的水准。在这儿有两个相反的可能性,两个相反的路线,沿着这个路线人可以放弃他的政治可能性。

第一他可以决定不参与到事物的进行。自然是他能从他自己的生活机遇中得到自己的利益。对于这样的人全体不过是别人的事情,别人关心,别人的职业,与他不相干的。但是事实上我们时常与现在的秩序所产生的力量发生冲突。我们到处都看得到有不公平与无意义的存在。但是我现在所讨论的那些采取闪避责任的人们,对于这样的事情与他们好像没有关系一样,那不是他们的事情。只要对他们没有妨碍的时候,他们便不抱怨。对于事情的进行取一种不关心的态度,他们不让自己的感觉被牵涉到里面去。因为他们没有一定的方向,无论是一般的可能性或现代状况的关心,他们正直的承认这种事实,他们既不轻下批评,更不轻浮的行动。他们这种"非政治"的性格是拒绝参与事情,他们不愿意知道他们自己要求什么,因为他们除了实现没有世界的自我存在外,没有其他的要求,好像他们的生存脱离了时间与空间。他们用被动的容忍接受人类历史运命,因为他们相信灵魂的解脱,而灵魂是没有历史妥当性的。最主要的是这样的一个人缺少他自己在世界中的责任心,只要他失去了在他力量之内所能决定的将要发生的事情,他便认为是他自己的罪过。

第二个弃绝真正政治生活的方法便是没头于盲目的政治欲中。这样的人是对于他的生活不满意,并且愤恨周围的环境,不说他自己,而认为别人是他的生活遭遇的原因。他一时被愤恨鼓动着,一时又被热情鼓动着,然而最主要的还是权力意志的本能作怪。虽然他并不知道他可以知道什么,假如他能的时候,并且也不知道他自己希望的是什么，但好像是胸有成竹的他讲论着，他选择着，并且他还在行动着。同时他如果略有一知半解便生吞活咽的陷于狂信的状态。这样骚扰类似的参与便是政治知识与意志最广泛的现象。具有这类心肝的人在各时代能散布不安的种子，备有刺激的能力，但是绝对发现不了真正的出路。

在今日国家缺乏权威的光辉，那种权威对于国家的行动能与以超越的合理证明，同时国家又不能作全人类需要的有计划满足的合理中心，所以应该有些人不回避这个问题。有人处心积虑的尽他最善的努力，想建立所有人类生活都要依存的国家基础，虽然他知道国家缺少如上所说的实证，他便俱前本来的国家意识。这样的人心理了解他在国家立场所必得作的事情对于人类生存便有了问题。到此他便到达了超出那认为经过相当世界的组织便能得到协和生活的梦想的范围了。他便要知道他没有权力去幻想得一对国家本质的确定知识，并且也不能对于表显在法理形式中的巨大创造有所了解。在人类行为与意志看不到的互相交织中，个人在他的状况下要交付于历史的历程。在历史的历程中全体是看不透的，历史的步骤按照政治权力的行动而前进。在那样人类事物的领域中，盲目的欲望，热情的激昂，性急的占有欲等都是没有意义的。除了忍耐之外没有有效的办法，我们要的是远见，一个限制的与决断的准备对待考虑过的交织作用，包括的知识，并且超出强制的现实而了解事实，依然有可能的无限空间还开着门，超出这个以外的都是喧骚，破坏，无意义与放浪的行动。然而由于他的无力，对于一个个人是很难理解他的自由行动，像今日这样纯粹世俗性不得不承认的时候，个人的实现愈益陷于困难的状态。于是把自己责任附托于神权支配下的国家权威。只有得着失望的努力在这限定的路径中发见一条路子，而目的所在却依然是不知道的。并且这种目的与生活需要的合理供给方法是相冲突的，所以只有留给那睥睨一切而只追求超越的目标的人们。

所以很容易了解为什么几乎我们全体放弃了这个企图。布尔斯维主义(Bolschenismus)与法西斯主义便是向比较容易可能性的遁路。让我们仅只单纯的服从就够了,一堆容易喊的标语就可以满足了。把所有的行动委之于几个占有政府地位的强有力者就行了!这样世俗的独裁形式替代了真正的权威。为了自己自身几乎能把所有的人作放弃的牺牲。在现代的世界状况中,这种如上所说的转换的可能性到现在为止还没有接受的诸国家,同时也有其可能性,对于近邻各国家的现实不能不加以考虑。并且在内的国家生活上要求这样可能性的实现,集团要求这种问题中的可能性。

于是自我存在与现实的及可能的便一起开始混迷。个人生活跟着现代的世界过程起伏,并且不停止的清理可能的知识,最后成熟到与他的状况协力为止。

因此保持一个紧张冲突的局面,一方面是供给生活需要的集团秩序,一方面是基于权力的决断,换句话说,就是社会与国家的冲突。

人为了社会用劳动服务生存秩序的意义。劳动建立他在社会中自己的生活。一切合理的计划都是为了这个秩序及其机能的改善,排除障碍,趋向正义,法律,与和平。国家的社会上的意义就是这种行为的动力。

但是其中有不可避免的界限存在;在人类集团的特质中,在不能阻止的冷酷的社会的及生物学的淘汰中,在大部分人的生活活动圈被不平等的限制中,在种族,性格,及禀质的差异中,在种种共存群人口的不同增加中,所以国家不仅是被认为法律秩序确立的机能,并且也是不可避的强力行使的方法与方向上的斗争中心。人类在各时代都忍受苦恼并且负有重载。到今日人类全体有了最善的可能组织,那末他们意识上的苦恼与重载该是解脱的时候了,但是这样的世界组织还未实现出来,所以国家的社会意义还是被运命的政治意识包围着。

所以国家与社会的精神状况只有在抽象的空间才可以称为时代的普遍状况。实际的看来,精神状况不过是历史上某一特殊国家的状况,从这一个国家眺览其他国家而后认识的状况。一个个人固然能改变他的国籍或无国籍,也或者失去了国籍,并且住在任何一个地方作一个被容受的客人。不过个人的历史意欲只有与他的自己特殊国家统一之后才有效力的作用。没有人改变他的国籍而不受苦痛的。设若是他感觉不得已的时候,虽然他并不是必然的失去他自己存在的可能与失去他的运命意识,那末他便要失去他自己长成的那个真实世界的全体中经过参加而伸展权力的可能。

战争与和平——国家权力并非唯一的东西,而是同时与其他一些国家并立的,并且因为国家组织的可能性在某一特殊时期有其特殊的一套机构,每到这一套特殊的机构有改变的时候,国家的权力便诉之于强力的实际使用。战争与革命是生存保护的界限,从战争与革命的结果为国家权力安置新活动与法则的根据。虽然人尽可能的力量去避免战争与革命,但是它们依然存在并且构成威吓一切生活的未决问题。设若为了和平不惜出任何的代价,那末他们便要盲目的坠落到深渊中为别人蹂躏,除非他们抗战,他们便要消灭或被奴视的。极端和平论者总是稀少的,就算是用尽所有的力量去避免战争,但是现实的严酷时时刻刻的要求我们考虑战争的可能性,并且我们不能忘记"用一切的牺牲"(Um Jeden Preis)真正的是什么意思。

战争是历史发展中的一种强力,在战争中运命用肉体的决断实行前定的政治决意。战争是赌了生命为了对于固有本质的绝对价值的信仰;坚决的信仰以为宁愿死去也比作奴隶好。基于固有意志的战士愈是将要现实他的理想时,他的热情便愈益有飞跃的可能。但是如果战争意志离事实愈远时,他的热烈冲动便愈是降低为虚伪浪漫的感情。

今日战争的意义好像改变了,已经不是信仰的战争,而是利害的战争,不是真正文化共同体的战争,而是国家领土的战争,不只军人的战争,而是机械的技术战争,并且都对非武装的人口加以敌对。好像在将来的战争上人的价值便不再见了。现代的战争不能有任何伟大的历史决断性,例如过去希腊人对波斯人的胜利,其结果建立了西方人格性的存在基础,直到我们的现在;又如罗马人战胜克尔塔哥人(Carthaginians),也同样的保证了人格性。假如一次战争的结果并不能改变什么,而只有破坏,所仅有的结果是与被征服者没有本质上什么差异的一群人得了将来的莫大利益,这样的战争缺少鼓舞信仰的生存力量,也缺乏用战争决定运命的价值。因为生命的冒险本身没有什么价值,过去的世界大战(第一次世界大战)兵士都很团结的作生死斗争,那是一个团体的持久战,每一个人冒着危险,甘受一切的牺牲。在不能计算的长久危险与难以预测的偶然中,坚持力要求精神贯注与决断力的开展。在这种状况中男性便创造一种历史上无与伦比的静寂英雄主义。但是就算这样的男子汉如果强迫去参加战争,他便要放弃他的责任心的,而要叫出不要再战的呼声。

但是无论怎样说,要想欧洲各国停止了互相间的战争是没保证的。由于许多人努力于和平,也须有实现的可能性,因为武器的技术发达,现出欧洲战争的危机,假如各国再冲突起来,胜利的攻击者也要被损害的。但是事实上依然有新战争的可能性,(一九三九年已经开始了,整个的世界,地球上的人类都直接或间接的参加这次名付其实的世界大战!)并且比过去历史上所已有过的战争都要更可怕,将要把现代的欧洲人结果了。若是战争的理由把经济的与条约的束缚除去,恐怕人类有一种模糊与盲目的作战意志;有一种改变的冲动,从陈腐与固定的状态脱离而追求迫急,再显明一点说,简直是虚无思想及自我否定的心理使我们趋向死的意志,为了形成新世界而欠分明的热情。也或者有一种浪漫的骑士好战欲,这也须是自我肯定的冲动固意表示一种不屈不挠的精神,在感觉生命不值得活的时候，于其被动的死亡，无宁自由的选择杀身。这样的感情可以有一时的沉寂，但是当着战争实况的记忆渐渐淡下去的时候，于是战争欲又与时俱进的活泼起来。假如人类有根本难以克服的罪恶，那末真正领袖的课题应该不仅是采取和平主义式的办法，同时要努力消除战争的根本原因，至少是暂时与和平时代可能性的机会。领袖也不能为了避免战争而不惜一切牺牲，在某种状态下，任何人对于战争不能阻止的时候，他还要继续努力防止战争的恶劣结果，他只有努力充实战争在历史的重大决断上的内在的意义。他并且要证实只有从战争才能造出真正的运命，不然，一切要委之于罪恶与盲目的偶然一机会。

我们好像被迫着一样不能不承认两件事情：第一是对于永久和平的建立，与对于有历史意义的战争都看不出可能性来，第二，除此之外，人类依然处于生存秩序与权力的紧张冲突的状况中。人想避免的战争终于导入各国从事军备，说是为了自己保全，这种战争恐怖的恶劣循环论，是想用战争手段造成人类的协和，这种作法有下列两种可能的路：第一是有一个大一统的世界强力，把所有备有军备的国家统一起来，并且武装起来禁止其他国家的战争。第二是我们或者有一个整个毁灭的运命，重新有新的人类产生出来。想追求这个路的固然有盲目的无力之感，但是那些想不自欺的人们必定要准备这个可能性的实现。

还有战斗力的问题留给我们考虑。假如长期和平有到来的可能，那末没有肉体争斗准备的人是不行的。例如德国被迫只许有职业军队，而不准普遍的当兵义务，设若这种办法普遍之后，这对于和平是最大的危险，对于有历史价值的战争也是一种最大的可能的威胁。结果是集团放弃了战争，怕它发生了坏结果，怕有一天多数人要被少数职业兵士当成奴隶。人口的大多数不从事于军事训练是不能阻止战争的可能性的。就算是战争上的军事热心已经变淡了，而现代的精神状况在一种不得已的苦情热烈中，依然要求带起枪来的准备与志愿，因为没有它，其他一切善便要丢失的。在军事煽动的强制与混乱中，加之以想逃出现实的混乱冲动本能的状况下，而能依然保持着清晰的看法与坚决勇气的人是能发现战斗力应进行的方面，并且也能号召别人跟随他走，这是能担负将来的人类本质的创造者。无论在任何的情况下，不仅需要军人的勇气，同时他需要知识培养的责任感觉，在知识下有一种可能性而非必然的强力。

现代的状况虽然在和平时代，而赞战或反战的精神斗争是必然的活泼起来。然而由于人类运命的全体不可捉摸性，这种或此或彼的交替并不是强制的，除非全面的和平有一最高权威的权力加以保证，并且必得这个权威能被接受为前题。实际国难问题是两方面都有难言之隐。煽动战争意志的军事展览会告诉人民，在瓦斯攻击下人也能不至于死，饥饿也不至致人于死地等，同时和平主义的论证是把奴隶化的含义表白清楚，无论如何总采取不抵抗的原则。但是战斗主义者与和平主义者都对战争所以爆发的恶劣根源毫不加以思索的隐藏起来。这就是有些人认为自己的生命没有问题的比其他的人重要，并且认为生命是世界上唯一真实的东西；他们不能不违背了自己而能设身处地的为别人着想；他们有要求保证的恐怖，唯一的方法是有一个超过别人的强力；他们要求权力，对于自己与他人都不诚实，因此生活变为没有希望的混乱，由于盲目的保持着错觉的意见，被无端的感情指导着。老实的说吧，我们的人性本来不是现实的，只有在某种条件下才存在，但是当着这些条件不存在的时候，人类自私的蛮性又发作起来，为了保存自己的生活，不惜对他人作任何的牺牲。个人与个人间有时发生这样可怕的自我曝露假面的瞬间，同样的国家间互相有时也是这种样子。

将来的世界关于军事行动的战斗力可能的消灭到看不见的地步。因为国家间互相的关系或纠纷，解决的时候不取支配的形式，又不用显著军事手段，而能有一种统治的权力存在。表面上国家间的统治权是真正互相依赖的。在今日世界支配的获得与实施是否与以前有什么不同的样子还是个问题。那些日常发生的事情对于历史是没有什么关系的。但是在某一点上或有人依然支持着在全体上胜利的强力使用的可能性。

在这种状况下，一个人关于全体意志有了认识，当战争的时候，在历史的重大关键中（这就是说为了真正人类存在的长成），他不是参加协力，就是不作一点政治的斗争。在结果上没有历史的意义而仅有破坏作用的周边上的斗争，与有全体意志的尊严战争是相反的。一个生命冒险的绝对性仅有一个可能的保证，就是人类生存有了问题的时候，换句话说，就是真正的历史运命发生了问题的时候，至于那为了国家领土及经济团体的利益所发生的战争是没有什么赌生命的意义的。

现实尚且有其他的要求，超过了一个状况的扩大视线之上，全体是什么呢？依然是不能了解的问题。在今日我们很难可能的去相信释勒白尔（Schiller）与黑格儿（Hegel）所信仰的以为世界史就是世界审判。失败的现实与成功的现实都是同样的现实。谁也不知那一种有超越者的优越。

政治活动的各种方法及其权力范围——政治活动的各种方法在于使用强力训练意志把集团统一起来。但是在集团的装置中，每一个出类拔萃的意志有一个特殊的不能捉摸性。由于领袖与集团间的冲突，每一方面时时刻刻的想要用有效的动作使对方软弱下去。我们时代政治史的中心问题便是人类集团是不是能民主主义化呢？是不是一般人的平均本性使他能做国家公民而接受他自己份内的责任，与所有其他人同等的了解他是在做什么呢？并且他的日常生活有一部分在决定根本政治问题上有他的作用。这是没有问题的在今日大多数的选举人并没有把他们的选举认为有坚固的知识作确信的基础，他们不过是被不能实证的幻想与不诚实的允诺所影响；选举的结果大部分操纵在没有定居的少数者，官吏，或偶然得到重要地位的个人手中。集团只会跟看大多数才能作决断。想作支配者唯一的方法是获得多数人拥护的斗争，用尽宣传，暗示，欺瞒，计算私人利益的行为等所有的方法。

一个真正的领袖，他所以能领导因为他的生活有连续性，并且因为他能作可以信托的决断，只要环境成熟的时候他就有领导的机会。在今日最切迫的问题是：领袖用什么诉之于集团呢？什么样的本能要刺激起来？什么种类的才能应该有发展的好机会呢？什么样的性格应被排击？要做政治家的人必得使集团的意欲与他自己的作为合而为一。集团也说不定是少数者。在今日领袖能得到集团的信任到了使他们可以独立行动的程度是不多见的。我们时代的领袖者们惯于被人不信任，于是他们只有在监视的条件下才能活动，他们是状况的指数，又或者他们便是集团瞬间意欲的指数，当着意志任意变化的时候他们便失去领袖的资格；或者他们的真正性格一时不被了解，这样的状况下，他们不过是暂时能沉醉集团的煽动家，又或者不顾赞成与否，用事实的军队强力支配其他所有的人，放在与少数者共同利害的关系中。

到了指导方法成了这种样子，在集团秩序绝对化的时代与技术及经济支配的时代，把国家放置在消灭领袖精神的根本理念的潮流管理之下。所以在某种情况下，国家与一种企业一样，精神生活所关的一切都完全陷于混乱状态，仅只变成带有权力的集团合理生活秩序的统一，如果没有权力的时候，世界上没有能存在的事物。于是由于国家意识的趋于没落，国家权力的实体取一种偶然决断的形式，并且运用强力作无目的更变。另外的例，有对于国家意识的没落采用一种反动的办法，于是国家意志变为统一，权威，服从等独裁的复兴，于是因为对于国家意识狂妄化的结果，人类自由便丢失了，并且除了狡猾的野蛮性之外再没有什么了。从这两种变化所产生的结果,所谓领袖风度不过是强力的行使,我们不能正当的认为这是真正人性的最高水准。

于是所有人的政治的运命像是成为无运命性的样子。因为运命之所以能存在由于自我存在抓住生命,由自我的活动推转生命,将生命实现出来,并且自我敢作敢为,政治活动所能影响的范围在现在看来不过是人性的本质是世界史决定了的领域。但是精神状况提出每一个可能的自我存在,以实际已经产生的知识为基础,要求着得一种什么是可能作的知识。

实际行动所影响的范围,像欧洲各国间的斗争,不是一种直接的单纯性。经过个人许多年的经验与研究,仅只一个无限错综世界中的一种磨擦才可以能得一部份的了解,并且在不分明的斗争战争,战斗者也不能完全了解真正斗争的意识,因为缺乏专门知识,在这样的世界中,行动没有别的,所有的是愚钝与无力。没有别的,仅有关于一个状况能完全明了,状况是永久改变的,并且在行动的制压下它自身是再生的,这样才能使行动有目的,有效力。

在结论上我们看出当着没有人能继续的长期间的活动,就算最强有力的政治家从一时的群众意志引导出他的权威性来,但是到了群众不见的时候,他便丧失了他的权威,他必得注意他的行动结果对于选举人合适,以此决定他的路线,他是要负责任的,不是对他的上帝,而是对看不见摸不到的集团。他不能不考虑与他处于同样状况下的其他有强者。所以政治活动所影响的范围是表现在行动方法而界限是没有规定的。凡尔赛的和平会议是全世界普遍化状态的征兆。由于交通,贸易的机械化与新闻机关的机构,除了德国以外,全世界都出席在这个会议席上。从舆论的力量生出磨擦的喧哗,偶然与谈判者的巧妙结合一起,加之以困惫个人的各种应酬,会议所得到的结果与几个领导人所希望相差不可道里计,所得到的结果是这样,如果不这样作的时候，便有完全崩灭的征兆，卫尔逊总统愿意由此创造一个新的世界秩序，但是遭到决定的失败。因为他没有谈判的才能，而只能固执抽象的原理，他所造成的状态得了一个诨号是“理想主义的包办者”(Kamschin Idealismus)。

二　教育

教育的意义——人不仅是由于生物学的遗传，至且还有较生物遗传更多的“传统”(Tradition)影响。教育是每一个人反复的过程。经过个人所生长的事实历史世界，同时加上父母及学校有计划的教育，更有社会生活各种制度所发生的影响，最后他所见所闻及经验的一切都对于人有作用，由他的自我固有的活动总括起所有的后天收获而加以蒸馏，便是他的教养，变成了他的第二天性。

教养由他的固有存在出发使个人对于全体有所认识。他不仅停留在一个特殊的地方，他要到世界上来，于是纵然他的生活在狭隘的环境中过渡，依然与一切生活有了接触。一个人对于与他自己的现实统一起来的世界多所了解并且丰富的接触，愈能显出自己的决断的存在来。

到了全体的现实没有疑问的显现出来的时候，教育便带有一种固定的形式而俱有自明的价值。教育所指的真正意义是把每一个新世代的人被吸收精神全体中，用教养作为经验，工作，与行动的基础。教育家的人格行为几乎是自身意识不到的。教育者的事业是没有实验的；他流在正在创作的人类之流中，这一个流按规则的有着正规与继续的方向。

但是当着全体的本体有了问题并濒于解体状态的时候，教育同样的也变为不确实并支离破灭的状态。教育不再引导儿童接触无所不包的全体的伟大性，只是传达粗疏而杂多的结果。无落着的感觉支配了整个的世界。人们都感觉陷于深渊中似的,他们以为在下一代一切事情都要改变了。他们知教育是未来人类生存的决定者,并且教育的没落就等于人类的没落,但是在担当责任的成熟者,把历史上传承的本体破坏之后,教育自然是要没落的。因为对本体的关心,在本体绝对的丧失之后,于是生出一种危险意识来。在这样的环境下,有人只向回头看,对他的儿童施以绝对性的教养,而这个绝对他自己却已不承认了。有人更要弃绝历史传统,并且认为教育的运用与时间没有任何关系,教育所包含的只是技术能力的训练,实际知识的获得,及关于现在世界的要领,使儿童得一地位。每一个人都知道凡是创作儿童的便是创作未来的(Jeder Weirs, dass, wer die Jugend gewinut, die Zulsunft hat.)。

我们时代关于教育的不安征兆是紧张教育学的努力而缺少任何统一的教育理想,关于教育的新书无量数的出版,而所研究的不出教授法等等问题的促进。现在各个人教师的自我牺牲人格是以前所未见的,但是因为他担当不起全体的责任,实际上他还是无力似的,再进一步看,我们时代的状况特征是本体教育的解体,只从事于作设有边际的教育实验,支离破灭的结果只有琐碎的可能性,人们为他们自身所要求的自类自由变为在无的空虚自由中一种样子。一种尝试很快的过去又变为另外一种样子,教育的内容,目的,与方法都是时常改变的。这一个时代对于教育成了不信赖自己自身的状态,好像在教育上有些什么是能无中生有似的。

青年人演了一个值得大书特书的角色。以全体精神为基础的教育是有实体的,青年人是未成熟的。青年人有富于崇拜,服从,信靠的性质,对于青年自身不要求什么妥当性;因为青年不过是对于未来的准备,有一种可能的职能存在。但是到了事物解体的时候,青年得了自己自身的价值。我们毫无忌惮的想起青年身上得回在世界上已经失去的东西。于是青年不能不感觉自己是根源的基础。我们的儿童已经被允许在校则上有容喙的余地。这好像是教师所没有的而儿童能为他们自己创造似的,对于青年要求这样大的责任。正好像下一代人要担负过去历史的国债一样,精神产物的浪费结果也要下一代人重新为他们自己造获。这样对于青年谬误的重视是由于忽略了人的长成要经过连续的数十寒暑才有可能,并且一步一步的严格领导着才能导入正规。

这样教育的结果,在琐碎事与偶然事的交错中,成人还没有在世界上踏上成功之路便被遗弃了,成人也知道这样大的事实,于是发生了像时代特征似的要求着成人教育。以前对于成年人仅有一个广范围的知识传达问题;唯一的问题是一般化的可能性。今日的切迫问题是从现代生活的基础中,不是从古代的教养,如何建立民族教化者,劳动者,薪俸生活者,及农民的团体生活。人就算在孤独中,不仅分别的对于现实的事理加以辨认,并且更超越了职业与党派的关系,而属于一个团体,这个团体把人集合在一起,于是众人集合而再成为民族。在这种意义下关于成人教育是否行得通无论有什么问题,但是我们不能忽略这种事业的极端严重性。假如传统的理念在时代的现实中飞散之后,那恐怕是想超过现代状况的企图是不易得的要求。但是这种仅只的努力便是人类威严残存的遗物。假如在国家或民族中人人不再感觉自明的相属关系(或者国家与民族渐成为破碎的存在),假如在不能容赦的解体过程中一切事物都潜伏在集团上,那末我们就不能作乌托邦式的浪漫想法,以为能长成一个新的民族出来。无论如何,追求是有保存的权利,于是同时除了友人中的同志关系外再没有别的了,有少数人具有一种意欲,专喜与有创造性的别种思想路线的人接触。所以成人教育运动在今日的意义下并不是现实的,而是一种要求,同时也是时代教养崩坏中,缺少教养者的孤独征候。

国家与教育——国家因为它的权力关系成为集团秩扩大形式的保证人。集团自身并不知道他们需要什么,集团的要求是关于平均的事物，而能用粗疏平板的口气表现出来的。到了集团的要求决定教育性质的时候，结果不外是如次的现象，人所愿意学的是实际的能应用在生活的东西：他们愿意与生活保持紧密接触的事物，并且在这样关系下的生活不外是使生活的轻松安适，大都市的交通秩序也不是例外；他们愿意培养个性，所谓个性的意思，一方面是功利的（他们误称为“有效率”），另一方面便是有才干，这种意义所指示的是对于每个人的每种倾向及任何喜为的嗜好都要顺从的，他们美其名曰“听其自然”，他们把理想的目的认为迂而可笑，因为这样要求便用生活的距离与阶段把单纯的功利性代替了；他们所要求的个性是能共同生活而没磨擦，他们拒绝根本自己负责任的可能性。

国家能进行一切人永续教育的存在，关系于国家的是青年教育。从教育所造就出来的人能担负国家的责任。

在今日对于国家有两种极端不同的可能性：

第一种可能是任教育自由发展，也可以让集团要求走他自己的方向，并且与集团斗争而建立贵族的教育制度。在这样的情况下，国家对于教职的人事行政上是不统一的，互相交替的支配，于是有势力的党派便分得了主要的教育地位。许多课程方案与教育实验在完全散漫的状态中也能容受，只有一件事我们必需考虑的是没有一个有权力的政治团体支持，任何事情是建立不起来的。到处是一个校长的人格能形成一个学校，假如他对于教师有选择的自由，但是从全体的观点看来，教员无论是六人或七人，他们并不互相了解的，只是着力于机械的课程，在学校中没有真正的团体精神存在，用以领导学校的只是一种空虚的口头禅，例如国民的，世界观的，或社会的热情。由于互相干涉的结果继续性简直是不可能的。一切都是唐突的，不绝的变化着。儿童得不到永远忘记不了的那种影响性格的诚恳，伟大，及高贵的印象。对于青年人最大的要求是事实的认识，于是未成熟的心理无理的紧张起来，而对于儿童的本质毫无影响或了解。因为缺少绝对客观性为信仰的基础，这种客观性对于个性有无的主观性时常作有力的反对。发展个性比培养好的功夫下得多，并且教师没有得到他所想得到的结果，这就是“性格的形成”。儿童被拉到这儿或那儿，所得到的是传统的断片，但是不能进入一个能安身立命的世界。

第二国家为适应自身的目的，能用和平但是强制的办法支配教育。于是我们得了一个统一的教育，但是失去了精神的自由。学生被训练成为一定的感觉及评价的路向，根本的志操是由宗教的独断及知识形成的。无论是布尔斯维克或法西斯蒂党所作的都是属于这一类，并且我们知道美利坚合众的自由也是日趋于没落，他们虽然在细节的许多点上不同，但是有一个共同点，就是人类都趋于类型化了。

集团理解了用国家的强制力所形成的划一性及没有目的的杂多性。假如教育再度的变成它曾经有过的黄金时代，换句话说，就是经过历史的连续，使人类发展到有完全自我存在的可能性时，必需以学习与实践的必要严格为基础的信仰，因为这样才有精神的价值。

对于这件事没有一个简单药方的。国家的权力不能创造任何事物，只会保护或破坏，所有的处方笺是人思考着将来并且对全体有意识时候，最高要求的精神状况。教育如果想发挥自身的本来面目，必得不要集团的评价，必得要分别说教与纪律的不同，要分别各人都能理解的及少数有教养人经过内心训练才能获得的不同。

三　全体的不可把握性

假如全体被认为整个世界的现实，那末所有人类的总体状态的理念或看作普遍利害的有限制的人类集团理念便都有其妥当性了。这种普遍利害显现出来是根本上有不同质的各种形态；就是乌托邦式的坚固的世界组织,在永远和平的状态下,供给集团生活的基本需要;——或者认为国家存在的自身是一种形而上学的,任何其余的都为国家服务;——或者看作心术的,对于现在实际发生作用的强制力在改变世界运动的理念都加以普遍的赞扬,而对于将来的趋向毫不致意,因为运动的趋向只有在不能豫测的将来显露出来;——或者看国家及社会机构有限制自己的心术,于是个人在多样的发展中要求人权的不可侵犯,及人类自我存在的空隙;——或被看作国家民族的历史生活的形态。

在精神的领域中以上各种形态是互相冲突的,同时它又是行动的预定的不清楚的动机。因为其中的每一种在要求抽象普遍的妥当性都是一样错误的。无宁说政治的行动都是在看不透的全体中永远是一种具体历史状况的产物;每一个人,每一个团体,每一个国家都存在于一个特殊的地方,并不是放之天下而皆准的;无论发生的什么事态都有它自身的特殊可能性,并非整个人类都是一样的。政治的行动是全体希望与决断的现实,但是最终政治的行动还是一种从属性,那是依然不能把握的,无论这个不能把握性是总体的现实或是超越的存在。

但是在今日国家及各国间的斗争战线非常不清晰,所以政治的行动感到意外的困难。

例如今日关于民族全体性的政治活动虽然有了问题,但是还没有克服这个阶段。整个世界都流行着国民统一运动,排外的性质是从来未曾有过的,但是所谓国民运动的含义不过是向一个水准化类型同化的共同语言。国民在强制不自由的自己意识中是失去了真正国民或民族的意义。事情恰恰相反,许多人反对把国民性看作与他们无关的谬误的利害战线,坚执着把有血统关系的集团做成有历史运命束缚性的联合。

国民主义的民族与不定的集团的民族一样,都为了生存的基本需要而压制了自我存在,而自我存在根本上与作国民不清楚的基础有关系。没有一个人再能清晰的想他自己参与在斗战线。一个人真正愿意参与人类运命的活动,必得有一个更深刻的根据作基础。一个人自己存在的历史连续性是以血统关联为基础的精神传统,对此无论如何探究,讨论,但它绝不是单纯目前的东西;在历史性中,自由的继承并且同化的时候,开始变成自己存在的权力。现代人陷于一种可怕的状态中,他对于他的具有现代客观性与显现自身要求的自己民族没有信心,他只想发掘固有的历史连续性到表面上来,也或者他要坠入不可测的深渊中。

运命是不能照着一个理想而强求的。运命显现在具体的历史状况中。历史的所与是法国革命以来人类想他们自己可以完全不顾的现实。这正好像是一个人自己正在坐着的树枝,以为从意识中就能造作出来似的。我们尝幻想我们自己只要能作有计划的处理,就能使我们抓住我们的全体生活。但是由此有两个交替的危机可以发生:第一是为了企图着组成正当的全体生活而威胁了生存;第二是把我们自己放在熟知的存在强制中,而甘于忍受,于是生出其他的危险。所有对于历史想破坏或中断的一切企图都是失败的,原因是历史对于它自己继续性的再加肯定,出于一种新的形式,这对于我们的精神安定性是值得庆幸的。在世界史上了解现在的瞬间是政治机构的职务,而要从具体的状况出发。

一个国家为了利己打算的政治与其他国家,按照状态的变化,任意的能做成同盟国家或敌对国家。国家与精神上或历史上最接近的国家往往更疏远,而对于遥远的国家结成同盟,例如英国如果与美国战争起来的时候,她便毫不犹豫的与日本结成同盟。英国与法国把印度与黑人军队进驻莱茵河,德国得了回复自由的好机会,便绝不拒绝与俄国结为同盟国。

被全体的历史意识所支配的政治是不顾这一切的,超越了今日所有各个国家,不管欧洲的本质与亚洲的本质如何不同,也不管欧洲的自由思想与俄国的狂信如何不同,他们根本不承认这些对立的存在。他们所不忘记的是德国的本质与英国及罗马的本质很深的人类的及精神的结合;但是屡次警人的战栗却不断的袭来。

将来的战线是成怎样的状况呢?简直是想像不出来的。或者更适当一点的说,所有想像的办法是虚妄的。因为实际的战线在任何时刻并不符合于为了将来的人类生存而战的根本意义。

全体是不能结合的一种冲突。全体对于我们并不是一个对象,但是在不定的水平线上,人类的习性是自己依赖的生存,并且他们的创造是可以看得到的形成物,在感受的东西上而有赞美超越感觉者的地方——于是一切再没入虚空的深渊中。

人类的自由所仅能忍受的并且他们存在的经验进行着无限的扩张,这个紧张是永远不能消除的。独裁制与无运命的集团扶助是同样的引导着建立一种机械制度,在这儿便失丢人之所为人的本质。唯一的整个解决形式是我们希望太平的憧憬。但是我们真正应该希求的,如果有可能的时候,是我们求之不得一种解决方法。所谓倾尽全力而不容完结的事情是政治方面的问题。

在教育方面的问题与政治领域上的问题是一样的。教育依存于精神世界包括的根源的生命。教育不能从它自身推演出来,教育显现在人的态度上,但是有时对于生存在保护及国家的现实用人的意识为之安置,于是把创造的精神劳作同化后而自己飞跃起来,我们时代的精神运命必得决定这样教育的价值,而且还有可能。

假如在国家与教育中精神萎缩下去,在历史的连续上基于绝对的决断意志也缺少了,并且如果二者都无望的在合理计划与强力的无理行使中混乱下去,那末基于包括全体的活动是消失了呢?还是要暂时沉默呢?但是活动给人一种把握与意义的意识,这样便对于不能完成的与不能解决的问题,能一时的在存续世界组织中,两者的存在都可以显现出来。

从国家与教育向精神的,人类存在的,超越者的飞跃不是向实际上已经存在于世界中的现实,而是趋向于一种另外的现实,本质是实际的表现所完全依靠的一种更高的水准。这一种现实在紧要的时候要决定一切事物的方向,其他都是一种从属的关系。

哲学与社会科学[①]

杜威 著

我的题目是从社会的观点对于哲学当做一种科学研究的请求与机会。普通不把哲学认为社会研究中的一个部门,现在把哲学放在社会科学的范围内,我只有钦佩这种学问上的雅量,并且认为这是很聪明的一种做法。由我看来,传统上把哲学与社会科学互相隔离,二者都有不便,哲学失掉了生机与实际,社会科学也丢掉高瞻远瞩的眼光。我指这种隔离是一种传统的见解,但是有一时期哲学与社会科学在我们称为"道德"(morals)[②]的问题上,二者遇在一块,这里所谓道德不仅指道德问题的伦理学,而是包含着整个人文界。无论如何,我是站在把哲学放在社会科学范围内的立场上讨论这个问题。

从社会科学的观点看哲学有许多复杂问题。哲学与社会科学的关系,最显明的便是社会与政治哲学[③]。因为在这一点上,社会科学与哲学很显著的互相交错着。当我们超过了社会现象的叙述,而企图着对于社会现象做一种评价,在结论的基础上叙述目的与理想的时候,那末就是从严格的科学园地而进入哲学问题的时候——例如事实与理想的关系,价值的性质,价值判断的标准等等。但是或者正因为这一方面的讨论比较着明显,所以用一种间接的方法接近这个问题可以更有效,我们从来面上看着与社会现象遥远的哲学问题出发,用这种迂曲间接的方式讨论这个题目,我要论及三件事:就是哲学的思想史,论理学,及时常称为形而上学的哲学中更普遍的方面。

(一)

从哲学史方面开始这种讨论或者容易好像含混似的。但是由一个观点看来,我们很难否认哲学是历史上的人类史的一支,并且它供给人类发展史学家最有普遍意味的材料。从这种观点看哲学,哲学正如宗教,艺术,政治制度等现象一样,乃是一般文化史的一部份,而不是孤立的题材。甚至于在狭义与专门的意思讲,也没有人能否认哲学乃是渐渐以人类学家的专属领域为背境而脱化出来的,同时哲学的整个历程与宗教的,科学的,政治的运动交互作用,而成为一般史学家的研究对象,不过从另一方面看,现有的哲学史没有写得从这一点看适当的程度。他们把思想史弄成一种闭关自守的状态,把特殊问题与结论的起源与演化,独立的探索,而不与其他部门的文化有任何的联系。这种办法对治哲学的学生作为一部份的预备确实是一种实际的需要,特别当着这个学生志在作哲学教师的时候。不过这种观点纵然是合理的。依然只是一部分的理由,哲学需要在文化运动上与多方面取得联系而得着补充。如果哲学家以为他们的思想是远离时事而为小书斋中的产物,简直是太短见得至于错误了。因为哲学家就算在他的小书斋或研究室中,他的材料与问题依然是从围绕着他的当时生活中抽出来的。自然是有许多哲学文献的继续堆积,并且这种文献的传统供给材料给哲学者,同时哲学者必得要把他工作上的这种工具领受过来。但是这种材料不是由于对哲学的思考产生的,而是由于对经验的思考,并且是由于社会生活色彩的经验出发的。不然,哲学就失去所以为哲学了,而成为学究的研究,甚至于成为语言学的一部门了。

由以上所说可以得一结论，哲学思想史从它与其他人类文化的运动与样式的关联看来，如对于宗教的，科学的，政治的，经济的，艺术的各方面关联，哲学史便成了社会研究的一个园地。哲学史家必得要先成为史学家，而不仅是一个哲学史家。当着哲学家把他的材料孤立起来的时候，他不了解他所研究的意义所在。任何样式的思想，纵然在表面上是如何的抽象，只要在哲学史占一页的时候，这种思想必定拥有观众，并且除非史学家对于这些观众的性格及这种思想所以应他们的要求有一些认识，那末他是不能了解这种思想方式的意思，并且说一个哲学家必定在他同时的观众得到一种反应，就是说他必定多少要反应他的时代的紧要要求。就算在考量一种哲学性质的时候，我们也不能忘记从生物学的观点看来，人类的行为是对于环境的反应，现在所讨论的是对于社会环境的一种思考的反应。我们对于无论外表的或思考的行为是不能了解的，除非我们了解了这种行为发生的环境，并且行为乃是对于环境的反应④。

说到这里有一个问题发生：哲学所专门研究的特有材料是什么呢？我不想在这里为找一答案而多废时间，干脆的说，哲学思想的直接题材就是一般人公认的“信仰”，特别是传统的信仰，而这种传统的信仰与制度生活交织表现为各种形式。同时我们要知道哲学与科学之间不能划一个判然明了的界线，不过一个思想家只从事于现象“直接”的研究，他是一个科学家，而一个思想家关心到智慧的态度与观念，从根本上着眼，注意那些关于现象而产生的智慧，他是一个哲学家，科学家只是直接的研究星辰或政治制度，而哲学家的兴趣，却是从关于星辰，天体或地球发生出来的信仰，这种信仰对于人生的各方面都发生了作用；或者是对于支持制度的信仰及所以某种制度被卫护的理由。不过这种界线也不是判然分明的，当着科学家从现象的直接研究得到他的结果时，并不能逃脱那形成他的心理与兴趣的传统信仰与看法的影响，以及他的注意力与解释的方式；同时哲学家也需要一些自身的直接观察,直接经验,由这种直接观察或直接经验而对于流行的信仰说出肯定或否定的道理来,但是思想的方向与着重点,科学与哲学是很不相同的,所以我们分为两种思想的样式,因此我们可以说哲学的任务是“信仰的批评”(criticism of helief);就是社会上一般人公认的信仰而在文化上有左右力量的。对于信仰加以批评探讨的方法使一个人成为哲学家,但是他所处理的题材并不是他自己的。信仰自身是社会的产物,社会的事实,社会的力量。

就由于这个基本的事实,所以哲学史成为社会研究的一个问题;并且在现在是一个有效果而重要的问题,正因为在这一方面作过的工作太少。我们用不着多说哲学史的写作还是很幼稚,哲学史只注意一套特殊的问题,与其他文化部门隔绝而形成专门的领域,这样的著作很多,而且时常有佳著。但是把思想史看为对于各时代与人类文化各方面有影响的信仰的智慧的反应者却很少。这种情况的原因并不能完全责备思想史家,直到最近在这种方法上所必需的材料还缺乏,科学史上的重要领域还是太不能使人满意,把思想史作为社会的研究对象有赖于其他社会领域的史学家供给材料,但是直到现在这种材料并不现成的在手头。不过我相信目前这种情况变化了,至少从现在可以作一个起头。这种可能性决定了我的第一个提议的性质——哲学史是社会科学上可以做科学研究的一个真正的对象。

以上所说只是一种粗疏与一般的口吻,好像更应当把哲学史所以能做社会科学研究的对象,更确切明了的说出来。在这一个问题上,材料丰富得使我们几乎无所措手足。哲学史上的大小问题都需要社会观点的研究,例如人类学家,考古学家与史学家在过去一百年间对于早期希腊生活发见了大量的材料及其与原始甚至于野蛮阶段文化的关联。有一些著作家如柯夫德(Cornford),麦瑞(Murray),哈蕊荪(Jane Harrison)以及其他人利用这些材料而对于希腊思想有所了解;他们预备了这些材料的形式正好供哲学上专有问题与应用的研究，不过传统上哲学的孤立政策并不就此轻易放弃，我恐怕有许多哲学家认为把希腊的哲学文献与人类学的材料弄得关系太密，便失掉了哲学的纯粹性。

在思想史上简直用不着特别指出某一时代需要社会的研究，做为例证说，譬如希腊时代与经院时代便是最好的代表。因为这两个时代在哲学的发展上表现最清楚，特别是后者是显明的一种生活方式，与他们时代的主要倾向结合着，许多哲学史时常不好意思把同一时代的宗教运动在哲学发展史给与适当的注意，虽然二者的密切关系是不能否认的，例如在希腊罗马时代，我们的研究方法是把新柏拉图派，斯多亚派，珀纯斯地派等分别的讲，学者忘掉所以产生它们的共同来源，结果是麦瑞（Gilbert Murray）所著《希腊宗教的四个阶段》（Four Stages of Greek Religion）中《精神的衰微》（The Failure of Nerve）一篇，对于当时知慧活动的实际的性格，比一些标准哲学著作讲述得还要清楚。关于这一个时代的哲学史，除非把当时的各方面的活动放在一块研究的时候，简直是不能忠实的写出来的；这种联合的可能性只有把它们与各种社会的倾向接合起来，这种社会倾向表现在神秘崇拜的复活，基督教会的诞生，看做行政与立法制度的罗马帝国的生长，教会与罗马帝国的关系，文艺研究的发展及在雅典与亚力山大的注经方法，以及其它等。

在天主教圈以外，曾经有一时期久被忽视的经院派，颇有复活的兴趣起来，对于天主教文献小范围的研究上，有许多有价值的著作已经做过，但是依然有好多没有做。从天主教的大范围看来，如天主教的思想皆自九世纪至十三世纪宗教的，政治的，艺术的，及经济的现象有如何的关系，简直可以说还没有开始。在教会的后期，经院派与亚里斯多德前期科学偶发的复兴（这一期运动的准备普通称文艺复兴）各自分离的发展着，对于这一时期的问题，其它部门上如文艺及史学的学者已经做过了一些工作，但是思想史家却做过的很少，就在这一个过渡期为吾们称为“现代”(Modern,音译就是所谓“摩登”)者奠定了基础。

(二)

从以上这些零散浮浅的解说,我进而讨论第二个论点,把论理学说放在社会研究的领域内,刚才所讲的那个题目思想史便供给我们一个过渡到这个论点的桥梁。在逻辑上亚里斯多德的传统影响最大,这一个传统使康特(Kant)以至于十八世纪后半叶认为亚里斯多德的论理学是固步自封与完成了的系统,这大概是忽视了逻辑学说史的研究才产生的结果,十九世纪有种倾向,把逻辑吞并在心理学或非心理学的知识论中,对于逻辑学史依然不注意,所关心的是些逻辑学史上无关重要的方面。亚里斯多德的逻辑学诚然是逻辑学史上主要的权威,但是在逻辑思想的领域上也如道德学与形而上学的学说一样,依然有许多的变异,所以逻辑学史实在是还没有写的一章,甚至于是没有写的许多卷。虽然没有任何的证明,但是我就可以大胆的说:把逻辑的发展看为探究与证明的方法,很可以与写作认识论史的动机与问题分别清楚。

亚里斯多德的逻辑学并不是现代意思的形式逻辑,而是对于他的形上学及更直接的他的宇宙论的一种思考。这种逻辑简直把宇宙看做固定了性质的一个系统,正如动物与植物的种类一样,把尤几理几何学的名称勉强应用,形成了一个封闭了的物理的及天文的宇宙观,并且各种性质的运动正相当于宇宙中各种性质的分类。亚里斯多德的逻辑学从历史的研究看来有许多的问题,这些问题的一方面,便是亚里斯多德的逻辑学如何从关于自然与人的物质的真理的工具,演变为辩论及争吵的形式的说法。这个问题的社会关系不难从教会史看出来,教会为了反对异教,所以在斗争的时候形成有证明的教权，并且由此供给神学教育上的一种工具。

这个问题另外一方面，便是发现当着有什么实在的发生出来，对于宇宙的旧概念解体，以及由亚里斯多德的三段论法，分类，及定义为基础的论理系统，所推演出来的物理的及天文的宇宙观，不再见重于世的时候；在这样的探究中，这是逻辑学的发展上极有意义的一个问题；因为天文学及物理学的新观念是不能发展的，除非研究及试验的新方法产生出来并且应用起来，这种新逻辑学隐藏在新科学的研究者的零散著作中，而并没有显现在逻辑学的论文上。由以上这个事实，更使我们知道哲学史是不能与其它社会变迁的历史分离的，同时也告诉我们，逻辑学史的材料根本要在科学观察，实验，及计算的记录中，超过于通常所认为的哲学书中。

有一个最能说明这个题目重要性的，便是笛卡尔（Descartes）的哲学，听过哲学讲义的人或读过哲学书的人，都知道在方法上笛卡尔式的规律，一切关于“我思故我在”（Cogito sum）及上帝在的本体论上的辩护，并且也须知道这些观念影响后来观念论的运动。偶然他可以知道笛卡尔也是促成解析几何的。假如他得到了一个观念，知道数学的概念在整个笛卡尔系统上占了中心的地位，他就算很幸运了，而不谈及新数学运动与当时科学问题的关联，以及新数学对于后来科学及哲学思想上的影响。不过这种关联（数学与科学以及哲学的关联——译者注）是有实效的逻辑学发展上不可缺少的一个因素，所谓有实效的逻辑学是与因袭的传统逻辑学不同。

在这里牵涉到逻辑学史不过是偶然的事情，仅只把这一题目与前一章所讲的有了关联（哲学史与逻辑学史的关联——译者注）。同时这样的考究逻辑学说是不能与科学研究的实际发展史分离的，我特别要提出来讲的是逻辑学自身对于社会现象的关系，在我的心中有一个意思急切要说的，可以用概括的形式讲出来，我认为一切社会科学在研究上，讨论上，及争执的混淆与不定，都在看做哲学一部门的现在逻辑学的状况中反应出来。这好像用不着多说,社会科学方法上的混淆与不定是“由于”逻辑学自身的混淆与不定而产生出来的。把这样的叙述反过来说,就是逻辑学要由实际的智慧作业上取得事实与观念。所以很可以说逻辑学说的一种原清的发展对于社会研究上的智慧的工具是一个极需要的帮助,所谓社会研究就是政治学,经济学,历史学,社会学,以及其它。

当我们讨论逻辑学与社会研究的关系时,好像就包含在社会科学的方法论中,不过我们把逻辑学在此所指的意思说明之后,便可以去掉一些误解。在这里逻辑学所指的意思,就是对于探究,试验及陈述的手术(operations)做一种系统的理知的叙述,使我们对于结论的发现得到一种可以接收的合理的根据,就是达到信仰。在公认的社会科学上,研究者对于他用在研究,解释与说明的学问工具上一定有兴趣。总而言之,社会科学家在研究的手术上必得要溶化这些工具,他不能对于逻辑学家在这一方面任何贡献漠不关心。举例说吧,讲到这里使我们想起约翰·士图·密勒(John Stuart Mill)来,他在逻辑学上的古典论著,就由于他对于社会研究与讨论的兴趣而产生出来的。当初他自己既不是一个自然科学的研究者,也不是起初就想做一个纯粹的逻辑家,开头他对于实际的社会改造有兴趣,于是他不得不对于政治,道德及经济的学说加一番研究,以后又迫着他对于处理社会现象的专门方法的性质问题不得不下一番考究,自然是社会科学与物理科学或数学比较起来,是处在一种落后的状态,所以他要在物理科学与数学的原理中求得教训与启示,因此他以后对于物理的研究方法问题有了兴趣,同样也是很自然的,他进而对于一般哲学加以分析与叙述,这种以感觉主义的与联想主义的心理学为根据的哲学是他从他父亲学来的——几乎完全是传他父亲的学说。由于以上所说的这两种原因对于他的整个系统是非常重要的事情,特别是他的论著第六卷,《社会科学的逻辑学》(论理学),不仅是他的整个系统的阐明，并且也告诉我们他的全部逻辑学的考究所以从事的理由。

我举这个例为的说明社会研究者(Social Students)所以对于逻辑学说有兴趣，就在于与他们的研究工作上的基础与出发点有关联。密勒的政治学，经济学及伦理学的著作在现在虽然没有早一时期的权威，但是这个事实并不妨碍我们提及他作为说明的价值，任何从事社会现象研究的社会学者，只要研究到深远的地步，便必得做一些像密勒一样的工作，纵然他的工作是片段而不完整的，不像密勒那样工作的完整而且显明，假如社会科学家在考虑他的研究与解释方法是否妥当时，必得要牵涉到逻辑学，那末逻辑学家同样的在他的逻辑问题，材料及假设上，要同样的包含着社会科学与物理科学，如果所说的不错，在逻辑学说我们发觉一个最发人深省的——简直是使人不安的——问题，就是处理物理材料的科学(普通所谓自然科学——译者注)与处理社会及历史材料的科学(就是人文科学或社会科学——译者注)好像有一种显然的差异。

这还是一个尚未解决的问题，假如我没有看错的话，一些社会科学的是否它们的题材能从根本附着在历史或历史的概念中抽象出来而加以处理，仍然还是一个争论的焦点。例如做为经济学与政治学的对象的根本性质，便是一个再重要没有的根本问题。因为有一些人认为旧日及古典经济学及政治学理论的最大的错误，便是它们的题材一定被认为能推成抽象的普遍公律，他们认为这种"公律"应该看做解释历史上某些特殊时代的推论，所以这种公律只有一种关系性，并且只有一时的妥当性。

我们还有另外的例证说明逻辑学家与社会科学家间互助的相互兴趣，这便是由于社会学与人类学的兴起而有的一种现象。当这两门学问初成形的时期，一般流行的物理科学的逻辑学都认为那些"公律"是现象联续上的规律而且是无条件规律的说明。这种看法分为两支:一方面取消了往日的说法，以为在现象背后有一个主动的力量,原动力,或官能,并且成为十七世纪以来纯粹科学的一部。另一方面,它代表对于一切物理科学的研究与发见所有最普遍的结论加以实证说明的努力。从人性的观点说,像孔德(Comte)与斯比赛(Spencer)等人不能避免的要接受当时流行的物理科学上的概念,当他们想把社会学的现象弄成科学的形式,自然以物理科学为先进科学的模范。他们也自然以为他们的任务要在社会现象中发见一种统则而不变的秩序。孔德的三阶段律便是这种产物;任何地方的一切事物,社会现象始于神学的阶段,经过形上学的阶段,而终于实证的阶段——后一个阶段就等于社会科学自身的可能性。至于斯比赛呢,便把这种意思用"演化"(Evolution)这一个普遍的公式表示出来,说明每一种社会现象必定经过的一定程序的形式。

对于人类学的文献没有专门认识的学者,时常发见一些有权威而且逐渐加多的一群人,反对把"演化"用在他们的材料上,由以上所说可以知道这种放弃与批评的真正意义。知名的人类学者莫尔根(Morgan)把这个意思表现为文化阶段一种有规律的历程,这个历程是地球上一切人种与社会集团都要经过的:这种单纯而有规律历程的阶段组成了"演化"。有一些民族比另外一些民族走得远一点,但是没有一个能取消演化阶段中的任何一个阶段。所以人类学所研究的一切材料,就在于把些材料安排在这种公认秩序的阶段中某一部份。比较语言学,比较宗教学,制度的政治学(institutional politics)及法律学,就算它们的产生不完全起于这个概念,但是已经受了这种看法的影响,从比较而引导科学的结果这种思想的可能只是因为有固定而有规律的阶段可寻。

逻辑研究上的一个有趣味的问题,就是发见学术方法上的背后的概念,人类学家反对用这些概念故为推理的格式,不过在指出这个逻辑问题的存在之外,我们关心的只是说明现在很普遍成为问题的"演化"的观念的来源——默默的以为科学所以能存在就在于普遍的社会现象中能发现出有规律的联续来，可以与物理现象的确实规律相比，曾经有一时否认这种联续的规律阶段的存在，就好像反认了任何社会科学上的一切可能性一样，虽然有一些人类学家对于“演化”观念施以严苛的批评，但是这个观念仍然暗暗的存在于神话，祀典与政治及法律制度的最知名的著作家中。

我希望就从这些简单的解释可以指出治逻辑学的学者要在社会科学上找现成的问题，材料与假设；并且他很可以希望他自己的逻辑研究对于社会科学家有一些贡献，我想在这里要特别提出社会哲学与政治哲学的任务——这一点在开始时被放过了——该是极应该的事情。哲学的工作在社会科学上不能与专门研究家效对，远超过于物理科学与生物科学之上，就科学的严格意义看来，假如一个哲学家企图着得一科学的结论，就是说不对事实的材料(factual data)做直接的研究，他的结果只是很容易的成为伪造的科学(psendo-science)。但是学术上根本概念的决定，以及学术上基本机构的建立，乃是另外一件事，这就是他——哲学家——要开心的，并且在这一点上他可以有有用的贡献，无论怎样社会现象就是显著的人类现象，并且所以是形成人之所以为人的最大的本源。以上所说不免好像是我个人的私见，不过从我看来，我不得不说最惹起哲学家注意的信仰问题，以及研究哲学的最大报酬，就是些社会科学，虽然盛行的物理科学及数理科学现在正在哲学上发生一种催眠术的影响。

(三)

以上所讲逻辑学与社会科学之间的联系，可以称为异种受精。指导的观念，统治的概念，原则，原理等在一切有组织的方法中，简直是不能对于逻辑学与一般哲学断然划分的。因为这些重要观念，在社会理论的范围内已经发生着作用，都是照例有意的或默认的从对于宇宙及人的一些深刻看法中产生出来的,这便是研究上很丰富的领域,就我所知道的,发掘这些在过去极左右特殊社会研究的观念有怎样哲学的来源者甚少,研究社会科学所以能成立的学理基础。哲学家好像不惯于从经济学,政治学,史学的著述,以及教育学理的发展中发掘他的观念如何形成的,至于社会科学家时常取得现成的流行观念,而不追问它们有怎样哲学的背境,以及它们——观念——怎样受到那种背境影响—或感受—的程度。

哲学的概念分散于社会科学中的领域对于问题的研究上有无数之多,仅就一方面讲就有无数的题目,其中之一与逻辑学有密切的联系。在亚里斯多德的传统与尤几理几何学方法的老式解释影响之下,认为够得上称为科学的东西都是最后的公准,或者不能推出来的,第一真理,永久而普遍的真实,并且这种真实由于直接合理的自明。这种概念所产生的结果,就是使社会思想家努力于演绎及半数学式的体系。这乃是一个重要的研究题目。更重要的是那些指导的观念如何成为永久而不移的真理,适用于一切时代与一切地方,当初只有一时的价值,做为改造努力的方向与刺激,处理当前的问题或推进当前的社会运动与政策。直到最近我们才了解所有这样的普遍观念及原则在逻辑学上只是一种“假设”,并且看做假设要在其他研究领域上被应用与被试验。

仅只发掘有用的假设转变为绝对不变的真理,并且追求出这种转变在法律,政治及经济上所产生的效果,不免是一种近于枯燥的抽象证明。但是假如把它用做线索,去发见各时代支配各种运动的特殊欲望与兴趣,那末这便促进为一些有价值的研究。例如我们刚才开始晓得整个英国经验主义的哲学发展为制度,政治及教会的批评方法,经验主义的哲学简直变为自由学派的口头禅,因为它起源于洛克(Locke)想用分析的方法攻击他要取消或改善而与制度有关联的“信仰”。所以功利学派惯于用一种个人主义的及反省的心理学,为经济学及政治学建立一种“科学的”基础。这个普遍运动的另一方面就是对于“自然”(nature)的概念,这个“自然”的概念开始发展与道德及政府的定律观念有关联,后来转化为权利的处理,功利主义者虽然对于“自然权利说”(nature rights theory)有所批评,但是他们认为每一个人都有根本的需要,就在这个基础之上建立了他们的整个经济活动的科学。用不着往远处讲,建立在纯粹本能为基础的现代人所从事的社会学说,就是这个观念的反响。还有一个供探究的旁支,就是“自然”概念与宗教的关联。它与“自然神教”(Deism)合流并且认为自然的这个理念与启示的宗教不同。

对于这种样子的研究,要时常涉及哲学的理论方面,就是通称为形上学的,我们现在略论形上学与社会科学的关联。

不过可惜我的意思为篇幅所限,很难在这样的话里表白清楚,但是背后的观念可以启示出来,我们设想各时代有一个普通哲学上最复杂的问题,也是逻辑学上的问题,这个问题就是“个体”与“普遍”;“分开”(the discrete)与“联续的”(the continuous);“直接的”(the immediate)与“关联的”(the relational)关系,治现代哲学的学者知道这个问题有一时期被忽略过去,甚至于被轻视的取消了这个问题,但是它依然哲学思想上中心而纷歧的焦点。这个问题由各种形式隐约的表现出来,如个性对集团,放任对法律,自由对权威等仍然是并且永久是社会及政治思想的中心问题,纵然没有明白的讲出来。就在这儿正是一个哲学上最形式并且好像抽象的一部份,正是哲学与各种社会科学共同有兴趣的问题焦点。

我并不想就讨论这个问题,不过我要唤起注意来,要知道哲学方法的最后基础与性质在这个问题上的关系。哲学起手时要注意的问题是宇宙般的大,还是显微镜下似的小?是粗大而复杂的,还是细小而原始的?在这种简单叙述中不能发挥多少意思,不过社会现象组成我所谓宇宙般的大问题,它们是人心所处理的现象中的大的,最大的，最广阔而且是最复杂的，人的心思在对付社会现象的问题时是它们的最直接，迫切而实际的形式。哲学是否从这样的对象出发？还是从事于数理，物理与生物科学特殊分析的结果？哲学自身的专门问题并非对于某些社会科学没有根本的关联。关于这个问题有一种答复，就是说社会现象包含着一些范畴，乃是特有而无双的，所以不能把社会现象化为物理的，生物的，或心理的科学的对象，社会科学方法上的根本问题，便是发见什么是显著的社会标志及范畴。另外有一种看法，就是让治社会科学者把一切社会现象用物理，生物或心理科学的名称讲出来，我不认这种迂曲的办法为是。

所讨论的这一点涉及哲学方法也是同样重要的事情，哲学思想上经验方法的整个地位与价值就包含在这一点上，普通称为“理性主义的”(rationalistic)这种方法就是认为由心思所发见的一种简单而根本性质的实在物或对象为“实体”(reals)，哲学必得要凭借这种“实体”而去了解并解释一切复杂及庞大的现象，在这种种关联中所提及的“理性主义”，并不限于普通把这个名称用在十七及十八世纪的思想运动，它也包含着现在的数理哲学，那种以“要素”(essences)为基础的学说，或者以“感觉材料”(sense-data)为根本的哲学运动，这一点也涉及传统的英国经验学派的价值，因为这一个学派认为经验一个社会秩序不是直接而庞大的现象，而用间接的简单统一元素，感觉，官能，观念等来解释，在这一点上“经验主义”(Empiricism)是完全同一的，我们只指示各派经验哲学的可能性是不容易了解的，不过除了字眼的玩弄之外，我们以为有一种哲学的企图是可能的，就是接收现象的庞大性；换句话说，就是社会交互影响的现象，把它们的本来面目看做真实的，并且认为心思可以接收事物性质的充分表现；并且在这种庞大的现象找出哲学所关心的另外一些问题形成与解决的线索。

从这种观点看来，一切学问的区别与分类都从直接而巨大社会形的经验出发,它们组成了为统治或指导那些普通而弥漫的现象,并且它们最后要放在直接复杂的现象中加以试验与证实,从这种观点看来,一切哲学谬误的根本来源,就是误认一时从复杂庞大景象中抽象出来的为永久而固定的隔离,不过这个意思在此不能多述。但是我们可以再重复一遍,经验方法的价值与合理所以高过于理性主义的(哲学上这两大派别几乎是各哲学部门都有,并且一切哲学的抵触由此出发)就是立脚于这个论点的坚决,再要说的,我们采取这种庞大的或社会的观点做为一个有效的哲学假设,就是设立一个全部哲学问题需要改订与重建的观点。

到此或者我可以最好下一结论,把哲学做为社会研究的一个探究的题目,不仅证明思想的大方,并且把哲学看做社会研究也包含学术的结果,这是我所最同意的。以上我所说的全部,在思想史,逻辑学说及一般哲学的标题下,实在是这种结果的一些说明。我相信哲学有些时期曾经有过直接而密切的社会联系:哲学不振的主要原因就是不去观察及说明这些联系,以及哲学系统的过分专门化,使得与常识远离,过分注重理知的训练讨论而放弃与生活的关联,也是同一个来源。过去几个世纪哲学与科学的脱离在现在是追悔的,并且实在是可以追悔的。不过我相信哲学与物理科学或生物科学的联合不是直接的,而用社会科学便可以直接与哲学放在一块,现在这个初步联合的企图放在我心里,而盼望着哲学兴趣与贡献的复兴。

大而普遍的假设常是使有效的特殊研究至于精密的先驱。晚近以来,原来的假设一方面是大加更订与放弃,另一方面与科学事实的体系加紧合作,把它们——大而普遍的假设——已经忽视了,甚至于用轻视的口吻说那是形而上学的妄论。不过我们要知道,特殊的并且最终证实的科学系统都是显明的在这些普遍观念上建立它们的基础。我们现在对于科学的看法与进展有十七世纪哲学思辨的根源。科学革命以来直到现在,又在等待新的学术的观点,自然的构造与作用的新概念,堆集特殊及细微的事实放在古旧的学理基构之上,必得要听从它——古旧的学理——所以形成的理论条件,这样只能建立起来那曾经被打破了的更牢靠的谬误的体系。清新而革命的观念不能避免的在开始时表现为极普遍而思辨的形式,直到观念被应用了,并不一定就有一堆事实把这观念净化或验证一下,并且从思辨的形式推演为事实的形式。我有一个得意的意思,就是以为我们现在正处于一种思想危机的时代,好像十七世纪的精神危机一样。在那一个时代的危机是关于物理自然的新观念的自由创造,形成了对于物质现象观察及解释的新方法。现在的危机是关于"人",关于造成各色各样社会现象的人类团体的性质与意义,如何创立新的假说或看法。三个世纪以前哲学对于物质研究尽过力,现在哲学正是为社会生活(Social life)尽力的机会。

原注:

(一)在我的心目中有一个例外,这就是包诺尔(Bonar)的著作:《哲学与经济学在历史上的几种关系》(Philosophy and Political Economy in Some of Their Historical Relations),这本书出版处有二:一为伦敦的 George Allen & Unwin, Ltd. 书店,一为纽约的 The Macmillan Co. 书店。

(二)德莱西(Delaisi)著《政治的神话与经济的现实》(Political Myths and Economic Realities 中文译本,王清彬译,商务印书馆,民国廿五年,中山文库)一书为好奇的哲学者供给了许多丰富的材料,用"神话"一词自然是一种过甚其词的话,但是我们正在用的一些词如"一般的观念,原理,第一真理"(general ideas, Principles first truth.)等都可以代替"神话"。如果不把它们——神话——的真正的作用只看做"假设",结果是正如本书有下列的话所说:"假如神话的存在只有用它的'功用'来证实,那末改变它是比较容易的事情,不过一旦它根深蒂固的成为至当不移的偶像,便把它神圣化了。"见四十三页。

(三)见作者的一文,名《社会的可以看做范畴》,载于一九二八年三月号的《一元论》(Socialas Category Monist, April, 1928)。

译注：

① 这篇文章是《社会科学的探究》(Research in the Social Sciences)一书中九篇文章中的一篇，著者杜威(John Dewey，1859—)是国人熟悉的哲学家及教育学家，用不着在这里多介绍。这本书——《社会科学的探究》——的主编者为葛卫荪(Wilson Gee)，一九二九年出版。

② 哲学中有一门称道德学者(普通称为伦理学，乃从日译而来，语言文字虽然是"约定俗成"，但是就汉字的原义看来，"伦理"只是个人的主观的道德志识，所以伦理学不如道德学一词较为恰当。"伦理"二字连用见于我国典籍中的只有《礼记》中《乐记》第十九及朱子语录。关于这点请参考日本学者和辻哲郎著的《人间の学こしての伦理学》第一页至十页)，专以道德问题为研究的题材。而道德与社会生活的关系是中外人都常道及的，例如所谓"德政"，"德治"，"为政以德"，……这是说道德与政治的关系，政治学的创立者亚里斯多德称政治学为最高的科学，而他所谓的政治学与他所讲的道德学是两位一体的。所以社会研究家有人把古代的社会学说称为"伦理时代"的社会科学，因为那种时代的社会研究，都离不开道德问题的缘故。

③ "社会哲学"(英文称为 Social philosophy，德文 Sozialphilosophie，法文 PhilosoPhie sociale)是关于社会做一种综合乃至本质的及价值的研究，与社会学大体略同。"政治哲学"(英文称为 Political Philosophie，德文 Philosophie der Politik)也称为"国家哲学"，或单称"政治学"，乃是研究关于国家及政治的最高原理的实践哲学，也是文化哲学的一种，大体分政治本质论，政治价值论，及政治学方法论三部。关于社会哲学及政治哲学的著作，杜威有在中国的讲演集，名为《杜威五大讲演》，民国九年便有中文版发行(总发行所:北京晨报社)，本书除了后一部份是教育哲学，其余都是讲社会哲学及政治哲学的。至于论及社会科学与社会哲学的关系，见本书第八页至十二页。

④ 这是杜威哲学上一个最根本而重要的观念，也是达尔文(C. Darwin)的"演化论"对于思想界影响最大的一点。我们知道生物学是一门年青的科学，自从达尔文以后才长成的，应用生物学的概念促进社会科学的建立，乃是科学的社会科学在发展上的一条康庄大道，这个意思得自达尔文的演化论。关于这个问

题，学者如有兴趣，最好参阅杜威著的《达尔文主义对于哲学的影响及其它论文》(The influence of Darwinism on Philosophy and other essays)，此外柯乐(Keller)著的社会科学的出发点(The Starting-Points of Social Sciences)也是从这个观点为社会科学建立牢靠的基础。

民族精神与教育[①]

Volkstum und Erziehung

士榜格(Eduard Spranger) 著

一 序论

民族精神的意义

“民族精神”这一个词与英雄精神,古代精神,及妇人精神有同样的形态。这些词都表现着一种本质的意思,而这些本质都分散在许多的关系里,在现世界活动着,所以这种本质是现实的。

歌德把支配民族的本质称为“民族性”(Volkheit),歌德用民族性所表示的不仅是偶然的生命的外表,实为民族的核心。当时的德国理想主义认为在每一个民族当中都有一个犹如每一种植物,动物当中,有其特有的形态原理一样。也都有一个精神的根本观念,正如同在我们相信民族不只是一个生长着的自然形象,也不仅是一个历史上的意志产物,而是如同个人一样的在神秘的形而上学的深处有着根底的。而我们所要探究的便是一个民族究竟是怎样出现的问题。

民族在身体方面,心理方面,精神方面表现出种种力量来。关于身体方面是很要紧的,伟大的民族在生殖欲与繁殖上不能不在本质上具有健全的体力。从铸造“民族精神”一词的雅恩(Ludwig Jahn)②以来,便用有组织的体操锻炼民族的身体,在一般生活上已经被看为重要的事情。这正如希腊的前例一样,民族身体的锻炼不是个人的问题,看作“民族问题”才能认识它的价值。

民族精神更于心理精神方面显现为各种形态。人如果要体验这种形态必得在深奥的根本上着眼才有可能,因为这种形态的渊源有一种不可思议的“超个体的”(überindividual)力量。个人意识目的意识的活动是不能导引出这种形态来的。这种精神存在于个人“以前”(vor),同时又存在于个人“之中”(in)。这种精神藏有深远的根底,要想完全加以意识的了解是很难能的事情。因为是“心灵的”(Seelisches),所以精美的歌谣与绘画是不易一目了然的,又因为是“精神的”(Geistiges),所以不能作伦理的精密考察,一个人的发展在“全存在”中好像把自己织在织物中一样。富利特那·威廉(Wilhelm Flitner)③在他所著《教育学展望》(Pädagogische Rundschau)一书中——一九三七年出版,第六一七分册——有很好的说明。

“民族精神”又是限于一定的土地及历史时间上生长的。那不仅是“灵魂的故乡”(seelische Heimat),并且把空间及环境使之灵化,人从幼小呼吸惯了的空气而把周围环境也使之灵化了。人很难取消他所注定的关系,这是从遗传与出生上便决定了的,不是像通过森林或决意一样,所以可以说是运命的注定,并且人的注定关系是不能更改的这是形而上学的,正如康德与菲希特所说人的智慧性格。今日只要我们知道的是:人的存在各有所受的特殊影响,我们要把这样的运命看做意志,而学习着加以伦理的适应。

个性与个体的区别

肯定自己所属的民族精神就是在人类精神的世界肯定个性的价

值。个性的意思就是“固有的”,“特性的”,“只有一回存在的”表示。一个人不许他人的特性有存在权,自己的个性是不能肯定的。这是什么缘故呢?因为特性不过是许多性质不同而并列时,才有意义,并且优胜劣败的竞争以此特性为根基而出发的。

我们说到“个性的”,或“个性”时,最容易惹起误解。我们必得区别复杂的性质所组成的“个性”(Individualität)与不可分的单一存在的“个人”(Individuum)是不同的。这种单一存在就身体方面说,个人无论如何有他特别的身体,就心理方面说,也有他特别的心理。然而身体是自远久太古以来,至不知的将来时代连锁中,也不过是暂时的现象,在精神方面,便没有这样孤立的存在。个性是一种“质的特性”,也等于单独的。把个人认为孤立的单一存在,与民族没有关系的误解不是没有的。但是一个人把自己深深了解的时候,就知道自己的单一存在与许多超个体的生活关联,结有不可分的连系。各人所属的最根本的生活关联,如共同的血统,共同的运命,共同的文化,也就是各人的民族精神。

因此民族精神在特性的意义看来,就是个性,但是民族精神的“单一化”(Vereinzelung)是“单由自身能满足的”(Sichselbstgenugsein),与个体(个人)主义(Individualismus)的是绝然不同的。人在极高的程度才有个性,但是同时与其他有同样特性的人能成立极诚恳的接近关系。不过民族精神在身心各方面的个性与“自己封闭的个人主义”(abschliessender Individualismus)没有一点关系。代表各个人的民族与民族在成了问题的时候更是这种样子,个人主义是一种“我狂病”(Eigensucht),个性与民族精神是“自己的支点”(Eigenmacht)。

民族精神在本质上是“超个体的组织体”(überindividuales Gewebe),这种超个体的组织体,所谓个人对于组织体的关系,加入或取消都是极难的事情,超个体的文化产物在民族精神上表现的最清楚。关于这一点翁特(W. Wundt)④讲得最好,翁特以为真实的民族心不是一个假定,在《民族心理学》(见注)的博大研究事业中,只有个人的心理机能出发是不够的,必得从代表民族精神的文化现象入手,这便是对于神话,宗教,言语,风俗加以研究,然而对于这种超个体的组织体尚有更进一层研究的必要,所以我提出"民族精神与教育"(Volkst um und Erziehung)的问题来,关于民族精神与教育的关系,我们怎样想法呢?

民族精神与教育

有人或作下列的期待:认为主题是"为民族精神的教育"(Erziehung zum Volkstum)并且也是现代的中心思想。以前说是"为人道主义教育"(Erziehung zur Humanität),"为民族精神的教育"是目前的并且接近现实的,并且是现代人的说法。

从此看来,教育的意义不能不加以规定。因为民族精神是超个体的本质规范,我们生存其中是完全不能选择的,既不能脱离,那末"为民族精神的教育"只有故意的把民族精神加以意识化。这是一种必要也未可知,同时也含有危险。因为我们的"这样存在"(Sosein),与"应该这样存在"(Sossinsollen)需要意识的理解,而意识之光对于事物不易照破底蕴,过度的意识化有时妨碍了本然的力量,例如我们问一个人:"你为什么爱你的祖国?"(Warum liebst du dein Vaterland?)对于这个问题有许多答案也未可知,但是就爱国的"纯正意义"(echter Sinn)看来,谁也承认对于这个问题什么都不知道的也并不在少数。

因此我对于教育及民族性的关系,另外提出一种意思来。我应用现代生物学者的术语讲这个问题。生物学者说任何生物都在它固有的"周围环境"(Umwelt)中生活,制作,动作,有机体如果没有它的相当环境便不能生存,生物学者称这种环境谓"有机体的媒体"(Medium),鱼的媒体是水,鸟的是空气,地中虫子的是土壤。它们离开了媒体便不能生存,同样民族精神的特性与精神的组织体,也是一个国民精神上的媒体,这与我们呼吸的空气有同样的必要。

我们可得如下的结论:本来我们并不是为了民族精神才有教育,而是在民族精神中从事教育,例如乡土,既生在我们的乡土,就不能不受德国话的教育,为了确保围绕我们的“生活要素”(Lebenselement),我们便爱德国话,爱乡土。这样的生活要素不是造作出来的,也不是希望可以得到的;而是超个体的强大力量形成的。

这种生活要素如果在时间及空间观念上表现出来,有精神铸造力(Geistig prägende Macht)的民族精神是在教者“之前”(vor),同时民族精神也在被教者“之前”的。它形成以上二者,又要二者负有义务,教者与被教者根本离不开这种精神上的前提事实,教育的意义首先要认识民族精神的所在。

二　民族精神的本质

构成民族精神的因子

什么是民族精神或“民族性”? 民族精神的本质是什么? 现代的多数人把民族及民族精神的概念好像有了轮廓的认识,但是都是错误的。

民族精神的本质是什么呢? 这恐怕是一个国民难而多岐的问题。我现在先把一般构成民族的因子举出来:共同的血统(有史以来)(Seit Menschengedenken),乡土的定住地,共同的历史与传统,共同的言语及经济,学问,艺术等共同的文化产物。由民族自身所造成的国家也是这种样子。不过在中欧地域,因为许多民族移动混淆的结果,许多复杂的民族能形成一个国家。以上所列举的各种因子,还不能道尽民族精神的秘密，就是还不能道破具体的“民族个性”（Volksindividualität）的秘密。

因为“纯粹血统”（Reine Abstammung）不一定保持得住，所以组成民族精神的主要因子常为“言语”。因为言语在结合精神上是很显著的事情，同样，如果言语不通，“了解便陷于困难”（Man versteht sich schwer），而且不仅限于语言的交涉关系，共同的言语乃是精神上自然的“纽带”（Band）。共同的言语有一种“铸造作用”（Prägung），但是“铸造作用”不仅限于言语，并且还有思想。共同的言语同时就是“民族心”，就是从言语把内心表示出来。所以一国的言语就是一国的“世界观”，洪保德（W. von Humboldt）[⑤]在语言哲学上所得的结论不是偶然的。同时言语也是“民族的自己观”（Völkische Selbstanschauung）。正如一个人不能脱离他自己一样，一个人不易脱离他的“国语”。任何爱护自己民族精神的人，没有不为他的“国语”奋斗的，这种信仰奋斗的烈火是很显著的为我们记忆着。

风俗与道德

建设民族精神的时候，我们不能不把其中最有影响的几种力量提出来。民族（俗）学（Volkskunde）的研究已有几十年的历史，现在称为“民族科学”（Volkswissenschaft），但是所研究的目的还缺少根本的基础，民族学的建立者是黎耳·威廉（W. H. Riehl）[⑥]，他以为构成民族有四个因子（四 S），就是：Stamm（宗族），Siedlung（定居地），Sprache（言语），Sitte（风俗）。现在的民族学除此之外，又加上童话，民谣，房屋建筑及服装的研究，然而特别看重的是“习惯”（Brauchtum）的研究。民族学常常对于民族的风俗习惯最关心。由此看出重要事件上“民族的行动”，从古来传下的惯例中，看出民族固有的“生活样式”（Lebensstil）。我们所关心的样式，与其说是生活形态的

“什么”(Was),无宁说是“如何”(Wie)。

从这种意义看来,民族的风俗(Volkssitte)以“民族道德”(Volkssittlichkeit)为基础。风俗不过是一种象征的形态,在背后还有一层更本质的存在。不明“内在”的意义对于“外表”是不易有正确评价的。风俗时常仅留有外形,而背后的道德及信仰都消灭无余。不注意“民族道德”,对于风习是不能有正确评价的。民族学在过去对于民族道德是过分的不注意。

为什么不注意呢?大概在欧洲的文化圈中,所谓道德就是基督教的道德。

基督教如有不可解的地方,那末哲学的伦理学便不得不加以讨论。道德是民族精神的表现,只在民族生活的外部表示是考察不出来的。民族生活有四种秩序形式——即习惯,道德,法律,政治的秩序——其中“民族道德”在民族精神上所要求并确保的是价值水准。

民族道德并不是抽象的哲学上的学理问题,而是从具体生活事情中生出来的共同价值生产力。并且由此出发,各民族创造种种不同的文化形态,各种文化是展开一种没有敌意态度而高贵的竞争。因此我们如欲认识民族的现存价值秩序,先要对于民族道德加以注意。

三　民族道德与生活圈

民族道德是道德对于民族有极深结合的一个超个体精神的“生命组织”(Lebensgewebe)。在道德中判断及命令的主体并不是个个的意志,德文上的“人”(man)所表示的是漠然一般的集合主观。接受这种命令者不先是个人,所谓“人”是同样无名的一般性。然而道德所表示的方式不存在于命令,而存在于我们所尊重的共同生活形态中,就如两性的各种关系,家庭,统治的系统,共同作业,街坊的关系等等。这样道德便固定了，所以道德的就是以含有价值的制度为根基，在行动上基于平均的各种规范及民族成员的“心术”(Das Gesinnungsgemässe)而作各种事物的价值判断，最后是一个人如果叛逆了现行的规范，那末他恐怕就取违反价值的标准的方向，道德在个人实践的抵抗上能更有发展。道德虽然没有什么特别有形的“装置”(Apparat)，但是在法律秩序上，如裁判官，证人，执刑者等仪礼上固定化了的手续这一类的“装置”是必要的。道德的本质存在于传说或民谣中，存在于不成文的状况中，简直是一种自然的生长。许多是宗教的确信及信仰的力量被盖覆着，同时也被“圣化化”(Sanktioniert)。并且各种礼仪的形式溶化其中，道德上的名誉及不名誉就看行为是否适于以上所说的状态。善人得好评(人“称赞”他是善人！ man“nennt”ihn so!)，恶人得恶评；能助长共同价值总体者受尊敬，使这种价值有低下化危险时，便遭遇放逐。不过这各种价值组成系统是不多见的，这种价值的“妥当性”(Geltung)动摇时，现实生活便有新的价值要求，表现为民族共同的呼声。

以上这种原则是否在生活各种领域及状况都有妥当性呢？“答案是一切！”(alle)，例如初期文化道德中的卫生及“清心法”(Reinlichkeit)也有这种成分。“清洁”(Reinheit)的意义在民族生活上不仅限于物质的方面，实在有深刻的精神意味，心术的清洁乃是入于圣域的象征。

在民族生活圈内的光辉是民族的“醇风美俗”，及对于民族特有价值秩序的民族的“信仰”(Glaube)，维持这种价值秩序，抬高这种价值秩序便是民族的意志。裴斯太洛齐(Pestalozzi)对生活的思想，分为父子，人与职业，人与君主，由此形成人的生存领域。在这种生存领域的中心圈中，最主要的关系是人对上帝的关系。中国伟大的道德学家孔子有五伦之说，即君臣，父子，夫妇，兄弟，朋友，对此都有完整的细则训示。

我在以上把民族精神所属的精神的周围世界比作生物学的“媒体”。同样的在这儿仍可以用生物学的观念来加以说明。民族是一个庞大的生物。现代的生物学者把生物及周围世界的关系,分为三种主要的机能圈:那就是两性的机能圈,御敌的机能圈,及捕获食物的机能圈。换句话说,就是生殖系统,防御系统,及营养系统。各种系统内都有道德的重要价值形态的领域兴发,各领域都有习惯规律存在,这是从“心术”出发的,而又用规范去干涉“心术”(亚里斯多德把“习惯规律□”称为“心术□”)各圈内都有特有的名誉,就是“血的荣誉”,“剑的荣誉”,及“劳动的荣誉”。

民族精神在根本的生活关系的道德秩序上,与强固的名誉概念结合着。从肯定这种价值所生的确信中而成为力量的中心点,凡有高等文化的民族都有其特有的宝藏,从这种宝藏能发出光辉来。我现在把以上所说的三种生活圈都简单的考究一下。

生殖系统

(一)道德在两性关系及生殖上把规律十足的表现出来。于此与血统及世袭财产结合起来的价值成了问题。后生者的健全否与纯洁,势力,及门第精神的理想有关联。例如一夫一妇婚姻成立的时候,父母的爱情与诚意,对于后生者的注意,对于老人即民族教育者的虔敬,在两性关系上,关于这种价值的要求是要发展的。民族精神的核心存在于物心两方面。所以德国人的家族精神就是德国精神的核心,也就是民族精神的细胞,道德的性质就在与这种“风习”结合着,例如如何求婚?如何订婚?如何举行结婚仪式?如何吃喜宴?就是象征的向导人生行路的方法。

两性关系上有年龄,阶级,男女职能的区别,门第名誉的守护,及祖先的崇拜等,各民族某一方面虽也有相同的地方,但是我们也发见出民族个性的色彩来。我们不能不注意这种中心的现象,不得单只注意细节的风俗。凡是民族中能达到这种价值水准的，就在民族的歌谣中被赞美，在历史的传说中被称颂，但是这种赞美不只是对于过去的事迹，并且是激励将来。所以我们的研究，要追索于那尚未成为哲学问题及哲学概念以前的阶段。

防御系统

（二）在民族的和平状态及战争状态，把固有的道德发展出来，并且把固有的名誉概念发达起来。以前的民族都守护他们固有的标准及固有的权利。民族道德是由这种背境产生的。例如某民族的一员被杀，便有血的复仇，在现在民族的要求也是这种样子。民族间在战争及和平时能把道德规范发达起来。例如对于宾客的殷勤，主客间赠答的礼物，战争的通牒及交战的习惯，防御系统的道德都属于这个范围。自从国家接受了整个对外的关系，个个侠义的行为便稀少了。但是到了某种情况，所谓“男子汉的精神”（Mannestum）还是非加以拥护不可。勇气不只是武士的道德，“市民的勇气”（Zivileourage）要想坚忍持久更加一层的困难。在他人把自己看得卑下的时候，便毅然决然的非卫护自己不可。男子的骑士精神，在同胞与其他民族战争时，于勇敢之外，更有“廉直”，也是男子精神的中心，也是民族精神的表现。对于自己的“生存地盘”（Lebensraum）用生命加以拥护是不变的男子精神。

“男子精神”的观念也带有民族精神的色彩，正如“妇人精神”一样。试用注意力看：“德国的男子精神”及“德国的妇人精神”，这样对于民族精神的了解，恐怕比从祭典及服装还要了解得多。我们在祭典及服装中注意的是精神，例如在服装看出男子“重体面”（auf sich halten）的精神，及主妇“治家的”（regiert）精神，我们知道了这种意义，才可以讲了解一个民族。

与不同民族接触的时候，在某种情况下互致敬意，我们在这儿可以发见男子气概，勇气及率真等。国民间的礼节关系是各国民在道德的努力上都求达到道德水准。

荣养系统

（三）健全民族在身分上都想发展固有的道德及固有的名誉。今日的文化世界，在民族的身分上惹起彻底组织编制的是“劳动”。人有非常复杂的“糊口及奔走”（Nahrungen und Hantierungen）的样式。裴斯太洛齐把财产对于坚固道德态度的发达上看得极重要（正如孟子所谓：“有恒产者有恒心，无恒产者无恒心，无恒产而有恒心者，惟士为能”——译者注）。从古以来，一般人都认为无恒产者几乎都是寡廉鲜耻者。在职业上也有各职域的道德。今日建设健全的“民族秩序”（Volksordnung）问题，就在于如何在职业领域中发展各自特有的名誉。在这种情况中，并不是缺少平等的混乱关系，而是没有上下等级的限制，立于平等关系上，发展各自特有的道德，以贡献于民族精神。在今日例如农民的名誉，手工业者的名誉，商人的名誉，还是有遗风遗俗存在着。为了全体幸福，把这种力量再度发展一下。不过这种说法，并不是就在拥护传统的道德，而是按照时代把新的道德秩序与之适应。所谓“民族是生长的”这句话有极深的意义。因为什么呢？由于从历史上发掘民族精神使人陷于伤感。民族还在生长着。总之，民族要把固有的价值建立在现实的价值目录中，必得于青年授以这种价值目录的教育。民族间对于这种民族的道德个性是互相竞争的。

形成西洋道德的各种因子

最后还有一些话要说。经过精神史的研究，这个问题是容易明白的。在西洋的道德形成上有许多重叠的历史层。日耳曼人及斯拉夫人在道德观念的形成上，要溯及基督教纪元之前。农民及武士的道德受过罗马文化的影响,不过罗马文化的后期形态也变成基督教的形式。

普莱斯乐(Gottfried Prei sler)[⑦]曾经说过:在欧洲真正可以称西洋者,不过是罗马的文化地盘所直接或放射所及的地方。基督教在高度发达下的道德支配下,古来的观念与制度并没有完全死去,这是史学家承认的地方。卢木普夫(Max Rumpf)在他最近所著《宗教的民族学》(Religiöse Volkskunde,一九三三年出版)中对于德国南部地方有详细的研究。大约有一百年的时期基督教是西洋各民族道德的典型。但是后来信仰分裂了,便有宗教战争的时代,到了启蒙时代,对于传统加以锐利的批评。德国的启蒙运动比古来的神秘动机的复兴深刻,而成为古典的理想主义。这一个时代的伟大思想家是菲希特及黑格儿。在这一个时代,民族性的道德意义还完全明确的看得出来。新近加以彻底破坏的是十九世纪以来的事,这就是产业,技术,及民族生活的急激都会化世纪的到来。于是起了许多根本的破坏。其中如道德本质的邻望相助精神破坏了。许多文化领域在十九世纪有非常的进步,使人有头昏目花的感觉;然而因为变迁与进步是未曾有的急进,所以道德生活方面不能适应这个新时代。自古传来的坚固民族秩序都体无完肤的破坏了。裴斯太洛齐是预见产业发展到极端便有危机的少数人中的一人。不过一般人对裴斯太洛齐没有什么理解。他的精神还有许多保留着没有被发见。我们的时代由于世界大战(第一次——译者注)起了动摇,适应新情势的民族道德尚未形成,生在欧洲的我们在道德上简直陷于混乱状态。我们现在所要努力的便是脱离这种混乱状态。在这个时期我们主要的任务,是在关于民族精神的生活法则及道德生活形式的自觉。

四　教育的任务

我由以上的观点谈教育的任务。今日在教育家的心上横着一个大的责任。把教育与民族结合起来是教育家日夜不得一时忘怀的问题。我们把教育家的任务分为下列三种：

第一：教育家要把民族中具体性的道德传给后代，这不是从哲学教科书中断章取义的枝节问题，而是属于现实的民族精神中现实的"民族文化"（Volksgesittung）问题。这是常动摇的，常陷于危机的，而且常在斗争中的。为了确保"民族文化"，必要先扶植"民族心术"（Volksgesinnung），把纯正的"民族文化"建立在"民族心术"上，教育家在精神任务上的核心就是"民族精神"。

第二：教育家的义务是国家全体事业的一方面，教育家为了民族道德取一种战斗形式的守护，教育家怕民族道德的低落，所以教师要作民族良心的监督者。教育家自己立在民族精神上尽善的努力，以完成教育家神圣的使命。

最后，第三种任务是"传统道德"问题，在今日纷乱的文化状况中未必全能适应，所以进一步要加以发展。教育家不单是对于重要的外部生活状况的形式要注意，更要对于民族存在的道德形态时常印在心上，对于民族的生活意志及将来的希望要凝结在教育家的人格上。民族精神是存在于身体的，心理的，精神的道德形态中，对于民族最吃紧的问题不仅是生存，并且要像亚里斯多德所说的，要有"价值的生存"。只有在深固的信念中才能产生这种确保将来的强固有力的存在。使教育家有这种力量的，不是"知识"，而是百折不回的"信念"，所以纵然在民族精神的危机中，而对于理想有固持的信念，把这种信念在青年心中燃烧起来，神圣的热情火焰能担负民族生活的教育重任。

注：

①《民族精神与教育》载在《教育》一九三八年六月号(13. Jahrgang, Heft 9.)。当德国合并旧捷克的苏得屯(Sudeten)地方约半年前，一九三八年一月三十日在叶兴倍(Reichenberg)开苏得屯，德意志教育会议，士榜格有一篇讲演就是这篇论文的底稿，并且还曾在普莱斯乐(Preissler)(见注⑦)发行的《教育学展望》上登载过，这篇论文的见解与士榜格著的《民族，国家，教育》(Volk, Staat, Erziehung. Leipzig 1932)中，一九二四年他的一篇讲演：《关于德意志民族意识的教育》(Über Erziehung zum dentschen Volksbewusstsein)有体系的关联。

因为"民族性问题"从政治，文化，教育等等方面看来，实在是现在人类生活上的一个主要问题，而且是一个切迫的问题，正因为主要而又切迫，所以有民族性格学的发生，俗语所谓"需要是发明之母"，学问的发生也是由于需要。不过民族性格学是一种新的学问领域，所以现在介绍这门新学问到中国来，不只是随便翻译两篇文章，我们的立意与态度是严肃的，希望读者了解作者与译者的意思，同时更希望同好们的指教，共鸣与合作。

现在人类生活当前有两个大问题，一个是民族问题，一个是阶级问题，关于这两个问题德国现代思想界的代表见解是：十九世纪是唯物论或唯物史观的时代，代替这种思想而兴起的是二十世纪的新思想，这种新思想就是人种的历史观或民族精神论，每一个民族都有他自己的"民族性"，一切文化现象，特别是教育方面，都要从此出发，所谓"为民族的教育"，所谓"血与土"的教育，与大同思想的所谓"为人道的教育"是不同的。

士榜格教授(Eduard Spranger, 1885—　)在教育学方面是世界有权威的学者，以这样学者的态度，对于民族，民族精神，民族性格等概念作为研究的对象，他的见解是值得我们注意的。关于士榜格的生平思想及学说等过去三几年来，译者有几篇编译的文章在《中德学志》，《研究与进步》中发表过，同时在该志中亦有关琪桐及曹京实二君译的士榜格的文章，请读者便中参阅。

② Jahn, Friedrich Ludwig, 1778—1852。雅恩在一八〇〇年发表了他所著的：《关于促进普鲁士国的爱国心》。因为拿破仑在耶拿击破普鲁士军，于是他在国内到处游说对法复仇，国民教育，国民皆兵，国民国家的必要，一八〇九年他提倡

儿童体操,一八一一年在柏林郊外又开设了称为“Tnrnen”的体操训练所。一八一三年在莱比锡的战役,一八一四年侵入巴黎的复仇战,据说普鲁士军中的中坚份子就是这个训练所的学生。在拿破仑衰落之后的反动期,恐怕他对于青年的影响过大,于是在一八一九年他的训练所被封闭了。以后二十年他作了警察的主要视察人员。一八四八年他又作了国民议会的议员,为普鲁士费尽了心力。后退之后在福来堡 Freiburg 送去了余世。他所提倡的体操法,影响整个的欧洲。各国从此之后,多设有体操联盟,所以雅恩被称为“体操之父”(Turnvater)。雅恩的学说主要的是民族由国家才能发挥机能,国家是民族力的表现,民族如果不保持血的纯洁,必至于灭亡,所以国家的兴盛,第一要保持民族血的纯洁,第二需要民族的教育,民族教育的第一件事情便是身体的锻炼,第二是以德国的风俗习惯道德为本位的灵魂教育,第三是精神的教育,所谓“刚健的田舍郎”(Wackere Kerle)便能从此产生出来。

雅恩的主要著作是:德国体操术(Die deutsche Turnkunst,1816.),此外尚有:一个德国人的想法(Denknisso eines Doutsehen)。

雅恩的思想与作法,因为极富于“民族意识”,爱国心,所以近年来对于德国教育的影响一天一天的显著起来,大有“时代宠儿”的样子!

③ Flitner,Wilhelm,1890—　。富利特那是德国现代的教育学者,为汉堡大学的教育学教授。著作有下列数种:(1) Das Problem der Erwachsenenbildung(《成人教育问题》),1923。(2)Laienbildung(《通俗教育》),1921,1931。(3)Systematische Pädagogik(《体系教育学》)1933。

④ Wundt,Wilhelm,1832—1920。翁特是德国有名的心理学家,哲学家,也是世界心理学界的权威,一八七五年,在莱比锡大学任心理学教授时,开始心理学上系统的组织,从翁特的手开始了心理学实验室的设备,把心理学造成直接经验的学问,实用生理学的实验方法,现在的实验心理学由翁特开端,门下生遍于亚欧各国。

翁特把科学分为“自然科学”与“精神科学”两类,心理学是“精神科学”(Geisteswissenschaft)两类,心理学是精神科学的的基础。同时他又建立了“民族心理学”(Völkerpsychologie),并且从心理学出发树立主意的哲学体系。

翁特的主要著作有:(1) Völkerpsychologie(《民族心理学》),共十卷。(2)

Grundzöge der physiologischen Psychologie(《生理心理学的基础》)。翁特以为民族心理学是研究"民族心"(Volksseele)的科学,民族心虽是"个人心"(Einzelseele)的产物,同时又能创造独特的精神价值,对于个人的精神生活供给重要的价值与内容,宗教便是民族心的产物,不过宗教心理学不仅把某种特殊发展的宗教作对象,无宁说它注意宗教的原始阶段,而分析它的发生,变化及进展。(3)Einfuhrung in die Psychologie(《心理学导言》,有吴颂皋英文的译本,商务一九二三年出版)。

⑤ Humboldt,Karl Wilhelm von(22.6.1767—8.4.1835)。洪保德是普鲁士的政治家(Staatsmann),语言学家,并且是人文主义的思想家。中国人对于他的两个朋友歌德与释勒(Schiller)都很熟悉,但是洪保德在中国还是比较生疏的客人。记得我的朋友李长之先生曾经在洪保德逝世百年纪念的时候,写过一篇文章介绍洪保德,实在的说来,洪保德是值得我们注意的一位人物!

洪保德在学问与事功上都有极高的成就。据说当他很年青的时候,就能从原文把希腊诗人的作品精读了。他在语言学上有特殊的天才,除了古典的语文之外,他还通法文,英文,西班牙文,意大利文,梵文,中文,日文,马来文……等。洪保德把这样广泛的语言学研究为基础,而成立了他在语言哲学上的成就。他把感情的及道德的有机交互作用为基础,树立他的人文主义的思想。人类生活理想就是感情及道德的调和,国语是国民性的表现,通一种国语就能懂一个国民的人生观。

洪保德的学问除了语言学以外,对于古典文学,教育学,心理学,伦理学,史学,法学,政治学各方面的造诣都很深,他与歌德一同研究美学,与释勒一同研究康德哲学。同时他也作过驻外公使,声誉极好,也作过普鲁士的教育行政长官,到了一八一九年就任普鲁士的内政部部长。当他作教育行政长官的时候,在被拿破仑蹂躏的柏林,与菲希特等谋国的志士计议建立大学,对于唤醒民族意识及国民精神的振作上,尽力极大。拿破仑失脚之后,洪保德与他的朋友们便在欧洲政界上活跃起来,所以洪保德在维也纳会议以后是德国复兴的大功臣,大政治家。他实在是多方面的人物,在理论与实践两方面,他自己便实现了他所提倡的调和的人文主义思想,所以洪保德是人文主义的典型代表者。

士榜格从赫德与洪保德受到了极大的感化,在士榜格所著的《洪保德与人文主义的理想》(Spranger,Eduard: Wilhelm von Humboldt und die Humanitätsidee. Z. Aufl. Berlin 1928 S. VI)一书的序言中曾说过这样的话:

> 在我的思想中常有的问题是怎样把握德国人文主义教育理想的思想,再正确一点说,怎么样才能复兴人文主义。我的思想形成的整个过程,就是从这一点出发,从这种意义看来,德国的理想主义与古典文学是生命上取之不尽用之不竭的源泉,如歌德,释勒,菲希特等,就中赫德与洪保德二人,他们人生观的核心还没有被一般国民尽量的了解,蕴藏其中的宝物还没有十分的显露出来。

士榜格把洪保德尚未成立系统的性格学,归纳成为下列五条:(一)关于性格描写不能不由显著的性格出发。(二)在主要而有支配力的性格之外,把组成性格的各种力量的相对运动关系,不能不确立起来。(三)在可能范围之内,对于性格要一种发生学的叙述。不过性格是固有的,并非外界事情的产物。(四)性格描写的本来目标乃是存于人的内面的东西,并没有对于外界的关系。(五)叙述性格的时候,舍去偶然性,而对于性格本质要尽量的加以完璧的总括的表现。

请参读《洪保德与人文主义的理想》(德文原著),S. 231-235。

洪保德的全集:Gesammelte Werke (Kritische Ausg.) 1903—1936, 17 Bde. (hrsg. v. d. Preussischen Akademie der Wissenschaften)普鲁士学术研究院出版。

⑥ Riehl,Wilhelm Heinrieh von,1823—1897。黎耳是德国的文明史家,小说家,民族学家。

他的主要著作是:(1)Die Naturgeschichte des Volkes Grundlage einer deutschen Sozialpolitik, 4 Bde. (《当做德国社会政变基础的民族自然史》)——1. Bd. Land und Lente(《土地与人口》)1925,2. Bd. Die bürgerliche Geseilschaft(《国民公园》)1907,3. Bd. Die Familie(《家族》)1925,4. Bd. Wauderbuch(《论文集》)1925。此外尚有:(2)Die Volkskunde als Wissenschaft(《当做科学的民族学》)1935。(3)Dentacher Volkscharakter(《论德国民族性》)有杨丙辰先生译本,中德学会文化丛书之八,商务印书馆出版。此外有刘思□译的《德国名家小说集》中有 Riehl 的作品,还有毛秋白译《沉默的议员》(Der Stumme Ratsherr),见《德意志短篇小说集》,商务《万有文库》本。Riehl 的著作选择成为另一小型的单行本:W. H. Riehl: Die Naturgeschichte des deutschen Volkes.

Riehl把他的研究称为“社会的民族(俗)学”(Sozialvolkskunde)(见Kulturstudien ans drei Jahrhunderten,1859)。他的倾向是继承德国浪漫派的方法,他对于民族的企图,我们可以把《当做科学的民族学》中的一节译出来,约略可以看出大概来。他说:

> 民族学已经独立了,特别是从旧来附属于地理学与历史学中解放出来。更有进者,民族学扩大了它的范围,进一步对于各民族的道德的精神的生活加以研究,从此可以获得新的而且高深的伦理的目标点,民族学因为民族意识的自觉,更加重了它的使命。民族学由于研究时间与空间上远隔的民族个性,于是自身现在的民族精神在研究上愈能深刻。民族学不只是单纯的观察与资料的搜集,无宁说是进一步,要研究民族生活的自然法则,由此成为最高的科学问题。同时与民族学有关系的科学,对于民族学的影响照样很大,不过民族学自身的研究,应该有它自己的贡献。(见Die Volkskunde als Wissenschaft,6.)

⑦ Preissler,Gottfried,普莱斯乐是苏得屯教育研究所(Sudetendeutsche Anstalt für Erziehungswissenschaft)(1929—)的所长,同时又是专以研究苏得屯德国人问题为目的莱兴堡德国科学协会(Deutsche Wissenschaftliche Gesellschaft in Reichenberg)出版杂志的编辑者。

现代的科学与哲学

德国　雅斯波 著

科　学

直到今日科学继续的追求着最高的结果，严密科学，即自然科学，在基础理论与各种经验结果上有了惊人的与长足的进步，科学研究家在整个世界中形成理知的互相理解的关系，好像投球一样，从这个人传到那个人，因为科学结果的明晰性，所以在人类生活中已有了反应，在人文科学或道德科学中，对于事实的注意也似放在显微镜下了，于是有许多未曾有过的记录与文献出现，已经变到批评的确实性。

不过无论自然科学如何猛烈的进步，人文科学的领域如何的扩张，不能阻止关于一般科学疑问的增进，自然科学得不到直观的总体自然科学虽然有它的统一性，然而它的基础理论，于其说确定获得的真理，无宁说本质上是一种经验良方，人文科学缺乏人道主义上□养的信念，虽然人文科学富有有价值的叙述，但是它们是分立的不相关的，并且给我们的印像只是一种完整的可能，恐怕没有进一步的结果，因为语文学的与批评的研究对于总观的历史哲学的斗争，叙述人类诸可能的全体在现代历史陷入不可能的状态,历史学的膨胀发展在近一世纪来,实在是只限于外面的发见,对于本体的人类性并没有任何新的了解,对于整个人类的过去好像普遍的与我们真有关系一样。

但是科学的危险,与我们对于一般科学的意义上科学权能的界限莫有大的关系,由于关于全体感觉的低弱与能知的无量数的伸张,于是有一个问题便发生了,是不是能知的值得知呢?设若知识失去整个世界观或全包的哲学根据,而只有局部的妥当性,那末它所有的只是技术的使用可能性而已,于是它这奥□也莫有真正关系的结果便要没入于无限中。

这种危险的理由一部分是由于科学自身的路程,因为所获得材料的堆集与科学方法的醇化与信增,所以每一新起的后代人在作为□□的基本知识上需要极广泛的预备,而后才能从学于共同的科学研究。科学简直是超越了一个人所能提捕的范围,在科学家完全接受先前所得到结果之后,死便威胁他了,但是假如科学只为某种确定的更统一的目的,那末它的无限性是可以不□的,研究者得到一些特殊的基本原则与观念就满足了,然而人开始认真的思考,同时知识的扩张又超出任何博学家的范围,但是一个时期渐次的推下去,必要的识见启示我们支配的方法什么是科学,是个人与全体知人所能了解的东西,所以在现代我们的知识与能力上,从前代所遗留给我们的前提恐怕是还没有提捕到的唯一可能罢了。

今日到处都是在根柢上不断的提出问题,各种根本原则有时被发现出来或者弄得互相不相容的,这使学者容易陷于疑难,设若却少坚固基础的时候,则所知的也是悬在半空中,凡不是亲身参与其事的人都把知识看做这种样子。向新原理创造的步骤,把已得的知识组织动摇起来,而这种组织一定再建立在研究的连续中,把古老的认识作用怀疑起来,同时在一种新意义下把新得的认识加入整个科学中,使之发□起来。

所以危机并不由于科学内在的发展才充分的现显出来，而是人类受了科学界的影响，并非科学自身有什么危机，却是人在科学的范围内碰到了险恶的境界，这种危机的历史的社会学的原因是在大众集团的生活，从个人的自由研究转变为科学工作经营大范围的结果。每个人都认为他自己有合作的能力，只要他有理解力，并且勤勉就能胜任，因此产生了“科学的平民阶级”那些自列于研究者之流的人们，只抽引一些空虚的类比法，他们记录了任何一种材料，计算一下，写下叙述来，便告诉我们说他们对于经验科学有了贡献了，因为视线（由于例证的数目增加，于是同作一个科学方面的人何而至互相不能了解）无限的加多，事实便有许多不负责任的人就冒险造做了一些为了他们自身的意见，而他们把这些意见认为有科学的意义，他们厚颜的“去辨论去讨论”，以为自己有了什么发明，在集团的心理中，于许多领域有无数印刷的合理性最后不过是由混乱中抽引出来的，而成为流行的思想，然而终久不能有适当的了解。当着“科学”变为许多人的一种功用，而这许多人代表不同的职业上的兴趣地、由于一般人的特质，那么科学的研究的意义与文学的意义便都失去了。因此有许多科学，在一种文学的惊人记事，或一种坏新闻上的一种报道，就能一时成为成功的手段，所有一切的结果都是科学的无意义的意识。

在科学领域中，坚持着有效果发见的继续性，然而这只有依着技术确定的纪律才有可能，由于这个原因，研究家没有知识的根本欲望使他遂到他的目的，所以技术发明的悬赏，虽然破坏了根本的主动力，独能促进科学的研究，从此形成一种心理，虽然是主观上要负的责任，以为客观危机有成立的可能，科学精神的自身空虚的过程与集团机械化的生活关联着，由于技术上发明的报酬，虽然一般人对于科学自身没有什么爱好，驱使他们聚精会神的去从事于有计划的发见。

专门学校的集团生活趋向着要破坏科学之所以为科学,科学必得要适应大众,而大众只顾目前的实利结果,或为试验得一个资格,以便与他的事业有成功的方便。研究的推进只是期待着实际的有用的结果,这样的科学只不过是修得可能的悟性的客观性而已,在专门学校中流行的一种精神不安静的空气就是“敢与试一试”,这件事,由此专门学校降低而仅为一个学校。一个强迫的研究课目代替了独自研究方向的危险,但是莫有自由研究的摸瞎,独立思想是莫有可能的,最后的结果只留下熟练的技术家,或者概观的知识,但那个所能成就的不是研究家,而是学究的标准的□性,我们见到世人把研究者学学者合而为一的时候,就是科学没落的先兆。

真正的科学是那些请愿自己献身的贵族的事业,科学本身没有什么危机,根本的知识欲是个人在危机时的要求,无论谁献身作终身研究这件事,实际上不是正常的,但是研究绝非大多数的意志都请愿做的,就算那些用科学在实际的目的,为了某种职业的方便,只要他的内心态度成为研究者的时候,那末他也算一部分科学的参与者,科学的危机是那些人的危机,他们虽是“科学工作者”,而他们并不为正当而绝对的求知欲所鼓动着。

所以科学意义的错误看法,在今日流行到整个的世界,科学曾经有过一个时期受着很高的尊敬,自从集团秩序只有在技术下才可能,而技术只有从科学才可能,就是在我们的时代,对于科学有一个普遍的信仰,不过科学的接受经过方法的教养才能成功,所以对于科学成功的惊异并非就是明白了科学的意义,这种信仰只不过是一种迷信,真正科学是伴有知识方法与知识限度的知识,假如对于科学自身的结果有一种信仰,而不顾他们如何获得的方法,这种迷信就代替了真正的信仰,一般人信赖科学结果的臆断的确实性,这种迷信的内容是:都为乌托邦的专家崇拜,以制作能力无限的增加,与任何困难问题的技术的支配;集团生活可能的福利,民主政治的可能为全民自由的正当路径；一言以蔽之，对于悟性材料的信仰是没有问题妥当性的教条，几乎每一个人都陷入这种迷信中，学者也不是例外，在个别的情况中，好像能克服这种迷信，然而它能继续的再现出来，迷信力设下了深渊，一方面能使人陷入于迷信，一方面是真正科学的批评理性。

科学的迷信很容易变为科学的敌对物，也容易成为迷信的信仰，以为从否定科学的各力量中推演出来，凡是信仰科学万能的人，当他与专门家磋商的时候，就限制他自己的思想，但是当他发现专门家莫有办法的时候，就容易转移他的失望而信托胡说八道的人，对于降落为迷信的科学信仰与魔术师是相近的。

反过来又有反科学的迷信伪称科学，声称为驾学校科学而上之的真正科学，我们时代的思想被什么“占星术”（Astralogie），“健康祈祷”（Gesundbeten），“通神术”（The asophie），“降神术”（Spiritismus），“千里眼”（Heuschen），“催眠术”（Okkultlsmns）等弄得乌烟瘴气，反科学的力是今日大踏步的在各党派中，显示它的影响与胡思乱想混乱的人物中，到处就破坏了理性人类生存的实体，这简直是自我存在没落的先兆，很少有人能继续保持真正科学的态度，甚至在实践思想的范围内，在这样破坏了真正知识与真正科学信仰的迷信纷扰中，有效的互相交换精神成了不可能的状态。

哲 学

现在哲学界的特色有三个无规定的现实，第一是现代大多数人无信仰，他们排外似的只承认器用，第二是宗教，显著的代表是教会的组织，对于现代的实际生活失去了创造表现的力量，第三是哲学，自从近一世纪以来，好像只努力于学说的建立与历史，反而丢弃了哲学的真正功用。

一般无信仰的状态好像是对于技术装置的世界加以非难，人有了长足的进步，他已经能广范围的统治自然并改变物质世界适于他自己欲望的形式，不仅人口大量的增多，并且无数人精神的烦恼也跟着发生，他们的苦恼，任何人不能负他们生活根□与生活路程上现实的责任，如果有人问我们，为什么无数的人都在那里为器用而劳作，我们认为唯一可能的路径就是照工具进行的历程前进，并且追求着从中救出来，纵然我们被埋在里面，就算莫有信仰，人也不仅是劳动的动物，人始终是人，因为那一种原故，像他自己所能观察的，一切对他都成了不透明的，留在他身上活动的只有改变状态与改变自己的盲目意志，他是急不能待的，因为人不能活着而无信仰，在无信仰的世界，还有许多人仍然坚持信仰的可能性，但是在失去传统与依赖自己的状况下，信仰在萌芽中便窒息了，不过没有计划与组织能使信仰可能，最后没有能成功的，除了他自己的活动，在一个人理解了人类生存最高可能的时候。

在技术的意识性与人的生活这样纯洁的状态中，产出一切有意识的产物来，然而无条件的无限的内在性却失去了，做为人类生存历史基础的宗教于是不见了，固然由教会与教条维系的宗教还支持着，然而这不过是在集团生活上烦恼时的安慰或生活上的纪律化的行为而已，现在很少保持着作为有效果的生活精神力了，虽然教会的活动好像有它政治的力量，但是个人的积极的宗教信仰便愈来愈少了，今日的教会由于伟大的传统只想如何恢复再现不可能的固有的过去，一方面利用宽大尽量吸收各种现代思想，然而教会与个人的独立思想再容忍下去更困难了，教会不再包含着权与自由的真正紧张，只有彻底反对那些只为自己打算的人们，集中最大的精力作为统治集团心理的精神工具。

数世纪以来哲学思想成了人类生存最后原理的根据，宗教已经世俗化了，并且自由的个人独立性也决定的实现了，个人莫有失掉他的根基,因为在绝对历史性中,这种根基更特为明了起来,只有个人的实体还是成问题的,因为明了性能弛缓下来,并且在纯意识中没有生存而变为空虚,事实上自从十九世纪后半开始以来,传统哲学成为大学学派的建立,真正从他们哲学家意识中出发,从固有的根源获思想的成功,并且传达思想形态的愈来愈少了,哲学与他的根源脱离了关系,对于现实生活哲学不再负任何可能的责任,只是变成了说教似的第二次的现象,哲学自称为纯粹科学(它的优越性是自己认识的),在认识论的名下,为各种科学及其自身建立妥当性及意义的基础,哲学在外表上虽有它的现代性,事实上成了哲学史的知识,并且哲学的大部分多是关于教材、问题、意见与体系的讲说,自从哲学根本上努力实不多见,与个人的生活关系分立起来,外面的是文献学的,内面的是合理主义的,哲学从严密思索的传统,翻译各有功劳学派的讨论,虽然在文献上各学派有激烈论战的口气,而根本上还是相同的,纵然有不同的名称,如理想主义、实证主义、新康德主义、批判主义、现象学派、对象论等,这许多所谓哲学学派最主要的哲学弱点上的特色是他们一点也不知道开克哥尔得,同时他们不把尼采当作哲学家,只把他认为是想像的作家或诗人,他们好像怕尼采对自己不利一样,说他是什么非科学的,一时流行的一个疯狂者,甚至一个无能者,他们熄灭了哲学上的彻底问题,使之不再有危机的成分。

哲学放弃了这种工作,干它五花八门的勾当,而引导混乱便算了事,实际上哲学有它的崇高的任务,在人不能再从教会的信仰指导生活的时候,只有从哲学人才认识到自己的真正意义,凡是真实对于超越主义忠实而作为基督教信仰者的人,不至于被排击不能容忍,因为一个信仰者的信心被排击是纯粹破坏性的,或者信仰者公开的作哲学辩论并且承认疑问与人类生活的不能分离:但是他在历史形态中依然有他确固不动的生存积极性,所以最后他还是从有他自己的思想方法,关于这种可能性,现在我们是没有关系的,今日流行的无信仰是个时代的产物，没有宗教，信仰是否可能还是有问题的，哲学思考就起源于这个问题，在今日哲学思考的意义就是使我们离开宗教的启示而证实我们的独立信仰。在这个领域中，不鲁诺、斯皮诺沙、与康德都是先进者、辟荒者，当着宗教——我所说的宗教是存在于教会的形态中，至于其他意义的宗教是一种妥协的错误——失坠的时候，还有什么迷信的空想与狂信存留着，此外还有哲学，凡是这种信仰只有存于并且经过自我了解才能存在，思惟哲学要求体系的把他阐明，并且对于那些真正自生存意识中流露出来的观念加以有关联的叙述，而不仅在那要离开生存的思想历程上打圈子，迷信的空想不需要哲学的，它们能不用教会的宗教的保护，但是他们也想在某种形态中找出根据来；同时教会的信仰除了神学支持它的共同体生活外，别的什么也不需要，然而哲学却是一个人的个人方面的事，这就是说哲学提高自由的价值，自由取一种大胆实验的立场，或者像一个作恶人的幻想，他弃绝了神智并且在教会之外不能得救。

今日哲学成了那些深深了解宗教没有安全保障时的唯一避难处所，哲学不再是小范围圈内的事情，至少它是个人如何过最生活的切迫问题，现在已经变为无数人的问题，讲坛哲学只限于它能使哲学的生活可能才被承认，现在的哲学实在是不完整的，末梢的断片的，耽误在没有肺活量的研究。

从以上所考虑的使我们了解长期间的那种诱惑的呼声："从意识的河到血的、信仰的，或土的无意识中去啊！从精神的、历史的、与无问题中回去呵！"宗教因为没有根本信仰作基础，结果是由于绝望而夸大其词的更增加了宗教的非合理性，虽然他们是真正失掉信仰，然而人们还是勉强自己去信无理的迷信，以求安心立命。

这个呼声错了，只要人还是人的时候，人必得要用意识的方法前进，因为没有路可以领回我们去，未成熟的意识以为任何事物能以领解的知识与明显的愿望去代表，但是哲学经过所有的意识形态显明的发展,便克服那种看法,我们不能再□盖实体,从我们自己弃去自我意识而不同时把我们自己从人类生存的历史路程上除外,在生活上,自我意识变成了一个条件,在这样条件下才有真实不容怀疑的所在,而无制约的也能自身坚固的建立起来,而自我与我们自己的历史性有变成统一的可能。

哲学已经变为人的真正生存的基础,今日哲学有了它特征的形态,即是:人从根本安定状态中出来而生陷入集团生活的工具感觉厌倦了,因为失掉宗教而信仰没有寄托,于是人便专心致志的对他自己的生存多加以坚决的思惟,由此发展了适合我们自己时代的典型哲学思想,再没有人把启示的神作为我们首先要依赖的了,也没有人再依赖围绕我们存在的世界了;首先注意的还是“人”,虽然他不能在自身得到满足,但是他能前进的去超越了他自己。

如何把握民族的性格

Wie erfasst man einen Nationalcharakter?

士榜格(E. Spranger) 著

一　民族性格是什么意思

1. 素质呢？还是历史的影响？

在路易・莱诺(Louis Reynaud)的一本著作:《德国精神》中开头便有如下的断案:"德国人是少有的例外,不能用唯物的观点加以解释的。"有人对于这句话加以补充的说明:"法兰西人对于古典的词章文化有分离不开的关系,而我们德意志人,对于哲学显然的结合着。"不过以上这样的说法只是讲出了历史的根据,依然还有问题存在着。问题是二者不同的所在,是根据于两国的国民性格呢？还是另有别的原因？这乃是由于本来的素质及历史的影响,也可以说是运命的关系或先天的注定,于数不清的交互影响中形成的一种样式。

我们把以上法国人的著作中所讲的话,作为我们的讨论中心问题。我们德国人对于形体没有什么爱好,德国人的特征是概念的趣味,甚至于与生活游离起来,对于体系有一种执着。到现在我们德国人恐怕对于此种态度不大欢迎,试看法国人——乃至于英国人——是否对于完整的思想体系也努力要树立起来呢?理性论者的始祖笛卡尔所著作者不过只是《瞑想录与序论》,实证论者的孔德也不过是"收集家"而已。

伟大的欧洲文化国民,他们在国民性格学的领域中所表现的中心概念,互相间是不同的。黑格儿认为各族是统一的精神所有者,每一种民族精神的根基是与固有形而上学的"原理"结合着。把这种民族精神实现出来,并且每个人对于这种民族精神有一种自觉,乃是各民族的本分。然而一个民族于这种行为及这种思想中,在完成的时候,那末这种民族便达到了世界史上的界限。试看法国人——例如阿富来德·富衣(Alfred Fouilthe)[①]——把所谓"国民性格"看做由于条件而成的因子组成的。如法国人的国民性格是由于"人种",自然的环境及社会的环境结合而成的。但是在这种情况下,法国人所说的"人种",与我们德国人的看法有些不同,这是不能不注意的事情。至于英国人,他们除了自身的事情,好像对于其他民族并不感觉什么趣味。然而却有密勒(John Stuart Mill)在他所著关于政治的性格学的方法上评言中[②],称民族生得的东西为方法上的"残余",这就是说,由环境的事情说明民族本质的东西,之后尚有的残余,像密勒这样的主张,算是英国人除了本国,而注意别个民族最显著的例子。

实际的讲来,探讨民族性格的秘密不是一件容易的事情,民族性格是否与民族的历史为同样的东西?民族性格是否为经过极深刻的运命锻炼而成就的,而变为不能转变的界限?还是民族性格跟着历史的转变而转变?歌德对于个人的性格曾说过如下的话,用在民族性格上大概也是妥当的,他的话是:

在我们周围的环境虽然转变,
而于严格境界线中仍有自身活动的余地。

(Die strenge Grenze doch umgeht gefällig

Ein Wandelndes, das mit und um uns wandelt.)③

2. 性格与性格解释

对于个人,我们称为“性格”,严密的讲来,起初这不过是解释的结果,不过是假定的成立,虽然我们确定了个人的性格,但是也可以再有变更(性格的),并且这也是必要的事情。个人性格是如此,民族性格也是同样的,在某种程度内,我们确信有固定形态形成的核仁,然而一般人对于这种核仁能把握到什么程度呢?这又要看研究者自身内在的精神力以为凭断。研究者不能不用自在的想像力及广范围把握的范畴,因为只把民族性格作为心理学的对象是解释不出来的。我们在研究民族性格的时候,对于多数的大小特性都要忠实的加以观察;当我们对于某一民族性格作某种假定时,还要看怎样的叙述这种性格?如何得着这整个的结论?要知道民族性格的全体是由社会的集团,时代,社会情势,以及行为,文化各方面产生的。

关于研究民族性格学的方法是非常困难的,然而民族性格学的课题又是极紧急的问题。自从中世纪以来,欧洲的各国国民,最初是大国,继之以小国,都对于自己的特性尽量的发挥。欧洲以外各国的现象也不能不使我们注意。不过同时因为我们的工具(如语言文字等——译者注)不完全,虽然知道各民族都在那里发挥自己的特性,但是在全领域上还得不着确切的理论。例如著者个人曾在日本住过一年,但是不懂日本的文字与语言,以至于日本的历史及精神史更没有深刻的知识,在这种情况下,只用眼看来,便有很大的特色,对于风俗习惯都不同的民族,如何把握民族一般的特质,对我实在是一个问题。在世界大战(第一次——译者注)的时候,我们德国人对于法国人所谓其他民族的“心性”(Mentalität)研究在政治上有必要一点,早已注意到了。近来这个问题实在成为实用上关心的对象。国家主义在今日是决定政治社会的重心。在不同民族互相交往的时候,更特别感到民族性格学研究的重要。好久以来便广范围的对于植物标本有搜集,对于动物界的骨络分类目录也有制作,但是对于我们人类自身这种伟大的生物,却没有科学的研究,这不能不说是奇怪的现象。

关于这个问题我们能作到什么地步呢？并且什么是作不到的呢？现在已经到了我们能明了的时期,而且如何能把握民族性格的方法也到了我们应该充分了解的时期;因为关于民族性格学的研究是一种既成的企图,大概对于某一民族历史中的各个印象深的特性,总括起来,使人得到关于民族性格的一个轮廓。在个人心理学中的试验有一种临机的检查,不过这样并不能得到统一的组织,统一的构造。所以我们在此所作民族性格学的研究,与其说是民族的本来的性格学,无宁说是属于法国人所谓"合理化的历史"④那样的叙述样式。

二　民族性格的本质层

1. 个人性格与民族性格

个人性格是由几种因子交织而成的,主要的是"素质","发展","环境"(周围世界)及"运命"的交错。这些因子是不能互相分离而可以说明的。一个人的素质是在环境及运命的交织下,开始发达,开始活动。周围世界正如这个字面所表示的,在主体之外而对之有形成的作用。一个人的性格是由这个人固有的本质样式所遇到的运命而形成的。素质与发展是两个内生的因子,环境及运命是两个外生的因子,这四个图式是组成性格的主要的因子。但是并不是充分的条件。例如计划的教育,良心的斗争,作业的精神等,就不能放在这个图式中。不过由这个图式产生出生物学,以及社会生物学来。我们在研究民族性格学的时候,不能不采取这个图式。因为在民族性格学上,遗传因素,民族的老幼,自然的及文化的背境,历史上的行为及运命,都是规定及形成民族性格的因子。

研究民族性格学的时候,最感困难的地方是"民族"这个主体并不是一个意思。我们如果把民族看作血统的统一,那末这便是人种的意义,在这样时候,生物学的基础便是决定的因素,但是假如把民族看作共同生活,共同居住的一群人,那末血统虽然不同,而却有共同的精神财产,最主要的是有统一的语言,并有共同的运命,从历史上便形成一群人的统一体。最后是长久间以国家的形成意志为基础而享有坚固性格的各民族。用德国话讲来,最后这种民族称为"national",这个字原出于拉丁文的"natio",与"nasei"(生来如此的意思)的意思本来是相反的。我们把这种含义扩大,区别各民族为:"血族性国民"(Geburtsnation),"文化性国民"(Kulturnation),及"国家性国民"(Staatsnation)。至于一个民族应该属于那一种"国民",要看民族的性格构成上来决定。这就是说,某一民族在种族上是闭关自守的,某一民族自历史上便是混合的,乃至于在政治上有如何的关系。

2. 民族性格与国民意识

国民意识与国民性,乃至于国民性格的不同,乃是自明的道理。原始的部落意识,直至高度发达的文化民族及国家性国民,所能有的意识,与无意识的深层比较起来,不过是一小部分。就个人也是如此,一个人对于自己的本质及生活上所能知道的,不过是断片的九牛一毛。意识不过是民族性格的定位变更时所眩耀出来一点征兆。民族性格虽然由民族意识有时能表现出来,但是一个民族到了能对于自己自身加以意识的反省,乃是一个民族所作的伟大事业。赫德(Herder)认为民族的青年期是最有收获的时期。黑格尔(Hegel)以为反省就是启蒙的阶段,在这一个阶段便是民族凋落最初的萌芽。每一个人也是因为年龄的增加而对于自己自身有一种反省。每进入一生命阶段便有全不同的生活兴味加以反省。这样的自己反省对于性格的影响是难于避免的。某种民族如果对于自己的创造以及自己的特性过分重视的时候,至少这是一种衰老的征兆。但是相当的自信是不妨事的。而且在政治生活上,意识的觉醒是一种大的推进力。例如瑞士国民,无论在血统上,言语上,以及与言语相关的文化财产上,都不是统一的国民,但是以他们的国家意识为媒介而形成共同的本质。这样的国民性格以意志决定为中心,而且要不断的加以更新。以前德国曾经有过这样的话:“生下来是德意志人,但是不能不为作普鲁斯人而受教育。”实际上就国家技术看来,对于新归属住民的性格常不断的加以压制,变形,尽可能的力量使新归的住民同化于“内地”的国民性格。人在本能上对于新归住民的语言取一种剿灭的态度。但是在这种“技术”上能到什么样之程度,能把自然的,历史上“生长的东西”在事实上能消灭吗?这便是在发达途中民族性格学的本质问题。

3. 民族性格的本质层

从来人把民族性格看成非常复杂而有种种的发达阶段,我们要于极不相同而又同时成立的性格中,在本质层中发掘出来,把极有确定性而不轻易变更的性格寻找出来,最主要的血统上的遗传层,心的生命层,及属于精神的,伦理世界的狭义性格。个人的性格与此对应的有:体质,气质,及品性。广义的性格是血统的遗传,及精神力直接流露出来的生命力。精神在某种程度内能把三者全部支配起来,有形成的力量,并且有制止的力量。然而精神自身是由其他二者为基础而建筑起来的,从精神的基础得来力量。就是说,遗传体质不同,气质不同,而生出不同伦理的性格。关于这一点,无论从民族的观点，或个人的观点都是一样的。

(a)遗传的性格素质

i. 遗传的线索——论体质

我们最初在民族性格的特征中——根据古代传来的想像及现代生物学的知识——要把胚胎形质的遗传看作问题。这种遗传的过程根本上不过是一种推定。与其他民族不结婚的民族，他们的各种性质有一种定型的再现，同时这不仅限于身体的体质，而且精神的及心理的也是有这种再现的可能，各种民族互婚的时候，也可以由生物学的遗传法则窥知，把个体超越而有一种性质分离的混合遗传现象。关于这样问题弗雪·奥根(Eugen Fischer)⑤对于南非杂种部落的研究除外，对于种族遗传性格素质的结论尚无科学的价值。像以前所说的，法国人认为今日的人种是从若干基础部族而合生了现在欧洲的各国民，这是叙述前世纪中叶以来的历史。卜图密(Boutmy)⑥在他所著的《英国国民的政治心理学》(Psychologis Politique du peuple Anglais)中，曾说英国人的性格是哥尔特人，罗马人，安哥鲁人，沙克逊人，诺尔曼人混合而成的。不过在实际上这种说法，于其说是真正的研究，无宁说是文学笔墨的游戏，或臆断而已。

至于这种研究的困难，从方法论的根据看来是非常之大的。第一是人种，民族，民族很难正确的找出他们的中心性格。每一个个体在他的体质之外，在遗传过程上受人种，民族，民族规定他的特征。但是民族所有的是什么呢？超越了民族的人种所有的又是什么呢？仅只属于民族的又是什么呢？在个体中求遗传的心身构造定型的发达体质论，无论是纯粹或混淆的遗传，用在超个体的生物恐怕是不充分的。例如克瑞齐梅(Kretschmer)⑦的体质定型论可供我们参考。这种定型的某一点在一个人种中屡次发现，某一点又很稀有的发现。譬如说没有只是肥大型的民族，只是纤瘦型的民族，或只是筋肉型的民族。不过在纯粹生理学的领域，于人种定型，种族定型，或民族定型的研究中,不能不假设体质的定型。其次在身体方面接受的遗传是必得要注意的,就算关于多层的集团性格,什么是属于同一的性格,在研究时是更加一层困难的问题。性格绝不是单独成立的许多特征的总和,性格常是全体的,这一点与那一点都有关联的构造图式。在这种组织中,各个性质有一种法则的相关关系,我们对于一个人种全体,一个民族全体的"心式"(Seelenstil)是什么,不能不知道。在这样的场合,我们把人种及民族看成实在的生殖共同体,实在的遗传线索,不仅是抽象的把各种特征提出来,加以论理的分类便算了事。并且在遗传学上,自从克路(Oswald Kroh)[8]及普夫雷(Gerhard Pfahler)[9]以来,在性格中认为有互相独立的遗传,我们于此不能不作根本的探求。不过这样研究的企图,只是限于个人性格,更进一步讲,胚胎形质的性质,关于染色体及生理学上的精细处,我们纵然知道一些,但是对于预测如何的类型,乃至如何心的构造,仍然是不可知的。

ii 民族生命的深层过程

以上所述的研究是极有意义的。我们在考量一个民族的遗传线索时,便把这个民族看成超个体的生物体,这个生物体不可思议的作用的本领,就在胚胎时把个体的意识建筑在个体的身体上。在发展状态,身体的及心理的便展开一种同样的定型的构造图式。这种情况不仅限于一个个人,一个法国人,一个英国人,一个意大利人,虽然在他们的意识的精神活动时,看出他们的个人来,但是究其实,他们每一个人所表现的不过是民族本质的鳞片而已。个体的背后隐藏着民族本质,这是一种最原始的本能,最有力量,在某一时代这种民族本质的力量能压倒一切,而到处弥漫他的生命,这种民族生命的深层过程,在历史的世界中,表现于民族大移动,大战,及革命等。这样的现象在表面是察觉不出来的。民族的性格比较有秩序时我们所想像的,是更要丰富的,更要宽广的,更加一层蛮性的。所谓民族的本质,生活于其中的人感觉一种不可思议也未可知,而属于这个民族的各个个体都俱有这种民族本质的性格,到流血的时候才把通行的习俗突破。

(b)心的生命层

性格的第二层,存在于与体质有密切关系的心的生命现象。所以我们称此为生命层。所有对于性格解释,唯一依赖的是刺激——反应的图式,乃至知觉与动作的系合。不过人在攻究性格时,不是个别的系合问题,而是比较恒常的反应及行动的基础问题,这种行动的根本样式,我们才称之为性格。更精确的说,古代以来,把人分为感性及兴奋性,其实不仅这两项问题,二者之间还有调节的感情,感情的冲动,情绪的方向,及感情持续形式等问题。在性格学上最重要的有下列三种:第一是感性,例如各感官的感应性,第二是感情及情绪经过的节奏,就是气质,第三是外面表现出来的活动样式,也就是自发的乃至反应的外部表示。

"人相学"的方法

在这样丰富的领域中,我只取出一个主要问题来,就是表出现象之性格学的价值。这种现象在身体上直接表露出来,因为"外部表示"的本质便暗示"内部内容"的性质。我们从身体方面的表示,看出内心的意义。而内心的意义是基于超个体的生命连接而产生的,所以由此出发,便能有一种直接的了解。对于固定的容貌加以解释的有"人相学",对于容貌的活动加以解释的有"表情学",对于身体的姿态加以解释的有"姿态学",我们对于这种解释领域的全体,今日便广义的称为"人相学"。体格及头盖构造不属于直接把握表出现象的领域。

现代心理学者对于可以供作性格解释正确源泉的材料,都加以精细的分析。我现在举出克拉开斯(Klages)⑩,卜特德克(Buytendijk)⑪,普莱斯诺(Plessner)⑫,克乐斯(Clauss)⑬,雷审(Lersch)⑭,斯特莱路(Strehle)⑮,等人及克尔·毕雷(Karl Bühler)⑯的历史叙述来。这些人对于"性格学"虽然还没有达到精密的程度,但是他们关于表出现象的解释,对于民族性格学有特别的贡献是没有疑问的。我们对于一个民族不知道他们的语言,只从他们容貌的特性,表情,以及各种动作中,也能对于这种民族有一种理解。在这样的场合,眼能直接的把对象的意义了解,同时眼的样子也是最重要的解释的对象。我个人住在日本时特别有这种经验,如以上所说过的。这种办法对于外国军队的心理了解,特别有功效。不过这种方法用在性格解释上,也有它的缺陷及界限,在这儿我们要指摘出来。

应用这种方法的时候有一个前题,把所解释的与解释的客体之间,在全生命组织的广范围中看作等质性。不变的性格特征于这样了解的方法上,把性格几乎看成本能的东西。母亲与初生儿之间有一种最高度的共生的,交感的了解,在其他动物就不如人这种广范围的程度。并且由一个民族看另外一个民族,外部的表示形式不是完全一样的同时也容易有错误。塞路岛(Singhalesen——该岛住民信仰佛教——译者注)土人是最无恶意的人,但是对于我们欧洲人有一种粗略的印象。一个人种或民族的表出运动是由习惯决定的乃是事实,他们的行动有种种的规则,这是可以成为"研究"对象的。不过当着外部表示形式的解释成为方法的时候,便失去朴素的确实性。克拉开斯在这一方面的研究最可供我们的参考,所以不能不选合理化的迂路。

第二个疑点是更根本的。某一人,例如我们认为一个民族的代表者的那一个人,他作某一件事情,从人相学的解释看来,所成为问题者,不是那一个人一定作某一件事情,而是他"如何的"作这件事情。我们从这种"如何的"的看法可以知道他内心的东西向外表示出若干来。我称此为非故意的"随伴的外部表示"(Mitäusserungen),因为故意的行为都是随伴客观的作业。人愈在不知不识的非故意的行为中,所表示出来的对于性格学更有价值。如果把这个重要的真理忘掉,那末关于西则(Cäsar)的评价,西则"如何的"的样子把鲁毕根河(Rubikon)渡过,他所以敢然渡过鲁毕根河的事实,在性格学的观点是更有重要意义的。今日都认为书法(即笔迹学)对于性格学有重大的意义。实际上如以上所讲的"随伴的外部表示"在固定化了的客观的笔迹中,还遗有痕迹,这样的痕迹可以说是二次的表出现象。但是一个人写"什么"。并且"如何的"写,笔迹学者由此窥探性格的所在。一个人种或一个民族有什么样的目的与使命,他们成就了什么,这是研究民族性格最重要的事情。当他们实行的时候,在无意识中是一种什么样子,便可以窥知性格的最主观的规定,这也不过是随伴现象。黑格儿在他所著的《精神现象学》(Phänomenologie des Geistes)中曾对于人相学的过分要求加以批判,又在与别的有关系的地方他曾经坚决的说过:"民族的行为就是这个民族的所在。"(was ihre Taten sind, das sind die Völker. 见《历史哲学》Philosophie der Weltgeschichte,第一七一卷,四四页。)

(c)精神方面的层次

现在我们讲到性格的第三层。这一个层次以体质及心理物理的气质为下部构造而成的,而且有固有的构造,这便是精神的各种构造。

例如某一个人的行为是叙述他性格的根据。他自己所认为"生活意义"的所在,便能决定这一个人的性格。一个人自然的情欲冲突,以及个人感情上生得的状态,这并不能包括一个人的全部。一个人虽然处于逆境,但是他能坚持他的理想,并且有强有力的忍耐力,在不屈不挠的紧张中终能实现他的理想:

人家喜欢时,把他自己显示他人,
不然,依然是"他","本然的他"照样不变。

(Dann kann man ihn mit Freuden andern zeigen und sagen:

das ist er, das ist sein eigen.)

(这几句话的意思与我国谚语"君子不改其常",及千字文上"坚持雅操,好爵自縻"相等。)

我们在论性格第三层的时候,同时便下伦理的价值判断并不是偶然的事情。在这性格第三层时常有道德意义的斗争,有某种精神企图的意欲以此为地盘,所以在历史上,由精神层而构成文化的基础。

民族性格的代表者

关于民族性代表者问题在民族性格研究上是当然的问题。不过这个问题本质"核心点"是很困难的。因为一个民族全体在生命上的外部表示,是不如一个人所表示的丰富。个人的生存不过数十年的时期,但是民族的生存能有数世纪,乃至数十世纪。个人有一定的体质,一定的气质,自己的职业,自己的世界观。但是一个文化民族有极多的体质,气质,与多样的身分,职业,世界观,乃至无数历史的变迁与变化。在这样的情况中,是不是有所谓统一的国民性格呢?我们所说的国民性格是不是仅为用在政治斗争上的标语呢?还是把二三个高尚的精神作为民族自己解释的结果呢?或者在民族集团相异的性格中,把个人对于价值的希望而当作民族性格的代表呢?这样的疑问自然是要发生的。

我们只把下列的事项举出便可以明了。就是民族性格时常在一种紧张与对立中。比较个人还在以上,在民族中不断的有运动及反对运动存在。民族性格不是单一的定型乃至具体的观念或原理。我们不能用塑像(造形)象征一个民族的性格。真正代表一个民族性格者乃是在一国历史上连续上演的戏剧。例如事实上使我们知道的,如德国人不朽的悲剧,乃至于永远表示日本人精神"大和魂"忠勇义烈的典型戏曲,到现在还存在着。

在这儿对于这个问题的讨论恐怕是不能深入的。我们拿什么代表民族性格才合适呢？例如什么样的人，什么样的行为，什么样的文化产物，公认的价值体系是什么样子呢？关于这些问题的回答，我们是不能不考虑的。这些问题的研究是论题的第二部分，我们或者称这一部分为“民族性格诊断学”（Volkscharakterdiagnostik）更比较合适一些。

三　民族性格诊断学

代表民族性格的是什么呢？如果把一切的项目都列举出来，相互间的交错恐怕是难以避免，我现在把代表性格的四种可能的项目举出来。就是：人类型，历史上的行为，铸造出来的作品，及民族共同生活价值创造的秩序。

1. 各国人的类型

关于讨论各民族优劣的通俗见解，是非常单纯的，并且所用的方法也是极粗杂的。这就是把所看到的便选来作类型的代表者，或者假构一种人物而赋与性格的特征。第一种看法全无任何学问的价值。至于第二种方法与第一种也不是全无关系，民族间互相自己都有一种夸张的露骨表示，对于其他民族便加上一种讽刺的口吻，例如称英国为 John Bull，称德国为 der Deutsche Michel，称法国为 Marianne，称美国为 Onkel Sam 等等的说法。用个人作身分理想的代表者也并不是很成功的。如英国绅士，法国的都会人，德国的士官，俄国的农夫，荷兰的商人，这样所得到的结果也不过是片面的。

任何人都是对于代表民族者限于伟大的男子，这样作法对于伟大的女性是不当的，歌德曾经说过这样的话：“对于种族全体有义务的一切事，任何女性也有她的一分责任”（见《亲和力》Wahlverwandtschften 第二编第二章）。伟人有多种多样的活动，并且要用多种多样的尺度测量,一般的看来,人在国民史及世界史上受到判决。不过这种判决也并不是确定不移的。譬如说关于德国人的本质最能代表的是什么呢？是伟大的统治者及政治家呢？是伟大的宗教家呢？是大音乐家呢？是大哲学家呢？还是伟大的技术家呢？

伟人与时代

在某一特定地域的伟大人物,在许多时代则辈出不鲜,在另外一些时代便寥寥无变,这是一般人公认的事情。原因是各时代有各时代文化的构造全体,这样便对于某种特定的人物定型选拔出来,这样的人便恰好遇到适于发展的条件,这简直好像是历史法则一样。在这样环境中有中常精力的人,便能一现而为不世出的俊英。不过用以上这样的观点看来,只能对于各时代的定型看出来,对于民族性格是不够的。我们读记述德国国民性格的东西——这要分德国人自己的著作及外国人的著作,如果是一九三三年以前的,便被认为不合时宜了。

关于伟大的人物,天才,及英雄的本质所有一切说法中,对于我们有特别贡献的只有一个,这便是黑格儿的学说。黑格儿认为英雄或伟人有一种超个人的目的及力量。所谓伟大的人物是世界史上各转换期的要求,英雄与时势是合一的。对于英雄如果用一种神秘的说法,英雄是世界精神的使者,也是民族精神的手足,实行出民族精神来,不过英雄无论如何——这是我们主题的要点,从黑格儿看来,绝不能超越固有民族精神的界限。假如一个英雄超越了民族精神的界限,那末这种英雄便成为证明国民没落的征象了。从黑格儿的说法看来,苏格拉底把希腊道德的腐败更导入一层深的程度。如果这种学说是对的,我们便可以说,在历史中有一种难脱的民族宿命支配着。民族生活从衰落的状态重新更生,纵然在新生活的飞跃中,也不能脱离民族精神的界限。同时民族性格学在理论上看太狭隘,而对于行为则有一种危险。对于民族全体是不易于把握的,假如一个民族的本质与界限确定了的时候,那末个人创造的意志及自身真实的信仰便成为麻痹的状态。

过去的民族,特别是对于自古以来被尊敬的民族,对于这个民族中天才上的成就,我们对之有好的评价乃是当然的事情,天才以外的人并不加以考虑。但是现代人到外国旅行的时候,所接触的是一些平庸的人物,即不重要的人。因此便起一种错觉,以为以前的雅典人大部分能达到白瑞克路斯(Perikles),苏法克斯(Sophokles)及柏拉图(Plato)的水准。人如果把民族及人物用物理学的观点看去,便认为正当的测量,那末对于同时代的人就看不出真面目来。

2. 英雄的行为

我们称一个人是伟大的人物时,便想到伟大的行为。伟大的行为是"一回的"。这要有非凡的实力及好条件的环境才能产生出来。但是一个民族的行为,从性格诊断学的立场看来,这一个民族中"英雄"的成就并不是与以上所说那样简单一致的。在一个民族全体中,有民族中若干集团的存在,我们于这一个民族中看出民族性格一般的长处。例如战争并不只是统治者的事情。随便一个人对于胜利的功勋,也有一份责任与贡献。从性格诊断学讲,各民族的军队便是映射一般民族本质最有效的方法,在这样场合我们要问是义务兵呢?还是招募兵?"职业军"与"国民军"当然是有区别的。

3. 文化的产物

(a)体验及文化的产物

文化的产物所不同于行为者,是把实际的行为并没有达到顶点,只是留在看作精神意欲的痕迹的客观世界中。在行为能表现完全价值者为军事的行动及政治的行为,从这种行为中才看出文化的可能性来,从文化的所产,能为周围世界的样子加一新的特色。一个民族文化的产物有什么性格学的价值呢?文化所产的全部自民族客观的文化,乃至民族精神的客观化看得出来。这样客观化的方面,以及各别的实质内容,虽然不易现露出来,却不至于陷于偏狭的印象主义的,乃至于偏狭的表现主义的文化观,而是一个有一般意义的看法。这就是说,无论什么样种类的文化产物,不是印象乃至"体验"的直接表现。无论那一个种类文化的产物,绝不是直接就是创造者性格的复写。个人主观与这个人的创造中间总有一些距离。例如一个人的体验或者跟从狄尔泰(W. Dilthey)⑰的思想系统,但是并不从他自己在诗上便能表现出来。总之,创造是在外部的某种力量所给与的启示。无论在什么时候,一个作品的创造要受材料特性的影响,而操作的传统规则也同样有影响。同时关于这种规则还有问题:这是技术的,乃至于日用品制造的问题呢?是艺术的产物问题?是认识能力所产的问题呢?在这些领域中,本质上从着客观化所产的法则,那末对于这种法则,个人主观乃至一个民族不能有些微左右的力量。譬如我用一个制造陶器用的圆盘做一陶器,我与作品之间按着客观的规定力就是了,但是体验及文化产物的制作是志向的解释,常是受着精神史的制约。

(b)民族精神的产物

以上所讲的问题,还有一层困难存在。一个具体的作品总有一个具体的制作者。这个制作者有他自己固有的性格,他的主观上本质的一部分必有刻印到作品所在。不过在这儿这还不成为问题。最困难的一层,是国民的主观上的本质刻印在作品上的问题。国民的性格在每个创造者固有性格的背后隐藏着,而又在个人的作品中表现出来,这在有训练的明眼人是一看便能看出来的。杜兰(A. Dürer)⑱的艺术作品中什么是"德国的特性",它所表现出来的几乎是人力所不可及的。而杜兰自己对于这个是什么也不知道的。假如有人问他德国本质上的特征在什么地方，恐怕他的回答是："请看我的作品吧！如果看不出来的时候，在语言这个贫弱的表现手段中，大概是更令人难于了解的。"

"民族精神的产物"在表现上，对于非个人所能为力的场合更特别看得清楚。在这种情况下，个人在民族精神中成为精神的织物。翁特（W. Wundt）[19]称"民族心"（Volksseele）为"超个人的产物"，这种超个人的产物有言语，神话，及风俗习惯等，一九〇〇年翁特在他所著的《民族心理学》（Völkerpsychologie）中首先提唱这种学说，实在是有充分理由的。并且从他自己就把这种预定计划扩张起来。其中关于法律的秩序，随从着来德国的传承，自超个人的生活根据产生出来的。法律秩序是由普遍者生出来的，普遍的发生作用，而规定了普遍的关系。在文化事象的领域，狄尔泰称此为"文化的体系"——特别如经济，技术，艺术，科学，并且在民族性格的诊断上也是有效的。从历史的延长及全幅看来，文化的国民定型是各种成就的标准，例如不能说浪漫主义比德国的古典主义更是"德国式的"。

i 语言

最早发生的是语言。语言是没有疑问的每一个人都有，而且同时语言又超越了各个人。语言是我们第一个最精制的"精神媒介体"，我们生活其中，活动其中，并且存在其中。语言学是在讲语言的构成及精神，从这儿我们时常可以推出关于民族性格的论断。从语言文化及语言的发达可以看出人在一定民族中，"心"及"理"（Logos）的接触，贯通，以各种极细微的地方，都能看得出来。同时我们必得注意的是"语言"的铸造藏着价值的铸造，这在民族性格学上是有极大意义的。米路蓝（Millerand）曾经说过一句话："语言把心术作成。"一个懂语言历史的人，对于精神史，特别国民精神史的奥义便易于根本的了解。所以比较语言学往往暗中便成为比较心理学。从许多例中，我要举维克斯莱（Eduard Wechsler）的那本思想丰富的著作(试论《德国人及法国人的本质学》,毕瑞福特一九二七年发行),与德国人本质有关联的德文,特别有许多有价值的叙述,这种说法是赫德(Herder)及洪保特(Humboldt)的天才创见的继续发展。福莱阿(Hans Freyer)[20]对于这个问题有简洁而巧妙如下的话:"对于语言的考究最后的思想及最高的目的,是在于由语言而解释民族精神的所在。某一民族性的特征,如何在这一个民族的国语中的构成,音调,及文章的接合中表现出来呢?同样的,这种民族性的本质又如何在这个民族的其他文化产物中表现出来呢?了解了这些问题便明白了民族性格。"我同时再讲一个人,皮特路(Alfred Petrau)在他所著的《文字与文章在民族生活》中(见《本质》Essence一九三九年发行),明显的从民族性格学问题设定出发的,此外如俄德卜莱西特(Rudolf Odebrecht)[21]认为有一种超论的语言力量,从此出发才能了解德国哲学根本的意义。

离开了语言便是民族精神特殊的创造产物转移的时候,这就是说国民的个性以及由此所产生的各种文化事象的领域必定因此而移转,这是我所看出而特别指出的地方。我们要不明白开头的这一个关口,则一切无从下手。

ii 经济

在经济上有许多没有自主性质的因子:如地理的位置,气候,地形,交通的状况,传统的生产形式,自外部来的压迫等。这些因子对于民族的性格都有形成的作用。如岛国便宜于海员的养成。同时由于这种民族性格时常有一种高度的发展,但是不能利用这种客观因子的也并不在少数。我们在这儿要提到马克思·维泊(Max Weber)[22],桑巴特(Sombart)[23],阿路富德·李尔(Alfred Rühl)[24],莱哈德·庸哥(Reinhard Junge)[25]等人,他们关于国民的经济观念有形形色色不同的记述。例如富于商业人才的国民特色,就在非专门的人也能直接的看得出来。而技术化的国民,在观察的时候又要有组织的眼光。各个民族所制造的机械型如何？而关于机械处理方法又如何？这都是要注意到的问题。

iii 艺术

关于艺术不论是什么样的形态，它是从内面感性表现于形态之中，虽然这不是唯一的问题，却是本质的课题。艺术与许多其他的文化产物一样，能把民族性格决定的特征表现出来。一方面在创作者的心理及这个人在国民的规定性之间，另一方面在制作的材料及客观的制约之间，在性格学上不能直接利用出来的独自的领域尚且存在着。艺术的种类，"母题"(Motive)，技术，样式等是由民族出发的，同时又受时代的影响而起变化。在民族性格学上有意义的所在，实在是可以看出来，听出来，读出来，但是必得有极洗炼的眼光。我在这儿可以举出个例来，只就造形美术的领域看一看。品德(Wilhelm Pinder)[26]把固有奥斯特的遗痕找出来，最近普林克曼(A. E. Brinckmann)[27]有一本极有内容的书出版：《各国国民的精神，意大利人，法兰西人，德意志人》。马德利哥(Madariaga)[28]对于这部书由绘画及建筑方面而细心的看出国民的主要"母题"来。我在此再提出一个公式来：把"感性"(Sinnlichkeit)归于意大利人，把"合理性"(Rationalität)归于法兰西人，把"精神性"(心灵性)(Geistigkeit, Spiritualität)归于德意志人，这样便对于这部书的精神庶几乎是"思过半矣"了吧。不过对于民族性格的认识，只用这些空虚的范畴是不够的。因为绘画，造形美术，以及音乐等，绝不是用语言便能完全讲明白的。诺德雷(Josef Nadler)[29]又曾讲过，德国文学史是由德国各部落的精神特质组成的，他这种想法我也颇同意。

iv 科学

科学是被看作最缺少国民特性的特权。因为科学的目的是真理，它的长处呢，是研究者对之要求一种普遍妥当性。但是实在的看来，就在严密科学的研究中，民族的血及精神也是流露其中的。这不仅是今日才认识的事情，至少是从石莱马哈（Schleiermacher）[30]以来就是我们都知道的了。关于物理学，杜恩（Duhem）[31]曾有高明的意见发表。施彭勒（Spengler）[32]对于这一点更有夸张的说法，各种的"文化心"是由数学能表示出来的，皮帕巴哈（Bieberbach）[33]及法兰（Vahlen）[34]对于德国数学的"固有性"也特别提到。关于人文科学，也是从这种国民的规定了的精神作为母胎而产生出来的。而且人文科学更是故意的不能不由这种民族性的源泉出发，所以在人文科学上更特别显示出强烈的国民精神上。民族精神在民族固有的哲学中达到成熟而完美的程度，以上是黑格儿的学说，虽然是哲学的努力企图没有完成，而历史上现有的成就是真实的。翁特在大战（第一次世界大战，译者注）的时候，把这种事实有一种概括的著述，记在他所著的《各国民及其哲学》（Die Nationen und ihre Philosophie. 1917）中。在翁特之前有阿路福莱德·福恩（Alfred Fouillée）著有《国民的论理学》（logique nationale）。最新的科学有"知识社会学"（Soziologie des Wissens）及"思想形式学"（Denkformenlehre），对于我们所说的主题更有精深的研究。其他如特越路奇（Troeltsch）[35]及路特克（Rothacker）[36]对于这方面的问题也有许多发见。"国际间的共同事业"，由各国国民的个性组成，才能有一种活泼的可能性。

4. 共同生活的规范秩序

（a）风俗习惯，法律，国民道德

我们从文化的产物及成就把创造者及创造作用所贯注了生命主体的"民族性"可以窥测出来。但是仅止于此，尚缺少对于国民的思考，感情，意欲等最决定的文化方面的认识。诚然是在经济行为，艺术的形成，以及学问的研究，各能显示生命有意义的一面。然而在承认了民族之后，在民族共同行为下的那种规范的秩序，便是对于民族价值的意志的流露。这就是不能不是妥当而现实的（效果的）属于那个民族信念的流露。从这儿显示出民族的全体的世界的道德构成本能的显现。我对于文化的这一方面称为“规范精神”（normativer Geist）。详细说来，这就是习惯及风俗，国民道德，法律及政治机构等规范的各种秩序体系。这种规范的精神在现行的教育各种形式中，最清楚的反映出来。因为对于将来的意志，以及在重要的生活领域中，能永远有一种神圣力的信仰者，都集中于此。所以凡是对于某民族性格想明了者，都对于这一个民族的“教育理想及教育制度”（Erziehungsideale und Einrichtungen）认为在诊断学上有特殊的价值。

关于其他民族的风俗习惯，以前的旅行家及出外的使臣等都有报告。在今日还有民俗学从这一方面供给关于民族性的知识。塔克达（Tacitus）所著的德国（De Germania）便是一部风俗志。伏尔泰（Voltaire）[37]所著《各国民的风俗及精神论》（Essai sur les moeurs et l'esprit des nations，七六五年出版）就是近代历史哲学的前驱。罗马法的精神在伊令固（Rudolf v. Ihering）[38]之前之后都有不断精细的研究。德国法，英国法，及法国法的精神都以罗马法的精神为背境产生出来的，在法律学上，时常把文化的年龄阶段与民族性格混同起来。我在别处屡次提到的是文化国民的国民道德，在某种程度内包括的叙述不是唯一的方法，只是对于原始民族从这种观点出发。关于把握有效的过程阶段哥沙曼（Gesemann）[39]著有孟特奈固鲁人（Der Montenegrinische Mensch.）。狄白鲁斯（Wilhelm Dibelius）[40]对于英国的国民性在讨论的时候，特别注意到道德的方面。定型化的英国“绅士理想”（Gentlemanideal），混合了几分“清教徒的市民道德”（Puritanische Bürgerethik）。他把这种理想在比较考察之后，便有如下的批评：把各种生活理想及德高望重者的定型，作为国民修养的定型，不过国民的培养不仅只建筑在单纯伦理的定型上（《英国》，第一卷，一八五页）。

（b）国家

民族的生活达到国家便是达到了顶点。民族在自己的国家中开始发挥自己的意志。关于这个问题别木(Max Hildebert Boehm)[41]曾有意见发表:国家不单是风俗习惯,道德,及法律所产生的固定作用的综合,国家时常在否定了又加否定,它有一个世界观。到处我们看见国家精神的强权,乃至宗教组织制度,和平的乃至敌对的各种关系。只在西洋仅有基督教,国家与教会的特色有"两元性的"存在。因为对应这种两元性的存在,所以道德也有两元性。关于欧洲的各国国民,假如不把基督教会,帝国观念,及希腊,罗马的人文主义的共同性牢记在心里之后,那末他们的特性是看不出来的。不过自从十四世纪以来,直到十六世纪所有大的宗教改革运动,国民个性的自觉到处有一种强烈要求的特色,这是十六世纪的人文主义对于"祖国语"特别提倡的理由,因此"国民的倾向"由此发展起来。

孟德斯鸠(Montesquieu)以后,现行的各国国家宪法。虽然没有发见关于民族性格的条文,但是国宪到底是什么?这是不能不知道的事情。我们要知道国宪不只是法律的条文,而是关于最后具体的生活状况也不能遗漏,所以是政治秩序的综合组织体。同时这个又是一方面由具体的生活事情所支配,一方面又是充满了紧强的构成体,如果客观的看来,它是极丰富的,而又只是历史的直观力。

(c)国民的心术

以下的问题在原则上必得要确定。风俗习惯,道德,及法律,与尚无完全保证的各种规范,它们的背后,把生活及共同生活一般要求的价值全体的各种规范,国家无论在内部或外部,都要由实权来加以保证。国家自身无论在什么时候都用信仰力来保持自己。由"信仰的胜利"而出凯歌来,所以"国民宗教"便是国民性格学取材的所在。就在这种情况下,国家及国民宗教从确定的形式而代表价值及规范。我们从这种价值及规范中,可以窥知属于国民性格最后的意志及决定的行为。研究世界宗教的时候,对于外国的宗教,在比较朴素的民间信仰中，也可以作为国民性格学的材料。不过在高度发展的性格，无论是个人或民族，往往内部藏有紧强的状态，这又不能不由辨证法的运动加以把握。

因为“国民道德”是对于集团的权威及传统的良心上无数暗中斗争的结果。只有在这条路上，道德成为高贵的东西，而且不断的增加价值目录，这才是上升的行为。我们称确定了的良心为“心术”。所以国民性格也可以说来确定的，一般承认的“心术”。换句话说，心术是在共同生活中对于道德上的重要价值及规范的一个操持。心术到什么样的程度便成为行为呢？因为二者是不一致的，这个问题在最高度便由性格表示出来。

对于价值的心术发展而有种种心术价值产生出来。道德的价值秩序由于性别，身分，职业，及年龄而分化起来。法国人所说的“社交性”是一个民族特殊社会构造的关系。社会构造与道德的分化结合着。从道德的分化更进而有国民性格的分化。例如代表日本国民性格的是什么呢？是日本的武士？农民？商人？还是教授？

这种情况对是各国一样的。就是说民族性格不是从各别的身分加以诊断，而是由集团的互相，上下及对立的关系中加以诊断。它的结果是一种辨证法的运动。我在这儿再重复一遍，表现民族性格的不是肖像画或雕刻，而是有感动力量的戏曲。例如把我们德国人最能代表出来的是歌德的浮士德(Faust)。我们在行动着，并且常是悲剧的行动着，由此看来，我们的民族还在“生长”着！

局面诊断

关于性格诊断学的主题完全处理的时候，在研究的领域上尚有一残余的问题，这就是“局面诊断”(Situationsdiagnose)。对于某一“有效的”瞬间最确实的把握它的本质，这无论对于民族或个人都能作出来的。所谓“有效的”意思是指对于性格学上有意义。为什么话是这样讲呢？因为性格的担当者在现在这种样子的生活状态能达到顶点，也达到底点。

人在幸运或得意的时候，取什么样的态度是很有意义的事情；这一个人因此就傲慢起来呢？还是不呢？自己喜欢把个人得意的事向人宣耀吗？是得意忘形吗？还是出以懒惰的享乐呢？不然，是不是孜孜不绝的日日新又日新的从事活动呢？我们对于个人在这样方面加以深刻的观察与注意，也可以把这种方法移在各民族的生活上来。

在消极的方面也是同样的。一个人或者一个民族在不幸的重压下，可以看出是否耐得锻炼。关于这个问题困克尔（Fritz Künkel）[42]在性格学上提出一个方法来，称为“界限设定法”（Herkologische），也称“极限法”（Grenz methode），又称“否定法”（nonische Methode），当着运命的重压下，在无可奈何的时候，都呼“奈何”（相当于中国话的“没有法子”），这一种说法对于我们的启发不多。不过在这儿还有层特色，就是那个人可取两种态度：（一）是消极的样式：“是——不行——完啦，没有办法！”（二）是积极的样式：“是——不行——不拘这个，还是干！”从这两种样式看来，历史上德国的民族性格便过到很好的试炼时代。从极度的绝望深渊中再爬起来，从苦恼的底层而得着纯化的机会，这是我们屡次经验到的。所以尼采说德国人永远是在生长着，我们决不是一成不变的，我们永远在改造自己，并且是改造者。

民族的原始本能——复兴自家！

然而民族也有一种原始的本能，是野性而且非合理的爆发，与运命结合在一起，这样的热狂我们在群众的兴奋状态中便可以知道，但是民族与群众绝不可以混同，民族心理学与群众心理学也不是一样。对于某一种民族（假定是民族发展的一个阶段），在那一个民族中各个人相互间是否设有严格的境界？或者境界很松，其结果易于倾向乱醉的群众爆发，这便显示出民族性格来。俄国人把此认为传染病，法国人关于这一点确实不像德国人的程度。德国人在本质上确有否定的倾向，拉丁人是陷于狂燥乃至狂乱的状态。

“个人性格”与“民族性格”之间类似的地方，民族性格也是在发展遇到障碍，就是无论如何逃脱不了的生长上的顿挫，在重压下的状态长期间继续下去，任何民族都留有这样的痕迹。名誉的丧失常有一种破坏生命力的结果伴来。污点拭不去，在作重大的决定之际，而与以无力的约束，不仅是外面的损失，而是性格上的污点。因为民族在道德世界中实在是名誉的，所以对于民族不能不看重名誉。

但是一个民族长期间的生存中，假如这个民族有强力的生命，还需要几度风俗习惯的纯化匡正，这样的纯化匡正把国民的自觉显现出来，于是这种“民族自觉”对于将来不仅是一种飞跃，也是这个民族青年期追求高迈纯洁的理想所在。我们称这种过程为“复兴自家”（einheimische Renaissancen）。德国人与日本人同样，屡次实行这种“复兴自己”的举动。

描写民族性格与价值判断

我们讲到民族性格学的时候，时常作价值判断，在这种领域排除价值判断是不可能的。成熟的民族总是对于自己的性格描写不甚可靠，他们大概容易理想化，而不容易有批判的眼光。不过只是对于过去的伟大过分的理想化。活泼泼的民族把自身最高的可能性及使命的光辉照耀在自己身上，在重大决定下的瞬间，民族把关于自己庄严的偏见，也许要吐露出下列的意思来：“我们现在不能不这样做，你我的事都没有什么价值，也没有什么余地。”

然而有一桩事，我们不能忘掉。一个国家蹂躏他国的时候，或实行轻蔑的攻击时，人却都要诉之真理，诉之正义。从这样的轧轹而置立了所谓科学的目标。科学不是中立的，所要求的也不是公正的，裁判官也不是中立的，他只是下判决的；不过也需要一些广博的专门知识为基础。

把自己理想化这件事，而人的自身最深层到底包含着什么，这是使人难解的。既然是人希望的所在,就是人想把自身向上,不过其间还有很大的差异。个人生活中也有所谓“对照的理想”(Kontrastideal),这可以说是与伸常理想全异的心的力学。

自然把各种树木各自生长在适宜的土地上,各地带由于当地的气候,就在那个地方生长别的地方所没有的生物。至于这些生物中的样式,那一种是最完全的,这实在是不易决定的。但是有一种正当性质可以看作健全的被造物,我们便相信我们自身,相信我们的生活权利,相信我们自己完成的义务,相信我们的使命能达到。

四 结论

把民族性格学——这种结论只是我个人的意见——成为严密科学的学问,不是完全能作得到的事情。这是把多数各别的特征强力的加以综合,使之一体,也就是说综合起来观察一个明了的构造,必需一个艺术家的才能。所以普路哈兹珂(Ludwig Prohaszka)最近把“匈牙利人的精神”(ungarisches Wesen)做成了一首美丽的诗歌。至于在德国的土地不绝的有一种窒气与暗云笼罩着,这是我们的性质。我们对于自己并且对于他人有很多的发挥,而我们足以夸耀的还是“武士气质”(Kämpfertum),这就是指武士的精神。我们从纯洁无垢的意志有确信自己长处的勇气,同时我们对于别的世界纯正的东西,也要放开了眼睛,我们如果真正认为伟大的时候,便欣然的互相交换武器,好为和解。

然而这并不是排“他”(andern)的“只此一家”(dies),我们决不仅只承认我们自己,我们对于周围世界有作要求的时候,同时我们又受运命之手的按排。我们的运命把我们领导着导演的时候,那就是我们最后奋起的时候。

因此我们——与任何民族一样——在形而上学的正面同时又在

形而上学的反面,能把我们完全叙述出来。这是伟大的,其上还有宗教的感觉及教化意义的悲剧题材。一个民族最丰富的姿态表现在伟大的悲剧诗中,此外无论在什么地方很少能表现这样纯粹深义的所在。一个民族在他们的悲剧中,深层的领域在光天化日下还曝露不出来,恐怕已经是坏灭了。“英雄的行为”(Heroisches Tun)与“英雄的苦恼”(Heroisches Leiden)是属于一体的,而且结果常是悲剧的。各种民族!你们在悲剧上体验过什么?如何渡过悲剧的阶段?你们从悲剧上得着些什么?都请告诉我!我愿意衷心告诉你们到底如何!

注:

① Alfred Fouillthe(1838—1912)是法国的哲学家,曾任过巴黎大学的教授。他是最近观念论的进化论代表的人物,把柏拉图的观念与进化论的思想结合起来,换句话说,他想把“唯心论”与“唯物论”调和起来,唯心论是一方面的,因为它只着重思想,唯物论也是一方面的,因为它着重行动而至于排除其他的因子,心与物,意识与生命是一而二,二而一的。心与物是一个单纯而全体实在的两个抽象体,同一东西的两种看法。一切心的现象都是一种冲动或“欲望”(a pétition)的表现。所以观念(心的现象)有力量,Fouilthe 对此称为 Idées-forces(理力),这是 Fouilthe 的中心思想。又在社会学上他主唱观念的有机的契约论。

② 译者注:这儿所引用的是:J St. Mill:A System of Logle. Book VI,Chapter V of Ethology,or the Sclence of the Foundation of Character 中的一部。所说“政治的性格学”是《政治或社会科学》(Political or social science)中的一个部门,称为 Ethology 的。密勒的论理学不只是形式论理学的教科学,而是企图着对于各别科学全体的方法论的巨著,现在成为一种“经典”了。

③ 译者注:这是歌德的诗。题为 Urworte. Orphisch 中的话。歌德在这诗里歌咏希腊的奥路菲克教的宇宙开辟说,关于自由与必然,希望与爱的事情。

④ 译者注:“吾人要努力认识伟人的动机,热情,与识见,并且要把这个看作决定历史事情的唯一原动力。同时又在这种典型的意义中,要明了一切有害行

为与有益行为上变态的真相。这样便对于将来的行为得着有价值的指示，这就是所谓‘合理化的历史’（histoire raisonnée）。从这样合理化的思考，把政治的意义包含在内，以道德为本的历史便能产生了。”（K. Lamprecht，1856—1915，历史学家。）

⑤ Fischer，Eugen 1874。弗雪是柏林大学的人种学教授，本书所称南非杂种部落研究的有关参考文献，是指弗雪所著的：Die Rehobother Bastards und das Bastardierungsproblem beim Menschen. Jena 1913 出版。此处所谓 Rehobother Bastards 是指德领西南非洲卜鲁人与豪顿土特的杂种苗裔，Fischer 曾经对于这个部族证实了曼台尔（G. Mendel 1822—1884）的分离法则，曼台尔的分离法则在 Homo 上的证实，这是第一次。

⑥ Bontmy，Emile（1835—1906）。卜图密是法国的历史家，除本书所载的著作之外，尚有：（1）Psychologie Politique du Peuple Americain。（2）Développement de la constitution en Angleterre。

⑦ Kretschmer，Ernst 1888。克瑞齐梅是马堡（Marburg）大学的教授，讲精神病学及神经学本书所引用的文章见他的著作：

（1）Körperban und Charakter（《体格与性格》），Untersuchungen zum Konstitutionsproblem und zur Lehre von den Temperamenten. I. Aufl. Berlin 1921. 9. u. 10. verbesserte Aufl. 1931，1936. 本书有日译（内村译）及英译。（2）Der Sensitive Beziehungswahnsinn（《敏感关系神经错乱》），1918，1927。（3）Medizinische Psychologie（《医科心理学》），Ein Leitiaden für Studium und Praxis. 1922. 4. Aufl. 1930，1939。（4）Über Hystörie（《论协议脱离》），1923，1927。（5）Genlale Menschen（《有天才的人》），1929，1931，本书有英文的译本。

⑧ Kroh，Oswald，克路为屠冰根 Tübingen 大学的教授，德国的心理学家与教育学家。

⑨ Pfahler，Gerhard 1897。普夫雷是哥丁根大学的教授，心理学者及教育学者。关于儿童心理学及性格学的著作有：

（1）System der Typenlehren（《类型学的体系》），1929。（2）Vererbung als Schicksal（《看做运命的遗传》），eine Charakterkunde（m. e. Beilage：Charakteriologisches Hanptschema）1932。

⑩ Klages, Ludwig 1872。克拉开斯是德国的哲学家与“笔迹学家”(Graphologe),他对于笔迹学及性格学的研究成为知名权威了,著作极多,在解释性格上,他是民间代表的人物,对他同调的学者也颇多,曾有三十名的他的友人学者寄稿,集成一书:Klagesfestschrift. Die Wissenschaft am Scheidewege von Leben und Geist. Leipzig 1932.(克拉开斯六十岁纪念论文集)在本论文集有他著过的总目录。

⑪ Buytendijk, F. j. j. 。卜特德克为荷兰哥鲁尼根 Groningen 大学的教授(生理学及组织学),主著有:Wege zum Verständnis der Tiere. Zürich, Leipzig 1939。他在本书把现代动物心理学作全般的批评,从这部书不仅对于 Buytendijk 的个人见解得着了解,并且对于动物心理学最近的研究状况也可以得一鸟瞰,该书末尾附有详细的参考书目录,对于专攻动物心理学者有极大的方便。

⑫ Plessner, Helmut 是现在德国的哲学者及“人学”(Authropoiogie)的学者。(所以把 Anthropologie 译为“人学”, Plessner 曾任哲学杂志《哲学报告者》(Philosophischer Anzeiger)的编辑者,1925—1930。)

⑬ Clauss, Ludwig Ferdinand 1892—　。克乐斯是柏林(Berlin)大学的讲师(心理学及人种心理学),他在表出现象的研究上是人种心理学的建设者。他还是“Rasse”(《种族》)杂志编辑者中的一人。他所研究的问题是人种与心理,以及人种形态与心理之间的关联,在一九三六年以民间的学者被聘为柏林大学的讲师。

⑭ Lersch, Philipp。雷审是卜劳恩史外 Braunschweig 大学的教授,心理学家及教育学家。(1)Gesicht und Seele(面与心,中国有“知面不知心”的成语,现在用来翻译该书为“面”与“心”,觉得再恰当没有了!)

⑮ Strehle, H. ,斯特莱路的著述与本书有关系的是:Analyse des Gebarens. Erforschung des Ausdrucks der Körperbewegungen.(《行动的分析》,《身体运动形态的探讨》)Berlin. 1935。

⑯ Bühler, Karl 1869—　。毕雷是维也纳大学的教授,关于一般历史概论的著作很多,特别对于现代心理学作一种广泛的历史研究。

⑰ Dilthey, Wilhelm, 1833—1911,见《中德学志》第五卷第三期,四四四页。

⑱ Dürer, Albrecht, 1471—1528,德国画家,生于奴恩堡(Nürnberg)。

⑲ 译者注:翁特并没有假定一个“实体的民族心”,但是他十分考量一种“经验的民族心”。翁特在民族心理学的大著(一九〇〇年——九二一年)第一卷(语言)的序言中曾说,实体的“心”在形而上学的观点看来,这种概念的意义纵然重要,但是这个问题对于经验心理学自身并没有关系。就所谓心的生活讲,虽然把超越的实体作为前题是十分的必要,而我们的经验上,对于这样的实体绝没有任何关系。所谓“心”的概念是意识上直接事实的联关,这就是说,“心理过程”以外,并没有经验的意义。所以在民族心理学上所说的心的概念,当然只是用于经验的意义。而“民族心”在这样的意义讲来,与“个人心”有完全一样的权利,“民族心”有实在的意义是很明了的事情。从民族共同体成员的共同生活生出的精神发展,与个人意识内部的心理过程一样,乃是现实事实的构成部份。当然这样的发展并不是在个人心外的,个人心也并不是乱七八糟的状态,而无心理的要素,而是一种结合体;从此产生的经验意义上的民族心,也不是许多个人心的总合,而是由个人意识的结合所生独特的心理,乃至心理物理学的过程,由此生出来个人心与民族心的概念不同,语言,神话,风俗习惯是超个人的民族心所产生的。

⑳ Freyer,Hans(1887)。福莱阿是德国当代的哲学家,社会学家。本书所引用的一段文字,见 Sprache und Kultur(《语言与文化》)一文,发表于 Die Erziehung Bd,III,1928。

福莱阿在社会学上的特色,被认为他的学理克服了形式的关系学说及唯物史观的理论。一九三三年他任德国社会学会会长(Präsident der Deutschen Gesellschaft für Soziologie)。

㉑ Odebrecht,Rudolf,1883。俄德卜莱西特是柏林大学的哲学讲师,他用胡塞尔(Edmund Husserl,关于胡塞尔的现象学,可参阅《中德学志》第三卷第四期王锦第介绍的一文,《胡塞尔的现象学》)的现象学方法,放在美学上运用,著作有下列几种:(1)Grundlegung einer ästhetischen Werttheorie(《美学价值论的基础》),Bd. 1.:Das ästhetische Werterlebnis 1927。(2)Form und Gelst(《形式与精神》),Der Aufstieg des dialektischen Gedankens in Kants Aesthetik. Berlin 1931。(3)Gefühl und Ganzheit(《感觉与全体性》),Der Ideengehalt der Psychologie. Berlin 1931。(4)Schleiermachers System der Aesthetik,Berlin 1932(《世莱玛哈的美学体

系》)。详请参阅后注㉚F. Schleiermacher 注文。

㉒ Weber, Max 1864—1920。维泊生于阿发特 Erfurt(Thüringen),多年住在海岱倍(Heidelberg),并任该地大学的教授,晚年在明兴(München)。他是社会学者,经济学者。特别为现代哲学家亚斯波(K. Jaspers)所推崇。

维泊的著作:(1) Gesammelte Aufsätze zur Religionssoziologie. 3 Bde. 1921—22.(《宗教社会学论文集》)。(2) Gesammelte Aufsätze zur Sozial-und Wirtschaftsgeschichte. 1924(《社会史与经济史论文集》),有周咸堂译的《世界的社会及经济史大纲》。(3) Gesammelte Aufsätze zur Soziologie und Sozialpolitik. 1922(《社会学与社会政策论文集》)。(4) Wirtschaft und Gesellschaft. 1922(《经济与公会》)。(5) Wirtschaftsgeschichte. 1923(《社会经济史》),有郑太朴译本,一九三六年商务出版。

㉓ Sombart, Werner 1863—1941。桑巴特本来是柏林大学的教授,详见本志五卷三期贝锦玉君译文。

㉔ Rühl, Alfred 1882—1935。李尔是德国的地理学者。一九三〇年作柏林大学的教授。他的专门学问是经济地理学及经济心理学。

㉕ Junge, Reinhard。莱哈德·庸哥为柏林大学哲学系讲师,以人生哲学为基础;讲东洋的经济学(Wirtschaftskunde)(n. M. 1938)。

㉖ Pinder, Wilhelm 1878。品德是柏林大学哲学系的"枢密顾问"(Geheimer Regierungsrat),他是中世纪美术史及巴若克(Barock:这是艺术史上的一个时期,指欧洲十六世纪文艺复兴至十八世纪中叶的期间)时代的研究者。

㉗ Brinckmann, Albert Erich 1881。普林克曼为佛兰克府(Frankfurt)大学的教授,专门中世纪及近世美术史。本书所引的书是:Geist der Nationen. Italiener, Franzosen, Deutsche。

㉘ Madariaga, Salvador de, 1888。马德利哥是西班牙人,曾作过牛津(Oxford)及马德利得(Madrid)各大学的西班牙文学教授。一九三七年曾任国际联盟内 Comité Permanent des Lettres et des Arts(《文艺常务委员会》)的委员。并且还任过西班牙的驻美大使,驻法大使等职。

㉙ Nadler, Josef 1884— 。诺德雷是德国的文学史家(Literaturhistoriker),任维也纳大学教授,讲德国语言及德国文学。诺德雷的主著为:(1) Literaturgeschichte der deutschen Stämme und Landschaften(《德意志部落及地域文学史》),见《中德学志》三卷四期崔亮译文,六四二页。

㉚ Schleiermacher,Friedrich Daniel Ernst 1768—1834。石莱马哈生于布雷斯劳(Breslau),一七六八年,十一月二十一日。他受过新批判哲学的影响,但是他继续在Halle大学研究神学与哲学(1786—1790),在一八〇九年他在柏林做牧师(Prediger),至一八一〇年在大学任了教授,这个位置做到直到他死,一八三四年,二月十二日。

在柏林的时候,他受过浪漫学派各领袖的影响,但是他不追随他们那种极端的说法。虽然石莱马哈在神学上有极高的成就,但是从他在哲学史上贡献的材料看来,我们可以称为哲学家的石莱马哈。

㉛ Duhem,Pierre Maurice 1861—1916。杜恩是法国热力学家,热力化学家,物理学史家,并且也是科学批评家,他研究中世纪及文艺期前后的力学发达史,特别对于画家,雕刻家,科学家……的博学天才者达文奇(Leonardo da Vinci,1451—1519,意大利人)有专门的研究。他在科学批判上,认为物理学上的法则与理论是相对的,可变的,从这一点看来,他是倾向于实用主义的。施彭勒(Spengler)所著《西洋的没落》(Der Untergang des Abendlandes)一书,就是根据Duhem的研究,而讲文化的相对性。像物理学这样严整的学问尚无绝对性,所以文化的兴亡也不过是相对的存在。

㉜ Spengler,Oswald 1880。施彭勒是第一次世界大战后德国的"文化史家"(Kulturhistoriker),同时也是文化批评家。他的主著《西洋的没落》(Der Untergang der Ahendlandes)一书,在欧洲——近年来在东洋各国也普遍流行起来——的思想界掀起极大的冲动,关于他的思想及我们对他的批评,我们已有两篇文字发表,请读者参阅:(1)《士榜格论欧洲文化》——王锦第;《中德学志》二期二卷。(2)评《人与技术》(Der Mensch und die Technik,O. Spengler著)——王锦第评并介绍中文译本及Spengler的见解,《中德学志》三卷三期。现在不再多讲他。

㉝ Bieberbach,Ludwig 1886— 。皮帕巴哈是柏林大学的数学教授兼理学院的院长,他是德国数学(Deutsche Mathematik)的责任编辑者。近数年来盛唱德国数学的民族性,他是讲数学民族性的领袖。在解析几何,函数论,微分方程式以及代数学各方面写过许多一般的著作。

㉞ Vahlen,Theodor。柏林大学的理学院的教授(数学),并任教育部的局长。他并且是数学杂志《德国数学》(Deutsche Mathematik,1. Band 1936 每年发行六册)的发行者。

㉟ Troeltsch,Ernst 1865—1923。特越路奇是德国的神学家,社会学家,并且是文化哲学家。晚年主要的从事于历史哲学。他的著作有"全集"(Gesammelte Schriften)共有四卷。第一卷:Soziallehren der Christlichen Kirchen und Gruppen(《基督教会与信徒的社会论》)1912。第二卷:Zur religiösen Lage,Religionsphilosophie und Ethik(《宗教的地位》,《宗教哲学与道德学》),1931。第三卷:Der Historismus und seine Probleme.(《历史主义及其问题》)。第四卷:Aufsätze zur Geistesgeschichte und Religionssoziologie(关于《精神史及宗教社会学的论文》),1925。

Troeltsch 的历史哲学:与自然有区别的历史的本质乃是具有个体的全体性,换句话说,文化形象是一回性的。这就是把某种文化形象缠绕的全过程看来,可以说是个个的文化现象。而对 Troeltsch 特别成为问题的乃是历史发展的问题,以及对于历史主义的危险如何克服的问题,不过他的著作尚未完结,他便去世了。所以 Der Historismus und seine Probleme 只出了一卷。

㊱ Rothacker,Erich 1888。路特克为拨恩大学的哲学教授,受过狄尔泰的影响,在人文科学的理论与历史哲学上有贡献。Rothacker 的著作有:(1)Logik und Systematik der Geisteswissenschaft(《人文科学的论理学与体系》)(Handbuch der Philosophie horausgogeben von A. Baumler u. M. Schröter 1927)。(2)Geschichtaphilosophie(《历史哲学》)(Handbuch der Philosophie)München,1934。

㊲ Voltaire,本名 François-Marie Arouet 1694—1778。我们知道十八世纪被称为"启蒙世纪"(Aufklärung),在这个时代唤醒新精神,传播新思想最力的人物,就是孟特斯鸠与伏尔泰,他们在法国举起了火把,而影响所及,整个欧洲都受了波及。伏尔泰在英国住过二年,对于英国的制度五体投地羡慕,于是这位最漂亮的宣传家把英国哲学家洛克(Locke)的思想通俗化而且应用起来,同时他从英国带回祖国的法宝,还有牛顿的物理学与无神论。著有 Letters concerning the English nation 1733(《关于英国的书信》),他一方面介绍英国的事情,一方面批评他的祖国,牛顿,洛克的学说,思想移入法国之后,而笛卡尔的哲学便没落下去,用实用主义的观点,把人类历史的发展,建筑在教养与进步上面。

附言：一个国家的文化为另外一个国家所艳羡，所模仿，这在历史上看来是屡见不鲜的，例如法国的效法英国，歌德之前的德国又醉心于法国，至于日本在大化革新时代的吸收中国文化，明治维新时代的接受西洋文明，更是我们比较熟悉的史实。我们的国家在现代就经济文化各方面看来，除了少数不“开眼”的顽固之外，谁也不能不承认中国是落后的国家，因为是落后，所以不能不急起直追！不能不迎头赶上去！因此我们也就不能不虚心，但是虚心不要弄成“自卑”（Inferiority Complex），像什么洋买办，吃教会者，“高等华人”，外国人是“二大爷”的心理；一个健康的自信与自觉——绝非狂大以至于排外！——是中国今后建国心理上的一道“长城”！而世界各国，从历史上看来，互相间的文化交流也是很自然的事情。（请参阅：《民族的自信与自觉》——王锦第著，民国二十六年的《再生》杂志）

㊳ Ihering，Rudolf von 1818—1892。伊令固是德国的罗马法学者，关于罗马法的主著有：Geist des Romanischen Rechts auf den verschiedenen Stufen seiner Entwicklung《各种不同阶段发展的罗马法精神》，1. Bd. 1852，1907. 2. Bd. 1854，1921. 3. Bd. 1858，1892. 4. Bd. 1865，1907. Registerband（索引）1878. 这是一部尚未完成的书，他把罗马法建立在他的社会学的基础之上，一方基于技术的构造加以研究，于其说罗马法，无宁说罗马法上所出来的事情加以说明，本书的引文也是关于这一点上的。

㊴ Gesemann，Gerhard。哥沙曼是普拉哥（Prag）大学的教授（斯拉夫语言学），本书所引用的书，见：Der montenegrinische Mensch. Zur Geschichte und Charakterologie der Patriarchalität Prag，1936。

㊵ Dibelius，Wilhelm 1896—1931。狄白鲁斯是德国的英文学者，曾任柏林大学教授，主著有：England. 2 Bde. Leipzig u. Berlin 5. stark umgearbeitete Aufl. 1929。初版在一九二二年，一九三一年出至第六版。本书所引用的是第几版不明。此外著作尚有：Englands Romankunst 1910. 1922 Dickens 1916. 1926。

㊶ Boehm，Max Hildebert（1891）。别木是耶拿（Jena）大学教授（民族理论，民族社会学，国境地域学）。

㊷ Künkel，Fritz 1889。困克尔承继阿德勒（Alfred Adler，生于一八七〇年二月七日，著名的德国医生与心理学家）的衣钵，著作甚为丰富。

第 三 辑

日本文学、历史、制度及政治

日本初期的西化经过

日本人是一个善于模仿的民族,他们的文化也多是外来的移殖,所以日本的幽默讽刺家——日文称为“皮肉屋”——说日本独创一格的文化,可以向世界夸口的,恐怕只有人力车了。但是有的日本绅士很客气,他们想把人力车的发明权让于中国人,我们除了感谢他们的雅量外,实在是敬谢不敏。我们晓得文化是人类生活的命脉,至于文化的来源不外两个途径:不是创造,便是模仿或学习。日本人虽然没有独创的文化,但是对于外来文化的接收与模仿,那种虚心的学习态度,是使我们很兴奋的。自从明治维新到现在,在短促的岁月中,以三岛小国一跃而为世界五强之一,这段历史,中国人是要特别注意的,尤其是因为这段历史造成的现在中国悲剧,一方面固然要自省,自责,同时也该睁眼看看人家所以有今日的原因。

有人讲日本对于外来文化的接受,大别可以分为两期:在农业经济时代,日本所接受的是中国的文化,到工业经济时代,日本转头来学习欧美的文化,结果,他们学习成功了。所以日本今日在世界上有点傲视阔步的样子,好像要表示“青出于蓝”与“后来居上”的神气,在亚洲更有非作“南面而王”的“盟主”不肯甘休的顽张,我们现在对于日本初期的西化经过,作一简略的检讨,那末对于本国谋国事业,或者不无可以参考的地方。

西洋的文化在日本的移殖，与中国接触西洋的文化，有些情况是相同的。近代三位一体的西洋文化是：基督教，科学思想与民主主义，日本初期的西化是所接受的是这些东西，在中国大吹大打的也是赛德二位先生，不过一种种子放在两块田地里，所得结果未必相同，文化的移殖也不是例外，我们试看三位一体的西洋文化是如何移殖到日本来。

十六世纪的中叶，西洋的文化随着船舶带到日本来的有两件东西：一是铁炮，二是基督教。耶教的思想传布得很热闹，当时以九州，中国（日本一部份的名称），京都为中心，日本各地的基督教徒，直如燎原之势的扩张。

基督教的海外传道，在十三世纪中叶已向亚洲推进，后来南欧诸国，如西班牙与葡萄牙等水上王国，探险事业勃兴起来，每到发现一个新的国度的时候，尾随探险队而去的必定是布道队的派遣。最初到日本的耶稣会先访问的地方是鹿儿岛，在那个时候基督教在东洋各地已经有了相当的根据地，如我国，印度，印度支那以及南洋诸岛都有了牢着的布教地盘。自一五四九年至一五八七年止（日本天文一八年至天正一五年），在这三十八年间，由于布教师的热心与献身的努力，据说日本的教徒竟得到二万以上的数目。后来因为禁教的关系，一五八七年后，传教事业不能继续进行。

从秀吉的禁教令实行后，被牺牲的教徒大有人在，但是信教的人只有增加，没有减少，到十七世纪初叶，日本的基督教徒竟达百万之多。直至德川幕府时代，对于信教的人更变本加厉的压迫，在一六三八年，至少是在表面上看来，基督教在日本算绝了迹，换句说话，传道不能公开活动。

此后又经过了两世纪左右的时间，日本的幕府制度渐次的崩亏下去，而西欧各国的势力更风潮云集的迈步到东洋来，当时的日本虽欲保持着闭关自守的政策，但大势所趋，所以在一八五八年（安政五年)也与西洋各国交换了通商条约。在这个时候,西洋新进的国家如英国,法国,德国都相继而起,而西班牙,葡萄牙与荷兰却日趋于衰老,海上的霸权被新兴的国家取而代之了。当时日本朝野鉴于时势的关系,对于教禁也弛缓下去,同时罗马教王于琉球指定了一名司教与几个传教师,待机而动的向日本进攻,因此于一八六五年(庆应元年)在长崎的郊外又发见了基督教徒活跃的地方。这时的教徒多半是二百年前殉教者的子孙,他们是继先人之志而来的。由庆应三年(纪元一八六七年)至明治三年(一八七〇年)教徒们又受了一次追放禁锢的处刑,到明治六年才解放了他们,与他们的祖先一样,也体验了殉教受难的苦患。自此而后信教自由的空气始在日本流通起来,日本教会也复活了,于一八九一年(明治二四年)在日本有一名大司教的派遣。在一八五九(安政六年)有两个美国牧师到长崎传道,后来英国与美国在日本设立了日本圣公会,最初的洗礼始于一八六四年(元治元年),最初的教会创于明治五年,在横滨组织起来的,最初的教堂也于明治八年建立起来,圣经的翻译由明治五年开始,新约在明治十三年完成,旧约到明治二十年始竟其事。

新教的各派渐次的渡到日本来,但以美国人为布教的中心主体,救世军于一八九五年(明治二八年)也见于日本了。在东京驳河台于明治二十四年建立了一所大教堂,那是东京唯一宏大的宗教建筑,这是很惹日本全国人极惊奇的事情,由此流言蜚语到处传布,很像中国义和团所认识的“洋毛子”一样,以为长鼻子蓝眼睛的“□□□”(日本初与欧洲接触的是荷兰人,称之谓“□□□”。)是不安好心来的,住久了必定要作怪,于是排教的运动又高涨起来;汉学者站在尊重儒教的立场,僧侣站在拥护佛教的立场,日本国学者站在国粹的立场,志士们又有他们尊王攘夷的立场,因此基督教又陷于四面楚歌的境地。汉学家大桥讷□著辟邪小言,称耶教为袄教,认为基督教以幻术为煽惑愚民之具,与孔孟圣学对照,那末,耶教的隐僻诡幻的谬论,简直是戎狄野人之语，不值一笑的。僧人释超然著寒更霰语，说洋教（天主教）与西教（耶稣教，即新教）是二而一的东西，日本皇国既然禁天主教于前，更应禁新教于后。后有安井息轩著辨妄五篇，于明治六年刊行，称耶教尊天上的君父，忘却圣人所说忠孝之道，宁愿不顾人生百年的寿命，只寻天上无穷的光荣，那末弑君害父的事，置若罔闻，真是天地间的大患，人类的恶敌。安井这样痛哭流涕的声辨，由此街谈巷议，对于基督教充满了痛骂恶声的攻击。同时信教的人于明治五年八月刊行新闻杂志，为基督教辨护，西国立志编的作者中村正直在新闻杂志第五十六号发表一篇文章，题为拟泰西人上书，介绍基督教的真旨，劝天皇与国人信奉，此文当时颇奏功效，现略译如下：

外臣某顿首再拜，谨禀皇帝陛下：夫日本自维新以来，迁善改过，日新月异，其国势颇具欧罗巴洲之气象，前途正未可限量也。然外臣有为陛下惜者，愿推心置腹，披陈于前。当今日本于西洋法政文物，悉采不拘，而于圣教则禁令严布，尤抱二百年前之国禁，株守陈腐之思想，似此顽冥之心理，长此牢不可破，实外臣百思而不得解者也。昔者日本恶西教，视为强国西班牙与葡萄牙用以吞噬他国之工具，但今日之西国非二百年前之西国，类此野心，保其绝无，教中宗门，任百姓自择，国王不与焉。昔者教法为国王之工具，今者教法为人人生活上不可或缺之精神，助仁人益行善事，劝勇士舍身为国，故谓今日之文化，尽属教法所施，不为过也。……考欧洲之所以富强，实乃教法之信心，望心与爱心所施，西教乃西国治化之源，精神之本，以至文艺之美，机器之巧，悉由之而出焉，贵国艳羡者乃其支流，贵国嫌恶者实其主源，今者贵国舍本求末，实令人大惑不解者也。恳请陛下此后解禁教之令，则西国君主对陛下之敬爱为何如也，西国人民当为陛下祝福以待之矣。

在当时反基督教的空气极喧嚣的时候，竟有这样大胆而率直的文章发表，可见基督教的信仰已有很大的潜势力了。原来在这篇奏文的末段，还有劝天皇信基督教的话，该文的笔者以为天皇如欲立万世之基，必要树立西教的信仰，最好皇帝先受洗礼，自为教主，那末，亿兆臣子自然就闻风而从了。这篇奏文的明显结果，虽然立刻没有现出来，但是翌年来便解放了基督教在日本二百年来的国禁。至于耶教在日本所以屡次的遭到强烈的反对，这种背境是值得我们考虑一下的。试想佛教输入日本的时候虽然也受到一些政治上的妨害，但是大体看来，是很容易的在日本建立了佛教信仰的基础，上自宫廷，下至庶民，都是倾倒的，热情的膜拜佛陀，供养僧尼，虽至于寒村僻壤也到处建立寺院堂塔，老实的说，佛教是日本十数世纪的精神生活的源泉。佛教在日本是这样容易的打下了根基，何以耶教在日本便到处遭嫉呢？

细推起来，佛教是产自印度，由中国间接的输入到日本来，在当时的日本眼目中，中国是上国，是文化灿烂的优越国，在上国都受欢迎的宗教，日本人自然就很谦虚而敬礼的迎至岛国来了。但是耶教侵入日本的时候，日本的国家意识渐形提高，自身的文化也渐次的重视，他们祖先所遗传下来的从顺与谦逊的心理不像接受中国文化时的那种样子了。同时中国人与日本人在人种上的近似，所以日本接受中国文化时并不伴有疑惑猜嫉的心理。但是同基督教一道儿来访问日本的，还有武器航海术一类的东西，这是让日本人放心不下的事情，因为对于铁炮的恐怖，于是认耶教为邪教，故而对于基督教不遗余力的加以攻击。再者，佛教输入的时候，率先皈依的是有力量与声望的主权者，为政者与贵族，而耶教的输入，日本的上流阶级持一种冷淡的态度，这也是耶教在日本不容易收到善男信女的缘故。

与基督教前后脚来访问日本的还有科学思想。在十六世纪的中叶，日本与“□□□”的交通频繁起来，当时带到日本的有武器，航海术，测量术，造船术，医学与药剂法一类的科学产物。这些东西，一方面使日人羡慕，同时也惹起他们的恐惧，因为对于科学方法的不理解，于是认为那些西洋的武器与医药是古离古怪的魔法妖术，经过一世纪左右的时间，才除消了这神秘的看法。当时海外交通的门户是长崎，“□□□”独占的通商港口，也是“洋学”输入的关口，于一六三四年（宽永一一年）筑造了长崎出岛，在那里设立用西洋话的“通词”十人，官许的以十人为限，这十个“通词”客是西洋智识的贮藏所。但是这十个“通词”只允许说“洋话”，不许读“洋书”，更不准写“洋文”，一七六五年，本草学者后藤梨春绍介西洋的人文地志，作了一本红毛谈，因为有西洋文字的插入，终至绝版。西洋学问虽然在禁制中，但是洋学研究的人仍然是风起云涌，总称洋学为“兰学”，而“兰学”所抱括的范围也不过是医学与药学等类的应用科学，因为这类的学问对于日常生活的应用，确出日本“国粹”的医药学之上，所以一般人对于“兰学”研究的热诚渐次的提高起来，肯向这方面努力的人，被称为“识时的豪杰之士”。在元亀天正年间，背着枪横行天下的是豪杰，享保以后，在长崎旅行的“通词”客变为豪杰了。

由于“兰学”热的关系，有人自名为前野兰化，正如王维的皈依佛教，胡适的信仰进化论的“适者生存”一样，把自己的名字都信仰化了。前野兰化跟着当时的“通词”青木昆阳学荷兰语，前后到长崎两次，在他周围的一些人也都是醉心兰学的，那些“豪杰之士”们有杉田玄白，中川淳庵，桂川甫周，朽木龙桥，岭春泰，石川玄常，桐山正哲，乌山松圆，大槻玄泽，宇田川槐园，司马江汉等人。他们都是一些好学之士，对于科学的研究比较的深刻化了。譬如解剖学是医学的基本科学，所以这些“兰学”热的豪杰之士于一七七一年春（明和八年）在江户千住骨丁原刑场，对于人类体的位置与形态作实体解剖的研究，由前野兰化，杉田玄白，中川淳庵领导，携带着仪器，从事于真正的科学的方法，他们解剖的结果，才发现由中国传去的医经，所谓肺之六叶两耳,肝之左三叶,右三叶等等的说法有些靠不住。后来他们得到更多的“兰学”热同志,积累四年间的研究结果,出了解体新书五卷,同时又计划翻译的工作,由于这几位先知先觉的努力,鼎定了日本近代文化的基础。有兰学事始一书,述当时研究的掌故很详细,后几年来,福泽谕吉(有人称他为日本的梁启超,学问颇渊博,绍介欧美的思想很努力,现在尚负盛名的庆应大学便是他手创的)箕作秋坪等人读到兰学事始一书,见到他们先人那种千辛万苦的努力,据说感激到流泪,可见文化的接受,不要说是创造,也是要血汗换来的代价,只是娄情冥想而盼望奇迹的到来,绝不是一个聪明的梦,在嘴里喊“科学化”的国人们,要晓得科学不是口中可以吹出的法螺。

因为对于西洋科学的努力与热情,于一六三〇年(宽永七年)有十八种汉籍的科学与宗教的书出世,如西学凡,测量法义,圜容较义,几何原本,泰西水法,简平仪记,浑盖通宪图说,文算法通论等书销行于世,而教要解略,圣记百言,天主实义等说教的书悉被没收。继续问世的书还有红毛火术录与乾坤辨说,在一九四四到四八年间,有荷兰的医生在长崎与江户间行医,当时呼为“外科医”。

西洋科学最初为日本接受的是医药学,此外还有天文,测量,航海,造船,炮术等学。由于时世的要求,日常生活的方便,于是富裕的竞尚“洋物”的购置,据兰学事始所记,明和初年所流行的东西是“天气验器”“寒暖验器”,“震雷验器”,“水液轻重清浊验器”,“暗室写真镜”,“现妖镜”,“观日玉”,呼远个及各种“时计”,“望远镜”,“硝子制品”等类的东西。

“兰学”热的空气后来吹到幕府诸侯的耳朵去,特别是享保以后,如将军吉宗(治世一七一六—一七四五年)由青年起便学习历法,自制“测午仪”放置在“吹上苑内”,同时在东京的神田佐久间町设立天文台,有简天仪一件置其上,又在白山的药园栽培西洋植物,也有法畜养西洋产的马,同时“词通”的人如青木昆阳,野吕元丈等人研究荷兰文的译解法,由以上的例子看来,可知那时兰学热的程度是如何的一种样子了。宗吉治世时的著名兰学家有:新井白石,细井广泽,西川如见,同忠次郎,中根元圭,栗崎道有,阿部将翁,芦草拙,今村市兵卫,建部彦次郎,松宫俊仍,本木仁太夫,桂川甫筑,同甫周,青木昆阳,野吕元丈,后藤梨春,前野兰化,杉田玄白,中川淳庵,石川玄常,岭春泰,山胁东洋,平贺源内,麻田刚立等人。这些人是日本科学界的先驱,现代日本文化的功臣。

最初对于科学的研究,不脱枝节的学习,至于体系的探讨实开始于大槻玄泽(槃水)。此人学于前野兰化的门下,在天明三年(一七八三年)的时候,大槻正二十七岁,著兰学楷梯二卷,翌年开设“兰学塾芝兰堂”,从事诱掖后进,出自此校的有安冈玄真,桥木宗吉,山村才助,稻村三伯四人,被称为芝兰堂上的四天王。

以大槻玄泽为中心的“兰学”绍介,自宽政(一七八五——八〇〇)起,经过享和(一八〇一——一八〇三),文化(一八〇四——八一七),文政(一八一八——一八二七)诸朝,共有四十年的时间,造就出来的人才有九十四名。玄泽于文政十年,七十一岁死去,自此至明治维新经有四十年的功夫。最初以兰学为唯一的洋学,从明治维新前四十年起,所谓“英学”,“佛学”,“独学”(就是关于英国,法国,德国的学问)也逐渐的研究起来,于文化六年(一八〇九年)幕府命长崎的一般“通词”学英文与俄文,又过了八年后,马场佐十郎与大槻玄泽被命为“译官”。因为与外国交涉的频繁,在长崎设一名“通词译官”。天保十一年(一八四〇年)涩川六藏著英文鉴,介绍英文文法的结构。藤井三郎也于嘉永元年作一本英文范,一八四九年后,幕府命一般“通词”兼习各国语言,于是在安政二年(一八五五年)建立了“洋学所”,翌年改称“蕃书调所”。更于次年,另于各国语言文字的学习外,增加了地理,物理等类的科学,再过了一年,在长崎设立“英语传习所”。文久三年(一八六三年)将“蕃书调所”改为“开成所”,增设“数学局”,到此兰学不时髦了,取而代之的是“英学”,“佛学”,“独学”。“英语传习所”后又改称“洋学所”,设有五国语言,英,佛,露,兰,清(英,法,俄,荷,中)是,更增立了数学科,后改名为“济美馆”。后来幕府崩坏,“开成所”一时封闭,明治二年(一八六九)改称“大学南校”,称为“大学东校”的设有医学所与病院,这就是后来帝国大学的前身。

至于学规,当时所宣的目标是:“学校者,广智识,成材德,而奏实用于天下国家者也。”关于学科的教材,为明敬神尊皇的大义,必要研究“国典”,为晓孝悌彝伦之教与治国平天下之道,必要通究“汉籍”,而兵学医学攸关国家的兴废,人民的消长,故必要采习“西学”,到这个时代,就是国学者,汉学者,国粹主义者,攘夷论者也对“西学”让步,也宣言:“虽外国,其所长,亦采择以为吾有,勿论而已。”当时大学的誓文是:“此则不悖主上所誓,破旧来陋习,本天地公道,求智识于世界,振起皇基之圣旨,是乃大学校规模也。”有了这种标榜,于是明治政府的初年,对于“西学”努力的学习,尤其是医学特别的被重视,这是过去二百年的传统偏见,再次的便是兵学,于兵部省设“学科兵法”。到明治四年,“南校”的学生有一千二百人,“东校”的学生,豫科与本科共有五百人,在“东校”设“独逸语”(德文)讲座,在南校设英,法,德三种语言。六年后,“南校”改称“开成学校”,又于一八七七年,将“东校”的医科加入“南校”,共有理,法,文,医四科,改称帝国大学,移转本乡区的新校舍,由此完成了较现代化的大学。

由此经过了相当长久的时间,因为迫于实用的需用,对于西洋科学不遗余力的加以攻究,渐渐走上了纯粹科学的途径,但是当时从事于科学研究的人,只是限于少数学生,科学的功效尚未与一般国民生活发生关系,然而关于科学上的研究成绩却已有惊人的进步。举例说吧,在明治十年(一八七七年)帝国大学的动物学与生物学教授美国人漠利斯初到日本绍介达尔文的进化论,同时他将人类学与考古学的方法带到日本来,漠利斯在日本对于大森的贝塚有所研究,他的名气由此显著起来,关于贝塚的制作者,漠氏推定是北海道士人的先民,这种人有吃人的习性,他的证明是扁平骨的某种特征。那次的发掘报告,助手是几个日本的青年学者,松村任三,佐佐木忠郎,松浦佐用彦等三人。漠氏的发掘报告书(Shell Mounds of Omori)中,对于三人特致协助的谢意,这次的结果被达尔文看到后,极表示惊喜,曾写信给漠利斯对于在日本的科学研究深致惊异的赞美。

当时虽有少数学者在科学上作出颇可钦佩的成绩,但是科学智识并未普及于一般社会,例如明治初年,小幡笃二郎著天变地异,解释地震,彗星,鬼火一类的现象,说那都是一些自然现象,不必恐怖的,因为那时的一般日本人,尚以为地震是神灵的不满意,彗星是兵乱前兆,鬼火是死人的作怪,迷信的空气到处都是,所以才有天变地异的出世。说来很难过,日本现在是不需要这一类的书了,但是大中华民国的国民,还有不少的人正在应该读这一类的通俗科学读物吧。原来在天明戊申的时代,大槻玄泽为让当时的日本人了解西洋的通俗智识,作了一本兰说辨惑(或名磐水夜话)用一问一答的对话,破除当时迷信,那时的日本人有很多有趣味的传说,例如说荷兰人生下来没有脚跟,荷兰人的眼睛是畜类的,甚至说荷兰人是猴子打扮起来的,直到明治初年,还是很多的迷信存在着,大概同我国义和团眼目中的“洋毛子”一样。

明治初年到现在,不过半世纪以上的时间,日本的科学研究与科学施设是已经达到颇高的程度,作者前日在东京参观“电气奖励馆”,见到一般家常日用的什物,都已电气化了,到处有无线收音机的放送,家家厨房用盖斯作燃料。这表示日本工业科学已是相当的发达,回首故国一般农业社会的生活情况,不特汗颜,而且是不寒而栗了,一个农业社会的国家与一个工业社会的国家相较量,无论是在哪方面看来,前者绝竞争不过后者。中国如欲继续在历史与世界上生存,赶紧的工业化是应该努力中的一项重要目标——即使不是唯一的目标。

从幕府时代,西洋的科学由"兰学"的名义输入到日本来,从明治维新,由"英学","佛学","独学"的名义,西洋思想的绍介更活泼起来,特别是关于民主思想的政治,更值得我们注意。

封建社会的日本接收了相当西洋应用科学后,尝到一点西洋文化的甜头,觉得西洋人不特对于医学,兵学,航海,物理等学高明,就是关于人事社会的政治,"□□人"也有一套不可轻视的所在,例如天保中叶(一八三〇年),渡边华山与高野长英等人组织的"尚齿会",这是一种政治结社,并没有什么尊敬长老的意味,会员多是青年忧国的人,慷慨时事,议论国政,华山本为三州田藩的执政,有学才画才,对于西洋文化素极关心,用自修的方法学"兰语",同志有高野长英,小关三荣等人,他们都是当时的新思想家,富有西洋科学智识的基础,对于当时的封建政治制度,颇多非难。

到明治初年,以自由民权为标语,推行民主思想的实行,当时政治行动所号召的是制定宪法,设立议会,人民各自获得自主自由的权利。卢骚的天赋人权说是当时最流行的思想,原因是日本的阶级观念太深,各阶级的界限虽不至于像印度的"不可接触"(Untouchable),但是少往来,不通婚等等的束缚极多。他们的级阶可分六种:(一)王室,(二)公卿(大名),(三)武人,(四)町人,(五)百姓,(六)非人(或称堕民与秽多)。认识"天赋人权"的人,对于这种阶级制度当然要加以抨击,他们主张凡是人就有生存享乐的权利,神圣的自由,宪法是要加以保护的,加藤弘之,明治维新时的健将,向当时评议朝政的公议所建议非人秽多废止论。于明治三年,他发表真政大意,大旨是说治国的要着在于安民,能达到安民利民的本意便是"真政”,真政是人民互相间所有的正当权利与义务,国家政府与一般人民也要行使适当的权利与义务关系,这种正当关系的保证是宪法,立宪国的人民对于政府,万民有同一的权利与义务,匹夫匹妇与搢绅贵介同样的是国家的分子,人人在自己分内的生活与事业,不依法律,任何人都不能干涉的,真政的精髓在作到公民都能自立,自主,自由。宪法的制定,人民有参加的权利,公选的代议士参入政府商议宪法,这是加藤弘之的重要主张。到明治七年,加藤弘之著国体新论,解释国家的目的与起源,各国的政体应以该国的历史,人情,风俗等地理与历史的背境而制定,重要的政体类别是共和政治与立宪君主政治,从来由君主政体到民主政体都经过急剧的革命运动,加藤弘之鉴于法兰西与西班牙革命的往迹,深以为戒;又以日本历史绝无君主革命的发生,由此可以证明君民情谊的深厚,所以他主张君主立宪政治。

加藤弘之作过几次的大官,尝被任命调查政体律令,又任“学校权判事”,“大学大丞”,“文部大丞”,“外务大丞”等机要的显职,曾侍讲于明治天皇,他所用的教本便是他自己著的国体新论。站在“天赋人权”的立场,毫无顾虑的发挥他的见解与信仰,因此惹起一般国学者,汉学者及保守主义者的反感,于是真政大意与以前(庆应四年)所著立宪政体略终于被禁绝版。说也奇怪,后来加藤弘之自己也不坚持他的信仰了,如明治七年,板垣退助等人建议开设民选议院的时候,加藤弘之居然唱起国会尚早论来了。板垣等,根据米勒的学说反驳加藤,而江藤新平,大井宪太郎又在后应援,当时学者名流如森有礼,津田真道,西周,福地源一郎都参加这次的论战。议论嚣杂,莫衷一是,虽然是民权自由论者,但是都不主张开设国会。

当时的论政者著述,有福泽谕吉的西洋事情(庆应二年),英国议事院谈(明治二年),中材正直译的米勒的自由原理,广津弘信的自主之权(明治七年),高桥达郎的自主新论(明治七年),小幡笃二郎译上木自由之论(明治七年),黑田行元的权利民法大意(明治七年),竹中邦香的民权大意(明治七年),宇田喜小十郎的民权夜话(明治七年),何礼之译孟德斯鸠的万理精理(明治八年),永峰秀树译米勒的代议政体论(明治八年),服部德译卢骚的民约论(明治十年),儿岛彰二的民权问答(明治十年),尾崎行雄译斯宾塞的权利提纲(明治十年),福泽谕吉的通俗民权论(明治十一年),铃木义宗译斯宾塞的代议政体论(明治十一年),上西升平的民权新论(明治十一年),福本巴的普通民权论(明治十一年),丹羽纯一郎的通俗日本民权真论(明治十一年),植木枝盛的民权自由论(明治十一年),外山正一的民权辨惑(明治十三年),植木枝盛的言论自由论(明治十三年),井上勤的民权国家破裂论(明治十三年),笹鸟吉太郎的国民合约论(明治十三年),铃木义宗译斯宾塞干涉论(明治十三年),松岛刚译斯宾塞的社会平权论,(明治十四年),中江兆民译卢骚的民约译解(明治十五年),加藤弘之的人权杂说(明治十五年)。矢野文雄的人权新说驳论(明治十五年),藤田四郎译边沁的政治真论(明治十五年),板垣退助君演说集(明治十五年),林包明的社会哲学(明治十五年),马场辰猪的天赋人权论(明治十六年),植木枝盛的天赋人权辩(明治十六年),元老院藏版的王权论,文部省译浩布斯的主权论(同年),原田潜译卢骚的民约论复义(明治十六年),野田种太郎译边沁的演说集自由论(明治十六年),宫城政明译斯宾塞的代议政体论复义(明治十六年),草野宜隆译边沁的人权宣告辨妄(明治二〇年),高田早苗的代议政体论(明治二〇年),大井宪太郎的自由略论(明治二二年),馆野芳之助的自由东道(明治二二年)……等。

由当时的译著看来,支配那个时代的主要政治思潮是"自由民权论",而所要求的政治制度是"代议政体论",这种政治思想是英国十九世纪后半叶的产物,而功利哲学的学说是其理论的基础,当时三位大师是边沁,米勒与斯宾塞。他们三人的思想整个的支配明治维新时代的前半节,特别是斯宾塞由生物学的立场,所唱导的社会机构的"有机说"与道德法理的进化论,是当时一般人奉为主圭的见解。

法国的卢骚与孟德斯鸠也是影响明治时代的政治思想极深的人,前者所给与日本的是"民约论"的思想,后者是关于立法,司法,行政三权分立的政治制度。

因为政治思想的来源有两国,在日本于是也形成两派,一是英吉利学派,一是法兰西学派。前派的代表介绍者是福泽谕吉,后者是中江兆民。福泽谕吉鼓吹功利思想,中江兆民宣传自由民权,这两个人是明治维新时论政的两员大将。

在明治初年介绍西洋政治思想的著译是那样的多,但是最有力量与作用的要推米勒的自由论,这本书中村正直(敬宇)在明治四年译完,翌年出版,译者是当时"静冈学问所"的一等教授,后来住在东京,作了东京帝国大学的教授,也曾充元老院议员,得到文学博士的头衔后,变为贵族院议员,明治二十四年,死去,年六十岁。自由论由大官兼学者的介绍,当然很能使当时思想界兴奋,这本书的要旨是个性自由发展与职业地位的平等,类此的学说在明治初年唱导,实在是日本思想史上一种破天荒的事情,在政治方面的推动力是很大的,于是到明治二十二年,公布宪法,二十三年,开设国会。

当时日本的剧烈变化,在理论与思想方面所受到影响的源泉,产业与经济方面的变化,是基于英吉利的功利主义哲学。在政治方面的革命,是基于法兰西的实证主义哲学。由这两种倾向的结合,扫除了日本封建的空气。近几年来,又有一种新的哲学思想输入到日本来,现在似乎成了日本思想界的主潮,那便是德意志哲学。

最初介绍德国哲学的是加藤弘之,他个人饱受英国功利思想与个人主义的影响,虽是进化论的信徒,却同时对于德国理想主义的哲学,也很虚心的领受,不过理想主义的哲学需要有相当思索能力的人才能了解,所以在明治时代,日本所接受的思想偏于功利主义,实证主义，自然主义的方面，这种思想的倾向，在明治时代后半的文艺思潮表显得更显著些。大战以后，社会变动得很利害，日本因为工业化的程度高，资本家与劳工问题发生，而唯物史观与辨证法唯物论就应运而生了。

以上是日本接受西洋文化的概略历史，由三岛小国一跃而为世界上举足轻重的分子，这是明治维新的结果，而明治维新的精神便是充分的接受西洋文化。到此我们得一个教训，日本对于外来文化的适应力与消化力，他们自己固然觉得是日本的拿手好戏，我们也颇感兴奋的，同时不免要问中国与西洋接触以来，远较日本长久，而且我们也在学习“西化”，为什么竟对于现代西洋文化的接受没有“到家”呢？有人说我们的历史太攸久，文化的传统太多，好像一个负担着重载的人，虽然急变来了，还是跑不快的样子，而日本的历史短，负担轻，所以这次的赛跑，我们失败了。不过我们觉得历史上的文化不是必然的就妨碍新文化的接收与创造，设若能一方面保存并发挥固有文化，同时又肯虚心接受并创造新的文化，那不是百尺竿头更进一步吗？就是日本在明治维新时又何尝完全忘掉自己国家的立场呢！所谓“尊王攘夷”是国家意识很浓厚的一种表示，我们觉得中国近年来之不争气，毛病在于既不充分的接收西洋文化，又不自信的保存固有的文明，结果是不进不退，弄得全国的思想界一塌糊涂，现在我们的祖国已经到了“朝不保夕”的时候了，稍一不慎，便要造成民族史上的千古遗恨。孔子告诉我们说：“士不可以不弘毅，任重而道远”，要担中国现代史担子的人，牙根要咬得紧一点才行啊！同时我们要晓得文化是民族生存的命脉。现在的民族消长，都由于文化的竞争而来决定，中国民族如欲将来在历史上与世界上站得住，首先要在文化上与世人争争短长。关于现在我们应该走的文化路子，个人以为一方面要充分的，虚心的，而且有选择的接收西洋文化，同时又该自信的，牢靠的，也是选择的保存而且发挥自己固有文化。夜郎自大的心理固然是愚妄,妄自菲薄的人也不免卑陋,对于文化的接受与创造,虚心与自信是两个必要的态度。说到这里,我想起一个故事来,当普法战争以前,德国人对于法国的文物是衷心拜倒的,所谓上流阶级的交际,以用法语为光荣的本事,直到拿破仑到德境的时候,大哲学家黑格儿见了后,便对人说:"我已经看见世界的灵魂了!"(I have seen the soul of the world!)不特黑氏,就是一般的人也有许多觉得德国让一个文化较高的国家治理,未尝不是幸事;但是拿破仑回答普鲁士人更有趣,他说:"我不是来作你们的王子(Prince),而是作你们的统治者(Ruler)!"后来德国人觉悟了,他们才知道没有了自己的国家是不好生存的,于是黑格儿也就大讲起国家哲学来。这段话好像与本题没有什么相干,但是我以为谈接受外来文化的人,对于这个故事好好的想想才好。

(廿五年,一月,廿日,东京客寓)

日本通信

(一)日本的军法会议

日本近来的暗杀事件,层出不穷,尤其耸动世界听闻的,如神兵队事件,五·一五事件,相泽事件,及过去不久的二·二六事件,因为事件的主谋者都出于军人之手,于是时常听到所谓"军法会议"的说法。我们觉得日本军人的活动,不特是他们国内政治上举足轻重的力量,而且是国际安危上的一个大枢纽,尤其与我们民族前途的生命有严重的关系。所以现在想提出一个日本军部的片面问题,军法会议,略谈一谈,这个题目可分两方面讲,第一,日本军法会议的起源及发展,第二,现在的军法会议对于军人的"自由"行动,是否还有制裁的力量?

日本的"军法会议"一词,是由法文"Council de guerre"翻译而来的,在法国大革命以前,国王每次出征时,于各部队设有军法会议,有处罚委员若干名,专司军人犯罪的事件,到大革命时,因为自由平等的思想,军法会议一时中止,军人的犯罪也由普通裁判所制裁,但是不永又恢复了旧制,由一八五七年以来,这种军法会议的制度在法律上取得了明文的规定。近代法国的军法会议制度有如下的三条规范:(一)军法会议依据陪审精神的原则,由被告人的同等官职者裁判,所谓"陪审"者是被告人的同等阶级者的裁判。(二)对于军法会议的裁判不服时,平时可上诉于大审院,战时可上诉于高等军法会议。(三)海军军人如破坏军港,工厂的安宁时,特有海军裁判所的设立。

以上是法国军法会议的纲要及略史,日本的军法会议由那里脱胎而出,第一次在日本官厅文书中,见到"军法会议"一词,是始于明治五年,壬申三月七日,陆军省馆十五号公文有如下的声明:

> 军务局、御亲兵挂、三兵本部。
>
> 东京铛台、纠问司
>
> 时下关于"军法会议"之法,正付诠议进行,于其确定期间内,设纠问司于"假会议",如有犯罪兵士,在召唤状发出后,其所辖大队长,或亲兵犯罪,其所辖亲兵长中少佐一名,以至镇台犯行,则本台中少佐一名出席审判,更有纠问正及大中令史内各一名共同会议,判决其应得之罪,切切此布。

以上是陆军省第一次用"军法会议"一词,但是在明治二年,已有简单的军律发布,于兵部省设有纠问司一局,专掌裁判军士犯罪时的职务,明治五年二月废除兵部省,陆军省及海军省仿法国的军制,有各种的改革,军法会议是其中之一,由法国请来军法会议的教师十六名,在明治五年春天开始成立,不久便草成陆军裁判所的组织条例。

至十六年八月有所谓"陆军治罪法"的发布,日本的军法会议始有了法制的确定,因为刑事诉讼法是一般犯人的治罪法,陆军治罪法便成了特有的陆军刑事诉讼法。

当时的这种军法会议于军队中的军团,师团,旅团都有设立,就是后来常设军法会议及特设军法会议的起源。军法会议的职员有判士长，判士，理事，理士补，审事，审事补及录事等人，设若一般兵士犯罪的时候，其所辖的佐官一名为判士长，尉官三名，理事或理事补中的一名为判士，被告如果是士官以上的官职，则另有详细的规定。

此外，于陆军治罪法的后面，附有一条战时治罪法，条文如下："若在临战地带，当地司令官有应机执行，得省略条目详细规定之明文。"

直至明治二十二年。日本始公布了宪法，军法会议的裁判及诉讼手续在宪法上取得了立法的根据。（宪法第五七条，第六十条。）

依据陆军治罪法，而形成的军法会议，从明治二十一年起，至中日战争（明治二十七年—明治二十八年）与日俄战争（明治三十七年—明治三十八年）两役，都照章的应用，后至大正初年，军法会议改革的声浪高起来，有帝国大学教授松波仁一郎氏及法曹界的重镇故花井卓藏氏是当时改革论者的中心人物，就他们的论点，可以归纳为三项重要的改革意见。

（一）军法会议的审理与判决，与一般刑法上裁判应同样的公开处理。

（二）军法会议亦得有辩护人为之作法益上的辩护。

（三）军法会议应有上诉的机会。

因为这种改革论者的主张，至大正三年有军法会议法调查委员的任命，于大正九年十二月召集第四十四次帝国会议，果将军法会议提案通过，至大正十年四月，在法律第八十五条公布现行陆军军法会议，直至现在还通行的军法条文。

现行军法会议，分为常设及特设两种：

常设军法会议　师团军法会议（一审）

　　　　　　　高等军法会议（上告审）

特设军法会议　军　军法会议

　　　　　　　独立师团军法会议

独立混成旅团军法会议

兵站军法会议

合围地军法会议

临时军法会议

如右所述的常设军法会议及特设军法会议,法律手续上是绝不相同的,常设军法会议的案件以公开辩论为原则(军法会议法第三七一条以下),同时被告人得以选任以二人为限的辩护人(军法会议法第八七条)。而且如有重刑判决的时候,若死刑,无期徒刑,或一年以上的有期徒刑,无辩护人出席便不得开审判决(军法会议法第三六八条)。又常设军法会议就是判决后,被告人有上诉于高等军法会议的权利(军法会议法第四一八条),但是特设军法会议,裁判既不公开,且不许辩护,更没有上诉的途径,二者相差是极大的,大正初年的军法改革论者,所主张只行于常设军法会议,但是被告人应该放在常设军法会议中裁判,还是送到特设军法会议里审理,这并没有客观标准的。

今年的二·二六事件,这是日本稀有的大暗杀事件,其实是公杀,因为这次事件的发生,政府发出紧急令,特设"东京陆军军法会议",现将当时的勅令录下如左:

勅　令

朕兹认有紧急必要,经咨询枢密顾问,依帝国宪法第八条第一项,组"东京陆军军法会议"公布。

御名御玺

昭和十一年三月四日

各大臣副署

东京陆军军法会议的条文，共分六项，译述如下：

第一条　于东京设置东京陆军军法会议

第二条　东京陆军军法会议以陆军大臣为长官

第三条　东京陆军军法会议以陆军军法会议中第一条至第三条所载处理昭和十一年二月二十六日事件

第四条　师团军法会议之长官于被告事件所搜得报告移交东京陆军军法会议

第五条　东京陆军军法会议以陆军军法会议第一条至第三条及其他诸条文审判昭和十一年二月二十六日犯罪事件

第六条　东京陆军军法会议依据陆军会议法得看做特设军法会议

至于二·二六事件的发落，现在为止，尚不得知，但是由这次特设军法会议的条文看来，被告人不得有辩护人，禁止公开审理，亦不许上诉，其情况的严重，可想而知。但是这次被告人的动作，我们绝不能看为一部份青年将校偶然的感情冲动，试看在事件发动后，他们声称日本在“非当时”中，而在朝重臣，如财阀，官僚，军阀等，不计国计民生，恐贻将来大患，所以迫于“义愤”，扫除君侧的幸臣。我们在这里要注意的日本军人的阶级背境，不然，便不能了解何以他们对于一些“臣”“阀”们这样的仇视。据“陆军士官学校学生家庭职业别”的调查看来，自大正八年以降，至昭和四年，农家出身者占百分之四十，在各种职业中，居最高的百分数，因为军人多出身农家，所以深晓民间艰苦，对于农村的福利问题，特别关心，近几年来，日本农村的不景气，已成为日本内政上的燃眉问题，纵然“复生农村”的呼声叫得很高，而农村的难关并没有解除，这种原因至少是二·二六事变起因的一种。

由以上的观点，我们可以晓得日本军人的“自由”行动所暗示的社会关系是不单纯的，二·二六事件不过是两种政治势力互相冲突的一种表现而已，在此所谓两种政治势力，其一以军人主干，他们的出身的阶级是农村,思想是忠君,保国,爱民,他的信仰有神道主义,对外的国际关系,讲大陆政策,皇国主义,在宪法上主张“天皇神授”,这是封建思想最典型的代表。另一种的政治势力,我们姑且名之谓立宪派的政治,他们出身的阶级多是自由职业者或资财阶级,较有世界的眼光与思想,信仰自由主义或主张“天皇机关说”,这是日本比较开明的政治势力,而现在却处于弱势的境地,这两种势力的互相消长,是我们观察日本政治问题的两大范畴。

正因为有这样复杂微妙的关系,所以我们推测“东京陆军军法会议”对于二·二六事件的犯人,在审判时,将来的结果虽不可知,但是必定用谨慎的方法,顾及到各方面背后的关系。

我们由日本军法会议的略史及最近几年来,所发生的几次大的军法事件看来,军法会议对于个人的或小规模的犯罪事件有制裁的力量,但是如近来日本军人的“自由”行动,所代表的意义既然不单纯,所以所谓“军法会议”的制裁作用,恐怕也要不保险了。

(二)津村事件与华北增兵

今年二·二六事件后所产生的广田内阁,于特别议会启幕以来,诸多内政外交的要案吵得很起劲,所谓“肃军运动”也是其中之一,对于军人干政颇多非难,如五月七日众议院本会议席上,民政党议员斋藤隆夫氏,便对陆相寺内有露骨的责难:

> 二·二六事件,一部青年将校高唱改造国家,不知陆相的意见如何?军人作政治运动,为陆军军法所不许,因军人干政将诉诸武力,使国家前途陷于危机,青年军人对于政治,经济,社会,外交所知无几,而思想单纯,高唱改造国家,实在危险万分……五一五事件,三月事件,十一月事件,二二六事件,都是重大的不祥事件,如高桥前藏相,斋藤前内府,皆为人格极高的人物,竟于

二二六事件被军人虐杀，这是国民全体所最不满的，现在国民及政党虽噤若寒蝉，但是国民的忍耐，岂能常久下去吗，……

在斋藤演说完时，议场内雷动了掌声，寺内陆相于不安的表情中也答“具有同感”，在特别议会初开的时候，军人方面对于各议员的责难，好像似还有相当的容忍，近日来便有所谓侮辱国军的失言事件，惹起军部极度的激怒，事情是五月十四日贵族院本议会中，议员津村重舍氏对军部有不敬的质问，但是新闻上并没有将津村氏的质问讲演全部披露出来，只就十五日东京朝日新闻晚报的记载如下：

十四日午前贵族院本议会中，陆海两军部对津村重舍氏失言极为愤慨，军部声称：“今肃军运动正向前迈进时，因一部将校之谬行，而加重大侮辱于全体将校士官，乃至下级士官兵卒，甚至全体国军皆被不堪的侮辱，我国古来武士道重名誉而轻生命，信‘耻则无宁死’，如津村氏言，实伤国军威信，士气上将蒙重大恶影响……汉陆两军部诚难默默云”，现海陆军连络一致，事态颇重大，恐非陈谢所能解决云云……

由以上的记载，我们并不晓得津村氏的论点是什么，因为报上就没敢全部录出，只知道结果是惹起军部的反感，最后这件事情的解决是津村向海陆两军谢罪，取消质问的演词，同时退出贵族院，据说贵族院尚在组惩罚委员会，以防事态的恶化，这是日本议会制度施行以来，贵族院第一次的惩罚事件，现在姑且不论这次事件的是非曲直，它所告诉我们的是军部的气焰威势，自从今年的日本大事变以来，对于日本政局的前途，有两种动向的可能，第一是军人方面在近几年来，行动已经做到相当可观的阶段，从此自由主义者抬起头来，对内对外或有点转机，第二便是军人政权的加紧强化，由现在的情况看去，日本政局趋向第二种动向，自特别会议初开幕时，军部方面对于干政的责难，答辩尚称圆滑，但是津村失言事件后，海陆两省的强硬态度便借题发挥出来，如强化陆相在内阁的地位，更于十七日贵院本会议中，寺内陆相答浅田良逸男的质问，称军人“研究政治”乃为当然的任务，而且寺内曾在议会公言自由主义者之不容存在，实为明征国体所不可少的步骤，十八日贵族院开会，广田首相虽声称尊重议会政治，但是由外交家而为首相的广田氏确有善于措辞的本领，据他的施政大针说：“以自由主义为基调，其自由主义所不能达到的目的，乃加以国家的统制力量”，“自由”与“统制”乃是广田首相的二元论，用“自由”应酬有口阶级，用“统制”交付有枪阶级，因为“统制”二字在日本现在暗示的意味，乃是以国防军事为中心的“统制”。

在特别议会进行中，因津村事件使军部对内有一度的威风发作，同时华北驻军的强化消息在十六日号外新闻上发表出来，据当日陆军省的公表如下：

（陆军省公表）今在华驻屯军值定期交代中，只增强若干兵力，付诸实施。

至于增加兵力的原因，陆军省当局有下列的声明：

近时华北情势特殊，受标榜抗日共产军威胁，且平津地方共产党及抗日团体策动划计，洵为帝国忧虑，且平津，冀东，就中北宁铁路沿线，近年侨民顿增，而在华驻军尚少，为应付万一场合，恐感困难，故为此次最少限度之增兵，至于增兵乃基于北清事变议定书，根据帝国有驻兵权规定，中国主权固不侵害，(?)而列国在华既得权益亦无损扰(?)，只助成华北和平，乃调整华北与日“满”，乃至列国各种关系云云。

于此所要注意的是“只助成华北和平，乃调整华北与日‘满’，乃至列国关系”一句，我们所不解的是华北乃是中国的一部份行政区域，调整与列国的关系是中国的问题，为什么要由邻邦出兵来代我们调整呢？

东京通信

实秋先生：

自从离开北平后，回到故里（南皮县）住了一个星期便由天津买船东来。同船的熟人有北京大学同学胡先晋女士，她是这次清华留美的公费生，路过日本去美国的，此外我们一路谈天最多的还有两位旅行世界的美国女人，一位新由中国游历归国的日本小姐，我们在甲板上玩扑克，弄玩艺，谈天，因为她们不能通话，我便作了翻译与通司了。

八月二十日晚到东京，第二日我领胡女士到上野公园帝室博物馆参观，因为她去美国哈佛大学预备学“博物馆学”所以她要参观一下日本的博物馆。二十二日午前，我同胡女士拜访我们的驻日大使许世英先生，在使馆谈了半点钟的话。午饭后在日本桥的高岛屋百货店参观日本北方文化展览会，这就是日本土人虾夷族的生活写真，现今是正在日被淘汰的状态，唤醒我们对于达尔文那条生物原则——优胜劣败，适者生存，不适者灭亡——的触目警心的认识。下午三时由东京送胡女士到横滨上船。

二十四日上午，我去访中央通讯社东京特派员陈博生先生，因为他与外务省有约，未得长谈，据他得到的消息与观察，自从广西问题不至于严重化以后，因为军部划简的失败，日本朝野间比较健全的舆论渐有抬头的机会，他们对于中国的看法也有一些新的观感，认为中日问题到了全盘讲价钱的时期，如果已经没有“后顾之忧”的中央政府在这个时候振作一下，不再东摸西摸担延下去，中日间或能有一线转机的曙光也未可知，陈先生现在感觉困难的是传达消息的不能“畅所欲言”。

现在将东京的情况略为奉告，自从我到日本后，第一件值得注意的消息便是所谓成都事件了，日本方面的空气好像是要小题大作，借题发挥一下，将有下列的各种要求（据九月二日东京朝新闻的记事）：

（一）改订排日教科书，禁止排日教育

（二）解散排日团体，解散国民党部

（三）解决各种悬案

朝日新闻是日本比较稳健的报纸，当日有一篇社论，题为《成都事件的对策》，只将其中大意略述如下：

成都事件为最近发生的不祥事件，日本为经济的联系，欲在成都再设总领事馆，而华方煽动排日的狂论，致在四川的内地演成这次的事件。

南京政府方面与四川排日的凶行团体有如何的内部关系，现尚不能轻轻断定，但是南京政府于总领事馆在成都再开问题，表面上似已允诺，而背后却正在鼓动反对的空气，好以为口实，阻止日本的要求，所以这仍为南京政府迁延政策的惯技，因此南京政府对于这次事件发展，激化的放任是不得脱离干系的。

南京政府对于成都事件的凶行责任者转嫁赤化份子，同时认为此乃一时一地的偶然事件，但四川为中央政府蒋介石氏势力到达的区域，共产份子绝不得活动的机会，所以南京政府将责任转嫁共产党乃为绝对的不当行为。

受命南京政府而现地调查的外交部视查专员吴泽湘氏，现已调查终了而回南京，日本亦由松村书记官等现地调查，只待调查的结果开始严重的交涉，但日方调查人员于通信机关受到种种的限制(?)。

中国方面的调查结果，未发表前不得而知，但是华方对于这次事件的主要看法是欲作为单独的地方事件，日本对于南京政府的要求则应为排日运动的根本取缔排日教育的禁绝，至于直接事件的要求则为处罚，赔偿及保障等事，最重要的一点便是使南京政府负排日事件及排日团体的责任。

以论调稳健著称的大报，朝日新闻，竟作这样过甚其词的说法，其他“御用”的一些机关报的妙论更不用讲了。但是因为成都事件而惹起前驻华大使有吉明的一篇文章，题为《日支关系再检讨》，兹将这篇文章的主旨译述如下：

(一)几乎绝交的状态

中日关系由过去的经过看来，现在是在好转的状态，但有时因突发事件而又形恶化起来，我(有吉自称)二十数年前在上海总领事馆服务，直至今日中日关系的经过大体明了，为东洋和平计，为世界和平计，两国间应有亲善关系，而突发事件为祸两国的交谊，实在是非常遗憾的事。远的事姑且不论，当昭和七年我以公使资格去上海赴任时，正是满洲事变后，继之以上海事变，两国的关系正在恶化的时期，几乎到了绝交的状态，我到上海后招待中外宾客时，华方的旧知出席的不过五分之一，同时由日本到上海的一些知名的人士(日本人)若欲会见华方的有力者，不托词害病，便说是旅行，总少会面的机关，因为这是避免“亲日家”的缘故。

再如华方的商人如购日本商品，必须在夜间偷运，这是当时的一种不愉快的关系。

(二)因广田外交的急转

中国的有识阶级，如当时的行政院长汪兆铭氏等人便公然主张“中日关系无论如何却非亲善不可”。这样的意见颇惹起一般社会的兴奋，他们这些有力的人们，不顾自身所受到的非难攻击，而努力于调整国交的工作，当这时蒋介石氏正由江西回到南京来，同时广田外相有游华说的风传，蒋介石氏好像也信以为真，于是在一月十八九两日约我会见，那时蒋介石氏是军事委员会委员长，我将行政院长兼外交部长的汪兆铭氏放在一边而与蒋介石氏会见，觉得有点不合适。正当此时，日本议会再开时，广田外相的议会演说，对华外交的不威胁，不侵略政策，南京政府空气所反映的两国关系颇为好转。我于二十五日与外交部长汪兆铭氏会见，汪氏唱持中日亲善的宿论。翌日大使馆附武官铃木美通中将与蒋介石氏会见，所说与汪氏大致略同。

(三)蒋氏的心腹话

与蒋介石氏的会见，他给我的印象很深，红颜的面孔吐雾着热挚的心腹话，当时黄郛与唐有壬也在座，以下是蒋氏的话："个人自从满洲事变及上海事变后，感到非常的遗憾，但是无论如何，个人始终相信中日非亲善不可，个人所钦佩的孙中山便是主张中日亲善最力的一人，但不幸的是不幸事件的联续发生，至于今后如何调整中日关系，目前是不能放过的时机，现在愿与阁下毫无忌惮的发表意见，现在国民对于事态的真相渐次的了解，头脑亦渐冷静，个人自信能代表国民讲话，中日本为兄弟之国，若不互相提携，绝不能立足于东亚，个人对于国民亦作如此言论……"

(四)汪氏的亲日宣言

当晚黄郛氏访我，据说黄郛与汪兆铭共同谈论蒋介石氏的言论，他们认为以军事委员长的资格而说那样的话，未免有些可笑，但是汪氏追认他赞成蒋介石氏的话。我答复不论形式如何，只望早日实现进行的手续，后来汪氏在中央政治会议引孙文过神户时的演说，唱持中日亲善的根据，不久发布邦交敦睦令，当时空气有一大的改变，中日的贸易关机有正常的往来了(现在更进一步便有走私的新花样了——译者)，中国政府有力的人士与我渐渐接近起来，因大使馆升格问题，更使汪兆铭氏等人高兴，南京总领事须磨将决定升格大使的消息告汪兆铭时，汪氏送出大门后，有亲将汽车门拉开的样子。

（五）华北事件与汪氏

正在两国邦交渐有调整曙光的时候，华北便又出了是非，我于七月十二捧呈国书的时候，汪兆铭氏答礼，态度上露出非常悲痛的样子，去年在华北又有冀察政权运动及冀东自治政府……

（六）成都事件的勃发

我归国后由有田氏继任驻华大使，有田氏长外务省后，更由川越氏任大使，川越氏赴任后以华北经济提携及全般的经济提携为目标，正在努力进行中，不期又有成都事件的勃发，这种突发的不祥事件，固然伤及日本当局者的苦心，而我对于中国当局者的劳苦也表极大的同情。对于这次事件，若由日本方面看来，中国政府表面上说亲善，暗地里鼓动排日，说成都事件不是政府煽动，便是党部主裁，若由中国方面看来，日本这样的小题大作，借一种口实作种种的要求，动则以武力相加，以上的这种看法所形成的两种感情，便是两方关系恶化的根源，实在是令人悲痛的事情。

以上是有吉氏在朝日新闻上发表的一篇文章的略述。我们觉得有吉的态度真不愧为讲中日亲善的友人，但是近一两日来，东京上的消息使我们惊讶了，据九月四日的晚报载，日本因鉴于成都事件的重大性，令第三舰队配备长江流域，其分配状况如下：

上海——出云（旗舰），安宅，莲，热海，陆战队

南京——栂

九江——鸟羽

汉口——坚田

长沙——二见

宜昌——势多

重庆——保，津，比良。

东京的报纸，近日来极尽宣传的能事，当我草稿至此时，日日新闻出了一份号外，印了几张成都事件的摄影，总题：“惨痛！成都排日暴虐之迹！”

在中国政府粗告统一的局面下，我们希望中央当局能振作一下，对于当前的问题别再顾头不顾尾的延宕下去，无论如何，成都事件对于个人生命伤害的赔偿是一个问题，但是所谓教科书的改订定等要求，那是关于民族主权的生命所在，绝不能含糊，这是政府与国民应注意到的。

明治时代的日本思想界

日本明治维新,造成了一个现代式的国家,不特日本人自己觉得可以夸耀的光荣,同时我们也认为是世界历史上的一种奇迹。至于明治维新的精神与因子,可以从两方面去观察,一是关于物质建设的,日本接收了西方的科学方法,尤其是应用科学,如医药学,工业化学,技术物理学,军事学,航海学,……一类的东西,使农业社会的日本变为今日高度工业化的国家。二是思想建设的,日本吸取了英国功利主义哲学的自由主义与法国浪漫运动的人权思想,使封建头脑的日本一跃而成为立宪的法治国家,我们认为以上所说的两种动力是维新时代成功的两大要素。

哲学是对于人生问题,要作一种全面而根本的探讨,所以了解一个时代的历史,最好的是能抓着那个时代的哲学核心。这篇文字的课题,就是希望能由明治时代的哲学思想,而对于那一个时代得着一种提纲携领的认识,特别是关于思想方面的认识,如果认识的不错,那末,对于我国的建国事业,或者不无可以参考与借镜的地方。

在明治维新前的日本哲学,有神道,儒教,佛教的思想流行着,除了神道是道地的日本"国粹"思想外,儒佛都是外来的思想,但是却极有势力,至明治年间才有别一种系统的哲学思想输入到日本来,因为西洋哲学的刺激，于是产生了异于传统的东洋思想的哲学系统，原来西方思想最先输入到日本的是基督教的宗教思想，再次的是医学，化学，物理学，植物学，兵学一类的科学，到明治初年才有人介绍西洋的哲学，论理学与心理学一类的学问。

明治初年的思想家，对于哲学上有劳绩的人，当然要首推西周，他是第一个用汉字“哲学”二字的人，中国所用的“哲学”一词，也是由日本搬去的，研究哲学的人，对于这位创词的始祖，不能不留下一点怀念的记忆。其次便是西村茂树，加藤弘之，外山正一，中江笃介等人。这些初期的哲学家，在著述与翻译上都颇努力，关于哲学，伦理，心理，宗教各方面的问题发表种种的意见。后辈的人如三宅雄二郎，井上圆了，有贺长雄，大西祝，清泽满之，高山林次郎等，对于唤起哲学研究的兴趣，都有相当的助力。其他如福泽谕吉与中村正直（号敬宇，世称敬宇先生）也不能说与哲学思想没有关系。特别是福泽谕吉，虽然他没有哲学上的著述，也无哲学思想的系统，但是他对于西洋思想的介绍，在当时的社会发生了很普遍而雄厚的作用。福泽与加藤是当时对立的学者，前者介绍英吉利的自由主义，后者介绍法兰西的人权思想。大体的讲来，加藤带一些学究的气息，在哲学问题上研究一些比较专门的东西，他自己也以哲学者目期，这是明治哲学界最不可忽视的人物。至于福泽呢，他没有什么太专门的学问，由一种广泛的通俗立场，而为一般社会思想的革新运动，用欧美的思想破坏东方的儒家哲学，换句话说，福泽企图着全然推翻中国传到日本的文化，而代以英美的新文化。再如中村正直，对于道德与宗教方面的问题，他是有意见发表的，但是关于纯哲学的研究，如论理学，他不特不感觉兴趣，而且极厌嫌的。他与福泽一样，在介绍西洋思想上，对于明治的思想界颇多贡献。

在明治时代，除了西化的哲学者外，佛教与儒教的传统势力还相当的保存着，在维新的时代，西洋哲学输入后，佛儒等教的人，怕失了唯我独尊的地位，更加活跃起来，尤其佛教的信徒，绝不甘受排佛毁释的打击，在朝中有势力的如福田行诫，原坦山，岛地默雷，南条文雄，村上专精，森田悟由，释云照，腾峰大彻，织田得能等人，在各地方上有声望的和尚还有今北洪川，西有穆山，由利满水，桥本峨山，新井日萨，七里恒顺等辈，再如与佛教有关系的居士有岛田蕃根，大内青峦，鸟尾得庵，三数人。这些释家信徒，一方面宣扬自己的教义，同时对于西洋哲学也很用心。至于儒家的人，因为势力的渐次的没落，可以够得上代表儒家的人是寥若晨星了，但是还有相当素养的儒者，要推安井息轩，元田东野，重野成斋，川田瓮江，大槻磐溪，鹫津毅堂，冈松瓮谷，阪谷即庐，根本通明，竹添井井，岛田篁□，三岛中洲等人。其他如川合清丸虽与儒家有相当的关系，但是他以神儒佛三教一致的立场自命。以上一些人是明治年间儒佛两教的哲学者。

明治时代的日本哲学界，还有件值得注意的事情，那便是外国哲学家的招聘，在明治十年，东京帝国大学设立哲学系，由美国聘到的有费诺劳散（Fenollosa），担任哲学讲师，英国的有库波儿（Cooper），德国的有八绥（Busse）与其后任的开白尔（Kaeber）等人。除了专门的哲学教师外，如基督教的牧师与信徒，在明治哲学界，也不能说直接间接的与哲学上没有关系。

明治的哲学界，我们为便利计，可以分为三个阶段述叙：第一期，明治初年至二十三年，第二期，明治二十三年至三十八年（即日俄战争止的那一年），第三期，明治三十八年至四十五年，第三期的思想直至大正年间（即世界大战止的那一年）才另转一个方向。第一期的思想，英美法的学说如洪水般的澎湃的输入，特别是英美的自由主义与法国的民权思想，交叉而纵横的介绍到日本来，由于福泽谕吉与加藤弘之的主张，唱道与宣传，在普遍的社会中发生很大的影响。在当时最受崇拜的英美学者是边沁，米勒，斯宾塞，斯久衣克，刘依士，巴久，拍固路，饶巴克等人，法国的学者有卢骚，孟德斯鸠，克早，固透，稻克吾路等人，至于自然科学方面，达尔文与赫斯里的思想也介绍到日本来，这对于当时的社会，产生了极大的作用。

明治哲学的第二期，大陆派的哲学输入到日本来，德国哲学的研究成了当时的主潮，其时帝国大学的教授井上哲次郎新从德国回来，在帝大担任比较宗教学与哲学史，特别介绍康德与叔本华的学说，劝诱学生去德国治哲学。日本对于德国哲学的特别重视，井上等人的影响很多，尤其是明治二十年到日本讲学德人八绥对于德国哲学的提倡，变更多年来英美本位的哲学界，直到现在，日本的哲学界还是大陆空气主占着。

明治哲学的第三期，在日俄战争以后，这次战争的结果，比较中日战争所给与日本思想上的影响还大，尤其是世界大战，日本人受到了一种深刻的印象，素讲军国主义的日本，到此也感觉得狭隘的爱国心并不是好玩的，忽然孕育了世界色彩的思想，“个人自觉”的思想渐次的显著，对于社会问题与以多量的注意，我们可以说这时的日本人眼光，一方面变大了，同时也变小了，那小处见到个人，那大处见到世界，但是由最近的情况看来，世界大战的教训，一般日本人好像又忘了！

在西洋哲学史上，我们晓得有两大分野，那便是经验主义与理性主义，所以西化的明治哲学界也有两个大的哲学派别：一者是偏于物质的，经济的，客观的，实际的，功利的思想，一者是偏于唯心的，超绝的，主观的，道德的，宗教的思想，用詹姆士的话讲，前者是“硬心”的系统，后者是“柔心”的系统，至于这两派的是非，我们不管，但是六十年的明治哲学界确有这样的两大系统。现在根据这两派的见解，简略的作一明治哲学界的鸟瞰。

第一　功利主义，进化主义，唯物主义，及其他

(一)功利主义思想的沿革

在明治初年，哲学上最流行的思想是功利主义，进化主义，后来又加上了唯物主义。明治维新前的日本思想多是中国的东西，而功利主义的思想在中国产生得很早，如先秦时代的管子，申子，荀子，商子都是带有功利色彩的政治思想家，在西洋的功利主义于十八世纪末叶才有人提出来，英国的边沁与米勒便是最典型的代表者。日本的功利主义有物徂徕与大宰春台等人。

由正统的儒家看来，功利主义者思想不免是异端邪说，儒教虽然也讲利用厚生，但那是为道德实行的动机，所以是理想主义而非功利思想。日本由千数百年来，受儒学的影响最大，特别是德川幕府时代，所定的教育宗旨便是儒教主义。因此形成的一般国民思想多偏于理想主义。

关于儒家的长处在此姑且不论，但是儒者的迂阔派头与不治生产的素志是一般显而易见的事实，儒者多是甘于清贫而尊高心志的，当欧美的功利思想输入日本后，儒教徒便陷于一种迂阔而不能自拔的状态。

至于佛教，在欧美思想未输入日本前，势力是根深蒂固的，由中国与朝鲜而到日本，自推古帝时便提倡佛教，于是经过奈良朝，平安朝，到镰仓时代，佛教在日本有普及的趋势。由室町时代，至德川幕府止，佛教在日本的思想界是最有力量的，较比儒家的信仰还雄厚些。儒家与佛教在教义上虽有差异，但是都是理想主义者，与功利思想是不相容的。直至与欧美的思想接触后，日本人自觉在物质生活上是相形见绌，于是欧美的经济，政治，自然科学及哲学上的功利主

义与唯物思想便倾盆而入了。

(二)介绍西洋哲学的先驱——西周

在日本最初有哲学上的兴趣,而且有著译的成绩的是西周(一八二六——八九四年)。他与津田真道到荷兰留学,学法律与政治,能读德文与英文,初译海文(JosephHaven)的《心理哲学》(Mental philosophy),当时他题为"心理学"。又译米勒的功利主义(Utilitarianism),题为"利学",同时西周自己也著了一本《百一新论》,讲法律与道德的范围,心理与物理的差异,最后的论断,他以为属于哲学的问题。关于论理学的著作,有《致知启蒙》一书。美学山西周初介绍的时候,题为"美妙学",曾给皇帝讲演过一次,根据的是理想主义者的美学理论。

西周在儒教与佛学上也有相当的素养,而对于哲学,论理,伦理,心理及美学上的著译,尤其是哲学术语的创立,这是今日治哲学的人不应忘记的功劳,现在日本正计划出西周著译的全集,也算纪念东洋的学者介绍西洋哲学的表彰。

(三)福泽谕吉

(1)新文明的传播者

福泽谕吉(一八三四——九〇七年)是介绍西洋文化最有力量的人,无怪有人称他为日本的梁启超,他的著述有:《劝学》,《西洋事情》,《福翁百话》等,同时他对于西洋的书作广博的阅览,当时称呼西方各国,有的叫做"西洋",有的称"远西",还有"泰西"与"西国"等名,这都是由《西洋事情》一书用起来的。后来又以"欧米"专指西方国家。

福泽对于欧美的物质文明,极表羡慕,所以他提倡"殖产兴业",增进国家的富利。提高人民的生活程度,以与欧美立于水平的地位,因此福泽对于儒者的迂阔与不治生产的风气，大施破坏，骂《四书五经》为“腐物”，讥汉学者为“顽冥不灵”之徒，在他所著《文明论之概略》中发挥尤多，于是反对福泽的人骂他是“拜金主义”，无论如何，福泽的提倡功利主义，在当时的意义与动机是很伟大的，因为一般日本国民的教养本来偏于佛家与儒家的精神生活，而福泽的功利思想实为济时的一付良剂，至于福泽所倡导的要旨，如讲利用厚生之道，鼓吹自由独立的精神，宣导人权天赋说，提高女子的人格，绝叫人间互相平等的需要，这些主张是明治维新时的缩影，由此我们可见福泽虽然没有什么哲学上的著作，但是于日本开拓新文化的功绩是不能没杀的。

关于宗教，福泽对于儒教施以攻击，而对于佛教与基督教抱相当同情的态度，不过他看宗教也是一种功利思想的立场，认宗教为治世的一种必要工具。

(2)尊王论

日本自有史以来，便是一系皇室的延续，所谓皇室的血族主义与天皇至上主义是一般日本国民根深蒂固的思想，新文明开拓者的福泽谕吉也不是例外。福泽终身未入仕途，不依付任何人的力量，在民间持着自由独立的态度，而为谈朝论政的清论家，创发《时事新报》为言论机关。曾著《帝室论》，发表他对于天皇的看法，福泽的尊王论，有两种理论上的根据，一是皇室于国家政治上，取一种超然的态度，为必要的政党调和机关，这样才能统一全国的政治意识，二是日本立国以来的君王，都是“王道精神”的实行，人民受仁政的恩德，与皇室形成了息息相通的关系，而且天皇至上主义的一系血统延续，简直是日本人“先天的”信仰。所以福泽虽然一方面鼓吹自由独立的思想，同时又作尊崇皇室的拥护。

在中日战争与日俄战争后，福泽的尊王论更成为他至当不移的信仰了，两次战胜两大帝国的原因，固然由于接收西洋科学而造出坚甲利兵,但是更主要的因素是一种精神教育的结果,所谓精神教育便是尊王的武士道精神,因为日俄战争的时候,俄国在军器上是优于日本的,而最后竟败于日本者,那是精神教育不如日本,这是福泽尊王论的又一佐证,原来福泽出身于武士家庭,所以他的尊王论是有家学渊源的。

(3)独立自尊

福泽于晚年的时候,定《修身要领》二十九条,主要的思想是提倡独立自尊的精神,他以为凡人都有一个高贵的人格,绝不该把自己作为别人工具,世间没有比自己的人格更值得尊贵的东西,所以奴隶的卑屈态度,有自尊心的人所不取的,我们可以称这种独立自尊主义为人格主义(Personalism),纵然福泽个人并未曾作过这鲜明的主张。福泽有一句话:“身外无一物,唯此金玉一身耳”,这简直是利己主义的口吻了,用伦理学的术语讲,这是“伦理上的原子说”(Ethical Atomism)。

福泽的独立自尊主义是日本利己个人主义发达的一种大原因,因为他所接受的英国自由主义,是自由竞争的工业资本社会中的产物,福泽的思想因为欧化的结果,把资本主义与自由主义一齐都搬到日本来,而反资本主义的社会主义,共产主义,无政府主义也因为有机可乘,在日俄战后输入到日本了。

(4)伦理论

福泽关于伦理的主张,虽无系统的言论,但是散见于各处的归纳起来,便是认为道德不是一成不变,而是随时代而演化的,这种见解发生的影响颇大,后来几乎成为一般日本智识阶级的思想。原来明治年间的重野成奈博士已有道德随时代而变化的信念,但是不知道是否与福泽的思想有关系。据福泽举了一个例子,说明道德随时代而变的关系,譬如复是旧日幕府时代的美德,但是明治维新后,法律整顿得像个样子,处罚的方法修明后,那末,破坏法律的复便不是美德了，因为是“彼一时也，此一时也”。

福泽虽说道德随时代而有变化，但是他同时又主张在变中有不变者在，例如“信义”，在过去的时代是道德，在今日还是有价值，到将来也必为人称赞，纵然实行道德的手段与方法也须因时代而不同。再如人格的尊严也是不随时世境遇而成为不道德的。所以福泽对于道德的“变”与“常”都认为必要。

关于时代道德的接受，福泽也曾积极的作过几件事，世界大战后，“德谟克拉西”是一般人嚷得很起劲的东西，福泽便是第一个介绍民治主义于日本的人，在《劝学》一文上力说民治主义的必要；对于妇女解放运动，福泽极表同情，《著新女大学》，论提高妇女的人格，助进女人自立自主的精神，所以福泽又是明治年间妇女解放论的急先锋。原来日本有史以来的千数百年，正统的思想是佛儒两家并立，但是两家对于妇女都有些不恭敬的看法，儒家重男轻女的主张简直是成了日本伦理生活的信仰，所谓“唯女子与小人为难养也”便是儒家为妇女按排的地位，至于佛教呢，更不用说，以女人为五障，男子的不能成佛，都是女人的罪孽，佛教虽然认为“一切平等”，只有女人是例外，在这种屈辱的女性观的社会中，竟有福泽大声急呼的为女人喊冤，我们对于这位先知先觉不能不表相当的敬意，只是可惜由福泽提倡起，而日本妇女到今日的地位还没有怎样提高罢了。

福泽的著述有《福泽全集》十册，关于他的生平有《福泽谕吉传》四卷。

(四)加藤弘之

(1)加藤与福泽

加藤弘之(一八三六——九一六年)与福泽是同时代的人。在当时似乎二人站在对立的状态，福泽是以在野的立场努力于西洋文明的介绍，而加藤博士是居官的人物，曾任大学的□理与总长，当福泽介绍欧美思想的时候，加藤正正努力于德国学术的攻究，加藤是第一个懂德语的人，第二个人是市河兼恭，加藤与市河最初学“兰学”，在幕府末年，由德国人传入日本的“电信机”（电报），便由加藤与市河招待德人的技师，于是加藤与市河得着学习德文的机会，日本的“德文通”当以加藤为元祖，德文书籍读得很多，德译的英文书也看过不少，在著述上的风格与福泽不同，福泽的文章较比着通俗一些，而加藤的便带点学究的风味，当福泽发表《福翁百话》的时候，加藤也在《太阳杂志》上揭载了一篇贫叟百话，由此而后，二人便渐渐的立于对立的状态。

（2）加藤的思想系统

总论

在思想开明运动的初期，一般人的思想多是杂博而无逻辑的系统，加藤也不是例外，他的主张是进化主义，功利主义，利己主义，唯物主义，机械主义的总合，福泽介绍达尔文的进化论，而加藤输入黑格儿的历史演化哲学，虽然加藤对于达尔文与斯宾塞的学说也相当的了解，但是得益处还是黑格儿的历史进化主义。加藤于文化史及比较法理学亦曾研究，尤其是对于海仑姆得（Hellwald）与波斯特（Past）特致敬意。

（3）加藤的《人权新说及强者的权利》

加藤的著书，最惹起社会注意来的是《人权新说》，这本书出版的时候，民权自由论正在盛行，特别是法国的天赋人权说几乎成为一般思想界的口头禅，而加藤根据着进化主义的立场，大唱“生存竞争，优胜劣败”的论调，以为优者的享有权利，劣者的应被淘汰乃是天经地义的道理，所谓天赋人权不过是弱者的梦想而已，加藤因此对于德国怪哲的尼采引为同调，崇拜超人，歌颂权力，他以为牺牲弱者而完成超人主义乃是进化主义的精髓，所谓“权力即是正义”是《强者的权利》一书的主旨，加藤的这种思想直至今天也须还在日本思想界中作怪，尤其是军人的大脑中。

（4）自然界的三大矛盾说及其反基督教论

加藤见到自然界中有三种矛盾，他称为“自然界的三大矛盾”。第一是有机物的与时俱增的生殖，而生存的需要物有限，第二是动物的生在，往往赖互相残杀以为食饵，第三是生物的根本动向，限于身心力而不得满足。正因为有这样的矛盾，所以必得互相竞争，而竞争的结果是“适者生存，优胜劣败”，基督教的宇宙观，以为世界是由上帝的慈悲心肠造成的，加藤觉得那是呓语梦话，他曾诘问基督教徒说：“设若上帝是全知全能的宇宙本体，而且俱有至仁至爱的大德，那末生物间互相残杀何以会发生于天地间呢？”加藤曾著一本小册子，名《基督教的穷途》，专为诘难基督教而作的，同时又著一书，名《我国国体与基督教》，伸论耶教如何的不适于日本的国情，最后对于儒家的伦理忠孝之道，深致尊敬，于皇室尤表热烈的崇拜，基督教被全然排斥，佛教也被攻击，总而言之，加藤博士认为宗教是完全无用的东西。

（5）彻底的利己主义，唯物主义，功利主义。

加藤博士很强烈的提倡功利主义，对于唯心论的所谓“良心”，“良知”，“动机”一套柔性名词，概不提起，彻头彻尾的功利主义者，从西周把米勒的《利学》译出，陆奥宗光介绍《利□正宗》，同时福泽谕吉为功利主义作通俗的宣传，于是加藤在学理上鼓吹功利主义的哲学，更进一步，加藤便主张极端的露骨的利己主义，他自己以为这是“先哲未言”的伦理上的发现，加藤个人本有很完美的人格，但是他的主张于一般社会上有不良的影响。

由于利己主义的立场，加藤进而主张国家自利，他说爱国心是利己心的扩大，国家与国家之间，各为本国的利益而竞争，竞争只有弱强可分，并无是非可言，什么“国际道德”一类的东西不过是骗人的把戏，纵然有似乎“利他心”的事实存在，加藤以为这不过是利己心的变形，利己心是伦理道德的最根本的原则，在他所著《自然与伦理》一书中，说明这种利己的人生哲学。

加藤博士又是十足的唯物主义者，物质以外，宇宙内更没有任何东西，据说加藤有一次在某一哲学会讲唯物主义，讲台下的人有呼“可怕”的。更有趣味的是加藤因为信奉儒家的忠孝伦理，于是将功利主义的大袍子穿在孔子身上，说孔子是功利主义者，但是孔子曾说：“君子喻于义，小人喻于利”，孔子有灵，将斥加藤为小人之流吧！

无论如何，加藤弘之的思想在明治维新以来的影响是很大的，也许现在日本的国际行动，尤其是在亚洲的行为，正是贯彻加藤的学说也未可知，他的著述有《人权新说》，《强者的权利》，《自然界的矛盾与进化》，《道德法律进化之理》，《天则百话》，《自然与伦理》，《我国国礼与基督教》等。

（五）外山正一及进化论的趋势

外山正一（一八四八—一九〇〇）十六岁时，就留学英国，回日本后，不久又到美国留学，治哲学及自然科学，回归日本后，作开成学校教授，明治十年东京大学成立时，外山担任大学教授，明治二十六年起，担任社会学的讲座，关于哲学方面，外山以米勒与斯宾塞的著作为教科书，于哲学的介绍工作，不无功劳，同时他又是宣传进化论的急先锋，根据进化论的立场，著《我关于人生目的信仰》（见《哲学杂志》第十一卷，一百十四号），此外有《民权辨惑》，《藩阀的将来》等书，更有许多散文及《拔刀队》等新体诗，都收在建部遁吾编纂的《丶山先生遗稿》，“丶山”是外山的雅号。

进化论在日本的勃兴，外山正一及矢田部良吉是鼓的两员大将，此外，东京大学招聘的美国动物学者漠尔斯（Edward syvester morse）及费诺劳撒（Ernest Francesco Fenallosa）于达尔文的学说，颇事介绍，由此进化论的思想盛行起来。

在这里有一件值得注意的事情，进化论在日本的流行，黑格儿与达尔文是相提并论的，但是黑格儿的历史进化论与达尔文的生物进化论是不同的，一者所着眼的是精神现象，社会现象，一者所着眼的是生物现象，自然现象，黑格儿的立论总不出哲学的范围，而达尔文始终站在生物学家的立场，纵然达尔文的进化论于哲学思想上发生极大的影响。总而言之，进化论的学说在明治初年是一种狂热的趋势，固然这种学说的初期传播也受到不少的阻碍。至于这段自由研究的经过详情，见森户长男著的《在我国研究自由斗争史的一节》。

（六）中江笃介

（1）他的生平及思想系统

中江笃介（一八四七——九〇一年）就是普通称为中江兆民的那个人，他是土佐的人，弘化四年生，生平有许多奇行异事，于法国的学术思想首先介绍到日本，最初在长崎学法文，与村上英俊是两个懂法文的元祖，兆民的行为是很放逸而有趣的，他的去法国留学便是一段极好玩的故事。起初兆民想到法国求学，但是机会不许他，因为当时的遣派留学生，必得官立学校出身，而且品学兼优的才有这种资格，兆民既非官立学校出身，行为又放浪，当然没有留学的资格。有一天，他异想天开的弄出一条妙计来，当内务卿大久保利通乘马车入私邸的时候，兆民偷偷的坐上马车后方，进宅后便拿出名片来，内务卿对于这个不速之客也有些好奇，兆民就机将愿意留学法国的动机，一五一十的痛陈心怀，结果竟成功了，他到法京巴黎治哲学，史学并文学一类的功课。

中江兆民于汉文颇有素养，就学于冈松瓮谷及阳明学者奥宫慥条，尝用汉文著书。当他由法国学成归国后，生活上不少奇谈珍闻的妙事，一时作某特殊部落的代议士，一时在北海道作起纸商来，又忽然与北海道土人的女郎结了婚，他的生活，据说在这种形形色色的放浪中度过，最后长了喉头癌，喉头有了孔，医生断为不治之病，预断不过尚有一年半的寿命。兆民于是发了急，赶快乘这一年半的光阴著书，书名便是《一年有半》，但是过了一年半，他还没有死，似乎与医生开玩笑的样子，他又著了一本书，名《续一年有半》，亦称《无神无灵魂》，主张极端的唯物论，《一年有半》与《续一年有半》简直如不翼而飞，在社会上流传颇广。据说兆民在病中曾访云照和尚谈天，云照引他入佛教，兆民大发愤慨，痛斥而远避了释家秃头，至明治二十四年十二月十二日死去，享寿五十五岁。遗言是将死体解剖，葬时不用任何的宗教仪式，兆民的著译有《理学钩玄》，《理学沿革史》，《维氏美学》著，用汉文译卢骚的《民约论》。中江兆民是卢骚的崇拜者，特别是民权自由说，唱道更力，于政治界发生相当有力的影响，明治末年，举世战栗的叛徒思想家幸德秋水便是兆民的门人。

(2)《一年有半》

中江兆民在《一年有半》一书，关于讲哲学的较少，只是有两三处说明哲学的重要，他认为一个国家的人民若果没有哲学上的素养，那末一切思想不免浅薄，所以兆民说豪杰的伟人与哲学的伟人比较起来，宁取哲学的伟人，这种见解而在崇拜刀枪的军国民国家提倡，也算是"空谷足音"了。

(3)《续一年有半》同哲学思想

兆民写完《一年有半》后，还活在人间，于是他著《续一年有半》，在这本书中，专讨论哲学问题，如灵魂问题，未来问题，神佛问题，世界问题，时空问题，主客问题，全书并无组织，不过是片断的哲学见解，由这本书的另一名称，《无神无灵魂》，便可以晓得这本书的内容全然是唯物论的立场。兆民在法国的时候，学得了机械的唯物主义，哲学上的本体，他说是物质，所谓精神不过是由物质发生的作用，除了物质以外，并没有什么本体，意识与精神云云的现象，只是物质的属性而已，这是一般普通唯物论者的口吻。

兆民对于不朽论，立在全然否定的立场，以至于天堂地狱的赏罚论，也不客气的加以非难，甚且对于日本的国粹信仰“神道”，亦露骨的加以否定。兆民于时空问题，持论极浅薄，无甚哲学上的价值，至于伦理上思想，兆民提出一个词来，名为“自省之能”，他曾说人在正直的时候，总感觉愉快，不正的时候，便不免悔恨，道德上的善恶，会由自省而体验出来，这种说法颇类似阳明学的良知良能说，也许因为他曾受阳明学者奥宫慥条的影响。

中江兆民的著述，由他的门人幸德秋水编纂成书。

（七）元良勇次郎

元良勇次郎（一八五九——九一二年）曾在美国留学，研究心理学，回日本后，作了基督教徒设立的青山学院的教授，因为他怀疑灵魂不灭问题，退去了青山学院的教授职位，后来在东京帝国大学作教授，担任心理学，著作有《伦理学》，《心理学纲要》，《心理学概论》等书。

（1）元良勇次郎的哲学论及心理学说

元良勇次郎对于“意识问题”，想用力学的原则解释，他以为意识作用不过是物质的“能”（Energy）。广义的讲来，这也是唯物论者的论调，但是他自己说是反唯物论的，大体看来，他是一种素朴的实在论，关于心的现象，假设有所谓“心元”（Mind stuff）的存在，这种“心元”与物质的原子一样，所以解释心的现象是可以应用同一的原则，譬如两球相遇，不是相补，便是相消，意识的两个“心元”相遇，也要发生类似的情形，总而言之，在心理现象的解释法，元良立在机械主义的立场。

（2）伦理学说

元良的伦理学说，一句话讲出来，便是感情本位的伦理，元良认为知识与意志是完成感情生活的副手，他以为“情”本身有绝对的价值,所以他说:“意志与知性为助,情居本位,情的满足是人生的最终目的,其中含有绝对的价值”,善恶的标准以能否满足情的需要为尺度,换句话说,“尽情”是善,“抑情”是恶,这种说法是快乐主义的口吻,也是功利论者的一种。

(八)其他诸人的学说

(1)樗牛,竹风,抱月,满之

除了上述的诸人外,在明治年间,主张本能主义,自然主义,现实主义的人,还有樗牛,竹风,抱月,满之等人,高山樗牛与登张竹风等基于尼采的超人哲学,主张本能主义,岛村抱月则于自然主义抱同情,不特在哲学上,就是艺术与道德上也主张自然主义,清泽满之发行一种刊物,名《精神杂志》,而提倡的却是近于本能主义与自然主义的色彩。

(2)马克思学说

在日俄战争与世界大战后,共产主义的学说于日本唱导起来,一般人对于社会改造问题都感到浓厚的兴趣,马克思学说是最道地的唯物主义,马氏更是无神论者的绝对拥护者,基于唯物史观与唯物辨证法的立场,马克思确立了阶级斗争的战略,日本自从明治维新后,渐次工业化的结果,资本家与工人的对立也逐渐的形成,所以马克思的学说就乘机而入了。

(待续)

官僚、政党、财阀、军部

——他们消长之史的概观——

(一)

自五一五事件至二二六事件,这些属于同一系统的一联事件,都是因为财阀,政党,特权阶级,尤其是官僚,重臣,军阀,而惹起的问题。

由血盟团事件,五一五事件起,经过神兵队事件,相泽中佐事件,直到二二六事件,事件发生的主要原因是政治势力的夺取及经济情况的排击,以上各种事件的积极主张,就是凡使现在日本国家不利的因子都扫数芟除,由于官宪方面对于各事件的公表便可以明了,但是这些事件常关联的问题有军部。笔者对于二二六事件,见到陆相寺内的报告有如下的辩明:“如此的反乱行为,其发动者亦不过少数一部,而全军难免蒙此矫激思想。”但是斋藤隆夫氏在特别议会的质问,满洲事变以后“一部青年军人,高唱国家改造论,以现役军人而干涉政治则政治前途恐将不堪设想”,这里论点颇得到多数人的同情,斋藤氏是政党政治家,所以对于近年来的倾向极力抑制,但是在国际情势紧张的今日,必得认识军部的重要性,只作法律论的主张,那不过是搬弄形式论理就是了,事的善恶是一个问题,慎重的考察是另一个问题,在此必得要明确认识的是财阀,政党,特权阶级的问题与军部的问题是有关联的。

财阀,政党,特权阶级是诸事件的当事者,在这里,站在政治学的及社会学的观点上,颇有批判的余地,这些当事者在现代日本的政治上及社会上都占有重要的地位,且是推动政治的力量,但是所谓特权阶级的意味有些欠明了;就二二六事件所使用的话看来,于财阀,政党外,更举出元老,重臣,官僚,军阀来,二二六事件是五一五事件的总决算,所谓特权阶级是上述各种人的总称,把这种要素都举出来,就可以看见支配近代日本政治的全体因子。

明治维新以来的政治就是官僚,政党,财阀及军部各种势力互相消长的历史。日本登世界政治经济的舞台较各列强迟,德川时代是走向世界的政治经济前国家内部的准备期,为应急激的开国后的要求,故不得不求助国家权力的保护,以助长经济的发展,于是便实现了幕府末年的新政——西洋技术的输入,陆海军的改组,萨藩,肥前藩等亦采用同样的新政,而保守的中下层武士力唱攘夷运动与明治政府的成立,这是采用了西洋文明而助长国家政策的完成,当时虽然采用西洋文明,但是不仅单单的模仿,高迈的思想家横井小楠曾说:"明尧舜孔子之道,尽西洋器械之术,何止富国,何止强兵,布大义于四海而已。"一般有识之士不问是国粹主义者或文明主义者,都以日本的独立发展为终极的目标,明治政府最着意于这一点,这是政府的保护助长政策。明治政府的形态酷似近代初期的欧洲先进国家,但是明治维新以后的政治动向,政府于指导干涉的程度更显露出来。

(二)

在思想上对于指导干涉的政治加以排斥的有自由民权运动,如板垣退助便是自由民权运动的指导者,同时主张干涉政治的骁将西乡隆盛于征韩庙议破裂后，与一般在野政治家反对民选议院设立运动，当时他主张有司专制论，惹起民权论者森有礼极讽刺的批评。民权运动者的口号是尊重自由及政治上民权的获得，他们所攻击的目标是有司专制及“政商”保护问题。像法国革命时的思想家一样，他们代表第三阶级的利益，但是不主张打破贵族僧侣的特权，因为第三阶级的有力者与在朝政治家结合的利益都被“政商”垄断，所以“政商”成了被攻击的目标。若认日本的民权运动纯然属于“布尔乔雅”是不无疑问的。

然而维新以来对于“政商”，在经济的发展上始终采取保护政策，这种情势在我国后来政治上还留有很显明的残迹。明治初年移植来的西洋技术，直至明治十年，都由政府的经费维持发展，明治十年后，始由民间自由经营，这是资本主义发展的最大原因……

当这种状态下，于是开设国会，制定宪法的问题便起来了，当时大久保利通，木户孝允，西乡隆盛，岩仓具视等一呼，伊藤博文立于政府指导的地位，谁都晓得伊藤是内阁的创设者，日本做成近代的国家制度便是此人的功劳。他虽是进步的政治家，但对民权运动并无何等的同情，他对于议会制所持的见解，以为内阁应由天皇亲任，故只对天皇负责，此外议会不负任何的责任，所以他是官僚内阁制的主张者，这种倾向与民间的政党斗争颇力，当时经济的发展尚在工场制的初期，经济的自由要求尤未显著，同时幕末有不平等条约的压迫，故政府对于经济的发展有采取保护助长政策的必要。

这种政府的保护助长政策施行的结果，产业，尤其工业，便发展起来，于是由明治初年起，在世界上得到活跃的插足场所，因朝鲜问题与士族救济问题而征韩论勃兴起来，明治十五年与中国势力冲突，朝鲜事变勃发，我国开始在朝鲜获得不平等条约，后来日本对朝鲜半岛更关心了，因为政治的及经济的关系，遂惹起中日战争，完成了大陆政策的第一步。

中日战争的胜利,在我国的政治及经济上是一划时期的事件,由这次战争的结果,强化了陆军在政治上的地位,成了维新以来的中心势力。

由中日战争使日本在经济的发展上得到很大的收获,同时更有一刺激经济发展的重要事件,那便是台湾的获得。在朝鲜得到优越的地位后,更有二亿数千万圆的赔偿金受领,这于我国经济发展上是一种显著的刺激。所以有的经济史家以为日本的工业革命时期应求之中日战争,这样看法的当否姑且不说,但是由这次战役的结果,企业热勃兴起来,会社企业,工场工业的显著发展确是一种事实。正因为这种趋势,于是我国资本家阶级的经济势力增加了,而政党的势力也随之增进了。明治二十年时藩阀互相攻击后来妥协互让的结果,由二三有力的藩阀组阁,直至明治三十年时政党才得有政权的机会。以宪政党为中心的大隈,板垣组成内阁后——明治三十一年六月三十日——使政党的势力得有显明的增进。这次内阁因内部的纷争,半年后便崩坏了,继板垣内阁而起的是山县内阁,藩阀的官僚为防止政党势力侵入官界,于是大改正文官任用令,高揭"党人不得入官"的制札,锁封了党人猎官的门户,官僚得以专心守他们的城砦。采用试验任用制代从来的奏判任文官,同时勅任文官改为自由任用制,由这样的改正,把亲任式为叙任式,因此防止了党人侵入官界的线索。山县内阁的问题还不仅是这一种,明治三十三年四月,枢密院议长黑田清隆尊勅令将枢密院的权限扩张,更于五月改正海陆军的任用令,规定海陆军大臣由现役大中将充任,次官由现役中少将充任,海陆军大臣由现役将官充任,这是萨长出身的军人想独占军部的企图,因此萨长军阀在政治上得到优势。

（三）

以至于最近，官僚及军部保有政治势力，他们对于政党的势力立于排击的地位，这种力量的基础立于封建的残存势力的代表贵族院及枢密院，还有向国外发展势力的军部。伊藤博文若与山县有朋比较起来，他的见解算是开明的，在政党势力的发展上，他有明确的主张，也是板隈内阁的奏荐者，伊藤不是军人政治家，而是文官政治家，见解既融通，而性格又不狭隘，他奏荐了板隈内阁而使政党势力的发展上有所帮助，后来的政治对于政党的不可忽视，这是伊藤的功劳，他的政党观在此时较之国会开设当时确有进步了。其于这种认识，伊藤遂于明治三十三年九月自己出马组织政党，组织立宪政友会而自任总裁，创立委员中有西园寺公望，渡边国武，金子坚太郎，末松谦澄，都筑馨六，本多政一，渡边洪基，大冈育造，长谷场纯孝，星亨，松田正久，尾崎行雄等人。以伊藤为中心而网罗了一般有力的重要官僚，这便是政友会的母体宪政党。伊藤组织政友会是向政党的一种让步。当时政党的微力与官僚藩阀的有力者不相容和，所以政治活动的效果没有表现出来。而且政党政治家，就是所谓职业的政治家，一般人并不感觉太大的兴趣，以伊藤那样的人物，号召政党，实业家方面参加的只有雨宫敬次郎等三数人，这是因为当时日家的资本家怕伤害官僚藩阀的感情，由此可见当时政党虽成雏形，而官僚藩阀在政治上的地位及社会经济上尚有根深蒂固的力量。

第四次伊藤内阁成立，明治三十三年十月，除去军部大臣及外务大臣外，全部阁僚都是政友会的份子，因此惹起藩阀者流的激怒，例如增税案，在众议院被表决，而在贵族院否决于是伊藤内阁与藩阀的贵族院对立起来，伊藤曾上奏令贵族院停会，因为没有得到圆满结果，伊藤便以在野党的态度，对宪政破坏者与以批评，因此变为政党主义者的伊藤与藩阀山县的保守主义者更尖锐的对立起来。伊藤的政党主义对山县的保守主义施以压抑,但是伊藤内阁,因渡边国武藏相而引起的阁内不统一,组阁后半年的时间便总辞了,后继内阁称为纯然的超然主义内阁,由山县嫡系的桂太郎将军组阁(明治三十四年六月二日),桂内阁被贬稍为小山县内阁或次官内阁。此时已含蕴着日俄战争,至明治三十八年十二月桂内阁辞职,这是五年长期内阁的新记录,此时桂太郎与西园寺的情意颇溶洽,藩阀与政党携手料理国政,桂内阁有五年的寿命,官僚藩阀的势力既然得到巩固的基础,而善于妥协各种政治势力的桂内阁,用"笑面主义"以标唱妥协政治,以他这样的藩阀政治家而能与实业家携手,桂太郎深知经济上的发展,而把实业家除外的政治是行不通的,也算识时务的俊杰了。

(四)

继桂内阁而起的是西园寺内阁,当这时代桂太郎与西园寺情意投合,两者之间对政权没有争执。直至日俄战争获胜后,日本的大陆政策由朝鲜而延及满洲,这种情势在经济方面的发展更为显著。民间事业由于受了刺激而发展,而政治前卫部队的党也发达起来。当桂太郎与西园情意投合的时代,藩阀与官僚在政治上颇占势力,但到西园寺第二次组阁,政党的势力蓄储好了,便开始对藩阀官僚作猛烈的攻击。大正元年的时候,当编成预算时,西园寺首相向各省要求整理行政,于陆军省方面,要求节省经费,而同时又主张增设两个师团,上原陆相主张经费与军额要同时增加,互不让步,结果是西园寺单独辞职,而陆军的主脑山县又推荐桂太郎三次组阁。西园寺内阁的崩坏原因是因为上原陆相的顽张,政党方面于是乘机鼓动推翻阀族与军阀的运动,所谓阀族的中心人物便是山县及桂太郎,自从国会开设以来政党方面的人对于保守的政治便从事反对运动,左右政治力量的藩阀，军人，官僚便是被攻击的目标，而东京于是变为民众运动的中心地。这种运动到日俄战争时，有一部份实业家，加上受自由主义教养的交询社一派的资本家，便形成了一种“德谟克拉西”运动。桂太郎当此议会内外充满了打倒阀族呼声的时候，便学伊藤博文的故智，自己出马组织政党，结果便有立宪同志会的成立，同志会是国民党的革新派及以桂太郎为中心的官僚而转向政党的人组成的，与伊藤博文组织政友会的场合相同，但是组织政党并不能挽回大势，挂冠不过五十余日的桂太郎便于失意之中长辞了人世了。

拥护宪政运动算是得到相当的成功，但是这不是说政党就完全胜利。继任内阁是山本权兵卫，西园寺因违勅问题不得不辞去政友会总裁，山本内阁受政友会的支持，支持的代偿是由军部大臣的现役大中将制改为预后备大将制，直至最近军部大臣又采用了现役制。山本内阁在一年零两月后交替而成立大隈内阁，大隈重信是桂太郎同志会的人物，所以这次仍是官僚内阁，大隈内阁维持了二年半的时期，至大正五年十月改为寺内内阁，寺内内阁也不能说是以山县为背境的官僚军阀内阁，这次内阁维持了一年又十个月。

当此期间出了一种惊人的大事，这便是欧洲大战的勃发，日本的经济得到飞跃的发展，由大正二年至大正八九年，日本“战争景气”的结果，再有维新以后的干涉保护政策，我国经济便长成化育了，又有大战的机会，更得着飞跃的进步，我们的资本主义进为独占的阶段，金融资本的经济与政治的势力都增大起来。明治末年经济的势力增进及官僚藩阀的政党化（如伊藤组织政党），而同时政党也官僚藩阀化起来。桂太郎所组织的同志会便有这样倾向。自大正初年起，政党对官僚藩阀取一种攻势，因助成官僚藩阀政治家的政党党员化。后来政党内阁的主班多是官僚出身的政党党员。

大正七年九月末原敬组政友会内阁，这是有内阁以来初次确立了政党内阁制，但是此后的内阁却不是政党内阁。大正十二年大震灾后的山本权兵卫内阁,还有继任的清浦奎五内阁,都是所谓官僚内阁,贵族院内阁,把这两次内阁除外,五一五事件发生,至犬养内阁崩灭为止,又是政党内阁。日本的宪法,内阁议会不采取责任制,而且也没有政党内阁的惯例。只是由某时的政治关系,三两个政党的主脑人物被奏荐为内阁的主班,这种现象无宁说是宪政上的例外。原来内阁的成立应为政党内阁,乃是宪政国家应走的常规。在此有两件事情要述说明白:第一是国内的事情,前面已说过日本的经济由世界战争而得至飞跃的发展,伴之而起的是"德谟克拉西"思想。第二是世界的民主主义及社会主义思想的勃兴与日本以很大的影响,这两件事情给与日本政治上极大的刺激。资本家兴隆起来,政党活动也得到丰富的政治资金,资本家自己活跃了,便不再受官僚藩阀的保护与援助,他们有了势力,于是要求政治上的权利,资本家政治上的卫兵便是代议士的增设,由此政党与实业家,还有财阀的关系更深刻化了。前述官僚的政党党员化,现在更进一步,官僚使政治事务的专家化起来了,所谓由政务而退向事务中,与官僚关系日本深的资本家与财阀,更进而支持政党,这是政党政权转移的基础。

(五)

山县与桂太郎后退以后,军人以治家的势力不好维持了,同时拥护宪政运动以来,山县与桂太郎都不得民众好感,民间势力的发展使政党势力增大,纵然参加世界大战,而攻取青岛与出兵西伯利亚,除了少数的海军略试展身手外,并没费多大力气,所以世界大战过去后,日本人对于战争及国防的重要性并没有体验出来。社会上一般人因战争景气的结果,于是浮华轻佻的风气横行起来。世界大战的结果使和平思想及民主主义飞到日本。经过五年期间,大战的军事活动,被严重牺牲的欧洲诸国,当时正努力复兴运动,军备的整理与不扩张乃是因为财政穷乏。这种倾向反映在日本便是军备的呼声及“德谟克拉西”思想,军人与民主主义好像不能两立,世界大战时,各列强的军队都在本国留守,日本在东洋不费力的可以独占亚洲的市场,因此不感觉军业的重要性,所以不免有轻视军备的思想,这是不深刻考察事象本质应有的结果。

对于军事的轻视,使日本在世界大战中所得的权益,于战后便不能不放弃,大战初起时,大隈内阁对中国的二十一条要求,大部份算实现了,但是华盛顿会议,合众国强化极东政策,牵制日本的大陆政策,同时又放弃英日同盟,大战中,中国市场已被日本获得,而战后又变为诸帝国主义的斗争的场所,日本的和平政策对此也就不能不有所让步了。海军缩小问题,对英美比率问题,爱国者的军人层对此没有一个能忍耐下去的,因此对于政党政治家到了反对的批判时期。

政党政治确立的时代,也就是政党政治发生矛盾的时代。日本的政党政治,枢密院握有广大的权限,军部大臣是武官制,这与英吉利式的政党政治不同的,原是内阁的成立便是实质的政党内阁制。最初日本成立内阁的当时,我国的经济界便已经进入独占资本主义的阶段,自由主义的资本主义下的产物,政党内阁制议会政治,而在独占资本主义的阶段实现出来,这是政党政治的悲剧,政党高唱民主思想,而实质上政务是少数指导者专断,利用政党的资本家看为卫兵的关系上,在选举时便破费多数的金钱,这是促进议员腐化的大动力。政党政治家近年来疑狱事件层出不穷,这是失掉信用而为周知的事实,民主思想没有实现,而金钱买卖却是做成了。

政党政治家所需要的地盘是选举,所以他们的政治眼界常集中于国内问题。当世界经济竞争很激化的时候,只着眼国内政治的政党政治家,于国外发展上是不相应的。在独占资本主义时代,殖民地的活动比国内经济的活动更应重视,政党政治家对于这一点多是认识不清楚,其实政党政治家对于独占资本主义的要求也不满意,同时藩阀政客与财阀资本家对政党也不信用起来，认政党政治没有效率是这个时代世界共有的倾向。

(六)

世界大战后的凡尔赛条约，使世界获得一时的和平，但联盟方面及德奥方面对此都不满意。关于世界的分割，在凡尔赛条约中并没有将问题好好的解决，反而将问题更激化起来。英法等国变成新殖民地的领有国，远超旧殖民地以上，他们增加了领土，而真正需要殖民地的德意志反把全部殖民地丧失，日本与意大利所增加的领土也不过是猫额小地。同时新世界的霸者美利坚合众国，在世界上作威作福的发号施令，对于这种状态没有一个爱国的日本人能静默下去的。所以对于彼等只专心国内的活动，只知维持现状，贪一时苟安的政党者流起了反感与愤激。意大利与德意志有法西斯带蒂，在日本有国粹主义者——包含有军人层——。无论是排击者或被排击者，他们冲突所在并不是关于政治机构或社会机构的根本见解，而是关于维持现状的方法不同而已。

在日本政党政治的确立，表面上是自由主义的流行，然而社会主义的思想与运动也来了。社会主义在明治初年被介绍到日本，在明治三十年时曾发生一度实践的运动，近年来又有再度勃兴的样子。因为劳动阶级的发展，社会主义有了基础，同时还有一部份知识阶级的参加，这种运动当然为健实的忧国者所排击，而这种运动的根本原因是经济的穷乏，这是因为官僚与政党对于社会问题认识不足的暴露。

这种情势在一九二九年世界恐慌时，也袭来日本，国内的状态起了骚动，而国际的状态又不容轻视，特别与日本有关系的是世界大战后中国的民族主义运动。我们的政党政治家对国内的问题正吵得起劲的时候,张学良的满洲政权与中央的蒋介石合作了,为排击民族主义运动与维护满蒙权益,于是有满洲事变的发生,满洲事变发展的过程中,有人对事变认识不清,不免有许多议论发生,后来都晓得日本是为维持既得权益,因此得到全国人(?)的支持与拥护。各人因为背境不同,对于事变的意义或有不同的解释,但是明治维新以来的大陆政策,此后才有确定的基础,满足一般国民传统的感情,军事行动的称赞,铳后后援的绝叫,这是传统精神满足的结果吧。军部于是占了政治地位的首席,然而现在在政治上又占了首席的军部却与山县,桂太郎时代的军人意识不同了,伴随着这个新的时代有一种新的精神出现,在政治银幕上要大写特书的。

只是维持权益的满洲事变,青年将校的军人还不满足,他们为推行"国策",所以唱道国家革新的必要,因此一部份的急进论者造成五·一五事件。为照应国际情势,军部要求增加军事费,于是军部与政治经济的关系乃显著的增加,而政党不得不后退。政党在政治行动上没有效率,当此资本主义独占的阶段,任何政党是不能有力量的,政党的议会主义与民主思想缩减而独裁的倾向增大,这是当前的趋势。

这次事件的结果,在政治上浮上来的是官僚。处理政治事务的官僚,在藩阀支配时代与政党支配时代,他们是能适应的。官僚站在政治事务的专门家的地位,只因国家事业的优越,所以官僚能够维持政治上的地位。现在担当政治的政党后退,那末事务者的官僚也要被押出了。军部负有国防上的重大使命,现在登上政治舞台后,标出秕政一新的新衣装,这些新衣装的发场者可以称为新官僚,同样的抱定革新国家的使命。至于被排击的官僚是旧官治,也就是政党政治家化的官僚,军部当此急激的政治局面下登场,所负的责任是原则上的指导,将不受官僚团的干涉。政党内阁崩坏后的内阁有斋藤冈田两内阁,被称为官僚内阁,这是基于政治情况的必要……

（七）

军部在政治上势力的增大是由于满洲事变的成功，直至最近更有增强军部势力的可能。在此我们要问军部与财阀的关系将怎样呢？关于二二六事件，寺内陆相曾说由于小部分青年将校的矫激思想而造成的严重局面，这一小部分人曾经述明财阀是日本发展上的一种障碍。资本主义的社会体制是代表财阀的利益，明治以来对于国运的发展上确是有过贡献，如陆军省新闻班的小册子“国防的本义及其强化的提倡”与“非常时期我国国民的觉悟”上也不否认这种事实。同时这种资本主义——基于个人主义及自由主义的立场——也招来现在社会的政治的不安，只专心于利润的追求，而酿成阶级的对立，这是国家秩序组织上的一大障碍，非从新修正不可，这就是要站在“道义的经济观”的立场，原则是“不违反国家的要求而又能满足个人的创造力与企业欲，益加振兴个人的勤劳”，以上的主张并不是将私人企业全部废止，不过是一种革新运动的经济……的“……”国家的计划经济要占大部分，而私人的企业也多有残留的余地，而这种…………………………在“国防的本义”那本小册子上力说经济统制的必要，广田首相于议会中曾在答辩时说：“经济政策的基调要充分发挥个人的能力…………其个人能力所不能达到的乃加以国家的力量。”在此个人自由活动尽多余地，马场藏相有更积极的主张：“产业统制主义不仅在纠正资本主义，吾将更进一步将一切弊害解除，产业贸易的发展要加某种程度的国家统制，此乃非常重大的事。”以上两者的答辩与军部的主张尚有若干距离也未可知，但是将来所要实现的统制经济大概如上所讲的。

由以上所讲看来，财阀问题与资本主义体制问题，军部并不采取全面否定的态度，同时军部也不想实行社会主义…………只是一种国家计划经济，实现的方法是要修正资本主义体制，换言之，由军部的国防立场及社会政策而加以统制。这种统制要求乃是当然的，对于财阀及资本主义体制也没有何等的破坏作用。最近扩张军备费用的增加，如何增进重工业的利益，这种社会活动的刺激正是财阀及资本家的一服回生药。(?)

但是为什么财阀与资本家在最近感觉不舒服呢？这是由于五一五事件起至二二六事件止都把财阀认为阻害国家发展的主脑，现在已经证实事件的发动者只是小部分的矫激者的行动，财阀与资本家依然在社会上可以保全他们安全的地位，军部站在国家与全体主义的立场而指示原则应走的方面。

总而言之，军部在政治上重要性的增加，乃是最近国际情势激化及日本向外发展的必要而应有的结果，这不单……………………实为国防的见地，国家的革新，社会的要求，乃至大众的援助而成的。军部的大众基础有三百万在乡军人对国家的忠诚及政治上的要求，关于国防计划的树立，在现下的国际情势下，广田内阁不能不承认吧，无论如何，现在于对外发展及内政问题都要求一种根本的秕政一新。

由现在政治的经济的情势看来，军部要维持指导的立场，而指导政策的实行者将属于新官僚，政党附于二者骥尾之后，将政治的地位交出来，这种指导精神便是对于资本主义的修正，并不是全面的根本的推翻，类此有机的身份的社会观是基于全体主义的精神。

（完）

一九三六·五·三一日稿

这篇文章译自中央公论夏季特辑号，作者是加田哲二。有黑点的地方大半是原作者就空着的，也有译者认为不紧要而取消的。

中央公论是日本法西斯蒂的言论机关，就是这本夏季特辑号中的头一篇文章,题是《告广田内阁》,以为广田声称"日本是亚洲的安定势力",尚认为不够劲,因为日本要作世界的安定势力。我们领教一些这样的言论也许不无好处,但是需要会打折扣的用心读者。

（北大图书馆,七月五日）

论中日经济提携

猪谷善一 著

(一)

几度传着将要没落的蒋介石现在成了中国唯一的独裁者了,以抗日为口实而反对蒋氏政权的西南派也先后瓦解了。蒋介石与他的智囊们连日在庐山聚首会议的结果,决定遣派朱培德驻广东处理军事问题,任命宋子良为广东省财政厅长,开始全盘的币制改革,整理广东省的经济,使其完全中央化,至于广西的白崇禧,待与蒋介石会见妥协后,亦决定下野远游,据说现已决定召集第一次国防会议。除了共产党再没有与蒋氏政权对抗的势力了,蒋介石的对内工作完成后,跟着来的不能不是对外政策的决定。

在另一方面,我用越大使于六月末赴任时屡次以中日经济提携相召,有田外相行之于前,更有桑岛东亚局长在华"满"现地视察的结果,将斡旋"冀东"及"冀察"两政府的合流,华北将积极的趋向"一元明朗"化,同时华北"特殊贸易问题"也将次第的解决。

这就眼看着以经济提携为中心而调整中日国交的机会到来了。但是机会虽说到来,经济提携是否可能呢?又经济提携是如何的一种意思呢?只就这几点略抒所见。

（二）

南京政府的对日政策，在本年五月二十五日中央纪周的时候，张外交部长在外交演说中曾经说明。那便是“中日两国需要互相提携，急速调整国交，不特为两国之福，与东亚和平亦有甚大的影响，自身将以充分的决心努力于两国关系的调整，中日间的恶感自信有和平的途径可以解决，只望两国的责任当局互相谅解对方的立场，用最大的努力做去。”

这种演说是中国一般的外交演说，总有些口头禅的意味。理由是中国依然保持着多角形的“欧美依存主义”。如对英依存政策，四月下旬英国铁钢资本团与广东省政府定了二百万镑创设铁钢业的合同。再如对德意志，五月中旬与德国政府成立一亿元的武器借款。又如对美国在七月下旬由南京政府向美国输出二千六百万元的银币，由美国向中国输入铁路，造纸及军需品等物。更有欧美各国聘请多数的军事及经济顾问，这也是周知的事实。同时与中日国交调整论并行的便是强化国防及对日备战的完成。至本年十一月完成的对日战线的构造计划如下：长城为国防第一线，黄河为第二线，沿黄河南岸修筑了炮垒，战塔，炮台，飞行场等类似俄满国境的一些强力的战时构筑，扬子江为国防第三线，自上海至宜昌间分为数十区，每区都有炮台防御物的筑造。

由这很多的事实看来，蒋介石对日的态度是怎样呢？那就是等待欧美政局的安定而延期调整中日的邦交，这可以说采用消极的阴性的抗日政策，由我方看来，推倒蒋氏政权的机会，由国际情势上观之，将来也可以找得到。

此外还有一种看法，就种见解便是妨碍中日接近的西南派没落下去，对于华北问题的解决，蒋介石可以运用自由手腕的机会来到了。过去的如对于中国币制改革的反对,欧美依存主义的排击,对中国问题在背后积极的策动,这种办法在日本方面是不名誉的。只有把目前的机会别放过,日本自身把对策提出来,两方若能诚意的折衡,这末中日国交的调整未必是没有出路的。

以上两种看法,一者带有好战论的色彩,一者是和平论的口吻,其实两者都没有太大的差异。因为中日的纠纷对于两国国民都是苦脑的。由第一说看来,把拟装的亲日假面舍去,不妨火拼一下,其后再真实的讲中日亲善。由第二说看来,中国的对日政策不是拟装的,问题只在最后的努力了。在此我们将提出经济提携问题来。关于全中国的经济提携不是今日的问题。兹只就华北经济立论。因华中及华南的经济的权利与英国冲突。现在正在进行与英国前外相,现海相的贺尔商协提携。这是值得注意的一桩事情。即便是在华中及华南而讲中日经济提携,那也要看英日关系的如何调整。

(三)

中日经济提携的呼声已经是很久的事情了。其内容如何尚难捉摸。去年九月广田外相提出对华的三大原则是:(一)中国排日抗日的彻底的根绝。(二)实行中日"满"三国在政治的经济的提携。(三)共同防卫华北及边疆的赤化。上述三项要求要国民政府的承认。中国要日方于二三两项作具体的说明,后来又入于停顿状态,约略过了半年的功夫,六月赴任的川越大使唱导起经济提携论来,采取对中国及日本双方都利的经济提携,特别关于华北的经济开发,由利于两国的华北经济问题着手,如农业的改良,交通机关的发展,矿山资源的开发,由中国供出资源资本,由日本提供材料技术。

但是经济的工作在入手前有一问题横在面前,那便是华北走私问题,至于解决的方法,经济财政专家的王克敏氏已由南京北上就冀察政委会的长官,也得到军政长官宋哲元的任命。南京政府与日本政府于此应用最大的努力解决这个问题。

然而华北特殊贸易的中心是日本商品的走私问题,原来中国的贸易与走私有不可分离的关系(?),南方有福建及广东沿岸,北方有渤海湾沿岸等地,非法走私者非常的活跃,这种自有原故在,第一是中央的威令不得充分的实行,第二因以苛敛苛求之弊,海关税制与国内经济实况不相符,第三中国国民追求利润的心太强。

中国全国的走私总额若算起来一定是很有兴味的问题。一九三五度的走私总额有三亿元(据衣卡恩氏的调查),或称二亿一千万元(中国银行调查),要占同年度商品输入总额的百分之二十至三十,由商品输入的品类也可以反映出中国的现状,如手枪,鸦片以及日本商品的人造丝,砂糖,烟草,毛织物,绵布,谷类为多,论理在走私中,应该是宝石,贵金属等类的高价品或珍奇品,但向中国的走私却是日用品,由此看来,中国的日用品生产必定价贵,国家不到一种自给自足的地位,中国因保护国内产业而对于日本商品课以不当的防遏关税,自由贸易的使徒斯密兹曾经说:"密输贸易者对于国法的破坏,不用讲是狠大的犯罪,但是他们并不是破坏了自然的秩序,假如按自然律而定了法律,他们也将变为善良的公民了",中国的密输贸易便是很好的例证。(不懂!)

最近吵嚷的走私问题是在华北,"满洲"与华北有密接不可分离的关系。"满洲国"独立的余势必然的要波及华北,因此一九三五年十月有殷汝耕的"冀东政府"与南京政府绝缘,更以×××为中心有"冀察政府"的形成,但这些"政府"显然与满洲国的性质不同,因为南京政权依然能够波及,尤其是"冀察政府"。因为这些缘故于是有华北走私的问题发生。

"冀东政府"以保境安民(?)为原则,于今年三月十五日起,对于输入税只微收中国海关税率的四分之一。"冀察政府"于四月下旬以来更以“冀东政府”的二分之一征收，只当中国政府的八分之一。日本商品于是滔滔而入。因日本商品的低廉。中国民众非常的欢迎(?)。初由北平天津开始。后来长驱至南京上海一带。中国政府固持华北的海关主权。对此收过关税的商品视为走私。这是走私问题的由来。

因此，一方面视为走私。他方面却是已经定了正当的输入手续，这是华北贸易所以称特殊贸易的缘故。若是“华北政府”能将海关输入支配妥当。那末特殊贸易的名称也就没有了。

至于华北走私问题，不仅是中国与日本的问题。伦敦及华盛顿也很重视。英国的经济特使李斯罗兹便是值得注意的。所以华北的贸易问题成了国际关心的对象。这并不见得是他们怕失掉在华北的经济地位。原因是中国的海关收入大部份是偿还外国借款的担保金。中国是握有中国海关主权的英国的最大债权者，所以李斯罗兹在天津总领馆与川越大使会见是，希望日本政府对于华北海关于以善处的方法，基于以上的原因，于是调查中国关税在华北的损失。

(一)去年八月一日起至本年五月十日，海关损失至三千万元。

(二)本年四月中海关损失八百万元。

(三)去年八月起至本年三月。八个月中。平均损失一百七十万元。

(四)四月末海关损失激增。占中国海关总收入的三分一。

以上所说，在数字的计算上有很大的谬误。第一对中国通货混乱的结果未加以考虑；第二海关的损失以四月的输入为标准，但是在四月前的两月，因稀有的酷寒，海岸冻结，货物是不能上陆的，解决冰后的四月乃是特殊的现象；第三按原来关税的纯正贸易业者，因关税下降的输入，在关税输入的增加诸点未予以考虑。

英美因怕在华北经济地位的丧失及海关收入锐减后偿还外债的危险，他们因为利己的立场，故而重视了这个问题。从来英国以香港为根据地而向广东与福建的走私,也是类似的情形。但是我们由中国国民经济回复的立场,对此不能不加以考虑。

“冀东”或“冀察政权”使海关税率降低,废除南京政府的苛敛诛求政策,乃救济人民的涂炭之苦(?)。高率关税的存在必然伴随密输乃是经济的自然律,犹其是中国政府对于日用品课以防遏关税。然而中国的高率关税,若说是特课日本商品,而含有抗日的意味,也未必然。

再说华北特殊贸易的结果对于日本并设有利益,而正常的贸易关系确受了损失。只是在华北的中国资本家及走私贸易者得了便宜。正当的日本贸易者蒙了损害,如在天津青岛的日本商工会议所对此便有指摘。

南京政府解决这个问题的方法应是:第一放弃以夷征夷的政策。第二承认华北及满洲的特殊关系。第三现行关税的彻底的修正。中国大众生活的必需品,如绵丝布,砂糖,人造丝等类的货物,关税应彻底的降下。第四海关收入应用在地方的事业上。若是这几条基本原则确立后,华北政治的混乱及海关综错的问题将要解决了吧。同时在日本方面,将从来作密输贸易根据地的关东州,自由港地带,修正一下,包含在满洲关税的体系内。采用德国曾经施行于青岛租界中的青岛式的制度,这是防止华北密输的方法。合法的关税制度存在,合法的贸易也就自然发展了。

(四)

华北的经济开发以日本,“满洲”及华北地方经济为前题。一方面,如世界一般的地方经济一样,没有内部的隶属的搾取关系,同时也没有外部的独占的关系,华北经济开发要沿着这个方向走。

(一)华北经济开发的第一个问题就是资金问题。华北地方并不像满洲一样，蓄积有大量的资本。华北虽有平津财阀，拥有相当的资金，但是他们的资金大部份存在平津以外总行内——特别是上海地方的浙江财阀——，所以用平津财阀的资金开发华北乃为不可能的事，因此必需日本的资本与技术。

日本资本与技术的流入，最初的问题便是华北货币制度的改革。由于“满洲国”的经验，“满洲国”从来的紊乱的货币制度经统一后，对于满洲经济上奏有很大的功绩。这种日“满”经济，最近因日本国及以“满洲国”的没有统制，也受到不少的障碍。

华北经济开发的第一步便是设立中央银行，为日“满”华通货统制必要的一件事。

但是资本的投出不能像在“满洲国”那样的没有统制，也就是说不该像在满洲一样，各种会社无限的设立。换句说法，在华北投资，应有某种程度的限制，以及取的方向，种类，数量都加以统制。对满的投资其实亦应加以统制。日本政府因华北开发的重要性，所以应使华北及满洲有均等开发的必要。

（二）其次要注意的问题是华北开发后，与日本满洲产业竞争的处理及国际事业的融和。关于后者，日本扫除误解的最好方法是将真意的阐明，日本皇道的目的是在日“满”华的相互依存，共存共荣。（?）

（三）华北是农产地，主要的经济开发是扶助农业。棉花在河北，山东，山西的栽培面积及产额约当全中国的三分之一，小麦也是同样。羊毛当全中国的百分之二十九。但是这等产物的品质不是充分的可作为日本工业化的资源。日本政府第六十九次议通过对华事业预算费四百万元，以之在天津及青岛设立农事试验场与产业科学研究所，用为栽培棉花，奖励羊毛，改良品种，改善牧蓄，以及手工业及粗工业的扶助。这种全般的农业更生方策是最好的新事业。

华北矿产以石炭及铁为主，石炭的埋藏量全中国有二四八，二八七百万吨,华北占百分之五四,其中在山西集中的占百分之五一。铁的埋藏量全中国一,〇〇〇百万吨,华北占百分之十四。其他如石油等矿产物,为开发资源的准备应彻底的调查。

(四)以上各种农产物及矿产物与日本产业并没竞争的可能。日本将这些财货由内地搬出来,应赋与商品的市场性,所以铁路的建设是急务。第一次计划要修筑的是沧石铁路及由大同到秦皇岛线。

(五)华北尚有若干工业存在,与日本产业立于竞争的地位,那便是纺织业。现在华北的纺织业如下:

华北的纺织工业(一九三四年,民国二十三年调查)

	工场数	锤数(千)	绵系生产(□)	绵布生产(千疋)
山东省	一〇	四八三	三七〇、四八〇	二、八九五
日本工场	六	三七四	二三三、三三二	二、八九五
中国工场	四	一〇九	四七、一四八	————
河北省	九	三〇五	一七八、七四	一、〇〇五
山西省	六	七一	四九、四三〇	二七六

锤数总计不过八十万,在这一方面发展,不至于妨碍日本纺织工业的兴隆,经济提携的目的在使现地得利,如此进行始属至当,但是不以竞争为事,现在华北绵业的现地需要是粗品的纺绩,所以粗布生产应先实现,华北的日本工场!占华北工场的半数!应先从事以最廉的劳动力为粗布的生产。

这种地方经济的互相依赖性。若是发挥统制的得当。在国际分业上有很大的意义。日"满"华的地方经济性是很显然的。不应偏于一方的利益,而以是相互依存的全体的利益。为正面的目的。

这篇文章译自日本评论九月号。中国的经济发展是可以与别国合作的。但是有一个最大的前题:那便是中国主权的绝对确保。第二便是互利。这也是华北经济开发事业上最不可放松的两点。译文所主张的那种离心的地方经济提携。我们是绝不敢苟同的。日本报纸近来盛传王克敏氏北上。是受命于南京政府。来收买华北政权。使之中央化的。日本方面若是这样派头讲中日经济提携。那末中日经济提携的前途恐怕就不乐观了！

九月六日。一九三六。

东京帝国大学图书馆

日本的军部与国策

马场恒吾 著

（此文译自《改造》十月秋季特大号，译文对于个人的工作是没有多少价值的。然而舆论的介绍在“知彼知此”的立场上讲，也许不是太没有意义吧。）

广田内阁因电力国营问题颇有瓦解的趋势。电力国营是庶政一新的一个项目，八月二十五日于阁议中有七条国策的决定，其中有振兴产业及产业贸易一项。在下并称“强化电力的统制”，“液体燃料及铁钢的自给，纤维资源的确保，贸易的助长与统制，航空海运事业的振兴，国人海外发展的助长等”。本来电力国营一案在阁议中称为强化电力统制，而最后民有国营案的原提案者是否为一般赞同亦不得而知。这算不相干，问题的中心是军部与国策决定的关系。

原来电力国营案的所以成为政治问题，是提案人赖毋木递相首先声称民有国营案若不通过，即以身退，用此坚决不拔的立场力争。然民有国营案不特惹起民间的绝大反对，即阁僚中亦有发不赞成的意见者。因此电力国营案而暴露出内阁不统一来，内阁若不统一便有瓦解之虞，为避免这种情形，于是阁僚全部在承认赖毋木案的场合中，但如何实行尚为未解决的问题。议会曾经有几度解散的消息，然而广田首相是否因电力国营问题而有解散议会的决心亦有疑问，于是问题便是：解散议会呢？内阁总辞职呢？

赖毋木递相是民政党出身的大臣，然而民政党对于电力国营案的态度尚未决定，政党与代表阁僚间有这样的隔漠意见，无宁说是一种变态的现象，虽然去世的高桥是清藏相与政友会的意见也不一致，但高桥不是代表政友会的大臣，他是以个人的道德而为大臣。赖毋木与此不同，他是代表政党的阁僚，于提出电力国营案前，应先求党的赞助，至少也要党不反对，得到町田总裁的谅解，但他并未作这一步。政党方面对于本党出身的大臣应加以援助，完成其事，而影响国家经济机构的重大问题如电力国营案，本党出身的大臣与政党乃漠不相关如斯。

民政党的大体方针对于赖毋木的电力国营案发表出意见书来。在主义上并不反对国营。只是在今日外国汇兑尚未安定的时候，因国营案而发生了动摇，电力会社的外债如何支付？是否由国营可以产出低廉的电力而得丰富的供给？国营案行不通的时候，官僚若不负责任，结果是否国民要受损失？设若对此诸问题有圆满的答复，则政党赞成，不然便反对。意见书等于没有说什么，但在某种不利的观点看来，民政党有开除赖毋木党籍的可能。

赖毋木未为大臣前，便有电力国营的论调，他对于电力国营的热心是可原谅的。但由电力事业的本质讲来，国营计划是国家统制的性质，为庶政一新项目之一的电力国营案，何以惹起一般不可思议的反感。于此探究原因之所在，并庶政一新的弱点在何处。

庶政一新并其国策，自身并非不善，但结果却惹起人心的不安。由最近电力国营案的例子看来，递信省提出后，陆军方面便很强硬的支持，陆军方面为军事上的需要，要求电力的大量生产，丰富的供给，希望战时急激的需要能准备于平时。递信省晓得了这种情形，所以高唱电力国营案，陆军省的赞助此案乃是事实。但是编成此案的是递信省,不是军部。陆军有电力国营的要求,递信省于是奉承意思。

对此一般国人并不明了,递信省因为有了军部的支持,所以将民有国营案弄得很起劲。

关于此案,民有国营的原案制造者尚有内阁调查局为之宣传。依辩护此案的奥村调查官发表,现在是战争准备时代,所以为国防要素的电力不能不加以合理的统制。当此资本主义没落期,用国家权力对之加以修正。我于此不想批评奥村调查官,只是觉得他所说的国防需要有点不相宜。递信省由于军部的赞成而扩大宣传,简直是狐借虎威。调查局方面更不足道。调查局是官僚的集合体,官僚永久是追从军部势力的,所以调查局的态度原不足怪:但赖毋木递相是政党出身的大臣,党人的国策主张当以国民的希望与政党的主张为依归。然赖毋木递相的电力国营案,不问国民的意见与政党的主张,只由军部赞成而大唱其高调。政党出身的大臣和不管政党的主张,可见其借军部以自重的态度。因此电力国营案的价值姑且不论,其提案的方法已足以挑拨国民的反感。

反对电力国营案者认为这是国家社会的方式,而奥村调查官否认此说。今年五月特别议会对于国家形式问题曾有论争,政友会的滨田团松于寺内陆相入广田内阁时加以质问:“站在排击自由主义的立场,广田内阁的百般政策,是否以国家至上主义乃至绝对主义为信条呢?在不维持现状的局面下,改革有如何的范围呢?至如何的程度为止呢?这种新政策的实行因其有关的肃军问题在实现时是否有困难呢?”陆相的答辩是排斥自由主义,明征国体观念,以全体主义为本,而对于政治经济庶政加以刷新,虽不维持现状,然而也不至于大加破坏,只以积极进步为基调。实业家,官僚,军人听到这种论争是很放心的。总之,无论国家社会主义,统制经济,全体主义都是想把日本的现状改一个方面。以广义的国防中心主义,而为百般国政的按配,这不就是问题的核心吗?无论怎样看,庶政一新并非广田内阁自发的方针,实在是寺内陆相入阁后玩的一套花枪。

广田内阁所发表的七条庶政一新的纲领,头一条便是充实国防。由各省提出的国策有三十多条,而八月二十五日阁议所采择的只有下列七项:

一、充实国防。

二、教育的刷新改善。

三、中央地方税制的整理。

四、国民生活的安定:防除灾害的方法,扩充保健设施,振兴农山渔村及中小商工业者。

五、产业的振兴及贸易的伸长:强化电力的统制,液体燃料及铁钢的自给,国人海外发展的助长,航空及海运事业的振兴。

六、对满重要政策的确立:移民政策及投资的助长。

七、改善行政机构。

以上各项那条能实现出来是不能豫想的,产业贸易项的电力问题是不用讲了,液体燃料,铁钢,贸易,航空,海运都为国防的外廓机关,这些若能强化发达,国防自然强化起来。军部在庶政一新的题目下,自然是希望其发达助长,无宁说是暗助,军部对于各部门的干涉,实为庶政一新诸问题的重心点。

国防自身在今日便是正在革命的时机,武器是日新月异的变化,所以国防的根本方针不能不重加考虑。于今日国防的题目下,军部对于百般庶政的干涉,是好是恶乃是没有答复的问题。前在议会中民政党的斋藤隆夫责难军人的干政,寺内陆相亦答俱有同感。并且当时军人的干政只是行于大臣之间,五一五事件与二二六事件后,军部干政更进一步的发展起来。所谓庶政一新是军部指导政治的登场。军部大臣原由豫备役的大中将任命,改为现役大中将制度亦为军部的要求。广田内阁本有四名政党出身的大臣,对此修正亦唯唯诺诺赞成而已。政党上的传统主张已经忘在脑后,这种无抵抗主义颇可惊人,同时军部在支配政治上的势力亦可想像了。

军部对于庶政一新的要求,我们要由国防的观点检讨它。庶政一新的国策中有刷新教育及中央地方税制整理两项,这好像与国防没有直接关系,其实这不过是军部于庶政一新的国策上所放的烟雾弹而已,所以实现的可能性是令人怀疑的。

陆军关于广义国防问题曾出有小册子,对于金融,产业,贸易及至于言论机关都为国防的要求将加以统制。为实行这种趣旨,要求国民全体的生活战斗机关化,这样使生活上是否还有人性本质的要求,实是大大的疑问。但是实行这种国家统制,国防能否强化起来,照样也是一个问题。

尤其是容易看出的,便是陆海军要求巨额的军事费,过去四年间政府发行七八亿的公债,今后要到十亿了!提出的这项金额是国民生活与外国贸易所依存的。日本若像俄国有广大的领土,有未开发的富源,因而为畏惧外国侵略起见,把他封锁起来。但他强化国防的见地并非如此。领土既少,资源又缺,无论在财源与物质上看,不顾及外国贸易是行不通的。日本若与俄国一样的实行极端的国家统制,是否就能达到国防强化的目的?俄国的极端统制是为充实国防乃是事实,但同样的统制在日本未必成功。因领土资源的物质条件不同,资本主义国家如俄国式的扩张军备乃为不可能的。日本的极端经济统制准能充实军备吗?不顾及两国物质条件的差异,而取同样的行动,其无妥当理论,亦理之所当然了。

陆军在散放的小册子中曾讲及文化方面的国家统制,此点更有疑问。德国法西斯政权的树立,因而军备亦得飞跃的强化乃为事实;军备以外的社会各方面亦耳目一新,也是事实。唯一的原因是德国学术确为世界学术的最高峰。虽然如今因排斥犹太人的缘故,有许多学者都移到别国去,数学的权威者也不在德国而在美国;但科学上的发明,就在今日谁也不能不注意德国,纵然是他在日渐减少的状态中，文化之花是开在自由的环境，反对压迫乃是人类的性质。

今日为了军事而漠视学术的进步与科学的发明，实亦不可。武器是日新月异的，以巨量金额制造军舰，飞行机，毒瓦斯，再加上防御武器。这种的制造技术与材料，日本比较外国是否又少又劣呢？若是略加一点思索，便晓得助长文化的自由与发达，乃是国防的第一要义。文化在官僚统制下是要衰萎的，理由不用多说，日本目前便有许多实例。设若为国防而统制文化，结果军备也要变成化石。现在武器的变异是今日莫测明日，军备而成了化石，国防军事将不堪问了。试看看武器发达史，凡是发明了新而有力的武器，老军人总是反对采用的。所以任何国的军需会社，若发明了新武器，公开给各国武官看，结果往往是本国的武器发明，用以困本国的军人。思想是世界共同的，武器也是世界共同的，这是欧战以前的事。今日欧洲的强国，对于新武器的发明有本国独占的倾向，可见科学的进步与国防的重要关系。所以若以文化的发达非依官权的指挥命令行不通，乃是天大的幽默。

前说国防已经到了革命时期，英国海军军人，劳动党代议士斯图拉波克，曾加以说明。现代的飞行机与中世纪的火药比较是武器的一大变化。使用火药时，铳枪尚未普遍以前，欧洲的武器是骑士的甲胄，铳枪多起来，骑士的甲胄不中用了，于是他们改用铁铠。铁铠又太重，有时将他们的马压倒，结果是骑士敌不过有铳枪的农民，封建制度于是溃坏。与以上的关系对比的是今日的飞行机与军舰。飞行机可使战舰上防御敌弹的装甲铁板立刻分碎。一只战舰的代价到三千万英元，日本（斯图拉波克说）据传将造一只四千五百万英元的五万吨军舰。与飞机相比较还是贱的。一架带水雷的飞机要二万五千英元，爆炸机一架值五万英元，强力的上上飞机一架要十万至十五万英元，军舰虽多亦不是飞机之敌。因阿比西尼亚问题英国在地中海有十五只主力舰，内有巡洋舰，驱逐舰，扫海船等，其中有两只主力鉴在世界上是可以自夸的。意大利的海军原不足道,战舰只有四只,而且是大战前造的,其中有两只是已经超过军籍年龄。然而英国舰队怕意军空军袭击,所以由莫乐道退向阿克沙图里。英京伦敦虽说没有被袭击,但是英国对意大利攻阿国是不能掣肘了。贵价的战斗舰可以保持海权的时代,只要有钱便可以保持海权。但是在贱价的飞机作了战争中正式主角的时代,无铁的小国也可以保有海权。意大利仅有一千六百架飞机,便使至一九三八年年末有四千架飞机的英国屈伏。当时地中海的形势又将如何?以上是斯氏的议论。

因武器的变化,国防方针不能不有新的研究。无论在何日,国家应贮蓄临机应变与变通自如的才能与创造力,国民对国家应有自发赴难的精神。这便是说,国防不应固定硬化,而宜有流动发展的性质。日俄战争之际,其败因是过于信赖旅顺要塞。军舰比起要塞是富于移动性,飞机又比军舰富于移动性,俄国在“满”苏国境所筑的要塞,恐已不是旧日战术的型式了。

陆军促成庶政一新是可以的。只是调查局说为准备战争而实行国家权力的统制,出以高压手段,使国民萎缩,这便要失掉了自发的协力,而使产业与文化无活泼的发展。为推行国策,军部至少要与民间商确一下。

后记:在铁血万能的狂潮中,读到这篇一针见血的快文,真觉得高兴,我们希望邻邦的健全舆论与势力能抬起头来,那是亚细亚的走运,也是世界上人类的福分!

九月廿三日晚,一九三六,东京旅寓“推月室”

《源氏物语》三则*

紫式部 著　与谢野晶子 今译

桐　壶

这也不晓得在什么时代，皇上的后宫有许多嫔妃，其中有一个人是陛下特别宠爱的。这个人既不是什么权门出身，而在后宫的地位也不高。一般女性对她也不见得如何嫉妒。只是那些比她位置高的人较在她下的人们还要嫉恨她。在一种悲苦的宫廷中度日，因为老在这件事上挂念，结果便生了病。陛下还是一个不满二十岁的青年，只为情爱的缘故，就是受到百官的批难，也不介意，愈发将爱情集中到这个人身上来。这个人在百方嫉视、一人垂怜中过日子。她的父亲“大纳言”已经去世，尚留人间的母亲是一精明人，但是她女儿的遭遇使她心中常在焦虑，再加上寡居的悲哀，这个人就是在娘家的时候也不得安心。

当这时候，凡称“女御”的都改称“更衣”，这个人住的宫殿名为桐壶，所以“桐壶更衣”便成她的名字了。陛下与桐壶更衣间产生了

* 此题目为本书编辑者加。

一男孩，是一个貌美如玉的皇子。陛下第一个男孩是“右大臣”的女儿腹中生的，将来继位的人，谁都以为是右大臣女儿腹中出生的孩子，而且许多大臣对于桐壶更衣的孩子并不提及。但是陛下因为宠爱桐壶的缘故，因此对于她所生的第二皇子也特别的爱。右大臣的女儿，弘徽殿的女御，心中颇感觉到不安，她想，第二皇子莫非将来就真成为皇太子，也未可知。本来弘徽殿的女御是陛下十二三岁即位时，最初便选上去的嫔妃，所以皇帝看待她，也与其她的妃子不同。关于桐壶，纵使有社会的批难，百官的讽谏，陛下都不在意，而对弘徽殿的女御却不能不有点忌惮。而且皇帝与女御间还产有皇女。

桐壶住在宫殿内的东北角，而陛下住在清凉殿，坐落在西南角。“更衣”每当晚去早回的时候，不能不经过许多女御与更衣所住的御殿的缘关与廊下。这些女性们的侍女对于桐壶都不怀善意。因为这种不方便，陛下就搬到清凉殿的邻殿，叫作后凉殿的地方来住，那是桐壶更衣的一所休息的房子。这时候桐壶更衣更被一些人怨恨起来。第二皇子三岁时，打扮起来简直是如花似玉，一般人虽不公然说他的好话，然而没有人不对于皇子那样美丽的容貌，伶俐的性质，表示惊异的。这已经是夏天了，桐壶不耐烦恼，要回娘家休养，不得不离开陛下的左右。因为近年来桐壶身上有病，所以皇帝对此也不大奇异，只是说：

“喂，怎么样，在宫中休养就不行吗？”

就这样下去，桐壶的病一天一天的利害起来，又为惦念母亲，哭泣着求陛下恩许归宁。最后果然答应退出宫廷，皇子留在宫中的事情都安排好。皇帝心里着实难过，特别命辇车送更衣归家，亲身到辇车的帐中，看到美人重病的红颜，实在不忍使她离开身傍，胸中一阵火热涌上心头来，细声向她说道：

“我们俩人不是发过誓愿吗？只要不死，二人永远在一处，死也要死在一齐，只要你看一看我的心，绝不忍离我而独去了。”

…………

“死期就到了！我也不想说那‘悲莫悲兮生别离’的话，我愿意活着，我愿意活着在……”

重病中的桐壶向陛下答了那些话。更衣回到家中，这一夜陛下没有睡着觉，遣人接踪而去的探病，当夜还不过子时，这绝代的佳人便与世长辞了。皇帝再无像更衣那样被宠爱的人，昏迷中悲哀到万分。桐壶的火葬在东山举行的日子，敕命赐与“从三等”，增高更衣死后的哀荣，还惹起一些女性的嫉恨。也有人说皇帝对于死者特别优厚，弘徽殿的女御在桐壶死后还怀恨着，陛下因为皇子的母丧没有功夫照应第二太子，后来看到在女官群中皇子也与她们亲昵了。

有一天，凉风习习的秋天晌晚，桐壶的母亲叫唤一个侍女来，向她说：

“我这老命倒能活着，而年富力强的女儿反倒先死，这是多么没有味呢！”

用着一种向熟识人说话的神气，侍女看到这种情形，也不知如何措辞是好。后来又传下陛下的旨意：

“朕许久不见托梦到来，不觉岁月流逝，长辞世界的更衣，对她伤悲的深厚，除朕而外，没有第二人，只愿把她的母亲招来一叙往事，宫中太子亦独居寂寞，其早临勿迟！”

皇帝来了这样诏令，原来是让更衣的母亲进宫代理主妇的职务，信中充满了对于太子的亲爱，桐壶的母亲一方面感激着，同时向侍女说：

“看陛下的话中，便知道是如何的悲哀，但未得伺候陛下左右，实觉罪过，我若是知道能为陛下解愁，也就早该进宫去了。”

更衣的母亲因为过于悲哀，对于诏令简直是读不能终篇的样子，同时又说了一些痴话：

“陛下与她发了誓愿，就是死也死在一处，直到临终的时候，她还念念不忘，正因为陛下特别宠爱，所以惹起其他女人们的忌恨，现在死了才让她们解恨呢！”

侍女向更衣的母亲安慰了一顿也就回去，皇帝走到清凉殿时，看到与最爱的人死别的地方，年青的陛下便不能入睡，只等着侍女的回信。

“月亮着实好看！”

说着话，皇帝在深夜又披衣起来，侍女也深知陛下的心情，同时想太子睡着觉，说话也不至于使他听到伤心，便一五一十的将更衣娘家的境况禀告陛下。

“可爱的人死了，她的父亲始终相信桐壶有作皇后的福气，可惜短命而亡，没有享受到那样的运气，但是好在她腹出的太子还在，将来若能继位，封赠生身母为皇太后，这末，老人也可以含笑九泉了。”

陛下说这么一些话，虽然就是在这一夜，弘徽殿照样奏她们的管弦之乐，而陛下被悲哀囚起来，经过许久岁月仍就不变，饮食也不甘味，对于政治也懒于过问。桐壶在时，文武百官怕陛下像中国唐朝的玄宗皇帝一样，为了贵妃而将国家弄糟。现在更衣死后，又虑陛下身后大事，都在提心吊胆。此后经过相当时日，太子回到宫中来，翌年皇太子登极，但是陛下对于第二太子仍然宠爱，只是怕百官说话，所以只好心中偏爱。皇太子是弘徽殿腹出的，因此更衣的母亲看见外孙不能继位，便认为万事都是运命注定的，失望之余便病死了。第二太子在他外祖母死时是六岁，住在宫中，到七岁时聘请各门的名师教导，开始向学，聪明的资质充分的显露出来，后宫的妃子们都爱喜这个小太子，皇帝带着这个太子对弘徽殿的女人们说：

“他是个没有母亲的孩子，不要太冷待他啊！”

就是恶鬼罗刹看了也不能不露笑容的太子，后来弘徽殿的女御们对他便不再憎恶了。幼年的太子在各种学问上，尤其是诸般的技艺，见出天才来。当时有高丽国的相面师到了日本，陛下使太子打扮了“右大辨”的孩子的样子，去高丽相面师的旅馆中去看相，相面的看了便说：

“这是王者之相，设若没有不祥的事故发生，那可是不可限量，但是也必能成为执天下政柄的人物。”

陛下因为第二太子没有外戚的后援，心中时常挂虑，但是想到若能在皇族中，列为人臣，也可以左右一国的政权。于是尽力用各种的学问培植他，虽然成了亲王，但是皇帝总想让他承继天位，不过怕将来出了什么危险，也就得于加冠的时候赐姓源氏，列为臣下。陛下到现在还不能忘情源氏的生身母桐壶，也许略微慰怀的是再能选入了一个新“更衣”来，但是没有顺心的人。桐壶死后，皇帝觉得世上再无所谓佳人了，老是叹息着，也不再想选什么新的嫔妃，可是有一先帝的第四个皇女，与陛下为从兄妹，是负盛誉的，于是老“典侍”想选她入宫陪伴陛下。

“臣曾见到先帝爷的四宫，现在还常见面，相貌与故去的桐壶最相近似，历经三代的宫中，尚未见到那样美丽的人，只有四宫与死的更衣相似，陛下曾说世上再无美人，臣今特为奏上。”

皇帝听到这样的话，便也未免心动，于是向母后商量，母后说：

“这是可怕事啊！曾经与弘徽殿的女御讲过这件事吗？桐壶的死不是因为弘徽殿的嫉妒？”

后来母后死去，陛下听了这个消息，便又热心起来，说：

“选她入宫，若是列在女御群中，总觉不合适，还是让她在皇族中过日子才好。”

当时与四宫同住的一些人，还有她母亲的亲戚与同腹的兄弟，作“兵部卿”的，都为死去的人打算，虽然在心神不安中，而宫中却在准备着迎新，所以后来决定入内，都同意让四宫作陛下的妃子，住在叫做藤壶的殿内。典侍的话诚然不错，藤壶宫实在与故去的更衣有不可思议的相像，所以她的身分自然就尊贵起来。虽然皇帝特别宠爱她,但是对于死去的人仍旧不能忘怀,反而因为四宫的入内更使陛下的心悲痛得利害了。近来源氏总是追随陛下左右。皇帝因为他是年青的童男,就让随便出入藤壶殿的内外。年青的源氏也领略出藤壶的美貌来,后宫虽有许多自信美貌的女性,然而都到了相当的年龄,在许多近于中年的女性中,忽然有一个才十六岁的花样的女郎,更特别显出她的美俏。源氏三岁时便丧母,对于生身母的面孔也记不清了,只有典侍向他说:

"藤壶宫的相貌实在与你的母后相像啊!"

源氏得了这样铭感于心的话,便只想与藤壶在一块,陛下也看出这两人的特别亲密来,于是对藤壶说:

"你们二人很和美,使我高兴,但是不可有什么失礼的事,孩子的母亲与你的面孔相似,所以这个孩子的容貌也与你相像,真是像母子一样呢。"

源氏对于陛下的许多嫔妃,只有四宫是他最表敬意与同情的。正因为这样,弘徽殿的女御对于他把才放松了的忌恨又重掀起来。又因为源氏有风流的名声,都叫他作光君,同时因为藤壶与源氏并得陛下的宠爱,所以戏称藤壶为辉日宫。源氏十二岁时行了加冠典礼,居然是一个男子汉了,陛下却在背后落起泪来,现在有陛下的御妹与左大臣婚配而生的姬君。在源氏加冠的那一天,源氏与姬君结了婚,但是光君既无宫室,又非亲王,只是加上一个名称为人臣源某而已。左大臣始终成全这桩美事,总算是好别致,皇帝对于他的好意很觉高兴,源氏在那一夜便到左大臣的私邸去。左大臣是当世威势无比的人物,皇帝的御妹是他的妻子,现在陛下最爱的太子又成了他的女婿,势力一天一天的大起来,皇太子的外戚看到这种情形,便来帮助着执行政权,形成右大臣的势力,以与左大臣对抗。左大臣有许多的儿子,与姬君同腹的是当时的理财家兼少将,他是个有希望的青年,人品又好,只因左大臣与右大臣的关系不好,右大臣将弘徽殿女御的妹妹四君为他作配，左大臣得了贤婿源氏，便很满意，不过源氏加冠后，时常在陛下左右，并不常到左大臣的私邸，心里虽然以为左大臣的女儿诚然美丽，但是并不恋慕她，只想像藤壶那样的人才配成为恋人。于是年青的心情一变，藤壶便成他恋爱的对象了，陛下将故去桐壶的住所赐给源氏，并且将桐壶生前的侍女也送给他用，又将桐壶娘家的宅邸刷新一下，有皇帝的命令当然一切都能尽美尽善，源氏的私邸称谓二条院，源氏住在这样的地方，与恋人朝夕往来，自然有风声泄漏了出去。

四月二十日，一九三七

译后的话：《桐壶》是《源氏物语》的第一章，共分五十四章，前曾选译数章在北平晨报文艺上发表，只因篇幅太长，不宜于在日报刊载，此后将在本刊发表。

我的翻译根据的是与谢野晶子女史的口语译本：《新译源氏物语》。

关　屋

伊豫的帮办在皇祖崩逝的翌年，转任常陆的帮办，携着他的妻，名叫空蝉君，去上任。源氏出家到须磨后，空蝉君在那里听到这样的消息，觉得今后连通情书的机会也没有了。每当向西方天空眺望的时候，为怕让别人查觉，暗泣的泪把袖子都湿了。常陆帮办的任期是有一定的，但不晓得为什么他在荒村寒舍却居留得很久，而源氏倒反先回京了。翌年秋季，常陆帮办才整装归来。越过了逢坂关，入京的那一天，正当源氏到近江的石山寺参拜的日子。常陆帮办在琵琶湖畔遇到迎接的人们，听到了源氏的消息，赶快越过了山，在退出了水的湖滨急行去会见源氏。这时候源氏已经到了粟田山，喝道的执事简直是不知其数。常陆帮办在关山下马，把女人乘用的车牵到树荫下，静等源氏到来。常陆帮办家用的车，其中有一部份先运送回来，还有一些留在后面，但就当日乘用的也有十几辆，这种地方官的富贵情况算是很可观的。当九月末旬，山谷的红叶，地上的野草，都变为红色的了；在这种关山的境地，零落的季节，常陆帮办的内人是旅行的装束，衣服很精美的染过。在这种有趣味的风情中，与源氏会见了。源氏将昔日的小君呼唤到车前，说：

“关山中巧遇啊！还算有缘！”

本来有好多话要说，但是在人丛中又不方便，至于空蝉的心情是这样的想：

泪流无语时
与君关山会
清水无一言
但留相思心
君情谅无异
…………

过了两三日后，在石山观音参拜完时，源氏归京，右卫门佐出来迎接。这个人——右卫门佐——起初所以能得到位置，完全是源氏的力量，后来因为时灾的骚动，他才避难到常陆去。源氏对于他那样的行动，便有些不高兴，然而现在既然回来，只得又把他作为跟班的用，纪伊守作了小的地方官“河内守”。河内守的官爵被取消后，他也并不想什么，只在源氏的身旁形影不离。他的胞弟“右近将监”却被推举上去，见了这种情况，“河内守”与“右卫门佐”便有点心中不满的样子。有一天源氏叫“右卫门佐”送情书给空蝉，往时的爱恋到今日还不忘情，“右卫门佐”不免惊异起来。

那封信内是这样的写着：

> 我们俩人的深恋，在那样的季节，那样的地方巧遇，一定是前世的因缘。你不作如此的想法吗？但我不能向你作显然的表示，因为某一个男人在妒恨着。

空蝉的弟弟在她看了来信后，便对她说：“为安慰那一位的心情,还是写封回信好。因为姐姐是一个女人的缘故,在热恋的时候,小心作了罪孽。”

空蝉写了一封短简回复源氏:

> 陷在热恋中的女人,想起会逢的日子,时时刻刻在哀怨得要死的样子。往事只有在梦里寻欢。

源氏在哀恋着,二人如不能成就,那将是生平恨事。但空蝉的形影无时不残留在源氏的心魂,后来只有情书时常往还。岁月不留,常陆帮办老病了,好像他的口头禅一样,把他的儿子与女儿唤到面前,说:

“我死后,不能不好好的奉养母亲!也不得不追念我的意思!”

同时又向空蝉说:

“为终身与你相伴,愿将我的心魂留下,孩子们,还要你教管啊!”

说完后便死去了。在一种很悲酸的氛围中,对于空蝉抱野心的便大有人在,尤其是好色者的河内守,对空蝉说:

“我心里并没有什么,你所想的事情,尽情对我说吧,无论说什么都可以。”

空蝉见到他这种固意讨好的样子,实在觉得他是一个卑劣不堪的家伙。心里想到前途的无□,心神憔悴不安,但是又有谁可以谈心呢,最后决定青灯伴佛,出家做尼姑去。

河内守听到了这样消息,气极了。

“因为嫌俺,便去做姑子,这是怎样的一手呢?不受俺的抬敬,看你将来的去路!”

嘟嘟噜噜的说了这么一套话。

二十六年四月八日晨

(《关屋》是《源氏物语》的第十六章)

空　蝉

“直到今天为止，我还不是那样的人，这样的羞耻简直使我要死！”

源氏说后，小君受了强烈的感动，在枕上落起泪来。这时源氏看着小君的样子，简直好像可爱的孩子似的，横卧着用手紧扎着头发，对于恋慕的人又似怀着怨恨，源氏吞忍着悲哀，没有等到天亮便到中川家去。女的心里也不平气，但二人间没有互相道歉的意思。此后再没有情书往来，那将是一种不堪想像的寂寞与悲哀。又想到若是能成为源氏那样人的妻子，就是有苦恼也不算恨事，女的心里打算着这样的事，结果是叹了一口气。源氏虽然怀怨小君，但是无论如何仍就不能忘情。那是很有情趣而可笑的一种心理，后来源氏又提及小君时说：

“纵然是那么样的情形，但是我总不能忘掉那个女郎的事情，在恋爱的心里，自己的理性简直失去了作用，假如有机会的时候，再有一度的重逢才好！”

小君觉得对于这件事情也负着大的责任，只是像孩子似的心理一样，再盼着机会的到来。就在那时候，纪伊守到任国去，中川的家里只剩了一些女郎。有一天晚上，小君又将自己的车把源氏接回来，源氏这样的年龄是正在危险的恋桥上渡着，回到家里的时候，小君还弄着小孩子的脾气，不去出迎源氏，源氏立在东面的门户处，而小君自己却把南面客座的格子门打开[illegible]进去，她说：

“为什么这末早便把门全都开开呵？”

一个侍女向小君答道：

“因为过了中午西君便来下围棋的缘故。”

源氏听了这对话，便想着西君就是纪伊守的妹妹，他倒想在这个机会看看西君的芳容，就在她们二人下棋的地方，源氏隐藏在门户后面，隔着重垂的帘子立在那里。小君进去后，并没有把格子门关闭，所以由源氏立着的地方看去是一条很清楚的视线。下棋的身傍还放着一盆火。最先看到的是隐藏着半身的恋人，红色的单绫衣很重的着在身上，上身的衣服看不清楚，许是因为焦恋的缘故，拿棋子的时候，她的手是瘦得令人心痛。另一个人坐东向西，面目更可以看得清楚，白色的罗衣上面，套上一件海水色的褂子，红衣纽结的地方吐露着胖胖的白肌来，那实在是十分爱娇的风情。头发虽然并不太长，却是浓艳得足够一个美人的条件。设若态度再能沉着一些，那更是不能多得的人品。横坐的一个人有袖子遮着，面孔有些看不清楚，隐约的容姿可以知道眼睛有点肿，鼻子似乎也有毛病，无论如何说，那是个丑女人。但是态度确比上品的美人也要高出几分，源氏对于那个人有些发笑，但他也并不想就不看看她，这时小君走过来，说：

“当时不在家的人来了，而不到阿姊的身傍说会话，这不是怪事吗？”

“那个人今晚回来吗？假如来的话，谁说不想见一见呢？”

“不是那末一会事，假如那个人回来，我还有事呢。”

小君好像胸有成算似的这样说，棋也似乎下完了。

“少爷到那儿去了？已经该关门啦。”

一个侍女这样说着，便嘎噔噔噔的关着格子门的声音。小君同源氏就进到里间屋去，都好似倦寝的样子，小君装睡在那里，一会偷偷的将灯火弄亮起来，引源氏到屏风后面。在这静静的夜色中，闻着薰香的衣物，善于敏感的源氏立刻精神抖擞起来。小君不晓得从什么时候起，因为受过某种的惩罚。虽然源氏在这时候并没说什么，但是女的心里好像陷在恋的祸害中，感到一种莫名的悲哀，无论在白天黑夜，她总看见源氏的幻影，今晚，棋是已经下完，就在那里睡下，穿着柔软的衣服卧在寝床上。刹那间女的穿着一件生绢的单衣从寝床上起来,源氏一个人在傍边安心的卧着。这时女的心中便没有什么不安了。到现在为止,初次在恋人面前同寝共裳。源氏当时心里想,又在悔恨不该,在这夜里更可以将那女郎的雪白肤肌细细欣赏一下了。这个女人虽然没有如何的深厚趣味,然而年青青的也不令人厌憎。源氏曾经到这家来过两次,今夜又到,实在是希望久隔重逢的意思。源氏的心又别有所在,但是他不愿意把那种关系让他面前的恋人发觉,只是说:

"恋爱这样东西,对于它能有耐心的才有意趣,但是一般人不能了解这种道理。"

女的说:

"我也没有给你去信,因为怕别人知道。"

源氏从寝床上起来,穿上一件薄衣,把小君叫起,开开门就向外去,就说:

"二人间的事情还是不让别人发觉才好!"

"在夜里到那里去?谁同你一块儿去?"

源氏与小君一同乘车到二条院来,源氏向小君说:

"阿姊不在,又是隐藏起来了吧,我的运命简直还不如伊豫帮办呢!"

这时就把带来的小褂铺在身下睡了。小君走到阿姊的身傍,只听到她骂道:

"无论怎么样说,那种做法太卑劣,那样的事情是不忠不义,那是对于自身的侮辱,令人难堪,混蛋!你……!"

虽是在这种情况下,小君在源氏的手中却看到一首短歌:

空蝉脱下的壳衣,哀恋着如伊人换下的香襟。

小君向她弟弟要了一片纸,写道:

蝉羽无分朝夕，为露濡润，如女人为恋低泣。

（本章完）

《空蝉》为《源氏物语》第三回。译笔自觉粗忽恶劣，有损这部世界文学中的巨著，据周作人先生说，与谢野晶子的口语译本——我所根据着翻译的——就节略得太利害，而我的译笔又谬误百出得连自己亦找不出理由来原谅自己，如果以后还敢继译的时候，万不敢再像以前几章译得那样的“胆大妄为”。

六月七日下午志在闹市的旅寓

第 四 辑

诗歌、散文、杂撰

诗九首

听雨

深夜来了，
冷风和愫雨起了共鸣。
迢迢万里远隔山水
初来异地的陌生人，
独处在斗室中
听窗外雨滴与风铃的交响声。

九月二十二日

愁

狂风吹坏了电线，
灯光暗淡起来
窗外的老仆说：
“灯也发愁了”，
可巧让隔壁失意人听去。

秋　夜

月夜下
冷露湿了残荷。
听:促织悽悽的鸣声

乡　思

今晚见到白云衬着夏月,
忽然想起:
暑中乡居时的蛙鸣,犬吠,更声,
还有母亲室中隔窗传出的蚊香。

独立行者

荒芜的古楼上,
一个孤游的人正在深思,忏悔,
老鸦叫了几声
飞向白云深处。

凉　秋

秋雨下过去,
隔窗吹进了凉风
叫醒了
一个正在重温旧梦的人。

海上望月

海上的夜行者，
在甲板上贪看中秋的明月，
忘却添衣，
被秋风吹冷了，
但是唤我加衣御寒的母亲呢？

过濑户内海　船上
中秋节日，深夜

门司的月夜

水声与机轮交响曲中，
梦中醒来，
到了三岛国家的门户，
将沉海底的月色里
遥望下关与门司，
还可以照见依山而居的渔家。

九月十二日门司的岸畔

别　离

整完了行囊
去园林幽宅听唧唧的秋虫。
天凉了，
南飞的孤雁

一声长鸣——像暗泣又似悲壮，
这是对于故枝的留恋
还是对于异地的忆怀了。

九月四日北平

人口逐渐稠密，社会关系日进紧密，生活日进忙碌，事业日进紧杂，经济组织日趋联系而不可分！人们处在这样的社会里，将无暇作静敬的修养，亦无暇听道德的训诲，这时的社会，将是一架机器，人们在其中是一个环，他不能自由出入，他得尊守这架机器的整个结构。这整个结构就譬如社会的组织，这组织是一个网，这个网就足以维持住人不使其乱动。社会本身的规则，再加上警察的法律，就可以使一个人不能违犯道德，使他自然合乎规则，合乎规则，就算是合了道德。如是，将来的文化，将是法律的文化。这样比较简单，干脆，整齐得多了。这就是所谓事功的联系代替了内心的修养。但所谓代替了内心的修养，并不是说没有了道德。道德仍然是有的，只是不须每天去讲他罢了。这也就是所谓心思的转向。

现在一般慨叹道德之沦亡的人似乎并不认清这一点。他们总是想仍以讲道德说仁义的方法去训诲人。其实这是徒劳的。这个是社会进化的问题，不明白这一点，亦只有慨叹而已。

附录一　文学副刊诗专刊编者前言

诗刊本来是九期一出的，现在第四期诗刊提早了三期了，事情是这样，沈有兰先生的诗稿早到了，上回他没赶及，现在便不好意思再延宕下去了，因而编者一殷勤，算是补过。他的诗，上回预告绍介过，现在再重复一下吧，第一是他的诗有歌谱，这是和音乐分离了的近代中国诗的一个新收获，第二是他的诗有哲学背境，有一种深挚的宗教情绪，为中国新诗中所最少见的。我常觉得，所谓新诗，乃是有世界意味的，近代意味的一种新境界，只是换一换形式，还是旧诗中的香草美人是要不得的。——自然，并不反对新诗人的恋歌，但无论如何须是“近代的”，如果说句不好听的话，便须是“西洋的”。因为所谓“西洋的”者，实在是世界味的意思，比“国粹”的保守高得多。

中国新诗必须开拓一下了，传统的要在诗中寻风景的陋习必须打破。诗必须是人生的，必须是实生活的反映；深邃是要的，但不要虚无飘渺。诗是实生活的反映，所以必须真，现在而不作从前那些滥调者，就因为近代人没有那种实感故，所以，我们现在纵然不采取的路，是并不包括对古人之采取也不以为然的。“易地则皆然”，屈原，够谱而在近代，一定不写“离骚”，“饮酒”的。又因为必须真，所以纵然看着在时代前头，也还是虚张声势的，就一样的可写，与恋占者之愚陋并不相远。

王锦第先生，也是习哲学的朋友。现在在日本，他有种“少年维特”样的性格，但诗却是复轻快的。他很向往于日本的俳句，所以写出来的也就很像了。他起初看见我们的诗刊有用大字的，有用小字排的，便十分对于用大字排发生起兴味来，于是写来了不少诗。在这里，我要附带声明，大小字只是多少代表编者一点主观的倾向，算是排编时一种负责而已，决不能因此定褒贬。而且也不会有人道末信任，除非他的趣味逢巧与编者同。话要说回来，锦第的诗，却确乎真，确乎代表浓烈情感的人在沉静下来的一种寂寞，他虽然学哲学，称之为哲人，是不如称之为诗人的，而且由编者私衷，也但愿如此，可从而在文学的事业上，又多一个好匠工。

王亚平先生的诗，是我说的那种有时代的烙印，但又不失真的东西。有些人以为诗写得“普洛”了，在形式上也粗糙滥制起来，我以为倒是给普洛诗以一种侮辱，诗的生命和诗的艺术必同时向新的，好的方向进行才行。

这期之发刊，大有乘人不备之势，所以张露薇先生的诗稿也不及索取。他的诗是真浓厚，深挚的。

在一切人对诗坛持沉寂态度中，我们偏逢见不少写诗的友人，真是大可欣慰。正因为沉寂了，倒要呐喊一下的吧，诗刊以后更要出，而且说不定要更多的出起来。欢迎一切踊跃的合作者！

十月十三日编者

（载《益世报》1935 年 10 月 16 日）

附录二　李长之：王锦第的异乡集

这是去年锦第以东渡为始而写下了的许多诗的一部分，不到一年，已经这末多，我先有点贪饶意味的歆羡了！他临走时，我曾说他诗写多了，也许耽搁了他的哲学，然而我的真正意思却无宁是我的朋友成其为诗人，比成其为哲人，我更高兴着的——理由是我也爱写诗。

我常在心上盘算着的，便是锦第从前和我同习自然科学，同转哲学，而他的哲学，却比我入门得多。这回写诗了，他就又觉得比我强。不说“私”而说“公”，他的诗的出现，我认为也有这几种意义：

第一，中国因为受传统的观念的束缚，对于诗国的界限看得太窄。不是风花雪月，就是香草美人，起初在内容上如此限制，后来连字句上也加以范围，因此在一般人心目中专有某种题材和某种词藻才是所谓“诗”，然而就拿在文艺上最常见的“文艺要表现人生”的尺子一量吧，乃发见那是没有血，没有肉，没有生命的东西，我们现在急需打破这种迷幕；诗非要从人生里出来不可，因此只要渗透人生的，我们就可入诗。我说这话，是为解放，不是为再学束缚，所以脱掉了风花雪月，香草美人的限制，又归入了农村破产，劳苦大众的限制的，那并不是我赞同的。二者的限制，锦第都没有。现在正需要这种没有限制的诗。

第二，中国的新诗没有哲学背境。这也是一个大缺点。任何部内的精神活动，倘若没有深厚的哲学作背境，一定是源头很浅，流不长久的。英国的大批评家阿布尔克郎比（Abercromlie）在批评托玛斯·哈得（Thomas Hardy）时就说诗人有两种，一种是由形上学到经验的，一种是由经验到形上学的。这是诗人的两型，而都离不掉形上学。中国诗人里头为什末屈原，陶潜伟大？就因为他们有哲学思想，使他的人生观一定而不可疑，于是诗也充实起来。新诗坛上，倘若这点消息参不透，一定永远是在浮薄空气之下的。锦第在哲学思想，现在当然还没形成。但是他的诗里已经容纳这种成分了，就中国整个诗境论，这是一个可喜的现象。

第三，在表现上，中国诗坛上正流行着以糊涂为含蓄，以堆垛为浓郁，以凑拼为完整的空气，而锦第的诗，却首先偏说明白话，也就是人话，其次是清新的，再则是自由的。明白，清新，自由，虽然好像很简单，但为时代想却是对症下药的好药：

这几种意义都是我深切感到的。话再说到“私”上来吧，锦第既然已经冲破中国对于诗的传统观念了，以后再不要受骗，哲学的修养要往深处走，诗一定更伟大；明白，清新，自由，不用说是要千万保持着。——自由尤其要紧——锦第以为然否？

（载《再生》1937年4卷2期）

旅　程

这一次到东京后，为时虽然不过半年，但是因为种种的缘故，想在旧年回家一行，本来预备由青岛走，同时通过济南玩几天，然而时间不允许，所以船票仍然是从神户到塘沽的，一月三十一日晚九时，从寓所出发，同行者还有平白与太鉴二人，他们二人的回国是临走前三数日才决定的，原因也很有趣，因为有一天我们三人在一块吃晚饭时，我骂“冬冷夏热”的日本房子，不好在日本过冬天的日子，他们才动了故国之思的，当晚为我送行的有振卫，荫渭，豪神与中川清；车是十点钟从东京驿开，我们都买了卧铺，开车不久便睡下去，我因为行前的劳累，一觉醒来，天已露出鱼腹色来，一日晨九时到神户三宫驿，下车后便坐汽车去码头，但是轮船出港的预告牌上，没有我们所要坐的长江丸，于是在奇异的神情中到大坂商船株式会社探听原因，据说大坂商船往来天津与神户间的航轮，现在全部正在修理，只有邮船会社的船通行，商船会社与邮船会社是日本最大的两家轮船公司，但是两家并无往还，长江丸是商船会社的，纵有邮船会社的船开往天津，我们也不能换船，船票是由日本旅行协会买的，于是再回到三宫车站，向日本旅行协会办理交涉，原来船期是数日前规定的，而现在修理船只，停止预定的航期，旅行会社也并不知晓，经过一点多钟焦急的商议，决定改变旅程，通过朝鲜与“满洲国”而归，这两处地方是我好久以前便想观光的“东亚盟主”所缔造的“王道乐土”，借这一次偶然的机会倒可以如愿以偿了。

去下关——这是李鸿章为《马关条约》而被刺的地方——的火车是十一时从神户出发，因为是临时变更的路程，我们三人所带的路费并不太充足，便不免有些恐慌起来，原来打到天津的船票，折算的结果，只送我们到辽宁便算了事，自辽宁到乡里的一段路程，路费是我们预算之外的，同时坐船的时候，几天的饮食算在船票以内，而这次临时改变的路程，零用饮食的费用都要临时在腰袋里支出，我们三人在这“非常时”的变局中，便实行起“统治经济”来，我所带的不过三十元钱，而且还有十元是在路子上不意中于钱袋中检出来的，照老例，我自己的钱袋中有多少钱，往往是说不出精确数字的，这种马虎毛病的作怪，使我得了十块钱的意外发现，平白，太鉴与我，三人的“财产”总数不过九十元，于是让平白作“统治经济”的会计主任，因为他是善于调度日常生活的好手，便把钱都向他交柜，只要路上没有什么意外，节省一些，就可以勉强过的去。从神户到下关所经过的是日本的中国地方——日本内地是由本部，中国，九州，四国，北海道等区域而成的——，这段路程需要十点多钟的时间，当日是阴天，不时的落着助人旅愁的寒雨，沿着海岸急行的车上，一面吸着烟谈天，一面凭车窗摄眺山村海岛的远景，同时构成一些没有连贯的想像。过了广岛以后，天色便黑起来，我们到饭车上各自吃了一□格里鸡饭，因为这不是太好的东西，所以向侍候饭车的下女要茶的时候，也有点不好意思。

朝鲜与“满洲国”是我没有到过的地方，平白与太鉴都曾旅行过，他们说这段路的行旅是很麻烦的，因为这是日本岛国与大陆地带连接的干路，由于国际的关系，所以日本的警察，暗探，海关的“职员”等等都特别卖力气，好在我们没有携带“反日反满”的违禁品，同时还有些下作的想法，我们都是他们国家最高学府的学生，这点“臣属意味”的地位，也须不至于太使我们留难，加上自己为“观光”的好奇心所驱使，于是心情便平静下来。我们所坐的这次客车，日本人与朝鲜人最多，此外还有五六个法国男女的旅行客，中国人只有我们三个人，据说还有“满洲国人”，但是我们并没有打照呼，从下关到南鲜釜山的航路，舱位是各国分坐的——据太鉴告诉我去年他过朝鲜时是如此的——“支那人”与“满洲国人”是不好说话的，因为这有私通外国的嫌疑，在还没有到下关以前，便有一便衣侦探走到我们坐位前盘问，先要了明片，再问了一大套话，什么那里的人在东京住那里，为什么这个时候回国，父亲的职业是什么——设若说父亲已经死了，那末他还问活着的时候作什么——学费从那里来，……总而言之，问题是应有尽有，假如对自己的“小传”弄不清楚，那便有些麻烦。最后还要了学生证去，看了看才算了事。

车到下关是在九点钟，我们下车后，大一点的行李让“赤帽”——脚夫——给搬运，随手的东西自己携带，就赶快去联航的金钢丸——金钢山是朝鲜的名山，用以为船名，正如长城丸或长江丸是同样的意思——船就在车站的靠近处，只隔一道吊桥，正要出月台时，在门口有四五个侦探，正在为下车上船的旅人们“看相”，大概我的身长比较高一些，容易惹人注意，于是其中跑出一个来，又来“光顾”我，我手里拿着两件颇够份量的手提箱，累重得便有些不耐烦，侦探好像居心给点不舒服一样，又来问东道西的胡魔，我就装不懂日文，便过来了。到了吊桥上排成了一条长蛇似的大队，等待按着次序进船，船口外面站着一个穿黑色制服的警察，睁着两只好像专看“贼心”的眼睛，板着自觉很神气的面孔，让害神经过敏症的人看来，总不免是一种很大的感情上的威胁，平白在这时候用幽默的口吻，苦笑着对我说：“我们好像走到衣路沙冷去朝香的呢！”我呆然不知所答，后来我对他们说：“我们自小学校到中学校，‘国家’与‘民族’等名词的义意，总有点不甚了然，甚至于进了大学,国际主义或世界思想是有的,对于爱国总不免觉得是原始黩武思思的遗留,现在我的处境使我们彻悟到'国家'与'民族'便是我们寄托生命——独立自由的生命!——的所在,'国家'与'民族'的问题就是我们各个国民生命相关的问题!"本来我们为怕"弃市"的缘故,是相守不言的,但是因为在沉闷难堪的空气中,不知不觉的各自吐露了一些心腹话。等了有半点钟的功夫,这才进了船室,一进门又要检查行李,平白深知我的脾气是不安分的,他便先向我说:"对于这一类的人说话要小心一些!"除了侦探与检查行李的人外,还有武装的宪兵来回的巡视,朝鲜人,"满洲国人","支那人",坐三等仓的日本人,都好像在几只恶猫巡视下的一群小老鼠一样,也类似我在幼年时所看到的挂图,十帝阴王审判在阳间作恶的群鬼一样,一团凶火燃烧着心胸。后来三人在一间卧有一百三十余人的房舱里找得一角栖身的席地,到十点钟,一振锣声,船就缓缓的离开下关,我向茶房要了两张朝鲜与"满洲国"的旅行略图,吃了一杯红茶,看了看当日大坂与福冈的晚报——林内阁的角色已粉墨登场了——到十二点便合衣而睡。

二日晨六时,船到了釜山,天还没有亮,从埠头到车站也只隔一吊桥,当时听到有日文与朝鲜文两种语言的广播放送,指示旅人行车的时间与车行所到的地方。釜山是朝鲜半岛最南的都市,我初次踏到这历史上也曾独立过的韩国,想领略一点半岛上特有的风光,然而除了朝鲜人,无论春夏秋冬,喜欢穿白色衣服与讲朝鲜语外——但受过相当教育的人,多数是讲日语的——,再看不出与日本内地有什么不同了,我在车站想买一些朝鲜的食物作早点,但是吃的仍然是日本的"辨当"——用木盒装制好了的份饭。

我们下了金钢丸,换乘由釜山直达辽宁——现在称为"奉天"了——的火车,七点半从釜山开,这次我们所经过的这条路线是直贯朝鲜南北的一条干路,从釜山到京城的那一部份地带称为南鲜,从京城到新义州，隔鸭绿江与安东相对，称为北鲜，南鲜的气候与山水尚有岛国的趣味，北鲜则遍地都有白雪，水道也少，秃山虽然雄壮，却少秀美玲珑的气味，完全是大陆的景象了。由釜山到新义州这条铁路是日本大陆政策的一条铁腕，经过一条鸭绿江而可以分达我东北的各地，我们的咽喉已经被这条铁腕制伏着了！通过南鲜的时候车中无聊，读《现代日本诗集与现代日本汉诗集》——现代日本文学全集的一分册，其中有几首为大陆政策的经营者伊藤博文所作，现在抄录几首在下面：

饮某楼

豪气堂堂横大空，日东谁使帝威隆，
高楼倾尽三杯酒，天下英雄在眼中。

醉题马关旗亭壁

论文诸友多黄土，识面美人多白头，
十五年前狂杜牧，西游还上旧青楼。

自清国归朝有作

解纷不用干戈力，谈笑之间又缔盟，
万里归舟风浪静，载将春色入京城。

十月二十五发奉天赴哈尔滨汽车（火车）中作

万里平原南满洲，风光润远一天秋，
当年战迹留余愤，更使行人牵暗愁。

火车迅速的走着，一面我在遥望茅草小屋的朝鲜寒村，一面读着这抗喉高歌的“英雄诗”，不禁起了一种似乎矛盾的情怀，克鲁□持金的“互助论”与达尔文的“演化论”在我思想中打起交涉来，后来我对平白与太鉴说:“这次的旅程惹起我一些英雄的念头。增一章历史的新页,改变一下地图的颜色,这是应有的一点狂妄想法。……”我们一面说着些互相鼓励的话,一面看车箱内男女的朝鲜人,其中很少看到舒适爽快的面孔。

下午五点钟车过京城,天色渐渐黑了,我们到饭车吃了每人一块钱的相食,回来便休息入睡,每至一站我总要下车向四下望一望,也算留点足迹,由京城上车的三个美国女人,问我路程的情况,我便把旅行指南讲给她们听。到夜十二点钟时,车过鸭绿江,本来隔江而对峙的新义州与安东是不同国境上两个都市,这是自小学地理上便给我印象最深的两个地名,但是现在安东的税关检查员不是中国人了!当时我的精神兴愤到极度,在这严冬的深夜,抬头望见高悬的关山月,平中紧握一只手杖,站在车口处举首四顾,“故国月明”,不禁流出热泪来。车在安东停留稍久,又上来那一类的人来严行检查,将我由吃茶店取来的几盒火柴尽数拿了去,据说是不准“私运火柴”。安东车站上除了三数小卖是中国人外,再见不到别的中国人,我由车上跑到站台看望冬夜中沦亡地带的情况,抬了一下,两只手掌都流了血,这也算点缀心情愤怒时的一点纪念了!平白看到我这样的情况便说:“好好的休息一下吧,永久别忘今夜的景象就是了!”他这样说着给我铺好了褥子让我卧下,车过了安东,车窗的帘子都落下来,车门处站着兵士,车内也有不时来往巡视的警察,那是怕“匪贼”袭击火车,我坐在这样“安全”的车中试想深山雪地中为家国民族奋身夜图的兄弟们,那是如何悲壮辛酸的滋味呢!

三日晨七时到辽宁,太鉴下车后便换车回北平,我与平白到城内游览了一天,夜十二点坐辽宁直到北平的车,平白去北平,我先到天津,换乘平沪通车回乡,在沧州车站下车时正是四日夜十二点,小城镇入夜后便寂寞无声,不知那一方向三两声的夜吠犬,还有午夜城门几个老粗的丘八喊一声:“口令!”自己满脸风尘的从远方归来,叫开寄居母家的妻门，兰与洒蒙的一笑，略为洗去一些数日来沉重不安的心情。

二十六年二月八日故里

人民战线与国民战线

人类的文化多是模仿因袭的，所以生活的任何方面若有一种新花样出来，便自然而然的波及周围，尤其是在现在交通发达的时代，人不再受地球上空间的限制，一个地方玩出一套新把戏来，别的地方也就跟着学步，巴黎女人穿上一身新花样的夜宴服，纽约，东京，上海的裁缝店不免也就着了忙，年来法国政治舞台唱出人民战线与国民战线来，于是各国步后尘者亦大有人在。

中国对于外来思想——任何方面的——是无事不学，而无事学好学成，东摸西摸，徬徨歧路，这便是国家今日这种不死不活的状态，在政治方面的理论与技术，凡是在各国所能找得到的，中国便也应有尽有，对于人民战线与国民战线的策略，近来好像也在暗地里酝酿，我们于此愿将人民战线与国民战线的发展经过，略述其史的事实并我们对于二者的看法，以就正于论政者。

因为人民战线与国民战线导源于法国，只先述二者在法国的发展情形，从前年二月巴黎骚动以来，因左右团体对立的激化，右翼法西斯团体的势力忽形伸张，左翼方面受到威胁，所以急速将战线统一起来，至同年七月二十七日共产党与社会党合作成立，自欧战以来，这种共产党与社会党的携手，乃是法国社会主义运动史上划期的事件，自一九二〇年社会党与共产党分离后，经此十几年始因右翼的压迫而复统一在同一的战线上,共产党与社会党的统一战线是人民战线构成的核心。

与法西斯斗争乃是共产党与社会党共同的意志,确定了斗争的目标,于是联络劳动大众为共同的行动,共产社会两党企图于法国全国鼓动一大规模的运动,其进行的步骤为:(一)展开全国劳动大众的总动员,(二)拥护民主政治的自由,如确立比例代表制与议会解散制,(三)反对备战的行为,(四)反对大统领导下的独裁制,(五)反对德国及其他右翼的凶焰,以上是共产党与社会党同盟条约的内容,由于此同盟的成立,促成人民战线的降生。

其结果有反法西斯的行动统一委员会组织,略称为 C. U. A. A.,这便是人民战线的胎形,参加的分子有共产党,社会党,劳动总同盟以及大战出征军人团的激进分子;急进党在最初对于参加人民战线本是踌躇两可之间,巴黎骚动以来,受到剧烈的打击后,乃想由人民战线的运动,以挽回左翼的势力,始毅然加入人民战线。

人民战线于去年七月十四日,法国国际日,在巴黎举行大示威运动,急进党中的少壮派亦参加行列,人民战线的威势乃与世共见,今年四五月间的总选举,展开了猛烈的政战,结果人民战线博得绝大的胜利,于是由社会党的首领布鲁姆组成人民战线内阁。

人民战线成立的经过,大体如前所述,只再将国民战线略述其梗概,二月骚动以后,议会外的右翼政治运动急激的勃兴起来,军人得乐路克领导的铁火十字团,以及大战出征军人的右翼团体,先后出现,从事于反议会的国家改造运动,右翼组织此时非常膨胀,在总选举前后,团员据说有八十万之多,其中分为各种部队,如青年部队,妇女部队以及少年部队等,更值得注意的便是国民战线的组织类似军队的样子,有所谓战斗部队者,匿藏有相当的武器,团员都着青色制服,其势力亦大不可忽视。

前此尚有爱国青年党的组织,有十万数的团员,为半军事的编成，此外王党派中人亦乘机活动，国民战线于此形成。

国民战线并非一种统一战线的阵营，只是表示一种的倾向，不过是漠然的概括称呼而已，属于国民战线系统的议员，以及议会中的右翼政党亦有相当势力，于总选举时与人民战线展开肉搏的选举战，虽然结果上人民战线得了胜利，而国民战线亦有相当的收获，在新议会中右翼的势力是从来所没有的，这也是颇值得注意的现象。

关于法国人民战线与国民战线的起源已略如前述，于此我们再将日本政治舞台上的情况看一看，日本人是善于模仿的，政治上的新花样新把戏，他们当然也不放过，所以国民战线与人民战线的对立，在日本就渐渐的成形了，日本的左翼势力本来没有公然活动的机会，尤其是九一八事件后，以军部为中心的右翼势力特别高涨，但是自去年社会大众党在选举时获得空前的胜利，近来以社大党为中心酝酿人民战线的形成，社大党是日本唯一的合法无产政党，他们想结合一切无产阶级的势力，以雄厚自己的战线，立于同一的反法西斯的旗帜——所谓日本的法西斯也就是日本的国民战线——，现在只将社大党的活动简述如下，社大党近来实行开放门户，将收容的分子有：(一)全国农民会，九月七八两日为全国农民会如今召集十五周年大会时，藉此表明支持社大党的态度，(二)全国水平社，今秋在东京召开全国大会，其中央执行委员长松本治一郎氏，允就社大党顾问职，(三)加藤勘十为首领的劳农无产协议会，为其主体势力的全国劳动评议会，东京交通组合，市电从业员协会已对社大党本部进行入党的正式交涉。

以社大党为中心的人民战线运动，加入许多生力军后，其势力自然可观，日本内务省当局，一向以为日本绝不会产生人民战线，然而当前的人民战线却这样的澎湃起来，于是他们认为不可忽视，最近对其此后的发展，严加监视。

因人民战线的形成，以军部为中心的右翼势力也有逐渐统一的趋向，他们是日本实际政治的左右者，中国常在领教他们的面孔，不再细述。

最后我们愿将对于人民战线及国民战线的态度表示一些意见，现在世界各国的政治动向，因法西斯的高涨，而反法西斯的势力亦在加速的统一战线，两个对立的政治壁垒，很显明的左右了现代世界政治思想与势力，我们于此要问中国的政治势力今后是否也要划分两种对立的壁垒呢？在解答这个问题前，先要问中国的当前最大问题是什么，我们目前的唯一问题是民族或国家的救亡，任何政治势力设若不以此为绝大前题，我们相信他不会得到民众的拥护，同时凡有民族或国家意识的政治组织以及于个人民众，政府该在"为民众求自由平等"的旗帜下，实行全国民的大团结，所以中国目前的问题不是政治壁垒的对立，而是齐一目标的大团结，凡是足以妨碍"民族生存"的有意无意的政潮暗斗都为民族历史上所不宽恕的。

但欲作到全国民的大团结，第一我们便要要求中央政府开放党禁。这一步做不到则团结无从做起。

中国的政治战线是什么？

为民族或国家求生存的战线!!!

九月廿二日，一九三六

东京蓬莱町旅寓

民族自信与民族复兴

在变态心理学上有一种病症，名叫做“自卑症”（Inferior Complex）。害了这种病的患者总是觉得自己不如别人。这对于患者的前途发展上有莫大的妨碍，因为矜持受了损害，自信力碰到了打击，于是自甘坠落，下流，便失掉了奋发进取的精神。一个人有了“自卑症”便会有这危险，一个民族，一个国家，也是如此。我们中国民族现在便害着民族的“自卑症”。

但是有人也曾说过，中国人民是一个骄傲的民族，在闭关自守时代，我们对于外国的民族，不是看不起他们吗？“中华民族”的“中”字便是自高身价的明证。称四境的民族为什么“南蛮北狄，东夷西戎”，以至于海关初放的时候，外国使臣求谒皇帝，不是非让他们行跪拜礼不行吗？称呼白色民族，叫他们作“碧眼儿”或“洋鬼子”，这种“夜郎自大”的民族，而我们说他害民族自卑症，岂不是梦话呓语？但是我们要晓得夸大狂与自卑症是似相反而实相近的两种心理病态。大体讲来，中英战争以前，闭关时代，我们过于自大，现在就又过于自卑，自大使我们不求进益，自卑使我们泄气，退缩，消极，失掉了民族的自信或矜持。

现在可以举几个例子，看一看我们民族自卑症的病相。其一便是我们自认为衰老的民族。我个人始终不懂“民族衰老”一词的意思，据一般说者的意思，好像指中国民族已有四千年以上的历史，在过去文化史上也曾有过光明灿烂的时期——如周秦的思想哲学，唐代的文学艺术，以至于火药，罗盘针，印刷术的发明——中国民族在人类史上的使命已尽了，老了，“老狗熊玩不出新把戏来”，只有看着那些新兴的民族在人类舞台上弄新花样了，这种“坐以待毙”的“民族衰老观”，不晓得是谁何人氏所发明，但是以讹传讹的结果，我们在普通讲话中，时常听到“老大帝国”或“民族衰老”一类的说法，其实，照我们的想法，所谓“民族衰老”根本是一种无稽之谈。现在且让我提出一个幼稚的反问，有生物学家证明中国人初生的时候便带几根白头发来吗？设若我们真有类似这样“生物学上的”低能弱点，那末，我们这支民族在世界争生存的前途，诚然不堪设想。固然，我们并非不承认我们国家“社会学上的”病态，如贫穷，自私，愚昧，疾病。这些都是中国民族不能适应现代生存的事实。但是我们在这里要分清“社会学上的”病态与“生物学上的”优秀，或低劣是两回事。虽然社会的健康或病态足以影响生物——民族——的适应状况，但不能说社会的病态就是生物的病态。中国民族近百年来所以在人类舞台上，与其他民族比较起来，总不免落伍失败者，原因是“社会上的”病态。若从生物学或民族心理学看来，中华民族的天赋，与任何民族比较起来都不示弱。曾经有一位心理学家，做过世界各种民族的智慧测验，结果是黄色民族的智慧高于白色民族。就拿中国在各国的留学生来说，除了醉生梦死不求上进者外，凡能勤勉向学的青年，与世界上任何优秀民族中的学生相形之下，并不见绌。但是一个民族只有天赋的聪明，而没有健全的社会组织，绝不能立足于现代的世界。印度人也是公认为聪明的民族，而今却是大不列颠帝国的殖民地了。

我们不能不老老实实的承认中国的社会是病态的，同时也要记得中国民族的天资，与其他民族比较起来，并不低能。不特不低能，而且还超越他们。只要民族之生物的条件不低劣，那末，社会的病态总有被我们克服的一日。至于民族自卑症的形成，先是由于军事的失败，这是显而易见的事实。谁高谁低，自然容易比较出来。到了发觉到“洋人”的洋枪确是比我们的武器高明时，于是有富国强兵运动。清末的变法，张之洞在武汉设立兵工厂等，都可以代表当时维新的精神。后来渐渐发见“洋人”在利用厚生上也有一套比我们高明的法宝，于是“声光化电”的格致之学，也输入到中国来。但是“中学为体，西学为用”，“声光化电”不过是“为用”的学问，换句话说，“为用”的学问是物质文明，“为体”的学问是精神文明。前几年梁漱溟提出了振动一时的问题，便是所谓东方文化与西方文化的异同讨论。在他看来，西方文化的根本源泉是物质文明，东方文化的基础是精神文明。这与“中学为体，西学为用”的看法，大体相同，认为东西文化各有得失。更进一步的时候，觉得西方人不特在利用厚生方面比我们聪明，就是政治与社会的生活也是我们所望尘莫及的。甚至文学，艺术，伦理，哲学，宗教都高于我们一等。于是所谓“全盘西化论”的口号就应运而生。与这口号对抗的有中国本位文化建设宣言的诸教授，这是前两年吵得很起劲的问题。

为将中国建设成为现代国家，很虚心的暴露自己国家的病态，文化的落后，以便接收欧美的文化，这种谋国的苦心，我们当然应给与以极大的同情，但是却不能因此便忘掉这种“自己一切都不如人”的心理所产生的副作用，这种副作用的现象就是“民族自卑症”的形成。我们在平常谈话中时常听到一些“高等华人”，以至那般盲目的欧美崇拜者们，在讲论中国人或中国事情的时候，最喜欢说的一句话，就是：“中国人，就是这种样子。”或者“中国事情是没有办法的。”这样的说法，好像“中国人”，或“中国事情”，乃至于“中国的一切”都成了字典上不祥字眼的代名词了！因为这种民族自卑的结果，我们不自信,不自尊,反过来说,便是盲目的崇拜外人。举例说吧,一个国家的语言是民族意识寄托的所在,试看现在的情况,我们不是卑弃自己的语言与文字吗?一般“高等华人”总喜欢讲洋话,觉得说本国的语言不够神气,就是不会讲通洋话的人,也要说几句“洋泾浜”的洋话,以为好像如此便能提高身价似的。写文章也用洋文,幽默大师林语堂用洋文写的《我的国家与国民》(My Country and my people),虽然骂我们自己民族很利害,但我觉得他对于中国民族与中国文化的自信却特别深刻,(我并非国粹论者,反对用外国语言与文字,乃针对那般奴隶八哥式的学主人说话的那种自卑态度而已!)其动机我是不懂。在没有用洋文写文章的必要时,而故意用洋文写,这便非愚即妄。讲到这里,想起日本人对于中国的批评来,他们常说中国是“欧美依存主义”,所谓广田外相的对华三原则,其中有一条是让中国放弃“欧美依存主义”。这种话在日本人口中说来,本来是很下作而醋意的,因为中国正不少“日本依存主义”的份子。然而我们若能细心的观察一下,中国人,尤其是知识阶级,有的是“欧美依存主义”,也有“日本依存主义”,还有“苏俄依存主义”,最缺少的是“自己依存自己主义”!这种忘掉民族自尊的病根是“民族自卑症”的作祟。一个人失掉了独立自尊是将日趋于下流。一个国家,一个民族,又何独不然呢?

我还是以语言文字作例,看一看我们民族自卑的丑态。作者去年春天在东京的时候,有一天同一位中国留东的老教授(在我们有名的诸大学作过多年的教授,而且是在社会上相当有名的学者!)出门游逛,在出门以前,他告诉我,无论到什么地方,别说中国话(当然要讲的是日文!),怕日本人发觉我们是“支那人”的时候,看不起我们。他那种观光上国,自惭形秽的本事,我真莫明其妙。原来让别人晓得我们是“支那人”的时候,就是一件可耻的事——中国人哟——你被没出息的不肖后人,将你制成为一不祥词儿的代表者了!

还有一次，我听到另一位留东教授先生的妙论。他是认为“日本必亡论”者，理由是中国必亡，而且要亡在日本人，日本灭了中国，日本天皇将在北京“南面而王”，中国人与中国社会是万恶的，任何人与任何事到中国后便要腐化，毒化，日本人被中国腐化后，岂不也要灭亡？这种逻辑妙是妙极了，而且说话的神气并不是戏论，最后我敢收赞一词，心里想着，民族自卑的症候是很可观的了。

我们的民族自卑心理，是到处都可以发见，例如在教育上，或社会上，我们不信任本国教育造就出来的人材，而对于所谓“镀金”或“镀银”的留学生便另眼看待。杜威曾经在一本书上说，留学生在中国形成“特有的范畴”(Defite Category)，其实这种现象是民族自卑的丑态，下流而卑污，至于留学生中间，因留学国别不同，而各自结党成群，互相轻视，更是下流之尤者了——我们认为这种殖民地人民式的自卑心理一日不除，则中国在学术或政治上永无独立自主的一天，前途将有不堪设想的危险！

所以中国民族如欲复兴，必得由增强民族的自信或自尊做起。虽然中国民族的社会失调，文化落后，但是我们自信民族的天赋并不低能，将来在世界上，人类中还有中华民族试展身手的一日！文化虽然停进，社会虽然有病态，但只要能自信，肯努力，再加上我们民族的智慧聪明，必能将中国民族起死回生！

至于鼓励民族自信，强化民族意识，绝不是提唱锁国主义。恰恰相反，我们认为中国今后的建国，对于世界文化——尤其是欧美文化——要虚心而尽量的吸收。但是态度要独立自主，取舍要有分寸，同时对远东文化——就是中国民族的文化——加以整理，重新估价，其有价值而适于现代生存者，我们不特要保存，而且要发挥光大之，以求远东文化贡献于世界人类，而对于已经腐衰的传统，其不适于现代生存者，我们便该毫不犹疑的加以掷弃。世界文化的趋势，虽逐渐走向一元化的途径，但是一个民族的“文化型”(Culture Pattern)，总有它的特色。假如不问这种“特色”的善恶,而只求同于他系的文化,那便是民族自卑!

总括起来说,我们民族能自信,民族才有复兴的一天。但自信并非夸大,我们也需要虚心,但虚心绝非自卑。恢复民族“族格”的自信,根除“民族自卑症”的心理,这是民族复兴的第一步功夫!

四月七日晨

商业与文化

今天敝人所要讲的题目是商业与文化,中国对于职业的分类,在过去有士农工商的说法,商业虽然是四大职业当中的一类,但是商人与商业在我们中国始终没有得到适当的地位,总认为商业的唯一出发点是"赚钱",只讲"赚钱"是为传统的中国士大夫所不喜的,所谓"君子喻于义,小人喻于利",便是这种意思。由中国历史上看来,"重农抑商"几乎成了普遍的国策,直到现在为止,中国人对于商业仍然没适当的注意与正当的看法。我们今天提出商业与文化的关系来谈一谈,以及商业在社会生活上的使命与今后提倡商业教育的方案各点,向各位听众贡献一点意见。

就人类文化的发展史看来,皆由渔猎时代进于牧畜时代,由牧畜时代进于农业时代,由农业时代更进于工商业时代,这是文化发展自然的顺序,也就是国民经济发展的常规。工商业是不能分离而独自发达的,所以现代的文化也可以说就是工商业的文化;工商业之发达与否,便是看一个现代的国家而定他文化的高低最好的测验标准。

就文化史看来,商业的进步,与文化的发展实有密切之不可分的关系,所谓商业愈进步文化亦愈发达,反过来讲,文化越演进商业自然也就越精明了。

商业对于文化上的供献,主要的是借商品的交换而得到"文化交流”的机会，例如中国在拉丁文上称为 Sinca 是“丝”的意思，古代西洋人知道有中国，是由商品作媒介的。“文化交流”是现代人生活上最大的幸福，而商业便是“文化交流”最好的媒介。

若按普通人的目光里，认为商业乃是专以营利为目的的东西，□之□□，实是一种促进文化的要素，而绝不是一种专为营利的□□。□□□□□况□□□。文化中的心的转移，莫不是时刻的都在受着商业趋势的影响着。此外对于商业还有一种不适当的说法，一般人总认为农工是生产的，而商业是不生产的，其实就科学的观点看来，世界上就没有生产的东西，物理科学上有一条定律叫做“物质不生不灭律”，所谓农人的生产，工人的生产，也不过是这一种东西改变为另一种东西。商人对社会生活上的供献是“通有无”，所以农工商对人类幸福上都是同样的重要。

中国目前还是一个农业国家，工业不发达，所以我国商业教育尚在萌芽，而一般人民对于商业之重要性亦不甚明了，全国的商业学校更是太少，今后各大城市应多设商业学校，取缔学徒制度与虚伪恶习，提倡商业道德，及经商专门的技术，国内商业与国际贸易是不能遍废的。

今后中国对于商业教育的提倡，应该有一种适当的看法与方案的，我们要知道商业科学，也是一种严整的科学，普通将科学分为自然科学与社会科学两种，例如商品学，广告心理学，会计学等，都需要地理学，心理学，以及数学的知识的。这些科学都是属于自然科学的；例如商法，商业政策，又都要有法律学，政治学与经济学的基础。以这样需要各方面专门科学作基础的学问，而没有严格的专门教育，岂能有良好的结果？到此我们可以说从事于商业的人，没有严格的商业科学的训练，是不配作现代商人的，在工商业发达的国家，如美国，他们第一流的人物大都是从事于商业的。今后中国一方面，要尽力提倡商业教育，同时希望商业界培养一种信仰商业科学的习惯，只是学徒制的训练是不配谈现代商业的。

今后的商业要负担起文化的使命,因为商业中心,常是人事聚集的地方,而人事聚集的地方,便是传播文化最方便的所在。记得在东京求学的时候,时常在各大百货商店……如三越,松板屋,白木屋……看到极有社会教育力量与文化意义的各种展览。例如各地方的物产展览,风俗展览,美术品展览,一方面可以招揽顾客,同时又尽商业在文化上的供献,岂不是一举两得的美举?

最后有几句简单的结束今天的谈话:

1. 商业需要专门的科学训练!

2. 商业是广播文化的媒介!

3. 中国今后要提倡商业教育、取缔学徒制!

(民国二十八年五月二日)

(署名"市立高商校长王锦第"——编辑者注)

美丽生活的片段

我生平极景仰的一个人，就是我国探险的旅行家徐霞客，最爱读的一本书，就是徐霞客游记，我爱旅行，假如没有合适的人陪伴，独游及或漫游，更是我所喜欢的，"天涯海角"对于我有一种特别引诱的魔力，——但这并不说我要弃世，或不爱与人共同生活。

在没有远距离或常期旅行的时候，住居近处的一座土山，一条小河，一所古寺，……在我要印上我的足迹。

今年春天，我住在琴岛的一个海角上，在四月二十二日参加了民民民月刊社的稿友春游会，在早起坐马车到第一公园，过了大半天的日子，小西湖畔的野餐，草地上打棒球，新发芽柳道的结队成行，总算不负青岛樱花会期的一天日子，此刻想起来，那是顶高兴的事，也许这游春会，是我客居在琴岛一个永不泯灭的美丽的生活的片断，如此，则我将好好的记忆着。

最后一次在北平的鲁迅

横眉冷对千夫指　俯首甘为孺子牛

《自嘲》,鲁迅。

鲁迅先生在一九三六年(民国二十五年)逝世,到现在整整是十年,三分之一的一世过去了。这十年,这伟大的十年!中华民族与人民,经过苦难而考验过来了,我们就在这个时候来纪念逝世十周年的鲁迅先生。提起鲁迅先生来,便使我们想起他的性格,对于受苦难的被压迫者致于无限的同情,同时对于那些横加苦难于人的压迫者,便无情的加以憎恶,如果我们没有适当的语言讲他的时候,那末《自嘲》中这两句诗,便是鲁迅先生为人最好的速写了。

这是十多年以前的事了,鲁迅先生最后一次到了北平,我记得他在各大学讲演过几次。那时候我还在北大做学生,有两次讲演,我都去听过。一次是在辅仁大学,记得当时伴着鲁迅先生致开会词的是沈兼士先生,北大的文字学教授,我因为去得迟了,在楼上离得远听不清楚,所以讲的内容,现在连一点影子都没有了。另外一次是在国立师范大学,这次不仅讲话的内容,我记得还很清楚,就是他的仪容,服装,到现在依然留给我一个永不会消失的印象,而且永远成为自己思想上、生活上的好榜样。好像一个要远游的青年孩子,听到他慈母耳提面命的话一样。这不是我任意用句成语来夸张的讲,实在是鲁迅爱护青年人的热情与诚挚,感动了我。

在师大的讲演就在露天地,听讲的人取了三面包围的形势,我就立在离讲演人不过三四尺的地方。当天照料会场的就是一般青年,尤其是要求前进的份子,不记得有什么“大人先生”之流的在场。那天鲁迅先生首先对于自欺欺人的所谓学者名流做了无情的讽刺,他说中国的许多学者,教授,博士等,在外国大学留学,一篇毕业论文,讲什么孟子的五年经济计划,韩非的法治思想,于是博士硕士的学位得到了。回国后呢,在大学讲座上,又讲起什么俾斯麦的铁血主义,林肯的人道思想,于是便成为什么名流学者了……

在结束他的讲演时,更加有力量的说:“……你们是将要参加到劳苦大众中去的,战争是坚苦而且相当长期的,好好把身心坚强起来,没有这样资本,是耐不了竞争生存的试炼的!”鲁迅先生讲到劳苦大众及对知识青年的精神准备时,我觉得他有一种悲天悯人的伟大精神,从他的面容上放射出来,打入了每个在场青年的心。

谁说鲁迅是虚无主义者!只有怕露出伪善假面具的坏蛋及相信此地无金三百两的傻子,才说鲁迅对世界人生只做“否定”,没有“肯定”。当时我听了他的讲嫉,便这样想;后来读到他答国际文学社问,更深深觉得,鲁迅先生的“嫉恶如仇”,正是他对于“信仰”的热爱,他绝不是虚无主义者!

我还记得在师大讲演时,鲁迅先生穿的衣服:长袍,特别是那双黑帆布的运动鞋及长可以围两周的围脖。他不穿布便鞋,弄成土货的绅士,也不穿亮光的皮鞋,做成洋货的绅士,而穿这末一双青年赛跑或劳工作工时的帆布运动鞋,这不是一个很好的象征吗?

鲁迅先生永远是前进的,我们后起者继续先生的前进精神前进吧!一夜逮捕了数千,这是有名的“一二三〇”事件。特务把这些青年,处死的处死,关到集中营的关到集中营,坐监的坐监,……特务们审问的时候，问:“你们最钦佩的是谁?”差不多全部都这样回答:“鲁迅先生。”连一位日本在东北的文人也这样说:“鲁迅先生是东亚的圣人呵!”

是的，这位东亚的圣人，在东北是青年们的旗帜！成千成万的青年都受到先生的影响，而今天，先生死后的第十年，被压迫十四年的东北的青年已经站起来走向战斗，这十足地证明先生的思想在东北的大地上已经发芽了!

一九四六·九·一八之夜于邢台

给进攻者以严重的打击

经过八年抗战英雄的八路军新四军东北民主联军等等的将军们战士们，用你们的头颅血肉，从敌人的魔手里，换得了胜利，但是狗彘不食其肉的蒋贼介石，却又勾结美帝国主义强盗，想在一次血腥的大内战下，灭亡全民族，永远不许人民翻身，这种滔天的罪行，血海的仇恨，靠着你们英勇的将军和战士们，在毛主席胜利的旗帜下，在毛主席的鼓舞下，你们拿出英雄气概与威力，冲向进攻的敌人，给他以严重的打击，今天，蒋贼军又百无廉耻的向人民解放区的中心堡垒陕甘宁和延安进攻了，英勇的将军和战士们，为了保卫祖国，保卫边区，保卫毛主席，干罢，不把蒋美反动派打垮，绝不干休呀，我在这里，向你们致祖国和人民的最敬礼！

（署名"北方大学文教学院讲师王锦第"——编辑者注）

忆闻师

“七七”事变前，在北大我专门学习的不是文学，但我对一多先生讲习的我国古代民间情歌集《诗经》，感到极大的兴趣。他最拿手而且使我们佩服的，就是他把这部古代民歌的古典，还它一个本来的面目，对于传统的那种浅薄、腐败而无效的讲法，他置之不理，他常用现代民间的生活与习俗，引证他对于这部古典的讲解。

就国风第一首来说：“关关雎鸠，在河之洲，窈窕淑女，君子好逑。”他说前两句与后两句没有意思的关连，只有音韵，美的和谐，这在民歌中是常有的，例如在河北流行的一首：

山老哥，尾巴长，嫁了媳妇忘了娘。

今日我们喊出“向大众学习”的口号，而一多先生早已在那儿实践了！他讲这部古典，总是生趣勃勃的，我现在只举一个例子，可以知道先生别出心裁的讲学作风。

一多先生抱有强烈的正义感。记得有一次，他上课的时候，平常他那种儒雅温厚的态度忽然变了，严肃的愤慨万状的，用着沉重的调子，对我们说：

“平时在上课的时候，我怕误了功课，所以除了本课以外，没有时间讲别的，今天我不能再忍了，‘敌人的特务’（！）昨天在各大学搜查我们了……我们要起来！我们要起来！我们要起来！”这时我们这群青年都兴奋起来，泪要流下来了，后来一多先生默默地在黑板上写了两句诗：“悠远的四千年记忆，让我如何拥抱得紧你？”（大意是这样，也许字句有误）

这是一多先生所著《死水》上的名句。有人以为这是先生同某女子讲恋爱，其实他说这四千年的记忆，就是他祖国四千年的民族史！他的“爱人”就是他的“祖国”！和祖国的人民！

现在一多先生为了民族的前途，为了人民的前途，没有死在外贼之手，而死在家贼反动派特务的毒手中了！

先生的鲜血将是一座灯塔：告诉我们怎样走向光明，我们坚决相信！一多先生未完成的遗志，必是中国人民一定要完成的大业！

迢迢远途，我向先生的令弟，我的老友，闻家驷兄及他的家属致唁。

忆郭老在东京的一次讲演

一九三六年我在日本留学期间,亲自聆听了郭老的一次讲演,是由当时在日本的中华基督教青年会组织邀请的。这次讲演在我年轻的心灵上刻下了深深的痕迹。虽然已是四十二年前的事情了,但至今仍然记忆犹新。那寓意深刻的教诲,那动人心弦的场面,在当时和后来,不知教育、鼓舞了多少象我这样的年轻人。

郭老当时已经是一位学识渊博、才华卓具的著名学者,在知识界有很高的名望,他的名字早为留学生们所熟悉,所仰慕。因此,当大家听到郭老从千叶县特地来神田区讲演的消息后,便纷纷从各地赶来。一时间,"青年会"的礼堂里坐的满满的。不少人没有座位,就只好站在后边听。郭老那天讲的题目是:"谈谈中日文化交流"。郭老首先引用了《庄子》中的一段典故:古代有个越国人逃亡国外,数日后,见到在祖国认识的人,就感到很高兴;旬月后,看到在国内曾经见过的人就非常高兴了;一年后,就是看见貌似自己国家的人也都感到十分亲切了。可见"去人滋久,思人滋深。"这段掌故,对于我们这些远离国土、身在异乡的人来说,感触是很深的。特别是郭老那满怀深情的话语,使大家好象又回到了家乡,见到了自己的亲人。

接着,郭老讲起了中日两国文化交流的历史。他认为中日文化交流的历史可以大致分为两个阶段,以"明治维新"为分界。"明治维新”以前为第一阶段,“明治维新”之后为第二阶段。第一阶段,中日文化的交流主要表现为日本人向中国人学习。至今,在文化艺术、风俗习惯等方面也还保留着这样的痕迹。例如日本叫作“唐手”的这种乐器,一听它的名字,就知道是从中国传入的。郭老还风趣地用“举案齐眉”这个成语作例子。郭老说,“案”,古代人吃饭时用的一种带有短腿的托盘。在日本,这种东西现在还有,所以要理解这个成语的意思并不困难。但现在中国,“案”已经发展成了桌子,大得很。郭老说到这儿,转过头去,指着旁边主持会议的人说,就是这位“大汉”,要想把现在中国的“案”举到齐眉也是很困难的。大家听了,禁不住哄堂大笑。郭老环视了一下四周,接着说,第二阶段期间,中日文化交流发生了重大的变化,出现了“逆流”。不是日本人向中国人学习了,而是反过来中国人要向日本人学习了。为什么会出现这种“逆流”呢?郭老讲道,这是因为日本当时在明治天皇的领导下进行了资产阶级的民族民主革命,努力向西方文明学习的结果。他们努力学习西方的先进技术,先进文化,一切比自己进步的东西他们都学习。于是,他们成功了,进步了。而我们中国,昏庸腐朽的满清政府闭关自守,祸国殃民的国民党反动派又是开门揖盗,是他们断送了我们国家的前途,使我们这个具有先进文化的古国落了伍。郭老稍稍顿了一下,然后幽默地说,当然,日本在学习西方文明时,坏的东西也学了些,“帝国主义”就算一个吧!

郭老以极大的愤怒,猛烈地抨击了德国纳粹迫害犹太人,焚烧图书馆,毁灭文化的法西斯暴行。同时,也痛骂了那些在国家危亡、民族危亡的生死关头,醉生梦死,整日沉溺在跳舞厅,根本不关心国家前途、民族命运的混帐东西。当时在日本留学的学生当中,情况比较复杂。这里面有心怀大志,要知彼知此,百战百胜的有心人,也混杂着一些被国民党反动派收买的特务,这伙坏家伙经常寻衅闹事,破坏进步力量。这些情况,郭老是非常清楚的。但对邪恶势力,郭老从不迁就、妥协，而是给予无情的揭露。在场的青年无不为郭老那种无产阶级革命家的伟大气魄所感动。

郭老越讲越激动。他满怀希望地鼓励我们，鼓励着青年一代。他说，最近在美国有一个对人的智力高低的心理学测验，证明中国人是聪明的。他要我们树立起民族自尊自信心，不要怕挫折，不要怕困难，决不能泄气，也决不应该泄气，要奋发图强。

郭老的讲演刚结束。突然有三四个流氓歹徒歇斯底里地狂喊了起来，“打倒共产党郭沫若！”跟着又象疯狗一样，用梨和苹果向郭老打来。大家见到这种情景，万分气愤，不少人挺身而出，将郭老围了起来，会议主持人用自己的身体挡住了郭老。几个小丑见会场上没有人附合他们，最后只好灰溜溜地逃走了。

几天以后，在“青年会”主办的小报上，登出了郭老的两句打油诗：“权宜梨儿作炸弹，妄将沫若叫潘安。”以极其轻蔑的态度回敬了“梨弹诸勇士”。

生命之树常绿。郭老的一生，是革命的一生，战斗的一生。他不仅仅是我国革命英雄史诗的作者，也是这部史诗中一位战绩辉煌的伟大战士，是千百个英雄人物中的杰出的一员。郭老在他的著名剧作《蔡文姬》的台词中，有“用血写诗”的话。我们应该怎样理解郭老的这句话呢？从世界观的高度来说，郭老的诗，他的历史科学著作以及他的一切业绩，都是建立在无产阶级世界观的基础上的，而郭老自己的一生正是一个用生命写诗的极好的典型。他在东京写的那两句，虽然是打油诗，也表现了他那不畏强暴的勇气。这不禁使人想到，在林彪、“四人帮”一伙横行的时候，面对这些权倾一时的叛徒、流氓、文痞、特务的诬陷迫害，郭老没有半点曲邪阿谀，而是进行了坚决的斗争，仍然表现了他那种不为强暴所屈服，坚贞不渝的高尚品质和革命精神。

作为德系知识推手的王锦第及其在《中德学志》的著译[1]

叶　隽

一　王锦第的文化史意义

王锦第(1911—1983)是王蒙(1934—　)之父,之所以注意到他[2],是因为翻阅《中德学志》,几乎每期都有他的著译,有时还不止一篇。在中国现代文化史上,王锦第当然算不得第一流的精英人物,但也雁过留痕,有其不可替代的存在价值;而在中德文化交流史上,他则代表了另一种类型,值得细加探究;至于在德学东渐过程中起到的意义,则尤其需要刮目相看。在我看来,北平沦陷时期在中德学会的持续工作,不仅是王锦第生命史中可圈可点的一页,也是中德文化交流史上的厚重章节。

王锦第早年在北大哲学系求学,与何其芳、李长之等都是同窗,而且还是室友[3],都曾有过"恰同学少年,风华正茂"的年轻时代,起点不可谓不高;日后则留学日本,就读于东京帝国大学教育系;归国后历任多职,曾任市立高级商业学校校长。但他的本质,仍还是一个知识人的本分,或许,在书斋里读书写作的感觉仍是超越其他。对于作为诗人的王锦第,李长之有很好的评论,他评其《异乡集》称:"这是去年锦第以东渡为始而写下了的许多的诗的一部分，不到一年，已经这么多，我先有点贪馋意味的歆羡了！他临走时，我曾说他诗写多也许耽搁了他的哲学，然而我的真正意思却无宁是我的朋友成其为诗人，比成其为哲人，我更高兴着的——理由是我也爱写诗。”[④]王、李两人确实有共同点，即原来都学自然科学，后来同转哲学。李长之果然是不乏批评家的风采，将个体之诗纳入到整个中国新诗史的框架中去看，指出：“中国的新诗没有哲学背景。这也是一个大缺点。任何内部的精神活动，倘若没有深厚的哲学作背景，一定是源头很浅，流不长久的。英国的大批评家阿布尔克郎比（Abercrombie）在批评托玛斯·哈得（Thomas Hardy）时就说诗人有两型，一种是由形而上学到经验的。一种是由经验到形而上学的。这是诗人的两型，而都离不掉形而上学。中国诗人里头为什么屈原，陶潜伟大？就因为他们有哲学思想，使他的人生观一定而不可疑，于是诗也充实起来。新诗坛上，倘若这点消息参不透，一定永远是在浮薄空气之下的。锦第的哲学思想，现在当然还没形成。但是他的诗里已经容纳这种成分了，就中国整个诗境论，这是一个可喜的现象。”[⑤]这段评论一方面很有见地，譬如凸显屈原、陶潜的哲思本色以及诗思高妙；另一方面批评的也很到位，道出了中国新诗的问题所在和王锦第的诗歌尝试的意义，即哲学品位的提升。思想诗的出现应是新诗史的一个重要突破，但至今为止似仍未能完全实现。一九四〇年代冯至的《十四行诗》之所以取得那么大的关注，归根结底还是因为思想的分量很重，而这又是此前中国新诗所相对缺乏的，故此很快就能脱颖而出。

那王锦第的新诗究竟做得如何呢？我们不妨来略做欣赏：“深夜来了，/ 冷风和悽雨起了共鸣。/ 迢迢万里远隔山水 / 初来异地的陌生人，/ 独处在斗室中 / 听窗外雨滴与风铃的交响声。”[⑥]确实还是颇有些意境，既写了深夜时分由凄雨冷风造成的心境悲凉，又表现出异乡来客独处孤室的环境不适，时间与空间交相错织的复杂纠葛，都体现在一个“异者”身上。能在如此短小的篇幅中展现如此交错而丰富的内涵，确实很见艺术功力和水平。再看这首短诗：“月夜下/冷露湿了残荷。/听：促织悽悽的鸣声”[7]。这就可以称为佳作了，全诗很短，只有三句，但却很显出空灵的意境，各种物像交相出现，月、夜、露、荷、促织，于是构成了一幅颇为清冷的月夜图；此外，韵脚也有特色，表现出了作者驾驭文字的功力；更重要的是有诗思的境界，让人很堪回味。

事实上，王锦第之所以会在天津《益世报·文学副刊》上发表诗歌，当与李长之在主持其编务有关系，后者撰写编者前言，并介绍王锦第：“王锦第先生，也是习哲学的朋友，现在在日本，他有种‘少年维特’样的性格，但诗却是很轻快的。他很向往于日本的俳句，所以写出来的也就很像了。他起初看见我们的诗刊有用大字排的，有用小字排的，便十分对于用大字排发生起兴味来，于是写来了不少诗。在这里，我要附带声明，大小字只是多少代表编者一点主观的倾向，算是排编时一种负责而已，决不能因此定褒贬。而且也不会有人这么信任，除非他的趣味逢巧与编者同。话要说回来，锦第的诗，却确乎真，确乎代表浓烈情感的人在沉静下来的一种寂寞，他虽然学哲学，称之为哲人，是不如称之为诗人的，而且由编者私衷，也但愿如此，可从而在文学的事业上，又多一个好匠工。”[8]这样一种“少年维特”的评价，出自昔日北大同窗兼文学批评家的李长之语，则饶有意味，让我们能更好地去理解青年时代的王锦第，其生性、文采与学养，以及对那代知识青年的代表意义，都值得深加挖掘。譬如，即便就交游来说，王锦第也不仅是与何其芳、李长之来往较密而已，一九三五年季羡林离北平赴德留学之际，林庚、李长之、王锦第、张露薇等曾在北海公园为其饯行[9]。这样的朋友圈，其实也颇值得考察。

因为留日背景，王锦第自然与日本结下了颇为深厚的渊源，一九三六年时，他就发表过一些与日本有关的文章，譬如翻译猪谷善一的《论中日经济提携》[10]，也有对日本本身的研究，如《明治时代的日本思想界》[11]，前者或多少有着对日方的幻想成分，后者则表现出对日本崛起的深刻认知："日本明治维新，造成了一个现代式的国家，不特日本人自己觉得可以夸耀的光荣，同时我们也认为是世界历史上的一种奇迹。至于明治维新的精神与因子，可以从两方面去观察，一是关于物质建设的，日本接收了西方的科学方法，尤其是应用科学，如医药学，工业化学，技术物理学，军事学，航海学……一类的东西，使农业社会的日本变为今日高度工业化的国家。二是思想建设的，日本吸取了英国功利主义哲学的自由主义与法国浪漫运动的人权思想，使封建头脑的日本一跃而成为立宪的法治国家，我们认为以上所说的两种动力是维新时代成功的两大要素。"[12]在他看来，"哲学是对于人生问题，要作一种全面而根本的探讨，所以了解一个时代的历史，最好的是能抓着那个时代的哲学核心。"[13]所以，他的立论也是从日本哲学和思想的核心去把握的，目的当然还是为了给中国的建国事业提供借镜。但这种与日本的关联性，毕竟还是有着一个前后承继的作用，这点等到卢沟桥战事起就更能看清楚了。最终，王锦第选择留在北平，而在北平也是要生存的，更何况拖家带口，所以自然也就难免要与日本当局打交道，一方面是必须应付，另一方面在精神层面，王锦第还是努力寻求自己赖以生存的空间，譬如交友的圈子和谋生的渠道。

一九三七年北平沦陷后，张岱年由王森介绍而认识王锦第，"王锦第与王森是北京大学哲学系同班同学。王锦第看过我发表的文章，颇相器重。一九四三年春节，他买一盆梅花送给我，至今感念不忘。"[14]之后，这种文缘关系继续得到发展，根据张岱年的回忆，当时留在北平的有一批志同道合的朋友："当时在一起谈学的友人有王森、李戏鱼、关其桐、韩镜清、王锦第、成庆华等。当时相互勉励，不与敌伪合作，过着隐居的生活。如此直至抗战胜利。”[15]从这里我们可以约略看到亲历者的艰辛，即既要在沦陷区生存，同时又要努力“内心持守”，也是一种精神流亡的表现形式了，而这批人中就包括了王锦第。但考其生平，王锦第一九二九至一九三三年在北京大学哲学系求学，毕业后同年留学日本，先在东京东亚日文补习学校，一九三四至一九三七年在东京帝国大学文学部大学院哲学科学习。一九三七年回国，一九三八至一九四〇年任北京市立高级商业学校校长，曾兼任北京大学、北京师范大学讲师等，一九四四年任青岛市立师范学校校长[16]。从这段经历来看，王锦第显然与日本方面关系颇密，其归国后的职务也都是伪政权统治时期。这种在沦陷区时代的经历相当复杂，非一言可以蔽之，但王锦第作为一个在中德文化交流史上有意义的人物，却是毋庸置疑。这点从下文要论述的，他以著译方式深度介入到中德学会，尤其是《中德学志》的工作中就可以看得清楚。

然而，完全纯粹的客观知识世界终究是不存在的，在一九四五年之后，大时代的洗礼来得迅速而突然。王锦第从此开始了一次新的生命经历，他甚至想到了要走向延安，并真的这么做了，成为北方大学的教员，“也有从国统区越过重重封锁而来的，如王锦第、刘桂五、谢篸、王凡、贾鼎臣、刘舒等”[17]。一九四八年，北方大学等合并到新建的华北大学，王锦第则任职于河北正定的华北大学第四部（即研究部），赵俪生这样回忆：“我们第四部的另一位怪人，叫王锦第……王这个人据说德文极好，只是按北京人的说法有点儿‘鼬’。”[18]如此，王锦第从一位在沦陷区漂泊的流亡者变成了在解放区工作的革命者，这种选择确实在初期给他带来了某种可能性，譬如他得到了进北京大学的机会，张岱年回忆说：“北京解放后，王锦第亦在北京大学工作。在教研室讨论明清思想时，王锦第以木刻本方以智的《物理小识》相示。当时我不了解此书的价值，对王锦第说：这书没有什么。后来才认识到此书含有重要的唯物论观点，深悔当时太不虚心了。”[19]但王锦第旋即在随后到来的政治运动中“倒下”，根据时人的回忆：“哲学系一个老师叫王锦第……他早年曾参加革命，后来脱党。王锦第检查了几次才过了关，挨了不少批和训。”[20]这就是人生中必须要付出的代价，虽然做出过略近投机的选择，但并未能给王锦第带来真正的解放和出路，这或许也是那个时代政治与历史语境的必然结果吧。张岱年曾为王锦第在北大哲学系的遭遇而“抱不平”：“肃反运动时，本系开了批判王锦第的批判会，后来又宣布，据调查，王锦第的问题早在解放初期就已经交代了，没有新的问题。为什么不先调查后讨论呢？不先调查，却先开批判会，这不合适。”[21]但在那种时代，又有什么道理好讲？王锦第不得不离开教育界，但也未尝不是另一种出路，他被调到商务印书馆去当编辑了。一九五六年，商务印书馆出版张岱年的《中国哲学大纲》，但一九五七年作者被打成右派，商务印书馆建议用笔名，时任编辑的王锦第与张岱年商定做成此事[22]。王蒙回忆说：“我父亲王锦第是商务印书馆的编辑，在向阳湖劳动了三年多，回京后已于一九八三年病逝……”[23]

终其一生，王锦第终究没有能施展在青年时代就已崭露头角的诗才和文才，而成了一个诗人或学术工作者。后面这个概念可能有点奇怪，但恕我鲁拙，实在想不出更好的一个词来描述他的身份了。他可能算不上一个严格意义上的学者，但确实有着良好的外语功底和学术修养，也不乏思路和敏锐度，未能成为一个学者，其实是遗憾的。

二 《活动变人形》的自叙传色彩：作为倪吾诚原型的王锦第及其文化史意义

严家炎先生指出：“读长篇小说《活动变人形》是在二十多年以前。那时吸引我注意并引发过许多思考的，是王蒙创造的倪吾诚这一富有深度的形象——我把他称作‘中国的奥勃洛莫夫’,很想花时间写点什么,但这个愿望一直没有实现。《王蒙自传》的出版与生活原型王锦第的露面,触发了我的兴趣,促使我来勉力了却这个埋藏已久的心愿——虽然我完全无意于把艺术形象与生活原型等同起来。”[24]即便是注意到文学形象和现实原型的区别,但这一发现仍然是非常重要的,即倪吾诚具有典型的代表性意义。我要补充的是,进一步考察作为历史人物的王锦第,将会非常有助于理解这样的艺术典型的产生。

在《活动变人形》中,倪藻之父倪吾诚有一位德国朋友,叫作史福岗。“饭后,他们一起逛东安市场。史福岗先把倪藻抱起来,又把他举起来,哈哈大笑,如入无人之境。他请两个孩子每人喝了一碗色彩红艳的蜜饯榅桲,他对倪吾诚说:‘您真幸福。’”[25]其实,史福岗也是有原型的,就是德国汉学家,长期主事中德学会的傅吾康(Franke, Wolfgang, 1912—2007)。王蒙至今能够回忆起当初和他在一起的情形,王锦第曾邀请他在位于后海附近的大翔凤的家里居住过。王蒙说:“他(指王锦第,笔者注)并与傅吾康联合在北海公园购买了一条瓜皮游艇,我们去北海划船不是到游艇出租处而是到船坞取自家的船。有几分神气。”[26]这种童年记忆虽然天真,但却很真实,既反映了傅吾康、王锦第之间的友谊,也说明了两家的通家之谊。当然,我更关注的,则是这种发生在个体之间的中德跨文化交流会呈现出什么样的问题,乃至思想上的碰撞。果然,王蒙在倪吾诚和史福岗之间设计有这样一段对话:

> 事后,倪吾诚对史福岗说:“当中国人生活得这样痛苦的时候,当我生活得这样痛苦的时候,你在那里不住地赞美……对不起,我不能苟同。比如说,我要告诉你,在中国,几千年来,根本就没有幸福。也没有爱情。我已经苦死了!你倒说我幸福,好像你欣赏我的痛苦似的。”

史福岗仍然是文雅地一笑，他建议他们一起出去喝一杯咖啡。这个建议本身已经大大平息了倪吾诚的愤激，而当倪吾诚的嗅觉神经融化在咖啡的苦香中的时候，他确实觉得有点幸福了。[27]

这里讨论到中国人其时所面临的生存语境和历史背景，具有很典型的意义。在抗战时代的沦陷区北平，倪吾诚虽然凭借与德国人的关系而苟活，却有着深深的精神痛苦，他甚至将此溯源为中国文化的"痛苦"问题。以傅吾康为原型的史福岗却明显不以为然，作为汉学家和亲历中国者的他有自己独特的立场和观点，他坚信中国历尽天翻地覆仍会回归民族文化本位，谁也改不了中国的文化传统，所以他"一提起中国文明就越发快活"[28]。这种对于"异者"的态度，其实可以理解，我们总是通过他者的镜子来映射自己，这"就像倪吾诚提起欧罗巴的哲人与厕所的抽水马桶一样的精神焕发"[29]，道理是相同的。

对于倪吾诚的心态和经历，小说中这样分析："倪吾诚留学欧洲的时候，正是精神分析的新学说时髦流行，风靡一时而又众说纷纭的时候。倪吾诚接触到了这方面的学说，只觉得如醍醐灌顶、佛陀棒喝！大逆不道的新说驱散了重重压在他的灵魂里的黑暗，他直如赤身裸体置放于大庭广众之中，千瓦水银灯下。他羞得无地自容，兴奋得无地自容。过去种种比如昨日死，置之死地而后生。二十余年的精神大厦轰然坍落，一个赤条条的我从废墟上站立而起！回首一望，自己的家乡，自己的祖先，自己的妻眷，仍在万丈深渊的黑暗重压之下。而他硬是睁开了几千年不准睁的眼睛！"[30]王蒙艺术性地进行了转换，将王锦第的留日背景设置为了倪吾诚的留欧经历，这当然只是一种策略性的改变，其经由海外而接近欧洲（德国）的实质则并无二致。

王蒙笔下的王锦第形象有两重，一是纪实的"父亲"，另一则是艺术化的"倪吾诚"，需要辩证看待。这两者是相辅相成的关系，缺一不可，也不能完全视为纪实。这其中既有属于为人子的"追怀长者”，更多恐怕仍出于一种深刻的“历史反思”，譬如倪吾诚形象深入人心，已经成为文学殿堂中不可忽略的“精神史”之一部分。但总体来说，似仍缺乏对于作为一个历史语境中生成的知识人的“理解之同情”，作为那代知识人，王锦第（们）实在有着太多的辛酸和悲哀，需要后来者悉心体贴、深度理解。在儿子王蒙的眼中：

> 他不是一个会处理实务的人。他宁愿清谈，大话，叫作大而无当，树立高而又高的标杆，与其说是像理想主义者，不如说是更易于被视为神经病。他确是神经质和情绪化的，做事不计后果。他知道他喜欢什么，提倡什么，主张什么，但是他绝对不考虑条件和能力，他瞧不起一切小事情，例如金钱。他不适合当校长，也不适合组长或者科长，不适合当家长，他又是一个最爱孩子的父亲，对这后一点，母亲也并不否认。在他年近六十岁的时候他说过一句话，他的人生的黄金时代还没有开始。这话反而使我对他有些蔑视。他最重视风度和礼貌，他绝对会不停地使用礼貌用语，谢谢与对不起，你好与再见，请原谅和请稍候，但是他不会及时地还清借你的钱。他最重视马克思与黑格尔，费尔巴哈与罗素，但是他不知道应该给自己购买一件什么样的衬衫。如果谈境界，他的境界高耸入云；如果谈实务，他的实务永远一塌糊涂。[31]

或许这些都反映了历史的真实，王锦第就是这么一个不善经营自己的人，在性格上也有一定缺陷。但他确实又是一个非常真诚的生存于那个时代的知识人，他有才情，有学养，也有理想，而且不乏温度和礼仪，但一方面是生不逢时，另一方面则没有定力。按照王蒙的说法：“父亲热心于做一些大事，发表治国救民的高论，研究学问，引进和享受西洋文明。”[32]可见，王锦第是胸怀大志的，是有抱负的知识精英，而对于学术的浸润，则是他的本色之一。虽然在态度上以输入西方文明为主色调，也符合那个时代的大趋向，只要能持之以恒，也一定会有所收获。

可惜的是,他太容易为时代的潮流所裹挟,如果说最初的滞留沦陷区可能还是为情势所迫,后来的投奔解放区则是自觉选择。其实,对一个学人来说,无论时代风云如何变化,留守在属于自己的职业位置上可能是更重要的。当然,就文学史本身而言,倪吾诚(王锦第)这个形象是有其更为深刻的代表性意义的,对此,已有学者予以揭示,譬如郜元宝就有这么一段对王锦第(倪吾诚)形象的锥心之问:

> 王锦第确实是王蒙塑造的一个人物,他生动体现了王蒙的价值立场。正因为王蒙是那样地"感时忧国"而又那样地渴望"救出自己",所以,尽管他用宽容宽恕为其哲学基调,却那样不宽容不宽恕地写他父亲。他为什么不能像苏童、余华那样带着欣赏、观赏、展览、欢快、幸灾乐祸的口气来写可悲可笑的父亲呢?不说这些缺心眼的后辈也行,就说在中国现代,王锦第之流也并非特别不可饶恕啊。不就是名士风流,不就是现代版的魏晋风度吗?顶多没有外在的成功而已。之所以非要那样写不可,恐怕还是因为王蒙觉得非此不足以为反用刘禹锡诗句制造足够的理由。他让父亲代表了万恶的旧社会。他要"感时忧国",要"救出自己",就非得跟这样的父亲决裂不可;父亲和父亲所代表、所象征的旧世界越不堪,要求决裂要求奔向新世界的理由不就越加充分了吗?[33]

在这里,反倒是更年轻的作为批评家的郜元宝对王锦第(及那代人)有着更多"同情之理解",尤其是对其"魏晋风度"的标示,更显示出了那代人可能具有的"传统意涵",这本就是在西方现代性席卷而来之际特别值得珍惜的品质。有论者也指出,通过《活动变人形》,王蒙"审判的不只是他的父亲王锦第,而是千千万万个像'王锦第'这样的中国知识分子,他把思考的视角推演到了整个二十世纪初的社会现实造成的人生巨大悲剧,对于他们的不幸,王蒙不光是一种冷嘲热讽,更大的是来自内心深处隐隐的痛楚。"[34]这种"审判立场"的揭示也是有意义的,这让我们可以更好地去理解父子两代人在面对大时代风云激变背景下的不同应对方式,以及其背后可能蕴藏的更深刻的文化史意义。就此而言,倪吾诚的形象及王锦第本人都具有不可磨灭的文学史价值和思想史含义,是发人深省的。

值得一提的是,历史的雾霾终将散去,历史的步伐也生生不息。一九九三年,王蒙与父亲昔年挚友傅吾康在吉隆坡会面了:"王蒙应马来西亚《星洲日报》邀请于一九九三年三月二十九日上午抵达吉隆坡,主持该报主办的'花踪'文学讲座。下午他偕夫人崔瑞芳拜访了阔别多年的傅吾康教授。现年八十岁的傅吾康教授是德国人,著名汉学家,现客居马来西亚,是王蒙的父亲王锦第先生的生前好友。他们和傅吾康兴致勃勃地闲话家常,从近况、生活点滴到回忆往事。王蒙怀着极大兴趣观赏了教授收藏的旧时照片。"[35]两人自然是有着世交的,在傅吾康心中,或许仍有那个同乘游舟的少年王蒙的记忆。而如今成为大作家的王蒙,见到当年那个侃侃而谈的老外大叔史福岗恐怕也是感慨万千。我们不可否认的是,如果没有父亲王锦第,也就不可能有王蒙的走出乡村和成长。而作为知识人的王锦第,则不仅是一个负有养家糊口责任的父亲,同时也曾是"指点江山,激扬文字"的一代有理想的青年。这是历史所不应当遗忘的,若谓不信,不妨来看看他青年时代的文字事功。

三　王锦第对德国学术的整体译介:以哲学与教育学为中心

一九三九年四月,《研究与进步》发刊,乃沿用德文学术杂志之名。当时北平已经为日本所统治,抗战也进入了胶着状态,在这个时候,留居沦陷区的中国人是非常难熬的,尤其是言论受到很大限制,而利用可能的通道来进行言说则是一种必然选择。办刊乃是在北平的德国学者利用德、日同盟的特殊关系而做的事情，但其背后则蕴含了中德两国学者的心血。王锦第就是一个重要推手，一九三七年，王锦第留日归国后很快就与中德学会建立了联系，与主事者谢礼士（Schierlitz, Ernst, 1902—1940）建立了交谊；后来更与傅吾康相交颇厚。王锦第之所以对德国兴趣浓厚，自然与其留日背景相关，当时斯普朗格（Spranger, Eduard, 1882—1963）作为德日文化研究所所长、客座教授，长期在日本讲学，王锦第曾听其课，故此印象甚深，对德国文化也就有一种自然亲近之情，对斯普朗格学说尤其用力颇多[36]。王锦第"积极关心中德学会的工作，而且有不少新点子，其中包括出版一份杂志"，傅吾康则"接受了这个提议"[37]，故此办刊之议，乃是由王锦第首先提出来的。

《中德学志》办刊立意在发刊前言中有所表示："本会现在所出版的这杂志，是和本会历来所出各种刊物，都完全一样地负有沟通中德两国文化之使命，都完全一样地是要在中国的学术界上略作一点贡献的。"[38]强调中德文化之沟通，尤其是对中国学术界的意义，这在那个特殊时代背景下是饶有意味的。而时隔仅一年，该刊即更名为《中德学志》，编者解释改名的原因是"因为内容将要溢出原有的名称的范围以外"[39]，其实从名字就可以看出编者的良苦用心。

王锦第既然是《中德学志》的主要倡导者和参与者，那么他积极参与其办刊事业自然也就是意料中事[40]。王蒙曾提及王锦第的外语水平和工作："父亲连夜翻译德语哲学著作，在《中德学志》上发表他的疙里疙瘩的译文，挣一点稿酬养家糊口。他的德语基本上是自学的。英德日俄语，他都能对付一气，但都不精。"[41]在儿子的眼中，父亲只是在为稻粱谋，却不知道，这在当事者，也可能还有"所学关天意"的一面。作为留日学人且对德系知识情有独钟的王锦第，能够比较系统地翻译和研究德国学术，并且有地方可以正大光明的发表出来，在那个不得不处于“精神流亡”困境下的知识人来说，恐怕也是一种很重要的精神与情感的寄托了。

王锦第涉猎德国学术的范围相当之广泛，他不仅翻译了为数不少的德国学术作品，也撰作了相当数量的文章来介绍和评论，从中我们不仅可以得见他作为译者的文字功底，也能感受到其作为学人的学术修养。如前所说，由于近距离接触斯普朗格的缘故，他对斯氏的译介自然是颇为重视的，他自己翻译的斯氏文章就有五篇之多，此外《中德学志》还另发了三篇，分别由关琪桐、曹京实翻译，可见对斯普朗格的重视。斯普朗格在中国更多是被作为一个教育家而得到重视，事实上，他也确实很重视教育：“教育是我们称为文化的庞大生命关联的一个方面。关于教育本质的每个基本的阐释据此都预设了一种普遍文化哲学的背景。”[42]王锦第还撰作了两篇关于斯氏的文章，即《士榜格论欧洲文化》与《士榜格的教育与文化思想》，他交代前者主要依据斯氏的演讲稿《西方是衰落还是复兴?》(Untergang oder Renaissance des Abendlandes?)，开篇即指出：“地球上的各民族与各国家在历史上曾经有一个时期是互相隔绝的，各以为自己的生活样式是唯一无二的中心，到了现代世界各地因为交通的发达。以及其他条件，把地理的限制渐渐的打破了，于是地球上各种不同的生活样式互相接触，因为互相接触的结果，而各种不同生活样式间的消长、竞争、顽固的排斥、盲目的崇拜等现象便相继而生；这样问题的发生在历史上看来是晚近的事情，研究这样现象，这样问题的学问自然也是晚近才有的一门学问，这门学问我们称为‘文化哲学’。”[43]我们看到，王锦第的论述是很接地气的，视域也很开阔，将一个复杂的问题三言两语交代得很清楚。他接着说：“英美人与大多数法国学者的常认为这样问题属于社会学的范围，而在德国另外在思想上发展为一特殊的学问，这就是文化哲学(Kulturphilosophie)。”[44]然后他具体解释道：

文化哲学是要把各民族文化的类型与发展的根本而特殊精神分别出来,因为各民族文化并非杂乱无章的,每一种能独立的民族文化都有一定的构造,各民族文化都有一个一定不易的中心,然而各民族文化不仅有不同的类型,同时也有发展,类型与发展是相关的。就“变”的方面讲,文化有发展,就“常”的方面讲,文化有类型,发展是不能完全脱离类型的,正如人在体格与心理上的发展一样,无论体格与心理怎样的变化或发展,各人总有各人的个性,所以文化的民族性是由各民族文化的类型中产生出来的;例如一张画,一件土器,我们看后说是希腊的或是印度的,这是因为整个的希腊文化与印度文化在类型上有根本不同的所在。文化哲学的第一目标或任务便是把握各民族文化的特殊类型。[45]

这段文字在“类型与发展”那里有一个注释,表明参考了高山岩男的《文化类型学》,尽管如此,仍应该说是很有见地的,不但在纷繁杂乱的多元文化中坚定表明其“非杂乱无章”,即我所谓“混沌构序”,即在表面的纷乱中其实有根本的规则可循;而且揭示了“类型”与“发展”之关系,更用中国传统的“变”与“常”的概念解释之,清晰明了。关于民族文化的构造性、不易性的强调也非常重要,与金岳霖的判断也正相吻合:“每一文化区都有它底中坚思想,每一中坚思想有它底最崇高的概念,最基本的原动力。”[46]正是在这样一种融通的维度和卓越的见解中,王锦第概述了德国文化哲学的诸大家如布克哈特、尼采、文德尔班、狄尔泰、西美尔等,尤其提及了斯宾格勒及其《西方的没落》,如此来凸显斯普朗格的意义,斯普朗格认为斯宾格勒的欧洲衰落说不足为怪,有其历史渊源,并提出自己的看法:

士榜格认为担当高度文化的民族必得是生物学上强有力者,然而现在担当极发达文化的人在肉体上及精神上都衰弱起来……所谓“文化人”与“自然人”比较起来，就是前者因为反自然的生活条件使得大多数人都有了“文化病”，例如神经质或神经衰弱，我们知道现代文明的特色是大工厂，而工业的集中地是大都会，所以现代的文化就都会化了，农村渐渐荒芜，多数的人跑到都会来求职或享乐，而工业的集中地有成为人类共同坟墓的趋向。㊼

这段评论可谓一针见血，也道出了西方现代性，即以工业化为主线的资本演进过程的那种残酷性和悲剧性。关于欧洲文化的基本精神及其内部构造问题，“士榜格以为这是文化形态学（文化构造学）的问题，虽然它是一门新学问，将来必定能成为极重要的部门，在这一方面看来，文化形态学必得要用发生学（genetisch）的方法，把一种文化的成立过程探本溯源的找出来，欧洲的文化建立在希腊文化的基础上，而希腊思想所尊重的是节制、整齐，与自制各种精神，现代的欧洲文化便建筑在这种合理化与数学化的基础上。最能代表数学精神的是几何学，所以我们可以说欧洲文化是几何学的文化。这种合理的几何学精神不仅用在没有生命的自然界，同时更要支配生物世界。士榜格认为欧洲文化的恩物或源泉固然是合理化的数学精神，而这种原理的过度应用，也是今日欧洲文化危机的大原因所在。”㊽这里确实逼近了主导现代欧洲文化的元思维的根本处，即数学化（科学化）导致的理性精神的强势地位，但这也未必就是希腊文化源头的根本元素，即秘索思-逻各斯结构，他似乎尚未能意识到，但无论如何，揭示由数学精神，即后生的逻各斯思维发展而来的主导霸权位置则是非常重要的。紧接着，王锦第还有一段很精彩的论述：

从历史上我们可以发见某一民族在精神上发展为高一阶段的时候，这一个民族便在那儿遇到危险的信号，因为朴素的传统被破坏了，宗教的，道德的，政治的信仰失掉了，维持自然的民族力量没有的时候,便是一个民族危机的由来,像这样的时期,在历史上我们称为启蒙时代,例如德国的启蒙时代普通指为十八世纪,但是“理性”(Ratio)支配德国人的生命与生活却远在十八世纪之前,譬如来勃尼兹(Leibniz)之把上帝看为伟大的数学家,这种合理化的运动便是数学的自然科学的凯歌,对于宇宙人生都用数学或因果关系来解释,在今日时常有人非难十九世纪的发明所带来的罪恶,我们要知道十九世纪的发明都基于数学的物理学与化学;现代的技术文明,如蒸汽机关,发电机,铁路,汽车,电话,电灯,飞行机,潜水艇,无线电……,都是数学精神的产物,技术文明为人类固然造福不少,同时它也带来各种罪恶,如失业,战争的残酷,文化病的广播……这种数学的精神不仅要支配自然界,就是人事界的政治,经济或道德方面也要受它的支配。在社会或人事上经过合理主义的洗礼固然有它的好处,把传统的混乱状态整理起来,但是据士榜格的看法,文化机构因为太复杂,人为的,不自然的,合理手段在这一方面是要失掉神通力的,所以近世的思想对于主知主义或合理主义起了一种反动,反对人类理性的专制或计算精神(即数学精神)的独裁如卢骚,疾风怒涛时代的浪漫运动(诗人与哲学家),叔本华,尼采以及近来法西斯所主张的“直接行动”(action directe),他们要求感情的权利,心的权利,本能的权利,天才的权利,直观的权利,泼剌的行动的权利。士榜格个人也认为欧洲思想把主观世界与客观世界极端的分离是错误的,他把这个罪状放在迪加尔身上。今后的思想,据士榜格看来,需要那种“悟性以前”,“知性以前”之健全的本能。但是他并不是完全反对“理性”(Vernunft),真正的“理性”不只是概念的计算,而是精神力的全体,“理性”该是生产的思想,直接领导行动的指南针。这样才能救济自希腊传来的那种“魔术的思想形式”(Magische Denkformen)。[49]

这段论述是很见功力和眼光的,不但揭示了精神提升过程中,即“高”的过程中所必然面临的危机可能,而且进一步提示了启蒙时代的由来,即因为数学而来的理性精神的作用,以及因之而起的反理性的思想潮流。其实如前所言,自古希腊以来,西方的基本元思维方式应是秘索思-逻格斯的二元结构,但在发展过程中被遗失了,而形成逻格斯一家独大的情况,这才是问题的根本所在。但有意思的是,即便是斯普朗格,最终还是将欧洲的命运归之于基督教:“欧洲人的信仰,据士榜格的看法,自近世马克斯以经济的观点解释世界史,十九世纪的终了又有托尔斯泰对文化的意义提出了疑问,所以此后全欧洲的精神生活失去了中心,人生的终极目标也就不能统一,一般大众倾向于唯物的思想,至于有教养的智识阶级不是自由思想者,便是怀疑主义者,到第一次世界大战这种崩坏的过程就达到了极点,而施彭格的欧洲衰落说便应运而生。今后救济欧洲衰落的第三剂药方,据士榜格的意思,便是以宗教的信心作文化的护符。换句话说,基督教的兴衰便是欧洲整个文化的兴衰。”[50]这种面对理性-反理性的乱局而形成的思想混乱,而不得不最终选择回归宗教(这里是基督教)的立场,其实倒也符合秘索思-逻格斯的二元格局,即转向以感性、神秘为主的宗教。当然,王锦第的价值在于他并非简单转述斯普朗格观点,他也很有自己的想法:“本来欧洲的现代文明,‘人’与‘物’不相适应,产生了许多现代人特有的痛苦与悲剧,但是这种苦痛与悲剧,以数学为基础的现代科学与技术是不能负责任的,科学与技术本身不负伦理上的责任,负伦理责任的还是人自己,于其说‘理性’,主知主义,数学的精神用得太过而产生今日世界的痛苦,无宁说人类生活——思想,感情,伦理,宗教……——还太欠缺科学的洗礼。”[51]这个思路显然不尽与斯氏相同,王锦第明显更倾向于科学和理性的路径,是站在近代以来的启蒙立场上发言的。

王锦第对斯普朗格的了解是相当全面的,譬如在《士榜格的教育与文化思想》一文中就介绍了施普朗格的生平，也回忆了自己的亲历："一九三六年士榜格曾到远东来讲学，这次的讲演收在两部集子内，一为《文化哲学的诸问题》（Probleme der Kulturphilosophie），一为《教育学讲话》（Pädagogische Vorträge），当他在日本以交换教授资格讲学的时候，中国的哲学家与教育家曾计划着请他顺便到我国来讲学与参观，但因事未得如愿，这次的士榜格的讲演当然代表他最成熟的思想，同时著者也曾听过他讲演的一部分，并且因为是讲话体的文章，听起来或读起来也比较着容易，士榜格的著作，有的实在不好读，著者现在只能就他所了解的士榜格作一简略的介绍。"[52]然后从施氏的心理学入手，介绍其师承狄尔泰，泡尔生的影响，最后落实到教育学，尤其是其主张的文化教育学，即教育学应是文化的教育[53]；王锦第强调，要理解施氏的教育思想则必须追溯到他的文化哲学：

> 士榜格在他的一篇讲演，《一元文化与多元文化》中，曾说在欧洲曾经有一个时期，在未曾与世界上各地方的民族或国家交往以前，以为欧洲文化是唯一的文化，所以文化是单数的，或者称为"一元文化"（Kultur），后来因为其他大陆的发见，世界交通的发达，这才知道除了欧洲的文化系统外，还有其他自成系统的文化。于是文化这个字才由单数的而变为复数的，或称为"多元文化"（Kulturen）。文化是由一个民族或一群民族的团体手中"价值创造的全体"。拉丁文的 agricultura 就是暗示某一特定地域所生长的文化"基础"。在这种基础上建筑更高的文化，最后达到"人的文化"（Cultura animi）。我们在讨论文化问题的时候，当是以高度文化的民族作对象，所谓高级文化与低级文化的区别，暗中便有一种价值规准的前提。士榜格为定文化高低的标准立下两个命题：
>
> （一）凡是称为真正文化的不能不是民族全般的生活形态。
>
> （二）凡是称为真正文化的不能不有最后的形而上的源泉。

把以上两个命题引申一下,我们说凡是真正的文化必得是民族全般的(全面的)生活形态。绝不是一面的,部分的。人类生命是由种种机能成立的,这样种种机能相应于各种“生活圈”乃至生活领域,其中任何一种是不能缺少的。每一种机能反其“生活圈”都有其独特的使命。虽然有时是把全精力倾向于文化的某一方面——例如军事的活动或学问的研究——,但那不过是短期间的问题,在长期中,文化总是保持全面生活形态的均整。这种均整,均衡或均齐是很重要的事情,英雄主义的一面性固然有时使人尊敬,然而结果时常不能逃出悲剧的命运。

其次我们要说明第二个命题:优秀的文化不能不有形而上的源泉。士榜格在讲这个命题的时候曾借用歌德的话:

一切无常物

原不过影像

“有限的背后藏有无限,时间的背后藏有永远,现世的背后有神的存在。”以上这样的说法虽然不过是“譬喻”,然而要知道这种譬喻告诉我们形而上精神的所在,与神没有深刻结合的民族不是伟大的,这种神的力量在迁化无常的现象界中透出永远不变的“法则”与“秩序”。同时又产生一种“创造力”,这种创造力如菲希特所说的,是赌低级的生命去获得高级的生命。生命的背后有真理的信仰,这是形而上的生活,形而上的行为……

因为士榜格看重形而上的价值,所以他认为美国式的功利主义或实用主义是一种哲学上的谬误。他说外面的成功与实利的结果不能做为价值的标准。有用的不一定是真的,真的在结局上是有用的。有用的也不一定是善,然而善的自身却永远是一种创造的建设的力量。这正如柏拉图所说的,哲学的思辨(形而上的)是文化所不能或缺的东西。它能指示正当的生活方向,能把创造的思想贡献于国民教育。学问也是为健全的国民生活建设而协力。学问——形而上的思辨——追求的是永恒,把国民(凡是属国民的一切)与绝对的世界秩序结合起来,超越了时间的限制而与永久的力量连接在一起。我们在这儿所要注意的是士榜格所说"国民的"或"民族的"精神。他以为大学的使命即在民族道德精神的保持与发扬。同时从民族与民族,国语与国语及文化与文化的交通,而开了世界上各民族各文化的互相理解。这样重大的使命应该常放在意识中的是大学教授的义务,推进这样使命,负担国家文化及人类文化的将来的是青年学生的义务。[54]

之所以不惜长篇引用,乃是此处确实能见出斯氏思想之非同一般,也可以见出王锦第在绍介德国学术方面的举重若轻、驾轻就熟,是很有水平的。不但言简意赅地介绍了斯氏关于"一元文化"与"多元文化"概念的界定与区分,而且与歌德的诗歌相印证,确定其反对美国实用主义哲学思潮的立场,以及回归柏拉图的哲学观,都很能见出他在纷繁的材料中能轻松越出,驾驭自如,敏锐地把握住斯普朗格思想文化哲学和教育思想的精义,这是不简单的。

斯普朗格在当代中国学界的研究甚少,翻译几乎也没有什么,仅有的一些介绍性文章也多集中于教育方面[55],可以说是一个完全被忽视了的大学者。其实他的哲学思想(不仅是教育学)是非常独到的,可以说是卓然自成一家,很有价值,但我们对他的翻译、介绍和研究,不及前贤远甚。早在抗战之际,即已有了他著作的汉译本,譬如董兆孚翻译的《人生之形式》,此书根据皮格斯(Pigors, Paul I. W.)的英译本转译[56],王锦第就给此书写过长篇书评,很有自己的见解。王锦第对译事有自己的切身体验,所以对译者的工作有"同情之理解",称:"我自己也翻译外国书,知道译书的困难麻烦,所以在介绍的工作上不肯'吹毛求疵',但是善意的'求全责备'不能没有,但是我对于那些自己不动手去作,而又好说风凉话,打击别人勇气努力的人,我却说:‘只要做比不做好! 只要有就比没有好!’歌德说人在努力前进的时候,错误是免不了的,我希望青年人都有这种精神,对于董兆孚君的译这本士榜格教授之大著《人生之型式》同样致给这种意思。”[57]可以说是对译者的工作有着“同情之理解”,不仅是一种善意的学术书评,更有着同道中人的惺惺相惜的那种尊重。而译者董兆孚的文字功底和哲学思维都很不错,他作译序称:“于无限之空间,保极微之身,于无限之时间,托倏忽之命,是谓‘生存’,此有生之物所同然,人与物初无别。于纯粹生存之外,进求生存之意义与价值而表著之创造之,因使己之生活超于时空之桎梏以上,是之谓‘意义生活’或‘价值生活’,此则唯人为然,而绝非其他生物之所能。人之所以灵于万物,异于禽兽者,独以此耳。”[58]这番话可真不是什么人都能说出来的,非有哲学修养且善为文辞者而不能为也。仅就区区一个斯普朗格的早期汉译史,我们也可以感受到那代中国知识人的学养、认知和功力,真是可圈可点。

王锦第关注的,当然还是德国哲学。譬如对现象学,他也颇有涉及,撰文介绍过《胡塞尔及他的现象学》,他认为:“胡塞尔(Edmund Husserl)是现代德国自成一家的哲学家,我们提起‘现象学’(Phänomenologie),‘现象学派’(Phänomenologische Schule),或‘现象哲学’(Phänomenologische Philosophie),就饮水思源的想到胡塞尔。”[59]德语的明确标示且无错误,表现出作者的学养,他对胡塞尔的学术抱负很有体会,称其“自己企图着建立一切学问的基础学,换句话说,胡塞尔想建立学问的学问,科学的科学,他自己称为‘现象学’,也就是胡塞尔学派的哲学”。[60]此文论证详细,注释严谨(有时占了整页篇幅),且对学术史流脉把握也不错,结尾称:“不过海德戈是由胡塞尔的思想出发而完成了他自己的哲学。他们二人虽然都在现象学的学派中,然而所用的方法并不相同,他们有一条指导的原理相同,这条原理是‘向事象自身’(Zu den Sachen selbst)。”[61]这里区分了胡塞尔、海德格尔师徒的联系和不同路径,确实是有见地的。

王锦第也撰写过关于海德格尔的文章《海德戈与他的哲学》:"海德戈要求把哲学史上所遗留给我们的东西,都一扫而清,而且他自己也确是本着这种态度,完成他独创的存在学,这样做并不是就让一个人完全逃脱历史的关联,而是好教一个人避免生硬的独断及不亲切的第二道手的哲学问题,在亲身独自的哲学经验中创立自己的思想,从这种哲学的经验中,才有哲学上最基本概念的产生,才能做哲学家,而不是哲学史家。海德戈的希望与目的,就在于重新把失迷了途径的哲学思想,再探本索源的还给它本来的样子,不至于使我们如坠五里云雾中似的摸不着头绪,把真正的哲学思想提出来,但是现代的哲学好像只讲哲学家的问题,而忘掉了根本的哲学问题,这一点是海德戈在哲学上成就的出发点,似乎我们可以说这是义理之学与记诵之学不同的所在。"[62]这就还原了海德格尔作为原创性哲学家的基本定位,而且将之与中国传统的学问之道相比较,更能见出德国哲学的特色。

王锦第还翻译过雅思贝尔斯(王译为雅斯波)的作品,譬如《政治与教育》[63];当然也写过关于他的文章《略述雅斯波的哲学》,我们会发觉一个一体性的现象,即王锦第往往是译论并作,既有对原作者重要篇章的翻译,也有自己独立工作的评论性文章,这种情况颇为难能。因为这就要求译者不仅是简单的在文字之间"传话"而已,而必须对自己的翻译对象有更深度的学术认知甚至是评判能力。王锦第的学养是不错的,譬如他开篇就说:"我们如果说希腊哲学是西洋哲学的鼻祖,那末现代德国哲学就可以说是现代西洋哲学的重镇,因为世界上没有别的民族像日耳曼民族那样喜欢讲'知'的,所以有人说日耳曼是百分之百的讲'知'民族——目前状况,是否如此,我们不管,至少在某一时期确是如此的——。但是很可惜,国人研究西洋哲学者对于德国哲学很少有力的介绍与深刻的研究,尤其是当代的德国哲学对于我们好像都很生疏,例如现在我们要介绍的雅斯波(Karl Jaspers)就是中国哲学界的一位生朋友,然而他是当代德国的第一流哲学家。"[64]他甚至迫不及待地宣告称:"雅斯波著的《现代的精神状况》一书已由笔者着手翻译,不久便可杀青;因为这部书所讨论的问题是现代文化,大而至于国家,教育及人类的归宿,小而至于家庭生活,运动竞技及新闻事业,问题看来好像是很通俗的,而见解却是极深刻而远大的;这部书可以看做雅斯波思想的入门导言。雅斯波的《存生哲学》一书,笔者也计划着翻译。我们最希望雅斯波的巨著《哲学》能够介绍到中国来,因为这部书已经成为现代哲学的经典。"[65]这还是 1941 年时候的事情,照理这部《时代的精神状况》应该是已经完成翻译的,但未能查考到此书的情况(国家图书馆等都未查到)。可王氏译书的证据却并非没有,在一九四一年时,张岱年确实曾为王锦第翻译雅思贝尔斯著作作过序言:"耶斯波之专门哲学巨著为《哲学》,此书则系耶氏对一般人说法之作。然而,在今日之中国,似乎有新观点的通俗思想书籍之介绍,较之专门巨著之移译,尤为当务之急。"[66]这本书是哪本书没有提,但从相关材料来推断,《时代的精神状况》可能性比较大,但可惜已经无从查考。

王锦第的这种德国哲学兴趣一直保存着,直到他被清理出学术界,甚至到了一九六〇年代时,他仍发表过《黑格尔的精神现象学》的文章(《文汇报》1962 年 7 月 19 日)[67]。其实在抗战时代,他就翻译过论述黑格尔思想的作品,即《黑格儿的政治伦理学》[68]。王锦第甚至翻译过自然科学的作品,譬如普朗克(Planck, Max, 1858—1947)的《物理科学与世界观》[69]。除了在《中德学志》等刊物发表著译之外,王锦第还翻译了不少德系书籍,不仅有学理型的,也有普及型的,譬如《今日德国教育》等[70]。对于中国的德国教育学引入而言,王锦第是有相当贡献的,尤其是在所谓德国文化教育学或精神科学教育学方面。

他涉猎到几位重要的德国教育家，其中就有赫尔巴特，这篇文章还附上了赫尔巴特的照片。王锦第的好处，是有全局观，譬如这里虽然强调的是纪念作为教育家的赫尔巴特，但绝不会就教育谈教育，而是放置在一个整体的历史语境中来理解对象："赫尔巴特（Johann Friedrich Herbart）是德国的哲学家，伦理学家，心理学家，尤其是有名的是教育学家的赫尔巴特，他是教育学的建立者，实在是承前启后的人物。直到一八九〇年时德国所谓'新教育运动'开始以前，支配德国教育界的思想者，便是赫尔巴特学派的学说。不仅限于德国，并且赫尔巴特的教育思想有国际的影响，例如英国在一八九〇年时几乎没有人知道赫尔巴特的为人与他的思想者，但是到一八九六年时，便几乎任何英国的教育学界的人都知道了这位教育学家，并且讲授他的教育学说；北美合众国更易于接收新风气，赫尔巴特的教育思想也曾在北美发生过极大的影响，直到最近杜威教授的教育学说树立之后，美国才与'定于一尊的赫尔巴特派'（Orthodox Herbartian）分了家。不过无论是赫尔巴特的祖国——德意志，甚至于西欧与北美各国，在现代的教育改进运动上，便首先研究并且批评这个'旧教育'的中心人物——赫尔巴特，作为'新教育'学的开始，因为在他死后二十年——一八六〇年——开始风靡一时，赫尔巴特的教育思想成了德国教育界的主潮，甚至于德国教育界的有名权威，如裴斯太洛齐（Joh. Heinrich Pestalozzi）、菲希特（Johann Gottlieb Fichte）、世莱玛哈（Friedrich Schleiermacher）等人也有望尘莫及的样子。"[71]这段论述不但讲清楚了赫尔巴特的基本学术定位，而且特别强调了赫尔巴特作为教育学家的影响力，既有在英、美等国的接受度，也有与德国教育界名家的比较，可见出作者的视域是相当开阔的。而且他能够知人论世，"一个人的生活是一个人的思想或学说的根源，所以在讲一种思想或学说的时候，要对于这个发生的时代背景及思想家的生活认识清楚"[72]。正是从这个思路出发，王锦第很善于通过还原历史场景来把握赫尔巴特的思想形成过程中的关键因素，譬如他谈及费希特与赫尔巴特的师生关系及后者的家庭因素：

> 赫尔巴特在大学求学的时候，正是鼎鼎大名的菲希特在耶拿大学主讲《知识学的基础》(Die Grundlagen der Wissenschaftslehre)，菲希特的思想是深刻的，性格是有诱惑力的，学生对他都极崇拜，我们的教育家赫尔巴特也对于菲希特的哲学思想受了极大的影响。不过当着他过大学生活的时代，也有一些个人的问题发生，他的父母正当他对于哲学有兴趣，并且与大哲学家菲希特的思想接近的时候，总以为哲学不供给生计上必需的面包吃，所以让他学法律，但是当时他的主要兴趣在哲学，不过因为他父母的功利计算，他不能不暂时牺牲自己的爱好，然而这不过表面的事情，他对他父母说哲学、文学及数学是研究法学的基本学科，实际上他依然继续着研究哲学。[73]

从这段叙述看来，王锦第对赫尔巴特的家庭与学校教育都有了解，对其哲学思想形成与成长经验有很好的把握；不仅如此，他还敏锐地发掘出赫氏思想形成过程中的语境关联，譬如对耶拿所处的德国古典知识精英的中心场域意义是颇为熟悉的，"赫尔巴特在耶拿时代的生活，不特与菲希特有人格的及思想的交涉，同时与歌德、释勒、赫德(Herder)等人形成的文学艺术运动也有了关联，赫尔巴特曾到他们的住处访问过，受过当时德国艺术运动中心地氛围气的浸润，特别与释勒还有个人的交情。但是这个时期最使他感觉兴趣的是希腊思想及文艺，尤其是荷马的史诗鄂地色(Odyssee)使他受到莫大的感动，所以他曾经关于荷马史诗作过音乐的研究，并有论文发表，同时鄂地色成为赫尔巴特后来认为最标准的教材或读物。此外赫尔巴特在这个时期对于数学也作过埋头研究的功夫，像赫尔巴特这样'多方面'而不浅薄的研究功夫，在他的教育学上都有了用处，'多方面的兴趣’这个概念在他的教育学中是一个中心原则，赫尔巴特个人也实在是多方面的天才家，哲学、音乐、数学、美学(伦理学在内)对他都有兴趣，都有研究，而且都有成就。”[74]这里我们不仅看到赫尔巴特通过场域互动而亲身与赫尔德、歌德、席勒等德国古典文学伟人的交往，而且更注意到通过精神漫游的方式，他神交希腊古典，将其立定为自己的重要思想资源。更了不起的是，王锦第揭示了赫尔巴特的“多方面的兴趣”这个教育学原则，这是一种发自个人实践又提升为学科原则的过程，具有重要意义。

王锦第也能够通过自己的叙述很好地让人感受到赫尔巴特的成长过程，他的学术叙事能力是相当不错的。不仅如此，即便在教育史叙述的框架中，王锦第也能很自然地带入比较的视域，呈现赫氏的特点，譬如在介绍了赫尔巴特相对简单平静的大学教学生涯之后，他说：“由这一点与卢梭、佩斯太洛齐比较起来，赫尔巴特的两个先进是波澜万状，‘轗轲常苦辛’的‘苦命人’，因为他们的生活不同，所以性格也就各异其趣，我们在前已经讲过，一个人的生活是一个人思想的根源，他们这三个教育思想家的生活状况不同，性格及学说也不同，换句话说，他们生活上的境遇及他们的性格，规定他们在教育史上的地位。卢梭在教育上有热情及幻想，佩斯太洛齐有博爱的胸襟，能实践，教育学史上正缺少一个冷静透彻的理论家，赫尔巴特出来之后，恰好补了这一个教育学史上的缺欠，而他的那种宁静淡泊的学者生活，也适于成就他在教育史上的成就。赫尔巴特在教育学史的地位在于他创立‘科学的教育学’。虽然在赫尔巴特以前，未尝没有略有组织的教育学书出现，例如科密尼阿斯(J. A. Comenius)著的《大教授法》(The Great Didactic)、康特著的《教育论》(Über Pädagogik)，虽然都在教育学史上有相当的价值，不过《大教授法》只是一种教学法上的开山之作，《教育论》虽然比较的有组织，但是还不能认为严密‘科学的教育’，直到赫尔巴特的教育学出世之后，以伦理学及心理学为基础的科学,用伦理学规定教育的目的,心理学指示教育的方法,才开始建立了独立的教育科学,这一点是赫尔巴特在教育史上值得大书特书的功绩!教育的活动在人类史上看来,恐怕是很久远的,但是把教育的活动自身当作学问来看,我们不能不归功于到今年逝世正百年的赫尔巴特!”[75]

王锦第是有极为透彻的学术眼光的,其实可以做一个学术史家了,他除了关注到赫尔巴特成长的种种不同因素之外,最终则将其根基定位在哲学基础之上,因为这是一切的根本:

> 从西洋哲学史看来,有一段是观念论(Idealismus)称霸哲学的时期,自康特经过菲希特而到黑格儿,黑格儿是集观念论大成的人物,他的信徒固然很多,他的反对者也不少,从社会学的观点反对黑格儿的马克思是一般人都知道的,但是从哲学或教育学的观点反对黑格儿的两个思想家,叔本华及赫尔巴特用什么道理反对黑格儿,我们就比较的生疏,他们二人都自认为是康特的忠实信徒,二人都对于自然科学有趣味,并且他们都想为他们的思想找出经验的事实作基础。同时二人都提出形而上学的体系:叔本华的体系可以称为“泛神的观念论”,赫尔巴特的体系可以称为“多元的实在论”。赫尔巴特实在是一个富于批评精神的独立思想家,他对于康特以后德国发展的观念论学派,整个的加以反对,不过在一八二八年他却自认是康特学派中人。
>
> 从赫尔巴特看来,我们不能从一个原则推演出实在来,原则在思想之后才有,并不能在思想之前。同时也不能用一个简单原因便说明了一切的存在,所以一元论与泛神论都在排斥之列。实在的说来,所谓“物自体”(Ding an sich)的知识是不可能的,黑格儿所认为的形而上学简直是一个梦。但是“物自体”是有的,不是“一”而是“多”,并且世界不仅是我们的观念。赫尔巴特反对理性主义的方法,先验主义、一元论、泛神论、主观的观念

论,以及自由意志;代替这些看法的是经验主义、多元论、实在论,及决定论。赫尔巴特认为除了经验,在知识上便没有进步的希望。哲学的职责要从经验及科学的一般概念作出发点,用一个民族无意识中演化出来的思想作根干。这种概念要用形式逻辑使之清楚而明显,并且假如有不调和的概念,便要指示出来。所以一般的哲学就建立于考定概念、分析概念、比较概念,并且使概念调和起来。论理的任务在于发见概念上的困难、不调协,及矛盾;有些概念我们往往认为没有问题的,其实却是矛盾的窝巢,例如物、动、变等。譬如说,一物在普通思想上讲来,是许多性质的堆集体,金是重的,并且是可熔化的,“一个”物便是“许多”性。

赫尔巴特认为凡是矛盾的便不是实在的,所以他把古代的那条逻辑上的矛盾律又特别推崇起来。只有看做绝对的自体圆满的体系,实在才能想象。从这一点讲,哲学家的赫尔巴特依然不失为十足的理性论者,因为他认为:真正的知识是一个自体圆满概念的体系。假如我们的经验供给我们的世界观是矛盾的,这个世界观便不能成立,而形而上学的问题便从此开始;矛盾必得要去掉;我们必得要整理我们普通的及科学上的概念,使这些概念调和起来形成实在的真像。赫尔巴特在形而上学上,接受了康特所说的:经验所显示的只是现象;但是他坚持着认为表象(就是现象)必得是什么东西的表象,这个什么东西便是实在、本体、“物自体”。他曾说过(so viel Schein, so viel Hindeutung auf Sein):有什么样的外表就暗示什么样的实在。所以把我们的感觉看作心的产物是不能解释的;无论感觉是如何的主观,总暗示它们之外还有什么“存在”,换句话说,总有一个“物自体”的世界。问题是:这个真正实在的世界是如何构成的?

我们的表面的、现象的世界是一个矛盾的世界,是一个许多性质与变化的世界。例如一物有许多性质，并且一物变化它的性质。如何的“一”中有“多”？一物如何是白的、硬的、甜的，并且是香的？如何此时为一物，彼时又另为一物？每一个存在都是同一的，而且是绝对的同一，每一个感觉都是有一个“实在”在背后，每一物都是单纯的不变的，永恒的存在，绝对的，不可分的，并且不因空间与时间而变化的。从此看来，同一律在赫尔巴特的本体论中是一个基本律。

但是假如一个存在就是一个简纯的、不变的本体，那末我们如何有杂多的幻像与变化呢？为什么我们所经验的存在好像——注意“好像”一词所表示的意思！——有许多性质与变化呢？形而上学对此解释的时候只有先承认一个假设：赫尔巴特以为有“许多”单纯的原则，或本体，他称为“实在者”（das Reale）。每一个特殊的与表面的存在并不是一个存在有许多性质，而是许多单纯的“实在者”的集合体，并且多少是永久的结合。多数“实在者”因为互相间的关系有不同的变化，所以便有某种现象跟着发生。所谓“变”就是“实在者”的来或者去，我们说一个存在有变化，就等于说，组成存在的“实在者”或“单子”（Monaden）在关系上有了变化，至于组成存在的“实在者”自体毫无变化，赫尔巴特所谓“单子”是受了莱勃尼兹（Leibniz）影响的用语。我们在经验上所以有变及现象的发生，只是由于“实在者”间的关系变了，“实在者”增加或减少的缘故。因此我们称现象为存在的“偶然观点”。同一条线可以看为半径或切线，同样的一个“实在者”也可以与其他“实在者”发生不同的关系，而不变化它自身的本质。所以互相间的关系并不影响存在的自身。

“实在者”的世界是绝对的；本身没有变化、生长，与表象，一切是如此就是如此。所有一切冲突与变化都是我们经验的现象；一切性质都是属性的，实在的世界是绝对静止的状态，不会发生什么事情，一切变化都是意识中的现象。

然而好像实在者自身也有变化，这么该怎样解释呢？这是因为每一个实在者都尽力保持自身的同一性，而反对其他实在者的扰乱，所以同一的实在者能有不同的表现而反对其他的实在者。实在的说，"实在者"自身依然没有变化。[76]

这段叙述将赫氏的哲学思想解释得非常清楚，而且通俗易懂，真是不易。在这里，原本相当复杂的"一"和"多"的关系得到了相当清晰的解释，对错姑且不论，至少对哲学家思想的把握能力和提纲挈领的本领，是相当罕见的。特别要指出的是，这篇文章末尾附录了详细的参考文献，既有第一手的大量赫尔巴特原著德文文献，也有英、德、日文的二手文献，甚至还包括了中文的相关文章[77]，这表现出王锦第非常良好的学术品质，即既重视以一手文献为根基，兼及各类材料，而且绝不忽视本土研究。

当时，同在中德学会工作的中国人不少，譬如杨丙辰、杨宗翰等人都是；就以在《中德学志》上发表文章的人来说就还有像王森（1912—1991）、胡世华（1912—1998）等，他们也都是北大哲学系的同学[78]。譬如王森后来任中国科学院民族研究所研究员，是藏学家、佛学家[79]。但在这其中脱颖而出，通过《中德学志》和中德学会的工作成就了自己的"民间学者"身份的，恐怕仍当推王锦第，他这一段的学术工作的意义和价值应当重估！

在阅读了这些著译之后，我不得不对王锦第有肃然起敬之感，这个留日归来的东洋派，竟然有着如此扎实的学养，而且在那个"烽火连三月"的特殊语境中做出了这样的学术成绩，实在是太不容易。就德风东渐而言，经由日本中转乃是一个重要环节，但那主要表现在早期；而王锦第这样人物的出现，告诉我们一个另类事实，就是这个渠道实际上一直存在的，而且很可能对德风东渐史意义重要，譬如刘大杰(1904—1977)、马采(1904—1999)等都可以纳入这个谱系来看待,他们经由留日的通道,而学习德国(欧洲)的文学和哲学,日后的学术和思想都受到德国烙印的深刻影响。相比较后者进入大学体系,在学院中度过一生,王锦第无疑是怀才不遇的,以他的学识如果能进入到一个相对较好的学术环境,一定会做出绝不逊色的成绩,遗憾的是,他也是"千古文章未尽才",竟然在编辑职业中消耗了余生。当然,做编辑也并非完全就无所作为,像绿原、韩世钟等人也能在工作中实现某种程度的学术功业,但那也必须要诸种机缘凑巧才行,作为编辑的王锦第显然不属于这个行列中人。严家炎说:"任继愈先生曾经跟我聊天讲王蒙的父亲,说他总是每次都把计划订得很宏伟很吸引人,但三年五年过去什么事都没有做出来。"[80]任继愈(1916—2009)应也是王锦第的熟人,但这种说法可能并不完全,我们看王锦第在抗战时代的北平的学术工作,其实是颇有成效的。

像王锦第这样的一个人物,是有着他不可替代的历史意义的,他虽然未尝以大名显,但在历史行进过程中做出很多实质性贡献的,不正是这沉默的大多数吗?像何其芳、李长之这样的同学少年固然是可引以为傲,但如王锦第这样的"俯首尘埃"似也值得重新发掘。我在总结中国的德文学科史时曾表彰像张威廉这样的人物,虽然并未如冯至那样的名声显赫、领袖群伦,可同样以其持久不懈的坚持和努力,承担了自己应尽的责任,尽到了一名学者的本分。从更长远的眼光来看,在某种意义上王锦第是承继了冯至的事业的,1935 年冯至留德归来,即出任中德学会中方干事,做了大量的学术组织工作,譬如组织编译《五十年来的德国学术》就是其中最重要的工作之一,他撰《编者序》提出:"有许多中国留学生离开祖国,骤然走入另外一国的学术界里,往往感觉头绪纷纭,往日所预想的和目前所看见的不能互相衔接,中间彷徨摸索,要牺牲许多时间和精力,现在这本书将德国五十年来各门科学的派别发展作一个明显的记载,它对于想到德国求学而预先要略知德国学术界概况的人，一定可以给许多参考上的帮助。”[81]《中德学志》继续的，其实也正是向中国学界介绍德国学术的任务，只不过是以刊物文章的方式来实现而已。

对于这批滞留在北平的人物，或更广泛地说，对于留居在沦陷区的精英人物来说，恐怕多少还需还原到当时具体的历史语境中去理解他们的“去留之难”，而且其中不仅有像如汤尔和、周作人这样的“下水者”，还有像陈垣留任辅仁大学校长，其实是做了大量的工作的，而沈兼士与英千里等秘密组织“炎社”抗日，被日本人追捕，则更说明其中是有着志士仁人的；此外，如钱锺书同样困居海上孤岛，但恰是在那个时期完成了他的名著《谈艺录》。当然像周作人这样的公然出任伪职，又另当别论。即便如此，他也并非一门心思要当汉奸，而是有其不得已和自己的“心念”。对于这段沦陷时期的学人生活史，非一言两语可以道尽，需要深入考察，因为具体到那种特殊时代的特殊语境，实在有太多需要特殊处理的特殊问题，所以，这段议论倒是颇值回味：“沦陷时期北平民众的共同体意识，与其说以国族意识为基础，毋宁说立足于不同个体、不同阶层的生活实感，靠‘水平轴’上的生活秩序取得心理平衡，并从具体而微的生活实例当中，生发出彼此的连带感及一同活下去的意愿。”[82]需要加上一句的是，从王锦第这个个案来看，还有他内心深处的知识资源和精神寄托，他(们)努力在寻求着一种可能的精神支撑和心理平衡。而更重要的是，正是在那个特殊艰难年代里的坚持，使得他能在中德文化交流史和学术史上留下属于自己的印痕，这是无论年代如何久远都无法抹去的。

（叶隽，同济大学特聘教授，人文学院文化史与文化哲学博士生导师）

注：

① 本文承王蒙先生审阅，特此致谢。

② 关于王锦第,基本上没有什么深入的研究。一个简单的描述,参见徐明霞《多重文化视野下的王锦第》,载《文学教育》(下半月)2009 第 1 期。对王锦第学术上的叙述,参见解志熙《遗迹犹存"西来意"——存在主义哲学和文学在 1940 年代中国流传之存证》,载《华中师范大学学报》(哲学社会科学版)2013 年第 6 期。

③ 方蕤《凡生琐记:我与先生王蒙》,武汉:长江文艺出版社,2008 年。

④⑤ 李长之《王锦第的异乡集》,载《再生》第 4 卷第 2 期,1937 年,此处自《李长之文集》第 4 卷,石家庄:河北教育出版社,2006 年。

⑥⑦ 王锦第《王锦第诗九首》,载《益世报(天津版)文学副刊》1935 年 10 月 16 日。

⑧《天津〈益世报〉文学副刊第三十三期编者前言》(1935 年),载《李长之文集》第 8 卷,石家庄:河北教育出版社,2006 年。

⑨ 蔡德贵《季羡林传》,太原:山西古籍出版社,1998 年。关于张露薇,参考刘训练、孟庆曦《张露薇 · 贺知远 · 张文华》,载《新文学史料》2022 年第 3 期。周杨、叶新《张露薇的曾用名与笔名考》,载《现代中文学刊》2022 年第 5 期。

⑩ [日]猪谷善一《论中日经济提携》,王锦第译,载《自由评论》(北平)1936 年第 42 期。

⑪—⑬ 王锦第《明治时代的日本思想界》,载《再生》1937 年第 4 卷第 8 期。

⑭ 敏泽《耄年忆往——张岱年自述》,太原:山西人民出版社,1997 年。

⑮ 张岱年《怀念老友张恒寿同志》,载《张岱年全集》第 8 卷,石家庄:河北人民出版社,1996 年。张岱年回忆:"1942 年,由友人王锦第介绍,会晤了私立中国大学校长何其巩先生及中国大学哲教系主任童德禧先生。何校长听说我著有《中国哲学大纲》,恐其在战乱中遗失,建议我到中国大学讲课,藉此将《大纲》印为讲义,我欣然同意,遂于 1943 年秋季到中国大学讲'中国哲学概论'课程,这是《中国哲学大纲》第一次排印。"张岱年《探索真理的道路》,载尚淳、李源主编《安身立命之道:为学与为人》,北京:中国致公出版社,1999 年。

⑯《无题(二)》,载丁玉柱《王蒙旧体诗传》,青岛:中国海洋大学出版社,2006 年。但王蒙说其父是在东京帝国大学教育系学习了三年毕业。王蒙《父亲》,载"开学第一课"编写组编:《幸福是奉献》,长春:时代文艺出版社,2016 年。

⑰ 高翔、姜波、孙维、赵子真《解放区第一所综合大学》,载韩辛茹主编《回忆北方大学》,长治:北方大学校友会、长治市地方志办公室,1991 年。

⑱ 赵俪生《篱槿堂自叙》,上海:上海古籍出版社,1999 年。

⑲ 敏泽《耄年忆往——张岱年自述》,太原:山西人民出版社,1997 年。

⑳ 何醒《北大哲学系 1952 年》,北京:商务印书馆,2012 年。

㉑ 张岱年《张岱年自传》,成都:巴蜀书社,1993 年。

㉒ 敏泽《耄年忆往——张岱年自述》,太原:山西人民出版社,1997 年。

㉓《"老乡们对文化人都不错"——访〈读书〉主编沈昌文》,载李城外主编《话说向阳湖——京城文化名人访谈录》,武汉:武汉出版社,2010 年。

㉔《试论"中国的奥勃洛莫夫"——〈活动变人形〉中倪吾诚形象的典型意义》,载严家炎《二十世纪中国文学精神——严家炎自选集》,北京:人民日报出版社,2014 年。关于倪吾诚形象的意义和原型,还可以与王锦第的生平,尤其是 1950 年代以后的生命经验相联系,参考王锦第《我在历次运动中的情况》(1968 年 8 月 2 日)、《揭发与交代——我认识反动文人王孝鱼的一些情况》(1968 年 8 月 3 日)等,电子版。这些材料承刘训练教授见示,特此致谢。相关议题容以后有机会再加发覆。

㉕ 王蒙《活动变人形》,载王蒙、王元化总主编《中国新文学大系 1976—2000》第 5 集《长篇小说卷 2》,上海:上海文艺出版社,2009 年。

㉖《王蒙自传 · 半生多事》,广州:花城出版社,2006 年。

㉗—㉚ 王蒙《活动变人形》,载王蒙、王元化总主编《中国新文学大系 1976—2000》第 5 集《长篇小说卷 2》,上海:上海文艺出版社,2009 年。

㉛㉜《王蒙自传 · 半生多事》,广州:花城出版社,2006 年。

㉝ 郜元宝《"感时忧国"与"救出自己"——〈王蒙自传〉的王氏主题》,载温奉桥主编《理论与实践——〈王蒙自传〉研究》,青岛:中国海洋大学出版社,2009 年。

㉞ 宋玲《80 年代的一种存在——读王蒙〈大块文章〉》,载温奉桥主编《理论与实践——〈王蒙自传〉研究》,青岛:中国海洋大学出版社,2009 年。

㉟ 王安《王蒙与崔瑞芳》,北京:中国社会出版社,1997 年。

㊱㊲ [德]傅吾康《为中国着迷——一位汉学家的自传》,欧阳甦译,北京:社

会科学文献出版社,2013 年。

㊳ 中德学会《本会为本刊敬告读者》,载《研究与进步》第 1 卷第 1 期,1939 年 4 月。着重线为原文所有。

㊴ 编者《卷头语》,载《中德学志》第 2 卷第 1 期,1940 年 4 月。

㊵ 可参考王锦第《关于我做中德协会编译员的问题》(1968 年 8 月 1 日),朱宝贤执笔,结尾签名为王锦第。写于“北京市电车公司印刷厂出品 68.6”稿纸上,共 3 页。此材料是宋希於君找到的,刘训练教授提供信息,特此致谢。中德协会应为中德学会。不过考虑到王锦第作此回忆时,时间相隔颇为久远,且在“文革”的特殊环境中,所以其有某种“避重就轻”“不尽详实”之处也是完全可以理解的。

㊶ 王蒙《八十自述》,北京:人民出版社,2013 年。

㊷ [德]斯普朗格《哲学教育学概貌》,Eduard Spranger: Gesammelte Schrifien. Band II. Heidelberg: Quelle & Meyer Verlag, 1973. S. 7. 中译文引自陈锋《狄尔泰教育学研究》,兰州:甘肃教育出版社,2007 年。关于斯普朗格的学术思想及其在中国的接受,参见詹栋梁《斯普朗格文化教育思想及其影响》,台北:文景出版社,1981 年。江日新《斯普朗格在中国——一个书目文献分析的回顾》,载《鹅湖学志》第 30 期,2003/06。

㊸—㊺ 王锦第《士榜格论欧洲文化》,载《中德学志》1940 年第 2 卷第 2 期。

㊻ 金岳霖《论道》,北京:商务印书馆,1987 年。

㊼—54 王锦第《士榜格论欧洲文化》,载《中德学志》1940 年第 2 卷第 2 期。

55 何萍《斯普朗格的生活形式的文化哲学》,载《社会科学家》2015 年第 2 期。江日新《斯普朗格在中国:一个书目文献分析的回顾》,载《鹅湖学志》2003 年第 30 期。

56 董兆孚或当为中央大学学生,他说:“余最感谢者为宗白华、方东美、刘伯量诸师,宗师据德文原本为余校对译稿,并于上期主讲《人生之型式》一课程时采作参考,且为余译出英译本中所引德文书名与德文诗;方师介绍以《人生之型式》;刘师则购赠余以《人生之型式》之英译本……”董兆孚《译者自序》,[德]斯普兰格(E. Spranger):《人生之型式》,[英]皮格士(P. J. Pigors)英译、董兆孚汉译,长沙:商务印书馆,1938 年。

㊼ 王锦第《评〈人生之型式〉》，载《中德学志》1941 年第 3 卷第 4 期。

㊽ 董兆孚《译者自序》，载［德］斯普兰格（E. Spranger）：《人生之型式》，［英］皮格士（P. J. Pigors）英译、董兆孚汉译，长沙：商务印书馆，1938 年。

㊾—㊿ 王锦第《胡塞尔及他的现象学》，载《中德学志》1941 年第 3 卷第 4 期。

(63) 雅斯波《政治与教育》，王锦第译，载《国立北京大学法学院社会科学季刊》1943 年第 2 卷第 2 期。

(64)(65) 王锦第《略述雅斯波的哲学》，载《中德学志》1941 年第 3 卷第 3 期。

(66) 李存山《张岱年先生早年的一篇序文》，载《中国哲学史》2008 年第 3 期。耶斯波即雅斯贝尔斯。

(67) 姜丕之选编：《黑格尔哲学论丛》，福州：福建人民出版社，1981 年。

(68) ［德］拉润次《黑格儿的政治伦理学》，王锦第译，载《研究与进步》1939 年第 1 卷第 4 期。

(69) ［德］普兰克《物理科学与世界观》，王锦第译，载《研究与进步》1939 年第 1 卷第 1 期。

(70) ［德］维连亨模（T. Wilhelm）、［德］葛拉飞（G. Graefe）《今日德国教育》，王锦第译，北平：中德学会，1938 年。

(71)—(77) 王锦第《赫尔巴特的生平及教育思想：纪念大教育家赫尔巴特逝世百年忌》，载《中德学志》1942 年第 4 卷第 1 期。

(78) 参见高山杉《王森的两篇工作汇报》，https://www.sohu.com/a/364665276_260616，访问日期：2020 年 6 月 24 日。

(79) ［德］格赫尔（Helmuth von Glasenapp）《佛曾以灵魂不灭之说教世么》，王森田（王森）译，载《研究与进步》1939 年第 1 卷第 3 期。［德］说而次（Heinrich Scholz）《数理逻辑与科学论》，胡子华（胡世华）译，载《中德学志》1941 年第 3 卷第 3 期。

(80) 《一路走来——严家炎老师访谈》，载赵国栋、漆永祥、郭久苓主编《北大中文名师教育谈》，桂林：广西师范大学出版社，2005 年。

(81) 冯至《编者序》，载中德学会编译《五十年来的德国学术》第 1 册，上海：商务印书馆，1936 年。

㊷《北平沦陷的瞬间:从“水平轴”的视角》,载袁一丹《此时怀抱向谁开》,上海:上海文艺出版社,2020 年。

王锦第学习经历新考

郑依梅

关于父亲王锦第的学习经历，王蒙先生在自传第一部《半生多事》中曾有如此记述："我父亲王锦第，字少峰，又名曰生，北京大学哲学系毕业。他在北大上学时同室舍友有文学家何其芳与李长之……北大毕业后，父亲到日本东京帝国大学读教育系，三年毕业"①。此段文字几乎算是有关王锦第学籍情况的唯一"官方回忆"，得到了大多数研究者的认同和引用，但由于缺乏具体年份仍存在诸多含混之处。王锦第确实曾在中日两所顶尖高校就读，但其入学、毕业年份以及所就读的院系等信息尚待明确。

国内研究者亦曾对王锦第的学习经历进行过考证，主要有两种代表性观点。一为同济大学叶隽教授的观点："王锦第一九二九至一九三三年在北京大学哲学系求学，毕业后同年留学日本，先在东京东亚日文补习学校，一九三四至一九三七年在东京帝国大学文学部大学院哲学科学习。一九三七年回国"②；二为清华大学解志熙教授的观点："王锦第（？—1983），河北沧州人，一九二九年七月考入北京大学预科，初攻理科，一九三一年转入北京大学哲学系，一九三五年夏毕业，随即赴日本东京帝国大学教育系留学。一九三八年夏王锦第归国至北平"③。两种观点关涉的具体年份和院系虽不甚相同，但细节比王蒙先生《半生多事》更为丰富，为笔者的考证带来诸多启发。

总体来说，解志熙教授的年份考证更为准确，他结合李长之的书评《王锦第的异乡集》、官方资料《北大日刊》《北京大学哲学系史稿》等文献，推翻了较为流行的“王锦第于一九三三年从北大毕业”一说。李长之《王锦第的异乡集》（载《再生》杂志第4卷第2期，1937年4月1日出刊）中回忆：“锦第从前和我同习自然科学，同转哲学”，判断出王锦第“初攻理科”，由理转文的经历可能导致其毕业时间较晚；不仅如此，同届生何其芳毕业于一九三五年，王锦第不可能早毕业④。如此推测是合理的，不过内部细节还可进一步展开，笔者将提供更为丰富有力的证据以完善对王锦第学习经历的考证。

为了展示完整的推演思路，我们不妨回到王蒙先生的回忆文字，从何其芳、李长之的生平履历入手，这能帮助我们确定王锦第北大就读年份的范围。中国社会科学院科研局组织编选的《何其芳集》所附“作者年表”显示，何其芳“一九三〇年秋清华大学外文系学习；一九三一年至一九三五年北京大学哲学系学习”⑤；李长之的履历记述则更为完整，根据于天池、李书编写的《李长之先生学术年表》，李长之于一九二九年春“考入北京大学预科甲部（理学院）”⑥，一九三〇年“在北京大学预科甲部（理学院）学习”，一九三一年秋“考入清华大学生物系”，一九三三年春“转入清华大学哲学系学习”，一九三六年秋“清华大学毕业”⑦。由此可知，一九三一年是何其芳和李长之同时在北大就读的年份，这说明在一九三一年作为二人共同舍友的王锦第已在北大学习。但他是在哪一年入学、在哪一年毕业的呢？

北京大学校刊《北大日刊》中的各类通知布告作为第一手文献，能为考证提供诸多宝贵线索。遍览一九三一年《北大日刊》，笔者发现该年六月二十六日第2663号载有的“注册部布告”一则：“预科甲乙两部一二年级学生成绩业已经审查完竣兹将应准升学升级者开布于后”，其中“甲部二年级应升学者”名单中有“李长植”（笔者注：李长植为李长之原名），“乙部二年级应升学者”名单中有“王锦第”[⑧]。由此可推出，王锦第于一九二九年考入北京大学预科，与李长之是同届生；在一九二九年七月二十五日《北大日刊》第2217号公布的预科初试及格学生名单（277名）[⑨]以及一九二九年七月三十一日《北大日刊》第2219号公布的预科新生录取名单（250名）[⑩]中确有“王锦第”“李长植”之名。另一方面，在一九三〇年八月九日《北大日刊》第2455号“本校本届在沪招考本科新生”的录取名单中，“哲学系一名　何其芳”这一信息得到公示[⑪]，说明何其芳没有在北大预科就读，而是直接攻读哲学系本科。如此一来，在一九三一年，王锦第、李长之、何其芳三人居住于同一宿舍的可能性是成立的，王蒙先生的记忆无误。

需要说明的是，北大预科甲部为理科、乙部为文科，学习满两年后转入具体院系，中途可申请文理互转。根据一九三〇年七月十九日《北大日刊》第2452号的“注册部布告”，“甲部一年级应补考者”名单中，李、王二人名字赫然在列，李长植需补考物理、王锦第则需补考数学和化学[⑫]，这说明王锦第在入学之初进入的是预科甲部，经过一年的学习，他可能发现自身兴趣并不在于理科，而申请转入预科乙部；按照北大教务处要求，他需在一九三〇年十月二十六日前提交转系申请，于次日起接受相关考试[⑬]。他进入预科乙部后顺利完成课业，被批准升学。由此，李长之回忆中与王锦第“同习自然科学，同转哲学”这一表述的内部细节可得到丰富：李长之与王锦第于一九二九年七月考入北大预科甲部，同习自然科学；王锦第于一九三〇年十月后通过转系考试，转入北大预科乙部；一九三一年六月，二人均结束北大预科阶段的学习，可进入具体院系继续学业，李长之选择前往清华生物系，而王锦第留在了北大哲学系。

王锦第进入北大哲学系后的学习经历较为明晰，这归功于二〇〇四年出版的《北京大学哲学系史稿》一书。解志熙教授注意到此书附录1《北大哲学系系友名录》中一九三一年进入哲学就读的新生有王锦第、何其芳[14]。其实此书也在系史沿革部分直接列出了一九三五年六月哲学系毕业学生名单：何其芳、杜毓沄、王森、黄广生、苏信宸、刘柱、王锦第、周季韬、陆隐我、胡子华[15]；如此一来，我们也不必根据李长之的回忆与何其芳的履历来推测王锦第的北大毕业时间。

解志熙教授指出，从北大哲学系毕业后，王锦第"随即"赴日本留学。虽然我们难以考证"随即"所指的具体年月，但在李长之为天津《益世报》文学副刊第三十三期所撰编者前言中有这样一段文字："王锦第先生，也是习哲学的朋友，现在在日本，他有种'少年维特'样的性格，但诗却是很轻快的。他很向往于日本的俳句，所以写出来的也就很像了"[16]，结合此文的写作时间一九三五年十月十三日，亦知彼时王锦第已在日本。根据叶隽教授的考证，王锦第抵日后先在"东京东亚日文补习学校"学习而后进入东京帝国大学大学院就读。笔者查找日文文献，暂未发现与"东京东亚日文补习学校"之名完全一致的学校，它极有可能是指"日华同人共立东亚高等预备学校"（日華同人共立東亜高等予備学校）。这所学校相当有名气，在当时留学生群体中影响广泛，它位于东京神田区，由松本龟次郎（笔者注：弘文学院时代的鲁迅是他学生）于一九一四年创办，周恩来也曾在该校学习[17]。可惜的是，"东亚高等预备学校"相关文献中似无学生名单，暂时无法确认王锦第此阶段的确切经历。

我们可以确认的是，王锦第于一九三六年进入东京帝国大学读书[18]，有多则文献可证明这一事实。第一则文献《中华留日东京帝国大学同学录》（《中華留日東京帝国大学同学録》，1937年）记录了当时东京帝国大学中国留学生的姓名、籍贯、年龄、经过学校、所在学部、入校年月、现在通信处等信息，王锦第的信息为"王錦第　河北

南皮　三五　北京大學　同[文學部 大學院]　同[一九三六年四月]　本鄉區駒込追分町六九初音館”[19]。第二则文献《中华民国满洲国留日学生名簿》(《中華民国满洲国留日学生名簿》,1937年)同样记录留学生的姓名、年龄、所在省与县、学部科年级、出身学校等信息,王锦第的信息为“王錦第　二六　河北　南皮　同[昭十一入]　北平大学”[20]。这两则文献中对于王锦第的年龄记录不统一,三十五岁恐为误记,二十六岁更为合理。第三则文献为《东京帝国大学一览》(《東京帝国大学一覽》),系每年年中(六至八月间)发行的学校官方文件,包含学生教员名册、各学部课程与章程等重要资料,笔者查阅了该文件从昭和九年至昭和十三年(1934—1938年)所发行的五册,发现一九三六、一九三七这两年的学生名单“學生生徒姓名—大學院—文學部”中有“カント哲學及ヘーゲル哲學　北京大　王錦第　中華民國”(康德哲学及黑格尔哲学　北京大　王锦第　中华民国)的信息[21],而一九三四、一九三五、一九三八这三年的学生名单上均无王锦第信息。遗憾的是,笔者未能找到证明王锦第毕业时间的原始文献,因为该校毕业生名册似乎只记载各学部毕业生(本科毕业生)的信息,王锦第属于大学院院生(研究生),其毕业年月未得到记载。不过根据东京帝国大学学年历,每一学年始于四月一日、终于次年三月三十一日[22],而“学部通则”又规定,大学院学生在学期间为两年[23],综合上述所有信息可作出判断,王锦第的东京帝国大学留学时间应为一九三六年四月至一九三八年三月。

由此,关于王锦第高等教育经历的考证,获得了较为完整具体的史料支撑。王锦第于一九二九年七月考入北京大学预科甲部(理科),一九三〇年十月后通过转系考试进入预科乙部(文科),预科期满后于一九三一年六月进入北京大学哲学系就读,一九三五年六月毕业;随后赴日本留学,一九三五年七月至一九三六年三月间的某一时段可能在东京“日华同人共立东亚高等预备学校”学习,并在一九三六年四月至一九三八年三月间就读于东京帝国大学大学院文学部哲学科,研究方向为康德哲学及黑格尔哲学。

(郑伊梅,复旦大学中文系文学博士、华东师范大学中文系博士后)

注:

①《王蒙自传·半生多事》,广州:花城出版社,2006 年。

② 叶隽《作为德系知识推手的王锦第及其在〈中德学志〉的著译》,见本书。

③④ 解志熙《遗迹犹存“西来意”——存在主义哲学和文学在 1940 年代中国流传之存证》,《华中师范大学学报(人文社会科学)》2013 年第 6 期。

⑤ 中国社会科学院科研局编《何其芳集》,北京:中国社会科学出版社,2004 年。

⑥ 李长之考入北大预科应为一九二九年七月以后,恐怕并非“一九二九年春”,详见下文考证。

⑦ 于天池、李书编《李长之先生学术年表》,见李长之《司马迁之人格与风格 道教徒的诗人李白及其痛苦》,北京:商务印书馆,2017 年。

⑧ “注册部布告”(6 月 25 日),《北大日刊》,1931 年 6 月 26 日第 2663 号,第一版。

⑨ “北大学院布告”(7 月 24 日),《北大日刊》,1929 年 7 月 25 日第 2217 号,第一版。

⑩ “北大学院布告”(7 月 30 日),《北大日刊》,1929 年 7 月 31 日第 2219 号,第一版。

⑪ “国立北京大学布告”(8 月 2 日),《北大日刊》,1930 年 8 月 9 日第 2455 号,第一版。

⑫ “注册部布告”(7 月 16 日),《北大日刊》,1930 年 7 月 19 日第 2452 号,第一版。

⑬ “教务处布告”(10 月 17 日),《北大日刊》,1929 年 10 月 18 日第 2472 号,第一版。

⑭⑮《北京大学哲学系史稿》,北京:内部资料,2004 年。

⑯ 李长之《文学副刊诗专刊编者前言》,《益世报》1935 年 10 月 16 日。

⑰ 岩澤平《松本亀次郎の教育理念と実践に関する一考察:松本亀次郎と周恩来の師弟関係を通して》,《日本大学大学院総合社会情報研究科紀要》2020 年第 21 期。

⑱ 王锦第在晚年曾提及自己在东京听郭沫若讲演的经历:"一九三六年我在日本留学期间,亲自聆听了郭老的一次讲演,是由当时在日本的中华基督教青年会组织邀请的",可知 1936 年王锦第确实已在日本留学。见本书王锦第文《忆郭老在东京的一次讲演》。

⑲ 中華留日東京帝国大学同学会編《中華留日東京帝国大学同学録》,[出版者なし],昭和 12 年[1937]。

⑳ 日華学会編《中華民国満洲国留日学生名簿》,[出版者なし],昭和 12 年[1937]。

㉑ 需说明的是,1936 年学生名单上将"王锦第"记为"王锦弟",或为误记。见東京帝国大学編《東京帝国大学一覧(昭和十一年度)》,東京:東京帝国大学,昭和 11 年[1936]、昭和 12 年[1937]。

㉒㉓ 東京帝国大学編《東京帝国大学一覧(昭和十二年度)》,東京:東京帝国大学、昭和 12 年[1937]。

编 后 记

郜元宝

一九八四年初夏，王蒙在武汉开始酝酿长篇小说《活动变人形》，一九八五年夏完稿，发表于《收获》一九八五年第五期(《当代》一九八六年第三期转载)。

《活动变人形》不仅是王蒙个人文学创作生涯的一座高峰，也是当代中国文学不可多得的经典之作。这部自传性长篇小说的问世，令王蒙生身之父王锦第首次得以借虚构人物“倪吾诚”的躯壳，重新浮出历史地表。然而当时绝大多数读者只知道小说人物倪吾诚关联着王蒙的父亲王锦第，对王锦第其人却知之甚少。迄今为止，人们谈论更多的还是以王锦第为原型而塑造的小说人物倪吾诚的形象。

时隔二十年，王蒙在长篇回忆录《王蒙自传》第一部《半生多事》(花城出版社 2006 年 5 月第 1 版)、第二部《大块文章》(同社 2007 年 4 月第 1 版)中再次提到自己的童年和少年时代畸形而不幸的家庭生活，也再次说到他的父亲王锦第。

自传不再采用小说家言，完全出以纪实笔法，然而除了将小说虚构的一些人物、事件和历史情境加以还原、指实、补足，真实生活中的王锦第形象仍然未能脱离小说虚构的倪吾诚而宣告独立，只是进一步证实了小说叙事“所言不虚”。就连自传作者王蒙对其父亲的态度，跟小说家王蒙对其笔下人物倪吾诚的态度，也几乎如出一辙。

生活和历史中的王锦第继虚构小说《活动变人形》之后，再次为高度接近小说的纪实之作《王蒙自传》中的父亲形象所收纳、所覆盖。倘若将《活动变人形》与《王蒙自传》相关章节放在一起看，读者很容易产生一种幻觉，仿佛果真是生活模仿了文学，而非文学模仿了生活。艺术形象“倪吾诚”诞生之日似乎就是王锦第真实面貌被遮蔽之时。

之所以有这种阅读效果，很大程度上乃是因为，跟小说人物倪吾诚一样，王锦第也是被作家王蒙所塑造所讲述的对象，他本人并未取得发言权。

《活动变人形》与《王蒙自传》究竟多大程度上呈现了历史人物王锦第的生活真实？对于这个问题，最好的答案莫过于让王锦第本人站出来说话。但这位历史人物早已经于一九八三年三月十五日去世，再让他开口，岂非痴人说梦？

值得庆幸的是王锦第并非简单的历史人物，而是在中国现代学术史（某种程度上也是文学史）留下不少著述的学者与作家。倘若将他的文字收集起来，不就相当于给他开口说话的机会了吗？

这是我编《王锦第文录》最初的想法。

王锦第的文章，方面甚广，本书大致将它们分为四辑。

第一辑是哲学、教育学论文以及随笔，包含王锦第对中国古代哲学家颜习斋、朱熹、王阳明和西方近现代哲学家黑格尔、赫尔巴特、雅斯贝尔斯、胡塞尔、海德格尔的介绍与评说。其中关于胡塞尔、雅斯贝尔斯、海德格尔的论述，在中国现代哲学界属于开风气之先者。仅此一点，就应该在中国现代学术史上给王锦第保留一个相当的位置。

第二辑是西方现代科学、教育学、哲学、“文化形态学”论著的翻译，与第一辑相呼应。王锦第不仅是现代西方哲学、教育学和科学思想的研究者，也是在这三个领域勤奋耕耘的翻译者。他的研究工作直接以他本人的译介为基础,并非耳食稗贩之谈。

第三辑,是关于日本文学、历史、制度及战时形势之研究,论述范围涉及日本的西化过程、明治时代日本思想界若干大关节以及战时日本政治、经济与外交,也包括日本文学(比如对《源氏物语》的介绍与翻译)。

第四辑杂撰,包括王锦第本人的少量诗歌、散文等。

王锦第(1911.3.27—1983.3.15),河北沧州人,字少峰(又字曰生),关于其先祖和家世生平,可参看《王蒙自传》第一、二部,此处不赘。一九二九年七月,王锦第考入北京大学,起初学理科(这大概就是文录中涉及不少自然科学的原因),一九三一年转入哲学系(与李长之、何其芳同学)。一九三五年从北大哲学系毕业后,入东京东亚高等预备学校。一九三六——九三八年在东京帝国大学大学院文学部哲学科学习。一九三八年夏回国,一度担任北京市立高级商业职业学校校长,此后又担任过北师大和北大讲师。为逃避家庭纠纷(夫妻不和),出走山东、江苏,在兖州、徐州短期任职,一度担任青岛李村师范学校校长。抗战胜利后回北平,不久便通过中共地下组织的安排,赴他的老师范文澜任校长的北方大学(邢台)任教。

在北京期间是王锦第短暂而高产的治学阶段,主要是与德国汉学家傅吾康等人合作编纂《中德学志》,译、著以德国近现代哲学、教育学、"文化形态学"为主,是中国现代最早系统介绍现代德国存在主义和现象学的先驱者之一。

王锦第的诗歌、散文、演说录、杂文也颇具特色。诗歌曾得到同学李长之的品评。散文不拘一格,有留学生活和旅行活动的纪实,也有寄情山水的小品。杂文涉及鲁迅、郭沫若、闻一多、梁实秋等文坛健将。还有一些文章写于解放前夕的北方大学。一九四九年以后的文章目前发现的不多。

《王锦第文录》如何有助于复原学者和历史人物王锦第的真实

形象？关于这个问题，长期研究中德文化交流的中国社科院文学研究所研究员，现为同济大学人文学院教授叶隽君的长篇文章可供参考。作为编者，我最感兴趣的还是真实的王锦第如何转换为虚构的倪吾诚。在王蒙的小说与自传作品中，“五四”第二、三代知识分子与新中国第一代“少共”和青年作家（包括后来“重放的鲜花派”与“反思文学”主将）之间，为何存在那样巨大的张力与反差？这一对典型的“父与子的冲突”和“审父情结”，为认识百年中国启蒙/革命的两代（类）知识分子群体断裂与连续的辩证关系，从宏观的思想学术史与家庭内部微观生活史两方面，提供了极其珍贵的素材与话题。

对中国当代文学研究者来说，借鉴史学材料和方法，尝试打开以王锦第为个案的一代学人的论述空间，考察这位长期被忽略的现代中国学者/译者/作家在思想文化史上留下的足迹，也是文学作品深入解读与文学史纵深研究的题中应有之义。

王锦第的史料还有待于进一步的发掘与甄别，我学力有限，只能先编辑出这一部《王锦第文录》。但从今往后，不仅谈论文学虚构人物倪吾诚将离不开真实的历史人物王锦第，而且研究真实的历史人物王锦第，恐怕也离不开文学虚构的人物倪吾诚了。

历史和文学在此发生了奇妙的交会。

《王锦第文录》是一部独具特色的文史类资料汇编，我仅仅承担了初步的收集整理工作，后期精细校勘的任务更多落在人文社资深编辑杨柳女士肩上。王蒙先生以作者后人的身份授权出版该书，还欣然命笔作序，继《活动变人形》和《王蒙自传》之后再次谈到他个人生命史上晦暗沉重的这一页。叶隽君长文《作为德系知识推手的王锦第及其在〈中德学志〉的著译》作为本书附录，有助于读者从历史（尤其中德学术交往史）角度感知王锦第作为学者的基本面相。疫情期间在东京大学访学的郑依梅博士找到了王锦第留学日本时期的原始档案，并围绕王锦第何时毕业于北大哲学系以及在日本的学籍问题,对旧说有所辨证。郑博士也允许我将她的考据文章编入本书附录。

对于上述四位师友所提供的帮助,在此一并表示感谢。

2023年5月13日

(郜元宝,复旦大学中文系教授)